Eine Arbeitsgemeinschaft der Verlage

Wilhelm Fink Verlag München
Gustav Fischer Verlag Jena und Stuttgart
Francke Verlag Tübingen und Basel
Paul Haupt Verlag Bern · Stuttgart · Wien
Hüthig Verlagsgemeinschaft
Decker & Müller GmbH Heidelberg
Leske Verlag + Budrich GmbH Opladen
J. C. B. Mohr (Paul Siebeck) Tübingen
Quelle & Meyer Heidelberg · Wiesbaden
Ernst Reinhardt Verlag München und Basel
F. K. Schattauer Verlag Stuttgart · New York
Ferdinand Schöningh Verlag Paderborn · München · Wien · Zürich
Eugen Ulmer Verlag Stuttgart
Vandenhoeck & Ruprecht in Göttingen und Zürich

Richard Pott

Die Pflanzengesellschaften Deutschlands

272 Schwarzweißfotos
und Zeichnungen

Verlag Eugen Ulmer Stuttgart

Professor Dr. Richard Pott, geb. 8.7.1951 in Brochterbeck/Krs. Steinfurt/Westfalen, ist Direktor des Instituts für Geobotanik der Universität Hannover. Studium der Biologie und Geographie an der Westfälischen Wilhelms-Universität in Münster. 1979 Dr. rer. nat., 1985 Habilitation und Privatdozent für Landschaftsökologie und Vegetationsgeographie, seit 1987 in Hannover.

Forschungsgebiete sind alle Bereiche der historischen, soziologischen und angewandten Geobotanik, besonders Gewässerökologie, Vegetationsgeschichte, Pflanzensoziologie sowie Entstehung der Kulturlandschaft unter dem Einfluß des Menschen.

Professor Dr. Richard Pott
Institut für Geobotanik
Nienburger Str. 17
3000 Hannover 1

Die Deutsche Bibliothek – CIP -Einheitsaufnahme

Pott, Richard:
Die Pflanzengesellschaften Deutschlands / Richard Pott. –
Stuttgart: Ulmer, 1992
   (UTB für Wissenschaft: Grosse Reihe)
   ISBN 3-8252-8067-5 (UTB)
   ISBN 3-8001-2658-3 (Ulmer)

Das Werk einschließlich aller seiner Teile ist
urheberrechtlich geschützt. Jede Verwertung außerhalb
der engen Grenzen des Urheberrechtsgesetzes ist ohne
Zustimmung des Verlages unzulässig und strafbar.
Das gilt insbesondere für Vervielfältigungen, Übersetzungen,
Mikroverfilmungen und die Einspeicherung und
Verarbeitung in elektronischen Systemen.

© 1992 Eugen Ulmer GmbH & Co.
Wollgrasweg 41, 7000 Stuttgart 70 (Hohenheim)
Printed in Germany
Einbandentwurf: A. Krugmann, Freiberg am Neckar
Satz: CWB Buchhalter, Leonberg
Druck und Bindung: Friedr. Pustet, Regensburg

ISBN 3-8252-8067-5 (UTB-Bestellnummer)

Inhaltsverzeichnis

Vorwort 26

Wesen und Grundlagen von Pflanzengesellschaften 27
    Standortbedingungen 27
    Gesellschaftssystematik (Syntaxonomie) 29
    Charakterarten, Kennarten 30
    Zentralassoziationen, Vegetationsfragmente und Dominanzgesellschaften 32
    Wissenschaftliche Nomenklatur 32

Pflanzengesellschaften als Forschungsgegenstand der Vegetationskunde 34

Systematische Übersicht der Vegetationseinheiten 39

I. Wasserpflanzengesellschaften 39

1. Klasse: Lemnetea minoris 39
    1. Ordnung: Lemnetalia minoris 39
        1. Verband: Riccio-Lemnion trisulcae 40
            1. Lemnetum trisulcae 41
            2. Riccietum fluitantis 42
            3. Ricciocarpetum natantis 42
        2. Verband: Lemnion gibbae 42
            1. Spirodeletum polyrhizae 42
            2. Lemnetum gibbae 42
            3. Lemna minor-Dominanzgesellschaft 43
        3. Verband: Lemno minoris-Salvinion natantis 43
            1. Lemno minoris-Salvinietum natantis 44
            2. Azolla filiculoides-Gesellschaft 44

2. Klasse: Charetea fragilis 45
    1. Ordnung: Nitelletalia flexilis 45
        1. Verband: Nitellion flexilis 46
            1. Nitelletum capillaris 46
            2. Nitelletum gracilis 47
            3. Nitelletum translucentis 47
            4. Nitelletum flexilis 47
            5. Charetum braunii 47
        2. Verband: Nitellion syncarpo-tenuissimae 47
            1. Nitello-Vaucherietum dichotomae 48
            2. Nitelletum syncarpo-tenuissimae 48
            3. Tolypelletum proliferae 48
    2. Ordnung: Charetalia hispidae 49
        1. Verband: Charion asperae 49

1. Charetum asperae ... 49
2. Charo-Tolypelletum glomeratae ... 49
3. Charetum hispidae ... 50
4. Nitellopsidetum obtusae ... 50
Charetum strigosae ... 51
Charetum intermediae ... 51
Charetum tomentosae ... 51
2. Verband: Charion vulgaris ... 51
1. Charetum vulgaris ... 51
2. Charo-Tolypelletum intricatae ... 51
3. Verband: Charion canescentis. ... 52
1. Charetum canescentis ... 52
Charetum balticae. ... 52
Chara tomentosa-Gesellschaft ... 52
Chara jubata-Gesellschaft ... 52

3. Klasse: Zosteretea marinae; Ordnung Zosteretalia marinae;
Verband Zosterion marinae ... 53
1. Zosteretum marinae ... 53
2. Zosteretum noltii ... 53

4. Klasse: Ruppietea maritimae; Ordnung Ruppietalia maritimae;
Verband Ruppion maritimae ... 54
1. Ruppietum maritimae ... 54
2. Eleocharitetum parvulae ... 55

5. Klasse: Potamogetonetea pectinati; Ordnung Potamogetonetalia pectinati ... 55
1. Verband: Potamogetonion pectinati ... 56
1. Potamogetonetum lucentis ... 56
2. Potamogetonetum graminei. ... 57
3. Potamogetonetum trichoides ... 58
4. Potamogetonetum praelongi ... 58
5. Potamogetonetum colorati ... 59
6. Najadetum intermediae ... 59
7. Potamogetonetum filiformis ... 59
8. Zannichellietum palustris ... 59
Potamogeton alpinus-Gesellschaft ... 60
Potamogeton acutifolius-Gesellschaft ... 60
Potamogeton compressus-Gesellschaft ... 60
Potamogeton obtusifolius-Gesellschaft ... 60
Potamogeton pusillus-Gesellschaft ... 60
Potamogeton crispus-Gesellschaft ... 61
Elodea canadensis-Gesellschaft ... 61
Potamogeton pectinatus-Gesellschaft ... 61
2. Verband: Zannichellion pedicellatae ... 61
1. Zannichellietum pedicellatae ... 62
2. Najadetum marinae ... 62
3. Ranunculetum baudotii ... 63
Ceratophyllum submersum-Gesellschaft ... 63
Ceratophyllum demersum-Gesellschaft ... 64
3. Verband: Nymphaeion albae ... 64
1. Myriophyllo-Nupharetum luteae ... 64

2. Nymphaeetum albo-minoris 65
3. Nupharetum pumilae 66
4. Nymphaeetum albo-candidae 66
5. Nymphoidetum peltatae 66
6. Trapetum natantis 67
7. Ranunculetum circinati 67
Potamogeton natans-Gesellschaft 68
Polygonum amphibium f. natans-Gesellschaft 68
4. Verband: Hydrocharition morsus-ranae 68
   1. Stratiotetum aloidis 68
   2. Utricularietum australis 69
   3. Utricularietum vulgaris 70
   Aldrovanda vesiculosa-Gesellschaft 70
5. Verband: Ranunculion aquatilis 71
   1. Hottonietum palustris 71
   2. Ranunculetum aquatilis s.l 71
   3. Ranunculetum peltati 72
6. Verband: Ranunculion fluitantis 72
   1. Ranunculetum fluitantis s.l 73
   2. Sparganio-Potamogetonetum interrupti 74
   3. Ranunculo trichophylli-Sietum submersi 75
   4. Groenlandietum densae 76
   5. Callitricho hamulatae-Myriophylletum alterniflori 76
   6. Veronico beccabungae-Callitrichetum stagnalis 77
   7. Callitricho-Ranunculetum penicillati 77
   8. Callitrichetum obtusangulae 78
   9. Sagittaria valisneriifolia-Gesellschaft 79

6. Klasse: Utricularietea intermedio-minoris;
   Ordnung Utricularietalia intermedio-minoris 79
   1. Verband: Sphagno-Utricularion 80
      1. Sphagno-Utricularietum minoris 80
      2. Sphagno-Utricularietum ochroleuci 80
      3. Sphagnetum cuspidato-obesi 81
      4. Sphagno-Sparganietum angustifolii 81
   2. Verband: Scorpidio-Utricularion 82
      1. Utricularietum intermediae 82
      2. Sparganietum minimi 83

7. Klasse: Littorelletea uniflorae; Ordnung Littorelletalia uniflorae 83
   1. Verband: Littorellion uniflorae 85
      1. Isoeto-Lobelietum (incl. Myriophyllum alterniflorum-Rumpfgesellschaft) 86
      2. Isoetetum echinosporae 86
   2. Verband: Hydrocotylo-Baldellion 87
      1. Pilularietum globuliferae 87
      2. Eleocharitetum multicaulis 88
      3. Ranunculetum ololeuci 88
      4. Scirpetum fluitantis 89
      Apium inundatum-Gesellschaft 90
   3. Verband: Samolo-Baldellion 90
      1. Samolo-Littorelletum 90
   4. Verband: Eleocharition acicularis 91

1. Littorello-Eleocharitetum acicularis 91
5. Verband: Deschampsion litoralis 91
1. Deschampsietum rhenanae 91
Littorella uniflora-Gesellschaft 92
Juncus bulbosus-Gesellschaft 92

II. Schuttfluren, Felsspalten- und Mauerfugengesellschaften 92

8. Klasse: Thlaspietea rotundifolii 93
   1. Ordnung: Androsacetalia alpinae 93
      1. Verband: Androsacion alpinae 93
         1. Oxyrietum digynae 93
         2. Cryptogrammetum crispae 94
         3. Androsacetum alpinae 94
   2. Ordnung: Drabetalia hoppeanae; Verband Drabion hoppeanae 95
      1. Trisetetum spicati 95
      Saxifraga oppositifolia ssp. rudolphiana-Gesellschaft 95
      Saxifraga biflora-Gesellschaft 95
      Campanulo-Saxifragetum 96
   3. Ordnung: Thlaspietalia rotundifolii 96
      1. Verband: Thlaspion rotundifolii 96
         1. Thlaspietum rotundifolii 96
         2. Leontodontetum montani 97
         3. Crepidetum terglouensis 97
      2. Verband: Petasition paradoxi 97
         1. Petasitetum paradoxi 98
         2. Moehringio-Gymnocarpietum 98
         3. Anthyllido-Leontodontetum hyoseroides 98
         4. Cystopteridetum montanae 99
         5. Polystichetum lonchitis 99
   4. Ordnung: Epilobietalia fleischeri 100
      1. Verband: Epilobion fleischeri 100
         1. Myricario-Chondrilletum chondrilloidis 100
         2. Epilobio dodonaei-Scrophularietum caninae 101
         3. Calamagrostidetum pseudophragmitis 101
         4. Epilobietum fleischeri 102
   5. Ordnung: Stipetalia calamagrostis 102
      1. Verband: Stipion calamagrostis 102
         1. Stipetum calamagrostis 102
         2. Gymnocarpietum robertiani 102
         3. Rumicetum scutati 102
         4. Galeopsietum angustifoliae 102
         5. Vincetoxicum hirundinaria-Gesellschaft 103
   6. Ordnung: Galeopsietalia segetum; Verband Galeopsion segetum 103
      1. Epilobio lanceolati-Galeopsietum segetum 103

9. Klasse: Asplenietea trichomanis 104
   1. Ordnung: Potentilletalia caulescentis 104
      1. Verband: Potentillion caulescentis 104
         1. Androsacetum helveticae 104
         2. Potentilletum clusianae 104

    3. Hieracio humilis-Potentilletum caulescentis 105
    4. Cardaminopsietum petraeae 105
    5. Caricetum mucronatae 105
    6. Asplenietum trichomano - rutae-murariae 105
  2. Verband: Cystopteridion fragilis 105
    1. Asplenio viridis-Cystopteridetum fragilis 105
    2. Heliospermo-Cystopteridetum alpinae 106
    3. Caricetum brachystachyos 106
2. Ordnung: Androsacetalia vandellii 107
  1. Verband: Androsacion vandellii 107
    1. Woodsio-Asplenietum septentrionalis 107
    2. Biscutello-Asplenietum septentrionalis 108
    3. Asplenietum septentrionali - adianti-nigri 108
  2. Verband: Asarinion procumbentis 108
    1. Crocynio-Asplenietum billotii 108
  3. Verband: Asplenion serpentini 108
    1. Asplenietum serpentini 108
3. Ordnung: Parietarietalia judaicae 108
  1. Verband: Centrantho-Parietarion 109
    1. Parietarietum judaicae 109
    2. Cymbalarietum muralis 110
    Cheiranthus cheiri-Gesellschaft 110
    Corydalis lutea-Gesellschaft 110

III. Therophytenreiche Pionierfluren (mit Ausnahme des unmittelbaren Küstenbereiches) 110

10. Klasse: Bidentetea tripartitae 110
  1. Ordnung: Bidentetalia tripartitae 110
    1. Verband: Bidention tripartitae 110
      1. Polygono hydropiperis-Bidentetum 110
      2. Ranunculetum scelerati 111
      3. Senecionetum tubicaulis 112
      4. Rumicetum maritimi 113
      5. Alopecuretum aequalis 113
      6. Rumicetum palustris 114
    2. Verband: Chenopodion rubri 114
      1. Xanthio albini-Chenopodietum rubri 114
      2. Chenopodietum glauco-rubri 115
      3. Bidenti-Brassicetum nigrae 115
      4. Polygono brittingeri-Chenopodietum rubri 115
      5. Chenopodio polyspermi-Corrigioletum littoralis 115
      Bidens cernua - Bidention - Gesellschaft 116
      Atriplex hastata - Chenopodion rubri - Gesellschaft 116

11. Klasse: Isoeto-Nanojuncetea bufonii 116
  1. Ordnung: Nanocyperetalia 116
    1. Verband: Elatino-Eleocharition ovatae 116
      1. Eleocharito ovatae-Caricetum bohemicae 117
      2. Cypero fusci-Limoselletum aquaticae 117
      3. Elatino alsinastri-Juncetum tenageiae 118

2. Verband: Radiolion linoidis 118
   1. Scirpo setacei-Stellarietum uliginosae 118
   2. Centunculo-Anthocerotetum punctati 118
   3. Cicendietum filiformis 119
   4. Erythraeo-Blackstonietum 119
   5. Ranunculo-Radioletum linoidis 120
   6. Spergulario-Illecebretum verticillati 120
3. Verband: Nanocyperion flavescentis 121
   1. Cyperetum flavescentis 121
Juncus bufonius-Gesellschaft 121
Callitriche palustris-Gesellschaft 121
Peplis portula-Gesellschaft 121

12. Klasse: Stellarietea mediae 122
    1. Unterklasse: Violenea arvensis 128
       1. Ordnung: Sperguletalia arvensis 129
          1. Verband: Aperion spicae-venti 129
             1. Unterverband: Arnoseridenion minimae 129
                1. Teesdalio-Arnoseridetum minimae 129
             2. Unterverband: Aphanenion arvensis 129
                1. Papaveretum argemones 129
                2. Aphano-Matricarietum chamomillae 130
                3. Holco-Galeopsietum. 130
          2. Verband: Digitario-Setarion 131
             1. Setario-Galinsogetum parviflorae 131
             2. Digitarietum ischaemi 131
             3. Spergulo-Echinochloetum cruris-galli. 132
             4. Spergulo-Chrysanthemetum segetum 132
             5. Lycopsietum arvensis 132
             6. Setario-Stachyetum arvensis 133
          3. Verband: Polygono-Chenopodion polyspermi 133
             1. Galeopsietum speciosae. 134
             2. Chenopodio-Oxalidetum fontanae 134
       2. Ordnung: Papaveretalia rhoeadis 134
          1. Verband: Fumario-Euphorbion 134
             1. Soncho-Veronicetum agrestis 135
             2. Thlaspio-Fumarietum officinalis 135
             3. Thlaspio-Veronicetum politae 135
             4. Mercurialetum annuae 135
             5. Geranio-Allietum vinealis 135
          2. Verband: Caucalidion platycarpi 136
             1. Papaveri-Melandrietum noctiflori 136
             2. Kickxietum spuriae 137
             3. Caucalido-Adonidetum flammeae 137
             4. Sedo-Neslietum paniculatae 138
             5. Apero-Lathyretum aphacae 138
             6. Adonido-Iberidetum amarae 139
       Lolio remotae - Linetalia - Fragmente 139
    2. Unterklasse: Sisymbrienea; Ordnung Sisymbrietalia 139
       1. Verband: Sisymbrion 139
          1. Urtico urentis-Malvetum neglectae 140
          2. Conyzo-Lactucetum serriolae 140

    3. Agropyro-Descurainietum sophiae 141
    4. Lactuco-Sisymbrietum altissimi 141
    5. Sisymbrietum loeselii 141
    6. Bromo-Erigeretum canadensis 142
    7. Hordeetum murini 142
    8. Chenopodietum vulvariae 142
    9. Chenopodietum stricti 142
    10. Atriplicetum nitentis 142
    11. Sisymbrio-Atriplicetum oblongifoliae 143
    12. Sisymbrio austriaci-Asperuginetum 143
  2. Verband: Salsolion ruthenicae 143
    1. Setario-Plantaginetum indicae 143
    2. Bromo-Corispermetum leptopteri 144
    3. Chaenorrhino-Chenopodietum botryos 144
Bromus sterilis-Gesellschaft 145
Salsola kali ssp. ruthenica-Bestände 145
Sisymbrium wolgense-Gesellschaft 145

IV. Eutraphente Röhrichte und Großseggenrieder 145

13. Klasse: Phragmitetea australis 146
  1. Ordnung: Phragmitetalia australis 146
    1. Verband: Phragmition australis 147
      1. Scirpo-Phragmitetum 147
      2. Glycerietum maximae 149
      3. Glycerio-Sparganietum neglecti 150
      4. Sparganietum erecti 150
      5. Oenantho-Rorippetum amphibiae 151
      6. Acoretum calami 151
      7. Butometum umbellati 152
      8. Hippuridetum vulgaris 152
      9. Sagittario-Sparganietum emersi. 153
      Eleocharis palustris-Gesellschaft 153
      Equisetum fluviatile-Gesellschaft 153
    2. Verband: Bolboschoenion maritimi. 154
      1. Schoenoplecti triquetri-Bolboschoenetum maritimi 154
    3. Verband: (Magno)Caricion elatae 155
      1. Caricetum elatae 156
      2. Caricetum paniculatae 156
      3. Caricetum rostratae 156
      4. Caricetum vesicariae 157
      5. Caricetum gracilis 158
      6. Caricetum ripariae 158
      7. Cicuto-Caricetum pseudocyperi 158
      8. Carici-Menyanthetum 159
      9. Cladietum marisci 159
      10. Caricetum distichae 160
      11. Caricetum vulpinae 160
      12. Peucedano-Calamagrostietum canescentis 160
      13. Lysimachio thyrsiflorae-Caricetum aquatilis 161
      14. Caricetum appropinquatae 161

15. Calletum palustris 161
16. Caricetum oenensis 162
17. Caricetum buekii 162
18. Caricetum cespitosae 162

  2. Ordnung: Nasturtio-Glycerietalia 162
    1. Verband: Glycerio-Sparganion 162
      1. Sparganio-Glycerietum fluitantis 162
      2. Nasturtietum officinalis 163
      3. Glycerietum plicatae. 163
      4. Nasturtietum microphylli. 164
      5. Catabrosetum aquaticae. 164
      6. Leersietum oryzoides 164
      7. Veronica beccabunga-Mimulus guttatus-Gesellschaft 165
    2. Verband: Phalaridion arundinaceae 166
      1. Phalaridetum arundinaceae 166
      2. Rorippo-Phalaridetum arundinaceae 167

V. Quellflur- und Niedermoorgesellschaften, Hochmoorschlenken und Bulten-Gesellschaften 167

14. Klasse: Montio-Cardaminetea 167
  1. Ordnung: Montio-Cardaminetalia 167
    1. Verband: Cardamino-Montion. 168
      1. Philonotido fontanae-Montietum rivularis 168
      2. Bryo schleicheri-Montietum rivularis. 168
      3. Stellario alsines-Montietum rivularis 168
      Cardamine amara-Rumpfgesellschaft 169
    2. Verband: Philonotidion seriatae 169
      1. Scapanietum paludosae 169
      2. Scapanietum undulatae 169
      3. Scapanietum uliginosae 170
      4. Mniobryetum wahlenbergii-ludwigii 170
    3. Verband: Cratoneurion commutati 171
      1. Cratoneuretum filicino-commutati 171
      2. Eucladietum verticillati 172
      3. Cochleario pyrenaicae-Cratoneuretum commutati 172
      4. Cratoneuro-Arabidetum jaquinii. 172
  2. Ordnung: Cardamino-Chrysosplenietalia 172
    1. Verband: Caricion remotae 173
      1. Chrysosplenietum oppositifolii. 173
      2. Caricetum remotae 173
      3. Ranunculetum hederacei. 174

15. Klasse: Scheuchzerio-Caricetea nigrae 174
  1. Ordnung: Scheuchzerietalia palustris 175
    1. Verband: Rhynchosporion albae 175
      1. Caricetum limosae 175
      2. Rhynchosporetum albae 176
      3. Sphagnum cuspidatum-Eriophorum angustifolium-Gesellschaft 176
    2. Verband: Caricion lasiocarpae 177

  1. Caricetum lasiocarpae ... 178
  2. Caricetum diandrae. ... 178
  3. Drepanoclado-Caricetum chordorrhizae ... 178
  4. Caricetum heleonastae ... 178
 2. Ordnung: Caricetalia nigrae ... 178
  1. Verband: Caricion nigrae. ... 178
   1. Eriophoretum scheuchzeri. ... 179
   2. Caricetum nigrae ... 179
   3. Parnassio-Caricetum nigrae. ... 180
   4. Caricetum trinervi-nigrae ... 181
   5. Carici canescentis-Agrostietum caninae. ... 181
   6. Pediculario palustris-Juncetum filiformis ... 181
   Juncus acutiflorus-Gesellschaft. ... 182
 3. Ordnung: Caricetalia davallianae. ... 182
  1. Verband: Caricion davallianae ... 182
   1. Orchio-Schoenetum nigricantis ... 182
   2. Junco baltici-Schoenetum nigricantis ... 183
   3. Parnassio-Juncetum atricapilli ... 184
   4. Primulo-Schoenetum ferruginei ... 184
   5. Caricetum davallianae ... 185
   6. Trichophoretum alpini ... 185
   7. Caricetum frigidae. ... 186
   8. Eleocharitetum quinqueflorae ... 186
   9. Juncetum subnodolosi ... 186
   Carex pulicaris-Gesellschaft ... 187
  2. Verband: Caricion maritimae ... 187
   1. Kobresietum simpliciusculae ... 187
   2. Caricetum maritimae ... 187
   3. Juncetum alpino-articulati. ... 187
   4. Equiseto-Typhetum minimae ... 187

16. Klasse: Oxycocco-Sphagnetea ... 188
 1. Ordnung: Sphagnetalia magellanici ... 190
  1. Verband: Sphagnion magellanici ... 190
   1. Ledo-Sphagnetum magellanici ... 191
 2. Ordnung: Erico-Sphagnetalia papillosi ... 191
  1. Verband: Oxycocco-Ericion tetralicis. ... 191
   1. Erico-Sphagnetum magellanici ... 191
   2. Eriophoro-Trichophoretum cespitosi ... 194
  2. Verband: Ericion tetralicis ... 194
   1. Ericetum tetralicis ... 195
   2. Empetro-Ericetum tetralicis ... 195
   3. Sphagno compacti-Trichophoretum germanici ... 195
   4. Eriophorum vaginatum-Sphagnum fallax-Gesellschaft ... 196

VI. Meerstrand-, Spülsaum-, Dünen- und Salzwiesengesellschaften
 (mit Ausnahme der Vegetationstypen auf Grau- und Braundünen) ... 196

17. Klasse: Thero-Salicornietea ... 197
 1. Ordnung: Thero-Salicornietalia ... 198
  1. Verband: (Thero-)Salicornion strictae ... 198

1. Salicornietum strictae 199
2. Verband: Salicornion ramosissimae 199
   1. Salicornietum ramosissimae. 199
   2. Suaeda flexilis-Gesellschaft s.l 200
2. Ordnung: Thero-Suaedetalia 200
   1. Verband: Thero-Suaedion 200
      1. Salicornietum decumbentis 200
      2. Suaedetum prostratae 201
      3. Suaedo-Bassietum hirsutae 201
18. Klasse: Spartinetea maritimae; Ordnung Spartinetalia maritimae 202
    1. Verband: Spartinion maritimae 202
       1. Spartinetum anglicae 202

19. Klasse: Saginetea maritimae; Ordnung Saginetalia maritimae 203
    1. Verband: Saginion maritimae 203
       1. Sagino maritimae-Cochlearietum danicae 203
       2. Centaurio litoralis-Saginetum nodosae 204

20. Klasse: Cakiletea maritimae 204
    1. Ordnung: Cakiletalia maritimae 205
       1. Verband: Atriplicion littoralis 205
          1. Atriplicetum littoralis 205
          2. Atriplicetum glabriusculae-calothecae 205
          3. Cakiletum maritimae 206
          4. Beta maritima-Gesellschaft 206
          Crambe maritima-Gesellschaft 206
          Atriplex longipes-Gesellschaft 206
          Atriplex prostrata-Gesellschaft 207

21. Klasse: Ammophiletea arenariae, Ordnung Ammophiletalia arenariae 207
    1. Verband: Agropyro-Honkenyion peploidis 208
       1. Elymo-Agropyretum juncei 208
    2. Verband: Ammophilion arenariae 209
       1. Elymo-Ammophiletum arenariae 210

22. Klasse: Asteretea tripolii 210
    1. Ordnung: Glauco-Puccinellietalia 211
       1. Verband: Puccinellion maritimae 211
          1. Puccinellietum maritimae 211
          2. Halimionetum portulacoidis 212
          3. Puccinellio-Asteretum tripolii. 213
       2. Verband: Puccinellio-Spergularion 213
          1. Spergulario-Puccinellietum distantis 213
          2. Puccinellietum retroflexae 213
       3. Verband: Armerion maritimae 213
          1. Plantagini-Limonietum 213
          2. Juncetum gerardii 214
          3. Artemisietum maritimae. 215
          4. Blysmetum rufi 215
          5. Junco-Caricetum extensae 216
          6. Ononido-Caricetum distantis 216
          7. Oenantho-Juncetum maritimi 216

8. Atriplici-Agropyretum pungentis 216
 2. Ordnung: Crithmo-Limonietalia; Verband Crithmo-Armerion 217
   1. Brassicetum oleraceae 217

VII. Tritt- und Flutrasen, Rasengesellschaften des Wirtschaftsgrünlandes, Graudünen, Halbtrockenrasen und Magerrasen, Hochgebirgsrasen 217

23. Klasse: Polygono-Poetea annuae; Ordnung Poo-Polygonetalia 218
   1. Verband: Saginion procumbentis 218
     1. Sagino-Bryetum argentei 218
   2. Verband: Polygonion avicularis 219
     1. Polygono arenastri-Matricarietum discoideae 219
     2. Poo-Coronopetum squamati 219
     3. Myosuretum minimi 219
     4. Rumici acetosello-Spergularietum rubrae 220
     5. Herniarietum glabrae 220
     6. Alchemillo-Poetum supinae 220
     Polygonum calcatum-Gesellschaft 220
     Poa annua-Bestände 220
   3. Verband: Eragrostion minoris 220
     1. Eragrostis minor-Polygonum aviculare-Gesellschaft 221

24. Klasse: Molinio-Arrhenatheretea 221
   1. Ordnung: Trifolio fragiferae-Agrostietalia stoloniferae 221
     1. Verband: Lolio-Potentillion 222
       1. Potentillo-Festucetum arundinaceae. 222
       2. Rorippo-Agrostidetum stoloniferae 222
       3. Ranunculo repentis-Alopecuretum geniculati. 222
       4. Poo-Cerastietum dubii 223
       5. Blysmo-Juncetum compressi 223
       6. Cotula coronopifolia-Gesellschaft 223
       7. Mentho longifoliae-Juncetum inflexi 223
       8. Potentillo-Menthetum suaveolentis 224
       9. Potentillo-Deschampsietum mediae 224
       10. Poo irrigatae-Agropyretum repentis 224
       11. Poo trivialis-Rumicetum obtusifolii 224
   2. Ordnung: Plantaginetalia majoris. 224
     1. Verband: Lolio-Plantaginion 225
       1. Lolio-Plantaginetum 225
       2. Prunella vulgaris-Plantago major-Gesellschaft 225
       3. Juncetum tenuis 225
       4. Cichorium intybus-Gesellschaft 226

   3. Ordnung: Arrhenatheretalia 226
     1. Verband: Arrhenatherion 226
       1. Dauco-Arrhenatheretum elatioris 227
       2. Alchemillo-Arrhenatheretum elatioris 227
       3. Chrysanthemo-Rumicetum thyrsiflori. 227
       4. Alopecuretum pratensis 227
       Anthriscus sylvestris-Gesellschaft 227
     2. Verband: Polygono-Trisetion 228

      1. Geranio-Trisetetum flavescentis 228
      2. Centaureo-Meetum athamantici 229
      3. Astrantia major-Trisetum flavescens-Gesellschaft 229
   3. Verband: Cynosurion cristati 230
      1. Lolio-Cynosuretum 230
      2. Festuco commutatae-Crepidetum capillaris 231
      3. Trifolio repentis-Veronicetum filiformis 231
   4. Verband: Poion alpinae 231
      1. Crepido-Festucetum rubrae 231
      2. Trifolio thalii-Festucetum violaceae 231
 4. Ordnung: Molinietalia coeruleae 231
   1. Verband: Calthion 232
      1. Angelico-Cirsietum oleracei 232
      2. Bromo-Senecionetum aquatici 233
      3. Chaerophyllo hirsuti-Ranunculetum aconitifolii 234
      4. Crepis paludosa-Juncus acutiflorus-Gesellschaft 234
      5. Sanguisorba officinalis-Polygonum bistorta-Gesellschaft 234
      6. Scirpus sylvaticus-Gesellschaft 235
      7. Juncus filiformis-Gesellschaft 235
      8. Epilobio-Juncetum effusi 235
   2. Verband: Molinion coeruleae 235
      1. Junco-Molinietum coeruleae 235
      2. Molinietum coeruleae 236
      3. Gentiano asclepiadeae-Molinietum 236
      4. Cirsio tuberosi-Molinietum arundinaceae 236
      5. Oenantho lachenalii-Molinietum 237
      6. Galio borealis-Molinietum 237
      Holcus lanatus-Dominanzgesellschaft 237
   3. Verband: Cnidion dubii 238
      1. Cnidio venosi-Violetum persicifoliae 238
   4. Verband: Filipendulion 238
      1. Valeriano-Filipenduletum 238
      2. Filipendulo-Geranietum palustris 239
      3. Veronico longifoliae-Scutellarietum hastifoliae 239

25. Klasse: Koelerio-Corynephoretea 239
 1. Ordnung: Corynephoretalia canescentis 240
   1. Verband: Corynephorion canescentis 240
      1. Spergulo vernalis-Corynephoretum canescentis 240
      2. Violo-Corynephoretum canescentis 241
      3. Campylopus introflexus-Gesellschaft 242
   2. Verband: Thero-Airion 242
      1. Airetum praecocis 243
      2. Filagini-Vulpietum myuros 243
      3. Airo caryophylleae-Festucetum ovinae 243
      4. Thymo-Festucetum ovinae 243
      5. Narduretum lachenalii 244
      6. Agrostietum coarctatae 244
      Carex arenaria-Gesellschaft 244
   3. Verband: Koelerion albescentis 244
      1. Tortulo-Phleetum arenarii 244
      2. Agrostio-Poetum humilis 245

3. Festuco-Galietum veri 245
4. Tuberaria guttata-Gesellschaft 245
2. Ordnung: Festuco-Sedetalia 245
   1. Verband: Koelerion glaucae 245
      1. Jurinaeo-Koelerietum glaucae 246
      2. Koelerio glaucae-Festucetum psammophilae 246
   2. Verband: Armerion elongatae 247
      1. Diantho deltoides-Armerietum elongatae 247
      2. Armerio-Festucetum trachyphyllae. 248
      Agrostis tenuis-Gesellschaft 248
3. Ordnung: Sedo-Scleranthetalia 248
   1. Verband: Alysso-Sedion 248
      1. Cerastietum pumili 248
      2. Saxifrago tridactylitis-Poetum compressae 248
      3. Alysso alyssoidis-Sedetum albi 249
      4. Sempervivetum soboliferi 249
   2. Verband: Sedo-Scleranthion 249
      1. Sclerantho bienni-Sempervivetum arachnoidei 250
      2. Sileno rupestris-Sedetum annui. 250
   3. Verband: Sedo albi-Veronicion dillenii 250
      1. Allio montani-Veronicetum vernae 250
      2. Gageo saxatilis-Veronicetum dillenii 251
   4. Verband: Seslerio-Festucion pallentis 251
      1. Diantho gratianopolitani-Festucetum pallentis 251
      2. Teucrio botryos-Melicetum ciliatae 251

26. Klasse: Festuco-Brometea 251
   1. Ordnung: Festucetalia valesiacae 252
      1. Verband: Festucion valesiacae 252
         1. Allio-Stipetum capillatae 252
         2. Genisto pilosae-Stipetum stenophyllae 253
         3. Festuco valesiacae-Stipetum capillatae 253
         4. Potentillo-Stipetum capillatae 254
      2. Verband: Cirsio-Brachypodion 254
         1. Scorzonero hispanicae-Brachypodietum pinnati 254
         2. Stipetum stenophyllae 254
   2. Ordnung: Brometalia erecti 255
      1. Verband: Bromion erecti 255
         1. Gentiano-Koelerietum pyramidatae 255
         2. Onobrychido-Brometum 256
         3. Gentiano vernae-Brometum 256
         4. Viscario-Avenetum pratensis 256
      2. Verband: Seslerio-Mesobromion 257
         1. Polygalo amarae-Seslerietum variae 257
         2. Carlino acaulis-Caricetum sempervirentis 258
      3. Verband: Koelerio-Phleion phleoidis 259
         1. Pulsatillo-Phleetum phleoidis 259
         2. Genisto sagittalis-Phleetum phleoidis 259
      4. Verband: Xerobromion 260
         1. Xerobrometum. 260
         2. Trinio-Caricetum humilis 261
         3. Pulsatillo-Caricetum humilis 261

5. Verband: Seslerio-Xerobromion 262
      1. Teucrio-Seslerietum coeruleae 262
      2. Bromo-Seslerietum 263

27. Klasse: Violetea calaminariae; Ordnung Violetalia calaminariae 263
    1. Verband: Thlaspion calaminaris 263
       1. Violetum calaminariae 264
       2. Minuartio-Thlaspietum alpestris 264
    2. Verband: Armerion halleri 264
       1. Armerietum halleri 264
       2. Holco-Cardaminopsietum halleri 265

28. Klasse: Seslerietea variae; Ordnung Seslerietalia variae 265
    1. Verband: Seslerion variae 265
       1. Caricetum firmae 266
       2. Seslerio-Caricetum sempervirentis 266
    2. Verband: Caricion ferrugineae 266
       1. Caricetum ferrugineae 266
       2. Laserpitio-Calamagrostietum variae 266

29. Klasse: Carici rupestris-Kobresietea bellardii; Ordnung Elynetalia myosuroides;
    Verband Elynion myosuroides 267
       1. Elynetum myosuroides 268

30. Klasse: Caricetea curvulae 268
    1. Ordnung: Caricetalia curvulae 269
       1. Verband: Caricion curvulae 269
          1. Caricetum curvulae 269
       2. Verband: Juncion trifidi 270
          1. Juncus trifidus-Gesellschaft 270

**VIII. Nitrophytische, ruderale Staudenfluren, halbruderale Halbtrockenrasen,
      Saum- und Verlichtungsgesellschaften, Uferstaudenfluren und
      anthropogene Gehölzgesellschaften** 270

31. Klasse: Artemisietea vulgaris 271
    1. Ordnung: Onopordetalia acanthii 271
       1. Verband: Onopordion acanthii 271
          1. Onopordetum acanthii. 271
          2. Cirsietum eriophori 271
          3. Stachyo-Carduetum acanthoides 271
          4. Cynoglossum officinale-Gesellschaft 272
       2. Verband: Dauco-Melilotion 272
          1. Tanaceto-Artemisietum vulgaris 272
          2. Echio-Melilotetum 274
          3. Resedo-Carduetum nutantis 274
          4. Berteroetum incanae 274
    2. Ordnung: Agropyretalia repentis 275
       1. Verband: Convolvulo-Agropyrion repentis 275
          1. Convolvulo-Agropyretum repentis 276
          2. Poo-Tussilaginetum farfarae 276

3. Diplotaxi tenuifoliae-Agropyretum repentis 276
4. Cardario drabae-Agropyretum repentis 277
5. Falcario vulgaris-Agropyretum repentis 277
6. Saponario-Petasitetum spuriae 278
7. Poo compressae-Anthemidetum tinctoriae. 278
8. Asparago-Chondrilletum junceae. 279
2. Verband: Artemisio absinthii-Agropyrion intermedii 279
1. Potentillo argenteae-Artemisietum absinthii 279
2. Dauco-Picrietum hieracioides 279
3. Artemisia verlotiorum-Gesellschaft 279
3. Ordnung: Artemisietalia vulgaris 279
1. Verband: Arction lappae 280
1. Arctio-Artemisietum vulgaris 280
2. Balloto-Chenopodietum boni-henrici 280
3. Lamio albi-Conietum maculati 280
4. Leonuro cardiacae-Ballotetum nigrae 281
5. Lamio albi-Ballotetum nigrae 281
2. Verband: Rumicion alpini 282
1. Rumicetum alpini 282
2. Cirsietum spinosissimi 282

32. Klasse: Galio-Urticetea 282
1. Ordnung: Glechometalia hederaceae 283
1. Verband: Aegopodion podagrariae 283
1. Urtico-Aegopodietum podagrariae 284
2. Chaerophylletum bulbosi 284
3. Chaerophyllo-Petasitetum hybridi. 284
4. Chaerophylletum aurei 284
5. Chaerophylletum aromatici 284
6. Polygonum cuspidatum-Gesellschaft 285
7. Aegopodio-Anthriscetum nitidae 285
8. Urtico-Cruciatetum laevipes 285
2. Verband: Galio-Alliarion 286
1. Dipsacetum pilosi 286
2. Alliario-Chaerophylletum temuli 286
3. Torilidetum japonicae 286
4. Chaerophyllo-Geranietum lucidi 286
5. Alliario-Cynoglossetum germanici 287
6. Heracleo-Sambucetum ebuli 287
3. Verband: Ranunculo-Impatiention noli-tangere 287
1. Galio aparine-Impatientetum noli-tangere 288
2. Senecio fuchsii-Impatientetum noli-tangere 288
3. Epilobio-Geranietum robertiani 288
Impatiens parviflora-Gesellschaft. 288
Anthropogene Gehölz-Gesellschaften der Ordnung Glechometalia 288
Ailanthus altissima-Gesellschaft 289
Buddleja davidii-Gesellschaft 289
Acer negundo-Gesellschaft. 289
Lycium barbarum-Gesellschaft 289
Robinia pseudacacia-Gesellschaft 289
2. Ordnung: Convolvuletalia sepium 289
1. Verband: Convolvulion sepium. 289

    1. Convolvulo-Archangelicetum littoralis 289
    2. Senecionetum fluviatilis 290
    3. Cuscuto-Convolvuletum sepii 290
    4. Convolvulo-Epilobietum hirsuti 291
    Helianthus tuberosus-Gesellschaft 291
    Humulus lupulus-Gesellschaft 291
    Impatiens glandulifera-Gesellschaft 291
    Solidago canadensis- und Solidago gigantea-Gesellschaft 291

33. Klasse: Trifolio-Geranietea sanguinei 291
    1. Ordnung: Origanetalia vulgaris 292
        1. Verband: Geranion sanguinei 292
            1. Geranio-Anemonetum sylvestris 292
            2. Geranio-Peucedanetum cervariae. 293
            3. Geranio-Dictamnetum 294
            4. Geranio-Trifolietum alpestris 295
            5. Bupleuro longifolii-Laserpitietum latifolii 295
        2. Verband: Trifolion medii 295
            1. Trifolio-Agrimonietum 295
            2. Vicietum sylvaticae-dumetori 295
            3. Teucrio scorodoniae-Centaureetum nemoralis 296
        3. Verband: Melampyrion pratensis 296
            1. Stachyo-Melampyretum nemorosi 297
            2. Trifolio medii-Vicietum orobi 297
            3. Agrimonio-Vicietum cassubicae 297
            4. Teucrietum scorodoniae 297
            5. Melampyrum pratense-Gesellschaft 299
            6. Hieracium laevigatum-Gesellschaft 299

34. Klasse: Epilobietea angustifolii. 299
    1. Ordnung: Atropetalia belladonnae 299
        1. Verband: Carici piluliferae-Epilobion angustifolii 300
            1. Digitalio-Epilobietum angustifolii. 300
            2. Epilobio-Senecionetum sylvatici 301
            3. Epilobio-Corydaletum claviculatae 301
            4. Calamagrostio arundinaceae-Digitalietum grandiflorae 301
        2. Verband: Atropion belladonnae 301
            1. Atropetum belladonnae 301
            2. Atropo-Digitalietum luteae 302
        3. Verband: Arctio-Sambucion nigrae 302
            1. Arctietum nemorosi. 302
            2. Sambucetum nigrae 302
    2. Ordnung: Sambucetalia racemosae 302
        1. Verband: Lonicero-Rubion sylvatici 302
            1. Rubetum grati 302
            2. Rubo plicati-Sarothamnetum. 303
            3. Rubetum silvatici 303
            4. Rubetum pedemontani 303
            5. Rubetum sciocharis 304
        2. Verband: Sambuco-Salicion capreae 304
            1. Senecionetum fuchsii. 304
            2. Rubetum idaei 304

  3. Sambuco racemosae-Rubetum rudis 304
  4. Lonicero-Salicetum capreae 304
  5. Sorbetum aucupariae 304

35. Klasse: Betulo-Adenostyletea 305
 1. Ordnung: Adenostyletalia 305
  1. Verband: Adenostylion alliariae 305
   1. Alnetum viridis 306
   2. Adenostylo-Cicerbitetum 307
   3. Salicetum appendiculatae 307
  2. Verband: Calamagrostion villosae. 308
   1. Sorbo-Calamagrostietum 309
   2. Hieracium aurantiacum-Calamagrostis villosa-Gesellschaft 309
   3. Athyrietum distentifolii 309

IX. Zwergstrauch-Gesellschaften und Borstgras-Triften 309

36. Klasse: Nardo-Callunetea 309
 1. Ordnung: Nardetalia strictae 310
  1. Verband: Juncion squarrosi 310
   1. Nardo-Juncetum squarrosi 310
   2. Eriophoro-Nardetum strictae 310
  2. Verband: Violion caninae 311
   1. Polygalo-Nardetum 311
   2. Thymo serpylli-Festucetum turfosae 311
   3. Festuco-Genistetum sagittalis 312
   4. Aveno-Genistetum sagittalis 312
   5. Polygono vivipari-Genistetum sagittalis 312
  3. Verband: Nardion strictae 312
   1. Nardetum strictae 312
   2. Aveno versicoloris-Nardetum 312
   3. Leontodonto helvetici-Nardetum 313
   4. Violo-Nardetum 313
   5. Pulsatillo-Nardetum 313
   6. Lycopodio alpini-Nardetum 315
 2. Ordnung: Calluno-Ulicetalia 315
  1. Verband: Genisto-Callunion 318
   1. Genisto pilosae-Callunetum 318
   2. Genisto germanicae-Callunetum 319
   3. Vaccinio-Callunetum 319
   4. Cytiso supini-Antennarietum 320
  2. Verband: Empetrion boreale 321
   1. Hieracio-Empetretum 323
   2. Pyrolo-Salicetum repentis 323
  3. Verband: Sarothamnion 324
   1. Calluno-Sarothamnetum 324
   2. Genisto pilosae-Sarothamnetum 324

37. Klasse: Salicetea herbaceae 325
 1. Ordnung: Salicetalia herbaceae 325
  1. Verband: Salicion herbaceae 325

  1. Salicetum herbaceae 325
  2. Luzuletum alpino-pilosae 326
  3. Polytrichetum sexangularis 326
  4. Luzuletum desvauxii 327
 2. Ordnung: Arabidetalia coeruleae 327
  1. Verband: Arabidion coeruleae 327
   1. Arabidetum coeruleae 327
   2. Salicetum retusae-reticulatae 327
   3. Arabido-Rumicetum nivalis 327

38. Klasse: Cetrario-Loiseleurietea; Ordnung Empetretalia hermaphroditi;
 Verband Loiseleurio-Vaccinion 328
  1. Loiseleurio-Cetrarietum 328
  2. Vaccinio uliginosi-Empetretum hermaphroditici 329

X. Gebüsche und Vorwälder 329

39. Klasse: Salicetea purpureae 329
 1. Ordnung: Salicetalia purpureae. 330
  1. Verband: Salicion albae 330
   1. Salicetum triandro-viminalis 331
   2. Salicetum albo-fragilis 331
  2. Verband: Salicion eleagni 331
   1. Salici-Myricarietum 331
   2. Salicetum eleagni 332

40. Klasse: Rhamno-Prunetea 332
 1. Ordnung: Prunetalia spinosae 333
  1. Verband: Berberidion 333
   1. Ligustro-Prunetum 334
   2. Cotoneastro-Amelancherietum 334
   3. Hippophao-Berberidetum 335
   4. Roso-Juniperetum 335
   Rosa pimpinellifolia-Gebüschsaum 335
   Prunus cerasus ssp. acida-Gesellschaft 335
   Ulmus minor-Gesellschaft 335
  2. Verband: Prunion fruticosae 335
   1. Prunetum fruticosae 335
   2. Prunetum mahaleb 335
  3. Verband: Carpino-Prunion 336
   1. Carpino-Prunetum 336
   2. Corylo-Rosetum vosagiacae 336
  4. Verband: Salicion arenariae 337
   1. Roso pimpinellifoliae-Salicetum arenariae 337
   2. Salici arenariae-Hippophaetum rhamnoides 337
 2. Ordnung: Pruno-Rubetalia 338
  1. Verband: Pruno-Rubion radulae 338
   1. Pruno-Rubetum sprengelii 340
   2. Pruno-Rubetum bifrontis 340
   3. Pruno-Rubetum elegantispinosi 340
   4. Pruno-Rubetum vestiti 340

5. Pruno-Rubetum radulae 340
  6. Pruno-Rubetum praecocis 340
  7. Rubetum armeniaci 340

XI. Waldgesellschaften 341

41. Klasse: Alnetea glutinosae 344
  1. Ordnung: Alnetalia glutinosae 344
    1. Verband: Alnion glutinosae 345
      1. Carici elongatae-Alnetum 345
      2. Carici laevigatae-Alnetum 345
      3. Sphagno-Alnetum 345
    2. Verband: Salicion cinereae 346
      1. Betulo humilis-Salicetum repentis 346
      2. Salicetum pentandro-cinereae 347
      3. Myricetum galis 347
      4. Frangulo-Salicetum auritae 348
      5. Frangulo-Salicetum cinereae 348

42. Klasse: Pulsatillo-Pinetea; Ordnung Pulsatillo-Pinetalia 348
    1. Verband: Cytiso ruthenio-Pinion 349
      1. Pyrolo-Pinetum sylvestris 349

43. Klasse: Erico-Pinetea 350
  1. Ordnung: Erico-Pinetalia 350
    1. Verband: Erico-Pinion 350
      1. Erico-Pinetum sylvestris 351
      2. Coronillo vaginalis-Pinetum sylvestris 351
      3. Cytiso nigricantis-Pinetum. 352
      4. Erico-Rhododendretum hirsuti. 352

44. Klasse: Vaccinio-Piceetea 353
  1. Ordnung: Vaccinio-Piceetalia 353
    1. Verband: Vaccinio-Piceion 353
      1. Vaccinio-Piceetum 354
      2. Vaccinio uliginosi-Pinetum rotundatae 354
      3. Bazzanio-Piceetum 355
      4. Homogyno-Piceetum 355
    2. Verband: Abieto-Piceion 356
      1. Vaccinio-Abietetum 356
      2. Luzulo-Abietetum 356
    3. Verband: Rhododendro-Vaccinion 356
      1. Larici-Cembretum 356
      2. Rhododendro ferruginei-Vaccinietum 357
      3. Arctostaphylo-Juniperetum nanae 357
    4. Verband: Dicrano-Pinion 357
      1. Leucobryo-Pinetum 357
      2. Dicrano-Juniperetum communis 358
    5. Verband: Betulion pubescentis 359
      1. Betuletum pubescentis 359
      2. Vaccinio uliginosi-Pinetum sylvestris 360

    3. Ledo-Pinetum sylvestris 360
    4. Betuletum carpaticae 360

45. Klasse: Quercetea robori-petraeae 362
  1. Ordnung: Quercetalia robori-petraeae 362
    1. Verband: Quercion robori-petraeae 362
      1. Betulo-Quercetum roboris 364
      2. Fago-Quercetum petraeae 365
      3. Populo tremulae-Quercetum petraeae 366
      4. Betulo-Quercetum petraeae 367
      5. Vaccinio vitis-ideae - Quercetum petraeae 367

46. Klasse: Querco-Fagetea 368
  1. Ordnung: Fagetalia sylvaticae 368
    1. Verband: Fagion sylvaticae 368
      1. Unterverband: Luzulo-Fagenion 371
        1. Luzulo albidae-Fagetum 371
        2. Luzula pilosa-Fagus sylvatica-Gesellschaft 372
      2. Unterverband: Galio odorati-Fagenion 373
        1. Galio odorati-Fagetum 373
        2. Hordelymo-Fagetum 374
      3. Unterverband: Aceri-Fagenion 375
        1. Aceri-Fagetum 375
      4. Unterverband: Cephalanthero-Fagenion. 375
        1. Carici-Fagetum 376
        2. Seslerio-Fagetum 376
      5. Unterverband: Lonicero alpigenae-Fagenion 376
        1. Cardamino trifoliae-Fagetum 376
        2. Dentario heptaphyllidi-Fagetum 377
        3. Lonicero alpigenae-Fagetum 377
        4. Aposerido-Fagetum 377
        5. Dentario enneaphyllidi-Fagetum 378
      6. Unterverband: Galio-Abietenion 378
        1. Galio rotundifolii-Abietetum 378
        2. Pyrolo secundae-Abietum 378
    2. Verband: Carpinion betuli 378
      1. Stellario holosteae-Carpinetum betuli 381
      2. Galio sylvatici-Carpinetum betuli 381
      3. Carici albae-Tilietum cordatae 382
    3. Verband: Alno-Ulmion 382
      1. Unterverband: Alnenion glutinosae 383
        1. Stellario nemorum-Alnetum glutinosae 383
        2. Alnetum incanae 383
        3. Carici remotae-Fraxinetum 384
        4. Pruno-Fraxinetum 384
        5. Ribo sylvestris-Fraxinetum 384
        6. Chrysosplenio oppositifolii-Alnetum glutinosae 385
      2. Unterverband: Ulmenion minoris 385
        1. Querco-Ulmetum minoris 385
    4. Verband: Tilio platyphylli-Acerion pseudoplatani 385
      1. Fraxino-Aceretum pseudoplatani 386
      2. Lunario-Aceretum 386

        3. Phyllitido-Aceretum 386
        4. Arunco-Aceretum 387
        5. Aceri-Tilietum cordatae 387
    2. Ordnung: Quercetalia pubescentis 387
        1. Verband: Quercion pubescentis 387
            1. Quercetum pubescenti-petraeae 387
            2. Buxo-Quercetum petraeae 388
            3. Aceri monspessulani-Quercetum petraeae 388
        2. Verband: Potentillo albae-Quercion petraeae 389
            1. Potentillo albae-Quercetum petraeae 389

Literaturverzeichnis 390

Register der Syntaxa 414

Vorwort

Pflanzengesellschaften sind der am leichtesten zu erfassende Anteil von Biozönosen; diese Vegetationstypen gleichgearteter Pflanzenzusammensetzung können als Ergebnis ähnlicher Lebensbedingungen und verwandter Vegetationsgeschichte verstanden werden.

    Das pflanzensoziologische System der Schule von BRAUN-BLANQUET dient bei der Erfassung und Beschreibung von Pflanzengesellschaften als Leitfaden. Es basiert auf der Tatsache, daß verschiedene Pflanzenbestände sich an manchen Stellen sprunghaft ändern und dann gut gegeneinander abgrenzbar sind, aber auch kontinuierliche Übergänge untereinander zeigen. Immer wieder trifft man Bestände an, die sich nach floristischer Zusammensetzung, Physiognomie und ökologischen Ansprüchen mehr oder weniger stark gleichen und deshalb typisierbar sind. Solche abstrahierbaren Typen werden als **Assoziationen** bezeichnet. Sie werden sympatrisch und synchron in Beziehung gesetzt, und auffallende Diskontinuitäten bilden die Grundlage ihrer Unterscheidung.

    Seit Jahrzehnten arbeitet die moderne Pflanzensoziologie mit floristisch exakt gefaßten Syntaxa der Pflanzengesellschaften. In einem fast unübersehbarem Maße häufen sich in dieser Zeit pflanzensoziologische Aufnahmen und Vegetationstabellen. Die pflanzensoziologische Bearbeitung der Vegetation ist inzwischen eine essentielle Grundlage theoretischer wie angewandter vegetationsökologischer Forschung. In dem Umfang, wie in Deutschland und in den Nachbarländern die Kenntnis von den Pflanzengesellschaften mittlerweile angewachsen ist, läßt sich das inzwischen aus Tausenden von pflanzensoziologischen Aufnahmen bestehende Material nur noch schwer übersehen. Allein der wissenschaftliche Nachlaß TÜXENS, der zur Zeit von der REINHOLD-TÜXEN-GESELLSCHAFT aufgearbeitet und verwaltet wird, umfaßt mehr als 50.000 pflanzensoziologische Originaltabellen nahezu aller mitteleuropäischer Syntaxa!

    Aufgabe dieses Buches ist eine möglichst umfassende Darstellung der Pflanzengesellschaften Deutschlands, wie sie im Laufe der vergangenen 70 bis 80 Jahre beschrieben worden sind. In dieser Hinsicht soll die vorliegende Zusammenstellung und Gliederung der Pflanzengesellschaften Deutschlands eine Diskussionsgrundlage darstellen, die sicherlich noch mit vielen Fehlern und zahlreichen Ungereimtheiten behaftet ist. Dies ist wohl teilweise darin begründet, daß viele Vegetationstypen bis heute nur unscharf definiert sind und verschiedene Arbeitsgruppen und Schulen die Vegetation ihrer Region oder ihres Landes nach dem „Kennartenprinzip" oder nach sogenannten „soziologischen" bzw. „ökologischen Artengruppen" zu differenzieren versuchen. Dieses Phänomen erschwert beispielsweise die Vergleichbarkeit von Daten und von Beschreibungen konkreter Pflanzengesellschaften in den Gebieten der „Neuen" und „Alten Bundesländer" Deutschlands. Ich bitte deshalb an dieser Stelle alle interessierten Fachkolleginnen und Fachkollegen um hilfreiche Kritik.

    Das vorliegende Buch ist Inhalt einer Vorlesung und aus Vorlesungsskripten für Studierende der Landschaftsökologie, der Geobotanik, der Landschaftspflege sowie des Naturschutzes entstanden. Es richtet sich dementsprechend an Interessenten ökologischer Fachrichtungen.

    Der Text ist so abgefaßt, daß sich auch Anfänger ohne große syntaxonomische Vorkenntnisse in den Stoff einarbeiten und in der weiterführenden Speziallliteratur das Studium der Pflanzengesellschaften vertiefen können. Ich hoffe, daß diese Darstellung dementsprechend auch für angewandt arbeitende Institutionen, wie Planungsbehörden und Naturschutzeinrichtungen, aber auch für Lehrende und Lernende an den Hochschulen brauchbar ist.

Hannover, im März 1992   Richard Pott

Wesen und Grundlagen von Pflanzengesellschaften

Was wir im Gelände als Vegetation erkennen, ist kein zufällig zusammengewürfeltes Konglomerat von Pflanzenarten, sondern es handelt sich um **Artenverbindungen** von gesetzmäßig bestimmter Ausprägung. Besitzen solche Artenverbindungen eine mehr oder weniger ähnliche floristische Zusammensetzung und Struktur, so sind sie typisierbar; wenn derartige Typen einander mehr oder weniger ähnlich sind, werden sie als **Pflanzengesellschaften** bezeichnet. Der Begriff Pflanzengesellschaft beinhaltet also die Gesamtheit von Pflanzenbeständen (Vegetationseinheiten, Phytozönosen) und den daraus abstrahierbaren Typus, der durch eine charakteristische Artenkombination und bestimmte Standortbedingungen gekennzeichnet ist.

Man kann über große Entfernungen hinweg Pflanzenbestände auffinden, die in ihren wesentlichen floristischen Aspekten so ähnlich sind, daß man sie ohne Schwierigkeiten zu gleichen Pflanzengesellschaften zurechnen kann.

Solche bestimmten Artenverbindungen, die wir als Typus benennen, wiederholen sich im Gelände überall dort, wo sich gleiche Konstellationen ihrer Lebensbedingungen ergeben. Die **Reproduzierbarkeit** ist ein wesentliches Faktum für die Pflanzengesellschaft, denn nicht jeder Pflanzenbestand im Gelände ist einem Typus im oben definierten Sinne zuzuordnen!

Da wir die qualitative und quantitative Artenzusammensetzung einer Phytozönose als Ausdruck aller historischen, soziologischen und standörtlichen Einflüsse werten, kommt den jeweiligen Standortfaktoren für die Artenauslese und -zusammensetzung eine Schlüsselrolle zu. Die jeweiligen Standortfaktoren sind sowohl **exogener** als auch **endogener** Natur; d.h. sie wirken einmal von außen her auf die Pflanzengesellschaften ein und zum anderen von innen her, aus der Pflanzengesellschaft selbst.

Standortbedingungen

exogen	endogen
klimatische Faktoren (Niederschläge, Temperatur, Wind etc.)	**Konkurrenz und Koexistenz** (Wettbewerb um Raum, Nahrung, Wasser und Energie)
edaphische Faktoren (physikalische und chemische Bodenbeschaffenheit)	**Abhängigkeit** (z.B. Licht- und Schattenpflanzen)
anthropo-zoogene Faktoren (Einwirkungen von Mensch und Tier)	**Anpassung** (z.B. zeitlich komplementäre Geophyten)
	Duldung (z.B. Kommensalismus)

Die **exogenen Faktoren** bestimmen, welche Pflanzenarten an einem bestimmten Ort wachsen können und welche nicht, d.h. sie begrenzen den Rahmen der Wachstumsmöglichkeiten im Gelände. Die endgültige Auswahl der Arten in einer Gesellschaft bestimmen sie in der Regel nicht. Dafür sind die **endogenen Faktoren** verantwortlich, jene Kräfte, welche die Pflanzen selbst besitzen oder entfalten, um das Leben in der Gemeinschaft zu regulieren. Aus der Vielzahl von zufälligen Arten, die aufgrund der exogenen Faktoren beispielsweise auf neu geschaffenen Wuchsplätzen (Brachäcker, Ruderalstellen oder Gärten) wachsen können, bleibt im Endeffekt nur ein Bruchteil von bestimmten Arten zurück. Aus der zufälligen primären Artenkombination entwickelt sich also unter dem Einfluß der endogenen Faktoren die bestimmte, gesetzmäßige Artenkombination. Welcher von beiden Kräftegruppen im Endeffekt für die Bildung der Pflanzengesellschaften nun die wirksamere Bedeutung zukommt, hängt von der Einseitigkeit oder Vielseitigkeit der exogenen Faktoren ab. Sind die exogenen Faktoren einseitig, d.h. überwiegt ein Faktor als Extremfaktor, dann sind **sie** am meisten für die Auslese der Pflanzenarten in der Gesellschaft verantwortlich (z.B. extreme Halophytengesellschaften, Primärdünengesellschaften der Meeresküsten). Sind dagegen die Außenfaktoren vielseitig, kommt den endogenen Faktoren die Hauptauslese für die Pflanzengesellschaft zu.

Eine Pflanze kann sich in der Artenverbindung ihrer Gesellschaft nur halten, wenn und solange sie sich räumlich, zeitlich und funktional einzufügen vermag. Geht das nicht, wird sie unterdrückt und letztlich eliminiert. Dementsprechend hat jede Pflanzengesellschaft neben der floristischen eine **räumliche, zeitliche** und **funktionale** Ordnung.

Die **räumliche Ordnung** bezieht sich auf die arealmäßige, chorologische Verbreitung einer Gesellschaft, auf den Kontakt zu bestimmten Nachbargesellschaften (z.B. Zonierung von Wasserpflanzengesellschaften, Mosaikkomplexe bei Hochmooren) und auf das Einfügen der Gesellschaftspartner in den verfügbaren Wuchsraum. Letzteres äußert sich in der Regel durch horizontale und vertikale Schichtungen v.a. in Gehölzbeständen.

Der **zeitlichen Ordnung** unterliegen die gesamten Lebensäußerungen der Pflanzengesellschaft. Sie sind temporär abhängig von den Einwirkungen der Außenwelt (abiotische und biotische Faktoren), wie etwa dem Rhythmus von Tages- und Jahreszeiten, dem Wechsel von Regen- und Trockenzeiten, periodischen Überflutungen, geregelter Mahd oder Weide etc. Nicht zuletzt ist die gesamte Entwicklung der Gesellschaft in den einzelnen Phasen bis zu ihrem Zerfall dieser zeitlichen Ordnung unterworfen. Pflanzengesellschaften bilden demnach **offene Systeme** in einem räumlich-zeitlichen Kontinuum.

Eine **funktionale Ordnung** der Gesellschaft zeigt sich weiterhin in einem verwickelten Wirkungsgefüge. Ununterbrochene Ketten von Wechselwirkungen zwischen den einzelnen Partnern der Gesellschaft einerseits sowie zwischen Pflanze und Standort andererseits sind dafür kennzeichnend. So hat man es bei der ökologischen Standortanalyse von Phytozönosen mit edaphischen und klimatischen Faktoren sowie nach ihrer Infrastruktur für Pflanzen und Tiere mit offenen Systemen zu tun, in denen es nie möglich ist, die gesamte Anzahl wirksamer Ökofaktoren konstant zu halten, zu messen oder auch zu rekonstruieren. Dies ist ein wesentlicher Unterschied zu den Bedingungen im Labor oder in Phytokammern, die nahezu abgeschlossene Systeme darstellen können, wobei einzelne gefragte ökosystemare Faktorenkombinationen oder -kompartimente beliebig einstellbar und damit wiederholbar sind.

Wenn ein Standort sich verändert, dann bleiben der einzelnen Pflanzenart also nur die genannten zwei Möglichkeiten: entweder sie bleibt am Ort oder sie verschwindet. Genau die gleiche Reaktion, dieses Entweder-Oder, kennen wir auch bei den Pflanzengesellschaften. Dennoch ist hier ein wesentlicher Unterschied festzustellen: Während es für die einzelne Pflanzenart nur die Alternativlösung des Bleibens oder Verschwindens gibt, kann die Pflanzengesellschaft darüber hinaus mit vielen Zwischenstufen reagieren, und zwar dadurch, daß Umstrukturierungen in der Artenkombination in quantitativer und qualitativer Hinsicht erfolgen. Das bedeutet, die charakteristische Artenkombination der Gesellschaft bleibt, es können sich aber die Mengenverhältnisse der einzelnen Arten verschieben, und es können neue Arten hinzutreten. Diese hinzugetretenen Arten werden dann als **Differentialarten** bezeichnet, weil sie je nach Anzahl und Menge geringere oder größere Abweichungen vom Typus der Gesellschaft anzeigen. Durch die Differentialarten kann die Gesellschaft in Untereinheiten aufgegliedert werden, die dann als feinste Standortanzeiger fungieren. Diese Möglichkeit der feinsten Standortindikation hat die einzelne Zeigerpflanze nicht, sie läßt sich nicht untergliedern.

Die Einordnung der Pflanzengesellschaften in ein hierarchisches System erfolgt induktiv-synthetisch; dabei werden die Typen der Vegetationseinheiten als syntaxonomische Grundeinheiten abstrahiert und als **Assoziationen** gefaßt. Gesellschaften beliebigen Ranges werden mit dem Terminus **Syntaxon** belegt.

Bei der Untersuchung von Pflanzengesellschaften mit pflanzensoziologischen Methoden wird das Ziel verfolgt, konkrete Pflanzenbestände im Gelände in ihrer **qualitativen** und **quantitativen Zusammensetzung** aufzunehmen und diese nach dem Grad ihrer floristischen Ähnlichkeit zu Vegetationstypen unterschiedlicher Rangstufen zusammenzufassen. Die Vorgehensweisen und Arbeitsmethoden zur Erfassung der Pflanzengesellschaften im Gelände nach der Methode von BRAUN-BLANQUET und die Analyse der Grundtypen ist in neuerer Zeit wiederholt und ausreichend beschrieben worden (z.B. u.a. BRAUN-BLANQUET 1964, BURRICHTER 1964, OBERDORFER 1968, 1980; KNAPP 1971, REICHELT & WILMANNS 1973, TÜXEN 1974a, WILMANNS 1989 sowie DIERSSEN 1990), so daß hier auf diese Werke verwiesen und eine erneute umfassende Beschreibung der Vorgehensweise bei Vegetationsaufnahmen im Gelände, der Schätzung von Mengenverhältnissen sowie bei der Anlage von Vegetationstabellen aus Platzgründen verzichtet wird.

Die Erfassung von Pflanzengesellschaften im Gelände nach der kombinierten Schätzmethode von BRAUN-BLANQUET ist von den zahlreichen Aufnahmeverfahren heute wohl am besten standardisiert und gewährleistet damit ein hohes Maß an internationaler Vergleichbarkeit. Sie geht von der Analyse und Beschreibung ausgewählter Pflanzenbestände als Grundtypen aus. Nach Auswahl und Abgrenzung von Probeflächen (= Aufnahmeflächen) wird zur qualitativen Analyse eine Inventarisierung sämtlicher Arten und zur quantitativen Analyse eine Schätzung der Mengenverhältnisse (= Individuenzahl, Deckungsgrad) vorgenommen. Diese Daten werden in Vegetationstabellen zusammengefaßt und dargestellt.

Die Ziffern in den Tabellen bezeichnen den Deckungsgrad der einzelnen Arten. Dabei bedeuten für den Deckungsgrad
5: >75 % der Fläche deckend
4: 51 - 75 % "   "   "
3: 26 - 50 % "   "   "
2: 5 - 25 % "   "   "
1: < 5 % "   "   " , aber zahlreiche Individuen
+: < 5 % der Fläche deckend, aber nur 1 - wenige Individuen

Dieses großzügige System schließt subjektive Fehlerquellen weitgehend aus.

Gesellschaftssystematik (Syntaxonomie)

Mit der Vielzahl der Pflanzengesellschaften eines Gebietes läßt sich nur dann sinnvoll arbeiten, wenn man die systematisch geordneten Typen hierarchisch gliedert. Um syntaxonomisch arbeiten zu können, muß man alle Gesellschaften eines großen Gebietes genügend vollständig überblicken (TÜXEN 1974). Die Kenntnis nur eines Verbandes, einer Ordnung und Klasse, oder gar nur einzelner Formationen reicht dazu nicht aus. Die reine Typisierung ist aber keineswegs die Pflanzensoziologie schlechthin, sondern nur ein Verständigungsrahmen. Ein wesentlicher Gegenstand pflanzensoziologischer Arbeiten besteht darin, an konkreten Pflanzenbeständen im Gelände die abstrakten Vegetationseinheiten (Syntaxa) nach definierten Kriterien zu beschreiben und voneinander abzugrenzen.

Um die komplette aktuelle Vegetation eines Gebietes umfassend beschreiben zu können, sollte man Vegetationstabellen so anlegen, daß verschiedene Degradations- und

Regenerationsstadien einer Pflanzengesellschaft, in einigen Fällen auch verschiedene ranglose Gesellschaften zusammengefaßt werden, wie es beispielsweise POTT & HÜPPE (1991) für die Dokumentation der Vegetationskomplexe und deren Dynamik in nordwestdeutschen Extensivlandschaften durchgeführt haben. Diese übersichtliche Form der Darstellung wird am besten einer vegetationsdynamischen Betrachtungsweise gerecht. Solche Tabellen sind aber heteronom im Sinne einer syntaxonomischen Typisierung. Denn zum systematischen Vergleich sollten nur optimal entwickelte Bestände herangezogen werden. Entwicklungsstadien, Fragmente und Durchdringungen mit Resten degenerierter oder sich regenerierender Vegetationseinheiten sind für die Aufstellung und Benennung einer Assoziation oder Subassoziation nicht geeignet. Aufnahmen syndynamischer Übergangszustände sind aber für die Vegetationsbeschreibung heutiger Kulturlandschaften besonders aussagekräftig.

Dominanztypen, Stadien und ranglose Gesellschaften können so zwanglos zu gut entwickelten Vegetationstypen in Beziehung gesetzt werden, wobei vielfach solche syngenetisch und syndynamisch eng verflochtenen Vegetationseinheiten als Mosaikstrukturen und **Vegetationskomplexe** differenzierbar sind. Derartige Vegetationskomplexe bieten sich zur wissenschaftlich-landschaftsökologischen Erfassung homogener Landschaftsteile geradezu an. Die hier behandelte, auf die franko-schweizerische Zürich-Montpellier-Schule nach BRAUN-BLANQUET zurückgehende Gliederungsmethodik beruht ausschließlich auf floristischer Grundlage, d.h. zur Einteilung der Pflanzengesellschaften werden ihre einzelnen Arten herangezogen.

Charakterarten, Kennarten

Ein wesentlicher Grundzug der systematischen Einteilung ist die **Gesellschaftstreue** (Treueprinzip). Unter Gesellschaftstreue versteht man die mehr oder weniger starke Bindung einzelner Arten an eine Gesellschaft. Arten mit hohem Treuegrad, die in einem größeren Gebiet fast nur in einer bestimmten Gesellschaft ein deutliches Verbreitungsoptimum aufweisen, bezeichnet man als **Charakterarten** (Kennarten). Sie haben also einen ähnlichen Indikatorwert für die Pflanzengesellschaft wie die Leitfossilien in der Geologie. Die pflanzensoziologische Methode auf der Basis von Kennarten beruht als floristische Methode auch auf pflanzengeographisch und ökologisch begründeten Verfahrensweisen.

Daneben gibt es die **Differentialarten** (Trennarten). Das sind Arten, die in nahe verwandten Gesellschaften nur in einer von ihnen auftreten und diese von den anderen floristisch differenzieren. Eine Art wird als Differentialart eines Syntaxons gegenüber anderen Syntaxa bezeichnet, wenn sie in den Aufnahmen des betreffenden Syntaxons um wenigstens zwei Stetigkeitsklassen höher und mindestens doppelt so häufig auftritt wie in Aufnahmen gegenübergestellter Syntaxa (s. auch BERGMEIER et al. 1990 sowie Tab. 1).

Tab. 1: Stetigkeitskriterien für eine Differentialart

Stetigkeitsklassen (in 100 % aller Aufnahmen)		Stetigkeit der Art in dem zu vergleichenden Syntaxon						
V	80 – 100 %	.	r	+	I	II	III	IV	V
IV	60 – 80 %	.	r	+	I	II	III	IV	V
III	40 – 60 %	.	r	+	I	II	III	IV	V
II	20 – 40 %	.	r	+	I	II	III	IV	V
I	1 – 20 %	.	r	+	I	II	III	IV	V
+		.	r	+	I	II	III	IV	V
r		.	r	+	I	II	III	IV	V

   Die Art ist Differentialart

   Die Art ist nur dann Differentialart, wenn sie im betrachteten Syntaxon
   mindestens doppelt so häufig auftritt wie in dem zu vergleichenden Syntaxon

   Die Art ist keine Differentialart

Außerhalb einer bestimmten Gesellschaft können die Differentialarten aber wesentlich weiter verbreitet sein, so daß sie als Charakterarten nicht in Frage kommen. Genau genommen bilden also die Charakterarten einen Sonderfall der Differentialarten.

Eine Assoziation ist demnach ein Grundtyp der Vegetation, der durch seine charakteristische Artenkombination bestimmt ist. Sie kann v.a. durch ihre Charakter- und Differentialarten erkannt und abgegrenzt werden. Diese Arten machen in der Regel zwar nur einen Teil der Artengarnitur einer Gesellschaft aus, sie eignen sich aber aufgrund ihrer Gesellschaftstreue zur Kennzeichnung der Assoziation. Die Charakterarten müssen auch nicht unbedingt quantitativ hervortreten, so daß das Vorherrschen und die Dominanz einer Art allein kein Kriterium für die synsystematische Bewertung der Assoziation ist. Jedes Syntaxon hat eine typische Artenverbindung. Zur typischen Artenverbindung zählen alle Arten, die in den Beständen des Syntaxon mit einer Stetigkeit über 40 % auftreten.

Grundlegende Einheit des hierarchischen Gesellschaftssystems ist die **Assoziation** (s. Tab. 2). Sie bildet den Baustein der Vegetationssystematik, so wie die einzelne Art (Spezies) der Baustein der floristischen Systematik ist. Haben nun mehrere Assoziationen eine Reihe von Arten gemeinsam, die anderen Assoziation fehlen, so lassen sie sich zu Einheiten höheren Ranges zusammenfassen. Man findet auf diese Weise für den geographischen Bereich jeder syntaxonomischen Einheit, d.h. für ihr Areal, die für sie gültigen Charakterarten. Das gilt für die Assoziation, für den Verband, für die Ordnung und die Klasse. Während die einzelnen Assoziationen als konkrete Pflanzenbestände in der Natur vorkommen, sind die höheren Einheiten (Verbände, Ordnungen, Klassen) zunehmend abstrakte Gebilde, die erst in pflanzensoziologischen Tabellen erkennbar werden. Dem System liegt also eine induktive Arbeitsweise zugrunde, die vom konkreten Einzelbestand ausgeht und durch statistischen Vergleich zu Vegetationseinheiten höherer Ordnung gelangt. Wenn auch dieses Vegetationssystem als hierarchisches Einteilungsprinzip eine frappierende Ähnlichkeit mit dem Florensystem hat, so unterscheiden sich doch die beiden Einteilungssysteme in einem Punkt ganz wesentlich: das idiosystematische Einteilungsprinzip des Florensystems basiert auf realen Verwandtschaftsverhältnissen, beim synsystematischen Einteilungsprinzip des Vegetationssystems wird die Differenzierung und Klassifikation nach dem Treueprinzip der einzelnen Arten vorgenommen. **Das Vegetationssystem beruht also nicht auf realen Verwandtschaftsgraden, sondern nur auf abgestuften Ähnlichkeiten in der jeweiligen Artenkombination.**

Tab. 2: Übersicht der synsystematischen Einheiten

Einheit	Charakteristika	Suffix	Beispiel
Klasse	Klassen-Charakterarten	– etea	Querco-Fagetea
Unterklasse	Unterklassen-Charakterarten	– enea	–
Ordnung	Ordnungs-Charakterarten	– etalia	Fagetalia sylvaticae
Verband	Verbands-Charakterarten	– ion	Fagion sylvaticae
Unterverband	Unterverbands-Charakterarten	– enion	Galio odorati-Fagenion
Assoziation	Assoziations-Charakterarten	– etum	Hordelymo-Fagetum
Subassoziation	Differentialarten	– etosum	Hordelymo-Fagetum Lathyretosum
Variante	Differentialarten	–	–
Höhenform	Differentialarten	–	–
Fazies	Dominanzunterschiede	–	–

Zentralassoziationen, Vegetationsfragmente und Dominanzgesellschaften

Vegetationstypen ohne eigenes kennzeichnendes Arteninventar werden nicht als Assoziation bezeichnet, sondern mit dem allgemeineren Begriff **Gesellschaft** belegt; sie unterliegen nicht den für die pflanzensoziologische Taxonomie festgelegten Nomenklaturregeln. Einer beschriebenen Assoziation können hingegen auch assoziationskennartenlose Aufnahmen zugeordnet werden, wenn ihre Artenkombination der typischen Artenverbindung der Assoziation entspricht. Häufig finden sich Vegetationstypen, die keiner Assoziation zugeordnet werden können, da ihnen entsprechende Kenn- und Trennarten fehlen, wohl aber diejenigen höherer Rangstufen vorhanden sind (z.B. Verbandscharakterarten). Solche Bestände werden als **Zentralassoziationen** innerhalb des entsprechenden Verbandes bezeichnet. **Fragmentgesellschaften** sind entweder nicht vollständig entwickelte Gesellschaften (Initialstadien oder Rumpfgesellschaften) oder degradierte Bestände, wie anthropogen veränderte Gesellschaften im Sinne von KOPECKY & HEJNY (1971, 1973, 1978) sowie Restgesellschaften im Sinne von BRUN-HOOL (1966). **Dominanzgesellschaften** sind durch das besonders starke Hervortreten von Pflanzen mit hoher Artmächtigkeit gekennzeichnet. Sie treten häufig unter extremen Standortbedingungen oder bei besonders starken anthropogenen Einwirkungen auf.

Je nach floristischer Zusammensetzung können diese Zentralassoziationen, die Dominanz- oder Fragmentgesellschaften auf Verbands-, Ordnungs- oder Klassenniveau unterschieden werden.

Wissenschaftliche Nomenklatur

Die Benennung der verschiedenen systematischen Rangstufen erfolgt nach denjenigen Arten, die für die jeweiligen Kategorien besonders bezeichnend sind. Die wissenschaftliche Nomenklatur erhöht die Übersichtlichkeit und Vergleichbarkeit der Aussagen verschiedener Autoren, auch über Sprachgrenzen hinweg. Das Beispiel der Tabelle 2 möge das verdeutlichen.

Die Charakterarten bilden zusammen mit den Arten der höchsten Stetigkeitsgrade - das sind solche, die in mindestens 60 % der untersuchten Einzelbestände vorkommen - die vollständige spezifische Artenverbindung einer Gesellschaft. **Begleiter** sind dagegen Arten ohne ausgesprochenen Gesellschaftsanschluß, es können dabei zufällige Arten sein oder hochstete Elemente der höheren Hauptränge (Verband (V), Ordnung (O) oder Klasse (K)) darstellen. Dann werden sie als entsprechende Kennarten geführt. Die bereits erwähnten **Differentialarten** ermöglichen eine schärfere Trennung von Gesellschaften untereinander. Durch vergleichende tabellarische Zusammenfassungen läßt sich die typische Artengarnitur einer Pflanzengesellschaft herausarbeiten; das ist die eigenständige charakteristische Artenverbindung, und auf diese Weise sind die Kennarten der Typen sowie die Trennarten zur Untergliederung verschiedener Gesellschaften auffindbar.

Unterhalb des Assoziationsniveaus werden Untereinheiten nach drei Betrachtungsrichtungen durch Differentialarten gebildet:

– **Subassoziationen** für standortbedingte floristische Unterschiede,

– **geographische Varianten** (= geographische Rasse oder Vikariante, Gebietsausbildungen oder Lokalausbildungen) für großräumig- bzw. kleinräumig-klimatisch bedingte chorologische floristische Unterschiede, sowie

– **Höhenformen** nach orographisch bedingten, vertikalen floristischen Unterschieden.

Die **Fazies** als letzte Aufgliederungs- und Beschreibungsmöglichkeit einer Pflanzengesellschaft unterscheidet sich nur durch Mengen- und Verteilungsunterschiede bestimmter Arten. Anstelle der Aufgliederung durch Differentialarten kann die Assoziation nach solchen Arten untergliedert werden, die ökologisch gleichsinnig interpretierbar sind. Wenn bei der Unterteilung einer Assoziation edaphische, chorologische (= regionale oder territoriale), orographische oder dynamisch bedingte Differentialartengruppen unterscheidbar sind, so sollten diese in verschiedenen Untergruppen deutlich getrennt werden. So wird eine mehrdimensionale Gliederung einer Pflanzengesellschaft ermöglicht, wie es auch A. & W. MATUSZKIEWICZ (1981) versuchen.

Nächst verwandte Assoziationen werden zu **Verbänden** zusammengeschlossen, mehrere dieser Verbände zu einer **Ordnung**; darüber steht die **Klasse**. Die höheren Ränge oberhalb der Assoziationsebene ergeben sich induktiv durch verbindende Charakterarten (VC, OC, KC); gleiches gilt auch für Zwischenränge (Unterverband (UV), Unterordnung (UO), Unterklasse (UK)).

Die Nomenklatur von Dominanzgesellschaften muß sich von derjenigen der anderen Syntaxa unterscheiden. Die Namen der Dominanzgesellschaften sollten aus dem Namen des jeweiligen Taxon mit dem Anhang „Dominanzgesellschaft" gebildet werden (z.B. *Potamogeton pectinatus*-Dominanzgesellschaft).

Pflanzengesellschaften als Forschungsgegenstand der Vegetationskunde

Der Begriff der Assoziation als Grundeinheit wird nunmehr solchen Pflanzengesellschaften vorbehalten, welche als floristisch, strukturell, chorologisch und dynamisch einheitliche Vegetationstypen durch eigene, induktiv tabellarisch-statistisch zu ermittelnde Charakterarten sowie durch eine Anzahl hinzutretender Differentialarten gekennzeichnet sind. Für die Feststellung der charakteristischen Artenverbindung ist ein **Minimumareal** notwendig, das sich in seiner Größe nach der Artenzahl, der Höhe und der Flächenausdehnung einzelner Pflanzen sowie der Verteilung der Arten innerhalb eines Bestandes richtet. Die **Gesamtartenzahl** einer Gesellschaft schwankt nur in einer gewissen Amplitude und ist ebenfalls ein brauchbares Indiz zur Abgrenzung einer Phytozönose. Weitere Eigenschaften und Merkmale kennzeichnen die Pflanzengesellschaft und die sie aufbauenden Individuen z. B. hinsichtlich

- der **Lebensformspektren**, d.h. die Phytozönose ist oft aus Arten verschiedener Lebensformen zusammengesetzt,

- der **Sippenspektren**, d.h. die Anteile der Arten einzelner Pflanzenfamilien können variieren je nach ökologischer Konstitution, wie es die Zeigerwerte von Pflanzen deutlich zeigen (s. Ellenberg et al. 1991); daraus resultieren oft die Bilder

- der **Arealtypenspektren**, wobei jede Gesellschaft eine bestimmte Verbreitung hat und sich deshalb durch ihr Areal kennzeichnen läßt. Die Verbreitungsgebiete der Arten stimmen aber selten mit den Gesellschaftsarealen überein; hier kommen ökologische und florengeschichtliche Phänomene zum Tragen.

Daraus resultieren eigenständige physiognomische Aspekte der Pflanzengesellschaften und strukturelle Gemeinsamkeiten, die sich am besten in der **Bestandesschichtung** ausdrükken lassen. Sehr einfach gebaut sind beispielsweise manche Wasserpflanzengesellschaften; am einfachsten strukturiert sind die Wasserlinsendecken der *Lemnetea*, die nur aus ein oder zwei Schichten von Kormophyten bestehen. Am höchsten strukturiert sind dagegen die Waldgesellschaften, in denen sich bestenfalls mehrere Baum-, Strauch-, Kraut- und Kryptogamenschichten differenzieren lassen.

Unter diesen Aspekten werden heute Untersuchungen der Pflanzengesellschaften und der Vegetation durchgeführt; dabei gilt es, die Assoziationen in ihrer gesamten Variationsbreite explorativ zu erfassen. Die standörtliche und regionale Vielfalt bestimmter Gesellschaftsgruppen ist dabei vielfach bekannt. Durch Fragen nach den Beziehungen zwischen Vegetation und Boden, durch Fokussierungen der Phänomene synökologischer Zeigerfunktionen, durch bioindikatorische Bewertungen einzelner Syntaxa sowie durch vergleichend-ordnende multivariate Vegetationsanalysen werden die Pflanzengesellschaften und deren regionale Verbreitung konkretisiert. Bei derartigen pflanzengeographisch-ökologischen Synthesen der Pflanzengesellschaften müssen bisherige Anschauungen kritisch revidiert und nötigenfalls neu geordnet werden. Im übrigen ergibt sich mit der fortschreitenden Durchforschung unserer einheimischen Vegetation immer wieder die Notwendigkeit, das System der Pflanzengesellschaften zu ändern oder zu erweitern, deshalb soll die vorgestellte Aufgliederung auch nur den derzeitigen „status quo" repräsentieren. Der „**Arbeitskreis für Pflanzensoziologie**" der Reinhold-Tüxen-Gesellschaft (RTG, Hannover) hat es sich zur Aufgabe gemacht, die Bearbeitung der verschiedenen Vegetationsformationen Deutschlands und angrenzender Gebiete auf pflanzensoziologischer Basis wissenschaftlich weiterzuführen und die vegetationsökologische Forschung auf diesem Sektor weiter voranzutreiben.

Abb. 1: Die naturräumliche Gliederung von Deutschland nach Landschaftseinheiten

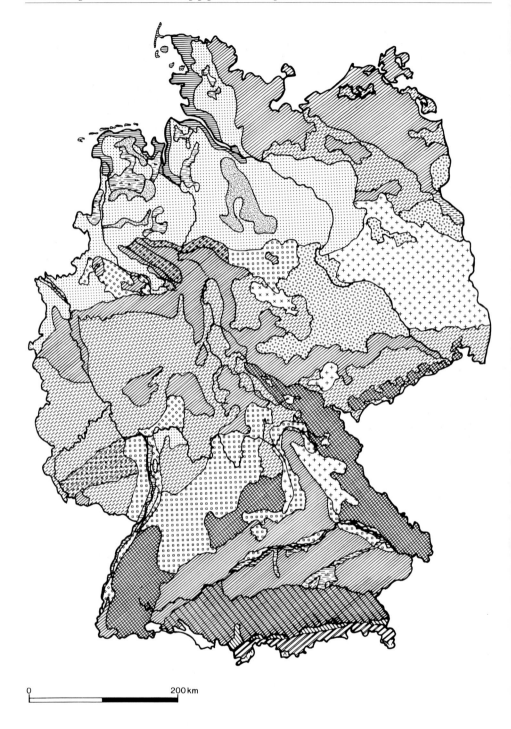

Abb. 2: Die potentielle natürliche Vegetation von Deutschland

Ein erster Überblick über die „Pflanzengesellschaften Nordwestdeutschlands" erfolgte von R.Tüxen im Jahre 1937. Diese grundlegende Schrift enthält viele Erstbeschreibungen von Assoziationen, die natürlicherweise auch größtenteils über die nordwestdeutschen Grenzen hinaus verbreitet sind. Eine Übersicht der „Süddeutschen Pflanzengesellschaften" verdanken wir v.a. E.Oberdorfer, der im Jahre 1957 eine umfassende Darstellung der wichtigsten Pflanzengesellschaften des süddeutschen Raumes und angrenzender Regionen vorlegte. Dieses klassische Meisterwerk erschien seit 1977 in der zweiten Auflage (Oberdorfer et al. 1977, 1978 und 1983). Die Pflanzengesellschaften der Flachlandregionen Mecklenburgs und Brandenburgs wurden von H. Passarge (1964) sowie von Passarge & Hofmann (1968) monographisch bearbeitet. W. Hilbig (1971, 1980) und R. Schubert (u.a. 1972, 1973, 1974) veröffentlichten die Übersichten über die Pflanzengesellschaften Thüringens und Sachsens. Daß die Pflanzengesellschaften auch zunehmend Bedeutung für den praktischen feldbiologischen Unterricht erlangen, ist ein Verdienst von F. Runge (Münster), der schon im Jahre 1961 eine Übersicht über die „Pflanzengesellschaften Westfalens" vorlegte, welche Runge sukzessive ausweitete und die neuerdings als 11. Auflage (1990) unter dem Titel „Die Pflanzengesellschaften Mitteleuropas" erschienen ist. In den vegetationskundlich bestens untersuchten Landschaften Niedersachsens und Schleswig-Holsteins läßt sich der notwendige Biotop- und Ökosystemschutz auf der Basis von Vegetationstypen etablieren; Gefährdung und Schutzprobleme naturraumspezifischer Pflanzengesellschaften hat beispielhaft K. Dierssen (1988) für Schleswig-Holstein dargelegt. Für Niedersachsen erscheinen derzeit die entsprechenden „Pflanzengesellschaften Niedersachsens" unter der Federführung von E. Preising (Preising et al. 1990).

Auf die genannten Übersichtsarbeiten baut die vorliegende Beschreibung der Pflanzengesellschaften Deutschlands auf. Die umfangreichen vorliegenden Daten erlauben weitestgehend eine konkrete Fassung und Abgrenzung einzelner Vegetationseinheiten und eine halbwegs sichere Beurteilung ihrer syntaxonomischen Stellung.

Die folgende Zusammenstellung enthält zunächst zur Orientierung eine Übersicht der verschiedenen Naturräume Deutschlands (Abb. 1) und eine Übersicht der natürlichen Vegetation Deutschlands (Abb. 2). Die Darstellung pflanzensoziologischer Klassen erfolgt in weit gefaßten Gruppen, in ähnlicher Weise, wie sie mustergültig von Dierssen (1988) für Schleswig-Holstein vorgelegt wurden (s. Tab. 3). Es sei betont, daß sich pflanzensoziologische Klassen nicht vollständig mit Formationstypen (z.B. Wälder, Zwergstrauchheiden) zur Deckung bringen lassen. Die Formationen sind aber über gleichartige beherrschende Lebensformtypen gekennzeichnet und somit ebenfalls sehr gut einprägsam.

LEGENDE

- KÜSTENVEGETATION
- ALNO-ULMION
- BETULO-QUERCETUM
- FAGO-QUERCETUM
- DICRANO-PINION
- STELLARIO-CARPINETUM
- GALIO-CARPINETUM
- MELAMPYRO–bzw. CARICI PILOSAE–CARPINETUM
- LUZULO-FAGENION
- GALIO ODORATI-FAGENION
- GALIO-ABIETENION
- GALIO-ODORATI-FAGENION LOKAL GALIO-ABIETENION
- GALIO-ABIETETUM
- LONICERO ALPIGENAE-FAGENION
- VACCINIO-PICEION
- SUBALP. UND ALP. VEGETATION
- MOORE UND BRUCHWÄLDER
- MISCHSIGN. - FLÄCHENHAFTE DURCHMISCHUNG

Tab. 3: Übersicht aller behandelten Vegetationsklassen

I. Wasserpflanzengesellschaften
1. Klasse: **Lemnetea minoris** (Wasserlinsendecken)
2. Klasse: **Charetea fragilis** (Armleuchteralgen-Gesellschaften)
3. Klasse: **Zosteretea marinae** (Seegraswiesen)
4. Klasse: **Ruppietea maritimae** (Meeressalden-Gesellschaften)
5. Klasse: **Potamogetonetea pectinati** (Laichkraut- und Schwimmblattgesellschaften)
6. Klasse: **Utricularietea intermedio - minoris** (Zwergwasserschlauch-Gesellschaften)
7. Klasse: **Littorelletea uniflorae** (Strandlings-Gesellschaften)

II. Schuttfluren, Felsspalten- und Mauerfugengesellschaften
8. Klasse: **Thlaspietea rotundifolii** (Steinschutt- und Geröllgesellschaften)
9. Klasse: **Asplenietea trichomanis** (Felsspalten- und Mauerfugen-Gesellschaften)

III. Therophytenreiche Pionierfluren (mit Ausnahme des unmittelbaren Küstenbereiches)
10. Klasse: **Bidentetea tripartitae** (Zweizahn-Gesellschaften und Melden-Uferfluren)
11. Klasse: **Isoeto-Nanojuncetea bufonii** (Zwergbinsen-Gesellschaften)
12. Klasse: **Stellarietea mediae** (Ackerwildkrautfluren und ruderale Einjährigen-Gesellschaften)

IV. Eutraphente Röhrichte und Gro.seggenrieder
13. Klasse: **Phragmitetea australis** (Schilfröhrichte, Brackwasser- und Süßwasserröhrichte sowie Großseggenrieder)

V. Quellflur- und Niedermoorgesellschaften, Hochmoorschlenken- und Bulten-Gesellschaften
14. Klasse: **Montio-Cardaminetea** (Quellflur-Gesellschaften)
15. Klasse: **Scheuchzerio-Caricetea nigrae** (Niedermoorgesellschaften und Hochmoorschlenken-Gesellschaften)
16. Klasse: **Oxycocco-Sphagnetea** (Feuchtheide- und Hochmoorbult-Gesellschaften)

VI. Meerstrand-, Spülsaum-, Dünen- und Salzwiesengesellschaften (mit Ausnahme der Vegetationstypen auf Grau- und Braundünen)
17. Klasse: **Thero-Salicornietea** (Quellerfluren)
18. Klasse: **Spartinetea maritimae** (Schlickgras-Fluren)
19. Klasse: **Saginetea maritimae** (Küsten-Mastkraut-Gesellschaften)
20. Klasse: **Cakiletea maritimae** (Meersenf-Spülsäume und Tangwallgesellschaften)
21. Klasse: **Ammophiletea arenariae** (Stranddünengesellschaften)
22. Klasse: **Astereetea tripolii** (Salzrasen und Salzwiesen-Gesellschaften)

VII. Tritt- und Flutrasen, Rasengesellschaften des Wirtschaftsgrünlandes, Graudünen, Halbtrockenrasen und Magerrasen, Hochgebirgsrasen
23. Klasse: **Polygono-Poetea annuae** (Einjährige Trittfluren)
24. Klasse: **Molinio-Arrhenatheretea** (Gesellschaften des Wirtschaftsgrünlandes)
25. Klasse: **Koelerio-Corynephoretea** (Gesellschaften der Graudünen, Sandtrockenrasen, Mauerpfeffer- und Felsbandgesellschaften)
26. Klasse: **Festuco-Brometea** (Schwingel-Steppen und Trespen-Rasen)
27. Klasse: **Violetea calaminariae** (Europäisch-westsibirische Schwermetallrasen, Galmeigesellschaften)
28. Klasse: **Seslerietea variae** (Blaugras-Kalk-Steinrasen)
29. Klasse: **Carici rupestris-Kobresietea bellardii** (Nacktriedrasen)
30. Klasse: **Caricetea curvulae** (Alpine Krummseggenrasen)

VIII. Nitrophytische, ruderale Staudenfluren, halbruderale Halbtrockenrasen, Saum- und Verlichtungsgesellschaften, Uferstaudenfluren und anthropogene Gehölzgesellschaften
31. Klasse: **Artemisietea vulgaris** (Ruderale Säume, halbruderale Halbtrockenrasen und Uferstauden-Gesellschaften)
32. Klasse: **Galio-Urticetea** (Nitrophile Säume, Uferstaudenfluren und anthropogene Gehiölzgesellschaften)
33. Klasse: **Trifolio-Geranietea sanguinei** (Meso- und thermophile Säume)
34. Klasse: **Epilobietea angustifolii** (Schlagfluren)
35. Klasse: **Betulo-Adenostyletea** (Subalpine Hochstaudenfluren und Gebüsche)

IX. Zwergstrauch-Gesellschaften und Borstgras-Triften
36. Klasse: **Nardo-Callunetea** (Borstgrasrasen, Zwergstrauchheiden und Ginsterheiden)
37. Klasse: **Salicetea herbaceae** (Schneeboden- und Schneetälchen-Gesellschaften)
38. Klasse: **Cetrario-Loiseleurietea** (Arktisch-alpine Windheiden)

X. Gebüsche und Vorwälder
39. Klasse: **Salicetea purpureae** (Uferweidengebüsche und Weidenwälder)
40. Klasse: **Rhamno-Prunetea** (Schlehen-Brombeer-Gebüsche)

XI. Waldgesellschaften
41. Klasse: **Alnetea glutinosae** (Erlenbruchwälder und Moorgebüsche)
42. Klasse: **Pulsatillo-Pinetea** (Kiefern-Steppenwälder)
43. Klasse: **Erico-Pinetea** (Schneeheide-Kiefernwälder)
44. Klasse: **Vaccinio-Piceetea** (Boreal-subalpine Nadelwälder, Birkenbruch- und Kiefernwälder)
45. Klasse: **Quercetea robori - petraeae** (Birken-Eichenwälder)
46. Klasse: **Querco-Fagetea** (Sommergrüne Laubwälder)

Systematische Übersicht der Vegetationseinheiten

Die Zusammenstellung gibt einen Überblick über die wichtigsten bisher für Deutschland und angrenzende Gebiete nach der Kennarten-Methode beschriebenen Pflanzengesellschaften und höheren syntaxonomischen Einheiten. Ranglose oder fragmentarische Gesellschaften werden nur ausnahmsweise genannt. Diese Übersicht versucht, die Vegetationseinheiten nach ihrer Struktur und der soziologischen Progression zu ordnen und zusammenzufassen. Andere Möglichkeiten zeigen beispielsweise ELLENBERG (1989), WILMANNS (1989a) und OBERDORFER (1990).

I. Wasserpflanzengesellschaften

1. Klasse: Lemnetea minoris R. Tx. 1955 – Wasserlinsendecken

1. Ordnung: Lemnetalia minoris R. Tx. 1955
Frei auf der Wasserfläche schwimmende oder submers lebende, artenarme und konkurrenzschwache Wasserpflanzengesellschaften in stehenden oder langsam fließenden Gewässern. Verdriftung je nach Windrichtung.

KC u. OC: *Azolla filiculoides, Lemna minor, Spirodela polyrhiza, Wolffia arrhiza* (selten), *Lemna minuscula*

Die Wasserlinsen-Gesellschaften sind Dauer-Initialgesellschaften und allesamt in ihrer flächenhaften Verbreitung oft sehr unbeständig, da sie zum einen durch Windwirkung und Wasserbewegung verdriftet werden und zum anderen aufgrund ihrer eindeutigen Bindung an spezifische hydrochemische Verhältnisse sehr schnell bei Veränderungen der Nährstoffsituation aus einmal besiedelten Gewässern verschwinden und sich anderswo für längere oder kürzere Zeit wieder ansiedeln können. Wasserlinsendecken sind optimal in der planaren Stufe ausgebildet. Mit zunehmender Meereshöhe bis etwa 600 m NN werden sie artenärmer, bis zuletzt nur noch *Lemna minor* übrigbleibt. Sie sind oftmals in einem unauflöslichen räumlichen Komplex mit Röhrichten und Schwimmblattgesellschaften verwoben, so daß ihre systematische Trennung nicht immer einfach ist.

Die Systematik der einfach strukturierten, meist aus Flachsprossen aufgebauten *Lemnetea*-Gesellschaften und ihre syntaxonomische Fassung wurde nach zahlreichen Gliederungsvorschlägen von MIYAWAKI & J. TÜXEN (1960), TH. MÜLLER & GÖRS (1960), R. TÜXEN (1974), TH. MÜLLER (1977), PASSARGE (1978), POTT (1980) sowie schließlich von SCHWABE-BRAUN & R. TÜXEN (1981) im Prodromus der *Lemnetea* diskutiert und in eine anwendbare Form gebracht (vgl. auch SCOPPOLA 1983, MIERWALD 1988 sowie DIERSSEN 1988). Unter Ausschluß der von *Hydrocharis morsus-ranae* und *Utricularia* dominierten Bestände sowie nach Bereinigung aller ephemeren Überlagerungen und Verzahnungen mit *Potamogetonetea-* und *Phragmitetea-*Gesellschaften wird ein strukturell und synökologisch begründetes System angewendet (s. POTT 1980), in dem die emers lebenden Bestände v.a. des *Lemnetum gibbae* sowie des *Spirodeletum polyrhizae* als einschichtige **Lemnion gibbae**-Assoziationen subsumiert werden. Demgegenüber erfolgt eine Zuordnung der zweischichtig aufgebauten Bestände zum **Riccio-Lemnion trisulcae** mit den teilweise submers lebenden Vegetationsdecken aus *Lemna trisulca* und *Riccia* (= *Ricciella*) *fluitans*. Wärmeliebende Sippen, wie *Salvinia natans, Azolla filiculoides* und *Wolffia arrhiza*, treten an den Nord- bzw. Westgrenzen ihrer Verbreitungsgebiete nur sporadisch auf und fallen in kühlen Jahren oftmals wieder aus. Ihre Bestände sind als submediterran-subkontinental verbreitete Einheiten dem **Lemno-Salvinion-Verband** zugeordnet (Abb. 3 und 4).

1. Verband: Riccio-Lemnion trisulcae R. Tx. & Schwabe 1974
In schwach eutrophen bis eutrophen Gewässern bauen v.a. die beiden submers lebenden Arten *Riccia fluitans* und *Lemna trisulca* zweischichtig strukturierte, nur schwer verdriftbare Vegetationsdecken auf, die als bezeichnende Assoziationen hohe Affinität zu windgeschützten, teilweise beschatteten und höchstens mäßig nährstoffreichen Stillgewässern besitzen.

VC: *Lemna trisulca, Ricciocarpus natans, Riccia fluitans*

Abb. 3:
Lemnaceen-Decke mit *Spirodela polyrhiza, Lemna minor* und *Wolffia arrhiza*. Im Größenvergleich ein Blatt von *Hydrocharis morsus-ranae* (Bremer Blockland, 1983)

Abb. 4:
Salvinia natans, Spirodela polyrhiza und *Lemna minor* als Konstituenten der Schwimmfarngesellschaft (Hamburg-Vierlanden, 1980)

1. **Lemnetum trisulcae** (Kelhofer 1915) Knapp & Stoffers 1962
   Unter Wasser schwebendes, meist hellgrün gefärbtes, dreidimensional aufgebautes Geflecht aus langgestreckten glasig- durchsichtigen Sprossen der Dreifurchigen Wasserlinse.

   AC: *Lemna trisulca* (opt.)

   Klare und saubere eutrophe Gewässer können vom Grund bis zur Oberfläche mit großen Massen von *Lemna trisulca* besiedelt sein (Abb. 5). Das in der Regel 10-20 cm dicke Stratum der Untergetauchten Wasserlinse *(Lemna trisulca)* mit einer locker ausgebildeten Schicht pleustophytischer *Lemna minor*- oder *Spirodela*-Exemplare findet sich optimal in halbschattigen bis schwach besonnten Bereichen. *Lemna trisulca* kann sogar in rasch strömenden Fließgewässern gedeihen, wobei durch vegetative Vermehrung kreuzweise verkettete, langgezogene, im Wasser flutende Sproßketten entstehen, die an anderen festwurzelnden Wasserpflanzen festgehakt sind. In dieser Ausbildung erträgt *Lemna trisulca* Strömungsgeschwindigkeiten von bis zu 40 cm/s. Hier ist *Lemna trisulca* überwinternd und wintergrün (POTT 1980).

2. **Riccietum fluitantis** Slavnic 1956 em. R. Tx. 1974
   Untergetauchte, dicht unter der Wasseroberfläche schwimmende schwammartige Polster aus dichotomen Sprossen des flutenden Lebermooses. Auch kurzzeitig trockenfallend.

   AC: *Riccia fluitans* (opt.)

   Dichte, submerse Thalli von *Riccia fluitans* nehmen vielfach humushaltige Flachwasserbereiche im Halbschatten von *Phragmition*- und *Magnocaricion*-Gesellschaften ein, wo sie fast ausschließlich von der pleustophytischen *Lemna minor* lückig überdeckt werden. Die Kleinsternlebermoosgesellschaft wächst vorwiegend in sehr ruhigen, beschatteten und sauberen Gewässern und ist sehr selten. Das **Riccietum rhenanae** Knapp & Stoffers 1962

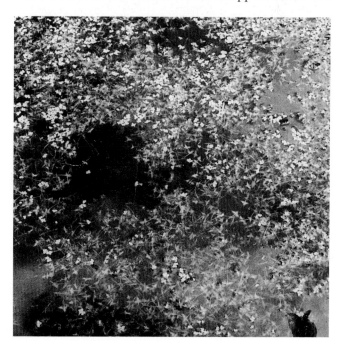

Abb. 5:
Unter Wasser schwebende Individuen von *Lemna trisulca* bauen mit emersen Schwimmsprossen von *Lemna minor* das *Lemnetum trisulcae* auf (Münster-Handorf, 1988)

ist wohl dem *Riccietum fluitantis* homonym. *Riccia rhenana* ist tetraploid, *Riccia fluitans* ist diploid. Beide Sippen verhalten sich bezüglich Gewässerverschmutzung und Nährstoffgehalt ausgesprochen stenök. Sie sind stets in phosphatarmen Gewässern zu finden. Reinbestände von *Riccia fluitans* treten häufig in nährstoffreichen Schlenken innerhalb von Erlen-Bruchwäldern auf; *Riccia fluitans* ist in solchen Vegetationskomplexen noch recht weit verbreitet.

3. **Ricciocarpetum natantis** Segal 1963 em. R. Tx. 1974
Unverwechselbar erscheinende, durch eigenartig flache und lappig geformte Schwimmsprosse von *Ricciocarpus natans* beherrschte, zweischichtig aufgebaute Pflanzengesellschaft. Offenbar in Strom- und Flußtälern konzentriert.

AC: *Ricciocarpus natans* (opt.)

Das meist sehr seltene *Ricciocarpetum natantis* ist die einzige Gesellschaft des *Lemnion trisulcae*, deren dominierende Charakterart *Ricciocarpus natans* mit ihren herzförmigen Thalli zusammen mit *Lemna minor* auf der Wasseroberfläche schwimmt, wobei nur die Bauchschuppen unter die Oberfläche tauchen. Die Gewässer des *Ricciocarpetum* sind nur mäßig eutroph, phosphatarm, schwach nitrat-, aber ammoniumhaltig (POTT 1980); sie sind allerdings so reich an Humusstoffen wie die des *Riccietum fluitantis* (WIEGLEB 1978). Bei erhöhter CO_2-Konzentration des Wassers tritt vermehrt *Riccia fluitans* auf und charakterisiert eine nährstoffarme Subassoziation: das *Ricciocarpetum natantis riccietosum fluitantis*, das wiederum zum *Riccietum fluitantis* selbst vermittelt. Es handelt sich dabei – wie so oft bei den artenarmen *Lemnetea*– um ausgesprochen amphotere Bestände, die sowohl dem *Ricciocarpetum* als auch dem *Riccietum* zugeordnet werden könnten. Über die Klassifikation solcher Zwischenstufen entscheidet die Dominanz. Dementsprechend dringt bei erhöhter Phosphatkonzentration sowie in Abbaustadien des *Ricciocarpetum* vermehrt *Lemna trisulca* ein und differenziert zweischichtige Bestände, welche konsequenterweise als *Ricciocarpetum natantis lemnetosum trisulcae* bezeichnet werden müssen.

2. **Verband: Lemnion gibbae** R. Tx. & Schwabe 1972
Im *Lemnion gibbae* werden vorwiegend einschichtig strukturierte, auf der Wasseroberfläche schwimmende Gesellschaften zusammengefaßt, deren ökologisches Optimum im stark eutrophen bis hypertrophen Bereich liegt.

VC: *Lemna gibba, Spirodela polyrhiza*

1. **Spirodeletum polyrhizae** (Kelhofer 1915) W. Koch 1954 em. R. Tx. & Schwabe 1974
Unverwechselbar erscheinende, oberseits hellgrün und unterseits dunkelrot gefärbte dicht geschlossene Schwimmdecken der Vielwurzeligen Teichlinse.

AC: *Spirodela polyrhiza*

Nährstoffangebot und Verunreinigungsgrade des Wassers liegen bei Vorkommen dieser Gesellschaft meist höher als in den *Lemnion trisulcae*-Gewässern. Die Teichlinsengesellschaft ist die häufigste Assoziation mit hohen Nährstoff- und Wärmeansprüchen und entsprechend hoher Produktivität. *Spirodela* hat die längste Ruheperiode aller mitteleuropäischen Lemnaceen und entwickelt sich erst im Mai aus ihren Turionen. Zur Zeit ihres Entwicklungshöhepunktes im Juli/August können die bis zu 10 mm großen Individuen der Teichlinse die Wasserfläche mit einer geschlossenen Decke überziehen.

Im *Spirodeletum polyrhizae* hat die Zwergwasserlinse *Wolffia arrhiza* offenbar ihr Verbreitungsoptimum (vgl. Abb. 3 sowie POTT & WITTIG 1985).

2. **Lemnetum gibbae** (W. Koch 1954) Miyawaki & J. Tx. 1960
Buckellinsen bilden sehr dichte, stabile Einart-Bestände, denen in der Regel nur noch

Abb. 6:
Lemnetum gibbae in der wassergefüllten Schloßgräfte von Haus Saltenhof (Bevergern, 1979)

Lemna minor beigemischt ist. Hungerformen von *Lemna gibba* mit flachem Aerenchym sind der *Lemna minor* ähnlich, aber durch die Form der Kalyptra deutlich zu unterscheiden.

AC: *Lemna gibba* (opt.)

In stark eutrophen bis hypertrophen Gewässern, bezeichnend für hydrogencarbonatreiche Standorte mit höheren Stickstoff- und Phosphatkonzentrationen (v.a. Gräben, Viehtränken in landwirtschaftlich intensiv genutzten Regionen, Abb. 6). Auch im Brackwasser des Küstenbereiches. Die nitrophile Gesellschaft kann als Bioindikator für verunreinigte Gewässser angesehen werden; in oligohalinen Gewässern tritt die Grünalge *Enteromorpha intestinalis* bereits im *Lemnetum gibbae* des Binnenlandes auf (POTT 1983).

3. Lemna minor-Dominanzgesellschaft
Einartbestände von *Lemna minor* in neu angelegten oder extrem gestörten und verschmutzten Gewässern sowie in Gewässern des Berglandes. Fragment des *Lemnion gibbae*. Auch in schwach strömenden Fließgewässern.

Die Ausbildung vieler soziologisch „reiner" *Lemnetea*-Gesellschaften, wie sie oben beschrieben sind, ist offensichtlich durch große Wasserflächen bedingt, wo sich bei nur geringster Wasserbewegung submers schwebende und frei flottierende Gesellschaftsindividuen sofort trennen können. Bei kleinen Wasserflächen (z.B. Gräben, Wiesentümpel etc.) sind die einzelnen Elemente oft enger verwoben und auf Dauer miteinander verzahnt.

3. Verband: Lemno minoris-Salvinion natantis Slavnic 1956
Durch ihre floristische Gliederung, die geographische Verbreitung und die besondere Wärmebegünstigung weichen *Salvinia natans*-reiche Bestände stark von den bisher betrachteten Wasserlinsendecken ab, so daß ein eigener Verband gerechtfertigt erscheint (s. auch SCHWABE-BRAUN & R. TÜXEN 1981).

VC: *Salvinia natans, Azolla filiculoides, A. caroliniana, Lemna pauciostata*

Verbreitet in sommerwarmen Lagen, besonders im Oberrheingebiet, an der mittleren Elbe (Dessau-Magdeburger Elbtal) und vereinzelt im Tiefland (Elbaue bei Hamburg).

1. **Lemno minoris-Salvinietum natantis** (Slavnic 1956) Korneck 1959
   Hier werden alle *Salvinia*-reichen Bestände in sommerwarmen, nährstoffreichen Gewässern (submed.-subkont. Verbreitung, z.B. im Oberrhein-Gebiet) vereinigt.

   AC: *Salvinia natans* (opt.)

   Salvinia fehlt im mesotrophen, aber auch im hypertrophen Milieu weitgehend. Die Schwimmfarndecken sind vielfach zwischen Röhrichten und Seerosen-Beständen (v.a. hoher Konnex zum *Trapetum natantis*) eingeschaltet (z.B. Sarensee, mittlere Elbe und an der Westgrenze von *Salvinia* im Oberrheingebiet bei Germersheim).

2. **Azolla filiculoides-Gesellschaft**
   mit Dominanzbeständen von *Azolla filiculoides*. In sommerwarmen Gewässern des Oberrheingebietes sowie vereinzelt im Elbe- und Odertal. Der meist adventiv auftretende Algenfarn kommt vereinzelt und mit geringer Beteiligung am Aufbau der Vegetationsdecke auch im *Lemnetum gibbae* und im *Spirodeletum polyrhizae* vor. Massenbestände, wie sie in Abb. 7 aus dem Taubergießengebiet gezeigt werden, sind als Dominanzgesellschaften zu werten oder als Initialen eines *Lemno-Salvinietum*.

Aus der Übersichtstabelle (Tab. 4) der Wasserlinsen-Gesellschaften wird deutlich, daß trotz der Schwierigkeiten, einzelne Assoziationen gegeneinander abzugrenzen, die jeweiligen Charakterarten in ihren Optimalbereichen höchste Stetigkeit und Menge erlangen und dort physiognomisch die typische Ausbildung der Assoziation prägen.

Entsprechend der ökologischen Amplituden der *Lemnetea*-Assoziationen (vgl. POTT 1980, 1981; LÜÖND 1983) stellt das *Riccietum fluitantis* die empfindlichste *Lemnetea*-Gesellschaft dar; ihm folgen unter annähernd gleichen synökologischen Bedingungen in gradueller Abstufung das *Ricciocarpetum natantis* und das *Lemnetum trisulcae*. Das *Spirodeletum polyrhizae* sowie das *Lemnetum gibbae* füllen den stärker eutrophen Flügel aus. Da viele Gewässer einer direkten oder schleichenden Steigerung der Nährstoffgehalte unterliegen, sind emerse, eutraphente *Lemnion gibbae*-Gesellschaften infolge ihrer hohen Konkurrenzkraft in der Lage, die submersen,

Tab. 4: Stetigkeitstabelle der *Lemnetea*-Gesellschaften der Westfälischen Bucht (aus POTT 1980)

Assoziation	Riccietum fluitantis	Ricciocarpetum natantis	Lemnetum trisulcae	Spirodeletum polyrhizae	Lemnetum gibbae
Anzahl d. Aufnahmen	33	7	56	27	58
Mittlere Artenzahl	2.8	4.4	2.5	2.8	2.1
AC. – VC.:					
Riccia fluitans	V^{3-5}	III^{+-1}	I^{+-1}	.	.
Ricciocarpus natans	.	V^{3-5}	.	$+^{+-1}$	.
Lemna trisulca	III^{+-2}	V^{+-2}	V^{2-5}	II^{+-2}	.
Spirodela polyrrhiza	.	r^+	I^{+-2}	V^{2-5}	II^{+-2}
Lemna gibba	.	.	.	I^{1-2}	V^{3-5}
KC. – OC.:					
Lemna minor	V^{+-4}	V^{+-2}	V^{+-5}	V^{+-4}	V^{+-3}
Begleiter:					
Hydrocharis morsus-ranae	r^+	I^+	II^{+-1}	II^{+-1}	r^+
Hottonia palustris	I^+	.	.	.	.
Grünalgen	.	.	.	.	$+^{+-1}$
Nymphoides peltata	.	r^+	.	.	.

Abb. 7:
Azolla filiculoides-
Gesellschaft aus dicht
geschlossenen Algenfarn-
decken aufgebaut (Tauber-
gießen, 1987)

recht stenöken *Riccio-Lemnion trisulcae*-Elemente zu verdrängen (s. auch WEBER 1978, POTT & WITTIG 1985).

2. Klasse: Charetea fragilis Fukarek ex Krausch 1964 – Armleuchteralgen-Gesellschaften

Submers lebende, von kormophyten-konvergenten Armleuchteralgen aufgebaute Rasen in nährstoffarmen bis allenfalls mäßig nährstoffreichen Gewässern. Gern als Pionier- oder Dauergesellschaften in Baggerseen, aber oft auch über Jahre intermittierend. Optimal im stehenden, klaren, meist oligo- bis mesotrophen Süß- oder Brackwasser. Vom Flachwasserbereich bis an die Untergrenze des von Makrophyten besiedelbaren Sublitorals.

KC: *Chara fragilis, Ch. vulgaris, Ch. contraria, Nitella batrachosperma*

Die Characeen-Gesellschaften bevorzugen zum einen natürliche Gewässer, wie periodisch bis episodisch mit Wasser gefüllte Tümpel oder Lithotelmen oder auch Limnokrenen, denen ständig frisches Wasser zuströmt sowie tiefere kalk- oder silikatoligotrophe Seen; zum anderen sind sie prädestiniert für die Erstbesiedlung neu geschaffener oder ausgeräumter Sekundärbiotope. Sie bevorzugen insgesamt solche Gewässerbiotope, deren Wasser noch nicht in den organischen Kreislauf eingebunden war. Begrenzend für das Auftreten der meisten Charophyceen sind hohe Phosphatgehalte (über 0,02 mg P/l) und geringe Sichttiefen des Wassers (s.u.a. CORILLON 1957, KRAUSCH 1964, KRAUSE 1969, 1981; MELZER 1976). Die Klasse *Charetea fragilis* kann in zwei Ordnungen gegliedert werden: die Ordnung der **Nitelletalia flexilis** für Bestände in kalkarmen Weichwasserbiotopen und die Ordnung der **Charetalia hispidae** für Bestände in elektrolytreichen, besonders in kalkhaltigen Hartgewässern. Im letzteren Fall sind die Zellwände vieler Arten kalkinkrustiert; dieses Phänomen beruht auf der Möglichkeit der Karbonatdissoziation; bei der biogenen Entkalkung durch Photosyntheseprozesse lagert sich Kalziumkarbonat auf und in den Phylloiden der Hartwasser-Armleuchteralgen ab. Die Characeen koexistieren in der Natur durch ihre spezifischen Ansprüche an den Substrat- und Wasserchemismus, dadurch nehmen sie standörtlich separate Habitate ein.

1. Ordnung: Nitelletalia flexilis Krause 1969

Die Weichwasser-Glanzleuchteralgen-Gesellschaften sind nach KRAUSE (1981) sowie KRAUSE & LANG (1975), PIETSCH (1987) und VAHLE (1990) – auf deren Arbeiten die syntaxonomische Gliederung der *Charetea* im wesentlichen basiert – durch *Nitella flexilis* gekennzeichnet. *Nitella flexilis* kann v.a. in Stillgewässern aber auch in sauren Fließgewässern beobachtet werden. Die Gesellschaften dieser Ordnung sind als vorwiegend atlantisch verbreitete Vegetationseinheiten im silikatoligotrophen Milieu der nordwesteuropäischen Pleistozänlandschaften verbreitet; nur das *Nitelletum flexilis* selbst erreicht Gebirgslagen bis ca. 2000 m Höhe (Abb. 8). Die anderen acidophilen *Nitella*-Arten und ihre Gesellschaften stehen häufig im Konktakt zu den Strandlingsgesellschaften der *Littorelletea*, denen sie im Verlandungsbereich saurer oligotropher Gewässer zum tiefen Wasser hin vorgelagert sind (s. POTT 1983, WILMANNS 1989a).

1. Verband: Nitellion flexilis (Corillon 1957) Dambska 1966
In diesem Verband werden ozeanisch-subozeanisch verbreitete Gesellschaften schwach saurer bis neutral reagierender Gewässer oder Torfstiche zusammengefaßt. Im Flachland sind diese Gewässerstandorte vielfach auf *Quercion robori-petraeae*-Landschaften begrenzt.

VC: *Nitella gracilis, N. translucens, N. capillaris, Chara delicatula, Ch. braunii* (u.a.)

1. Nitelletum capillaris Corillon 1957
Initialgesellschaft mit Optimalentwicklung im Frühjahr. Die Haar-Glanzleuchteralge beherrscht mit ihren dunkelgrünen Polstern diese Gesellschaft in flachen, klaren, schwachsauren Kleingewässern.

AC: *Nitella capillaris* (opt.)

Diese seltene Phytozönose ist offenbar charakteristisch für den gewässerreichen Grenzökoton zwischen Geest und Niedermooren (z.B. Kontaktzone von Feuchtsenken oder Flußauen zur Eichen-Birkenwaldlandschaft).

Abb. 8:
Weichwasser-Armleuchteralgen mit *Nitella flexilis* im Bergland
(Goslar, Harz 1990)

2. Nitelletum gracilis Corillon 1957
Hellgrün gefärbte, atlantisch-subatlantische Gesellschaft in kalkarm-oligotrophen oder leicht dystrophen Gewässern über humosen Sanden.

AC: *Nitella gracilis* (opt.)
Begleiter: *Nitella flexilis, Potamogeton obtusifolius*

Die annuellen, moosähnlichen Rasen oder kleinen Polster fallen auf dem dunklen Schlammgrund klarer Gewässer besonders auf. Von VAHLE (1990) wird nur noch ein einziger nordwestdeutscher Fundpunkt in einem Teichgelände der Lüneburger Heide beschrieben. Es handelt sich dabei um Teiche, die nur im Sommer mit Wasser gefüllt sind und im Winter trocken liegen.

3. Nitelletum translucentis Corillon 1957
Mächtige, ganzjährig dunkelgrün gefärbte, bis 1,3 m hohe submerse Bestände aus der Kennart.

AC: *Nitella translucens* (opt.)

Seltene, planare, atlantisch verbreitete Charaktergesellschaft silikatoligotropher Stillgewässer, die häufig Überlagerungen mit dem *Isoeto-Lobelietum dortmannae* u.a. in *Littorelletea*-Vegetationskomplexen zeigt.

4. Nitelletum flexilis Corillon 1957
Dichte, ausdauernde, oft grasgrün erscheinende Rasen am Grunde von sauren, transparenten bis leicht bräunlich gefärbten Gewässern vom Flachland bis in das Bergland(vgl.Abb.8).

AC: *Nitella flexilis* (opt.)

Verbreitet in tiefen, kalkarm-oligotrophen Klargewässern (Bergseen), aber auch in Kleingewässern (z.B. künstliche Teiche).

5. Charetum braunii Corillon 1957
Große Reinbestände in flachen, sonnenbeschienenen Gewässern über kalkarmen Substraten.

AC: *Chara braunii*

Die Kennart ist in Mitteleuropa ein Bewohner der regelmäßig abgelassenen Fischteiche (KRAUSE & LANG 1975).

2. Verband: Nitellion syncarpo-tenuissimae Krause 1969
Gesellschaften dieses Verbandes wachsen v.a. in Grundwasseraustritten voralpiner Schotterflächen; sie indizieren in der Regel eine neutrale Wasserqualität, die sich gelegentlich im räumlichen Kontakt von Silikat- und Kalkgesteinsflächen ergibt.

VC: *Nitella opaca, N. mucronata, N. syncarpa, N. tenuissima*

Es sind Vegetationsbestände in neutralen bis schwach alkalischen Gewässern, die standörtlich zu den *Charetalia hispidae* vermitteln. Nach der neuesten Zusammenstellung von VAHLE (1990) sind diese Gesellschaften beispielsweise in Niedersachsen nur noch sehr selten und meist nur in fragmentarischen Beständen entwickelt, diese lassen sich in der Regel auch keinen bekannten Assoziationen zuweisen. Die Verbandscharakterart *Nitella mucronata* tritt beispielsweise ephemer in Waldtümpeln der Eilenriede (Stadtwald von Hannover) im Kontaktbereich von Kreidekalken zu glazialem Moränenschutt auf; *Nitella syncarpa* konnte noch 1991 vereinzelt in Altarmen der Ems im Grenzbereich nährstoffarmer Geestflächen zum nährstoffreichen Flußtal hin gefunden werden.

Tab. 5: Veg. tab. *Tolypelletum proliferae*

Nr.	1*	2*	3	4
Größe d. Aufnahmefläche (m^2)	8	4	4	2
Veg.-Bedeckung (%)	100	60	60	40
Wassertiefe (cm)	10	15	10	10
Artenzahl	5	3	4	5
AC:				
Tolypella prolifera	5	4	4	3
VC Nitellion flexilis:				
Nitella syncarpa	.	.	+	+
Begleiter:				
Potamogeton natans	+	1	.	+
Juncus bulbosus	.	.	+	+
Utricularia australis	+	+	.	.
Potamogeton polygonifolius	+	.	+	.
Nymphaea alba	+	.	.	.
Lemna minor	.	.	.	+

* aus B<small>EUG</small> & P<small>OTT</small> (1992), Nr. 3 u. 4: Tümpel bei Ahaus, Westmünsterland, (1980)

1. **Nitello-Vaucherietum dichotomae** Krausch 1964
   Lockere *Nitella opaca-* und *N. mucronata*-Rasen in tiefen, klaren Seen, in langsam durchströmten Gießen des Rheinstromes, selten auch in Baggerlöchern. Im Gr. Stechlinsee bis 20 m tief (P<small>IETSCH</small> 1987).

   AC: *Vaucheria dichotoma* (opt.)

   Die beigemengte dickfädige, schwarzgrüne Goldalge (*Vaucheria dichotoma*) ist dabei vielfach typisch für das untere Sublitoral der Moränenseen in den weichselkaltzeitlich geprägten Landschaften Schleswig-Holsteins und Mecklenburg-Vorpommerns.

2. **Nitelletum syncarpo-tenuissimae** Krause 1969
   Geschützte Flachtümpel mit unbeständigen Lebensbedingungen werden von den pionierhaften Kennarten besiedelt.

   AC: *Nitella syncarpa, N. tenuissima*

   K<small>RAUSE</small> & L<small>ANG</small> (1975) beschreiben diese seltene Gesellschaft auch für ephemere, grundwassergespeiste Tümpel im Voralpenraum sowie im Kontaktbereich saurer Schwarzwaldgesteine zu den kalkhaltigen Alluvionen des Rheines. Dort kennzeichnen sie im besonderen Maße die pH-neutralen bis schwach basischen Gewässerbereiche.

3. **Tolypelletum proliferae** Krause 1969 p.min.p. (em.)
   Wie die *Nitella-*Arten mit ihren weichen, fließenden und fein zerteilten Formen kommen auch die viel selteneren *Tolypella-*Arten dem myriophylliden Wuchstyp sehr nahe. Ähnliche Typen wie die von K<small>RAUSE</small> (1969) beschriebenen *Tolypella prolifera-*reichen Bestände in mesotrophen, neutralen bis schwach alkalischen Gewässern konnten auch im Jahre 1991 im Talbereich der Ems gefunden werden. Es handelt sich um schwach

alkalische Flachgewässer (pH 6,7 - 8,2) mit sandig-kleiartigem subaquatischen Substrat und gelegentlich dünner Humusauflage. KRAUSE (1969) ordnete diese Gesellschaft dem Hartwasserbereich der *Charetalia hispidae* zu. Die Tabelle 5 zeigt dagegen eine differenzierte floristische Zusammenstellung des *Tolypelletum proliferae* mit Arten schwach saurer bis neutraler Lebensbedingungen; entsprechende hydrochemisch-physikalische Daten der besiedelten Gewässer verdeutlichen das verhältnismäßig nährstoffarme Milieu (z.B. anorg. Gesamt-N 0,03 - 0,18 mg/l, Nitrat 0,01 - 0,43 mg/l, o-Phosphat 0,01 - 0,05 mg/l, elektr. Leitfähigkeit 156 - 222 µS, Gesamthärte 0,82 - 1,03 mmol/l, Karbonathärte 0,29 - 0,45 mmol/l). Die Gesellschaft sollte dem *Nitellion flexilis* zugeordnet werden. Die Aufnahme 1 der Tab. 5 gilt als Typus der Gesellschaft.

AC: *Tolypella prolifera*

Tolypella prolifera ist im west- und mitteleuropäischen Flachland verbreitet, beschränkt sich aber auf die mesotrophen Gewässer. In gewisser Weise ist diese Großalgengesellschaft als amphoter zwischen den Hart- und Weichwassertypen zu bezeichnen.

2. Ordnung: Charetalia hispidae Sauer 1957 ex Krausch 1964

Die Hartwasser-Armleuchteralgen-Gesellschaften besiedeln vorzugsweise nährstoffarme, aber elektrolytreiche Gewässer. *Chara*-dominierte Gesellschaften sind in der Regel basiphytisch; sie bevorzugen vielfach kalkhaltiges, oft bläulich-türkisgefärbtes „hartes" Wasser und tragen daher häufig dicke Kalkkrusten. An den Küsten der Nord- und Ostsee wird die Klasse von halophilen Gesellschaften vertreten, die auch an den Salzstellen des Binnenlandes vorkommen. Die Gesellschaften der *Charetalia* haben im Vergleich zu den *Nitelletalia*-Assoziationen einen mehr kontinentalen Verbreitungsschwerpunkt.

OC: *Chara hispida, Ch. aspera, Ch. vulgaris* (alle transgr.)

Chara fragilis und *Chara vulgaris* weisen unter den ansonsten verschmutzungsempfindlichen Armleuchteralgen die weiteste ökologische Amplitude und die größte Toleranz gegenüber Eutrophierungserscheinungen auf (vgl. KRAUSE 1981).

1. Verband: Charion asperae Krause 1969

Ausdauernde Gesellschaften kalkreicher, oligo- bis mesotropher permanenter Gewässer (Abb. 9). Die primären Standorte sind die nährstoffarmen Jungmoränenseen Norddeutschlands sowie die Klarwasserseen des Alpenvorlandes; sie sind alle infolge Eutrophierung bzw. Hypertrophierung bedroht.

VC: *Chara aspera, Ch. contraria, Ch. hispida*

1. Charetum asperae Corillon 1957

Die Dauer-Initialgesellschaft der Rauhen Armleuchteralge bildet niedrige Unterwasserrasen im Litoralbereich windexponierter, kalkreicher, manchmal auch schwach salzhaltiger Binnengewässer in den küstennahen Regionen. In Süddeutschland sind *Chara aspera*-reiche Rasen im Bodensee verbreitet, ebenso im Oberrheingebiet (dort auch in Baggerseen) sowie im bayerischen Alpenvorland (Ostersee).

AC: *Chara aspera* (opt.)
Begleiter: *Chara fragilis* (= *Ch. globularis*), *Chara hispida*

In schwach-brackigen Flachwasserbereichen von Strandseen (z.B. Juist) oder entlang der Ostseeküste zeigen sich Übergänge zum *Charion canescentis*. Dort herrschen Salzgehalte um 7 ‰ und mesotrophe Lebensbedingungen (DIERSSEN 1988).

2. Charo-Tolypelletum glomeratae Corillon 1957

Vergleichsweise artenreiche Initialgesellschaft im kalkreichen Flachwasser; häufig zwei-

Abb. 9:
Kalkoligotrophes Tagebaugewässer in einem Kalksteinbruch als Lebensraum für Hartwasser-Armleuchteralgen-Gesellschaften des *Charion asperae* (Lengerich, Teutoburger Wald 1980)

schichtig strukturiert: über den Polstern der *Chara*- und *Nitella*-Arten, die den Gewässergrund bedecken, schweben langstielige Individuen von *Tolypella* (VAHLE 1990).

AC: *Tolypella glomerata*

Artenbestand und ökologische Ansprüche sprechen für die Zugehörigkeit zu den *Charetalia*, obwohl *Nitella fragilis*, *N. syncarpa* und *N. opaca* beteiligt sein können. Die Gesellschaft bewohnt Flachufer von Altwässern und Baggerseen mit Grundwasserzutritt oder periodisch entstehende Qualmwassertümpel.

3. **Charetum hispidae** Corillon 1957
Dichte, graugrüne unterseeische Wiesen in Limnokrenen oder in abgeschnürten Flußrinnen, wo kalt-stenothermes, oligotrophes Grundwasser zutritt.

AC: *Chara hispida, Ch. aculeolata*

Dauer-Initialgesellschaft im kalkreich-oligotrophen Milieu auf humosem oder sandigem Kalkschlamm bis 16 m hinabsteigend. Auch in Flachgewässern mit seitlichem Grundwasserzutritt; dann im Vegetationskomplex mit *Potamogetonion*- oder *Phragmition*-Gesellschaften (z.B. *Potamogetonetum colorati, Hippuridetum vulgaris*).

4. **Nitellopsidetum obtusae** Sauer ex Dambska 1961
Bis 2 m hohe, prächtige unterseeische Wälder aus der lebhaft grün gefärbten Stern-Armleuchteralge aufgebaut.

AC: *Nitellopsis obtusa, Nitella hyalina*

In kalkhaltigen, neutralen bis alkalischen, oligo- bis mesotrophen, 3 - 8 m tiefen Gewässern über grau-weißer Kalkgyttia (Seen, Baggerseen, Gießen des Rheines, Altarme der Alpenflüsse); aber auch in mesotrophen Oberflächengewässern der pleistozänen Sandlandschaften, in Kontakt zu Gesellschaftsausprägungen des *Potamogetonetum lucentis*. Bei Wasserverunreinigung tritt vielfach *Fontinalis antipyretica* in dichten Teppichen hinzu und baut die Algengesellschaft ab. Das *Nitellopsietum* ist vielerorts in Rückgang begriffen oder verschollen.

Weitere Gesellschaften des **Charion asperae** sind:

Charetum strigosae Melzer 1976
nordisch-alpin verbreiteter Typ (Langburgener See, Chiemgau, Königssee, vgl. KRAUSE & LANG 1975).

Charetum intermediae Melzer 1976
Einartgesellschaft von *Chara hispida var. major f. intermedia* = *Ch. intermedia* (in den Osterseen sowie im Eggstättersee-Gebiet, MELZER 1976).

Charetum tomentosae Corillon 1957
Einartgesellschaft im Ostersee- und Eggstättersee-Gebiet, früher auch im Bodensee (subkontinental verbreitet).

2. Verband: Charion vulgaris Krause 1981
Ephemere Initialgesellschaften in episodischen Flachgewässern (Regenlachen, Erdausschürfungen), selbst in Baustellentümpeln auftretend, im wesentlichen aus annuellen Charophyceen aufgebaut.

VC: *Chara vulgaris* (opt.)

Für Deutschland sind bislang zwei Assoziationen dieses Verbandes beschrieben worden. Sie finden sich im kalkreichen und süßen Wasser über lehmigem Substrat im mesotrophen bis schwach eutrophen Milieu.

1. Charetum vulgaris Corillon 1957
Moosartige, graugrüne Rasen der Gewöhnlichen Armleuchteralge oder lockergestellte Einzelpflanzen dieser Art stellen die häufigste Gesellschaft dar.

AC: *Chara vulgaris*

Ausgesprochene Pioniergesellschaft in nährstoffreicheren Löß- und Kalklandschaften; sie fehlt dagegen in pleistozänen Geest- und Hochmoorregionen. Das *Charetum vulgaris* besiedelt neben den eutrophen, kalkreichen Gewässern auch flache Uferzonen von Teichen und Tümpeln (dort im Kontakt zu *Lemnetea-*, *Potamogetonetea-* und *Phragmitetea-*Gesellschaften), und geht darüber hinaus sogar in den oligohalinen Bereich.

2. Charo-Tolypelletum intricatae Corillon 1957
Reich strukturierte, lockere, untergetauchte Gesellschaft mit den am Boden liegenden perlschnurartigen Gebilden von *Nitella tenuissima* und den darüber schwebenden, von einer langen Basalzelle gehaltenen kronenartigen Gebilden der *Tolypella intricata* (KRAUSE & LANG 1975).

AC: *Tolypella intricata*

Im basenreichen, mesotrophen Wasser über kalkhaltigem Tonboden (Altwässer, Gräben in Flußtälern, aber auch Ton- und Ziegeleigruben). Unstete Initialgesellschaft, wahrscheinlich hochspezialisiert auf die unbeständigen Lebensbedingungen natürlicher Flußtallandschaften mit starker umgestaltender Dynamik. Heute stark zurückgehend.

3. Verband: Charion canescentis Krausch 1964
Halophytische Characeen-Gesellschaften des sauberen Brackwassers mit Schwerpunkten an Nord- und Ostsee, seltener auch an Salzstellen des Binnenlandes.

VC: *Chara canescens, Ch. tomentosa, Ch. baltica, Tolypella glomerata*

Wegen der Wasserverschmutzung an den Küsten gehen diese Charophyceen stark zurück; an der Nordseeküste sind sie vielfach schon verschollen. Nach VAHLE (1990) kam in Niedersachsen früher das **Charo-Tolypelletum nidificae** vor, das derzeit nicht mehr auffindbar ist.

1. Charetum canescentis Corillon 1957
Weite hellgrüne unterseeische Rasen der Grauen Armleuchteralge reichen im klaren Brackwasser bis in Tiefen von 0,8 m.

AC: *Chara canescens*
Begleiter: *Potamogeton pectinatus, Ranunculus baudotii, Zannichellia palustris* ssp. *pedicellata*

Das *Charetum canescentis* gedeiht an der Ostsee (z.B. Fehmarn) im Kontakt mit *Ruppietea*-Gesellschaften und halophilen Röhrichten (z.B. *Scirpetum maritimi* oder *Phragmites*-Beständen). In Dünentälern, Strandseen und eingedeichten Gebieten (Polder, Groden).

Weitere Gesellschaften des **Charion canescentis** sind:

Charetum balticae Kornas 1959
Brackwasserzonen der Ostsee; im Vergleich zur vorigen Gesellschaft in tieferen Wasserzonen, mesotraphent.

Chara tomentosa-Gesellschaft
Produktionskräftige, mesotraphente bis eutraphente Algengesellschaft auf Schlickböden. Gegen Verunreinigungen empfindlich. In den Mecklenburger Seen die am häufigsten verbreitete Gesellschaft in nährstoffreichen Gewässern (PIETSCH 1987).

Chara jubata-Gesellschaft
Einartbestände der namengebenden Art; östliche Gesellschaft aus dem Gollin-See beschrieben. Besiedelt werden besonders kalkhaltige Gewässer. Genaue Verbreitung unklar.

Weitere Einart-Gesellschaften in Mecklenburg-Vorpommern und Brandenburg (s. SCHMIDT 1981, PIETSCH 1987).

Grundsätzlich bleibt für alle Characeen-Gesellschaften festzuhalten, daß sie nur an konkurrenzarmen Standorten vorkommen; sie sind meistens pionierhafte, ephemere und artenarme Vegetationseinheiten. Für die spontane Neuansiedlung und Verbreitung sind freischwimmende Sproßspitzen mit Oosporen verantwortlich, die auch nach mehrjähriger Ruhezeit noch keimfähig sind.

Die Grünalgen nehmen dank ihres kormophyten-konvergenten Bauprinzips eine Sonderstellung in morphologischer und ökologischer Hinsicht ein. Es lassen sich innerhalb der *Charetea* zwar eine Reihe von Assoziationen nach ökologischer Ähnlichkeit ausdifferenzieren; schwierig und teilweise noch unmöglich ist es jedoch, für diese Einheiten treue und genügend stete Kennarten zu finden; die Populationen werden in der Regel als „Einart-Assoziationen" definiert; es gibt aber auch Bestrebungen, die Characeen als untergeordnete Glieder der *Potamogetonetea*-Gesellschaften zu betrachten, wie es beispielsweise GUERLESQUIN & MERIAUX (1978) vorschlagen.

Abb. 10:
Zosteretum marinae
in der Ostsee
(Dänischer Wohld, 1987)

3. **Klasse: Zosteretea marinae** Pign. 1953 – Seegraswiesen

Von bandartigen Seegräsern aufgebaute untermeerische Wiesen euryhaliner bis polyhaliner Standorte im Litoral und v.a. im Sublitoral der gezeitenbeeinflußten Küste auf Lockersedimenten (Abb. 10). Die Seegrasgesellschaften wachsen auf kiesig-sandigem bis schlickigem Substrat bis zu einer Tiefe von etwa 3 m im Wattenmeerbereich der Nordsee. Wir können für Deutschland von den weltweit verbreiteten Seegras-Ökosystemen nur eine Ordnung **Zosteretalia marinae** Beguinot 1941 em. R. Tx. & Oberd. 1958 und einen Verband **Zosterion marinae** Christiansen 1934 monotypisch differenzieren (TÜXEN 1974a). Bezeichnende Arten der Klasse, Ordnung und des Verbandes sind:

KC - VC: *Zostera marina, Z. noltii*

Besonders in der Ostsee und im Wattenmeer bedecken streckenweise ausgedehnte, wenn auch lockere Seegrasbestände die geschützten Buchten oder Flachmeerbereiche. Diese können kleinräumig miteinander verzahnt sein.

1. **Zosteretum marinae** Borgesen ex van Goor 1921
Die Gesellschaft des Echten Seegrases siedelt als meist einartige Unterwasserwiese im tiefen Wasser; sie ist auch bei Ebbe überflutet und deshalb niemals freifallend (unterhalb MTNW);

AC: *Zostera marina*

Auf Sand- und Schlickwatt der Nordsee und der Ostsee; lichtliebende Phytozönose als natürliche Dauer-Initialgesellschaft auf Extremstandorten, wohin keine anderen höheren Pflanzen folgen können.

2. **Zosteretum noltii** Harmsen 1936
Die Zwergseegras-Gesellschaft besiedelt im Gegensatz zur vorigen Assoziation die eulitoralen bis sublitoralen Schlickwatten mit niedrigen, meist etwas lückigen Rasen aus den dunkelgrünen, bandartig flutenden Blättern von *Zostera noltii*.

AC: *Zostera noltii* (= *Z. nana*)

Diese Salz- und Brackwassergesellschaft erträgt stundenweises Trockenfallen bei Ebbe und ist dann sogar der Beregnung mit fast ionenfreiem Regenwasser ausgesetzt. Ihre

Position direkt unterhalb der MTHw-Linie wird durch die ökologische Spanne von *Zostera noltii* verständlich; sie kann im Kontakt zu dem sich tiefer anschließenden *Zosteretum marinae* stehen oder sich landwärts mit *Salicornia*- oder *Spartina*-Gesellschaften verzahnen. Die Ursache für die teilweise katastrophalen Schwankungen in der Bestandesdichte bei den Seegras-Arten und ihr genereller Bestandesschwund ist wohl auf Gewässerverunreinigungen zurückzuführen. Als zentrale Biozönose kommt den *Zostera*-Gesellschaften der Nordsee eine Schlüsselrolle für den Arten- und Individuenreichtum des Ökosystems Wattenmeer zu.

4. Klasse: Ruppietea maritimae J. Tx. 1960 – Meeressalden-Gesellschaften

Von Meeressalden beherrschte Gesellschaften des sauberen Brackwassers mit untergetauchten 15 - 40 cm hohen, lockeren Beständen der Strand- oder Meersalde (*Ruppia maritima* oder *R. spiralis*). Es sind kosmopolitische, artenarme, einfach strukturierte Vegetationstypen. Die Klasse ist in Deutschland ebenfalls monotypisch aufgebaut und besteht nur aus einer Ordnung **Ruppietalia maritimae** J. Tx. 1960 und einem Verband **Ruppion maritimae** Br.-Bl. 1931. Mit ihren ökologischen Ansprüchen an Brackwasserstandorte stehen die *Ruppietea* intermediär zwischen den *Zosteretea* des Meerwassers und den *Potamogetonetea* des Süßwassers.

KC - VC: *Ruppia maritima, R. spiralis, Tolypella nidifica*

1. Ruppietum maritimae Iversen 1934

Die Meersalden-Gesellschaft ist v.a. an der Küste verbreitet; selten findet sie sich an

Abb. 11:
Ruppietum maritimae mit *Ruppia spiralis* in der Ostsee (Fehmarn, 1988)

geeigneten Stellen im Flachland (s. JECKEL 1977). Mit ihren fadenförmigen Stengeln und fast ebenso schmalen Blättern ist diese natürliche Initialgesellschaft leicht kenntlich (Abb. 11).

AC: *Ruppia maritima, R. spiralis*
Begleiter: *Ranunculus baudotii, Ulva lactuca*

Auf den Inseln befindet sich das *Ruppietum* häufig in salzbeeinflußten Dünentälern oder in Kolken ehemaliger Deichbrüche (z.B. Borkum). Ebenso gedeihen optimal ausgeprägte, herdenartige Bestände in ganzjährig wasserführenden hyperhalinen Mulden und Rinnen innerhalb der Salzwiesen. Die von HOBOHM (1991) gemessenen Chloridwerte mit 4000 - 30.000 mg/l und Leitfähigkeiten mit 7000 - 56.800 µS können dort sogar Werte des Meerwassers teilweise noch übertreffen. *Ruppia* ist aber auch in eingedeichten Bereichen von Poldern und Groden zu finden; hier weisen die Gewässer wechselhalin-brackige Verhältnisse auf und die Bereiche sind artenreicher. Ähnliche Bedingungen herrschen auch an der Ostsee, wo starke floristische Beziehungen zu den Laichkrautgesellschaften der *Potamogetonetea* bestehen, wie es auch HÄRDTLE (1984) und DIERSSEN (1988) ausdrücken. In solchen oligo- bis mesohalinen Tümpeln, Gräben und Flußmündungen mit Brackwasser (0,1 - 15 ‰ Cl-) treten als konstante Begleiter *Potamogeton pectinatus* und *Zannichellia palustris ssp. pedicellata* auf. Derartige salzärmere Bestände sollten als Subassoziation **Ruppietum maritimae zannichellietosum** sensu VERHOEVEN (1980) bezeichnet werden. Sie vermitteln zu Gesellschaften des *Zannichellion pedicellatae*-Verbandes (*Potamogetonetea*).

2. **Eleocharitetum parvulae** Libbert 1940
Die Kleine Sumpfbinse wächst im Nord- und Ostseegebiet (heute noch in Südschweden beobachtet) auf teilweise überschwemmten Salzschlammböden.

AC: *Eleocharis parvula*

Vom Darß wurde die Gesellschaft zuerst von LIBBERT (1940) beschrieben, von GILLNER (1960) zum *Ruppion*-Verband gestellt. In Niedersachsen und Schleswig-Holstein ist die Gesellschaft derzeit verschollen; es ist fraglich, ob sie auch in Nordostdeutschland überhaupt noch existiert.

5. **Klasse: Potamogetonetea pectinati** R. Tx. & Prsg. 1942 corr. Oberd. 1979 – Laichkraut- und Schwimmblattgesellschaften

Fest verwurzelte Wasserpflanzengesellschaften stehender und fließender Gewässer im dystrophen, mesotrophen und eutrophen Milieu. Meist wasserseitig in Tiefen von wenigen Dezimetern bis hin zu 7 Metern den Röhrichtgürteln vorgelagert. Ihr Verbreitungsschwerpunkt sind die Tieflagen; im Bergland verarmen sie floristisch stufenweise mit abnehmenden Sommertemperaturen und mit zunehmender Meereshöhe, die im Extremfall zu Dominanzbeständen wuchskräftiger Arten (z.B. *Potamogeton natans, Elodea canadensis, E. nuttallii*) führen kann.

Die syntaxonomische Gliederung der Klasse mit nur einer Ordnung **Potamogetonetalia pectinati** W. Koch 1926 corr. Oberd. 1979 bleibt teilweise „klassisch", wie u.a. bei Th. MÜLLER & GÖRS (1960), OBERDORFER (1977), POTT (1980) und DIERSSEN (1988).

KC - OC: *Potamogeton natans, P. pusillus agg., P. pectinatus, P. crispus, P. perfoliatus, Myriophyllum spicatum, M. verticillatum, Elodea canadensis, Nuphar lutea, Hydrocharis morsusranae, Callitriche stagnalis, Ceratophyllum demersum, Sparganium emersum f. fluitans*

Die Ordnung läßt sich ökologisch und floristisch in sechs abgrenzbare Verbände aufgliedern: den submersen, ortsfesten **Potamogetonion pectinati-Verband**, dessen Gesellschaften bei ungestörter Verlandungsserie den schwimmenden Vegetationseinheiten des

Nymphaeion albae vorgelagert sind. Floristisch und strukturell zwischen den flottierenden Wasserlinsendecken und dem *Nymphaeion*-Verband vermitteln die nur zeitweilig verwurzelten Wasserschweber-Gesellschaften des **Hydrocharition morsus-ranae**. Schwach salzhaltige Gewässer besitzen leicht halophytische Gesellschaften des **Zannichellion pedicellatae**. Kurzfristig trockenfallende Bestände sind dem **Ranunculion aquatilis-Verband** zugeordnet. In den Fließgewässern dominieren die rheobionten Gesellschaften des **Ranunculion fluitantis-Verbandes**.

Bei einer syntaxonomischen Abgrenzung und Benennung der oft artenarmen Pionier- oder Degradationsbestände nach rein floristischen Gesichtspunkten gäbe es eine Vielzahl von Assoziationen und wohl kaum eine Wasserpflanze, die nicht Kennart einer eigenen Gesellschaft wäre. Unter Berücksichtigung der Artenspektren floristisch gesättigter Assoziationen lassen sich viele solcher Bestände weit gefaßten Phytozönosen zuordnen und als Fragmente, Stadien, Fazies, Subassoziationen oder Varianten beschreiben. Lediglich an stark gestörten, meist aber nur kleinräumig ausgebildeten Sonderstandorten scheint eine Zuordnung zu definierten Assoziationen unmöglich zu sein. Solche *Elodea canadensis-, E. nuttallii-, E. densa-, Potamogeton polygonifolius-, Myriophyllum spicatum-* oder *Callitriche platycarpa*-Massenbestände lassen sich als ranglose Gesellschaften den einzelnen Verbänden zuordnen bzw. bilden jeweilige Rumpf- oder Dominanzgesellschaften (s. dort).

Die Zuwanderung von Neophyten ist ein weiteres Phänomen der eutrophen Still- und Fließgewässer. Nach der Zuwanderung von *Elodea canadensis* beobachten wir derzeit eine vielfach unbemerkte Ausbreitung der nordamerikanischen *Elodea nuttallii* (seit 1939 in Belgien) sowie eine adventive Verbreitung der südamerikanischen *Elodea densa* in erwärmten Abwasserkanälen und benachbarten Gewässern. Auch die wärmeliebende Wasserhahnenfuß-Art *Ranunculus rionii* scheint sich jüngst in der Oberrheinebene einzubürgern (WOLFF & SCHWARZER 1991).

1. Verband: Potamogetonion pectinati W. Koch 1926 em. Oberd. 1957

Die Gesellschaften dieses Verbandes sind im wesentlichen negativ durch das Fehlen von Schwimmblattpflanzen charakterisiert. Hier sind ausschließlich submers lebende, wurzelnde Wasserpflanzenbestände sowie von groß- und kleinblättrigen *Potamogeton*-Arten aufgebaute Vegetationseinheiten zusammengefaßt.

VC: *Elodea nuttallii, Potamogeton trichoides, P. mucronatus, P. acutifolius, P. compressus, Zannichellia palustris ssp. palustris*

Die Laichkrautgesellschaften können mancherorts den gesamten Wasserkörper des höheren Sublitorals natürlicher und künstlicher Seen, v.a. kleiner, flacher Tümpel, sowie ganze Bach- und Grabensysteme ausfüllen (vgl. Abb. 12). Sie zeigen in der Regel starke Bindungen an spezifische Gewässertypen, besitzen also gute Indikatoreigenschaften für den hydrochemisch-physikalischen Zustand natürlicher Gewässer.

Kleinlaichkräuter entwickeln sich massenhaft als Pioniere überwiegend an konkurrenzarmen Standorten in neugeschaffenen künstlichen oder ausgeräumten Gewässern. Alle *Potamogeton*-Arten können sich mit kleinen, schwimmfähigen Diasporen oder ornithochor rasch ausbreiten und konkurrenzarme Flächen kurzfristig sogar weitgehend unabhängig von den hydrochemischen Bedingungen besiedeln. In gestörten Gewässern ist der Indikatorwert der Laichkräuter daher eingeschränkt.

1. Potamogetonetum lucentis Hueck 1931

Die von großblättrigen und langwüchsigen Laichkrautarte (*Potamogeton lucens, P. perfoliatus*) beherrschte Spiegellaichkrautgesellschaft siedelt in eutrophen, stagnierenden oder schwach bewegten bzw. langsam strömenden Still- und Fließgewässern von 1 - 7 m Tiefe.

AC: *Potamogeton lucens, P. perfoliatus*

Abb. 12: *Potamogetonetum lucentis* mit *Potamogeton lucens* und *Elodea canadensis* in einem Baggersee bei Münster (1980)

Diese biomassenreiche Gesellschaft (Abb. 12) leitet als „submerser Wald" meistens den Verlandungsprozess eutropher Gewässer ein, wobei sich je nach Entwicklungsstufe und Gewässertiefe verschiedene Ausbildungen der Assoziation herausbilden können, in denen einzelne kleinwüchsige *Potamogeton*-Arten dominant oder in wechselnder Menge den beiden Großlaichkräutern beigesellt sind.

Potamogeton perfoliatus ist eine strömungsresistente Art; sie kennzeichnet insbesondere fazielle Fließwasserausbildungen des *Potamogetonetum lucentis* im langsam bewegten Wasser der Mittel- und Unterläufe von Fließgewässern. Die Physiognomie solcher Bestände wird durch verzweigte *Potamogeton lucens*-Individuen und bis 2,5 m lange, wenig oder gänzlich unverzweigte, in der Strömung flottierende Stränge von *Potamogeton perfoliatus* bestimmt. Das Durchwachsene Laichkraut zeigt entsprechend seiner ökologischen Präferenz auch konzentrierte Vorkommen in Fluß- und Stromtälern (vgl. HAEUPLER & SCHÖNFELDER 1988). Derartige Bestände werden von einigen Autoren auch als eigenständige Assoziation **Potamogetonetum perfoliati** W. Koch 1926 betrachtet (PASSARGE 1964, WESTHOFF & DEN HELD 1969, HILBIG 1971). In Fließgewässern lassen sich, bedingt durch die meist geringe Durchleuchtung, mit 0,25 - 1,5 m meist nicht so große Wassertiefen wie in Stillgewässern erreichen. Starke Sedimentation von Schwebstoffen auf den Blättern kann leicht zu vollständigem Ausfall der Gesellschaft führen. Beide Charakterarten zeigen weiterhin in Abhängigkeit von der Konzentration an Ca-Karbonat im umgebenden Wasser eine Kalkadkrustierung.

2. **Potamogetonetum graminei** (W. Koch 1926) Passarge 1964 em. Görs 1977
Die vom schmalblättrigen Graslaichkraut aufgebaute Gesellschaft (Abb. 13) besiedelt oligo- bis mesotrophe Flachwasserstandorte über kalkarmen, sandig-schluffigen oder organogenen Sedimenten.

AC: *Potamogeton gramineus*

Sehr selten gewordene Pflanzengesellschaft, die eigentlich zum Vegetationsinventar der

Abb. 13:
Potamogeton gramineus kennzeichnet oligo- bis mesotrophe Flachwasserstandorte in der Pleistozänlandschaft Norddeutschlands (Lüntener Fischteiche, Westfalen 1981)

pleistozänen *Quercion robori-petraeae*-Landschaften Norddeutschlands gehört, aber auch in den flußnahen Tallagen Mittel- und Süddeutschlands zu finden ist. Nennenswerte Vorkommen gibt es noch heute in dys- bis mesotrophen Torfstichen und Moorgewässern Nordwestdeutschlands sowie in den größeren und kleineren Seen Mecklenburgs und Schleswig-Holsteins. Die Gesellschaft steht häufig im Kontakt zum *Nymphaeetum albo-minoris*, zu *Juncus bulbosus*-reichen Vegetationstypen oder zu *Littorelletea*-Gesellschaften.

3. **Potamogetonetum trichoides** J. & R. Tx. in R. Tx. 1965
Die hellgrün gefärbte Gesellschaft des Haarförmigen Laichkrautes lebt in klaren, mesotrophen bis eutrophen kleinen Stillgewässern mit stark schwankendem Wasserstand über sandigem oder sandig-torfigem Substrat.

AC: *Potamogeton trichoides*

Sehr seltene, konkurrenzschwache, oft auch nur periodisch auftretende Pioniergesellschaft in Teichen, Altwässern oder in Gräben, Tongruben, Kalkschlammgewässern sowie Fischteichen. Gehäufte Vorkommen sind bekannt aus den Marschen der Nordsee, aus Stromtälern des Rheins und der Elbe, aus den Gebieten der Schwarzen Elster und der unteren Mulde zwischen Bitterfeld und Dessau, zerstreute Vorkommen aus dem Hügel- und Bergland (dort in Erlenbruchwaldkomplexen), die offenbar verschiedenartige standörtliche Rahmenbedingungen und Wuchsmöglichkeiten andeuten.

4. **Potamogetonetum praelongi** Sauer 1937
Es handelt sich hierbei um eine sehr seltene Gesellschaft. Sie ist bezeichnend für kühle, kalkreiche, aber nur mäßig nährstoffhaltige, mesotrophe Still- und Fließgewässer.

AC: *Potamogeton praelongus*
Begleiter: *Potamogeton lucens, P. perfoliatus, Myriophyllum alterniflorum*

Große *Potamogeton praelongus*-Vorkommen waren aus dem Dümmer und dem Steinhuder Meer in Niedersachsen bekannt, sie sind dort der Gewässerverschmutzung zum Opfer gefallen. Weitere nennenswerte Vorkommen existieren noch in Schleswig-Holstein, im Havelland und in der Niederlausitz sowie in süddeutschen Fließgewässern des Allgäu. Die Stillwasservorkommen von *Potamogeton praelongus* werden auch dem *Potamogetonetum lucentis* zugeordnet (z.B. VAHLE & PREISING 1990).

5. **Potamogetonetum colorati** Allorge 1922
Wintergrüne, stenöke Gesellschaft in klaren, kalkoligotrophen Fließgewässern und oligotrophen Stillgewässern; sehr selten und vielfach ausgestorben.

   AC: *Potamogeton coloratus*

   Diese artenarme Gesellschaft des bronze-rot gefärbten Laichkrautes siedelt nur noch vereinzelt in Stillgewässern mit Grundwasserzustrom und schwerpunktartig in Kalkflachmooren des Voralpenraumes, in Mergelgruben oder gar in Fließgewässern Süddeutschlands (vgl. KOHLER et al. 1971, KORNECK 1969). Das nördlichste Vorkommen in Deutschland liegt auf der kalkreichen ostfriesischen Insel Borkum.

6. **Najadetum intermediae** (W. Koch 1926) Lang 1973
Die Gesellschaft des Mittleren Nixkrautes wächst in sommerwarmen, oligo- bis mesotrophen Gewässern über sandigen Böden und über Kalkschlamm; sie ist dort häufig mit *Chara contraria* und *Ch. tomentosa* vergesellschaftet.

   AC: *Najas marina* var. *intermedia*, *N. flexilis*, *Potamogeton mucronatus*

   In Deutschland bislang nur für den Bodensee (Untersee) beschrieben und dort stark zurückgehend (LANG 1973). Das einjährige Nixkraut kommt auch in der Niederlausitz bei Eisenhüttenstadt sowie in Neubrandenburg vor (PIETSCH 1981). Der Abbau durch Eutrophierungseinflüsse erfolgt über *Potamogeton pusillus*- und *Zannichellia palustris*-Stadien. *Najas marina* var. *intermedia* ist weiterhin im oberen und mittleren Rheintal verbreitet (HAEUPLER & SCHÖNFELDER 1988). Die Gesellschaft besaß in der postglazialen Wärmezeit des Atlantikums ein größeres Areal und gilt heute als Wärmezeitrelikt.

7. **Potamogetonetum filiformis** W. Koch 1928
Das subboreal-montan verbreitete Faden-Laichkraut wächst in stehenden oder langsam fließenden, kalten, unverschmutzten, kalkoligotrophen Gewässern v.a. in den Jungmoränenlandschaften Norddeutschlands. Es zeigt eine Verbreitungslücke in Mitteldeutschland und tritt erst wieder in den Gebirgsseen des Voralpen- und Alpenraumes auf (dort in der var. *alpinus*, s. OBERDORFER 1990).

   AC: *Potamogeton filiformis* (incl. var. *alpinus*)

   Häufig zusammen mit *Potamogeton alpinus*, die als schwache Charakterart des *Potamogetonetum filiformis* gelten kann, aber wegen ihrer breiten Standortamplitude über das eng begrenzte Wuchsgebiet der Faden-Laichkrautgesellschaft hinweg weiter verbreitet ist.

8. **Zannichellietum palustris** Lang 1967
Die Teichfaden-Gesellschaft besiedelt meist kalkreiche, phosphatbeeinflußte, durchweg eutrophe bis hypertrophe, flache Gewässer über Sapropel mit gestörtem biologischen Gleichgewicht. Halotrophierungszeiger. Das *Zannichellietum* wird häufig vom *Lemnetum gibbae* überlagert (POTT 1983).

   AC: *Zannichellia palustris* ssp. *palustris*

   Oftmals getrübte Gewässer verstellen den Blick auf die dunkelgrünen Bestände von *Zannichellia*; ihre Anwesenheit verraten aber meistens abgebrochene, feinblättrige

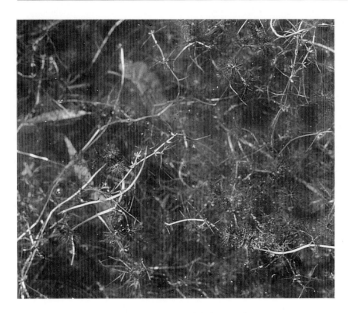

Abb. 14:
Zannichellia palustris mit ihren dreizack-ähnlichen, bananenförmig gebogenen Früchten und *Ranunculus circinatus* in einem *Zannichellietum palustris* (Mühlenteich bei Borghorst i. Westfalen, 1980)

Sproßstücke mit charakteristischen, bananenförmigen Früchten (Abb. 14). Diese Dauer-Initialgesellschaft zeigt natürlicherweise gehäufte Vorkommen in den Küsten- und Flußmarschen und ist in Ausbreitung begriffen. Sie vermittelt floristisch und synökologisch zu den halophilen *Zannichellion pedicellatae*-Gesellschaften.

Einige **Potamogetonion**-Arten können artenarme, schwer einzugliedernde Dominanzbestände aufbauen, deren ökologische Ansprüche ebenfalls nur schwer zu klassifizieren sind:

Potamogeton alpinus-Gesellschaft
Das Alpen-Laichkraut besiedelt stehende oder fließende, nährstoff- und kalkarme, mesotrophe Gewässer. Im allgemeinen zerstreut, aber gehäuft im pleistozänen Norddeutschland, auf der Fränkischen Alb sowie im Alpenvorland. Auch im Fließwassser verbreitet.

Potamogeton acutifolius-Gesellschaft
Massenbestände des Spitzblättrigen Laichkrautes in eutrophen Stillgewässern über mächtigen Muddeschichten in küstennahen Regionen und in Stromtallagen.

Potamogeton compressus-Gesellschaft
Das Flachstengelige Laichkraut bildet Massenbestände in basen- und nährstoffreichen, z.T. auch leicht verschmutzten Gewässern. Gehäufte Vorkommen in Strom- und Flußtälern sowie in den Küsten- und Flußmarschen.

Potamogeton obtusifolius-Gesellschaft
In kalkarmen, meso- bis eutrophen Gewässern; das Stumpfblättrige Laichkraut bildet häufig Pionierbestände in Sekundärgewässern (Mergelkuhlen). Zerstreutes Vorkommen.

Potamogeton pusillus-Gesellschaft
(incl. **Potamogeton berchtoldii-Gesellschaft**)
Das Zwerglaichkraut kann als Verschmutzungszeiger angesehen werden; häufig in Kleingewässern und in Gräben. *Potamogeton pusillsus s.str.* scheint hinsichtlich seiner standörtlichen Ansprüche eine weite ökologische Amplitude zu besitzen. Oft tritt die Art therophytisch auf, weist einen ausgeprägten Jahreszyklus mit Abbau der Bestände im Spätsommer auf.

Potamogeton crispus-Gesellschaft
In stark verschmutzten, organisch belasteten Gewässern. Häufige Rumpfgesellschaft in periodisch ausgeräumten Fischteichen und Weihern.

Elodea canadensis-Gesellschaft
Oft als Pionier in frisch geräumten Gräben oder neu geschaffenen Stillgewässern; in neuester Zeit dringt auch *Elodea nuttallii* nach West-Deutschland vor. Diese Art bleibt oft wintergrün und kann sogar unter Klareis assimilieren.

Potamogeton pectinatus-Gesellschaft
In stehenden bis schwach fließenden Gewässern; bei starker Verschmutzung in einartigen Beständen vertreten (Abb. 15). Das Kammlaichkraut verträgt Trübungen des Wasserkörpers und starken Aufwuchs auf den Blättern. Rumpfgesellschaft in hypertrophen und salzhaltigen Gewässern, oft in der Küstenregion, dort zu *Zannichellion pedicellatae*-Gesellschaften floristisch und standörtlich vermittelnd.

2. Verband: Zannichellion pedicellatae Schaminée et al. 1990 (em.)
Einfach strukturierte Vegetation von geringer Artenvielfalt im brackigen und wechselhalinen Bereich. Je nach Salzgehalt herrschen stärker an ionenreiche, oligo- bis euryhaline Verhältnisse adaptierte Arten vor.

VC: *Zannichellia palustris* ssp. *pedicellata, Enteromorpha intestinalis*

Die Gesellschaften dieses Verbandes zeigen starke Verwandtschaft zu den *Ruppietea*-Gesellschaften; *Potamogeton pusillus, P. pectinatus, Myriophyllum spicatum* und die *Ceratophyllum*-Arten rechtfertigen eine Zuordnung zu den *Potamogetonetalia* mit der Konsequenz eines eigenen Verbandes halophiler Gesellschaften. SCHAMINÉE et al (1990) stellen sogar eine eigene Ordnung der *Zannichellietalia pedicellatae* mit einem weiter gefaßten gleichnamigen Verband auf.

Abb. 15:
Massenbestände von *Potamogeton pectinatus* können ganze Flachwasserbereiche einnehmen (Emsaltarm bei Greven i. Westfalen, 1980)

Tab. 6: Veg. tab. *Zannichellietum pedicellatae* Nordhagen 1954 em.

Nr. 1 - 5: Binnenlandausprägung
Nr. 6 - 7: Küstenausprägung

Nr.	1	2	3	4	5	6	7
Größe d. Aufnahmefläche (m^2)	10	10	7	8	10	5	10
Veg.-Bedeckung (%)	65	100	100	80	100	100	70
Wassertiefe (cm)	30	40	30	40	35	40	40
Strömung (cm/s)	40	45	48	30	39	-	-
Artenzahl	4	4	4	4	4	5	5
AC:							
Zannichellia							
palustris ssp. pedicellata	4	4	2	2	+	5	4
Enteromorpha intestinalis	.	2	+	+	1	+	+
VC - KC:							
Potamogeton pectinatus	1	+	5	3	5	+	+
Cladophora glomerata	1	+	2	2	1	.	+
Ranunculus baudotii	.	.	.	.	.	+	.
Begleiter:							
Lemna minor	+	.	+	+	+	+	.
Callitriche palustris	.	.	.	.	.	+	.
Ruppia maritima	.	.	.	.	.	.	+

Fundpunkte der Aufnahmen: Nr. 1 - 5: Salzbach Bad Rothenfelde 1980/81; Nr. 6: Norderney 1988; Nr. 7: Borkum 1989

1. **Zannichellietum pedicellatae Nordhagen 1954 (em.)**
In salzhaltigen, stehenden oder langsam fließenden Gewässern des Küstenbereiches der Nord- und Ostsee sowie an binnenländischen Salzvorkommen wächst diese meso- bis polyhaline Gesellschaft.

AC: *Zannichellia palustris ssp. pedicellata*

NORDHAGEN (1954) beschrieb diese Gesellschaft zuerst aus den Salzmarschen Norwegens und ordnete sie dem *Ruppion*-Verband zu; die Tabelle 6 zeigt jedoch die hohen *Potamogetonetea*-Anteile. Aus diesen Gründen werden die angeführten Bestände dem *Zannichellion*-Verband subsumiert. Aufnahme Nr. 2 der Vegetationstabelle 6 gilt als Holotypus der Gesellschaft.

Die Unempfindlichkeit von *Zannichellia pedicellata* gegenüber hohen Chlorid-Konzentrationen ist augenfällig: es wurden langjährige Mittelwerte in binnenländischen Salzgewässern von etwa 200 mg/l gemessen (POTT 1980). Die Chloridwerte der Vorkommen von Norderney liegen mit etwa 500 - 15.000 mg/l im oligo- bis polyhalinen Bereich (HOBOHM 1991).

2. **Najadetum marinae Fukarek 1961**
Eine seltene, wärmeliebende Gesellschaft mit dem untergetaucht lebenden, 5 - 50 cm hohen Großen Nixkraut an oligo- bis mesotrophen Flachwasserstandorten von Seen, Teichen und Altgewässern.

AC: *Najas marina, N. minor*

Sowohl im Binnenland als auch im Bereich des Brackwassers von Nord- und Ostsee. Im Ostseeraum Schleswig-Holsteins und Mecklenburg-Vorpommerns (v.a. Darß und am

Südostrand des Struck im Greifswalder Bodden); dort infolge von Hypertrophierung nahezu ausgestorben (DIERSSEN 1988). Weitere nennenswerte Vorkommen gibt es im Oberrheingebiet, in der Oberpfalz und im Bayerischen Alpenvorland. Neben einer Brackwasserausbildung mit *Zannichellia* und *Potamogeton pectinatus* läßt sich auch eine Süßwasserausbildung mit *Potamogeton lucens, Ceratophyllum demersum* und *Ranunculus circinatus* differenzieren (PASSARGE 1964, OBERDORFER 1977). Dazu gehören auch die süddeutschen Bestände, die als **Potamogetono-Najadetum marinae** Horvatic & Micev. in Horvatic 1963 beschrieben worden sind.

3. **Ranunculetum baudotii** Br.-Bl. 1952
Die seltene, artenarme Gesellschaft des Brackwasser-Hahnenfußes ist von zerschlitzten, hellgrünen Schwimmblättern der Charakterart geprägt.

AC: *Ranunculus baudotii*

Sie wächst in stehenden, schwach brackigen Kleingewässern und Gräben des Küstenbereiches und auf den Inseln. Am Greifswalder Bodden (Dänischer Wiek) zusammen mit *Ruppia cirrhosa* und *Enteromorpha intestinalis* (WEGENER 1991). Stete Begleiter der Gesellschaft sind *Zannichellia pedicellata* und *Potamogeton pusillus*. Das *Ranunculetum baudotii* besiedelt aber auch Tümpel und Mergelkuhlen ohne nennenswerten Salzeinfluß - in diesem Fall deuten *Potamogeton natans* und *P. polygonifolius* und eine verminderte Vitalität des Brackwasser-Hahnenfußes auf die ausgesüßten Bedingungen hin. *Ranunculus baudotii* zeigt erst bei höheren Salzgehalten bessere Wuchsleistungen.

Weitere Fragment- und Dominanzgesellschaften des **Zannichellion pedicellatae**:

Ceratophyllum submersum-Gesellschaft
Massenbestände in flachen, leicht erwärmbaren, z.T. oligohalinen Kleingewässern mit nährstoff- und bikarbonathaltigem Wasser (z.B. Tagebau- und Bergsenkungsgewässer, s. POTT 1980, PIETSCH 1985). Besonders an der Küste und in Stromtallandschaften, in Ausbreitung begriffen.

Abb. 16: *Myriophyllo-Nupharetum*-Schwimmblattdecke in der Verlandungsserie eines eutrophen Gewässers (Keller-See, Schleswig-Holstein 1982)

Abb. 17:
Myriophyllum spicatum (fädig-dünne Sprosse) und *Myriophyllum verticillatum* (dick-rundliche Unterwassersprosse) bilden unter den Schwimmblättern von Teich- und Seerosen submerse „Wälder" (Lippe-Altarm bei Lippborg i. Westfalen, 1980)

Ceratophyllum demersum-Gesellschaft
Hypertraphente, konkurrenzkräftige und sehr produktive Massenbestände des Gemeinen Hornkrautes, meist über mächtigen Faulschlammablagerungen in Viehtränken, flachen Tümpeln. Die ausgeprägte Fähigkeit zur vegetativen Vermehrung durch Zerbrechen der Sprosse oder Turionenbildung fördert die rasche Ausbreitung der Art. Als Abbaustadien überdüngter Laichkraut- und Seerosengewässer sind die *Ceratophyllum demersum*-Vorkommen als Rumpfgesellschaften zu bewerten. (s. Pott 1980, 1983).

3. Verband: Nymphaeion albae Oberd. 1957
Alle hier zusammengefaßten Gesellschaften sind durch Wasserpflanzen mit auffälligen Schwimmblättern gekennzeichnet. Sie entfalten sich in stehenden oder schwach fließenden, meist windgeschützten Gewässern, in Tiefen bis zu etwa 3 - 4 m.

VC: *Nymphaea alba, Polygonum amphibium, Potamogeton natans*

Es handelt sich in der Regel um konkurrenzkräftige Gesellschaften mit optimaler Entfaltung in mesotrophen bis eutrophen Gewässern, in nährstoffreichen Mudden oder in Sapropel wurzelnd. Sie wirken stark verlandungsfördernd und lösen im allgemeinen die *Potamogetonion*-Zone zum Ufer hin ab (Abb. 16).

1. Myriophyllo-Nupharetum luteae (W. Koch 1926) Hueck 1931
Die artenreiche Seerosen-Gesellschaft gedeiht in nährstoffreichen Seen bis in Wassertiefen von etwa 4 m hinabsteigend. Sie gehört als Charaktergesellschaft zum Verlandungskomplex eutropher Gewässer (Pott 1983).

AC: *Myriophyllum verticillatum, Nuphar lutea*

Je nach Grad und Intensität der Eutrophierung und anderer anthropogener Einwirkungen treten neben der typischen Gesellschaft – die durch nahezu gleichmäßige Beteiligung von *Nuphar lutea* und *Nymphaea alba* gekennzeichnet ist (Abb. 16) – verschiedene Ausbildungen und Fazies dieser Assoziation auf, in denen jeweils *Polygonum amphibium*, *Nymphaea alba*, *Nuphar lutea* oder *Ceratophyllum demersum* zur Dominanz gelangen und fast Reinbestände bilden. Weiter östlich besiedeln *Nuphar lutea* und *Nymphaea* deutlich unterschiedliche Standorte, wie man es beispielsweise in Sachsen und Brandenburg beobachten kann (KRAUSCH 1964). Die *Myriophyllum verticillatum*-reichen Vorkommen stellen nährstoffärmere Subassoziationen dar (Abb. 17); die *Ceratophyllum demersum*-reichen Vorkommen kennzeichnen die am stärksten mit Nährstoffen angereicherten Gewässer und *Utricularia australis*-reiche Bestände tendieren in das mesotrophe Milieu. *Nuphar lutea*-Reinbestände ohne Beteiligung der Myriophylliden sind in der Literatur als **Potamogetono-Nupharetum** Th. Müller & Görs 1960 beschrieben worden; solche Bestände lassen sich zwanglos als Fragmente der Teichrosengesellschaft angliedern.

2. **Nymphaeetum albo-minoris** Vollm. 1947 em. Oberd. 1957
Die Gesellschaft ist gekennzeichnet durch eine kleinwüchsige und kleinblütige Form der Weißen Seerose (*Nymphaea alba* var. *minor*) in dys- bis mesotrophen Moorseen und Torfkuhlen (Abb. 18), aber auch auf oligotropher Kalkgyttja. Es handelt sich bei der Sippe wahrscheinlich nicht um ein eigenständiges Taxon.

AC: *Nymphaea alba* var. *minor*
Begleiter: *Juncus bulbosus*, *Sparganium minimum*, *Potamogeton gramineus*, *P. natans*

Aus floristischen und v.a. aber auch aus ökologischen Gründen (Trophie-Unterschiede) erscheint eine Abtrennung dieser *Nymphaea alba*-Bestände nährstoffarmer Gewässer vom *Myriophyllo-Nupharetum* gerechtfertigt (s.v.a. hydrochem. Daten bei POTT 1980). Die Gesellschaft ist typisch für den Verlandungsbereich dys- bis mesotropher Gewässer der norddeutschen Pleistozänlandschaften (s. WITTIG 1980, POTT 1983). Weitere Vorkommen

Abb. 18: Mesotrophe Verlandungsserie mit *Nymphaeetum albo-minoris* und einartigen, kümmerlich wachsenden *Phragmites*-Röhrichten im Gildehauser Venn bei Bentheim (1980)

gibt es im Obersaale-Oberelstergebiet und am Nordrand des Thüringer Waldes (HILBIG 1971). Sie ist auch in kühlen Gewässern der Montanstufe sowie im Alpenvorland verbreitet (boreo-montan) und erreicht beispielweise im Lautersee bei Mittenwald eine Höhe von 1010 m NN (RUNGE 1990).

3. Nupharetum pumilae Oberd. 1957

Diese subarktische Reliktgesellschaft wurde v.a. aus sauren Moorgewässern Süddeutschlands beschrieben (z.B. Th. MÜLLER & GÖRS 1960, ROWECK & REINÖHL 1986). Sie bevorzugt kühle, kalkarme dystrophe Gewässer im Kontakt zu Hochmooren. In Süddeutschland nur in stehenden Gewässern wie Toteisseen, Karseen und Fischweihern der montanen Region. Die Bestände sind als Glazialrelikte auch auf das kaltzeitliche ehemalige Vereisungsgebiet beschränkt (Alpenvorland, Südschwarzwald). Durch Eutrophierung stark zurückgehend und gefährdet (SEBALD et al. 1990).

AC: *Nuphar pumila, Nuphar x intermedia*
Begleiter: *Myriophyllum alterniflorum, Isoetes lacustris, I. echinospora*

Zwischen typischer *Nuphar pumila* und *N. lutea* vermitteln zahlreiche Formen, die Merkmale beider Arten aufweisen und als Bastarde angesehen werden. Die kleine Bastard-Mummel (*Nuphar x intermedia*), die neben der Zwerg-Mummel (*Nuphar pumila*) Kennart der Gesellschaft ist, wurde neuerdings auch im Sager Meer bei Oldenburg i.O. gefunden (VAHLE & PREISING 1990).

4. Nymphaeetum albo-candidae (Hejny 1950) Passarge 1957

Die seltene, artenarme, von der Glänzenden Seerose beherrschte Gesellschaft bildet lockerwüchsige Schwimmblattdecken in dystrophen bis mesotrophen, kalkarmen Gewässern über humosen Schlammböden.

AC: *Nymphaea candida*
Begleiter: *Juncus bulbosus, Utricularia minor, Potamogeton natans*

Die wenigen Vorkommen in den pleistozänen Quarzsandflächen der südlichen Lüneburger Heide im östlichen Niedersachsen – von WEBER-OLDECOP (1975) und JECKEL (1981) beschrieben – bilden weit vorgeschobene westliche Vorposten des kontinentalen Hauptverbreitungsgebietes der Gesellschaft (z.B. im nördlichen Mecklenburg). Die Südwestgrenze verläuft im Bereich der Schwäbischen und Fränkischen Alb; dort sind derzeit noch vier Vorkommen bekannt (SEBALD et al. 1990). Weitere vereinzelte Vorkommen gibt es im Fichtelgebirge und in Thüringen.

5. Nymphoidetum peltatae (Allorge 1922) Bellot 1951
(= **Limnanthemetum nymphaeoidis** Bellot 1951)

Die subozeanisch-submediterran verbreitete Seekannengesellschaft ist bezeichnend für seichte und nährstoffreiche Standgewässer der Tieflagen mit mächtigen Mudde- und Sapropelschichten.

AC: *Nymphoides peltata*

Knapp handtellergroße, schwarzgefleckte Schwimmblätter der Seekanne bilden dichte Bestände in windgeschützten Buchten wärmebegünstigter Altarme von Fluß- und Stromtälern (Abb. 19); größere Vorkommen gibt es im Elbe-, Havel- und Odergebiet, entlang des Rheins, an der Mosel und im Donautal nach dem Zufluß des Lech. Früher auch an der unteren Ems und der Hase in Niedersachsen an der Nordgrenze des Verbreitungsgebietes; die natürlichen Vorkommen sind hier durch Hypertrophierung und Gewässerbeseitigung erloschen (vgl. POTT & HÜPPE 1991). Einige Vorkommen sind sicherlich auch durch Ansalbung bedingt (z.B. Leineaue bei Hannover).

Das *Nymphoidetum peltatae* stellt vielfach eine örtliche Ersatzgesellschaft des *Myriophyllo-Nupharetum* an sommerwarmen Flußauen-Standorten mit stark schwankendem Wasserstand dar.

6. Trapetum natantis (Karpati 1963) Th. Müller & Görs 1960
Die Gesellschaft der Wassernuß ist äußerst selten in sommerwarmen, sehr nährstoffreichen stehenden Gewässern vorwiegend subkontinental-submediterraner Regionen.

AC: *Trapa natans*

In der postglazialen Wärmezeit war *Trapa natans* geographisch weiter verbreitet (Klima-Indikator!); dies bezeugen archäobotanische Funde der charakteristischen Wassernuß-Früchte in Pfahlbausiedlungen und limnischen Sedimenten (sogar bis nach Südschweden). Heutige Vorkommen sind bekannt aus dem Oberrheingebiet (OBERDORFER 1977), aus dem bayerischen Alpenvorland bei Augsburg (SCHÖNFELDER & BRESINSKY 1990) sowie aus dem Gebiet der Schwarzen Elster und der Spree im Bezirk Cottbus (s. auch KRAUSCH 1968).

7. Ranunculetum circinati Sauer 1937
Von fein zerteilten üppigen Unterwasserblatt-Polstern des Spreizenden Wasserhahnenfußes aufgebaute Gesellschaft in eutrophen Gewässern. Anfangs dunkelgrün erscheinend und später im Jahr durch Kalkadkrustierung weiß überzogenes Sproß- und Blattwerk der Charakterart. Schwimmblätter werden nicht gebildet.

AC: *Ranunculus circinatus*
Begleiter: *Myriophyllum spicatum, Potamogeton natans*

Offenbar auf Kalkgebiete und auf Flußalluvionen (z.B. Oberspreewald) konzentrierte Gesellschaft im räumlichen und syngenetischen Kontakt zwischen *Potamogetonion*-Gesellschaften (v.a. *Potamogetonetum lucentis*) und Seerosendecken (v.a. *Myriophyllo-Nupharetum*). Vielleicht auch Rumpf- oder Initialgesellschaft beider Gesellschafts-Elemente an gestörten (Angler!) oder neugeschaffenen Standorten (POTT 1980, 1983).

Abb. 19: *Nymphoidetum peltatae* mit Massenbeständen der Seekanne, die das ganze Gewässer einnehmen (Xantener Altrhein, 1982)

Bestandteil charakteristischer Gesellschaftskomplexe eutropher Verlandungszonen. Bei Hypertrophierung der besiedelten Gewässer zurückgehend.

In Süddeutschland nur sehr zerstreut bis selten; Verbreitungsschwerpunkte sind das nördliche und mittlere Oberrheingebiet, das Bodenseegebiet, das obere Neckar- und Donautal sowie die Einzugsgebiete der mittleren Donau in Bayern.

Weitere Dominanzgesellschaften des **Nymphaeion albae**:

Potamogeton natans-Gesellschaft
Geschlossene Decken des Schwimmenden Laichkrautes bilden vielfach typische Elemente von Kleingewässern. Sie entwickeln sich dort ohne Konkurrenz pionierhaft bei unterschiedlicher Nährstoffversorgung vom dys-mesotrophen bis hin zum eutrophen Bereich. In der Montanstufe bleibt *Potamogeton natans* vielfach als einzige Art übrig (bis 1100 m).

Polygonum amphibium f. natans-Gesellschaft
Im seichten Wasser von Viehtränken, in Fischteichen und Feuerlöschteichen mit starker anthropogener Störung finden sich oft Herden des Wasser-Knöterichs. Die Art besitzt eine weite ökologische Amplitude, erträgt starke Wasserspiegelschwankungen und kann an manchen Stellen sogar als Indikator für Phosphat-Trophie angesehen werden (POTT 1980).

Manche Autoren fassen die *Potamogeton natans*-Gesellschaft und die *Polygonum amphibium*-Gesellschaft zu einer syntaxonomischen Einheit zusammen (**Potameto-Polygonetum natantis**, z.B. KNAPP & STOFFERS 1962, HILBIG 1971).

4. Verband: Hydrocharition morsus-ranae Rübel 1933
Nur zeitweise am Grunde von Gewässern verwurzelte, konkurrenzschwache Wasserpflanzengesellschaften zum Teil sommerwarmer, windgeschützter, meso- bis eutropher Standorte. Sie werden weniger verdriftet als Wasserlinsendecken und zeigen strukturell und floristisch eindeutige Bindungen an die *Potamogetonetea*.

VC: *Stratiotes aloides, Utricularia neglecta, U. vulgaris*

Sowohl Froschbiß als auch Krebsschere besitzen Verbreitungsschwerpunkte im Tiefland Norddeutschlands und in den mitteldeutschen Stromauen (besonders an der Elbe und ihren Nebenflüssen sowie an der Oder); in den Mittelgebirgsregionen und in Süddeutschland sind diese Arten und ihre Gesellschaften im wesentlichen auf die großen Flußtäler beschränkt. Freischwimmende, durch submerse carnivore *Utricularia*-Arten aufgebaute Wasserschlauch-Gesellschaften sind hier ebenfalls eingeordnet.

1. Stratiotetum aloidis (Rübel 1920) Nowinski 1930
(= **Hydrocharitetum morsus-ranae** Van Langendonck 1935)
Die Krebsscherengesellschaft siedelt vorwiegend in schwach eutrophen, stehenden Gewässern, in engem soziologischen Konnex zum *Spirodeletum polyrhizae*.

AC: *Stratiotes aloides, Hydrocharis morsus-ranae*

Diese schwach flottierende Assoziation ist unverwechselbar durch die halbaufgetauchten, linealischen, starren und scharf gesägten Blätter der Wasseraloë gekennzeichnet (Abb. 20). Zwischen den Krebsscheren bedeckt eine dichte Schwimmschicht aus *Hydrocharis* und *Lemnaceen* die freien Flächen. *Hydrocharis* ist bei geringen Wassertiefen häufiger als *Stratiotes*. Die konstituierenden Arten bilden in der Regel Turionen oder rötlich durchscheinende Winterblätter zur Überdauerung der kalten Jahreszeit.

Abb. 20:
Krebsscherengewässer im optimalen Zustand mit dicht schließenden Schwimmsprossen von *Stratiotes aloides*, dazwischen die kleinen Flachsprosse der flottierenden *Spirodela polyrhiza* (Hannoversches Wendland, 1989)

Die Gesellschaft ist Charakterassoziation der Erlenbruchwaldlandschaften Norddeutschlands sowie der Klarwasserseen Brandenburgs und Sachsens (Gr. Mochow-See, Scherwenz-See, Niederlausitz); sie war häufig in den Küsten- und Flußmarschen sowie in den Urstromtälern. Der heutige katastrophale Rückgang von *Stratiotes* läßt sich einmal durch Gewässerverureinigung, zum größten Teil aber durch Befall mit dem Pilz *Fusarium roseum* erklären. Dabei reagiert die Krebsschere besonders empfindlich. Vom Rückgang der Krebsscheren-Populationen ist auch die Großlibelle *Aeschna viridis* betroffen, da sie bei ihrer Eiablage weitgehend auf *Stratiotes* angewiesen ist.

Der natürliche Abbau der Gesellschaft bei zunehmender Reifung und Verlandung der Gewässer erfolgt über *Nuphar lutea*-Stadien des *Myriophyllo-Nupharetum* (Abb. 21). Dieses Stadium kann ohne übermäßige Düngerzufuhr jahrzehntelang erhalten bleiben.

2. **Utricularietum australis** Th. Müller & Görs 1960
Ein feines, fedriges, hellgrünes Sproß- und Blattwerk von feinzerteilten Individuen des carnivoren südlichen Wasserschlauches schwimmt dicht unter der Wasseroberfläche und hebt sich deutlich vom dunklen Schlammuntergrund ab. Atlantisch-subatlantische Verbreitung. Gehört unter Umständen auch in die Klasse *Utricularietea intermedio-minoris*.

AC: *Utricularia australis*

In flachen dys- bis mesotrophen, schwach sauren Gewässern über sandigem oder torfigem Substrat (Moortümpel, Torfstiche und auch Fischteiche). Die Gesellschaft erneuert sich alljährlich aus ihren erbsengroßen Turionen. Im allgemeinen selten und stark gefährdet.

3. Utricularietum vulgaris (Sóo 1928) Passarge 1961

In mesotrophen, flachen und geschützten Tümpeln, in Seebuchten und Torfgewässern durch den Gemeinen Wasserschlauch aufgebaute Schwebergesellschaft (Abb. 22).

AC: *Utricularia vulgaris*

Die Gesellschaft ist mit weiter ökologischer Amplitude aus Gewässern über Gyttja, Kalkgyttja und aus Moorgewässern über organogener Dygyttja bekannt.

dazu:

Aldrovanda vesiculosa-Gesellschaft

Stellenweise verschleppte oder ausgesetzte Hydrochariden-Gesellschaft singulär vom Bodensee (Görs 1968) oder auch aus dem südlichen Brandenburg (Müller-Stoll & Krausch 1960) beschrieben.

Abb. 21:
Stratiotetum aloides im Komplex mit einem initialen *Myriophyllo-Nupharetum* im Wasser; an den Ufern beginnen sich Röhrichte des *Scirpo-Phragmitetum* aufzubauen (Emsaltarm bei Elte/Rheine, 1984)

Abb. 22:
Utricularia vulgaris in einem allseits beschatteten Altarmabschnitt des Rheins bei Rees/Niederrhein (1983)

Abb. 23:
Hottonietum palustris mit rosettenartigen Unterwassersprossen der Wasserfeder, die ihre Blütenstände über die Wasseroberfläche erhebt (Emsaue bei Lingen, 1990)

5. **Verband: Ranunculion aquatilis** Passarge 1964

Dieser Verband enthält amphibische Assoziationen, die an stark schwankende Wasserstände angepaßt sind und eine längere Trockenperiode überdauern können, solange der Untergrund Feuchtigkeit enthält. Die Gesellschaften sind floristisch schwach gekennzeichnet und zudem wenig untersucht; vielfach herrschen Dominanzbestände vor (DIERSSEN 1988).

VC: *Ranunculus aquatilis, Hottonia palustris*

Mit ihren auffallenden Blühaspekten und nach ihrer Wuchsform jeweils leicht kenntliche Vegetationseinheiten. Die konstituierenden Arten sind in der Lage, im Jahresgang je nach Wasserspiegelstand Unterwasser-, Schwimmblatt- und Landformen auszubilden.

1. **Hottonietum palustris** R. Tx. 1937

Die Wasserfedergesellschaft kennzeichnet mesotrophe bis mäßig eutrophe Tümpel und Gräben in halbschattiger Lage (Abb. 23)

AC: *Hottonia palustris*

Die Gesellschaft wächst häufig im Kontakt zu oder inmitten von Erlenbruchwäldern bei wechselndem Wasserstand über Flachmoortorf oder über schlammhaltigem Grund. Als wintergrüner Hydrophyt kann die plastische Wasserfeder sogar in größeren Wassertiefen wachsen (z.B. glasklare Gießen des Oberrheins über kalkhaltigem oder kalkarmem Grund).

2. **Ranunculetum aquatilis s.l.** Sauer 1945

Als häufige, lichtbedürftige und konkurrenzschwache Pioniergesellschaft im Uferbereich periodisch trockenfallender Weidetümpel oder in ständig geräumten Fließgewässern verbreitet (s. Abb. 24).

AC: *Ranunculus aquatilis s.l.*

Landwärts schließen sich in Stillgewässern oft Klein-Röhrichte an, wie z.B. das *Oenantho-Rorippetum amphibiae*. Hier kann *Ranunculus aquatilis* fazielle Frühsommeraspekte aufbauen, die nicht zur Wasserhahnenfußgesellschaft gehören. Solche Bestände haben jüngst Pott & Hüppe (1991) aus extensiv beweideten Landschaften Nordwestdeutschlands mehrfach differenziert.

Die typische Gesellschaft ist aber über weite geographische Räume hinweg recht einheitlich zusammengesetzt; es gibt anscheinend keine engen Bindungen an bestimmte Wuchslandschaften.

3. **Ranunculetum peltati** (Segal 1967) Weber-Oldecop 1969
Die Schild-Hahnenfußgesellschaft besiedelt im Flachland ähnliche, aber geringfügig nährstoffärmere Standorte wie vorige; sie gedeiht in Gräben, Teichen und Seen im flachen, meso- bis eutrophen basenärmeren Wasser über sandigen Schlammböden, bis etwa 1 m Tiefe.

AC: *Ranunculus peltatus*
Begleiter: *Potamogeton natans, Polygonum amphibium*

Die Gesellschaft kommt in der Montanstufe und darüberhinaus auch in Fließgewässern vor, wo v.a. die ruhigen Mittellauf-Abschnitte über sandig-schluffigen Böden besiedelt werden. Dort ist der Schild-Hahnenfuß mit *Callitriche hamulata, Veronica beccabunga* und *Fontinalis antipyretica* vergesellschaftet.

6. **Verband: Ranunculion fluitantis** Neuh. 1959
Dieser Verband umfaßt Vegetationseinheiten der Fließgewässer vom kalkreich-eutrophen bis hin zum kalkarm-oligotrophen Bereich. Alle Gesellschaften sind aus strömungsresistenten, rheotoleranten oder rheobionten Formen aufgebaut.

Abb. 24:
Ranunculus aquatilis s.l. in einem regelmäßig geräumten Wiesengraben bei Tecklenburg i. Westfalen (1981)

VC: *Ranunculus penicillatus, R. trichophyllus, Callitriche obtusangula, C. platycarpa, Groenlandia densa, Sagittaria sagittifolia f. valisneriifolia, Sparganium emersum f. fluitans*

Eine Reihe von Untersuchungen aus jüngerer Zeit belegen den Zeigerwert der Makrophyten-dominierten Fließwassergesellschaften für verschiedene Parameter der Gewässerqualität (u.a. WEBER-OLDECOP 1970, 1971; KOHLER 1976, POTT 1980, 1984, 1990; MONSCHAU-DUDENHAUSEN 1982, REMY 1991).

1. Ranunculetum fluitantis s.l. (Allorge 1922) W. Koch 1926

Die Gesellschaft des Flutenden Hahnenfußes bildet eine artenarme, teilweise wintergrüne Gesellschaft im schnell strömenden, klaren Wasser von Flüssen und Bächen des Berg- und Hügellandes (Abb. 25). Im Flachland Nordwestdeutschlands zurückgehend. Es handelt sich bei der Fluthahnenfußgesellschaft um eine offenbar abwasserempfindliche Assoziation.

Abb. 25:
Ranunculus fluitans mit mächtigen, meterlang flutenden Sprossen im Flußbett der Möhne/ Sauerland (1980)

Abb. 26:
Ranunculetum fluitantis sparganietosum mit *Sparganium emersum fo. fluitans* und *Callitriche stagnalis*. Der Fluthahnenfuß fehlt hier in der Regel (Steinfurter Aa bei Borghorst i. Westfalen, 1980)

Abb. 27: *Potamogeton pectinatus fo. interruptus* füllt das gesamte Bachbett hypertropher Fließgewässer aus (Bever bei Warendorf, 1980)

AC: *Ranunculus fluitans, Potamogeton nodosus*
Begleiter: *Fontinalis antipyretica, Cladophora glomerata*

In schnell strömenden kalkarmen bis kalkreichen, meso- bis eutrophen, kühlen, sauerstoffreichen Bächen und Flüssen bis 3 m Tiefe, über sandigem bis schlammigem Grund. Die mehrere Meter langen, untergetauchten Sprosse des Flutenden Hahnenfußes werden fahnenartig vom fließenden Wasser in Strömungsrichtung gekämmt, wobei sie dem rhythmischen Hin- und Herpendeln der Strömung mit schlangenartigen Windungen folgen (W. KOCH 1926).

Das *Ranunculetum fluitantis* besiedelt in seiner typischen Gesellschaftsausprägung die schnellfließenden Mittelgebirgsbäche und -flüsse; bei reduzierter Strömungsgeschwindigkeit in Flachlandsregionen tritt eine nahezu kennartenarme Gesellschaftsausbildung mit Dominanz des Flutenden Igelkolbens auf (**Ranunculetum fluitantis sparganietosum**, vgl. Abb. 26 und POTT 1980, 1990a). *Potamogeton perfoliatus*-reiche Gesellschaftsausprägungen kennzeichnen strömungsarme, schwebstofffreie Gewässerzonen. *Ranunculus fluitans* zeigt dabei verschiedene Standortpräferenzen: wir kennen karbonathaltige, eutrophe Fließgewässer und auch hydrogenkarbonatarme, silikatoligotrophe Fließgewässer mit dem Fluthahnenfuß. Mit Ausnahme von *Ranunculus fluitans* sind fast alle Kenn- und Differentialarten nur fakultative rheophylle Hydrophyten. *Ranunculus fluitans* überwintert mit reduzierter Phytomasse und bildet im Frühjahr rasch die verlängerten, überwiegend adventivwurzelfreien Sprosse.

2. **Sparganio-Potamogetonetum interrupti** (Hilbig 1971) Weber 1976
Die Gesellschaft ist durch meist mastige Bestände des Kammlaichkrautes charakterisiert, die durch hohe Deckungsgrade der mächtigen, flutenden Schwaden der Kennart dominiert sind.

AC: *Potamogeton pectinatus f. interruptus*
Begleiter: *Sparganium emersum f. fluitans*

Diese leicht halophile, abwasserertragende und durch Gewässerverschmutzung sich ausbreitende Pflanzengesellschaft besitzt meist nur in geringer Individuenzahl *Sparganium emersum f. fluitans.* Zwischen der Form *interruptus* von *Potamogeton pectinatus* und der „Normalform" dieser Sippe gibt es in der Regel alle Übergänge; die wenig- bis unverzweigte oft meterlang flutende *P. pectinatus f. interruptus* ist aber bei stärkerer Licht- und Nährstoffversorgung und Gewässerbelastung häufiger ausgeprägt. In ausgebauten verunreinigten Fließgewässern des Flachlandes füllt *Potamogeton pectinatus f. interruptus* das Gewässer oft in seiner gesamten Breite aus (Abb. 27).

3. Ranunculo trichophylli-Sietum submersi Th. Müller 1962
Die überwiegend wintergrüne, untergetaucht rheobionte Gesellschaft des Flutenden Merk ist die typische Phytozönose flacher, rasch fließender Bäche mit kalkhaltigem Hartwasser.

AC: *Ranunculus trichophyllus*
Begleiter: *Sium erectum f. submersum, Nasturtium officinale f. submersum, Callitriche platycarpa, Veronica beccabunga, V. anagallis-aquatica*

Physiognomisch ist diese Gesellschaft durch farbliche und strukturelle Kontraste zwischen den beteiligten Arten bestimmt. Dabei bilden die hellgrünen Blätter von *Sium erectum* meist einen dichten Teppich am Gewässergrund (Abb. 28), in den die olivgrünen, flutenden Schwaden von *Ranunculus trichophyllus* und die gelbgrünen Sprosse von *Callitriche* eingestreut sind oder eine zweite Schicht unterhalb der Wasseroberfläche bilden.

Die syntaxonomische Stellung dieser Gesellschaft ist noch immer umstritten: sie wurde erstmals von ROLL (1938) aus Ostholstein als **Beruletum angustifoliae submersae** für klare, schnell fließende Bäche der Jungmoränenlandschaften beschrieben. Von Th.MÜLLER (1962) wurde diese Assoziation als **Ranunculo fluitantis-Sietum erecti submersi** für Kalkbäche und -flüsse Süddeutschlands neu gefaßt. Die Angaben von KRAUSE (1971) und CARBIENER et al. (1990) aus dem Oberrheingebiet sowie die von PREISING et al. (1990) aus Niedersachsen zeigen im Vergleich, daß es auch in Süddeutschland große Vorkommen

Abb. 28:
Sium erectum in der Land- und in der Submersform kennzeichnet zusammen mit *Veronica beccabunga* das schmale Bachbett (*Ranunculo trichophylli-Sietum submersi*, Bombecker Aa in den Baumbergen, Westfalen 1982)

Abb. 29:
Groenlandia densa
(= *Potamogeton densus*)
als Leitpflanze der
immergrünen Fischkraut-
gesellschaft
(Ijssel bei Bocholt, 1980)

von *Sium erectum* ohne *Ranunculus fluitans* gibt. Die Submersformen der konstituierenden Arten treten aber auch in ihrer Emersform in räumlich benachbarten, bachbegleitenden Bachröhrichten auf (s. dort). Dieser Umstand und das häufige Fehlen von *Ranunculus fluitans* kann auf sogenannte „Zwillingskomplexe" von Hydro- und Helophytengesellschaften hindeuten. Mosaikartige Verzahnungen von *Ranunculus trichophyllus* und *Sium erectum* in turbulenten hartwasserführenden Bächen lassen sich als „Typ" der Gesellschaft anführen.

4. **Groenlandietum densae** Bolos 1957
Die seltene, fakultativ-immergrüne Fischkraut-Gesellschaft ist bezeichnend für klare, wenig verschmutzte, kalkreiche Fließgewässer im oligo- bis mesotrophen Milieu (Abb.29).

AC: *Groenlandia densa* (= *Potamogeton densus*)

Es handelt sich um eine subatlantisch-submediterran verbreitete Gesellschaft, die bis 900m über Meereshöhe aufsteigen kann. Noch vergleichsweise häufig in den Giessen und Altarmsystemen des Oberrheins.

5. **Callitricho hamulatae-Myriophylletum alterniflori** (Steusloff 1939)
Weber-Oldecop 1967
Als relativ artenarme Assoziation tritt uns die Gesellschaft des Hakenwassersterns in kalkarmen, oligotrophen, sommerkalten Forellenbächen der pleistozänen Sandgebiete Norddeutschlands (Heidebäche) entgegen (Abb. 30). Infolge der geringen natürlichen Wasserhärte werden nur geringe Leitfähigkeitswerte zwischen 130 und 180 µS gemessen (POTT 1984, DETHIOUX & NOIRFALISE 1985). Einziger Lebensraum der Flußperlmuschel (*Margaritana margaritifera*) in oligo- bis mesosaproben Gewässern (POTT 1990).

AC: *Callitriche hamulata, Myriophyllum alterniflorum*

Die Physiognomie wird durch hellgrüne flottierende Schwaden der Kennarten bestimmt, die immer einen ungetrübten Blick auf den sandigen Untergrund freilassen. Aufgrund der relativen Temperaturkonstanz ist die Gesellschaft überwiegend wintergrün mit reduzierter Vitalität und Phytomasse in der kalten Jahreszeit. Diese Gesellschaft bildet

Abb. 30:
*Callitricho-
Myriophylletum alterniflori*
mit *Myriophyllum
alterniflorum* und
*Potamogeton
polygonifolius* im Sand-
gebiet von Dülmen (1982)

das Gegenstück zum *Ranunculo-Sietum* der Kalkbäche; dementsprechend findet man sie auch in allen sauberen Fließgewässern der silikatischen Mittelgebirge.

Myriophyllum alterniflorum besitzt ihren arealmäßigen Verbreitungsschwerpunkt im mittleren und östlichen Mitteleuropa; die westdeutschen Vorkommen markieren ungefähr ihre Westgrenze. In Ostdeutschland, v.a. in der Altmoränenlandschaft Mecklenburgs verändert *Myriophyllum alterniflorum* offenbar auch ihre standörtliche Präferenz zugunsten von nährstoffarmen Stillgewässern. Sie ist dort als *Littorelletea*-Art anzusehen und bildet teilweise Rumpfgesellschaften aus (s. *Myriophyllum alterniflorum*-Rumpfgesellschaft des *Isoeto-Lobelietum*).

6. **Veronico beccabungae-Callitrichetum stagnalis** (Oberd. 1957) Th. Müller 1962
Die Bachbungen-Teichwasserstern-Gesellschaft wächst in oligotrophen, kalkarmen, sauberen, rasch fließenden Gewässern der Montanstufe.

AC: *Veronica beccabunga f. submersa*
Begleiter: *Callitriche stagnalis*

Diese Gesellschaft ersetzt das *Callitrichetum hamulatae* in den höheren Gebirgslagen; sie steht oft im Kontakt zu den Quellgesellschaften der *Montio-Cardaminetea*.

7. **Callitricho-Ranunculetum penicillati** Dethioux & Noirfalise 1985
Vorwiegend subatlantisch verbreitete Gesellschaft mit einem Verbreitungsschwerpunkt im Gebiet pleistozäner Quarzsande des nordwestdeutschen Tieflandes. Sie tritt jedoch auch in den Mittelgebirgen auf.

AC: *Ranunculus penicillatus*
Begleiter: *Callitriche hamulata*

Die Gesellschaft besiedelt mit kräftig grünen Schwaden der beteiligten Arten bevorzugt karbonatarme bis karbonatfreie Bäche und kleine Flüsse mit klarem, oft sommerkühlem Wasser. Sie kann auch in mäßig verschmutzten und karbonathaltigen Fließgewässern auftreten und zeigt alle denkbaren Übergänge zum *Ranunculetum fluitantis* der Mittelgebirge sowie zum *Ranunculetum peltati* der Tieflagen und dehnt sich nach

Eutrophierung auf Kosten des *Callitricho-Myriophylletum* aus. Häufig tritt eine Massenentfaltung von *Callitriche platycarpa* auf; bei Belastung, besonders durch Trübstoffe, entsteht aus ihr eine *Sparganium emersum*-reiche Rumpfgesellschaft. Die Gesamtverbreitung der Gesellschaft ist allerdings noch unbekannt.

8. **Callitrichetum obtusangulae** Seibert 1962
Die Gesellschaft des Nußfrüchtigen Wasserstern gedeiht in eutrophen bis hypertrophen Fließgewässern. Zeiger für hohe Gewässerbelastung (Abb. 31).

AC: *Callitriche obtusangula*

Sie ist in Ausbreitung begriffen, sowohl in Süddeutschland wie auch im gesamten nördlichen Mittelgebirgsraum. Die über West- und Südeuropa verbreitete *Callitriche obtusangula* wurde erst von LUDWIG (1970) im nordwestlichen Deutschland nachgewiesen. Innerhalb der Sippe gibt es verschiedene Rassen, die sich in der Intensität ihres vegetativen Wachstums sowie im Blüten- und Fruchtansatz unterscheiden; dieses Phänomen erschwert die Bestimmung der Art im Gelände (vgl. SCHOTSMANN 1967, DERSCH 1986).

Abb. 31:
Callitrichetum obtusangulae
in einem Nebenfluß der Möhlin bei Burgheim, Kaiserstuhl (1987)

Abb. 32:
Sagittaria sagittifolia fo. valisneriifolia
als rheobionte Form mit allen denkbaren morphologischen Übergängen vom riemenförmigen Blatt bis zum Pfeilblatt
(Ems bei Meppen, 1989)

9. **Sagittaria valisneriifolia-Gesellschaft**
Im eutrophen Fließwasser mit rheobionten Formen von *Sagittaria sagittifolia f. valisneriifolia* (Abb. 32).

6. **Klasse: Utricularietea intermedio-minoris** Den Hartog & Segal 1964 em. Pietsch 1965 – Zwergwasserschlauch-Gesellschaften

Die Zwergwasserschlauch-Gesellschaften sind typisch für oligotrophe, v.a. dys- bis mesotrophe Gewässer mit borealem Verbreitungsschwerpunkt. Sie werden von schwimmenden *Utricularia*-Beständen und flutenden Moosdecken aufgebaut (Abb. 33). Bevorzugt besiedelt sind kleine Gewässer mit hydrochemischen Extrembedingungen, z.B. Schlenken von Übergangs- und Flachmooren, Torfstiche oder Heideseen mit saurem, mitunter aber auch basenhaltigem Wasser. Die hydrochemischen Konstellationen verweisen auf bikarbonatarmes oder -freies Wasser; Nitrat- und Phosphatgehalte sind meist gering oder nur in Spuren nachweisbar; hoch liegen oftmals die Sulfatwerte des humussäurehaltigen Wassers über torfig-schlammigem Bodengrund.

Die vielfach leicht beschatteten Siedlungsgewässer weisen insgesamt gehemmte oder reduzierte Stoffumsätze auf; ihre ernährungsökologisch ungünstige Situation wird von den Wasserschlaucharten durch Carnivorie kompensiert. Die *Utricularia*-Gesellschaften gehören zumeist zum Vegetationskomplex der nährstoffarmen Flach- und Zwischenmoore. Da die Gesellschaften häufig mit anderen Vegetationseinheiten (Röhrichten, Seggenriedern) auf engstem Raum verflochten sind, ergeben sich vielfach Schwierigkeiten bei der Auswahl und Abgrenzung syntaxonomisch eigenständiger Einheiten.

Als konkurrenzschwache Gesellschaften nährstoffarmer Gewässer teilen sie das Schicksal ihrer Biotope; sie sind vielfach schon regional ausgestorben oder akut vom Aussterben bedroht.

Die Klasse ist nur mit einer Ordnung **Utricularietalia intermedio-minoris** Pietsch 1965 und zwei Verbänden vertreten.

KC u. OC: *Utricularia minor, U. intermedia, U. neglecta*

Eine vergleichsweise breite ökologische Amplitude der kennzeichnenden *Utricularia*-Arten erschwert die syntaxonomische Gliederung der Klasse, so daß verschiedene Wasser- und Sumpfmoose, die die *Utricularia*-Kolonien durchsetzen, zur Charakterisierung herangezogen werden müssen (s. auch PIETSCH 1965, 1975). Nach der synökologisch-hydrochemischen

Situation der Siedlungsgewässer erfolgt eine Unterscheidung von braunmoosreichen, mit *Drepanocladus-, Calliergon-* oder *Scorpidium*-Moosen durchsetzten Beständen des **Scorpidio-Utricularion** in neutralen bis basenreichen Gewässern, von torfmoosreichen, mit *Sphagnum*-Arten durchsetzten Beständen des **Sphagno-Utricularion** in sauren Gewässern sowie von bryophytenfreien Gesellschaften (vgl. auch PIETSCH 1977, PREISING et al. 1990).

1. Verband: Sphagno-Utricularion Th. Müller & Görs 1960
Diese torfmoosreichen Gesellschaften der nordisch-subatlantischen Region besiedeln kalkarm-oligotrophe, v.a. dystrophe, flache Moortümpel, Torfstiche und Schlenken mit torfigem Substrat.

VC: *Sphagnum fallax, Sph. inundatum, Sph. contortum, Sph. subsecundum, Sph. crassicladum, Sph. rufescens u.a.*

Flutende Torfmoosrasen und im Wasser schwebende *Utricularia*-Kolonien bilden Bestände aus, zu denen im Gewässersubstrat wurzelnde Arten wie *Juncus bulbosus, Sparganium angustifolium* und *Sp. minimum* hinzutreten können.

1. Sphagno-Utricularietum minoris Fijalkowski 1960
Die Gesellschaft des Kleinen Wasserschlauches beschränkt sich in ihrer Verbreitung auf nährstoffarme Sand- und Moorgebiete der Pleistozänlandschaften Norddeutschlands.

AC: *Utricularia minor*
Begleiter: *Sphagnum cuspidatum*

Das untergetauchte Torfmoos bildet in den meist dystrophen Gewässern oder in sauren Waldtümpeln nicht näher bestimmbare, flutende Schattenformen aus und überzieht den Gewässerboden mit einer nahezu geschlossenen Decke, die in Uferbereichen mit einzelnen *Utricularia minor*-Kolonien knäuelartig verfilzt ist.

2. Sphagno-Utricularietum ochroleuci (Schum. 1937) Oberd. 1957
Die Gesellschaft des Blaßgelben Wasserschlauches zeigt eine boreal-subatlantische Verbreitung in Nordwesteuropa.

AC: *Utricularia ochroleuca*
Begleiter: *Sphagnum cuspidatum, Sph. auriculatum*

Abb. 33: Zwergwasserschlauch-Bestand mit *Utricularia intermedia* in einem dystrophen Heidegewässer bei Friesoythe (1990)

Abb. 34:
Sphagnetum cuspidato-obesi mit submers lebender Torfmoosdecke und darüber schwimmenden *Juncus bulbosus*-Netzen, die das Gewässer vom Rande her irisblendenartig bewachsen (Syen-Venn, 1983)

Auch sie gedeiht in extrem nährstoffarmen, dystrophen Moorschlenken; mit ihren Lebensräumen wird das Wuchsgebiet der Gesellschaft zunehmend eingeengt, in Niedersachsen gilt sie beispielsweise bereits als verschollen; nennenswerte Vorkommen gibt es noch im Südschwarzwald (DIERSSEN & DIERSSEN 1984).

3. **Sphagnetum cuspidato-obesi** R. Tx. & v. Hübschmann 1958
V.a. atlantisch verbreitete, untergetaucht wachsende, artenarme Torfmoosrasen in meist 10 - 80 cm tiefen, basen- und nährstoffarmen, sauren Heideweihern und Moorkolken sowie in Torfstichen. Diese submers flutenden Torfmoosdecken sind in Verbindung mit *Juncus bulbosus*-Netzen meist zweischichtig aufgebaut.

   AC: *Sphagnum cuspidatum fo. plumosum, Sph. auriculatum fo. obesum*
   Begleiter: *Juncus bulbosus*

Durch seinen federartigen Habitus bildet das untergetauchte Spießtorfmoos (*Sphagnum cuspidatum fo. plumosum*) mit den ausgedehnten, vom Gewässerrand zur Mitte hin vordringenden *Juncus bulbosus*-Decken oftmals Dauerpionierbestände. Diese können als Indikatorgesellschaften für den dystrophen Verlandungstyp angesehen werden (POTT 1983). Da in solchen Gewässern vielfach jegliche, an Bikarbonat gebundene Kohlensäure fehlt (die Karbonathärte beträgt in der Regel null), steht für die Assimilation der Wasserpflanzen lediglich freie, aggressive Kohlensäure zur Verfügung, Der Spezialist *Juncus bulbosus* kann derartige Lebensräume besiedeln. Diese Art besitzt somit eine recht breite ökologische und auch soziologische Amplitude von den *Utricularietea* über die *Lemnetea* bis hin zur Klasse der *Scheuchzerio-Caricetea fuscae* (vgl. auch SZMEJA & CLEMENT 1990).

Die Spießtorfmoos-Gesellschaft ist in Norddeutschland noch recht weit verbreitet, geht aber stark zurück. Sie ist ferner aus dem Voralpenraum und von der Schäbischen Alb bekannt (Th. MÜLLER & GÖRS 1960).

4. **Sphagno-Sparganietum angustifolii** R. Tx. 1937
Ozeanische Tieflandsgesellschaft der oligo- bis dystrophen Gewässer in den pleistozänen

Quarzsandgebieten Nordwestdeutschlands. Die Gesellschaft ist heute nur noch in Westfalen und im nordwestlichen Niedersachsen zu finden (POTT 1982a, WITTIG & POTT 1982). Sie ist äußerst selten und extrem gefährdet; in Schleswig-Holstein gilt sie bereits als verschollen (DIERSSEN 1988).

AC: *Sparganium angustifolium* (= *Sp. affine*)
Begleiter: *Sphagnum cuspidatum, Juncus bulbosus*

Das was wie in Wasser geworfenes Gras aussieht (Abb. 35), sind die flutenden Blätter von *Sparganium angustifolium*. Derartige artenarme, fast nur aus der Kennart aufgebaute Bestände gehören eindeutig in die *Utricularietea*; es gibt aber auch Bastard-Bestände von *Sparganium angustifolium x Sp. emersum* (HILDEBRAND-VOGEL & WITTIG 1987). Diese finden sich vorzugsweise über Gyttja und Sapropel, sie tendieren nach HILDEBRAND-VOGEL & WITTIG (1987) floristisch zwar zu den *Littorelletea*, dürften aber Abbaustadien der Gesellschaft darstellen!

2. Verband: Scorpidio-Utricularion Pietsch 1965

Hier sind Zwergwasserschlauch-Gesellschaften des schwach sauren, sulfatarmen, v.a. aber neutralen bis basenreichen Milieus (besonders bikarbonatreiche Gewässer) zusammengefaßt. Im Unterschied zu den torfmoos-dominierten *Utricularia*-Gesellschaften treten nun Braunmoose differenzierend hinzu.

VC: *Scorpidium scorpidioides, Calliergon stramineum, C. giganteum, C. trifarium, C. cordifolium, Campylium stellatum, Drepanocladus aduncus, D. revolvens, D. intermedius, D. exannulatus* u.a.

Im oligo- bis mesotrophen, v.a. nitratstickstoffarmen Moorgewässern und in extensiv genutzten Fischteichen.

1. Utricularietum intermediae Segal 1965

Boreal-subatlantisch verbreitete Gesellschaft in mesotrophen, meist relativ basenhaltigen Gewässern. In Moortümpeln und Moorschlenken kann die Gesellschaft des Mittleren

Abb. 35: *Sparganium angustifolium* als Charakterart des *Sphagno-Sparganietum angustifolii* in einem Heideweiher bei Rheine/Ems (1989)

Abb. 36:
Sparganietum minimi in einem dunkel-kaffeebraun gefärbten, dystrophen Heideweiher (1984)

Wasserschlauches Dauer-Pionierbestände bilden (s. Abb. 33).

AC: *Utricularia intermedia*

Es handelt sich offenbar um eine Tieflandsgesellschaft des norddeutschen Raumes, die v.a. Moorrestgebiete des Emslandes (Nordrand des Hümmling), des Weser-Elbe-Raumes (z.B. Moore des Balksee, s. WEBER 1978) und der Syker bzw. Verdener Geest besiedelt. Sie tritt ebenso in Flachwasserbereichen über subaquatischen Torfböden zahlreicher Feucht- und Naßstandorte Mecklenburgs und Brandenburgs auf.

Utricularia intermedia zeigt eine Verbreitungslücke in den Mittelgebirgsregionen und erscheint erst wieder in Süddeutschland (z.B. Oberschwaben, Bodenseegebiet, Baar, Südschwarzwald); dort besiedelt sie in nahezu gleicher Artenkombination wie die norddeutsche Tieflagengesellschaft die flachen Zwischenmoorschlenken. Die dortigen Bestände werden allerdings in der Literatur einer weiter gefaßten Gesellschaft (**Scorpidio-Utricularietum minoris** Th. MÜLLER & GÖRS 1960) subsumiert (OBERDORFER 1977).

2. **Sparganietum minimi** Schaaf 1925
Bandartig flutende, hellgrüne Blätter des Zwerg-Igelkolbens beherrschen diese seltene Gesellschaft mäßig nährstoffarmer Heide- und Moorgewässer und Torfstiche (Abb. 36)

AC: *Sparganium minimum*

Pionierhafte Dauergesellschaft im Verlandungsbereich dys- bis mesotropher Gewässer (POTT 1983). Diese recht seltene, artenarme Gesellschaft ist vorwiegend atlantisch bis subatlantisch verbreitet. Sie zeigt in küstennahen Regionen Norddeutschlands eine ozeanisch geprägte, geographische Vikariante mit *Potamogeton polygonifolius*, die örtlich auch noch in Südwestdeutschland vorkommt (R. TÜXEN 1937, OBERDORFER 1977). Standörtlich läßt sich von der typischen Subassoziation eine *Juncus bulbosus*-reiche Subassoziation über mineralsandhaltigem Substrat mit flockiger Dygyttja-Auflage differenzieren, welche Tendenzen zu den *Littorelletea*-Gesellschaften, besonders zum *Hydrocotylo-Baldellion*-Verband aufzeigt. Im Voralpenraum kann die Gesellschaft mittlere Gebirgslagen bis zu 1400 m über Meereshöhe besiedeln.

7. **Klasse: Littorelletea uniflorae** Br.-Bl. & R. Tx. 1943 – Strandlings-Gesellschaften

Strandlingsrasen sind niedrigwüchsige, subaquatisch oder amphibisch lebende Gesellschaften des Litorals silikat-oligotropher bis mäßig nährstoffreicher und meist nur schwach saurer Gewässer. Die konstituierenden Arten erscheinen mit ausläuferbildenden, radikanten Wuchsformen optimal an jahreszeitliche Wasserspiegelschwankungen mit unterschiedlichen Ökophasen angepaßt. In der litoralen Phase herrscht seichte Überschwemmung, in der limosen Phase ist das kurzfristig trockenfallende Bodensubstrat wasserdurchtränkt, das in der terrestrischen Phase schließlich völlig abtrocknen kann. Dieser Wechsel von litoraler, limoser und terrestrischer Phase schafft die standörtlichen Voraussetzungen für das Zustandekommen der *Littorelletea*-Strandrasen (vgl. auch HEJNY 1962); es führt zu Nährstoffestlegung (besonders Stickstoff) in den anaeroben Phasen sowie zur Freisetzung unter Sauerstoffzutritt in der terrestrischen Phase (s. POTT 1983). Die *Littorelletea*-Gesellschaften besitzen enge ökologische Amplituden; sie sind dazu vorzugsweise an Kalziumsulfat-Weichwasserstandorte gebunden.

Ihre Physiognomie wird bestimmt von „Grundsproßgewächsen" mit isoetidem Habitus (s. DEN HARTOG & SEGAL 1964), die dem Gewässerboden mit ihren aerenchymreichen Sproßteilen dicht anliegen und nur wenige Zentimeter hohe Rasen bilden. Einige Arten (*Juncus bulbosus, Deschampsia rhenana*) zeigen Pseudovivipiarie, welche bei langer Überflutung die fehlende oder reduzierte geschlechtliche Fortpflanzung kompensiert.

Die Produktivität dieser pionierhaften Gesellschaften ist äußerst gering, so daß eine Sukzession und Verlandung ohne Einwirkung exogener Faktoren nicht beobachtet werden kann. Die *Littorelletea*-Gesellschaften gedeihen in der Regel auf kiesigen oder sandigen Protopedon-Standorten im Verlandungsbereich oligotropher Gewässer der Pleistozänlandschaften (Abb. 37), in oligohalinen bis süßen, zirkumneutralen Dünengewässern der Inseln oder auch auf schlammigem, meistens torfhaltigem Substrat (Dy, Dygyttja) von Heideweihern und Moorgewässern. Im letzteren Fall bestehen zahlreiche floristische und ökologische Beziehungen zu den Pflanzengesellschaften der *Utricularietea* oder zur Hochmoorvegetation (*Scheuchzerio-Caricetea, Oxycocco-Sphagnetea*, vgl. auch POTT 1983).

KC: *Littorella uniflora, Potamogeton polygonifolius, Apium inundatum* (schwach), *Juncus bulbosus, Luronium natans, Echinodorus ranunculoides, Eleocharis multicaulis* (transgr.)

Die kennzeichnenden Arten der *Littorelletea* sind allesamt sehr sauerstoffliebend und deshalb wohl auch bevorzugt auf kristallklares Flachwasser über hellem Sanduntergrund mit dünner Schlammauflage in Nordwestdeutschland beschränkt (s. DIERSSEN 1975, WITTIG 1980, POTT 1982a, VAHLE 1990).

Ihre Verbreitung beschränkt sich auf die sommerkühlen, atlantisch-subatlantischen bzw. boreo-montanen Regionen, mit Schwerpunkten in den küstennahen Pleistozänlandschaften

Abb. 37:
Sand-oligotrophes Stillgewässer in der Eichen-Birkenwaldlandschaft Nordwestdeutschlands. Erdfallsee im Naturschutzgebiet „Heiliges Meer" (Fotoarchiv Westf. Museum f. Naturkunde, Münster)

Abb. 38:
Isoeto-Lobelietum über Protopedon-Standorten im Verlandungsbereich oligotropher Silikatgewässer (Erdfallsee im Naturschutzgebiet „Heiliges Meer", 1980)

Norddeutschlands und Nordwestdeutschlands (Niedersachsen, Westfalen). Doch fehlen die *Littorelletea*-Gesellschaften in den östlichen Landesteilen nicht ganz (z.B. Lausitz, Mecklenburg). Die oligotrophen Lebensräume nehmen zwar in östlicher Richtung immer mehr ab, weil höhere Sommertemperaturen und zunehmend geringere Niederschläge eher das eutrophe Milieu begünstigen. Die verbleibenden *Littorelletea*-Gesellschaften weichen hier an natürlichen Standorten auf die höher gelegenen Uferzonen mit ausgeprägtem Wechsel zwischen Überflutung und kurzfristiger Abtrocknungsphase aus. So können bestimmte Strandlingsgesellschaften (*Littorella uniflora*-Gesellschaft, *Eleocharitetum acicularis*) auch nährstoffreichere, mesotrophe Gewässer und sogar kalkhaltige Substrate besiedeln, wenn nur die Wasserspiegelschwankungen ausreichend intensiv und die Pflanzen bei Trockenfallen keinen Sättigungsdefiziten ausgesetzt sind. Auch künstliche Gewässer, wie Tagebauseen, Fischteiche und Talsperren bilden Lebensräume für die *Littorelletea*-Gesellschaften.

Die *Littorelletea uniflorae* umfassen nur eine Ordnung der **Littorelletalia uniflorae** W. Koch 1926. Die weitere Untergliederung in verschiedene Verbände folgt teilweise der Prodromus-Bearbeitung von DIERSSEN (1975), der Aufteilung nach POTT (1982a) und der syntaxonomischen Fassung von SCHAMINÉE et al. (1990).

1. Verband: Littorellion uniflorae W. Koch 1926
Strandlings-Gesellschaften in Gewässern mit Quarzsanduntergrund ohne nennenswerte Schlammauflage. Die vorwiegend submers lebenden Gesellschaften von sauer-oligotrophen Klarwasserseen auf Protopedon sind hier zusammengefaßt. Sie bilden in der Regel lichtliebende, rasenartige lockere Rosettenbestände im Litoral oligotropher Gewässer.

VC: *Isoetes lacustris, I. echinospora* (= *I. setacea*); alle transgr.

1. Isoeto-Lobelietum R. Tx. 1937
Im flachen, glasklaren Wasser über reinem, hellem, meist sterilem Sandgrund wächst die atlantisch-boreal verbreitete Wasserlobelien-Gesellschaft (Abb. 38). Sie zeigt sich disjunkt in atlantischen Tieflagen Norddeutschlands und in montanen Lagen des Schwarzwaldes.

AC: *Lobelia dortmanna, Isoetes lacustris* (VC = AC)

Die lichten Unterwasserrasen reichen bis in Wassertiefen von etwa einem Meter hinab. Kontaktgesellschaften im tiefen Wasser sind *Nitelletalia*-Glanzleuchteralgen-Gesellschaften (s. dort) und zum Ufer hin meist die *Littorella uniflora*-Reinbestände (vgl. Verlandungsschemata bei POTT 1983 bzw. WILMANNS 1989a). Von jeher seltene Gesellschaft – im norddeutschen Tiefland Charaktergesellschaft der Eichen-Birkenwald-Landschaft. Heute nur noch nennenswerte Restbestände im NSG „Heiliges Meer" bei Hopsten i. Westf., in Geestseen bei Bremerhaven sowie im Wollingster See nordöstlich von Bremen; ebenso in einigen Klarwasserseen Schleswig-Holsteins (Bültsee, Garrensee, s. DIERSSEN 1988). Durch Hypertrophierung der Gewässer akut vom Aussterben bedroht!

Myriophyllum alterniflorum-Rumpfgesellschaft des *Isoeto-Lobelietum*. Anthropogen und edaphisch bedingte Rumpfgesellschaft in kalk- und nährstoffarmen Klarwasserseen der Mecklenburger Seenplatte (s. auch Abb. 39 sowie PIETSCH 1984). Vielleicht handelt es sich hierbei auch um die westlichen Ausläufer einer südbaltischen Assoziation (**Myriophyllo alterniflori-Littorelletum**), wie sie von JESCHKE (1959) beschrieben wurde, deren Verbreitung jedoch wenig bekannt ist.

2. Isoetetum echinosporae W. Koch 1926
Die Brachsenkrautgesellschaft wächst heute nur noch in subaquatischen Flachuferzonen des Feldsees und des Titisees im Südschwarzwald (OBERDORFER 1977).

AC: *Isoetes echinospora, Subularia aquatica*

Es handelt sich bei diesen Vorkommen um spätglaziale Relikte, wie subfossile Sporenfunde aus anderen Moor- oder Gewässerablagerungen des Schwarzwaldes zeigen (OBERDORFER 1931, LANG 1955). Auch in den Seen der Hochvogesen noch zu finden. Das Substrat dieser Gesellschaft besteht aus sandigem Material mit organischer Beimengung.

Abb. 39: *Myriophyllum alterniflorum* in einem silikatoligotrophen Klarwassersee Mecklenburgs (1991)

Abb. 40:
Pilularia globulifera
bildet dichte Geflechte mit
fädigen, binsenartigen
Blättern (Driländersee bei
Gronau i. Westfalen, 1988)

2. Verband: Hydrocotylo-Baldellion R. Tx. & Dierßen 1972
Die Igelschlauch-Gesellschaften besiedeln mäßig nährstoffreiche, wechselnasse Uferzonen oligo- bis dystropher Flachgewässer.

VC: *Hypericum elodes, Scirpus fluitans, Ranunculus ololeucos*

Es sind atlantisch-boreal verbreitete Gesellschaften in stärker gepufferten Gewässern als die *Littorellion*-Bestände über organischem Bodensubstrat. Die Namensgebung dieses Verbandes ist nicht sehr glücklich, da zur Verbandsbezeichnung zwei Arten Verwendung finden, die innerhalb der *Littorelletea* und darüberhinaus an standörtlich verschiedenen Stellen vorkommen. *Baldellia ranunculoides* fehlt der Mehrzahl der hier zusammengefaßten Gesellschaften. *Hydrocotyle vulgaris* besitzt seinen Schwerpunkt sogar in *Scheuchzerio-Caricetea fuscae*-Gesellschaften.

1. Pilularietum globuliferae R. Tx. ex Th. Müller & Görs 1960
Die unverkennbare atlantisch-subatlantische Pillenfarngesellschaft nimmt mesotrophe Flachwasserstandorte mit starken Wasserstandsschwankungen ein.

AC: *Pilularia globulifera*

Von niedrigen, hellgrünen, dichten Geflechten aus fädigen, binsenartigen Blättern des Pillenfarns beherrschte, amphibische Gesellschaft (Abb. 40). Bei hohen Wasserständen können die nadelspitzen Farnblätter oder die Kriechsprosse des Amphiphyten auch bis in beträchtliche Tiefen hinein im Wasser fluten.

Alle Siedlungsgewässer sind ausgesprochen arm an im Wasser gelöster organischer Substanz. Überraschend, im Auftreten aber sehr unbeständig, taucht das *Pilularietum* an humusfreien, offenen Sandflächen von Tagebauseen pionierhaft auf, um mit zunehmender Alterung und Eutrophierung wieder zu verschwinden. Früher zerstreut, heute sehr selten in den *Quercion robori-petraeae*-Landschaften Norddeutschlands; in Mittel- und Süddeutschland nur vereinzelte Vorkommen (Oberrheinebene, Mainfranken); größere

Abb. 41: *Eleocharitetum multicaulis* in der aquatischen Phase mit lockerrasig flutenden Halmen der Vielstengeligen Sumpfbinse (Gildehauser Venn, 1987)

isolierte Bestände des Pillenfarns beschreibt PIETSCH (1978) aus den Teichgebieten Niederspree in der Lausitz.

2. **Eleocharitetum multicaulis** Allorge 1922 em. R. Tx. 1937
Diese eu-atlantische Zentralgesellschaft des Verbandes mit der Vielstengeligen Sumpfbinse bildet amphibische, meist dichte Rasen in Flachwasserzonen nordwestdeutscher Heideweiher (Abb. 41). Sie benötigt Trockenphasen von 2 - 3 Monaten und bleibt dann als Dauer-Pioniergesellschaft stationär; so werden hochwüchsige Röhrichte ferngehalten.

AC: *Eleocharis multicaulis, Deschampsia setacea*

Charaktergesellschaft der Eichenbirkenwaldlandschaft und seiner Heidemoore. Die Gesellschaft wird ebenfalls mit einem inselartigen, gehäuften Vorkommen aus den nährstoffarmen Moor- und Heideflächen der Lausitz (Bez. Cottbus) beschrieben (PIETSCH 1978). Sie besiedelt ausschließlich oligo- bis mesotrophe, v.a. aber dystrophe Heide- und Moorgewässer über sandigem Substrat mit wechselnd starken Mudde-Auflagen. Mit geringfügigen Nährstoffunterschieden variiert auch das Erscheinungsbild der Gesellschaft von *Sphagnum*-reichen, extrem nährstoffarmen bis hin zu *Hypericum elodes*- und *Potamogeton alpinus*-reichen mesotraphenten Ausbildungen des *Eleocharitetum multicaulis hypericetosum elodis* (s. Gliederung bei POTT 1982a sowie PREISING et al. 1990). Die extrem atlantische *Hypericum elodes*-Subassoziation dringt nicht über die Weser nach Osten hin vor. Insgesamt stark gefährdet.

3. **Ranunculetum ololeuci** Weber 1988
Die eu-atlantische Gesellschaft des Reinweißen Hahnenfußes ist heute akut vom Aussterben bedroht.

AC: *Ranunculus ololeucos*

Die Charakterart ist derzeit nur noch von wenigen Fundpunkten in Mitteleuropa bekannt; sie bildet in oligo- bis dystrophen Klarwasserbiotopen lockere, zum Teil jahrelang intermittierende Schwimmblattdecken (Abb. 42). Die Sippe war früher in den Pleistozänlandschaften Nordwestdeutschlands weiter verbreitet; sie zeigt hohen soziologischen

Konnex zu *Eleocharis multicaulis*, wächst aber auch in *Littorella*-reichen Gewässern mit dünner Torfschicht (vgl. BURRICHTER 1969, DIERSSEN 1975, WEBER 1988).

4. **Scirpetum fluitantis** Allorge 1922

Niedrige, flutende, homogene Vegetation von *Isolepis* (= *Scirpus*) *fluitans*, in meist ganzjährig von Wasser bedeckten meso- bis dystrophen Heideweihern und Gräben über sandig-schlammigem Grund mit dünner (2 bis 20 cm starker) Muddeauflage (Abb. 43). Sie erträgt kurzes Trockenfallen.

AC: *Isolepis fluitans*

Charaktergesellschaft dys- bis mesotropher Flachgewässer in pleistozänen *Quercion*

Abb. 42:
Der Reinweiße Hahnenfuß (*Ranunculus ololeucos* Lloyd) im dunklen, dystrophen Moorwasser als diagnostisch wichtige Kennart des *Ranunculetum ololeuci* (Heideweiher bei Rheine/Ems, 1991)

Abb. 43:
Scirpetum fluitantis mit *Isolepis fluitans* und *Potamogeton polygonifolius* in einem dystrophen Moorgewässer (Voltlager Moor bei Fürstenau, 1991)

robori-petraeae-Landschaften Nordwestdeutschlands. Isolierte östliche Vorkommen zeigt *Scirpus fluitans* noch im Gebiet der Schwarzen Elster bis zur Niederlausitz (JAGE 1974, HANSPACH 1991).

Zum **Hydrocotylo-Baldellion** gehören weiterhin:

Apium inundatum-Gesellschaft
Die Gesellschaft des Flutenden Sellerie besiedelt wechselnasse Uferzonen oligo- bis mesotropher Gewässer. Auch in Dünentälern der Nordseeinseln sowie im Ostseeküstenraum. Im Binnenland vorwiegend in extensiv genutzten Fischteichen oder in Viehtränken, bzw. in Altarmsystemen extensiv genutzter Hudelandschaften der atlantisch-subatlantischen Region (s. auch MIERWALD 1988 sowie POTT & HÜPPE 1991).

Auch als **Littorello-Apietum inundati** von FRÖDE (1958) aus den Dünentälern der Insel Hiddensee beschrieben.

3. Verband: Samolo-Baldellion Schaminée & Westhoff 1990
Salz-Bungen-reiche Strandlings-Gesellschaften mit *Samolus valerandi* sind kennzeichnend für den schwach brackigen, wechselnassen Bereich von jungen Dünentälern auf den Nordseeinseln sowie im Ostseeküstenbereich (Boddenränder des Darß, Hiddensee, Fischland).

VC: *Baldellia ranunculoides, Samolus valerandi* (schwach), *Juncus articulatus* var. *littoralis, Carex oederi* ssp. *pulchella, Anagallis tenella* (schwach)

Auch im Bereich binnenländischer Salzquellen und Salinen vorkommend; die pH-Werte des schwach salzhaltigen, mäßig nährstoffreichen Wassers liegen im wechselalkalischen Bereich (pH 7 - 8). Als Bestandteil charakteristischer feuchter bis nasser Dünentäler am Beginn der Hygroserie (s. WESTHOFF 1990, 1991); durch Grundwasserabsenkungen überall stark gefährdet.

Die Salz-Bunge (*Samolus valerandi*) tritt auch an offenen Stellen auf Rohböden und Schwemmlehmen z.B. im Rheintal auf; dort wächst sie zusammen mit Einjährigen wie *Centaurium pulchellum* und *Juncus bufonius* und ist hier als Element des *Erythraeo-Blackstonietum (Nanocyperion)* zu werten (s. dort).

1. **Samolo-Littorelletum** Westhoff 1943
Niedrige, von *Littorella* und *Baldellia ranunculoides* beherrschte Rasen in nur wenige Quadratmeter großen Beständen (Abb. 44). Vorwiegend atlantisch-subatlantisch verbreitet; in Ostdeutschland nur meist fragmentarisch entwickelte Bestände.

AC: *Baldellia ranunculoides, Samolus valerandi* (beide schwach)

Abb. 44:
Samolo-Littorelletum mit Jungpflanzen von *Samolus valerandi* sowie ausgewachsenen Exemplaren von *Littorella uniflora* und *Salix repens* (Norderney, 1990)

In nitrat-, ammonium- und phosphatarmen, ephemeren Dünentalgewässern mit hoher Alkalität. Initialgesellschaft der Sukzession in Dünentälern; unter hohen Brackwassergehalten bleibt die Gesellschaft stationär; bei Versauerung kann die Entwicklung zum *Pilularietum globuliferae* oder zum *Eleocharitetum multicaulis* gehen. Hohe Kalkgehalte leiten die Sukzession zum *Junco baltici-Schoenetum nigricantis* und bei Eutrophierung dringt *Phragmites australis* in die Bestände ein und baut sie ab (s. auch WESTHOFF & VAN OOSTEN 1991).

4. Verband: Eleocharition acicularis Pietsch 1967
Hier werden dichte, niedrige Vegetationsteppiche aus basenreichen Wechselwasserzonen natürlicher und künstlicher Gewässer über meist humusarmem, feindispersem, lehmigtonigem Substrat oder auch auf sandig-schluffigen bis kiesigen Böden zusammengefaßt. Sie benötigen eine lange litorale Ökophase. Die Gesellschaften besitzen ihren Verbreitungsschwerpunkt im subkontinental-kontinentalen Raum und gehen von allen *Littorelletea*-Gesellschaften am weitesten nach Osten.

VC: *Eleocharis acicularis, Elatine hexandra* (schwach)

1. Littorello-Eleocharitetum acicularis Jouanne 1925
Niedrige, teppichartige, von der Nadelsimse beherrschte Gesellschaft auf zeitweise trockenfallenden Uferstreifen von flachen Teichen, von Altwässern; aber auch in Baggerseen sowie auf Schlammbänken trockenfallender Talsperren.

AC: *Eleocharis acicularis, Ranunculus reptans* (schwach)

Es sind nur wenige Zentimeter hohe, gelblich-grüne Rasen der dünnen Nadelsimse. Sie bilden dichte „Unterwasserwiesen" mit flutenden Sprossen aus. Die geographisch vikariierende Assoziation im atlantisch-subatlantischen Klimagebiet ist das *Pilularietum globuliferae*. Diese weit gefaßte Kern-Assoziation läßt sich ökologisch und geographisch weiter differenzieren: Neben geographischen Vikarianten, wie einer mehr westlich verbreiteten *Juncus bulbosus-, Luronium natans-* und *Pilularia*-reichen Vikariante gibt es eine nördlich verbreitete *Ranunculus reptans*-Vikariante. Letztere tritt in der Montanstufe wieder auf und kennzeichnet vielfach kurzfristig trockenfallende Talsperren-Bestände. Auf den höher gelegenen Schlammbänken solcher Talsperren treten bei langer limoser Ökophase vielfach *Gnaphalium uliginosum, Juncus bufonius* und *Limosella aquatica* in *Eleocharition*-Gesellschaften auf, die dann kaum noch *Littorelletea*-Arten enthalten (s. BURRICHTER 1960) und wohl zu den *Cyperetalia fuscae* gezählt werden müssen.

5. Verband: Deschampsion litoralis Oberd. & Dierßen 1975
Im Bereich der Voralpenseen, an Ufern, im Wasserschwankungsbereich zwischen mittlerer Mittelwasser- und mittlerer Hochwasserlinie mit einer Überschwemmungsdauer von 1 - 4 Monaten leben späteiszeitliche Reliktbestände einer am Bodensee endemischen Vegetation. Auf meist nährstoffarmen, basenarmen, rohen, wenig humosen, sandigen Kiesböden sind radikante Pionierbestäde der Strandschmielen-Fluren entwickelt. Sie zeigen floristisch und syngenetisch eine so große Eigenständigkeit, daß sie einen eigenen Verband rechtfertigen.

VC: *Deschampsia litoralis (= D. rhenana), Myosotis rehsteineri, Armeria purpurea*

Fast alle Bestände sind heute dem Badebetrieb oder der Eutrophierung zum Opfer gefallen (OBERDORFER 1977). Die gegen Störungen besonders anfällige *Saxifraga amphibia* ist an ihrem bislang letzten Fundort bei Konstanz am Bodensee erloschen.

1. Deschampsietum rhenanae Oberd. 1957
Die Bodensee-Strandschmielen-Gesellschaft läßt sich in guter floristischer Ausprägung

nur noch im oligotrophen, kiesigen Eulitoral am Bodensee finden. Die Gesellschaft enthält viele präalpine Sippen, die als Glazialrelikte angesehen werden.

AC: *Deschampsia litoralis* (= *D. rhenana*), *Myosotis rehsteineri*, *Armeria purpurea*

Geschlossene, durch Pseudoviviparie entstandene, klonale Rasen können ganze Strandbereiche beherrschen. Äußerst wertvolle, aber auch akut gefährdete Pflanzengesellschaft! V.a. in der „Grenzzone" (d.h. Zone zwischen winterlichem Niedrigwasser und frühsommerlichem Hochwasser) des Bodensee-Hochrheins, als typische „Bodenseeflora" verbreitet (vgl. auch LANG 1967, 1973; WILMANNS 1989a). Fragmentarisch auch noch an Uferpartien des Starnberger Sees.

Dominanzgesellschaften der Klasse **Littorelletea** sind:

Littorella uniflora-Gesellschaft
Meist sehr homogene Einart-Bestände von *Littorella uniflora* als Pioniere an Klarwasserseen und -teichen sowie an Talsperren über humusarmen bis humusfreien Mineralsandböden. Hier herrschen geringe Verfügbarkeiten an pflanzlichen Nährstoffen und infolgedessen äußerst geringe biologische Produktivitäten. Extrem konkurrenzschwache und eutrophierungsanfällige Bestände.

Juncus bulbosus-Gesellschaft
Die Knotenbinse besitzt eine vergleichsweise weite ökologische Amplitude innerhalb der *Littorelletea* bis hin in die Moorschlenkenvegetation der *Scheuchzerietea*. Als amphibische Art kann sie mit ihrer Fähigkeit zur Nodienbildung sich in dystrophen, offenen Moorgewässern mit seichter litoraler Phase zusammen mit Torfmoosen optimal ausbreiten; ebenso werden konkurrenzfreie Uferbereiche von Baggerseen und Teichen über Protopedon mit dichten Herden von *Juncus bulbosus* besiedelt, so daß sich andere *Littorelletea*-Arten erst gar nicht oder nur sehr schwer einstellen können. Hier bewirken offenbar auch die Phänomene der Gewässerversauerung eine Förderung von Torfmoosen der Sektio *cuspidata* sowie von *Sphagnum inundatum* zusammen mit *Juncus bulbosus*. Das ist v.a. in den montanen Lagen der silikatischen Mittelgebirge der Fall.

Direkte Folge einer Versauerung von Gewässern ist zunächst eine starke Einschränkung des Wasserpflanzeninventars, denn die meisten Hydrophyten zeigen enge standörtliche Bindungen an gut gepufferte, ganzjährig neutrale bis basische, mehr oder weniger elektrolytreiche Gewässer mit Bevorzugung von HCO_3^{2-} als Kohlenstoffquelle. *Juncus bulbosus* und die Torfmoosarten sind aufgrund ihrer amphibischen Lebensform in der Lage, in der terrestrischen Phase als Kohlenstoffquelle das CO_2 nutzen zu können. So ist auch bei niedrigen pH-Werten eine effektive Photosynthese mit niedrigen Licht- und CO_2-Kompensationspunkten wegen geringer photorespirativer CO_2-Verluste gewährleistet.

Neben der CO_2-Aufnahme aus dem Wasser ist *Juncus bulbosus* in der limosen Phase weiterhin befähigt, eventuellen CO_2-Mangel durch Refixierung von photorespirativem CO_2 oder gar durch CO_2-Aufnahme aus dem Sediment zu kompensieren. Aus diesem Grund kann v.a. *Juncus bulbosus* im sauren Milieu als konkurrenzkräftige Pflanze angesehen werden. Die Fähigkeit zur Bildung sproßbürtiger Wurzeln und die Eigenschaft, im lebenden Zustand zu überwintern, vermehren zusätzlich die Konkurrenzkraft der Knotenbinse.

II. Schuttfluren, Felsspalten- und Mauerfugengesellschaften

In dieser Formation werden einschichtige Gesellschaften feinerdearmer Standorte zusammengefaßt. Es sind in der Regel Dauer-Pioniergesellschaften, die sich nur dann verändern können, wenn die physikalischen Standortbedingungen variieren (Geröllbewegung, Freilegung von Moränenschutt nach Abtauen von Gletschern).

8. Klasse: Thlaspietea rotundifolii Br.-Bl. 1948 – Steinschutt- und Geröllgesellschaften

Die Gesellschaften aus dieser Klasse leben überwiegend an natürlichen Standorten in den alpiden Gebirgen und umfassen die Schuttfluren der Schwäbisch-Oberbayerischen Voralpen sowie der nördlichen Kalkalpen.

Grobschutthalden, wie sie im Kalkgebirge mantelartig die Gebirgssockel einhüllen oder an den Füßen der Felswände verbreitet sind, bilden Extremstandorte für die Pflanzen. Beweglichkeit des Substrates, Mangel an Feinerde, mechanische Beanspruchung der Pflanzen sowie gelegentliche Wassermangelsituationen sind hier die hauptsächlichen Standortfaktoren. Damit überhaupt Pflanzen Fuß fassen können, ist eine Festlegung der beweglichen Schutthalden, eine Ansammlung von Feinerde in tieferen Schichten der Halde sowie die Ausbildung einer isolierenden „Steinluftschicht" notwendig, die vor allzu starken Wasserverlusten schützt (vgl. auch BLANQUET & JENNY 1926, JENNY-LIPS 1930, ZÖTTL 1950). Die Vegetationsdichte der Schutthalden ist generell vom Feinerdegehalt abhängig.

KC: *Arabis alpina, Campanula cochleariifolia, Chaenorrhinum minus, Gypsophila repens, Linaria alpina, Saxifraga oppositifolia* u. a.

Es sind Pioniergesellschaften mit überschüttungsresistenten einschichtigen Beständen, die mit hemikryptophytischen und chamaephytischen Wuchsformen an die bewegten, feinerdearmen oder feinerdereichen Steinschutthalden oder an Flußgeschiebe angepaßt sind. Sie reichen von den Hochgebirgen mit floristisch verarmten oder abgewandelten Vergesellschaftungen bis in die Talstufen der Mittelgebirge oder in die Flußtäler der Voralpenregion.

Je nach Art und Weise, wie die Schuttpflanzen sich mit spezifischen Wuchsformen an das Substrat anpassen, werden sie als **Schuttwanderer** (bilden lange, sich sekundär bewurzelnde Kriechtriebe im Schutt), **Schuttstauer** (bilden durch büschel- oder horstartige Austriebe ruhende Widerlager), **Schuttstrecker** oder **Schuttdecker** bezeichnet (s. auch SCHROETER 1926, REISIGL & KELLER 1987).

Die Klasse gliedert sich nach ZOLLITSCH (1966) und SEIBERT (1974) in drei Ordnungen des Hochgebirges (**Androsacetalia alpinae, Drabetalia hoppeanae, Thlaspietalia rotundifolii**), denen drei Ordnungen der Flußtäler und der wärmeren Gebiete gegenüberstehen (**Epilobietalia fleischeri, Stipetalia calamagrostis, Galeopsietalia segetum**).

1. Ordnung: Androsacetalia alpinae Br.-Bl. 1926
Sie umfaßt hochmontane bis alpine Silikatschutt-Gesellschaften. Ihrer Hauptverbreitung nach sind es vorwiegend arktisch-alpine Silikatschutt-Gesellschaften, die auch noch als Reliktassoziationen in süddeutschen Mittelgebirgen zu finden sind.

OC: *Ranunculus glacialis, Achillea moschata, Cardamine resedifolia, Saxifraga bryoides, Poa laxa*

Auf meist ruhendem Schutt von Gletschervorfeldern und Moränen mit ausgeprägter Sukzession nach Erstbesiedlung, die zu Dauerstadien des *Caricetum curvulae* führen können.

1. Verband: Androsacion alpinae Br.-Bl. 1926
Dieser Verband beinhaltet v.a. subalpine, alpine und bis in die Nivalstufe steigende Assoziationen auf relativ feuchtem, grusig-sandigem Material mit ständiger Schuttzufuhr.

VC: *Cerastium uniflorum, Saxifraga bryoides, Achillea nana*

Aufgrund ihres instabilen und von Ort zu Ort verschieden beschaffenen Wurzelraumes erscheinen die Schuttbesiedler in stark wechselnden Kombinationen und mit wechselnden Deckungsgraden.

1. Oxyrietum digynae (Lüdi 1921) Br.-Bl. 1926
Alpen-Säuerlingsflur. Arktisch-alpin verbreitete Silikatschuttgesellschaft auf humus-

Abb. 45:
Oxyria digyna als Schuttbesiedler ist Kennart des *Oxyrietum digynae* (Fimbertal, Silvretta 1990)

humusarmem frischem Grob- und Feinschutt und auf entsprechenden jungen Moränen in Gletscher-Vorfeldern. Im Allgäu auf kalkarmen Schiefern nur fragmentarisch.

AC: *Oxyria digyna, Geum reptans, Cerastium pedunculatum*

In den Alpen in der hochalpinen-nivalen Stufe (Abb. 45), häufig im Kontakt zu Schneetälchen-Vegetation. Im ruhenden Schuttuntergrund können sich tiefgehende Wurzeln bilden; aufrechte Triebe arbeiten sich durch die Gesteinsdecke und fungieren als Schuttstrecker.

2. **Cryptogrammetum crispae** Jenny-Lips 1930
In der hochmontanen bis subalpinen Stufe der Mittelgebirge entspricht die Rollfarnflur dem alpinen *Oxyrietum digynae*.

AC: *Cryptogramma crispa*

In Blockmeeren der hochmontanen bis subalpinen Stufe des Schwarzwaldes, der Vogesen, des Bayerischen Waldes und des Hohen Venns kommt die Rollfarnflur als Glazialrelikt vor; ansonsten ebenfalls arktisch-alpin bis hochmontan auf grobem Silikatblockschutt verbreitet.

3. **Androsacetum alpinae** Br.-Bl. 1918
Die Alpen-Mannschildflur ist eine in 2700 - 3400 m Höhe auf Silikatschutt wachsende Polsterpflanzengesellschaft (Abb. 46). Sie beschränkt sich auf hochalpin-nivale Lagen.

AC: *Androsace alpina, (Ranunculus glacialis, Saxifraga bryoides, S. moschata, Cerastium uniflorum)*

Häufig nur fragmentarisch ausgebildet. In Deutschland nicht mehr als Typ verbreitet, nur in den Zentralalpen. Auf Fleckenmergelböden im Allgäu über 2400 m gibt es Fragmente einer nivalen **Gentiana rotundifolia-Gesellschaft**, die zum *Androsacetum* vermittelt (SEIBERT 1974).

Schuttfluren, Felsspalten- und Mauerfugengesellschaften

Abb. 46:
*Androsace alpina-*Kugelpolster an der Heidelberger Spitze, Silvretta 1990)

2. Ordnung: Drabetalia hoppeanae Zollitsch 1966

Hier sind artenreiche Pioniergesellschaften mit optimaler Verbreitung auf dem Kalkschieferschutt (Kalkglimmerschiefer) der Zentralalpen zusammengefaßt. Die Ordnung umfaßt nur den Verband **Drabion hoppeanae** Zollitsch 1966 mit der OC und VC *Draba hoppeana*.

OC: *Draba hoppeana;* weitere sind *Artemisia genipi, Sesleria ovata, Draba fladnizensis* u.a.

Kalkglimmerschiefer enthalten geschieferte Lockergesteine und körnige, sandige Feinerden. Die Rohböden sind weniger beweglich, sie sind oft der Winderosion ausgesetzt.

In Deutschland sind bisher noch keine Gesellschaften dieser Ordnung beschrieben worden. Am ehesten ist von den Kalkschiefer-Schuttgesellschaften das *Trisetetum spicati* zu erwarten.

1. Trisetetum spicati Oberd. 1959

Der Alpen-Goldhafer bildet 10-25 cm hohe Horste auf Feinerdeschutt in Höhenlagen von 2000 - 2700 m. Häufiger in Südlagen mit über 5 Monaten Aperzeit.

AC: *Trisetum spicatum, Gentianella nana* (schwach)

Seine seltene Gesellschaft siedelt in lückigen Steinschuttrasen der alpinen und nivalen Stufe auf kalkhaltigen Feinschuttböden und tritt gern als Besiedlungspionier an Moränen und in Gratlagen auf (Abb. 47).

Weitere **Drabion hoppeanae-Gesellschaften** mit ungenügend bekannter Verbreitung sind:

Saxifraga oppositifolia ssp. rudolphiana-Gesellschaft
  Alpin-nivale Gesellschaft auf Kalkschiefer. Verbreitet in den Zentralalpen.
Saxifraga biflora-Gesellschaft
  Subnivale Gesellschaft über Kalk-Glimmerschiefer, mit Aperzeiten von 3 - 4 Monaten.

Abb. 47:
Trisetum spicatum als Besiedlungspionier auf alpinem Schuttboden (Fluchthornmassiv, 1987)

Campanulo-Saxifragetum Zollitsch 1966
Verbreitet in den westlichen Zentralalpen (z.B. Silvretta) mit *Campanula cenisia* auf grusigem Feinschutt in hochalpin-nivaler Lage.

3. Ordnung: Thlaspietalia rotundifolii Br.-Bl. 1926
Ihrer Hauptverbreitung nach handelt es sich um alpine Kalkschuttgesellschaften, die mit einigen Assoziationen in montane Lagen der süddeutschen Mittelgebirge übergreifen.

OC: *Achillea atrata, Chrysanthemum atratum, Hutchinsia alpina, Valeriana montana, Doronicum grandiflorum*

Es gibt nur wenige, ausschließlich hochalpine Kalkschuttpflanzen, die nicht in tiefere Lagen hinuntersteigen. Dazu gehören *Thlaspi rotundifolium* und *Papaver alpinum agg.* Sehr viele Arten gelangen als Alpenschwemmlinge auf konkurrenzfreien Schotterflächen der alpenbürtigen Flüsse (Lech, Isar, Inn etc.) in die Alpenvorlandregionen.

1. Verband: Thlaspion rotundifolii Br.-Bl. 1926 em. Zollitsch 1966
Beweglicher Kalkschutt mit hohen Anteilen an Steinscherben und an Feinerdematerial bildet in der Regel das Substrat der Gesellschaften dieses Verbandes.

VC: *Galium rupicola, Saxifraga aphylla*

Die Verbandscharakterarten lassen sich nur schwach ausdifferenzieren; sie decken sich größtenteils mit den Ordnungscharakterarten.

1. Thlaspietum rotundifolii Br.-Bl. 1926
Alpine Täschelkrauthalden bilden offene Dauerpionierassoziationen feinerdearmer Kalkgrobschutthalden (Abb. 48).

AC: *Thlaspi rotundifolium, Papaver sendtneri, Moehringia ciliata, Saxifraga aphylla* (schwach)

Abb. 48:
Papaver sendtneri auf beweglichem Kalkschutt als Dauerpionier (Allgäu, 1985)

Optimal auf bewegten Schuttböden mit langer Schneebedeckung (6 - 8 Monate). Häufig in der alpinen Stufe der nördlichen Kalkalpen.

Durch das stete Vorkommen verschiedener Rassen des Alpenmohns lassen sich geographische Vikarianten der Gesellschaft ausscheiden. Dies sind nach REISIGL & KELLER (1987) von Ost nach West in den Nordalpen die weißblühenden *Papaver burseri*, *P. sendtneri*, *P. occidentale*. In den Südalpen lassen sich ähnliche Differenzierungen mit *Papaver julicum*, *P. kerneri* und *P. rhaeticum* durchführen.

2. **Leontodontetum montani** Jenny-Lips 1930
Berglöwenzahnhalde. Dauergesellschaft feinerdereicher, weniger stark bewegter und häufig wasserdurchtränkter Feinschuttströme der alpinen Stufe.

   AC: *Leontodon montanus*

In den Alpen von 1700 m bis etwa 3000 m NN; v.a. auf kalkreichem Tonschieferschutt (pH 7,4 - 7,6 nach RUNGE 1991). Die vorwiegend voralpin verbreitete Gesellschaft zerfällt in zahlreiche geographische Vikarianten.

3. **Crepidetum terglouensis** Oberd. 1950
Schutthalde des Triglavpippau. Dauergesellschaft auf kalkärmerem Felsschutt in sonnenseitiger Lage (SEIBERT 1974).

   AC: *Crepis terglouensis*

In den Alpen in Höhen von 1800 - 2700 m auf feinerdereichem Schutt. Mit den bis zu 5 cm großen Blütenköpfchen der Kennart besonders auffällige Gesellschaft.

2. **Verband: Petasition paradoxi** Zollitsch 1966
Der Verband umfaßt die Gesellschaften montaner bis subalpiner Feinschutt- und Mergelhalden.

1. **Petasitetum paradoxi** Beger 1922
   Schneepestwurzfluren bilden offene bis lückige Pioniergesellschaften auf frischen bis feuchten, feinerdereichen Kalkschutthalden, vorzugsweise auf Bergstürzen und Vermurungen in der subalpinen und montanen Stufe.

   AC: *Petasites paradoxus, (Adenostyles glabra)*

   Optimal auf Kalkschutt bis über 2000 m NN, dem toniges und damit wasserspeicherndes Material beigemischt ist.
   Die schuttfestigende Schneepestwurz ist mit ihren tiefen zugfesten Wurzeln dem bewegten Substrat optimal angepaßt. Sie bildet, ähnlich wie der kahle Alpendost im Oberflächenschutt ein langgestrecktes, etagenförmiges, weit verzweigtes Wurzel- und Sproßsystem. Die unterseits weißfilzigen großen Blätter von *Petasites paradoxus* finden sich ebenfalls verbreitet an den Rändern von Schmelzwasserrinnen.

2. **Moehringio-Gymnocarpietum** (Jenny-Lips 1930) Lippert 1966
   Subalpine Ruprechtsfarnflur.

   AC: *Moehringia muscosa*

   Offene bis lückige Dauergesellschaft auf grobblockigem, oft stark bewegtem Felsschutt mit höherem Vegetationsschluß, vorwiegend in N-Exposition der subalpinen bis montanen Stufe (Abb. 49). Der Ruprechtsfarn tritt auch als territoriale Charakterart des praealpinen *Gymnocarpietum robertiani* auf (*Stipion calamgrostis*) und ist deshalb nur eine sehr schwache Kennart. Eventuell auch nur fragliche Gesellschaft, die als Höhenform des *Gymnocarpietum robertiani* anzusehen ist.

3. **Anthyllido-Leontodontetum hyoseroides** Zoller 1951
   Wundklee-Rauhlöwenzahnflur. Offene bis lückige Pioniergesellschaft auf frischen, zeitweilig aber auch austrocknenden Mergelhalden der Kalkalpen, des Flysch und der hohen Schwäbischen Alb, montan bis subalpin.

   AC: *Leontodon hyoseroides*

   Auf der Schwäbischen Alb häufig im Vegetationskomplex mit xerothermen Blaugrashalden und trockenen Kiefernwäldern (Abb. 50).

Abb. 49:
Ruprechtsfarnflur auf grobblockigem Felsschutt (Marsberg bei Brilon, 1982)

Abb. 50:
Leontodon hyoseroides
auf einer bewegten
Mergelschutthalde in der
Schwäbischen Alb (1986)

4. **Cystopteridetum montanae** (Hoepflinger 1957) Richard 1972
Die Gesellschaft des Gebirgsblasenfarns ist selten in feuchten und oft beschatteten Kalkfelsspalten und im Kalkschutt der hochmontanen bis subalpinen Stufe.

AC: *Cystopteris montana*

Sie bevorzugt Geröll und Felsspalten mit humoser Feinerdeansammlung von etwa 800 - 2500 m NN. Hochmontan-subalpine Gesellschaft mit arktisch-alpiner Disjunktion (HÖPFLINGER 1957).

5. **Polystichetum lonchitis** (Oberd. 1957) Beguin 1972
Lanzen-Schildfarn-Gesellschaft. Seltene Blockschutt-Gesellschaft des Hochgebirges auf sickerfrischem, feinerdearmem, ruhigem und konsolidiertem Kalkgrobschutt (Abb. 51).

AC: *Polystichum lonchitis*

Diese schwach charakterisierte Gesellschaft kommt auch auf kalkführendem Urgestein des Schwarzwaldes im Feldberggebiet vor.

Weitere Gesellschaften des *Petasition*-Verbandes werden aufgebaut von *Dryopteris villarii* (**Valeriano-Dryopteridetum villarii** Aichinger 1933); von *Trisetum distichophyllum*

Abb. 51:
Lanzen-Schildfarn (*Polystichum lonchitis*) als Kennart gleichnamiger Gesellschaft auf Kalkgrobschutt (Benediktenwand bei Benediktbeuern, 1988)

(**Athamantho-Trisetetum distichophylii** Lippert 1966) sowie von *Petasites albus*. Massenbestände letzterer Art wachsen an Hangfüssen von Mergelhalden und sind vielleicht auch nur festgelegte Bestände des *Anthyllido-Leontodontetum*.

4. Ordnung: Epilobietalia fleischeri Moor 1958
Pioniervegetation der alluvialen Kies- und Sandschwemmböden im Vorfeld der Gletscher, an Gebirgsbächen und Alpenflüsssen im Alpenvorland, von der alpinen bis in die submontane Stufe herabreichend.

OC: *Epilobium fleischeri, E. dodonaei, Hieracium staticifolium* u.a.

Diese Flußschottergesellschaften können sich bei ungestörter Sukzession zu Weidenauen-Gesellschaften weiterentwickeln.

1. Verband: Epilobion fleischeri Br.-Bl. 1931
Den hier zusammengefaßten Gesellschaften ist gemeinsam, daß sie auf grobem, feinerdearmem, oberflächlich rasch und stark austrocknendem Substrat leben. Das Wasserreservoir wird aber durch ein- oder mehrmalige Überschwemmungen aufgefüllt (WILMANNS 1989a).

1. Myricario-Chondrilletum chondrilloidis Br.-Bl. 1938
Präalpine Knorpelsalat-Tamariskenflur. Offene Pioniergesellschaft der großen Schotterflächen unregulierter Abschnitte alpenbürtiger Flüsse in montaner Lage, heute noch an der Isar und am Lech.

AC: *Chondrilla chondrilloides*

In der montanen Stufe der Alpen und des Alpenvorlandes unterhalb des *Epilobietum fleischeri*. An wenig entwickelte, kalkreiche, zeitweise stark austrocknende Kiesablagerungen (Kalkrambla) gebunden.

2. **Epilobio dodonaei-Scrophularietum caninae** W. Koch & Br.-Bl. 1948
Die Hundsbraunwurz-Gesellschaft ist eine wärmeliebende und submediterran verbreitete, farbenfrohe Pioniergesellschaft offener Kiesböden, die schnell und stark austrocknen.

AC: *Scrophularia canina, Epilobium dodonaei*

Vorwiegend am Oberrhein verbreitet, durch Gewässerregulierung zurückgehend. Dort stellenweise noch im Komplex mit dem *Salici-Myricarietum* oder mit *Hippophae rhamnoides*-Gebüschen (letzteres z.B. noch bei Breisach a. Rh.). Auch sekundär an Straßenrändern, in Steinbrüchen und an Bahndämmen (z.B. Alpentäler, Rheintal).

3. **Calamagrostidetum pseudophragmitis** Kopecky 1968
Uferreitgrasflur. Lückige bis geschlossene Pioniergesellschaft feinsandiger und schlickiger Sedimente im Uferbereich unregulierter Alpenflüsse (am besten an der oberen Isar; im Oberrheingebiet an Kiesgruben).

AC: *Calamagrostis pseudophragmites*

Primär auf wenig entwickelten kalkreichen Sandbänken (Kalkrambla bzw. Kalkpaternia), sekundär sich ausbreitend in Sand- und Tongruben.

Abb. 52:
Epilobium fleischeri
auf grobem Schutt in
Gebirgsbächen der alpinen
Stufe (Trisanna in Ischgl,
Tirol 1986)

4. **Epilobietum fleischeri** Br.-Bl. 1923
Die Schotterweidenröschenflur ist aus Deutschland bisher noch nicht belegt; sie vertritt die Knorpelsalatflur in der subalpinen und alpinen Stufe über 1000 m Höhe an Gebirgsbächen (Abb. 52). Meist mit zahlreichen Alpenschwemmlingen ausgestattet.

AC: *Epilobium fleischeri*

Fragmentarisch in den nördlichen Kalkalpen (z. B. oberhalb Oberstdorf / Allgäu).

5. **Ordnung: Stipetalia calamagrostis** Oberd. & Seibert in Oberd. 1977
Vertreter dieser Vegetationseinheiten gibt es vorwiegend in submontan-montanen Lagen der Alpen und der süddeutschen Mittelgebirge sowie im Jura.

1. **Verband: Stipion calamagrostis** Jenny-Lips ex Br.-Bl. et al. 1952
Das Optimum dieser Gesellschaften liegt in Kalkgebirgen (Inntal, Westalpen, südwestlicher Jura u.s.w.);Kontaktgesellschaften bilden oft lichte, trockenheitsertragende Wälder.

1. **Stipetum calamagrostis** Br.-Bl. 1918
Rauhgrasfluren sind seltene Gesellschaften in sonnigen Steinschuttrasen auf lockeren, humus- und feinerdearmen Kalksteinschuttböden; auch verschwemmt im Flußkies.

AC: *Achnaterum calamagrostis* (= *Stipa calamagrostis*)

In den Alpen und den Jura-Gebirgen verbreitet; häufig im Kontakt zu Schneeheide-Kiefernwäldern der *Erico-Pinetea*. Die 60 - 120 cm hohen Horste des Rauhgrases vermögen bewegte Grob- und Feingeröll mit ihrem Wurzelwerk zu stabilisieren.

2. **Gymnocarpietum robertiani** (Kaiser 1926) R. Tx. 1937
Vom feingefiederten Ruprechtsfarn beherrschte Gesellschaft auf halbschattigen, frischen Kalk- und Gipsschutthalden (s. auch Abb. 49).

AC: *Gymnocarpium robertianum*

Offene bis geschlossene Pioniergesellschaft mit zahlreichen Moosen und felsbewoh–nenden Arten durchsetzt, auf durchsickerten Kalkschutthalden des Jura, des herzynischen Zechsteins und anderer Mittelgebirge bis zum südwestfälischen Bergland und zum Werra-Bergland. Auch auf Grobschutt mit humusreicher Feinerde in halbschattiger Lage. Diese Initialgesellschaft bleibt in der Regel dauerhaft; auf festgelegtem Blockschutt kann eine Weiterentwicklung zu *Tilio-Acerion*-Schuttwäldern erfolgen.

3. **Rumicetum scutati** Faber 1936 em. Kuhn 1937
Der Schildampfer kennzeichnet artenarme Pioniergesellschaften auf ständig bewegten, trocken-warmen Steinschutthalden und Geröllfluren. Von der oberen Donau über die Schwäbische Alb bis in das Mittelrhein-Gebiet.

AC: *Rumex scutatus*

Auf feinerdearmem Kalkgrobschutt, Phonolith oder Porphyr in sonnenseitigen, heißen Lagen, auch auf noch unversauerten Silikatverwitterungsböden. Von der montanen Stufe bis in colline Lagen hinabreichend. Durch bewegten Schutt hangabwärts umgelegte Triebe wachsen immer wieder vermehrt durch die Gesteinsschichten durch und verlängern so die Staufläche.

4. **Galeopsietum angustifoliae** Büker 1942
Die Gesellschaft des Schmalblättrigen Hohlzahns besteht aus einjährigen Stauden.

AC: *Galeopsis angustifolia*
Begleiter: *Chaenorrhinum majus*

Artenarme Pioniergesellschaft auf warmen, unbeschatteten Schutthalden mit Kalkscherben außerhalb des Areals von *Rumex scutatus*. Von der Schwäbischen Alb über das Thüringer Muschelkalkgebiet bis hin zum Teutoburger Wald (Lengerich, Westfalen) und in das Werra- und Leine-Bergland (s. auch BORNKAMM 1960).

Vorwiegend auf Kalkstandorten, auch auf Lavaschlacken im nördlichen Mittelrheingebiet. Bei Festlegung des Steinschutts und nach Feinerdeansammlung können sich *Mesobromion*-Gesellschaften daraus entwickeln.

5. Vincetoxicum hirundinaria-Gesellschaft (Schwickerath 1944)
Gesellschaft der Schwalbenwurz; auf natürlichen oder anthropogenen Schutthalden, die zur Ruhe gekommen sind.

Kennart: *Vincetoxicum hirundinaria*

Auf Kalkgestein mit hohen Mergelanteilen. In Mitteldeutschland auch auf basenreichen Diabasen (Saalegebiet und Vogtland) sowie auf Quarzporphyr (Schmalkalden). Von den Alpen bis nach Nordwestdeutschland (Wiehengebirge). Auch als **Vincetoxietum hirundinariae** Kaiser 1926 bezeichnet.

6. Ordnung: Galeopsietalia segetum Oberd. & Seibert in Oberd. 1977
Diese submontanen Silikatschuttgesellschaften besitzen subatlantische-atlantische Verbreitung; die Ordnung umfaßt nur einen Verband des **Galeopsion segetum** Oberd. 1957.

1. Epilobio lanceolati-Galeopsietum segetum (Büker 1942) Oberd. 1957
Die Hohlzahn-Steinflur besiedelt Geröllhalden. Sie ist eine artenarme, sehr lückige Silikat-Pioniergesellschaft vom Schwarzwald bis hin nach Nordwestdeutschland (Sauerland, Siegerland). Subatlantisch verbreitet.

AC: *Galeopsis segetum, Epilobium lanceolatum, E. collinum* (beide schwach)

Auf feinerdenem Silikatschutt im Wuchsgebiet des *Luzulo-Quercetum* (Abb. 53); auch sekundär in südexponierten Steinbrüchen sowie an Straßen- und Bahnböschungen. In dieser Pionierflur können *Senecio viscosus* oder *Teucrium botrys* faziell auftreten. Fehlt im Tiefland.

Abb. 53:
Galeopsis segetum
auf Schiefermaterial im
Siegtal (1983)

9. Klasse: Asplenietea trichomanis (Br.-Bl. in Meier & Br.-Bl. 1934) Oberd. in Oberd. 1977 – Felsspalten- und Mauerfugen-Gesellschaften

Die von Farnen und Moosen beherrschten Gesellschaften entwickeln sich in feinerdearmen und vielfach auch trockenen Klüften, Spalten und Fugen im anstehenden Fels. Die bezeichnenden Arten keimen im Dunkeln und müssen über ein genügendes Nährstoffreservoir verfügen. Geringer Wurzelraum und Wasservorrat bedingen eine lückige Vegetation, ein langsames Wachstum und auch eine geringe Konkurrenzkraft. Vielfach Eiszeit- bzw. Wanderrelikte.

KC: *Asplenium trichomanes, Ceterach officinarum, Sedum dasyphyllum, Valeriana tripteris, Ficus carica*

Einige Arten der Felspflanzen sind synanthrop auf Sekundärstandorte ausgewichen. Sie wachsen an Mauern oder auf Dächern.

Die Felsspaltenbewohner sind in der Regel hohen Strahlungen, dem Frost und dem Wind ungeschützt ausgesetzt; sie besitzen vielerlei Anpassungsstrategien wie Flach- und Kugelpolster oder Sukkulenz und zeigen Ausbildung von Rosetten oder Spalieren mit Merkmalskombinationen beider Anpassungssyndrome (z.B. *Sempervivum*).

1. Ordnung: Potentilletalia caulescentis Br.-Bl. 1926
Die Ordnung umfaßt zwei soziologisch und ökologisch deutlich verschiedene Verbände: den hygrophilen **Cystopteridion-Verband** und den xero- bis mesophilen **Potentillion-Verband**.

OC: *Asplenium ruta-muraria, Draba aizoides, Kernera saxatilis, Primula auricula, Saxifraga paniculata, Rhamnus pumila*

Die meisten alpinen Felsspaltenbewohner reichen kaum bis in die montane Stufe hinunter, selbst wenn dort Felswände zur Verfügung stehen. Wahrscheinlich erliegen sie der Austrocknung, die sich in wärmeren Lagen viel stärker vollzieht als in kühleren Höhen. So ziehen sich einige verbleibende Felspflanzen in wärmeren Regionen zunehmend in schattige oder sonnenabseitige Lagen zurück (s. auch ELLENBERG 1989).

1. Verband: Potentillion caulescentis Br.-Bl. 1926
Dieser Verband umfaßt v.a. besonnte bis halbschattige Kalk-Felsspalten- und Mauerfugen-Gesellschaften. Die Verbandscharakterarten decken sich größtenteils mit den Ordnungscharakterarten.

1. Androsacetum helveticae Lüdi ex Br.-Bl. 1926
Die Gesellschaft des Schweizer Mannschilds ist aus den Berchtesgadener Alpen und dem Allgäu auf Kalk- und Dolomitfelsen der alpinen Stufe belegt.

AC: *Androsace helvetica, Draba tomentosa, Minuartia rupestris, Festuca alpina*

An strahlungs- und windexponierten Felsspalten, aus Polsterpflanzen bestehend.

2. Potentilletum clusianae Höpflinger 1957
Die seltene Ostalpen-Fingerkraut-Gesellschaft ist an humus- und feinerdearme Felsstandorte der subalpinen und alpinen Stufe gebunden. Auf Kalk und Dolomit.

AC: *Potentilla clusiana*

Bislang nur im Umfeld der Berchtesgadener Alpen.

3. **Hieracio humilis-Potentilletum caulescentis** Br.-Bl. in Meier & Br.-Bl. 1934
(= **Potentillo caulescentis-Hieracietum humilis** (Br.-Bl. 1933) Oberd. 1977)
Die Stengelfingerkraut-Gesellschaft ist eine Leitgesellschaft der subalpinen Region in den Berchtesgadener Alpen und im Allgäu in der Felsenstufe zwischen 400 und 2000 m NN.

AC: *Potentilla caulescens, Hieracium humile*

In offenen, trockenen Felsspalten sonnenexponierter Lagen. Selten in den Alpen, aber auch im Schwarzwald, im Hegau, Jura und auf der Schwäbischen Alb. Dort als Gebietsassoziation **Drabo-Hieracietum humilis** mit der DA *Hieracium bupleuroides* und zahlreichen Glazialrelikten verbreitet (s. auch WILMANNS & RUPP 1966). Am Hohentwiel auf phonolithischem Gestein.

4. **Cardaminopsietum petraeae** Thorn 1958
Felsenkressegesellschaft, bisher als Gebietsassoziation des Fränkischen Jura beschrieben; korrespondiert mit dem *Drabo-Hieracietum humilis* der Schwäbischen Alb.

AC: *Cardaminopsis petraea*

Die Gesellschaft besitzt mit ostpräalpinen Arten einen eigenen pflanzengeographischen Charakter.

5. **Caricetum mucronatae** (Holzner & Hübl 1977) Smettan 1981
Die Felsrasen mit der Stachelspitzigen Segge, die SMETTAN (1981) aus dem Kaisergebirge beschreibt, finden sich in der montanen bis alpinen Stufe zwischen etwa 1200 und 1700 m NN an sonnenseitigen Stellen.

AC: *Carex mucronata*

Die Gesellschaft zeigt mit den Felsspaltenarten *Primula auricula, Kernera saxatilis* und *Rhamnus pumila* sowie mit *Sesleria varia* eine Übergangsstellung zwischen den *Seslerietea variae* und den *Asplenietea*. Die Bestände werden auch zum *Caricetum firmae* gestellt (z.B. OBERDORFER 1977, PIGNATTI-WIKUS 1960). Offenbar nur schwach gekennzeichnete Gesellschaft mit daher fraglichem Status. *Carex mucronata* gibt es auch im Berchtesgadener Nationalpark auf Ramsau-Dolomit und Dachstein-Kalk (LIPPERT 1966).

6. **Asplenietum trichomano - rutae-murariae** R. Tx. 1937
Mauerrauten-Gesellschaft. Primär in Ritzen von Kalkfelsen, meist aber an sekundären Mauerstandorten in Mörtelfugen. Artenarme oligotroph-xerophytische Pflanzengesellschaft in planarer bis submontaner Stufe.

AC: *Asplenium ruta-muraria, Tortella tortuosa, Tortula muralis, Rhynchostegium murale*
Begleiter: *Grimmia pulvinata, Syntrichia ruralis*

Häufig auf der Schwäbischen und Fränkischen Alb; im Werra- und Saalegebiet, im Sauerländer Massenkalk (Briloner Hochfläche) sowie im Devonkalkgebiet des Harzes an Primärstandorten. Häufigste Mauerfugen-Gesellschaft im Hügel- und Bergland, im Flachland v.a. an Mauern historischer Bauwerke (Abb. 54).

2. **Verband: Cystopteridion fragilis** Richard 1972
Feuchtigkeitsliebende Felsgesellschaften an überrieselten und durchsickerten Standorten; oft in Nordexposition.

VC: *Asplenium viride, Moehringia muscosa*

1. **Asplenio viridis-Cystopteridetum fragilis** (Kuhn 1939) Oberd. 1949
Die Blasenfarn-Gesellschaft ist aus flachen Moosdecken aufgebaut, aus denen Büschel

Abb. 54:
Asplenietum trichomano-rutae-murariae mit den charakteristischen Mauerfarnen (*Asplenium trichomanes, A. ruta-muraria*) und dem Zimbelkraut (*Cymbalaria muralis*) an einer alten Schloßmauer von Detmold i. Tw. (1982)

des Blasenfarns hervorragen. Auf schattigen Felsstandorten; sekundär an Mauern sowie Stein- und Erdwällen. Optimale Ausbildung in der montanen und hochmontanen Stufe des Rheinischen Schiefergebirges, im Erzgebirge sowie im Thüringer Buntsandstein.

AC: *Cystopteris fragilis*

In Tieflagen verarmt die Assoziation zu einer reinen Blasenfarngesellschaft. Auch an überrieselten Silikatfelsen. Artenarme *Cystopteris fragilis*-Bestände finden sich v.a. in Natursteinmauern niederschlagsreicher colliner bis montaner Mittelgebirgslandschaften. Reliktische Lokalausbildungen mit *Cardaminopsis petraea* und *Saxifraga decipiens* gibt es in der Fränkischen Alb. Verarmte Tieflagenform.

2. **Heliospermo-Cystopteridetum alpinae** Richard 1972
Die alpine Blasenfarn-Gesellschaft mit *Cystopteris alpina* ersetzt die vorgenannte Assoziation in den höheren Lagen der subalpinen Stufe an nassen und schattigen Felsen.

AC: *Cystopteris alpina* (= *C. regia*), *Heliosperma quadridentatum* (schwach)

Im Bayerischen Wald am Arber und aus den Berchtesgadener Alpen von LIPPERT (1966) beschrieben.

3. **Caricetum brachystachyos** Lüdi 1921
Die seltene Gesellschaft der Kurzährigen Segge ist aus Schluchten und Klamm-Tälern der nördlichen Kalkalpen beschrieben.

AC: *Carex brachystachys* (= *C. tenuis*)

An beschatteten, überrieselten Kalkfelsen; oft in der Nähe von Wasserfällen oder moosreichen Rieselfluren. Auch im südlichen Schwarzwald vorkommend.

2. Ordnung: Androsacetalia vandellii Br.-Bl. in Meier & Br.-Bl. 1934

Acidophytische Farngesellschaften der festeren, langsam verwitternden Gneisfelsen, in den süddeutschen Mittelgebirgen mit zahlreichen Eiszeitrelikten.

OC: *Primula hirsuta, (Silene acaulis), Asplenium septentrionale*

Der präalpin (altaisch) bis nördlich-subozeanisch verbreitete Nordische Strichfarn (*Asplenium septentrionale*) wächst an Felsen und Mauern auf vorwiegend trockenen, lichtexponierten, kalkarmen Silikatgesteinen der Mittelgebirge bis in etwa 1500 m Meereshöhe. Hier sind die Gesellschaften viel artenärmer an Blütenpflanzen als die Kalkfelsen. Die Felsen der alpinen-nivalen Stufe sind reich an spezifischen epilithischen Flechten (*Rhizocarpon geographicum, Haematomma ventosum, Umbilicaria cylindrica* u.v.a.).

1. Verband: Androsacion vandellii Br.-Bl. 1926

In den Zentralalpen, den Süd- und Westalpen optimal vorkommende Gesellschaften zwischen 2000 und 4000 m Höhe auf Silikatfelsen. *Androsace vandellii, Eritrichum nanum* und *Saxifraga exarata* haben ihre Schwerpunkte in diesen alpin-nivalen Gesellschaften (v.a. im **Androsacetum vandellii** Br.-Bl. 1926 selbst). Säureliebende Moose differenzieren diesen Verband gegen die Kalkfelsen-Gesellschaften (z.B. *Pohlia nutans, Dicranella heteromalla*).

1. Woodsio-Asplenietum septentrionalis R. Tx. 1937

Die Gesellschaft des Nordischen Streifenfarns ist eine acidophile Farngesellschaft der Thüringisch-Fränkischen Mittelgebirge, des Oberpfälzer Waldes, des Bayerischen Waldes sowie der höheren Schwarzwaldlagen mit arktisch-alpinem - atlantischem Gepräge. Die Charakterarten sind Glazialrelikte (Abb. 55).

AC: *Woodsia ilvensis, Hieracium pallidum, H. intybaceum*

In Norddeutschland fast ausgestorben; nur noch lokal im Bodetal, Harz (dort mit *Sedum telephium ssp. maximum*). Die zentralalpine *Hieracium intybaceum* kommt reliktartig in den Beständen der Vogesen und im Hochallgäu vor. Fragmentarisch ausgebildete Bestände sind noch im Vogtländischen Diabasgebiet (HILBIG & REICHHOFF 1977) und von den Oberlausitzer Basaltkuppen beschrieben (GUTTE et al. 1965).

Abb. 55:
Woodsio-Asplenietum septentrionalis
an Schieferfelsen bei Marsberg/Sauerland (1984)

2. **Biscutello-Asplenietum septentrionalis** Korneck 1974
Gesellschaft des Nordischen Streifenfarns mit der Brillenschote. Entspricht dem *Woodsio-Asplenietum* in warm-trockenen Tieflagen des Oberrheingebietes bis ins Ahrtal.

D: *Biscutella laevigata ssp. varia* (lokale Trennart)

Auf gewachsenem Schicht- und Grundgestein (Schiefer, Porphyr, Melaphyr). Wärmezeiger.

3. **Asplenietum septentrionali - adianti-nigri** Oberd. 1938
Gesellschaft des Schwarzen Strichfarns.

AC: *Asplenium adiantum-nigrum*

In der collin-submontanen Stufe, v.a. in Weinbaugebieten, dort sekundär an Lesesteinhaufen. Sonst an Felsen auf kalkarmen Gesteinen in den wintermilden Tieflagen des westlichen Deutschlands. Hier fehlen die dealpinen Elemente.

2. **Verband: Asarinion procumbentis** Br.-Bl. in Meier & Br.-Bl. 1934
Die floristisch mannigfaltigsten Gesellschaften dieses Verbandes der schattigen Silikat-Felsfluren findet man nicht im alpinen, sondern im submediterran-atlantischen Raum, wo zahlreiche Tertiärrelikte der Felsflora die Eiszeiten überdauerten. In Deutschland nur noch fragmentarisch entwickelt mit nur einer Gesellschaft.

VC: *Anarrhinum bellidifolium*

1. **Crocynio-Asplenietum billotii** G. Schulze & Korneck 1971
Gesellschaft des Eiblättrigen Stichfarns. Sehr seltene, in der Südpfalz auf Buntsandstein vorkommende Gesellschaft mit atlantisch-westmediterraner Verbreitung.

AC: *Asplenium billotii, Crocynia membranacea* (Flechte)

An wintermilden, luftfeuchten Standorten, meist in Süd- oder Westexpostion von Felsen des Schwarzwaldes. Im Gebiet des Oberrheingrabens an der Ostgrenze der Verbreitung.

3. **Verband: Asplenion serpentini** Br.-Bl. & R. Tx. 1943
Die an Serpentin gebundene Felsvegetation wird für entsprechende Standorte aus Nordbayern (Oberfranken, Fichtelgebirge) sowie für die Serpentingebiete im mittleren Erzgebirge beschrieben.
   Diagnostisch wichtige Arten sind *Asplenium adulterinum* und *A. cuneifolium*. Sehr seltene Vegetationstypen.

1. **Asplenietum serpentini** (Knapp 1942) Gauckler 1954
Die Serpentin-Streifenfarn-Gesellschaft ist vorwiegend submediterran verbreitet.

AC: *Asplenium cuneifolium*
Begleiter: *Campanula rotundifolia*

Sehr seltene Spezialistengesellschaft auf Serpentinit, einem Gestein, dessen Hauptbestandteil ein wasserhaltiges Magnesium-Eisen-Silikat ohne Aluminium (Serpentin) ist, das bei Verwitterung nur wenig Calcium und Kalium anliefert.

3. **Ordnung: Parietarietalia judaicae** Rivas-Martinez 1960
Wärmebedürftige, nitrophytische Vegetationseinheiten, im atlantischen und mediterranen Europa üppig entwickelte Mauer-Unkrautgesellschaften. Vorwiegend an schattigen, etwas feuchten Mauerfüßen. Der Verbreitungsschwerpunkt liegt im südlichen und westlichen

Europa. In Nordwestdeutschland kommen die bezeichnenden Arten nur noch adventiv vor; die Gesellschaften sind artenarm und schwer einzustufen.

OC: *Cymbalaria muralis, Corydalis lutea, Erigeron karwinskianus, Ficus carica, Parietaria judaica, P. lusitanica*

1. Verband: Centrantho-Parietarion Rivas-Martinez 1960
Die Mauerunkraut-Gesellschaften zeigen ein floristisches Gefälle mit einer stufenweisen Verarmung von Südwesten nach Norden und Osten.

VC: *Centranthus ruber, Antirrhinum majus*

Sie sind in Deutschland floristisch optimal im Mittelrhein-, Neckar-, Mosel-, Nahe- und Maingebiet ausgeprägt.

1. Parietarietum judaicae (Arènes 1928) Oberd. 1977
Die Mauerglaskraut-Gesellschaft ist mediterran-atlantisch verbreitet. Wärmeliebende und frostempfindliche Gesellschaft; nur in geschützten Lagen der Flußtäler (Mittelrhein, Neckar, Mosel, bis hin zur Mittelweser bei Höxter). Sonst enge Bindung an Weinbaugebiete.

AC: *Parietaria judaica*

Abb. 56:
Parietarietum judaicae an der Wesermauer bei Höxter mit *Parietaria judaica* und *Ficus carica* (1985)

Auch in Städten vorkommend sowie auf der Nordseeinsel Borkum (an lokal-klimatisch-günstigen Stellen); dort neigen die *Parietaria*-Arten zur Ruderalisation und finden sich in entsprechenden nitrophytischen Beständen (s. auch Abb. 56 sowie BRANDES 1987).

2. Cymbalarietum muralis Görs 1966
Zimbelkraut-Gesellschaft. Anspruchsloseste und zugleich ärmste Randgesellschaft der Ordnung; collin bis submontan verbreitet; in Norddeutschland nur adventiv.

AC: *Cymbalaria muralis*

Oft im Kontakt zur Mauerrauten-Gesellschaft an beschatteten und feuchten, stickstoffbeeinflußten Mauerstandorten mit dichten Teppichen des Zimbelkrautes (s. auch Abb. 54).

Weitere **Parietarion-Dominanzgesellschaften:**

Cheiranthus cheiri-Gesellschaft
Kennarten: *Cheiranthus cheiri, Hieracium amplexicaule* (schwach); wärmeliebend im Bereich alter Burganlagen.
Corydalis lutea-Gesellschaft
Der gelbe Lerchensporn ist eine südalpine Steinschuttpflanze, die als ehemalige Zierpflanze mitunter verwildert. Gehäuft in Weinbaulandschaften, in Süd-Thüringen sowie in Städten Norddeutschlands.

III. Therophytenreiche Pionierfluren
(mit Ausnahme des unmittelbaren Küstenbereiches)

Die Gesellschaften der hier zusammengestellten Klassen sind kurzlebig und entwickeln sich in jeder Vegetationsperiode neu. Die aufbauenden sommerannuellen Arten vollziehen Keimung, Wachstum und Samenreife mitunter nur in Teilen einer Vegetationsperiode und überdauern – als Samen – ungünstige Zeitabschnitte, wie Winterkälte, Überstauung von Fluß-, See- und Teichufern sowie den Umbruch von Äckern am Standort.

10. Klasse: Bidentetea tripartitae Lohm. & Prsg. in R. Tx. 1950 – Zweizahn-Gesellschaften und Melden-Uferfluren

Meist im Spätsommer auftretende, üppige Annuellen-Krautfluren an trockenfallenden Teich- und Seeufern, Gräben und Flüssen, in Klärschlammbecken und an Talsperren, wo stickstoffhaltiger Schlamm lagert.

KC: *Bidens frondosa, Polygonum lapathifolium, Alopecurus aequalis, Bidens tripartita, Polygonum mite, Rorippa sylvestris*

Häufig in Siedlungsnähe. Die Gesellschaften besitzen natürliche Vorkommen in der Naturlandschaft (Wildtränken, Flußufer etc.), sie sind aber anthropogen stark ausgeweitet.

1. Ordnung: Bidentetalia tripartitae Br.-Bl. & R. Tx. 1943

1. Verband: Bidention tripartitae Nordhagen 1940

Dieser Verband umfaßt ephemere Teichschlamm-Gesellschaften auf tonig-schluffigen Böden mit hohen Stickstoffgehalten an den Ufern verschmutzter Gräben und Teiche.

1. Polygono hydropiperis-Bidentetum Lohm. in R. Tx. 1950
Die Zweizahn-Wasserpfeffer-Gesellschaft ist die häufigste Gesellschaft an Schlammufern

von Viehtränken. Sie findet sich v.a. im Flachland auf Grabenaushub, an den Rändern stark verschmutzer Gräben und Teiche (TÜXEN 1979).

AC: *Bidens tripartita, Polygonum hydropiper* (schwach)

Der phänologische Höhepunkt der Gesellschaft liegt im Hochsommer. Danach sterben die Pflanzen rasch ab und werden in den meisten Fällen auch sofort zersetzt. Da die Samen der *Bidens*-Arten zur Keimung eine Ruhe-Stratifikation benötigen, kann sich keine zweite Generation im Jahr entwickeln (s. auch LHOTSKA 1968, MIERWALD 1988). Gegenüber einer nordwestdeutschen Ausprägung sind die östlichen Bestände Brandenburgs und Sachsens durch wärmebedürftige Geoelemente differenziert; besonders *Echinochloa crus-galli* und *Potentilla norvegica* kennzeichnen die östliche geographische Rasse.

2. **Ranunculetum scelerati** R. Tx. 1950 ex Passarge 1959
Die Gifthahnenfuß-Gesellschaft ist eine Initialgesellschaft offener Schlammböden; bei besonders hohem Stickstoffangebot an sehr nassen Stellen, oft auf noch beweideten Flächen. Häufig auf Rieselfeldern und Klärteichen; schwach salztolerant (Abb. 57).

AC: *Ranunculus sceleratus*

Zum *Ranunculetum scelerati* gehören auch die *Poa annua var. aquatica*-Teppiche flacher Versickerungsbecken, wie sie beispielsweise von TÜXEN (1979) sowie BRANDES & GRIESE (1991) für die Rieselfelder von Hannover und Braunschweig beschrieben sind. Tieflandsgesellschaft, die im Bergland sukzessive abnimmt. In NW-Mecklenburg treten *Rumex maritimus* und *R. palustris* vermehrt im *Ranunculetum scelerati* auf und bilden dort eine wärmeliebende, östliche geographische Vikariante.

Abb. 57:
Ranunculus sceleratus
auf stickstoffhaltigem
Schlamm als Charakterart
des *Ranunculetum scelerati*
(Rieselfelder von
Münster, 1981)

3. Senecionetum tubicaulis (Burrichter 1970) ass. nov.

Das neophytische und ephemer auftretende, mannshohe Moorgreiskraut (*Senecio tubicaulis* Mansf. = *S. congestus* (R. Br.) DC.) kann als Neophyt zwar vorübergehend in verschiedene *Bidention*-Gesellschaften feuchter und nasser Böden eindringen, findet aber optimale Lebensbedingungen nur auf nackten, stickstoff- (v.a. ammonium-)haltigen Schlammböden (Abb. 58).

Als raschwüchsige, konkurrenzkräftige Art bildet *Senecio tubicaulis* dichte, extrem artenarme Bestände, die nur vereinzelt *Bidention*-Arten enthalten, mit ausgesprochener Dominanz des Moorgreiskrautes (s. Tab. 7). Schon BURRICHTER (1970) erwog die Aufstellung einer eigenen Assoziation mit *Senecio tubicaulis* als Charakterart, stellte aber seine Aufnahmen aus den Rieselfeldern der Stadt Münster zum *Ranunculetum scelerati*. Aufnahme Nr. 3 – 5 der Vegetationstabelle 7 gilt als Holotyp der Gesellschaft.

AC: *Senecio tubicaulis*

Die Pflanze breitet sich seit 1958 von den damals neu entstandenen Niederländischen Poldern Flevolands in Etappen über das niederländische und norddeutsche Flachland aus und gelangte im Jahre 1986 bis an die Oder (RUNGE 1988). In auffallender Weise meidet die Gesellschaft derzeit das höhere Bergland (Eifel, Sauerland, Harz), dringt aber über die Flußtäler in dieses vor. Besiedelt werden ausschließlich hypertrophe Schlammböden von Aufspülflächen, Rieselfeldern, Kläranlagen und Fischteichen. Das Moorgreiskraut kann auch in Röhrichte des *Phragmition* und in ungepflegte *Juncus effusus*-Brachestadien eindringen, wie es auch HÖPPNER (1983) aus dem südoldenburger Raum beschreibt.

Tab. 7: Veg.tab. *Senecionetum tubicaulis*

Nr.	1*	2*	3	4	5	6	7
Größe d. Aufnahmefläche (m²)	-	-	100	150	100	120	70
Veg.-Bedeckung (%)	100	100	90	100	80	85	100
Artenzahl	9	9	7	10	8	10	8
AC:							
Senecio tubicaulis	5	5	4	5	4	5	5
VC Bidention:							
Ranunculus sceleratus	1	+	.	+	.	.	+
Rumex maritimus	+	+	+	+	.	+	+
Bidens cernua	+	+	.	.	+	+	.
KC/OC Bidentetea, Bidentetalia:							
Rorippa islandica	+	+	+	1	1	+	1
Polygonum nodosum	+	1	.	+	.	+	1
Bidens frondosa	.	+	+	.	+	+	.
Bidens tripartita	+	.	+	.	+	.	.
Weitere:							
Alopecurus geniculatus	+	+	+	+	1	1	1
Ranunculus repens	.	.	1	+	.	+	1
Poa annua	+	+	.	+	.	+	.
Solanum nigrum	.	.	+	.	+	.	+
Polygonum amphibium	.	.	.	+	.	+	.
Juncus effusus	.	.	.	+	.	+	.

Nr. 1*, 2* aus BURRICHTER (1970): Rieselfelder Münster; Nr. 3: Rieselfelder v. Appelhülsen i.W. 1980; Nr. 4 - 5: Emstal bei Rheine 1981; Nr. 6: Meppen 1986; Nr. 7: Wunstorf 1990

Abb. 58:
Senecio tubicaulis
(= *S. congestus*) als dominierende Art der Moorgreiskrautgesellschaft (*Senecionetum tubicaulis*) in den Rieselfeldern von Münster
(Foto E. Burrichter 1970)

Die Gesellschaft tritt in Trockenjahren besonders üppig auf; *Senecio tubicaulis* kann als zweijährige Art bereits im Herbst keimen und wie ein Hemikryptophyt überwintern. Dieser Konkurrenzvorteil verschafft dem Neophyten kurzfristig immer neue Lebensräume; *Senecio tubicaulis* wird von TÜXEN (1979) zwar den *Ranunculus sceleratus*- und den *Rumex maritimus*-Beständen gleichermaßen zugeordnet, zeigt in seiner Optimalverbreitung aber keine deutlichen Präferenzen für diese sommerannuellen Fluren, sondern bildet eigene Gesellschaften aus!

4. **Rumicetum maritimi** Sissingh in Westhoff et al. 1946 em. Passarge 1959
Die Strandampfer-Gesellschaft ist in der Regel eine kleinflächig auftretende Assoziation der Randbereiche schlammiger Abwässer. Etwas seltenere therophytische Dauer-Pionier-Gesellschaft auf weniger produktiven, zum Teil leicht sandigen Standorten, boreal-subkontinentale Verbreitung.

    AC: *Rumex maritimus*

V.a. im Osten Niedersachsens, in Sachsen-Anhalt, Brandenburg und Sachsen verbreitet und bis in die warmen tiefen Lagen Mainfrankens bzw. bis in die Oberpfalz vordringend. Sie ist dort vielleicht mit dem *Ranunculetum scelerati* identisch (RUNGE 1991).

5. **Alopecuretum aequalis** (Sóo 1927) Burrichter 1960
Rotfuchsschwanz-Rasen sind großflächig entwickelt als Ufergesellschaften an Altwässern, Baggerseen, Talsperren auf kiesigen bis sandig-tonigen Böden. In Talsperren nur sehr schlechtwüchsig (s. BURRICHTER 1960).

    AC: *Alopecurus aequalis*

Im Vergleich zu den übrigen Gesellschaften des Verbandes eher geschlossene Vegetationsdecken mit hechtblau-grünen Rasen aufbauend. Sie sind weniger nährstoffbedürftig als die anderen *Bidention*-Gesellschaften; ruderale Vorkommen sind nicht bekannt.

6. Rumicetum palustris (Timar 1950) W. Fischer 1978
Die mit der Gifthahnenfußgesellschaft nahe verwandte, seltene Sumpfampfergesellschaft bewohnt jauchebeeinflußte Standorte.

AC: *Rumex palustris*

Die ammoniak- bzw. schlickhaltigen Substrate fallen im Sommer regelmäßig trocken. Kontinental verbreitete Pflanzengesellschaft. In Süddeutschland bis in das Donaugebiet vorkommend.

2. Verband: Chenopodion rubri J. Tx. in Poli & J. Tx. 1960 corr. Kopecky 1969
Der Verband der Flußmelden-Fluren umfaßt die therophytischen Pflanzengesellschaften der Ufer größerer Fließgewässer. Im Bereich des Mittel- und Unterlaufes der Flüsse und der großen Talverbreiterungen werden v.a. die periodisch neu abgelagerten, feinerdereichen Sedimente besiedelt; hier ziehen sich die Annuellenfluren in breiten Streifen beidseitig die Flüsse entlang. Diese überwiegend flußbegleitenden Gesellschaften bevorzugen in der Regel kiesig-sandige, wechselfeuchte bis wechseltrockene Substrate, die während der Vegetationsperiode gut durchlüftet sind. Ihre Artenzusammensetzung ist vom Wasserstand abhängig. Schlammteiche von Zuckerfabriken können ebenfalls mit den *Chenopodion*-Gesellschaften besiedelt sein.

1. Xanthio albini-Chenopodietum rubri Lohm. & Walther 1950
Spitzkletten-Flur. Auf grusig-schotterigem Material, das bei Hochwässern geflutet wird (Abb. 59), auf den Uferstreifen der mittleren bis unteren Elbe unterhalb von Magdeburg, vom Berliner Havelgebiet und der Oder bekannt. Kontinentale Gesellschaft.

AC: *Xanthium albinum*

Diese mehr oder weniger natürliche Pioniergesellschaft ist sehr reich an Neophyten (*Amaranthus lividus, A. retroflexus, Pulicaria vulgaris* u.a.). Auch *Xanthium albinum* wurde erst um 1830 aus Amerika eingeschleppt.

Abb. 59:
Xanthio albini-Chenopodietum rubri als **Flußufergesellschaft an der Elbe bei Hitzacker (1987)**

2. **Chenopodietum glauco-rubri** Lohm. in Oberd. 1957
(= **Chenopodietum rubri** Timar 1950)
Die Gesellschaft des Grauen Gänsefußes bildet die Zentralassoziation des Verbandes. Sie konzentriert sich auf Stromtalbereiche der Oder, der Elbe, der Weser, des Mains und des Rheins und wächst auf lehmigen, stickstoff-hypertrophen Böden; zum Teil auch auf brackigen Standorten.

AC: *Chenopodium rubrum, C. glaucum, C. ficifolium*

An Dorfteichen, Jauchegruben, Silagestellen, Klärbecken, heute v.a. auf den Schlammabsatzbecken von Zuckerfabriken (s. auch TÜXEN 1979, BRANDES 1986a). Die konstituierenden Arten können teils prostrat, teils kniehoch aufwachsen. Im mittleren Werratal bei Frankenroda treten sogar halophile Ausbildungen mit *Spergularia marina* auf (LADWIG 1965, HILBIG & JAGE 1972).

3. **Bidenti-Brassicetum nigrae** Allorge 1922
An Rhein-, Neckar- und Moselufern, vielleicht nur eine Fragmentgesellschaft.

AC: *Brassica nigra, Xanthium saccharatum*

In Ostdeutschland bildet *Atriplex acuminata* eine östliche geographische Vikariante, die auch noch im Donau-Isar-Hügelland sowie in der Umgebung von Bad Reichenhall (WALENTOWSKI et al. 1991) verbreitet ist.

4. **Polygono brittingeri-Chenopodietum rubri** Lohm. 1950
Die Flußknöterich-Gesellschaft ist eine mehr oder weniger kurzlebige Pioniergesellschaft mit zahlreichen Ruderalpflanzen im Bereich zwischen der Mittel- und Niedrigwasserlinie.

AC: *Polygonum lapathifolium ssp. brittingeri*

Bei niedrigem Wasserstand an Kiesufern von Flüssen und Talsperren. Häufig an der mittleren Elbe (z.B. Magdeburg), am Niederrhein, an der mittleren Weser und an der Ems. Sie kann in fragmentarischer Form auch die größeren Mittelgebirgsbäche säumen, z.B. Oker im Harzvorland (DIERSCHKE 1984). Auch die aus dem Hochgebirge gespeisten Flüsse des Alpenvorlandes zeigen stellenweise Pionierbestände dieser Gesellschaft, die aber zusätzlich mit Alpenschwemmlingen und anderen geographischen Differentialarten des perialpinen Raumes gekennzeichnet sind und deshalb stark von den Knöterich-Gesellschaften der Tieflandsflüsse abweichen (vgl. auch MOOR 1958). An der unteren Elbe wird diese Gesellschaft durch die östlich getönte Spitzklettenflur abgelöst.

5. **Chenopodio polyspermi-Corrigioletum littoralis** (Malcuit 1929) Hülbusch & R. Tx. in R. Tx. 1979
Die Hirschsprung-Gesellschaft ist eine sehr seltene Gesellschaft auf grusigem, kiesigem bis sandigem Material an Talsperren (und v.a. an Stauteichen), auch am Ufer der Elbe. Sie entwickelt sich meist erst im Sommer, wenn die Stauteiche oder Talsperren abgelassen werden. Niedrigwüchsige Gesellschaft mit Dominanz von

AC: *Corrigiola littoralis*

In Brandenburg und Sachsen tritt an der mittleren Elbe als kontinentales Geoelement *Spergularia echinosperma* hinzu und bildet eine östliche geographische Vikariante der Gesellschaft. Sie leitet zu den Zwergbinsen-Gesellschaften über.

Weitere Dominanzgesellschaften sind:

Bidens cernua - Bidention - Gesellschaft
Enge Bindung an *Ranunculus sceleratus*-Vorkommen auf ständig nassen oder feuchten Standorten; vielleicht gehört sie auch zum *Ranunculetum scelerati*. Auch als **Bidentetum cernui** Kobendza 1948 bezeichnet.

Atriplex hastata - Chenopodion rubri - Gesellschaft
Im Werratal (Bad Salzungen) und in der Elster-Luppe-Aue (Thüringen), mit hohen *Chenopodium rubrum-*, *Puccinellia distans-* und *Spergularia marina*-Anteilen von Krisch (1968) beschrieben; vielleicht handelt es sich hierbei auch um eine sekundär entstandene artenarme Salzwiesengesellschaft (Hilbig & Jage 1972); auch als **Bidenti-Atriplicetum hastatae** Poli & J. Tx. 1960 bezeichnet.

11. Klasse: Isoeto-Nanojuncetea bufonii Br.-Bl. & R. Tx. 1943 – Zwergbinsen-Gesellschaften

Die Klasse umfaßt zwergwüchsige, einjährige, meist nur kurzlebige und unbeständige Pioniergesellschaften offener, wechselfeuchter Böden und gestörter Plätze. Sie sind in der Regel nur kleinflächig entwickelt. Typische Wuchsplätze stellen offene Teichböden, Teichränder, Flußufer und austrocknende Schlammböden dar (besonders in Fahrspuren und an Viehtrittstellen).

KC u. OC: *Centaurium pulchellum, Centunculus minimus, Cyperus fuscus, Gnaphalium uliginosum, Hypericum humifusum, Isolepis setacea, Juncus bufonius, J. capitatus, J. pygmaeus, J. tenageia, Limosella aquatica, Lindernia procumbens, Ludwigia palustris, Lythrum hyssopifolia, Marsilea quadrifolia, Mentha pulegium, Peplis portula, Sagina nodosa* u.a.

Bestimmender abiotischer Faktor für das Zustandekommen dieser Vegetation aus konkurrenzschwachen Spezialisten ist einmal die ständige Schaffung von Freiflächen und zum anderen der Wasserhaushalt, der das Auftreten, die Artenzusammensetzung und die Beständigkeit der Schlammufer-Gesellschaften entscheidend beeinflußt. Eine lang andauernde limose Phase begünstigt im allgemeinen Zwergbinsen-Gesellschaften im nährstoffreichen Milieu, bei längerer litoraler Phase entwickeln sich vielfach *Littorelletea*-Gesellschaften, darunter besonders das *Eleocharitetum acicularis* (Hejny 1962). Entscheidende Konkurrenzvorteile der Zwergbinsenarten sind die hohe Samenproduktion, die Schwimmfähigkeit der Diasporen, die Fähigkeit zur jahrelangen Samenruhe und die rasche Samenkeimung bei günstigen Bedingungen sowie ihr kurzer Vegetationszyklus (Moor 1936). Die höchste Diasporendichte findet sich an Teichrändern, Flußufern und in Flußauenlandschaften, wo auch die natürlichen Standorte der *Isoeto-Nanojuncetea* zu finden sind. Ornithochorie durch Wat- und Wasservögel sorgt ebenso für ständige Neuansiedlung.

1. Ordnung: Nanocyperetalia Klika 1935

Zwergbinsen-Gesellschaften sind instabile Lückenbüßer und heute in ihren Entwicklungsmöglichkeiten durch anthropogene Eingriffe stark eingeschränkt und gefährdet (Drainage, Eutrophierung, Bewirtschaftungsänderungen, Aufgabe von Teichwirtschaft etc.). Sie fehlen auch in ausgeräumten Agrarlandschaften.

Cyperus fuscus ist als Ordnungscharakterart geeignet. Die Ordnung wird in drei Verbände gegliedert, die zwar standörtlich recht gut, floristisch aber nur schwach gekennzeichnet sind, wie auch Pietsch (1973), Philippi (1977), Dierssen (1988), und Mierwald (1988) betonen.

1. Verband: Elatino-Eleocharition ovatae Pietsch & Müller-Stoll 1968

Es handelt sich um **Teichboden**-Gesellschaften, die sich unmittelbar nach Ablassen des Wassers entwickeln. Die Verbandscharakterarten decken sich mit den Kennarten der höheren Ränge.

Abb. 60:
Carex bohemica
als Charakterart des
*Eleocharito-Caricetum
cyperoides* im
fränkischen Teichgebiet b.
Erlangen (1986)

1. **Eleocharito ovatae-Caricetum bohemicae** Klika 1935
Auf kalkarmen Schlammböden austrocknender Teiche; auf nackten Teichböden und an offenen Teichrändern (Abb. 60).

   AC: *Eleocharis ovata, Elatine hexandra, Lindernia procumbens, Carex bohemica, Ranunculus sardous* (schwach)

   Schon eine einmonatige Trockenperiode reicht zur Entwicklung der Gesellschaft aus, dann treten *Eleocharis ovata* und *Carex bohemica* in rasenartig dichten Beständen auf. Je nach Abtrocknung der Teiche kann sich die Gesellschaft vom Frühsommer bis zum Spätherbst bilden. Häufig im Kontakt zu *Bidentetea*-Gesellschaften. Subkontinental verbreiteter Vegetationstyp mit gehäuften Vorkommen in Brandenburg, in Thüringen und in Franken (Erlanger Teichgebiet).

2. **Cypero fusci-Limoselletum aquaticae** (Oberd. 1957) Korneck 1960
Die Schlammling-Gesellschaft besiedelt mit niedrigen Miniaturrasen schlickhaltige Uferpartien von Teichen, Talsperren sowie schlammig-sandige, feuchte Flußufer. Bei längerer Trockenheit bilden sich charakteristische Trockenpolygonrisse im Schlamm (Abb. 61).

   AC: *Limosella aquatica, Botrydium granulatum* (Alge)

   Diese lockeren und artenarmen Bestände sind in Wasserspiegelschwankungsbereichen von Flußufern und Altarmsystemen sicher natürlich. Die Gesellschaft läßt sich in zahlreiche geographische Vikarianten gliedern: mit *Spergularia echinosperma* an der Elbe (subkontinental), mit *Peplis portula* in Nordwestdeutschland (subatlantisch), mit *Lindernia procumbens* an der Oder (kontinental) und mit *Potentilla supina* im Oberrheingebiet

Abb. 61:
Limosella aquatica und *Botrydium granulatum* auf trockengefallenem Schlamm der Listertalsperre im Sauerland (1991)

(submediterran). Das Scheidenblütgras *Coleanthus subtilis* schließlich kennzeichnet die mitteldeutschen Bestände in Sachsen.

3. **Elatino alsinastri-Juncetum tenageiae** Libbert 1932
Die Gesellschaft der Sandbinse ist eine seltene und unbeständige Gesellschaft an Ufern und in Wegrinnen auf offenen Sandböden.

AC: *Elatine alsinastrum, Juncus tenageia*

Besonders auf sandig-lehmigen, mäßig basenhaltigen Uferstreifen. Subatlantische bis mediterran-submediterran verbreitete Gesellschaft.

2. **Verband: Radiolion linoidis** Dierßen 1972
Zwergflachs-Gesellschaften sind Gesellschaften wechselfeuchter Standorte, die längere Zeit zur Entwicklung benötigen, z. T. sogar fakultativ ausdauernd sein können. Meist an anthropogenen Standorten, aber auch in Dünentälern oder an Ufern von Heideweihern (Deflationswannen). Akut gefährdet.

1. **Scirpo setacei-Stellarietum uliginosae** Libbert 1932
Auf kalkarmen, staunassen Böden oder auf Viehtrittstellen.

AC: *Stellaria uliginosa, Isolepis setacea* (transgr.)

Die Miniaturhorste der Borstenbinse entwickeln sich erst relativ spät im Jahr von Anfang September bis Ende Oktober. Auch auf wenig betretenen Waldwegen, besonders Holzabfuhrwegen, fakultativ ausdauernd. Subatlantisch verbreitet, im Schwarzwald bis auf 1000 m ansteigend.

2. **Centunculo-Anthocerotetum punctati** W. Koch ex Libbert 1932
Die Acker-Kleinlingsflur wächst auf lehmig-tonigen, kalkfreien und oberflächlich verdichteten Böden brachgefallener Getreidefelder. Oft auf Lößböden sowie auf verdich-

teten, ausgesüßten Schlickböden auf den Nordseeinseln (Abb. 62). Vielfach im winterlichen Überschwemmungsbereich von Flüssen.

AC: *Centunculus minimus, Anthoceros punctatus, Riccia glauca*
Begleiter: *Juncus bufonius, Hypericum humifusum*

Die Entwicklung beginnt in den Ackerfurchen im Mai/Juni, die Reifephase erfolgt erst nach dem Schnitt auf dem Stoppelacker. Meist tritt die Gesellschaft in enger Verzahnung mit Ackerunkrautgesellschaften auf (*Aphano-Matricarietum chamomillae, Spergulo-Chrysanthemetum segetum*). In Trockenjahren kann die Gesellschaft völlig ausbleiben.

Subatlantisch verbreitete Gesellschaft, besonders in Norddeutschland; weitere Verbreitungsschwerpunkte im Oberrheingebiet, im Kraichgau sowie in der Köln-Bonner Bucht. Sie streicht nach Osten hin in Mecklenburg und Brandenburg aus.

3. **Cicendietum filiformis** Allorge 1922
Die Zindelkraut-Gesellschaft bildet einjährige Zwergrasen auf offenen, vorwiegend sandig-lehmigen, nährstoffarmen Flächen an Heideweihern und auf frisch abgeplaggten Feuchtheidestandorten. Natürliche, atlantische Dauer-Initialgesellschaft.

AC: *Cicendia filiformis, Solenostoma crenulata*

In Nordwestdeutschland auf Geestflächen im Vegetationskomplex des feuchten Eichen-Birkenwaldes (*Betulo-Quercetum molinietosum*) und von Feuchtheiden (*Ericetum tetralicis*). In Süddeutschland nur wenig verbreitet, bekannt aus dem Spessart.

4. **Erythraeo-Blackstonietum** Oberd. 1957
Die Bitterlingsgesellschaft ist eine extrem seltene Assoziation mit submediterran-subatlantischer Verbreitung. Auf feuchten, kalkreichen Schluffböden; nur aus dem Oberrheingebiet bekannt, dort liegt auch die östliche Verbreitungsgrenze (Abb. 63).

AC: *Centaurium pulchellum* (= *Erythraea pulchella*), *Blackstonia acuminata*,
B. perfoliata (schwach)

Eine Population von *Blackstonia* kann unter geeigneten Bedingungen von Juni bis November blühen, wobei immer neue Pflanzen keimen (KORNECK 1960). Das *Erythraeo-Blackstonietum* ist geographisch vikariierend zum subkontinentalen *Samolo-Cyperetum flavescentis*.

Abb. 62:
Centunculus minimus auf ausgesüßtem, verdichtetem Schlickboden im ehemaligen Salzwiesenbereich der Insel Norderney, 1990 (s. im Größenvergleich die Herzmuschelschale)

Abb. 63:
Niedrige Rasen mit
auffälligem Blühaspekt
von *Blackstonia acuminata*
bei Zwanenwater (Niederländische Westküste, 1989)

5. Ranunculo-Radioletum linoidis Libbert 1931

Vielfach nur auf dezimetergroßen Flächen auf Sandböden in feuchten Heiden und Dünentälern der Nord- und Ostseeküste. Auch auf anmoorigen Standorten.

AC: *Radiola linoides*

Ersetzt das *Cicendetum* im subatlantischen Gebiet; z. B. Oberrheingebiet, oberfränkisches Teichgebiet, Schleswig-Holstein.

6. Spergulario-Illecebretum verticillati Diemont, Sissingh & Westhoff 1940

Pioniergesellschaft auf offenen Sandböden mit fluktuierenden Wasserständen, atlantische Gesellschaft; vorzugsweise in der nordwestdeutschen Geest, auch im Elb-Havelland, in Südwest-Mecklenburg und im Oberspreewald; vorwiegend im Eichen-Birkenwaldgebiet.

AC: *Illecebrum verticillatum*

Auch auf offenen, feuchten, reinen bis lehmigen, wenig befahrenen Sandwegen (Abb. 64); *Illecebrum* ist meist gesellig, doch unbeständig, auch an Ackerrändern, in ausgetrockneten Gräben, am Rande von Erdaufschüttungen bzw. Abgrabungen und nicht zuletzt an oder auf unbefestigten Wegen, wo typischerweise Bereiche mit Krumenverdichtungen besiedelt werden. Wichtig ist bei allen Standorten eine zumindest bei der Keimung hinreichende Feuchtigkeit und eine weitreichende Kalkarmut der sandig-tonigen oder auch anmoorigen Böden.

Illecebrum verticillatum besitzt eine ausgesprochen mediterran-atlantische Verbreitung, die vom Mittelmeergebiet und den Kanarischen Inseln über Westeuropa nördlich bis etwa Südwestengland reicht. Interessant sind die häufigen Aussparungen der unmittelbaren Küstenregionen, v.a. in Nordwesteuropa, offensichtlich eine Folge der dort vorherrschenden eher eutrophen Standortbedingungen. So beschränken sich z.B. die Vorkommen in den Niederlanden auf Bereiche östlich der Linie Groningen-Rotterdam; sie sparen also im wesentlichen den Marschenanteil aus (DIEMONT, SISSINGH & WESTHOFF 1940).

Nach HÜPPE (1992) lassen sich innerhalb des *Spergulario-Illecebretum* zwei Subassoziationen unterscheiden: Neben der typischen Gesellschaftsausbildung ist dies v.a. das *Spergulario-Illecebretum pepletosum* (Subassoziation von *Peplis portula*), das den deutlich feuchteren Flügel der Gesellschaft, wie er für sommertrockene Gräben, Grabenränder, Ränder von Heidetümpeln etc. charakteristisch ist, besiedelt (vgl. SISSINGH 1957, DIERSSEN 1973). Neben *Juncus articulatus, Lycopus europaeus, Ranunculus flammula* und der namengebenden Art *Peplis portula* geben insbesondere die beiden Moose *Pohlia annotina* und *Fossombronia foveolata* dieser Subassoziation ein besonderes Gepräge.

3. Verband: Nanocyperion flavescentis W. Koch 1926
Vorwiegend südeuropäisch-ozeanisch verbreitete, niedrigwüchsige Gesellschaften auf Standorten mit erhöhter Bodensalzkonzentration, z.B. auf Salzböden oder auf Flächen mit hoher Nitratkonzentration. Vergängliche Pioniergesellschaften an Schürfstellen und offenen, vegetationsfreien Bereichen.

1. Cyperetum flavescentis W. Koch ex Aichinger 1933
Die Zypergras-Gesellschaft bildet lebhaft grüne, bis 30 cm hohe Rasen auf nährstoffreichen, schlammigen bis sandig-kiesigen Böden, gern am Rand von Kiesgruben. Häufig halbruderal und in sommerwarmen Lagen verbreitet.

AC: *Cyperus fuscus, C. flavescens*

Oft in Verbindung mit Kalk-Niedermooren, dort im Kontakt mit Kleinseggengesellschaften. Höchst organisierte Gesellschaft der Klasse. Am Oberrhein und Niederrhein, sonst zerstreut; in Nordwestdeutschland sehr selten bis ausgestorben.

Isoeto-Nanojuncetea-Dominanz- und **Fragmentgesellschaften** sind:

Juncus bufonius-Gesellschaft
Auf trockenfallenden, vegetationsfrei gehaltenen Teichböden mit ephemerer Faziesbildung von *Juncus bufonius* auf kalkarmen bis kalkreichen, sandigen, lehmig-sandigen oder tonigen Substraten ohne Bodenbildung. *Gnaphalium uliginosum* oder *Juncus capitatus* bilden hier oft Pionierphasen aus.

Callitriche palustris-Gesellschaft
Initialgesellschaft trockenfallender Teichböden und eutropher Tümpelränder.

Peplis portula-Gesellschaft
In neu angelegten Fischteichen und Baggerseen über sandigem bis sandig-lehmigem Substrat mit langer Überflutungsdauer. Der Sumpfquendel kann sogar Flutformen ausbilden (Abb. 65).

Abb. 64:
Spergulario-Illecebretum verticillati mit *Illecebrum* und *Juncus capitatus* im Oldenburger Münsterland bei Vechta (1981)

Abb. 65:
Peplis portula auf trockengefallenem Schlamm
(Baggersee bei Leer/Ostfriesland, 1989)

12. Klasse: Stellarietea mediae (Br.-Bl. 1921) R. Tx., Lohmeyer & Prsg. 1950 – Ackerwildkrautfluren und ruderale Einjährigen-Gesellschaften

Die Auffassungen über die systematische Stellung kurzlebiger, meist annueller Ruderalgesellschaften und der Ackerunkrautgesellschaften haben sich in den letzten Jahrzehnten mehrfach gewandelt. Bereits BRAUN-BLANQUET(1931) vollzog die Trennung der Klasse der Ackerunkräuter von den Gesellschaften stark nitrophiler Ruderalfluren. Auch TÜXEN (1950) unterstellte der Klasse *Stellarietea mediae* nur noch die einjährigen Ruderal- und Ackerunkrautgesellschaften und unterteilte sie in die Ordnung *Chenopodietalia albi* für nitrophile Hackfrucht- und Sommerfruchtäcker, die Ordnung *Centaurietalia cyani* mit den Wintergetreide-Unkrautgesellschaften, die Ordnung *Lolio remotae-Linetalia* für Flachsäcker, und die Ordnung *Sisymbrietalia* für die einjährigen Ruderalfluren.

Die Trennung der Unkrautvegetation von Wintergetreideäckern einerseits und einjährigen Ruderalfluren, Hackfrucht-, Sommergetreide- und Leinäcker andererseits, wurde im folgenden allgemein akzeptiert und hat sich prinzipiell in sommerwarmen Gegenden ohne Fruchtwechsel der Kulturpflanzen auch bewährt (s. NEZADAL 1989, HÜPPE & HOFMEISTER 1990).

Wenn man jetzt nur die **Ackerunkrautgesellschaften** betrachtet, zeigt sich jedoch, daß eine Trennung von Hack- und Halmfruchtäckern auf höchstem taxonomischen Niveau (als Klasse **Chenopodietea** und **Secalietea**) infolge des lebhaften Fruchtwechsels der letzten Jahre und der nivellierend wirkenden Stickstoff- und Herbizidgaben auf die Ackerstandorte nicht mehr befriedigt.

Ein Exkurs auf die Entwicklung der Unkrautflora und die Strategien der Ackerunkrautarten ist deshalb an dieser Stelle angebracht und soll die neue Entwicklung verdeutlichen:

Die Geschichte der Ackerunkrautvegetation in Mitteleuropa ist eng mit der Geschichte des Kulturpflanzenanbaues verknüpft. In Verbindung mit der Viehwirtschaft vor mehr als 5000 Jahren ist der Ackerbau zunächst als primitiver Feldbau im Neolithikum entstanden. Feldunkraut-Gesellschaften sind also Pflanzenkombinationen, die vom Menschen neu geschaffen sind.

Sie beherbergen zahlreiche Arten, die unserer Flora ohne das menschliche Zutun sicherlich fehlen würden. Oft sind es pontische Steppenpflanzen, die wie die Wildformen unserer Getreidearten aus den Steppen Vorderasiens stammen, oder mediterrane Arten sowie Elemente aus den nitrophilen Spülsäumen unserer Flußufer und Meeresküsten, die sich ebenfalls nicht halten könnten, wenn ihnen der Landwirt nicht ständig neuen Lebensraum verschaffen würde. Der Mohn (*Papaver*), die Kornblume (*Centaurea*) und auch der Rittersporn

(*Consolida*) haben z.B. ihr Sippenzentrum im vorderasiatischen Raum, woher auch die Kulturgräser stammen (vgl. WILLERDING 1965, 1973, 1983, 1986; KÜSTER 1985, ELLENBERG 1989). Entsprechend der Uneinheitlichkeit der Kulturpflanzen ist auch die Ackerunkrautvegetation ein buntes Gemisch von indigenen mitteleuropäischen Geoelementen (z.B. *Stellaria media, Galium aparine, Agropyron repens, Lapsana communis*), von Archäophyten wie *Apera spicaventi, Agrostemma githago, Consolida regalis, Aphanes arvensis* und *Raphanus raphanistrum* sowie von Neophyten (z.B. *Erigeron canadensis, Oxalis stricta, Galinsoga ciliata* und *G. parviflora*), deren Zuwanderung heute noch nicht abgeschlossen ist.

Die speziellen Anpassungen der Ackerunkräuter als Therophyten und ihre vielfach geophytische Lebensweise (Wurzel-, Rhizom- und Zwiebelgeophyten) sind wichtige strategische Voraussetzungen für das Vorkommen auf den einseitig genutzten Äckern. Dazu kommen weitere Eigenschaften, wie sie z.B. bei HOFMEISTER & GRAVE (1986), HÜPPE (1987a), WILMANNS (1989b, 1990) und HANF (1990) in ausgezeichneter Form dargestellt sind:

- Produktion großer Samenmengen (z.B. *Sinapis arvensis* bis zu 25.000 Samen pro Pflanze, *Capsella bursa-pastoris* bis zu 60.000 Samen). Einjährige Arten können sich rasch entwickeln und vermehren. 3– 4 Generationen pro Jahr sind zu verschiedenen Zeiten möglich (z.B. *Stellaria media, Veronica persica, Lamium purpureum*).

- Die Entwicklungszyklen der Ackerwildkräuter lassen sich zwei Typen zuordnen: die sommereinjährigen Wärmekeimer entwickeln sich v.a. im Sommer, die Pflanzen blühen und fruchten noch im gleichen Jahr und sterben dann ab. Ihre Samen überwintern im Boden. Hierher gehören viele Weinbergsunkräuter sowie *Amaranthus div. spec., Sinapis arvensis, Solanum nigrum* sowie die *Setaria*-Arten und *Echinochloa crus-galli*. Die überwinternden Einjährigen (Wintereinjährige) keimen zu verschiedenen Zeiten, benötigen eine Kälteperiode oder überwintern als Jungpflänzchen. Hierher gehören z.B. *Papaver*-Arten, *Centaurea cyanus, Valerianella*-Arten und auch zahlreiche Unkrautgräser.

- Eine leichte Verbreitung durch Anemochorie (z.B. *Cirsium arvense, Taraxacum officinale*), durch Zoochorie (*Galium aparine*-Haftfrüchte), durch Myrmecochorie (Ameisenverbreitung) wegen nährstoff- und ölhaltiger Elaiosomen (*Viola arvensis*), durch Endozoochorie, durch Autochorie (Streufrüchte bei *Papaver*-Arten, Schleuderfrüchte bei *Erodium* und *Geranium*) ist ein Vorteil der Ackerunkräuter.

- Heterocarpie (d.h. die Bildung verschiedenartiger Früchte an ein- und demselben Pflanzenindividuum) erweist sich ebenfalls als vorteilhaft hinsichtlich schneller Reaktionen auf unterschiedliche Außenfaktoren, z.B. bei vielen Korbblütlern (*Galinsoga, Sonchus, Matricaria*).

- Zwiebelgeophyten, die heute vereinzelt noch in den Rebkulturen zu finden sind (*Muscari racemosum, Allium vineale, Ornithogalum umbellatum, Gagea villosa, Tulipa sylvestris*), nutzen ihre Zwiebeln als Nährstoff- und Wasserspeicher, sie können sich mit Zugwurzeln in tiefere Bodenschichten verlagern, vermögen teilweise sogar im Winter Tochterzwiebeln zu bilden und vermehren sich auf vegetativem Wege, bevor systematische Herbizideinsätze oder Bodenbearbeitungsmaßnahmen beginnen (WILMANNS 1989b, 1990). Das erklärt die noch heute stellenweise großflächig ausgebildeten *Muscari-, Ornithogalum-* oder *Allium*-Vorkommen in den modernen Weinbergen.

- Neben den Zwiebelgeophyten widerstehen viele Arten den ackerbaulichen Eingriffen durch andere unterirdische Speicherorgane. Als Wurzelgeophyten sind *Cirsium arvense* und *Convolvulus arvensis* anzusprechen. Sie können an ihren Wurzeln Knospen

Abb. 66:
Rebgassen mit *Lolio-Potentillion*-Kriechrasen, die durch ständiges Mulchen auf verdichteten Böden entstanden sind (1991)

ausbilden, die zu vollständigen Pflanzen heranwachsen. Bei Rhizomgeophyten wachsen neue oberirdische Triebe aus Sproßausläufern, dazu gehören beispielsweise *Agropyron repens* und *Equisetum arvense*.

– Eine letzte Gruppe schließlich umfaßt hemikryptophytische Arten, die andernorts für lückige Rasengesellschaften typisch sind, wie *Ranunculus repens, Agrostis stolonifera* und *Poa trivialis*. Diese Arten zeigen vielfach oberflächlich verdichtete oder staufeuchte Böden an oder bauen zusammen mit Löwenzahn durch Mulchen entstandene Kriechrasen-Gesellschaften des *Lolio-Potentillion* in Rebgassen auf (s. Abb. 66 und WILMANNS 1989b).

Vegetationsgeschichtliche Untersuchungen unterrichten nicht nur über den Einwanderungsweg und die Herkunft der Ackerunkräuter, sondern auch über deren Einwanderungszeiten (vgl. KNÖRZER 1968, 1984; WILLERDING 1986, HÜPPE 1987a). Die Entwicklung der Landwirtschaft und des Ackerbaus vollzog sich in Mitteleuropa in mehreren verschiedenen Phasen mit unterschiedlicher Wirtschaftsform und daraus resultierenden verschiedenartigen Standortfaktoren für die Unkrautvegetation, die sich in ihrer Entwicklungsgeschichte dementsprechend stark verändert hat. Diese Phasen sind eingehend bei HÜPPE (1987b) sowie POTT (1988) dargestellt und erläutert.

Eine bedeutende Wandlung der Landwirtschaft und der Unkrautvegetation brachte das 18. Jahrhundert. Unter dem Einfluß des neuzeitlichen Mercantilismus gewannen die Handelspflanzen große Bedeutung. Der Anbau der neu eingeführten Kartoffel, von Futter- und Zuckerrüben, Kohlarten und anderen Hackfrüchten hatte nur Platz in ehemaligen Brachzelgen. Mit dem Fortfall der Brache verschwand auch die typische Flurautteilung der mittelalterlichen und frühneuzeitlichen Dreifelderwirtschaft. Die Aufgabe war nötig geworden durch den Bedeutungszuwachs der oben genannten neuzeitlichen Kulturpflanzen, aber auch der Ölfrüchte, des Anbaus von Tabak, von Flachs, Hanf und von Färbepflanzen.

Den Ausschlag für den Übergang zu neuen Fruchtfolgen gaben die mineralischen Düngemittel (seit etwa 1850), die den Ackerbau von der Brache unabhängig machten. Mit dieser Entwicklungsphase wandelte sich vollständig der Charakter der Ackerunkrautgesellschaften. Der Wegfall der Brache bewirkte endgültig eine Trennung in Grünland- und Ackerunkrautvegetation, die zur Zeit der Dreifelderwirtschaft eingeleitet worden war (BACHTHALER &

DANCAU 1970). Die Mehrzahl der mehrjährigen Arten verträgt das regelmäßige Pflügen und das zahlreiche Hacken nicht, daher setzt sich die Ackerunkrautvegetation nun aus vielen Annuellen-Gesellschaften zusammen. Erst seitdem das Ackerland Jahr für Jahr mit Feldfrüchten bestellt wird, bildeten sich unsere heutigen Getreide- und Hackfrucht-Gesellschaften aus, die je nach Bearbeitungsmodus sehr stark differenziert sind.

So beschreibt noch BÖCKENHOFF-GREWING (1929) für die Unkrautfluren von Roggenfeldern des Hümmling reichliche Vorkommen von *Holcus mollis, Anthoxanthum puelii, Arnoseris minima, Centaurea cyanus* und sogar *Lilium bulbiferum* sowie *Ornithogalum umbellatum*. Der Rückgang der Zwiebelgeophyten auf Äckern gegen Ende des 19. Jahrhunderts legt ein beredtes Zeugnis vom Rückgang einer Artengruppe ab, die an extensive Bewirtschaftung geknüpft war und nun der intensiveren Bodenbarbeitung zum Opfer fiel. Auch die Aufgabe von Sonderkulturen, z.B. des Leinanbaus zur Flachsgewinnung (Abb. 67), führte zum Aussterben so spezifischer Unkräuter wie Flachsseide (*Cuscuta epilinum*), Gezähnter Leindotter (*Camelina alyssum*), Kornrade (*Agrostemma githago var. linicolum*), Flachsleinkraut (*Silene linicola*) und Leinlolch (*Lolium remotum*).

Das gleiche dürfte für die ehemaligen Buchweizenkulturen mit *Fagopyrum esculentum* gelten (Abb. 68), die nachweislich seit 1380 in Deutschland aufgebaut worden sind und sicherlich eine eigenständige Unkrautvegetation getragen haben dürften. Seit der mittelalterlichen Moorbrandkultur baute man auf den oberflächlich entwässerten und gebrannten Moorböden Nordwestdeutschlands als Hauptfruchtart den Buchweizen an, in gelegentlicher Fruchtfolge auch den schwarzfrüchtigen Moorhafer (*Avena strigosa*), Roggen, Kartoffeln und Ackerspark (*Spergula arvensis*) als Grünfutter. Nach etwa 7 – 10 Jahren Nutzungstätigkeit waren die Moorboden-Reserven meistens erschöpft und es mußte eine 30jährige Brache eingeschaltet werden.

Die Buchweizenfelder der kultivierten Hochmoorbereiche in Nordwestdeutschland, deren Anlage nach Aufgabe der Moorbrandkultur erst im Jahre 1923 endgültig zuende ging, haben sicherlich anders und den Hackfrüchten mehr ähnlich ausgesehen als die Buchweizenäcker der montanen Reutfelder (z.B. Hauberge und Schiffelberge im nordwestdeutschen Bergland; s. POTT 1985a). Deren typische, teilweise stickstoffautotrophe *Sarothamnus scoparius-, Epilobium angustifolium-* und *Rumex acetosella*-reiche Unkrautfluren hat POTT (1986) ausführlich beschrieben.

Unterschiedliche Anbauzeitpunkte von Hackfrüchten (Kartoffel, Rüben), Weinkulturen, Gemüse- und Gartenbauten sowie von Getreideansaaten hatten verschieden lange Vegetationszeiten zur Folge und führten mit den spezifischen, verschiedenartigen Standortfaktoren

Abb. 67:
Flachsfeld mit
Linum usitatissimum
südlich von Gifhorn (1989)

Abb. 68:
Buchweizenacker mit
Fagopyrum esculentum bei
Westrhauderfehn (1983)

(mehrmaliges Hacken auf der einen und Pflügen bzw. Eggen auf der anderen Seite) zur Aufgliederung der genannten Winterfrucht (*Secalietea*)- und Sommerfruchtgesellschaften (*Chenopodietea*).

Erst in den letzten 25 Jahren ist wiederum ein auffälliger und tiefgreifender Wandel unserer Ackerunkrautgesellschaften zu verzeichnen. Der Grund liegt dafür v.a. in Veränderungen der landwirtschaftlichen Produktionstechnik gegenüber früheren Arbeitsverfahren. Voll technisierte Großflächenbewirtschaftung, Flurbereinigung, Meliorationsmaßnahmen sowie stetig ansteigende Mineraldüngerzufuhren (insbesondere Stickstoff) und chemische Unkrautbekämpfung mit verbesserter Saatgutreinigung kennzeichnen die aktuelle Situation des Ackerbaus (Zusammenstellung und Diskussion der neuen Literatur bei WALDIS 1987, HILBIG 1987 und HÜPPE 1987a).

Nachfolgend werden die wichtigsten Gründe für die Veränderungen in der Pflanzenwelt der Äcker kurz dargelegt:

– **Nivellierung der Standorte:** Durch Rationalisierungs- und Intensivierungsmaßnahmen in der Landwirtschaft wurde die ehemalige Standortvielfalt der Agrarlandschaften stark vereinheitlicht: ehemals feuchte Flächen wurden trockengelegt, Feldrandstrukturen wie Hecken und Raine beseitigt sowie kleine überschaubare Felder in großflächigen Einheiten zusammengefaßt.

– **Herbizideinsatz:** Durch die Ausbringung von mehreren tausend Tonnen Herbiziden jährlich in Deutschland sind viele Pflanzenarten selten geworden oder ganz verschwunden. Davon sind v.a. Arten mit spezialisierten Standortansprüchen betroffen wie z.B. Kalkzeiger (*Scandix pecten-veneris, Adonis aestivalis*) und Säurezeiger (*Arnoseris minima*), aber auch weniger spezialisierte Formen wie Kornblume und Mohnarten (*Papaver ssp.*). Herbizide drängen aber nicht nur die Pflanzen zurück, sondern fördern gleichzeitig die Ausbreitung widerstandsfähiger Arten. So ist z.B. in Maisanbaugebieten eine Zunahme von *Echinochloa crus-galli* und Fingerhirse-Arten (z.B. *Digitaria ischaemum*) zu beobachten, da diese gegenüber den beim Mais verwendbaren Herbiziden sehr unempfindlich sind. Dieses Phänomen der „Vergrasung" von Äckern ist ausführlich bei HÜPPE (1987a und 1987b) geschildert.

- **Düngung:** Durch starke Dünger-, v.a. Stickstoffgaben, werden die Konkurrenzverhältnisse innerhalb der Pflanzengesellschaften stark verändert: Zeiger für magere Böden nehmen ab (z.B. *Erophila verna, Teesdalia nudicaulis, Spergula arvensis, Rumex acetosella*), stickstoffliebende Arten nehmen zu (z.B. *Stellaria media, Tripleurospermum inodorum*).

- **Eingeengter Fruchtwechsel:** Wird z.B. über einen längeren Zeitraum Getreide angebaut, so haben Wildgräser wie *Apera spica-venti* und *Avena fatua* einen Vorteil davon. Dazu kommt ihre positive Selektion nach Herbizid-Einsatz gegen dikotyle Unkräuter.

- **Verbesserte Saatgutreinigung:** Großsamige Ackerwildpflanzen sind durch die verbesserte Saatgutreinigung weitgehend aus der Agrarlandschaft verschwunden, so z.B. *Agrostemma githago*. Von der überaus seltenen und vom Aussterben bedrohten Kornrade (Abb. 69) weiß man, daß die Varietät *Agrostemma linicolum* mit ihren kleinen, mehr oder

Abb. 69:
Getreidefeld mit
*Agrostemma githago,
Centaurea cyanus* und
Apera spica-venti als
typische Unkraut-
vegetation (Gimbte bei
Münster, 1988)

weniger glatten Samen an die Leinkultur angepaßt war, wohingegen die großsamige Varietät *A. macrospermum* v.a. im Wintergetreide wuchs. Diese Art ist somit ein Paradebeispiel für eine reiche intraspezifische Gliederung auf dem Wege der koevolutiven Ackerunkrautentwicklung.

- **Aufgabe von Kulturpflanzen:** Dadurch, daß manche Kulturpflanzenarten bei uns nicht mehr oder kaum noch angebaut werden, sind Arten verschwunden, die eng an solche Kulturen gebunden sind, wie das Beispiel der Leinfelder gezeigt hat.

Infolge moderner Produktionstechniken verlieren also die Ackerbiotope ihre früher vorhandene ökologische und damit auch botanische Vielfalt. Die Nivellierung der Böden durch intensive Kunstdüngung bewirkt eine Uniformierung der Standortbedingungen und damit auch eine Uniformierung von Artenverbindungen. Es ist demnach festzustellen, daß durch die neuerlichen Wirtschaftsweisen im Bereich der Ackerunkrautvegetation ein Prozeß in Gang gesetzt ist, der die Vielzahl der Unkrautgemeinschaften verringert und zu der Verarmung und Entdifferenzierung führt, die auch sonst überall in der Natur zu beobachten ist. So können die nahezu völlig verschwundenen Leinunkrautgesellschaften der Ordnung *Lolio remotae-Linetalia* mit einer Rest-Gesellschaft (**Lolio remotae-Linetum**) als Rumpfbestände der Klasse *Stellarietea* bestehen bleiben.

Diesen Phänomenen Rechnung tragend, haben HÜPPE & HOFMEISTER (1990) auf der Grundlage von mehr als 10.000 Vegetationsaufnahmen aus allen Teilen Deutschlands mit Hilfe eines synsystematischen Vergleichs die Ackerunkrautgesellschaften neu bearbeitet und erneut in einer Klasse *Stellarietea mediae* zusammengefaßt. Dabei wird den modernen Bewirtschaftungsmethoden des Fruchtwechselverfahrens (Rotation) Rechnung getragen. Die Ackerunkrautgesellschaften finden sich jetzt in dieser Klasse syntaxonomisch-ökologisch geordnet nach Winter- und Sommerfruchtgesellschaften auf basenarmen Böden (**Sperguletalia arvensis**) sowie den Winter- und Sommerfruchtgesellschaften auf basenreichen Böden (**Papaveretalia rhoeadis**). Durch die modernen Bewirtschaftungsmethoden der Felder wird zusätzlich eine Verwischung der Klassengrenzen bewirkt; die aufgeworfenen Probleme der oftmals innigen Artendurchdringung der Wintergetreide-Unkrautgesellschaften mit denjenigen der Hackkulturen und Sommerfruchtäcker erschweren exakte Zuordnungen zu höheren Einheiten und verstellen oftmals den Blick auf eine klare synsystematische Fassung und die Beziehungen der Ackerunkrautgesellschaften zu den einjährigen Ruderalgesellschaften (s. ausführliche Diskussion und Begründung bei HÜPPE & HOFMEISTER 1990). Im Stetigkeitsvergleich ergibt sich eine Reihe von Klassenkennarten:

KC: *Stellaria media, Chenopodium album, Capsella bursa-pastoris, Sonchus oleraceus, Atriplex patula, Senecio vulgaris, Tripleurospermum inodorum, Geranium pusillum, Erysimum cheiranthoides, Solanum nigrum* und *Amaranthus retroflexus*

Eine zweite Artengruppe erreicht nur in Halm- und Hackfruchtbeständen annähernd gleich hohe Stetigkeiten und fehlt in der Regel im Bereich der annuellen Ruderalgesellschaften. Diese Arten grenzen die Ackerstandorte gegen die Ruderalstandorte ab und sind Charakterarten einer

1. Unterklasse: Violenea arvensis Hüppe & Hofmeister 1990

UKC: *Viola arvensis, Fallopia convolvulus, Myosotis arvensis, Veronica arvensis, Anagallis arvensis, Polygonum persicaria, Sonchus arvensis, Lamium purpureum, Sonchus asper* sowie *Lamium amplexicaule*

Die Neufassung in der vorliegenden Form nach HÜPPE & HOFMEISTER (1990) für die verbleibenden Ackerunkrautgesellschaften macht konsequenterweise auch eine eigene Unterklasse für die einjährigen Ruderalpflanzen erforderlich, die als **Sisymbrienea** subclass. nov.

bezeichnet werden muß. Für die Untergliederung der Unterklasse **Violenea arvensis** der Äcker kommen zwei Ordnungen in Betracht:

1. Ordnung: Sperguletalia arvensis Hüppe & Hofmeister 1990
Die Ordnung beinhaltet Winter- und Sommerfruchtkulturen auf basenarmen Böden, die Gesellschaften kennzeichnen die „Kornblumenäcker" (Abb. 69).

OC: *Spergula arvensis, Scleranthus annuus, Raphanus raphanistrum, Anthemis arvensis*. Differentialarten sind *Rumex acetosella* und *Arabidopsis thaliana*

In diese Ordnung gehen drei Verbände ein; die Windhalm-Gesellschaften des **Aperion spicae-venti**, die Fingerhirse-Gesellschaften des **Digitario-Setarion** sowie die Knöterich-Gänsefuß-Gesellschaften des **Polygono-Chenopodion polyspermi**.

1. Verband: Aperion spicae-venti R. Tx. in Oberd. 1949
Dieser Verband umfaßt Unkrautgesellschaften der Winter-Halmfrüchte in atlantischen und subatlantischen Regionen.

VC: *Apera spica-venti, Centaurea cyanus, Vicia hirsuta, V. angustifolia*

Der *Aperion*-Verband wird dem Vorschlag von OBERDORFER (1983) sowie HÜPPE & HOFMEISTER (1990) folgend in die Unterverbände **Arnoseridenion minimae** und **Aphanenion arvensis** aufgespalten.

1. Unterverband: Arnoseridenion minimae (Mal.-Bel., J. & R. Tx. 1960) Oberd. 1983
Hier sind Lämmersalat-Gesellschaften auf nährstoffarmen, sauren Sandböden mit geringer Sorptionsfähigkeit zusammengefaßt. Der Unterverband ist in Deutschland nur durch das *Teesdalio-Arnoseridetum* repräsentiert, so daß in diesem Fall gleiche Kenn- bzw. Trennarten wie in der Assoziation auftreten.

1. Teesdalio-Arnoseridetum minimae (Malcuit 1929) R. Tx. 1937
Ausgesprochene Tieflagen-Gesellschaft im subatlantischen Klimabereich der nordwestdeutschen Tiefebene. V.a. im Wintergetreide mit zahlreichen Magerkeitszeigern.

AC: *Arnoseris minima, Anthoxanthum puelii, Aphanes microcarpa*

Die Gesellschaft ist häufig nur noch in floristisch verarmter Form anzutreffen; z.B. mit Massenbeständen von *Anthoxanthum puelii* nach leichtem Herbizideinsatz. In früheren Jahren war sie als typische Begleitgesellschaft der Roggenäcker im *Quercion*-Wuchsgebiet der Geest weit verbreitet (Abb. 70). Die Vorkommen in Süddeutschland beschränken sich auf das Oberrheingebiet und den Pfälzer Wald; die Gesellschaft kommt bis nach Bayern hin vor, ist dort aber floristisch stark verarmt (s. NEZADAL 1975, WALENTOWSKI et al. 1991).

2. Unterverband: Aphanenion arvensis (J. & R. Tx. in Mal.-Bel., J. & R. Tx. 1960) Oberd. 1983
Die Ackerfrauenmantel-Gesellschaften dieses Unterverbandes bevorzugen Lehmäcker und Sandböden mit höherer Basenversorgung. Sie zeigen ihre kennartenreichste Entfaltung in den Tieflagen Norddeutschlands. Die Gesellschaften steigen aber im Gebirge durchaus bis an die Grenze des Ackerbaus, verarmen dort aber in floristischer Sicht. Als mehr oder weniger stete Kennarten treten auf:

UVC: *Aphanes arvensis, Veronica hederifolia, Vicia tetrasperma*

Dem *Aphanenion*-Unterverband können drei Assoziationen zugeordnet werden.

1. Papaveretum argemones (Libbert 1932) Krusem. & Vlieger 1939
Die Sandmohngesellschaft gedeiht auf etwas mageren, lehmigen Sandböden, meist im

Abb. 70:
Teesdalio-Arnoseridetum minimae mit
Arnoseris minima und *Anthoxanthum puelii* in einem Roggenfeld der Geest (Hümmling, Emsland 1990)

Wintergetreide. Sie zerfällt in zahlreiche geographische Rassen.

AC: *Papaver argemone, P. dubium, Veronica triphyllos, Vicia villosa*

In Norddeutschland im Wuchsgebiet des Buchen-Eichenwaldes (*Fago-Quercetum*) mit Hauptverbreitung auf der Niedersächsischen Geest, in Westfalen, in Mecklenburg-Vorpommern und in Brandenburg. Auch im Oberrheingebiet sowie verbreitet in Bayern (OTTE 1984).

2. **Aphano-Matricarietum chamomillae** R. Tx. 1937 em. Passarge 1957
Die Ackerfrauenmantel-Kamillen-Gesellschaft ist die häufigste Ackerwildkraut-Gesellschaft auf sandigen Lehmen in Tieflagen der subatlantischen Region. Sie reicht bis in die mittleren Gebirgslagen (Odenwald, Spessart, Fränkische Alb), fehlt aber im Alpenvorland.

AC: *Matricaria chamomilla*

Auf feuchten und verdichteten Standorten kann sich die Gesellschaft üppig entwickeln (Abb. 71). Unter kontinentalem Klimaeinfluß wird das *Matricarietum* durch das *Papaveretum argemones*, in montaner Lage durch das *Holco-Galeopsietum*, auf extrem nährstoffarmen Sandböden durch das *Teesdalio-Arnoseridetum* und in Kalkgebieten sowie auf tonigen Böden mit hohen Basengehalten durch Gesellschaften des *Caucalidion*-Verbandes abgelöst (HÜPPE & HOFMEISTER 1990).

3. **Holco-Galeopsietum** Hilbig 1967
Die Berg-Ackerfrauenmantel-Gesellschaft ist typisch für Halm- und Hackfruchtäcker in

Abb. 71:
Aphano-Matricarietum chamomillae mit hohen Anteilen an *Matricaria chamomilla, M. inodora* und *Apera spica-venti* in einem Hederichacker mit *Raphanus raphanistrum* bei Dannenberg/Wendland (1988)

den Mittelgebirgen zwischen 400 und 900 m in montanen Lagen. Sie besitzt keine eigenen Charakterarten, ist aber durch eine Reihe von Differentialarten abgehoben.

D: *Galeopsis tetrahit, Holcus mollis, Lapsana communis, Galeopsis pubescens* u.a.

Auf sauren bis stark sauren, sandig-grusigen aber auch lehmigen Böden. Die Assoziation hat in ganz Deutschland eine recht einheitliche Struktur.

2. Verband: Digitario-Setarion Sissingh 1946 em. Hüppe & Hofmeister 1990
Die Fingerhirsen-Borstenhirsen-Gesellschaften gedeihen auf sommerwarmen, trockenen und basenarmen Sand- oder Sandlehmböden.

VC: *Erodium cicutarium, Galinsoga parviflora, G. ciliata, Setaria viridis, S. glauca, Digitaria ischaemum, Echinochloa crus-galli, Stachys arvensis, Anchusa arvensis, Chrysanthemum segetum*

Es sind vorzugsweise in Tieflagen verbreitete Pflanzengesellschaften.

1. Setario-Galinsogetum parviflorae R. Tx. 1950 em. Th. Müller & Oberd. in Oberd. 1983
   Wärmeliebende Unkrautgesellschaft auf Hackfruchtäckern. Submediterran bis subkontinental verbreitet.

   AC: *Galinsoga parviflora, (Setaria viridis)*

Hackfrucht-Gesellschaft der wärmeren Tieflagen im Tabak-, Spargel- und Gemüseanbau.

2. Digitarietum ischaemi R. Tx. & Prsg. (1942) 1950 in R. Tx. 1950
   Bei der Fingerhirse-Gesellschaft handelt es sich um eine ausgesprochene Tieflagen-

assoziation mit Schwerpunkt in subatlantischen Regionen Norddeutschlands. Sie besiedelt Sommerfruchtkulturen auf trockenen, kolloidarmen Sandböden.

AC: *Digitaria ischaemum*

Im Norden Deutschlands häufig; im Tertiärhügelland Bayerns eher selten.

3. **Spergulo-Echinochloetum cruris-galli** (Krusem. & Vlieger 1939) R. Tx. 1950
Die Hühnerhirse-Gesellschaft bildet eventuell auch nur eine subatlantische Vikariante des *Setario-Galinsogetum parviflorae*. Auf trockenen, anlehmigen Sandböden, v. a. im Mais vorkommend. Häufig auf der nordwestdeutschen Geest auf Plaggenböden unter subatlantischen Klimabedingungen.

AC: *Echinochloa crus-galli* (schwach)

Infolge der Herbizidbehandlung nimmt diese Gesellschaft zu (besonders in Maisfeldern). In Süddeutschland kommt die Gesellschaft nur westlich des Rheins vor.

4. **Spergulo-Chrysanthemetum segetum** (Br.-Bl. & De Leeuw 1936) R. Tx. 1937
Die Saatwucherblumen-Gesellschaft findet sich in Hackfrucht- und Sommergetreidefeldern (Abb. 72).

AC: *Chrysanthemum segetum*

Atlantisch-subatlantische Gesellschaft auf anlehmigem Sand, oft im Mais. Häufig in der Alt- und Jungmoränenlandschaft Norddeutschlands, besonders in planar-collinen Lagen.

5. **Lycopsietum arvensis** Raabe ex Passarge 1964 em. Th. Müller & Oberd. in Oberd. 1983
Ackerkrummhals-Gesellschaft. Assoziation mit eurasiatisch-kontinentalem Charakter.

AC: *Anchusa arvensis* (= *Lycopsis arvensis*)

Abb. 72: Saatwucherblumengesellschaft mit *Chrysanthemum segetum* in einem Maisacker bei Verden/Aller(1989)

Abb. 73:
Chenopodium polyspermum, der Vielsamige Gänsefuß, ist ein häufiges Hackfruchtunkraut in Kartoffelfeldern und Gemüsekulturen. Es war eine prähistorische Nutz- und Sammelpflanze (Osnabrück, 1987)

Im Vorland der Schwäbischen Alb, in Bayern, Thüringen und Sachsen; im Norden seltener; allgemein östlich verbreitet.

6. Setario-Stachyetum arvensis Oberd. 1957
Die Ackerziest-Gesellschaft hat ähnliche Ansprüche wie das *Spergulo-Chrysanthemetum segetum* und *Lycopsietum arvensis*.

AC: *Stachys arvensis*

Ersetzt vorige in warmen Lagen Südwestdeutschlands.

Bei den drei letztgenannten Gesellschaften handelt es sich um eine Gruppe von Assoziationen, die durch eine arealgeographische Dreiteilung auffällt. Standorte aller drei Gesellschaften sind saure bis mäßig saure Sand- und Lehmböden, wobei das *Chrysanthemetum* atlantisch-subatlantisch, das *Stachyetum* demgegenüber subatlantisch-submediterran und das *Lycopsietum* subatlantisch-subkontinental verbreitet ist. Diese unterschiedlichen Verbreitungsschwerpunkte berechtigen die drei eigenständigen Assoziationen. Es wird aber auch diskutiert, alle drei zu einer einzigen Assoziation mit unterschiedlichen geographischen Rassen zusammenzufassen (vgl. OBERDORFER 1983, HOFMEISTER & GARVE 1986, HÜPPE 1986, 1987a; HÜPPE & HOFMEISTER 1990).

3. Verband: Polygono-Chenopodion polyspermi W. Koch 1926 em.
Hüppe & Hofmeister 1990
Hier sind Gesellschaften von Sommerfruchtäckern mit kalkarmen, frischen Lehmböden zusammengefaßt.

VC: *Oxalis fontana*, *Chenopodium polyspermum* (Abb. 73), *Cerastium glomeratum* und *Galeopsis speciosa*

Die Verbandscharakteraten können gleichzeitig auch Kennarten definierter Assoziationen darstellen (s. dort).

1. **Galeopsietum speciosae** Krusem. & Vlieger 1939 em. Passarge 1959
Die Gesellschaft des Bunten Hohlzahns wächst in Sommergetreide- und Hackfruchtkulturen auf frischen bis feuchten Standorten und ist regional auf den norddeutschen Raum (Elberaum und Schleswig-Holstein) beschränkt.

AC: *Galeopsis speciosa*

Sie ersetzt hier das im übrigen Deutschland weit verbreitete *Chenopodio-Oxalidetum fontanae*.

2. **Chenopodio-Oxalidetum fontanae** Sissingh 1950 nom. inv. Th. Müller & Oberd. in Oberd. 1983
Die Vielsamengänsefuß-Sauerklee-Gesellschaft bevorzugt kalkarme Hackfruchtäcker mit Schwerpunkt auf frischen Böden und ist auch in Gärten und Gemüsekulturen verbreitet.

AC: *Oxalis fontana, Chenopodium polyspermum*

Oft auf Auenböden, die zur Staunässe neigen und überschwemmt werden. Viele nässeliebende Differentialarten.

2. **Ordnung: Papaveretalia rhoeadis** Hüppe & Hofmeister 1990
Klatschmohn-Gesellschaften sind auf Kalkverwitterungsböden sowie auf basenreichen Lehm- und Tonböden verbreitet. Sie werden schon seit langem als „Mohnäcker" bezeichnet und den „Kornblumenäckern" auf sauren Böden gegenübergestellt (vgl. Abb. 69 und Abb. 74). Als Kennarten kommen in Frage:

OC: *Papaver rhoeas, Sinapis arvensis, Veronica persica, Thlaspi arvense, Aethusa cynapium, Geranium dissectum, Alopecurus myosuroides, Avena fatua* und *Fumaria vaillantii*

Die Ordnung umfaßt zwei Verbände, den **Fumario-Euphorbion** und den **Caucalidion platycarpi**-Verband.

1. **Verband: Fumario-Euphorbion** Th. Müller in Görs 1966
Zu diesem Verband gehören Erdrauch-Wolfsmilch-Gesellschaften auf nährstoff- und basenreichen Lehm- und Tonböden.

Abb. 74:
Mohnacker mit *Papaver rhoeas* auf der Egge bei Paderborn (1984). Der Unterschied zwischen dem ungespritzten Feld und den angrenzenden, mit Herbiziden behandelten Feldern ist sehr auffällig

VC: *Euphorbia helioscopia, E. peplus, Fumaria officinalis, Veronica agrestis, V. polita, Mercurialis annua, Allium vineale, Muscari racemosum, Ornithogalum umbellatum, Geranium rotundifolium*

Die Gesellschaften stehen in engem Kontakt zu den reinen Kalkäckern des *Caucalidion* und den reichen Gesellschaftsausprägungen des *Aphano-Matricarietum*, mit denen auch floristische Verwandtschaft bestehen kann.

1. **Soncho-Veronicetum agrestis** Br.-Bl. 1948 em. Th. Müller & Oberd. in Oberd. 1983
   Die Ackerehrenpreis-Gesellschaft bevorzugt basenarmes Substrat und ist auf stärker subatlantisch getönte Klimabereiche Nordwestdeutschlands sowie montanhumide Klimalagen der Mittelgebirge beschränkt.

   AC: *Veronica agrestis*

   Die Gesellschaft ist besonders gut in Gärten und Gemüsekulturen entwickelt.

2. **Thlaspio-Fumarietum officinalis** Görs in Oberd. et al. 1967 ex Passarge & Jurko 1975
   Die Hellerkraut-Erdrauch-Gesellschaft ist die vorherrschende Hackfruchtunkrautgesellschaft in Deutschland.

   AC: *Fumaria officinalis* (schwach)

   Sie ist im wesentlichen schwach und negativ gekennzeichnet, da *Fumaria officinalis* als diagnostisch wichtige Kennart auch in anderen Gesellschaften des Verbandes vorkommt. Sie stellt somit eine Zentral- oder Verbandsassoziation dar (Hüppe & Hofmeister 1990).

3. **Thlaspio-Veronicetum politae** Görs 1966
   Die Hellerkraut-Glanzehrenpreis-Gesellschaft besiedelt kalkreiche, oft flachgründige Böden im Muschelkalk und im Jura Südwestdeutschlands und Thüringens bis nach Niedersachsen und Westfalen. Diese Zentralgesellschaft gliedert sich in verschiedene Höhenvarianten mit planaren, collinsubmontanen und montanen Formen (mit *Amaranthus reflexus, A. lividus, Setaria viridis* etc. als wärmebedürftige Differentialarten).

   AC: *Veronica polita, Fumaria vaillantii*

   Da *Veronica polita* auch in den Halmfruchtbeständen vorkommt, vereinigen manche Autoren die Halm- und Hackfruchtbestände mit solchen Artenkombinationen zu Gesellschaften mit der Benennung **Euphorbio-Melandrietum noctiflorae** bzw. **Lathyro-Silenetum** (G. Müller 1964, Nezadal 1975).

4. **Mercurialetum annuae** Krusem. & Vlieger 1939 em. Th. Müller in Oberd. 1983
   Die Bingelkraut-Gesellschaft ist leicht kenntlich in Gärten, Weinbergen und Gemüsekulturen der warmen und wintermilden Tieflagen (Abb. 75). Vom Oberrhein den Rhein entlang bis in die Niederlande.

   AC: *Mercurialis annua*

   Auch in warmen Tallandschaften (Bodenseegebiet, Neckar-Tauber-Maingebiet, Donautal), in Bördengebieten sowie im günstigen Innenklima von Großstädten (Rhein-Ruhrgebiet, auch noch in Hannover).

5. **Geranio-Allietum vinealis** R. Tx. 1950
   Die Weinbergslauch-Gesellschaft ist eine ausgesprochen wärmebedürftige Unkrautgesellschaft der Weinbaugebiete. Sie ist aufgebaut aus Therophyten und Geophyten.

   AC: *Geranium rotundifolium, Calendula arvensis, Valerianella carinata, Allium vineale*
   Begleiter: *Tulipa sylvestris. Ornithogalum umbellatum, Muscari-Arten, Gagea villosa*

Abb. 75:
Mercurialis annua als Charakterart des wärmeliebenden *Mercurialetum annuae* in Rebfluren, in Gemüsefeldern und in Gärten (Achkarren, Kaiserstuhl, 1989)

Durch Änderung der Bewirtschaftung (Großmaschineneinsatz, Tiefpflügen, Herbizidanwendung) heute meist nur noch fragmentarisch ausgebildet (vgl. u.a. WILMANNS 1975, ULLMANN 1977, FISCHER 1983).

2. Verband: Caucalidion platycarpi R. Tx. 1950

Haftdoldengesellschaften sind charakteristische Halmfruchtgesellschaften auf Kalkäckern. Sie weisen vorwiegend wärmeliebende Geoelemente mediterraner und kontinentaler Herkunft auf und zeichnen sich durch vergleichsweise großen Artenreichtum buntblühender und seltener Pflanzen aus.

VC: *Euphorbia exigua, Sherardia arvensis, Lathyrus tuberosus, Consolida regalis, Buglossoides arvensis, Anagallis foemina, Ranunculus arvensis, Stachys annua, Galium tricornutum, Melampyrum arvense, Legousia hybrida, L. speculum-veneris, Caucalis platycarpos*

Als Trennarten können u.a. *Valerianella dentata* und *Chaenarrhinum minus* dienen.

1. Papaveri-Melandrietum noctiflori Wassch. 1941

Die Acker-Lichtnelken-Gesellschaft ist ost-submediterran bis subkontinental getönt; sie ist Zentralassoziation des Verbandes und reicht vom Oberrheingebiet über Süd- und Mitteldeutschland bis in den Oldenburger Raum (dort stark verarmt).

AC: *Melandrium noctiflorum* (= *Silene noctiflora*)

Sie ist von den Haftdolden-Gesellschaften am wenigsten gut gekennzeichnet, da die namengebende Art *Melandrium noctiflorum* auch im *Thlaspio-Veronicetum politae* vorkommt.

2. **Kickxietum spuriae** Krusem. & Vlieger 1939
Die Tännel-Leinkraut-Gesellschaft ist eine basiphytische Gesellschaft auf kalkreichen Mergel- und Lehmäckern in schwach staunassen Lagen mit submediterraner bis subatlantischer Verbreitung.

AC: *Kickxia elatine, K. spuria*

In Nordwestdeutschland selten, dort vorwiegend im Wuchsgebiet der artenreichen Eichen-Hainbuchenwälder sowie der Buchenwälder (Abb. 76). Zieht sich von Westfalen entlang einer Linie über das Maintal nach Ulm und zum Bodensee. Im Osten wird das *Kickxietum* vom *Papaveri-Melandrietum noctiflori* abgelöst.

3. **Caucalido-Adonidetum flammeae** R. Tx. 1950
Adonisröschen-Gesellschaft. Seltene, wärmeliebende Gesellschaft auf trockenen, flachgründigen, skelettreichen Kalkböden im potentiellen Gebiet der Kalkbuchenwälder.

AC: *Adonis aestivalis, Coringia orientalis, Adonis flammea, Turgenia latifolia, Scandix pecten-veneris*

Gehört zu den artenreichsten Ackerunkrautgesellschaften Mitteleuropas (Abb. 77). Die Gesellschaft läßt sich in ihren Hauptverbreitungsgebieten (Oberrhein- und Bodenseegebiet, Neckartal, Schwäbische Alb, Frankenalb, Thüringisches Muschelkalkgebiet, subherzynisches Bergland, hessisches und südniedersächsisches Bergland, Rheinische

Abb. 76:
Kickxia elatine (aufrecht wachsend) und *K. spuria* (am Boden liegend) als Leitpflanzen des *Kickxietum spuriae* (Teutoburger Wald bei Bad Rothenfelde, 1988)

138 Systematische Übersicht der Vegetationseinheiten

Abb. 77:
Caucalido-Adonidetum flammeae in einem Ackerrandstreifen auf der Paderborner Hochfläche auf Kalk (1988)

Massenkalkgebiete, Eggegebirge, Teutoburger Wald und Eifel) in zahlreiche geographische Rassen aufgliedern. Die Adonisröschen-Gesellschaft gehört zu den am stärksten vom Aussterben bedrohten Pflanzengesellschaften Deutschlands. Durch den starken Herbizideinsatz ist eine Reihe von charakteristischen Pflanzenarten in starkem Rückgang begriffen oder bereits verschollen.

4. **Sedo-Neslietum paniculatae** Oberd. 1957
Die Finkensamen-Gesellschaft ist typisch für die höheren Lagen der Kalkgebirge in montaner Stufe zwischen 700 und 900 Metern.

   AC: *Neslia paniculata, (Sedum telephium)*

Selbständige Gebietsassoziation der Schwäbischen Alb bis hin zur Frankenalb. Subkontinental getönt. Sie ersetzt das *Caucalido-Adonidetum* in höheren Lagen.

5. **Apero-Lathyretum aphacae** R. Tx. & v. Rochow 1951 nom. inv. Oberd. 1983
Ranken-Platterbsen-Gesellschaft. Nur aus dem Südwesten Deutschlands belegt; Ober-

rheingebiet bis Karlsruhe sowie vom Kraichgau bis in das mittlere Neckartal.

AC: *Lathyrus aphaca*

Auf Lehm- und Tonböden, die sommers stark austrocknen.

6. **Adonido-Iberidetum amarae** (Allorge 1922) R. Tx. 1950
Die Schleifenblumengesellschaft ersetzt das *Caucalido-Adonidetum* in Westeuropa und hat noch östlichste Ausläufer im Saar- und Moselgebiet.

AC: *Iberis amara, Bunium bulbocastanum* zusätzlich zu den Caucalidion-Elementen

Die genaue Verbreitung in Südwestdeutschland ist unbekannt.

Fragmente der **Stellarietea mediae:**

Lolio remotae - Linetalia J. & R. Tx. in Lohm. et al. 1962 - **Fragmente**
Wildkrautfluren der Leinäcker sind heute infolge Einstellung der einschlägigen Nutzung so gut wie ausgestorben. Früher auf der Geest und im Hügelland überall verbreitet (AC: *Lolium remotum, Cuscuta epilinum, Silene linicola*).

Mehr als beim Getreide hat ein jahrtausendelanger Flachsanbau ganz spezifische, linicole Leinunkräuter herausgezüchtet, welche konvergente Tarneigenschaften koevolutiv entwickelt haben (crop mimetics, s. WILMANNS 1989a). Daher gab es früher sicherlich zahlreiche regional differenzierte Gebietsassoziationen mit jeweilig spezifischen Artenverbindungen. Heute ist das **Lolio remoti-Linetum** größtenteils verschollen; der moderne Flachsanbau zur Leinölgewinnung (s. Abb. 67) mit neuartigen Anbausorten läßt z.B. in Niedersachsen noch keine speziellen Leinacker-Gesellschaften erkennen.

2. **Unterklasse: Sisymbrienea** subclass. nov.
Die einjährigen Ruderalgesellschaften besiedeln offene, nitratbeeinflußte Böden im Bereich von Siedlungen sowie auf Kulturland. Sie werden im wesentlichen von Therophyten aufgebaut, die hier ohne nennenswerte Konkurrenz Pioniergesellschaften bilden. Viele Elemente sind Adventivpflanzen, die teilweise schon mit dem Menschen und seiner Ackerkultur als Archäophyten eingewandert sind; teils sind es auch Neophyten, die erst in der Neuzeit aus anderen Erdteilen eingeschleppt worden sind und sich ausbreiten. Kennarten sind nach HÜPPE & HOFMEISTER (1990):

UKC: *Conyza canadensis, Bromus hordeaceus, B. tectorum, Chenopodium strictum* u.a.

Eine einzige Ordnung **Sisymbrietalia** J. Tx. in Lohm. et al. 1962 umfaßt aus mittelhohen Annuellen aufgebaute, lückige Gesellschaften auf Bauschutt, Müll, an überdüngten Wegrainen, an Hofplätzen, an Bahnhöfen, Industrie- und Brachflächen mit unversiegelten Böden.

OC: *Sisymbrium officinale, Lactuca serriola, Bromus sterilis, Malva neglecta, Hordeum murinum, Descurainia sophia, Sisymbrium altissimum, Atriplex acuminata* (= *A. nitens*)

Diese Ordnung hat nur zwei Verbände, den **Sisymbrion**-Verband und den **Salsolion**-Verband.

1. **Verband: Sisymbrion** R. Tx. et al. in R. Tx. 1950
Folgende Verbandscharakterarten sind kennzeichnend:

VC: *Asperugo procumbens, Bromus sterilis, B. arvensis, Crepis tectorum, Diplotaxis tenuifolia, Lepidium virginicum, Malva sylvestris, Sisymbrium altissimum, Xanthium strumarium*

Bezeichnend ist das Auftreten zahlreicher Neophyten auf halboffenen Biotopen.

1. **Urtico urentis-Malvetum neglectae** (Aichinger 1933) Lohm. 1950
Niedrige, meist von der Wegmalve beherrschte Gesellschaft stickstoffreicher und warmer Standorte von den Tieflagen bis in die Hochmontanstufe des Allgäu.

AC: *Malva neglecta, Urtica urens* (schwach)

Die Gesellschaft nimmt an besonders günstigen Stellen das mediterran verbreitete *Chenopodium murale* auf. Solche Bestände werden manchmal als **Chenopodietum muralis** Br.-Bl. & Maire 1924 bezeichnet. Es sind seltene, wärmeliebende Bestände an ammoniakhaltigen Standorten im Bereich von Hühnerhöfen, Jauchegruben etc. (z.B. auf Norderney, im Hannoverschen Wendland). Nach Norddeutschland zunehmend seltener werdend.

Das *Urtico urentis-Malvetum neglectae* war früher vielfach in Dörfern an Wegen und Hecken in der Nähe von Misthaufen und anderen eutrophierten Stellen zu finden.

Heute vielfach nur noch selten oder fragmentarisch. Sie fehlt in der montanen Stufe nordwestdeutscher Mittelgebirge, ist aber in den Ortschaften des Hügel- und Flachlandes (z.B. Thüringen, Sachsen und Brandenburg) noch häufig. Nennenswerte Vorkommen zeigen auch die „verstädterten" Ostfriesischen Inseln Borkum und Norderney.

2. **Conyzo-Lactucetum serriolae** Lohm. in Oberd. 1957
Kompaßlattich-Gesellschaft. Auf grusigen, schotterigen oder etwas sandigen Rohböden der Schuttplätze oder auf Bahnhöfen (Abb. 78).

AC: *Conyza canadensis, Lactua serriola, Lepidium virginicum*

Wärmebedürftige Assoziation, am häufigsten in Süd- und Mitteldeutschland (Maingebiet, Fränkische Alb, Thüringen, Donaugebiet).

Abb. 78: *Conyzo-Lactucetum serriolae* mit dem Kompaßlattich (*Lactuca serriola*) in der Mittagssonne mit senkrecht gestellten Blättern an einer Hauswand in Dannenberg/Wendland (1991)

Abb. 79:
Agropyro-Descurainietum sophiae mit *Sisymbrium sophia* an einem Ruderalplatz auf der Laascher Insel/ Wendland (1991)

3. **Agropyro-Descurainietum sophiae** Brandes 1983
Sophienrauken-Gesellschaft; einjährige Ruderalgesellschaft mäßig stickstoffbeeinflußter Standorte. Ähnlich voriger Assoziation, aber meistens auf etwas bindigeren Böden, eine beherrschende Ruderalflur in Dörfern und an Feldrainen (Abb. 79).

AC: *Sisymbrium (=Descurainia) sophia*

Sisymbrium sophia besitzt einen subkontinentalen Schwerpunkt, deshalb besitzt die Gesellschaft deutliche Häufungen in Ost- und Mitteldeutschland. Nach Norddeutschland zunehmend verarmt und in Großstädten vorkommend.

4. **Lactuco-Sisymbrietum altissimi** Lohm. ap. R. Tx. 1955
Die Gesellschaft der Hohen Rauke bildet Ruderalbestände auf sandig-lehmigen bis grusigen Böden mit Häufungen auf planierten Flächen in Industrieanlagen, in Häfen sowie auf innenstädtischen Brachflächen.

AC: *Sisymbrium altissimum*

Je nach Substrat läßt sich eine typische Gesellschaftsausbildung auf Sand und eine *Bromus tectorum*-reiche Ausbildung von grusigen Böden differenzieren.

5. **Sisymbrietum loeselii** (Kreh 1935) Gutte 1972
Diese Raukenflur ist als Dauer-Pioniergesellschaft an trocken-warme Schlacken- oder Schotterböden gebunden und findet sich konzentriert in Industriegebieten.

AC: *Sisymbrium loeselii*

Es handelt sich hierbei um eine für die Warm- und Trockengebiete Mitteleuropas typische Pflanzengesellschaft, die sich in Deutschland dementsprechend auch im Rheintal, in Mainfranken, im ostniedersächsischen Hügelland, besonders aber in Mitteldeutschland und im Elbtal häuft.

6. **Bromo-Erigeretum canadensis** (Knapp 1961) Gutte 1965
  (= **Bromus tectorum-Conyza canadensis-Gesellschaft** Brandes & Griese 1991)
  Auf trockenen Schottern von Bahnhofs- und Gleisanlagen sowie in Industrie- und Innenstadtbereichen entwickelt sich auf offenen Böden diese häufige Pioniergesellschaft.

    AC: *Bromus tectorum, (Arenaria serpyllifolia, Senecio viscosus,* schwach*)*

    Bei ausbleibender Herbizidanwendung oder Versiegelung kann sich diese Gesellschaft zum *Echio-Melilotetum* oder anderen *Dauco-Melilotion*-Gesellschaften weiterentwickeln.

7. **Hordeetum murini** Libbert 1932
  Die Mäusegerste-Gesellschaft ist typisch an Ruderalstandorten in Siedlungen; in Süd- und Mitteldeutschland auch außerhalb geschlossener Ortschaften; in Nordwestdeutschland vorwiegend in größeren Städten vorkommend (Lokalklima). Sogar noch im Stadtbereich der Insel Norderney.

    AC: *Hordeum murinum*

    Das Erscheinungsbild wird von dichten, bereits im Frühsommer vergilbenden Beständen der Mäusegerste bestimmt. Planar-colline Verbreitungsschwerpunkte. Infolge zunehmender Oberflächenversiegelung geht die vorwiegend staubgedüngte Gesellschaft stark zurück. Die Mäusegersteflur zeigt in Deutschland zahlreiche geographische Vikarianten, z.B. eine gemäßigt-kontinentale mit *Lepidium ruderale*, die über Brandenburg und Sachsen-Anhalt durch das östliche Niedersachsen westwärts bis in das Stadtgebiet von Hannover vorstößt; eine submediterrane Vikariante mit *Diplotaxis tenuifolia* und *Lolium multiflorum* beschreiben u.a. v. ROCHOW (1951) und OBERDORFER (1957) aus Südwestdeutschland.

8. **Chenopodietum vulvariae** Gutte & Pysek 1976
  Die Gesellschaft des Stinkenden Gänsefußes ist selten auf offenen, ammoniakhaltigen Böden (Hühnerhöfe) und auf warme Tieflagen beschränkt (Bodenseegebiet, Oberrhein-, Main-, Tauber- und Neckarland).

    AC: *Chenopodium vulvaria*

    In Ost- und Mitteldeutschland verbreitet, nach Norddeutschland zunehmend verarmt.

9. **Chenopodietum stricti** Oberd. 1957
  Die Gesellschaft des Gestreiften Gänsefußes bildet sehr seltene kurzlebige Ruderalbestände auf Schuttplätzen oder auf Trümmerflächen sowie in Baustellen.

    AC: *Chenopodium strictum*

    Die Gesellschaft hält sich nur ein Jahr, wird dann gelegentlich vom *Conyzo-Lactucetum* oder vom *Descurainietum sophiae* abgelöst oder geht direkt in *Arctium*-Gesellschaften über. Pflanzengeographisch läßt sich in Deutschland eine westliche, subatlantische Vikariante mit *Atriplex hastata* von einer wärmeliebenden, submediterran-subkontinental gefärbten Vikariante u.a. mit *Sisymbrium loeselii, S. altissimum* und *Atriplex nitens* differenzieren.

10. **Atriplicetum nitentis** Knapp 1945
  Die Glanzmeldenflur ist eine üppige, bis 1,5 m hohe Ruderalgesellschaft subkontinentaler

Landschaften v.a. im Bereich der herzynischen Trockengebiete mit Schwarzerdevorkommen.

AC: *Atriplex nitens* (= *A. acuminata*)

Die Glanzmelde besitzt Verbreitungsschwerpunkte in mitteleuropäischen Trockengebieten und in Stromtälern, wo offenbar auch ihre Primärvorkommen liegen dürften (z.B. Elbe, Weser). Die Gesellschaft existiert derzeit auch im Hannoverschen Raum, im Bereich der Leine-Aue an Böschungen und in Gräben; sie wandert nordwärts zur Aller. Aus dem Mitteldeutschen Trockengebiet strahlt das *Atriplicetum nitentis* über das Maingebiet bis in den Oberrheingraben. Von den lokalen Zentren konnte sie nach dem 2. Weltkrieg schnell die Trümmergrundstücke der Städte einnehmen, wovon sie sich anschließend wieder zurückgezogen hat. Nennenswerte Vorkommen gibt es noch heute in innerstädtischen Bereichen von Berlin, Stendal und anderen Städten Mittel- und Ostdeutschlands (auf Brachegrundstücken). Die Gesellschaft breitet sich auch entlang von Autobahnen aus.

11. Sisymbrio-Atriplicetum oblongifoliae Oberd. 1957
Die Langblättrige Melde bildet eine subkontinentale Ruderalgesellschaft auf meist sandigen und stickstoffreichen Böden. Sie erträgt Salz.

AC: *Atriplex oblongifolia*

Die Gesellschaft häuft sich im herzynischen Trockengebiet Thüringens und Sachsen-Anhalts und besitzt wenige Vorkommen im östlichen Niedersachsen in Braunschweig und Wolfsburg (BRANDES & GRIESE 1991). Südlich reicht sie bis in das Rhein-Maingebiet (Mannheim/Ludwigshafen).

12. Sisymbrio austriaci-Asperuginetum Rebholz 1931
Natürliche, nitrophytische Gesellschaft submontan montaner Höhenlagen, in Süd deutschland verbreitet; sie bildet vielfach Lägerfluren aus; dort hat sie offenbar auch ihren Ursprung (OBERDORFER 1983).

AC: *Asperugo procumbens, Lappula deflexa, Sisymbrium austriacum*
Begleiter: *Sisymbrium officinale*

Fragmentarisch in der Schwäbischen Alb, in der Fränkischen Alb (Altmühltal), im Fichtelgebirge und auch im Südharz an nur wenigen Stellen bekannt; gehört eventuell auch in die Ruderalvegetation der *Galio-Urticetea* (*Aegopodion*-Verband).

2. Verband: Salsolion ruthenicae Phil. 1971
Die Ukraine-Salzkraut-Gesellschaften sind neophytische Spezialistengesellschaften auf trockenen Sandböden industriell-großstädtischer Standorte oder nicht versiegelter Flächen von Hafen- und Schotteranlagen:

VC: *Plantago indica, Chenopodium botrys, Corispermum leptopterum*

Es sind v.a. die mäßig nährstoffreichen, teilweise schwach salzhaltigen, offenen und bewegten Substrate, die sich stark erwärmen.

1. Setario-Plantaginetum indicae (Phil. 1971) Passarge 1988
Die Sandwegerich-Gesellschaft ist subkontinental verbreitet.

AC: *Plantago indica*

Sie besiedelt verfestigte, z.T. auch sandig-kiesige Böden mit stellenweise hoher Beteiligung an *Vulpia myuros*. Bekannt aus dem nördlichen Oberrheingebiet bis hinunter nach

Rastatt, in Städten (Braunschweig, Hannover) sowie verstärkt aus den Sandtrockengebieten Brandenburgs.

2. **Bromo-Corispermetum leptopteri** Sissingh 1950
Die Wanzensamen-Gesellschaft ist charakteristisch für schwach ruderalisierte Sandflächen. Sie besiedelt eutrophierte Flächen basenreicher Dünensande, Spülflächen in der Nähe der Seehäfen, v.a. im Elbtal und an der Trave. In Süddeutschland noch in den Abensberger Sanden im Donau-Isar-Hügelland.

AC: *Corispermum leptopterum, C. marschallii*

Meist nur selten und fragmentarisch; größere Vorkommen gibt es auf Norderney (Abb. 80), in norddeutschen Hafenstädten (z. B. Bremen und Hamburg) sowie in Brandenburg und Berlin. Im letzteren Fall treten *Salsola kali* und *Plantago indica* vermehrt im *Bromo-Corispermetum* auf. Ähnliche Vorkommen gibt es im Rheinhafen von Karlsruhe.

3. **Chaenorrhino-Chenopodietum botryos** Sukopp 1972
Die Gesellschaft des Klebrigen Gänsefußes wächst auf trockenen Aufschüttungsflächen und auf Schlackehalden sowie auf Schotterwegen und Trümmerschutt.

AC: *Chenopodium botrys*

Verbreitet in Brandenburg, im Stadtbereich von Berlin (SUKOPP 1972) sowie im Mannheim-Ludwigshafener Industriegebiet. *Chenopodium botrys* ist im allgemeinen selten und tritt auch nur vereinzelt im Oberrheingebiet oder im mittleren Neckartal auf (SEBALD et al. 1990).

Abb. 80: Gesellschaftsaspekt aus einem *Bromo-Coryspermetum* mit *Coryspermum leptopterum* auf Norderney (1989)

Abb. 81:
Sisymbrium wolgense, ein neophytisches, kontinentales Geoelement, verbreitet sich als Wurzel-Kriechpionier auf sandig-kiesigen Böden v.a. im Bahn- und Hafengelände (Stadtbereich von Norderney, 1989)

Dominanz- oder Rumpfgesellschaften der **Sisymbrietalia** sind:

Bromus sterilis-Gesellschaft
Reinbestände der Tauben Trespe stehen dem *Hordeetum murini* sehr nahe
Salsola kali ssp. ruthenica-Bestände
Lockere, aus „Kugelbusch"-ähnlichen Gestalten aufgebaute Bestände von *Salsola kali ssp. ruthenica* sind in Ostdeutschland verbreitet und nach Westen einwandernd, bislang von den Industrie- und Bahnhofsanlagen u.a. der Städte Braunschweig, Hannover und Osnabrück bekannt (BRANDES 1989b).
Sisymbrium wolgense-Gesellschaft
Bezeichnend ist die Dominanz von *Sisymbrium wolgense* auf ruderalen Dünen, auf Müllplätzen sowie an Wegrändern im Stadtbereich der Insel Norderney (HOBOHM 1991). Dort ist diese kontinentale Art offenbar aus der Wollhafen-Flora einzigartig und neuartig entwickelt (Abb. 81). Alle Bestände vermehren sich dort nur vegetativ, an den Früchten bilden sich keine ausgereiften Samen. Die nächsten Vorkommen dieser adventiven Art gibt es nach OBERDORFER (1990) in der nördlichen Oberrheinebene, in Brandenburg sowie in Sachsen-Anhalt.

IV. Eutraphente Röhrichte und Großseggenrieder

In der amphibischen Zone stehender oder fließender Gewässer wachsen lichtliebende und teilweise hochwüchsige Helophytenbestände. Diese lassen sich nach unterschiedlicher Zusammensetzung sowie standörtlichen Gegebenheiten zahlreichen Pflanzengesellschaften zuordnen. Als Bestandteile der natürlichen Vegetation kennzeichnen sie zum einen die Verlandungszonen verschieden nährstoffhaltiger Gewässer oder treten als anthropogene Vegetationseinheiten auch in gestörten bzw. neu angelegten Naßbiotopen auf. Obwohl die meisten Röhrichtarten hinsichtlich ihres Lebensraumes im oder am Gewässer ziemlich plastisch sind, bleiben sie unter dem Druck ihrer Konkurrenten und wegen ihrer unterschiedlichen Regenerationskraft innerhalb der Trophiestufen von Binnengewässern als charakteristische Bestände auf bestimmte standörtliche Bereiche beschränkt (POTT 1985b).

13. Klasse: Phragmitetea australis R. Tx. & Prsg. 1942 – Schilfröhrichte, Brackwasser- und Süßwasserröhrichte sowie Großseggenrieder

Die zumeist produktionskräftigen und relativ hochwüchsigen Verlandungsgesellschaften an Seen, Teichen und Fließgewässern und ihre einzelnen Vegetationseinheiten sind strukturell und zum Teil auch floristisch recht heterogen und deshalb nur schwer zu gliedern. Den Aspekt beherrschen normalerweise Süß- und Sauergräser, welche Polycormone und dadurch häufig Fazies bilden. Folgende Ordnungen gehören hierher: **Phragmitetalia australis** W. Koch 1926, Süßwasserröhrichte, Brackwasserröhrichte und Großseggenrieder; **Nasturtio-Glycerietalia** Pign. 1953, Bachröhrichte.

> KC - OC: *Alisma plantago-aquatica, Equisetum fluviatile, Glyceria maxima, Iris pseudacorus, Lycopus europaeus, Phragmites australis, Rumex hydrolapathum, Galium palustre, Eleocharis palustris, Scutellaria galericulata, Carex elata, C. pseudocyperus, Cicuta virosa, Menyanthes trifoliata, Potentilla palustris* u.a.

Alle Röhrichte, in denen *Phragmites australis* eine mehr oder weniger große Rolle spielt, werden soziologisch innerhalb der *Phragmitetea*, der Ordnung *Phragmitetalia* und dem **Phragmition-Verband** im Sinne von W. KOCH (1926) beigeordnet. Dazu gehören einige gut abgrenzbare Assoziationen, die aus dem tieferen Wasser in trockenfallende Bereiche vorzudringen vermögen. In ihrem strukturellen Aufbau und in ihrer floristischen Zusammensetzung verhalten sie sich jedoch nicht ganz einheitlich (z.B. *Acorus calamus*-Bestände, *Eleocharis palustris*-Gesellschaft, *Butomus umbellatus*-Röhrichte); aus diesem Grunde ist die syntaxonomische Fassung mancher Helophytenbestände noch recht umstritten (vgl. z.B. KNAPP & STOFFERS 1962, BALATOVA-TULACKOVA 1963, PHILIPPI 1974, POTT 1980 sowie PREISING et al. 1990). Brackwasserröhrichte werden zum **Bolboschoenion maritimi-Verband** ssu. Dahl & Hadac 1941 zusammengestellt.

Es lassen sich darüberhinaus niedrigwüchsige Röhrichte im fließenden oder zeitweise stehenden Wasser kleiner Flußläufe, Bäche oder Gräben, denen in der Regel *Phragmites australis* fehlt, als Bachröhrichte (*Nasturtio-Glycerietalia*) im **Sparganio-Glycerion-Verband** ssu. Br.-Bl. & Sissingh 1942 bzw. im **Phalaridion arundinaceae-Verband** ssu. Kopecky 1961 zusammenfassen. Hier dominieren *Sium erectum, Nasturtium officinale, Veronica beccabunga, Glyceria fluitans, G. plicata* sowie *Sparganium emersum, Sp. neglectum* oder *Typhoides arundinacea*, die teilweise eigene Vegetationseinheiten bilden können.

Nur flach überschwemmte oder trockenfallende Standorte im Bereich der Stillgewässer werden von Seggenriedern eingenommen. Diese sind innerhalb der *Phragmitetea* dem **(Magno-)Caricion elatae-Verband** W. Koch 1926 unterstellt. Infolge einer anthropogenen Vernichtung von Gehölzgesellschaften dehnen sich die natürlicherweise nur kleinräumig angeordneten Großseggenröhrichte flächenmäßig stark aus. Je nach Wassertiefe und Wasserbeschaffenheit besitzen auch sie unterschiedliche Artenspektren. Von den Seggenarten kommen immer nur wenige zur Dominanz, die dann als Charakterarten gesetzmäßig ausgeprägter Gesellschaften gelten.

1. Ordnung: Phragmitetalia australis W. Koch 1926

Röhrichte und Großseggenrieder (= Großseggensümpfe) vorwiegend stehender Gewässer. Die konstituierenden Arten sind durch ein wirkungsvolles Durchlüftungsgewebe (Aerenchym) an den normalerweise amphibischen Standort optimal angepaßt. Das während einer Vegetationsperiode anfallende organische Material wird vielfach nur unvollständig zersetzt, so daß die entsprechenden Röhrichte semiterrestrische organogene Naßböden bilden und beträchtlich zur Verlandung von Stillgewässern beitragen können (POTT 1983).

1. Verband: Phragmition australis W. Koch 1926

Dieser Verband umfaßt artenarme Großröhrichte eutropher Stillgewässer, meist mit Dominanz von *Phragmites australis*.

VC: *Acorus calamus, Butomus umbellatus, Typha angustifolia, T. latifolia, Hippuris vulgaris* (schwach)

1. Scirpo-Phragmitetum W. Koch 1926

Hohes und dichtes Röhricht stehender Gewässer, wächst von etwa 150 cm unter bis 30 cm über Wasser auf eutrophem Schlamm und Flachmoortorf. Als häufigste Tieflands-Röhrichtgesellschaft siedelt in der amphibischen Zone von stehenden Gewässern das teilweise mehrere Meter hohe Teichröhricht. Seine Physiognomie ist im Optimalzustand gekennzeichnet durch *Schoenoplectus lacustris, Phragmites australis, Typha angustifolia* und *T. latifolia* (Abb. 82). Daneben treten zahlreiche Sumpfpflanzen wie *Sparganium erectum, Ranunculus lingua, Equisetum fluviatile* sowie *Iris pseudacorus* miteinander in relativ hoher Stetigkeit auf. Die einzelnen Gesellschaftskomponenten können aber auch je nach Wassertiefe, Substratbedingungen, Konkurrenzkraft oder Bestandesalter faziesbildend sogenannte Einartgesellschaften der genannten Individuen vortäuschen (vgl. Literatur bei POTT 1980). Für syndynamische Vorgänge besitzen diese Gesellschaftsausbildungen (*Phragmites-Fazies, Schoenoplectus-Fazies, Iris-Fazies* etc.) allerdings bestimmte Zeigereigenschaften.

Abb. 82:
Stillwasser-Röhricht (*Scirpo-Phragmitetum typicum*) als Mischkomposition aller konstituierenden Röhrichtarten in der Optimalphase eines Röhrichts an natürlichen Gewässern (Großes Heiliges Meer, 1986)

Abb. 83:
Ranunculus lingua-Massenbestand eines *Scirpo-Phragmitetum* an einem verlandetem Altarm des Rheins bei Rees/Ndrh. (1982)

AC: *Schoenoplectus lacustris, Ranunculus lingua, Typha angustifolia* (opt.), *T. latifolia* (opt.)
Begleiter: *Lythrum salicaria, Lysimachia vulgaris, Mentha aquatica, Eupatorium cannabinum, Myosotis palustris*

Die artenarmen Sproßkolonien einzelner Röhrichtarten sind je nach Ansiedlungsalter, Gewässer- und Verlandungszustand syngenetisch und syndynamisch wie die „Finger an einer Hand" zu betrachten, denn an natürlichen Gewässern treten sie in der eutrophen Verlandungsphase in üppig entwickelten Mischbeständen auf (Abb. 82). *Schoenoplectus lacustris* ist allerdings dem Schilf häufig in größeren Wassertiefen seewärts vorgelagert (z.B. Oberbayerische Seen). Das Rhizomgeflecht und die reusenartigen Blattscheiden von *Schoenoplectus lacustris* wirken dabei als Schlammfänger und festigen den lockeren Boden, so daß sich im offenen Wasser Inseln herausbilden, die sogar betreten werden können. Darüber hinaus sind submerse Sproßteile der Seebinse zur Photosynthese befähigt, so daß auch in größeren Wassertiefen (bis zu 3 m) eine ausreichende Produktivität gewährleistet ist. Massenbestände von *Ranunculus lingua* oder auch von *Thelypteris palustris* (z.B. **Thelypterido-Phragmitetum** Kuiper 1958) entwickeln sich in lückigen Weidenfaulbaum-Gebüschen oder anstelle gelichteter Bruchwälder (Abb. 83). Auch sie sind dem weitgefaßten *Scirpo-Phragmitetum* zuzurechnen.

Das *Scirpo-Phragmitetum* zeigt eine recht breite ökologische Amplitude (Abb. 84) und umspannt dabei als Zentralassoziation mit seinen verschiedenen Gesellschaftsausbildungen die gesamte Palette unserer Gewässer. Kümmerliche und schlechtwüchsige Reinbestände von *Schoenoplectus lacustris, Phragmites australis, Typha latifolia* oder *Equisetum fluviatile* dringen in dystrophe Gewässer ein, schließen sich im mesotrophen Bereich dichter zusammen, um endlich im eutrophen Flügel optimale Mischbestände aller hochwüchsigen

Röhrichtelemente zu bilden. Im hypertrophen Milieu degenerieren diese dann wiederum zu Einartröhrichten euryöker Sumpfpflanzen, z.B. von *Typha angustifolia*, *T. latifolia* und *Acorus calamus*.

2. Glycerietum maximae Hueck 1931

Das Wasserschwadenröhricht ersetzt das *Scirpo-Phragmitetum* auf sehr nährstoffreichem Schlamm (Sapropel) in der Uferzone stehender, eutropher bis hypertropher Gewässer (POTT 1983).

AC: *Glyceria maxima*

Artenarme, dichte Reinbestände des gelbgrünen Wasserschwadens (*Glyceria maxima*) markieren die flachen Ufer vieler Stillgewässer mit stark wechselndem Wasserstand (Abb. 85). Die fast meterhohe *Glyceria maxima* vermag sich wegen ihrer enormen Konkurrenzkraft sehr schnell auszubreiten; sie ist in der Lage, im Frühling zeitig hervor-

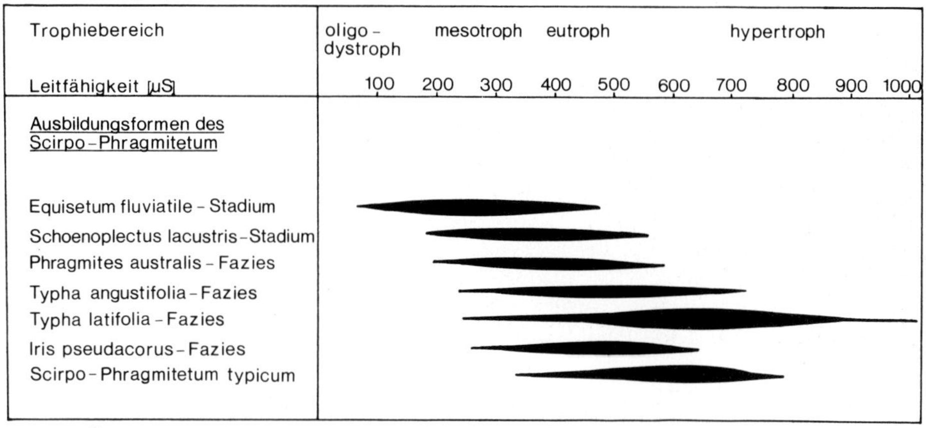

Abb. 84: Ökologische Amplitude des *Scirpo-Phragmitetum* (aus POTT 1985a)

Abb. 85: *Glycerietum maximae* im Talauenbereich der Ems b. Emsdetten i. Westfalen (1984)

Abb. 86:
Glycerio-Sparganietum neglecti in der Vechte bei Schüttorf i. Westfalen (1981)

zutreiben und dadurch die Sprosse vieler später keimender oder austreibender Arten zu beschatten, die danach letztlich zurückgehen. Die Gesellschaft ist zudem relativ mahd- und beweidungsresistent und breitet sich immer stärker aus.

3. **Glycerio-Sparganietum neglecti** Br.-Bl. 1925 em. Phil. 1973
Gesellschaft des Übersehenen Igelkolbens. Stickstoffliebende Gesellschaft in Gewässern mit geringer Wasserbewegung; vor allem in gestauten Fließgewässern.

   AC: *Sparganium erectum ssp. neglectum*

Bislang selten eindeutig untersucht und nicht immer unterschieden. In Fließgewässern wohl nicht selten (Abb. 86).

4. **Sparganietum erecti** (Roll 1938) Phil. 1973
Die Gesellschaft des Aufrechten Igelkolbens kann wie das *Glycerietum maximae* als Ersatzgesellschaft des *Scirpo-Phragmitetum* angesehen werden. Sie dehnt sich in Flachgewässern über schlammigem Grund stark aus.

   AC: *Sparganium erectum ssp. microcarpum*

An sekundären Kleingewässern (Kolke und künstliche Teiche) bildet *Sparganium erectum ssp. microcarpum* in Norddeutschland die häufigste Sippe (s. auch Hilbig 1971, Dierssen 1988). *Sparganium erectum* kann sogar *Glyceria maxima* bei intensiver Beweidung und stärkerer Überschwemmung ersetzen (vielleicht nur Rumpfgesellschaft des *Glycerietum maximae*).

Niedrigwüchsige Röhrichte des Phragmition-Verbandes sind:

5. **Oenantho-Rorippetum amphibiae** (Sóo 1927) Lohm. 1950
Der Wasserfenchel-Kressesumpf ist eine schattenertragende, vielfach in der Umgebung von Gehölzen entwickelte Kleinröhrichtgesellschaft. Sie ist selten großflächig verbreitet und bildet überall in Deutschland meist nur schmale, den Gehölzen oder den hohen Röhrichten wasserwärts vorgelagerte Säume aus. Tieflandsgesellschaft, die in Berglandsregionen fast völlig fehlt.

   AC:*Oenanthe aquatica*
   Begleiter: *Rorippa amphibia, Ranunculus peltatus*

In Kolken, Tümpeln und Altwässern, die während des Sommers austrocknen, wachsen über einer mächtigen Schlammschicht geschlossene Decken von *Rorippa amphibia* und *Oenanthe aquatica*. Diese bilden das ganze Jahr über üppig blühende Röhrichtgesellschaften, sind aber in ihren phänologischen Blühaspekten voneinander getrennt. Im Frühsommer zeigt sich manchmal eine fazielle Anreicherung von *Ranunculus peltatus*, von Juni bis Juli beherrscht die gelbblühende *Rorippa amphibia* das Bild und im Hochsommer gelangt die winterannuelle *Oenanthe aquatica* zur vollen Entfaltung.

6. **Acoretum calami** (Schulz 1941) Knapp & Stoffers 1962
Kalmus-Röhricht. Neophytische, seit dem 17. Jahrhundert eingebürgerte Gesellschaft auf schlammig-schluffigen Uferstreifen. Der Kalmus bildet schmale, sich vegetativ ausbreitende, nur wenige Meter breite Säume, die der Uferlinie im tieferen Wasser folgen und hochwüchsigen Röhrichtgesellschaften wasserseitig vorgelagert sein können (POTT 1980). *Acorus calamus* wird weiterhin wegen seiner aromatischen Bitterstoffe vom Vieh gemieden; bei starkem Verbiß läßt sich sogar eine positive Weideselektion dieser Art auf Kosten des *Glycerietum maximae* oder des *Butometum umbellati* beobachten (POTT & HÜPPE 1991). Im Tief- und Hügelland besonders stark verbreitet.

   AC: *Acorus calamus*

Oft als Ersatzgesellschaft des Teichröhrichts entwickelt (Abb. 87) und ähnlich eutraphent wie das *Glycerietum maximae*.

Abb. 87: *Acoretum calami* löst oftmals wasserwärts das *Glycerietum maximae* ab (Emsaue bei Lingen, 1990)

Abb. 88:
Butometum umbellati
an einem Altarm der Ems
bei Elte/Rheine (1980)

7. **Butometum umbellati** Konczak 1968
Das Schwanenblumen-Röhricht ist ein niedrigwüchsiges, relativ konkurrenzschwaches und oft nur kleinflächig entwickeltes Röhricht an schwach eutrophen Gewässern. Oft auf basenhaltigen Sedimenten. Charakteristisch für Bereiche mit stark schwankenden Wasserständen.

AC: *Butomus umbellatus*

Butomus umbellatus zeigt oft hohen soziologischen und ökologischen Konnex zur Krebsscheren-Gesellschaft (*Stratiotetum aloides*) und entsprechenden *Lemnetea*-Gesellschaften (Abb. 88).

8. **Hippuridetum vulgaris** Passarge 1955
Die Tannwedel-Gesellschaft bildet eine amphibische, konkurrenzschwache Gesellschaft meso- bis eutropher Uferbereiche; auch an brackigen Standorten. Im tieferen Wasser kann *Hippuris vulgaris* zahlreiche Unterwassertriebe bilden, die oft wintergrün bleiben; im Sommer ragen die Sprosse des Tannwedels wie Miniatur-Tannenbäume aus dem Wasser.

AC: *Hippuris vulgaris*

Der Tannwedel gedeiht in sommerwarmen Gewässern vom Niederrhein über Nordwestdeutschland bis nach Ostdeutschland; in Süddeutschland zeigt er einen interessanten Habitatwechsel: er wächst dort z.B. in sommerkühlen, kalkreichen Gießen des Oberrheins sowie an der Donau und ihren Nebenflüssen in seiner immergrünen Form. Vielfach nimmt er auch Lücken zwischen anderen Röhrichtgesellschaften ein.

9. Sagittario-Sparganietum emersi R. Tx. 1953

Pfeilkraut-Röhricht. Artenarmes Röhricht im langsam fließenden oder stehenden Wasser von Bächen und Flüssen. Subozeanisch und im Tiefland verbreitet. Vielfach zu Gesellschaften des *Ranunculion fluitantis* vermittelnd.

AC: *Sagittaria sagittifolia, Sparganium emersum*

Im Bachbett kleinerer Fließgewässer, an begradigten Flüssen sowie in Flachwasserzonen von Altgewässern siedelt häufig ein niedrigwüchsiges Röhricht aus *Sagittaria sagittifolia* und *Sparganium emersum* (Abb. 89). Bereiche mit stark wechselndem Wasserstand können zur Blütezeit von *Butomus umbellatus* in besonders auffälligen Reinbeständen gesäumt sein. Solche *Butomus*-Röhrichte (*Butometum umbellati*, s. dort) stehen fast immer im direkten Kontakt zum *Sagittario-Sparganietum* bzw. zum *Stratiotetum* in Altwässern und gehen offensichtlich aus dem Pfeilkrautröhricht hervor. Die Gesellschaft ist überall in Deutschland verbreitet; sie häuft sich aber in Norddeutschland (Ems-, Weser- und Elbe-Einzugsgebiete), im Elbe-Havelgebiet sowie im Spreewald.

Initialgesellschaften des *Phragmition* sind:

Eleocharis palustris-Gesellschaft

Die Sumpfbinse bildet mit ihren oberflächennahen Rhizomen besonders in grundwassernahen und lange überfluteten Senken lockere Röhrichte, die als Initialgesellschaften von *Phragmition*- bzw. *Magnocaricion*-Assoziationen angesehen werden können, oder auch als Pionierbestände an neu angelegten Baggerseen zu finden sind. Die einzelnen *Eleocharis*-Röhrichte zeigen sich floristisch allerdings sehr uneinheitlich; sie weisen teilweise zahlreiche *Phragmitetea*-Elemente auf, vermitteln aber auch zu Flutrasengesellschaften des *Lolio-Potentillion*-Verbandes. An dauerhaft gestörten Uferpartien können sie jahrelang erhalten bleiben. Sie sind gegenüber Beschattung empfindlich, erliegen rasch der Konkurrenz hochwüchsiger Helophyten und können dann als Pionier- oder Ersatzgesellschaften der hochwüchsigen Röhrichte angesehen werden.

Equisetum fluviatile-Gesellschaft

Der Schlamm-Schachtelhalm bildet häufig in mesotrophen bis schwach eutrophen, vielfach leicht beschatteten Waldtümpeln herdenartige Einartbestände. Die Art ist sogar in

Abb. 89:
Sagittario-Sparganietum emersi in der Ems b. Rheine i. Westfalen (1980)

der Lage, Schwimmdecken über mächtigen Schlammböden zu entwickeln. *Equisetum fluviatile* kann in den Alpen bis in Höhen von 2400 m aufsteigen und dort die zurücktretenden Röhrichte ersetzen. Manche Bestände können auch als syndynamische Initialstadien des *Scirpo-Phragmitetum* aufgefaßt werden (s.u.a. DIERSCHKE & TÜXEN 1975, POTT 1980).

2. Verband: Bolboschoenion maritimi Dahl & Hadac 1941

Hier sind die Strandsimsen- und Schilf-reichen Brackwasserröhrichte im Gezeitenbereich der großen Ströme (Ems, Weser und Elbe) sowie die großflächigen Röhrichte auf brackwassergeprägten Standorten entlang der Ostseeufer zusammengefaßt. Deutlich seltener sind diese salztoleranten Röhrichte an binnenländischen Salzstellen. Im Küstenbereich zeigen die konstituierenden Arten oft eine zonale Abfolge aus einer meist landwärts abgestuften Salz- und Überflutungstoleranz; sie stehen meistens im räumlichen und syngenetischen Kontakt zu den Salzwiesen des *Puccinellion maritimae* oder des *Armerion maritimae*; deshalb ordnet DIERSSEN (1988) diese Gesellschaften sogar den Salzwiesen zu.

VC: *Bolboschoenus maritimus, Schoenoplectus americanus,* (*Eleocharis uniglumis,* schwach)

Bolboschoenus maritimus zeigt vielfach eine große Variabilität des Blütenstandes mit verlängerten als auch verkürzten Ährchenstielen (letztere oft als sogenannte Brackwasserform *Bolboschoenus maritimus var. compactus* bezeichnet). Die Länge der Ährchenstiele ist aber vom Reifegrad der Pflanzen, von der Nährstoffversorgung und den Bodenverhältnissen abhängig, so daß eine Sippendifferenzierung in *Bolboschoenus maritimus var. maritimus* für Süßwasserbestände und in *B. maritimus var. compactus* für salzbeeinflußte Standorte nicht möglich ist (s. auch NORDLINDH 1972, KRISCH 1985, DIERSSEN 1988).

1. Schoenoplecti triquetri-Bolboschoenetum maritimi Zonnefeld 1960

Die Brackwasser- und Tideröhrichte bilden floristisch und standörtlich eigene Lebensräume. In den tidebeeinflußten Ästuarien von Elbe, Weser und Ems weicht die zonale Abfolge dieser Röhrichte zum offenen Wasser hin von der üblichen Zonierung an stehenden Gewässern deutlich ab (KÖTTER 1961). Von den niederländischen Geobotanikern auch als „*Halo-Scirpetum*" bezeichnet.

AC: *Bolboschoenus maritimus var. maritimus, Schoenoplectus triqueter, Sch. tabernaemontani*

Als ursprünglich auf die Meeresküsten beschränkte Brackwasserart dehnt sich *Bolboschoenus maritimus* im Verein mit der halotoleranten *Schoenoplectus tabernaemontani* in jüngster Zeit zunehmend im Binnenland aus. Beide Arten siedeln als Halotrophierungszeiger in kleinen, aber dichten Beständen an versalzten Flüssen und Schiffahrtskanälen. An Nord- und Ostsee besitzen diese Röhrichte vielfach noch eine große Flächenausdehnung (Abb. 90). Das gilt auch für *Schoenplectus tabernaemontani* und *Sch. triqueter*. Bestände dieser drei Arten besiedeln im Binnenland fast ausschließlich Salzstellen oder von Menschen gestörte Standorte (s. auch OBERDORFER 1977). Schilf-Brackwasserröhrichte im Litoral der Ostsee sowie in schwach tidebeeinflußten Binnengewässern des Nordseeraumes sind Mischbestände aus *Bolboschoenus maritimus, Schoenoplectus tabernaemontani* und dominanter *Phragmites australis,* an besonders salzwasserexponierten Stellen sogar mit Beimengung von *Aster tripolium.* Solche Bestände sind von KRISCH (1974) als **Astero tripolii-Phragmitetum** beschrieben worden; sie lassen sich aber zwanglos dem *Bolboschoenetum martimi* zuordnen.

Im Süßwasser-Gezeitenbereich der Nordseeküste, wo zeitweise schwache Überschlickung gewährleistet ist, bildet sich unter starken Wasserstandsschwankungen ein *Typhoides arundinacea*-reiches Brackwasserröhricht aus, das als **Bolboschoenetum maritimi phalaridetosum** bezeichnet werden kann.

Abb. 90:
Schoenoplecti triquetri-Bolboschoenetum maritimi an der Ostsee (1985)

3. Verband: (Magno)Caricion elatae W. Koch 1926

Die Großseggenrieder sind wie die Stillwasserröhrichte an Verlandungsserien eutropher oder mesotropher Gewässer gebunden. Sie nehmen die insgesamt trockeneren Standorte über semiterrestrischen Naßböden landeinwärts ein. Die beherrschenden Seggen-Arten zeigen geringe unterschiedliche Amplituden bezogen auf den Wasser- und Nährstoffgehalt der Standorte. Die Großseggengesellschaften, die an primären Standorten meist nur einzelne Horste oder kleine Herden ausbilden, können im potentiellen Wuchsbereich von Auengehölzen großflächige Bestände entwickeln. Sie werden bei zunehmender Entwässerung von *Molinio-Arrhenatheretea*-Arten durchsetzt und bleiben nur in schlecht drainierten, tiefliegenden Senken von Talauen langfristig erhalten. Solche Großseggenrieder an Sekundärstandorten leiten in den Bereich des Wirtschaftsgrünlandes über.

Großseggenrieder sind überwiegend im nährstoffärmeren Flügel der *Phragmitetea*-Gesellschaften zu finden. Die meisten Bestände beschränken sich zwar auf eutrophe bis schwach eutrophe Bereiche, haben jedoch dys- und mesotraphente Ausbildungsformen. Neben den Großseggen, die die jeweiligen Assoziationen aufbauen, finden sich als Verbandscharakterarten:

VC: *Peucedanum palustre, Lysimachia thyrsiflora, L. vulgaris, Scutellaria galericulata*

Unter den gegebenen standörtlichen Bedingungen kommt in den Gesellschaften meist nur eine Großsegge zur Dominanz, die dann auch als namengebende Charakterart jeweiliger Assoziationen angesehen wird. Trotz geringer Nährstoffbedürfnisse überlappen sich die Standortansprüche der Großseggen in weiten Bereichen, so daß die Gesellschaften floristisch ähnlich und insgesamt schlecht charakterisiert sind. So werden die Großseggenrieder auch von verschiedenen Autoren in Verbände bzw. Unterverbände gegliedert, wobei die Gesellschaften eines mesotraphenten *Caricion rostratae* für moosreiche Seggenbestände auf torfigen Substraten einem eutraphenten *Caricion gracilis*-Verband gegenübergestellt werden (z.B. BALATOVA-TULACKOVA 1963, KRAUSCH 1964). Da aber innerhalb einzelner Assoziationen meso- und eutrophe Gesellschaftsausprägungen weit verbreitet sind, sollte ein weit gefaßter *Caricion elatae*-Verband bestehen bleiben (s. auch SUCCOW 1974, POTT 1980).

1. Caricetum elatae W. Koch 1926
Das Steifseggen-Ried bildet mächtige, oft mannshohe, bultförmige Verlandungsgesellschaften auf torfigen Substraten (Abb. 91). Meist im neutralen bis schwach sauren Bereich, seltener auf Mineralböden. Auch auf kalkhaltigen Schlammböden.

AC: *Carex elata*

Zerstreut im norddeutschen Tiefland, seltener im Hügelland und in Süddeutschland.

2. Caricetum paniculatae Wangerin 1916 ap. v. Rochow 1951
Rispenseggen-Ried. An meso- bis eutrophen Gewässern mit meterhohen Bulten Schwingdecken aufbauend. Auch auf wasserzügigen Standorten im Kontakt von Niedermoorgesellschaften zu Bruchwäldern.

AC: *Carex paniculata*

Diese Gesellschaft kommt natürlicherweise inselartig in quelligen Schilfröhrichten vor, sie kann Schwingrasen aufbauen und flächenhaft anstelle gelichteter Bruchwälder wachsen. Als Ersatzgesellschaft des *Carici elongatae-Alnetum* kann sich das *Caricetum paniculatae* jedoch auch auf Feuchtwiesen und wasserzügigen Senken flächenhaft ausbreiten. Die Ränder der Rispenseggen-Bulte werden von nässeliebenden Arten wie *Carex pseudocyperus, Galium palustre, Dianthus superbu*s und *Lycopus europaeus* besiedelt und bieten bei geringer Beschattung sogar Lebensraum für aufkeimende Gehölzarten. Die Standorte des *Caricetum paniculatae* haben recht unterschiedliche Nährstoffverhältnisse und Substrate, sind jedoch stets durch Wasserzügigkeit gekennzeichnet, so daß eine kontinuierliche Nährstoffzufuhr auch auf armen Böden gewährleistet ist.

3. Caricetum rostratae Rübel 1912
Das Schnabelseggen-Ried kennzeichnet den nährstoffärmsten Flügel der Großseggenrieder und vermittelt mit moosreichen Varianten zu *Scheuchzerio-Caricetea nigrae*-Gesellschaften.

Abb. 91:
Caricetum elatae mit initialen Bultstadien der Gesellschaft im Verlandungsbereich des Sager Meeres b. Oldenburg (1981)

Abb. 92: *Caricetum rostratae* im mesotrophen Verlandungsbereich des Großen Heiligen Meeres (Fotoarchiv Westf. Museum f. Naturkunde, Münster)

Als recht verbreitete Verlandungsgesellschaft ersetzt das *Caricetum rostratae* die *Phragmition* Gesellschaften im nährstoffarmen, kalkarm-oligotrophen und dystrophen Milieu, kann aber auch in meso- und eutrophe Bereiche vorstoßen. Dort wird *Carex rostrata* jedoch relativ schnell von eutraphenten Arten verdrängt (vgl. DIERSCHKE 1969, DIERSSEN 1973, MEISEL 1977, POTT 1985b).

AC: *Carex rostrata* (schwach)

In nährstoffarmen, oft auch dystrophen Kleingewässern bildet *Carex rostrata* eine niedrigwüchsige Pioniervegetation, die flache, meist überschwemmte Uferbereiche besiedelt und auch nach Entwässerung noch längere Zeit bestehen bleibt. Dabei kann die Gesellschaft eine Entwicklung durchlaufen, bei der zunächst *Juncus articulatus* faziesbildend auftritt und lockere Pionierrasen bildet, in die *Equisetum fluviatile* und *Carex rostrata* eindringen und sich schließlich zu reinen Schnabelseggen-Riedern entwickeln (Abb. 92).

Die Gesellschaft ist insgesamt schwach charakterisiert und wird sowohl im Verband *Magnocaricion* als auch im Verband *Caricion lasiocarpae* beschrieben (OBERDORFER 1977, DIERSSEN 1988). *Carex rostrata*-Bestände mit *Sphagnum recurvum s.l.* und anderen *Oxycocco-Sphagnetea*-Arten werden als **Sphagno-Caricetum rostratae** in den Verband *Rhynchosporion albae* gestellt (PASSARGE 1964).

4. **Caricetum vesicariae** Br.-Bl. & Denis 1926
Blasenseggen-Ried. Auf schlammigen Böden meso- bis eutropher Gewässer oder im schwach fließenden Wasser mit starken Wasserstandsschwankungen.

AC: *Carex vesicaria*

Auffällige Gesellschaft mit locker stehenden Horsten der hellgrün gefärbten Blasensegge. Günstige Entwicklung besonders bei langer limoser Phase.

5. **Caricetum gracilis** Almquist 1929
   Schlankseggen-Ried. Verlandungsgesellschaft flacher, eutropher Gewässer; auch flächenhaft entwickelt in Auen.

   AC: *Carex gracilis, C. acutiformis*

   Carex gracilis hat eine breite ökologische Amplitude und siedelt in meso- bis eutrophen Gewässern auf Niedermoortorfen, Anmoor-, Moor- und Naßgleyen. Unter anaeroben Bodenbedingungen ist die Art ausgesprochen konkurrenzkräftig und kann sich auch nach Entwässerung der Standorte noch lange halten. An Uferbereichen mit starken Wasserstandsschwankungen und ausgeprägten Trockenphasen unterliegt *Carex gracilis* jedoch konkurrenzkräftigeren, an Trockenheit besser angepaßten Arten; dabei dringen vermehrt nitrophytische Stauden in die Gesellschaft ein (Abb. 93).

6. **Caricetum ripariae** (Sóo 1928) Knapp & Stoffers 1962
   Uferseggen-Ried. Primäre Vorkommen auf Sapropel im Litoral eutropher Gewässer, sekundär flächig in verlandeten Altgewässern oder in ausgeräumten Talauen (Abb. 94).

   AC: *Carex riparia*

   Eutraphente und hemerophile Gesellschaft, häufig in Küstennähe mit Schwerpunkten in den Küsten- und Flußmarschen, sie fehlt weitgehend in den Geestgebieten.

7. **Cicuto-Caricetum pseudocyperi** Boer & Sissingh ap. Boer 1942
   Das Wasserschierlingsried ist eine Tieflandsgesellschaft. Es besiedelt meso- bis eutrophe und geschützte Gewässer, die sich im Sommer stärker erwärmen und nur geringe Wasserstandsschwankungen aufweisen. In mesotrophen Gewässern auf Zwischenmoortorf, häufig unbegehbare Schwingrasen bildend, seltener werdend.

   AC: *Cicuta virosa, Carex pseudocyperus*

   Auf lockeren, nassen und instabilen Mudden mit hohen Akkumulationsraten an norddeut-schen Gewässern. Auch sekundär in Torfstichen. In Mittel- und Ostdeutschland ausklingend. In Ansammlungen von schwimmendem Treibsel können sich Initialen des *Cicuto-Caricetum pseudocyperi* ansiedeln, die bei fortschreitender Verlandung bis zu 50 cm dicke schwimmende Inseln und in geschützten Lagen recht breite, den Röhrichten

Abb. 93:
Caricetum gracilis als Streuewiese im Handorfer Feld bei Münster (1982)

Abb. 94: *Caricetum ripariae* in der Oderaue (1991)

wasserwärts vorgelagerte Säume bilden (FREITAG, MARKUS & SCHWIPPL 1958; HORST, KRAUSCH & MÜLLER-STOLL 1966, HILBIG 1971). Lokal tritt neben *Cicuta virosa* und *Carex pseudocyperus* noch *Rumex hydrolapathum* als dritte Charakterart hinzu (OBERDORFER 1977).

Die soziologische Stellung der Gesellschaft ist umstritten, da sie floristisch und ökologisch zwischen den Verbänden *Magnocaricion* und *Phragmition* steht. Die Bestände können einerseits zu Ausbildungen des *Scirpo-Phragmitetum* vermitteln, andererseits von *Magnocaricion*-Arten geprägt sein und unmittelbar zu Weidengebüschen und Erlenbruchwäldern überleiten.

8. Carici-Menyanthetum Sóo 1955
Fieberklee-Gesellschaft. Auf Torfschlammböden mesotropher Gewässer. Die Gesellschaft siedelt pionierartig im offenen Wasser und kann sich zunehmend dichter schließen. Tieflandsgesellschaft.

AC: *Menyanthes trifoliata*

Nur schwach gekennzeichnet.

9. Cladietum marisci Allorge 1922
Das Schneiden-Ried bildet ein graugrünes, seggenartiges, dichtes und hohes Ried auf nassen Böden oder im flachen Wasser. Von extrem sand- bis kalkoligotrophen Standorten der Tieflandsregionen bekannt.

AC: *Cladium mariscus* (Abb. 95)

Submediterran bis subatlantisch verbreitet; sehr selten und störanfällig. Die enge Bindung an kalkreiches Substrat (Kalkflachmoore) und mesotroph-basische Seen scheint nur in kontinental getönten Regionen vorzuliegen, z.B. in der Niederlausitz, wo *Cladium mariscus* sogar Unterwassertorfe bilden kann (SUCCOW & JESCHKE 1990). Im atlantischen Klima wechselt *Cladium* auf die kalkärmeren Sand- und Moorböden. Die Gesellschaft kommt in Norddeutschland nur noch an wenigen Stellen vor (auch auf den Inseln, z.B. Borkum); in Mittel- und Süddeutschland ist sie wohl noch häufiger (GÖRS 1975).

10. Caricetum distichae Jonas 1932

Gesellschaft der Zweizeiligen Segge. Von der niedrigen, grasgrünen *Carex disticha* beherrschte Gesellschaft in nassen Senken und Flutmulden. Auf vererdenden Niedermoortorfen im wechselfeuchten Bereich. Oft zwischen Großseggenriedern und Naßwiesengesellschaften.

AC: *Carex disticha*

Gesellschaftsstatus noch recht unsicher; Bestandteil der Feuchtwiesen-Vegetationskomplexe.

11. Caricetum vulpinae Now. 1927

Fuchsseggen-Ried. Auf nährstoffreich-lehmigen Böden wechselfeuchter Flutmulden.

AC: *Carex vulpina*

Subkontinental verbreitet, besonders im Osten Deutschlands.

12. Peucedano-Calamagrostietum canescentis Weber 1978

Die Sumpfreitgras-Gesellschaft ist eine dichte, artenreiche, wiesenartige Gesellschaft (Abb. 96). Hemerophiles Ried auf basenarmen Standorten; oft durch Entwässerung von Röhrichten entstanden, oder auch am Rande und in Auflichtungen von Grauweidengebüschen und Erlenwäldern.

AC: *Calamagrostis canescens, Peucedanum palustre*

Durch Nutzungsaufgabe von Streuwiesen in Ausbreitung begriffen.

Abb. 95:
Cladietum marisci am Erdfallsee (NSG Heiliges Meer) im Jahre 1982

Abb. 96:
Peucedano-Calamagrostidetum canescentis in einem Heidemoor bei Fürstenau/Voltlage (1988)

13. Lysimachio thyrsiflorae-Caricetum aquatilis Neumann 1957
Das Wasserseggen-Ried ist überall sehr selten und oft übersehen. Auf mesotrophem bis eutrophem Schlamm oder Dygyttia.

AC: *Carex aquatilis*

Genaue Verbreitung unbekannt, wahrscheinlich atlantisch, in der Geest recht häufig (z.B. im Gebiet von Leer/Ostfriesland), dort in Fluß- und Bachauen auf flach überstauten Niedermoorböden. Nicht bultig wachsende, wiesenartige Gesellschaft (s. a. DIERSCHKE & TÜXEN 1975).

14. Caricetum appropinquatae Sóo 1938
Das Wunderseggen-Ried bildet kniehohe Bulte auf feuchten bis nassen, anmoorigen und nur mäßig nährstoffreichen, meist kalkhaltigen Böden.

AC: *Carex appropinquata (= C. paradoxa)*

Carex appropinquata wächst sehr selten am Rande von Zwischenmooren sowie in nassen Senken von Erlenbruchwald-Vegetationskomplexen. Die Art ist physiognomisch der Rispensegge (*C. paniculata*) recht ähnlich. Nordisch verbreitete Gesellschaft, bis in das Alpenvorland reichend.

15. Calletum palustris (Osvald 1923) Vanden Berghen 1952
Von der herzblättrigen Sumpfkalla beherrschte, artenarme und dichte Schwingrasen über Dygyttia an geschützten Ufern mesotropher Gewässer oder inselartig in Tümpeln großer initialer Erlenwaldkomplexe mit sehr hoch anstehendem Grundwasser.

AC: *Calla palustris*

Im norddeutschen Tiefland stellenweise noch in großen Beständen; durch Grundwasserabsenkung, Abwasserbelastung und Eutrophierungserscheinungen aber bedrohte Gesellschaft.

16. Caricetum oenensis Seibert 1962
Inn-Seggenried. Gesellschaft auf feuchtem bis nassem Kalkschlamm entlang der Bäche des Alpenvorlandes, im Auenwaldkomplex (SEIBERT 1962).

AC: *Carex oenensis*

Die bis zu 1,5 m hohen Bestände können leichte Beschattung vertragen.

17. Caricetum buekii Hejny & Kopecky 1965
Gesellschaft der Banater Segge. Ried mit kontinentaler Verbreitung, bisher nur aus der Oberpfalz bekannt (Naab, Schwarzach, Regen).

AC: *Carex buekii*

Auf nährstoffreichem, kalkarmem, sandig-lehmigem Grund. Gesellschaftsstatus noch unsicher; vielleicht auch zu den *Filipendulion*-Gesellschaften gehörend.

18. Caricetum cespitosae Steffen 1931
Rasenseggen-Ried. Niedrigwüchsige Seggengesellschaft sickerfeuchter Anmoore.

AC: *Carex cespitosa*

Nordisch-kontinentale Assoziation; in Deutschland bisher nur in submontanen und montanen Regionen der Schwäbischen Alb und der Oberpfalz. Tendiert zum *Calthion*.

2. Ordnung: Nasturtio-Glycerietalia Pign. 1953
Hier werden meist niedrigwüchsige bis mittelhohe Bach- und Flußröhricht-Gesellschaften am Rande fließender Gewässer mit relativ konstantem oder auch schwankendem Wasserspiegel zusammengefaßt. Sie besiedeln selten mesotrophe, in der Regel aber eutrophe Gewässer etwa in Höhe der Mittelwasserlinie. Die Verbreitung der heliophilen Bach- und Flußröhrichte erstreckt sich vom Flachland bis in die montane Stufe. Zwei Verbände können unterschieden werden: **Glycerio-Sparganion** und **Phalaridion arundinaceae**.

1. Verband: Glycerio-Sparganion Br.-Bl. & Sissingh 1942
Niedrigwüchsige Röhrichte im fließenden Wasser kleinerer Bäche und Gräben, im eu- bis mesotrophen Milieu.

VC: *Glyceria plicata, Nasturtium officinale, Veronica beccabunga, V. catenata, Sium erectum*

1. Sparganio-Glycerietum fluitantis Br.-Bl. 1925
Das Flutschwaden-Röhricht ist eine amphibische Assoziation mit hohen Anteilen an *Glyceria fluitans, Sparganium emersum* sowie *Alisma plantago-aquatica, Oenanthe fistulosa* und *Galium palustre*.

AC: *Glyceria fluitans*

Sie wächst in Bächen, die offensichtlich über längere Zeiträume hinweg nicht entkrautet werden (Abb. 97). In tieferen Fließgewässern sind insbesondere *Glyceria fluitans* wie auch *Sparganium*-Arten flutend im 20 bis 30 cm tiefen Wasser dem normalerweise emersen Bachröhricht vorgelagert. Beim Absinken des Wasserspiegels gehen sie in die Landform über, so daß diese Assoziation oft in zwei Ausbildungsformen anzutreffen ist. Insgesamt eine schwach gekennzeichnete Gesellschaft.

Abb. 97:
Sparganio-Glycerietum fluitantis in der Brochterbecker Aa/ Westfalen (1986)

2. **Nasturtietum officinalis** Seibert 1962
Brunnenkresseflur. Flachwasserzonen und unmittelbare Uferbereiche mäßig strömender, klarer Wiesengräben, Quelltrichter und Quellabläufe weisen oft niedrigwüchsige Herden von *Nasturtium officinale* auf (Abb. 98). Nur vereinzelt und mit geringer Artmächtigkeit sind der vorherrschenden Brunnenkresse weitere Bachröhrichtelemente wie *Sium erectum, Veronica beccabunga* und *V. anagallis-aquatica* beigemengt (s. auch SEIBERT 1962, PHILIPPI 1974).

AC: *Nasturtium officinale*

Auch im schnell fließenden Bachwasser, dann häufig in der Nähe von Quellen. Wintergrüne Gesellschaft an kalkreichen Gewässern.

3. **Glycerietum plicatae** (Kulczynski 1928) Oberd. 1954
Faltschwaden-Röhricht. Als eng verwandt mit den *Glyceria fluitans-* und *Nasturtium-*Röhrichten erweisen sich *Glyceria plicata*-Rasen, die schlammige, schmale Uferpartien meist kalkführender oder stark eutrophierter Bäche besiedeln. Schwerpunktmäßig im Hügel- und Bergland verbreitet.

AC: Glyceria plicata

Das *Glycerietum plicatae* steht im allgemeinen über der Mittelwasserlinie; das *Nasturtietum officinalis* wie auch das *Sparganio-Glycerietum fluitantis* bevorzugen dagegen tiefere Gewässer. Im allgemeinen ist das Faltschwadenröhricht recht artenarm, da *Glyceria plicata* sich unter terrestrischen Bedingungen an den Nodien bewurzelt, so neue Halme bildet und dadurch sehr dichte Kolonien aufbauen kann.

Abb. 98:
Nasturtium officinale als immergrünes Bachröhricht im Bullerbach (Weserbergland, 1980)

4. Nasturtietum microphylli Philippi 1977
Die Gesellschaft der Kleinblättrigen Brunnenkresse gedeiht in klaren, unverschmutzten, kalkarmen Bächen und quelligen Gräben.

AC: *Nasturtium microphyllum* (Abb. 99)

Auf basenärmeren Standorten als das *Nasturtietum officinalis*. Status und Verbreitung sind aber noch fraglich, da die Sippe häufig nicht erkannt und übersehen wurde.

5. Catabrosetum aquaticae Rübel 1912
Die Quellgras-Gesellschaft ist bezeichnend für quellige Standorte und kalkhaltige Fließgewässer. In Süddeutschland relativ häufig; im Norden selten.

AC: *Catabrosa aquatica*

Sie wird vielfach in die *Bidentetea*-Gesellschaften gestellt, hat aber ihr Optimum eindeutig in Röhrichten.

6. Leersietum oryzoides (Eggler 1933) Passarge 1957
Das Reisquecken-Röhricht ist ein seltenes Bachried auf schluffig-tonigen, nährstoffreichen Standorten; z. T. nur therophytisch auftretend (Abb. 100).

AC: *Leersia oryzoides*

Oft übersehene Gesellschaft; im vegetativen Zustand dem *Phalaridetum* ähnlich. Genaue Verbreitung unbekannt, gehäufte Vorkommen sind aus Stromtälern und Fischteichanlagen bekannt. Aufgrund des hohen Anteils an *Bidention*-Arten wird die Gesellschaft manchmal in die *Bidentetea* gestellt; da sie aber mehrjährig und röhrichtähnlich aufgebaut ist, wird sie hier belassen (vgl. auch PREISING et al. 1990).

7. Veronica beccabunga-Mimulus guttatus-Gesellschaft

Von NIEMANN (1965) aus den Bächen und Flüssen des Thüringer Waldes und des Erzgebirges beschriebene, krautige, von der Gauklerblume beherrschte Gesellschaft. Sie kommt nach PREISING et al. (1990) auch an Forellengewässern des Westharzes und der Lüneburger Heide vor. Stellung unklar. Mit *Epilobium roseum*, *Veronica beccabunga* und *Glyceria fluitans* gehört sie aber eindeutig zu den Bachröhrichten des *Sparganio-Glycerion*-Verbandes.

Abb. 99:
Nasturtium microphyllum im schnell fließenden, kühlen Ölbach
(Senne, 1990)

Abb. 100:
Leersietum oryzoides in der Boombecker Aa/Stevertal bei Hausdülmen in Westfalen 1986. Die hellgrün gefärbte Reisquecke hebt sich farblich ab

2. Verband: Phalaridion arundinaceae Kopecky 1961

Die Fließwasserröhrichte an Flüssen und großen Bächen des Berg- und Hügellandes sind hier subsumiert.

VC: *Typhoides arundinacea, (Myosoton aquaticum,* schwach)

Unmittelbar über der mittleren Hochwasserlinie finden sich an fast allen Fließgewässern hohe und dichte Herden von *Typhoides arundinacea* (= *Phalaris arundinacea*). In der artenarmen Assoziation dominiert die strömungs- und überflutungsresistente *Typhoides arundinacea*, die aufgrund ihrer biologischen Konstitution gerade diesen hydrologisch stark beanspruchenden Verhältnissen gut angepaßt ist und das homogene Bild eines Reinbestandes liefert (Abb. 101). Neben *Agrostis stolonifera ssp. prorepens* kennzeichnen v.a. *Polygonum amphibium fo. terrestre, Rorippa amphibia* und *R. sylvestris* dieses euryöke Röhricht (POTT 1980, 1985b).

1. Phalaridetum arundinaceae Libbert 1931

Das Rohrglanzgrasröhricht stockt am fließenden Wasser größerer Bäche und Flüsse. Oft Einartbestände aus Rohrglanzgras. Überflutungs- und strömungsresistent.

AC: *Typhoides arundinacea* (= *Phalaris arundinacea*)

Rohrglanzgras-Röhrichte besiedeln schlickreiche, humose Überschwemmungsstandorte, die mit Nährstoffen angereichert sind und einem ausgeprägten Wechsel von Vernässung und Bodendurchlüftung unterliegen. Langfristig überschwemmte Bereiche werden gemieden. Bei stärkerer Eutrophierung und Schlammanreicherung können die Bestände vom konkurrenzkräftigeren *Glycerietum maximae* abgelöst werden.

Abb. 101:
Phalaridetum arundinaceae mit Einartbeständen des Rohrglanzgrases im Überschwemmungsbereich der Stever/Münsterland (1980)

2. Rorippo-Phalaridetum arundinaceae Kopecky 1961

Das Sumpfkressen-Rohrglanzgrasröhricht wächst an Ufern von schnellfließenden Mittelgebirgsbächen auf sandig-kiesigem oder schotterigem Substrat. Es ist wahrscheinlich nur eine Höhenform des *Phalaridetum arundinaceae*, und es läßt sich bislang auch noch nicht klar vom Rohrglanzgrasröhricht des Tieflandes abtrennen (KOPECKY 1967).

D: *Rorippa sylvestris*

An natürlichen Fließwasseralluvionen des Berglandes über 350 m NN bilden sich immer wieder die graugrünen Grasdecken von *Typhoides* im Kontakt zu Pestwurz-Gesellschaften und bachbegleitenden Auenwäldern. Bisher auch nur von Flüssen und Bächen des Berglandes wie z.b. aus dem Harz und dem Solling beschrieben (DIERSCHKE, OTTE & NORDMANN 1983, PREISING et al. 1990). *Calamagrostis pseudophragmites*-reiche Bestände vermitteln zu den Schwemmbodengesellschaften des *Epilobion fleischeri*-Verbandes (s. dort)

V. Quellflur- und Niedermoorgesellschaften, Hochmoorschlenken- und Bulten-Gesellschaften

Hier werden niedrigwüchsige, ziemlich geschlossene Bestände vereinigt, in denen Moose eine ausgeprägte Rolle spielen. Von den höheren Pflanzen sind im wesentlichen Hemikryptophyten und Zwergsträucher beteiligt. Höherwüchsige Gehölze fehlen.

14. Klasse: Montio-Cardaminetea Br.-Bl. & R. Tx. 1943 – Quellflur-Gesellschaften

Bei den Quellfluren der eurosibirischen Region handelt es sich um moosreiche Rieselgesellschaften mit montanem bis subalpinem Verbreitungsschwerpunkt, in gleichmäßig temperierten, sauerstoffreichen und rasch fließenden Quellgewässern (oft kaltstenotherm).

KC: *Brachythecium rivulare, Cardamine amara, Cratoneuron commutatum, Rhizomnium pseudopunctatum, Saxifraga stellaris, Stellaria alsine*

Cardamine amara kommt auch in Röhrichten der *Phragmitetea* und in bachbegleitenden Erlenwäldern vor und gilt deshalb nur als schwache Kennart der höheren syntaxonomischen Ränge. Die Gliederung der *Montio-Cardaminetea* folgt im wesentlichen dem Vorschlag von HINTERLANG (1992), der eine deutliche Trennung von nicht beschatteten Freilandquellfluren und beschatteten Waldquellfluren auf Ordnungsebene floristisch und ökologisch begründbar durchführen konnte.

1. Ordnung: Montio-Cardaminetalia Pawlowski 1928

Hier sind die Pflanzengesellschaften von sommerkühlen Quellstandorten und die der anschließenden Bachoberläufe zusammengefaßt.

OC: *Bryum pseudotriquetrum, B. schleicheri, Epilobium alsinifolium, Mniobryum albicans, Philonotis fontana, Ph. seriata, Pohlia wahlenbergii* u.a.

Die hier vereinigten Gesellschaften aus kalkreichen und kalkarmen Quellen sind im allgemeinen sehr konkurrenzschwach; als wintergrüne Vegetationseinheiten besitzen sie aber einen Selektionsvorteil. Hauptverbreitungsgebiet sind die montanen bis alpinen Höhenräume. Je nach Kalkgehalt werden die Silikatquellfluren des **Cardamino-Montion** von den Kalkquellfluren des **Cratoneurion** auf Verbandsebene geschieden. Vielleicht läßt sich unter Einbeziehung der alpinen Vorkommen eine entsprechende Ordnung der *Cardamino-Cratoneuretalia* (MAAS 1959) für die Kalkquellen vertreten. Die kaltstenothermen alpinen Weichwasser-Quellgesellschaften werden dem **Philonotidion-Verband** zugeordnet.

Abb. 102:
Philonotido-Montietum mit *Montia rivularis* im Quellbereich der Eder (Sauerland, 1984)

1. **Verband: Cardamino-Montion** Br.-Bl. 1926
Subatlantisch-montane Quellfluren des Silikat-Berglandes. Die Gesellschaften des Verbandes besiedeln baumfreie, lichtdurchflutete Quellräume der Mittelgebirgslandschaften; sie sind nach HINTERLANG (1992) vielfach an sekundär waldfreien Ersatzstandorten ehemaliger Waldquellfluren verbreitet.

VC: *Epilobium obscurum, Montia fontana* ssp. *fontana*

Innerhalb des Verbandes unterscheiden PHILIPPI & OBERDORFER (1974) noch zwei Unterverbände moosreicher montan-alpin verbreiteter und moosarmer Gesellschaften der tieferen Lagen; weitere Gliederungen zeigen MAAS (1959) sowie WESTHOFF & DEN HELD (1969), die aber wegen der schwachen Kennartengarnituren nicht befriedigen.

1. **Philonotido fontanae-Montietum rivularis** Büker & R. Tx. ap. Büker 1942
Die Quellkrautflur ist in Silikatgebirgen an offenen, strahlungsexponierten Standorten der montanen Stufe verbreitet.

AC: *Philonotis fontana, Montia rivularis*

Im klaren Wasser (kaltstenotherm) von Quellstandorten (Abb. 102). Die wintergrüne Gesellschaft ist in verschiedene trophie- und quellwasserabhängige Subassoziationen und entsprechende Höhenausbildungen zu gliedern. Sie wächst stets über 300 m Meereshöhe und wird in den tieferen Lagen beispielsweise vom *Cardaminetum amarae* ersetzt.

2. **Bryo schleicheri-Montietum rivularis** Br.-Bl. 1925
Subalpine Quellmoosgesellschaft atlantisch getönter Silikat-Mittelgebirge. An feuchten bis nassen Quellstellen der hochmontanen bis subalpinen Stufe, auch im Südschwarzwald und im Hochsauerland als Glazialrelikt.

AC: *Bryum schleicheri, Philonotis seriata*

Die Weichwasser-Quellmoosteppiche sind als leuchtend-grüne Moosrasen ziemlich auffällig (Abb. 103); sie sind häufig an besonders kalten Quellen.

3. **Stellario alsines-Montietum rivularis** Hinterlang 1992
Zentralassoziation des Verbandes, wo die Verbandscharakterarten ihr Optimum haben.

Cardamine amara-Rumpfgesellschaft des Verbandes
Die Bitterschaumkrautflur ist eine typische Weichwassergesellschaft in unmittelbaren Quellbereichen an leicht beschatteten oder nordexponierten Standorten in collin-montaner bis subalpiner Lage. *Cardamine amara* ist eine diagnostisch wichtige Kennart. Es ist eine weit verbreitete Gesellschaft, die durch weiße Blühaspekte des Bitterschaumkrautes sofort auffällt (Abb. 104). Sie besiedelt normalerweise Helokrenen und ist je nach Sickerfeuchte und Quelligkeit in verschiedene Untergesellschaften, bzw. je nach Höhenlage in verschiedene Höhenformen mehrdimensional zu gliedern.

2. Verband: Philonotidion seriatae Hinterlang 1992
Dieser Verband umfaßt die Weichwasserquellfluren der alpinen Stufe.

VC: *Pohlia wahlenbergii, P. ludwigii, Scapania paludosa, S. uliginosa*

Der *Philonotidion seriatae*-Verband ist ökologisch wesentlich besser gegen die beiden anderen Verbände der Ordnung abgegrenzt als floristisch. Vom *Cardamino-Montion* ist er durch die im Schnitt niedrigsten Wassertemperaturen innerhalb der Klasse deutlich verschieden. Dieser Verband markiert zugleich die untere Grenze der Wassertemperaturamplitude, die von Gesellschaften der Klasse besiedelt werden. Während jene Gesellschaften des *Cardamino-Montion*, die bereits zum *Philonotidion* überleiten, sogar eine geringe Beschattung ertragen, sind die vier Assoziationen des *Philonotidion* stets der vollen Lichtintensität ausgesetzt. Vom *Cratoneurion* unterscheidet sich der neu beschriebene Verband durch den Wasserchemismus (HINTERLANG 1992).

1. Scapanietum paludosae K. Müller 1938
Sumpflebermoos-Gesellschaft. An nassen, kühlen Quellstellen mit geringer Wasserbewegung und schwach saurer Boden- bzw. Wasserreaktion.

AC: *Scapania paludosa*

In der subalpinen Stufe, auch im Hoch-Schwarzwald (Feldberg), im Bayerischen Wald, im Fichtelgebirge und im Allgäu, immer selten (zirkumboreal nach FRAHM & FREY 1987).

2. Scapanietum undulatae Schwickerath 1944
Acidophytische Moosgesellschaft, weit verbreitet an Quellstandorten und in quellnahen Bächen über Silikatgestein vom Flachland bis in die subalpine Region.

Abb. 103:
Bryum schleicheri im Quellgebiet montaner Silikatgewässer (Neuer Hagen/Sauerland, 1982)

Abb. 104:
Cardamine amara-Massenbestand in einer Helokrene im oberen Fimbertal (1990)

AC: *Scapania undulata, Schistidium rivulare, Fontinalis squamosa* u.a.
Begleiter: *Veronica beccabunga, Pellia epiphylla, Equisetum sylvaticum, Juncus bulbosus*

Die Gesellschaft bevorzugt kaltes, sauerstoffreiches, ionen- und mineralarmes Wasser. Submerse, robuste Thalli von *Scapania undulata* beherrschen die Gesellschaft; sie können ganze Quelltrichter auskleiden und auch kleinere Steine völlig überwachsen.

3. **Scapanietum uliginosae** (Sjörs 1946) Dahl 1957
   Seltene Quellgesellschaft über kalkfreiem Gestein an Rheokrenen und an Helokrenen.

   AC: *Scapania uliginosa*

   In den Alpen, im Allgäu, in den Hochlagen von Schwarzwald und Bayerischem Wald.

4. **Mniobryetum wahlenbergii-ludwigii** Geissler 1976
   Die auffallenden, hellgrünen Bestände von *Pohlia wahlenbergii* an arktischen und alpinen Quellen sind schon von jeher als eigener Vegetationstyp aufgefaßt worden. Dies fand seinen Niederschlag in zahlreichen Namen. Aus den Alpen lagen bis 1976 keine Tabellen zu dieser Gesellschaft vor (GEISSLER 1976).

   AC: *Pohlia wahlenbergii* (= *Mniobryum wahlenbergii*), *P. ludwigii, Bryum weigelii*

   Pohlia wahlenbergii hat zwar im *Mniobryetum* ihr Optimum in Präsenz und Dominanz, kommt aber auch mit z.T. beachtlicher Deckung in anderen Gesellschaften der *Montio-Cardaminetalia* vor. Sie kann deshalb nicht allein als AC des Vegetationstyps in Frage kommen. Bemerkenswert ist außerdem das gemeinsame Vorkommen von *Pohlia wahlenbergii* mit *Bryum weigelii*. In den Vogesen ersetzt es sogar die namengebende Art (vgl. v.a.

Kambach & Wilmanns 1969). *Bryum weigelii* kann zumindest als gute Trennart gegen das *Cratoneuro-Philonotidetum seriatae* verwendet werden.

3. Verband: Cratoneurion commutati W. Koch 1928

Nord- und mitteleuropäisch alpine Quellfluren des Kalk-Berglandes. Das tuffbildende *Cratoneuron commutatum* ist im allgemeinen stark am Aufbau der Kalkquellgesellschaften beteiligt. Das Quellwasser ist meist sehr basenreich (pH-Werte >7).

VC: *Cratoneuron commutatum, C. filicinum, Philonotis calcarea, Saxifraga aizoides, Cinclidotus fontinaloides*

Die Kalkquellfluren sind vorwiegend an Helokrenen (in Quellmooren) und an Rheokrenen entwickelt. Sie kommen von den Alpen bis an die Quellaustritte entlang der Ostsee-Steilküsten vor.

1. Cratoneuretum filicino-commutati (Kuhn 1937) Oberd. 1977

Die Starknervmoos-Quellflur ist besonders in collinen und montanen Gebieten der Mittelgebirge des Alpenvorlandes und in den Alpen selbst verbreitet; im Norden selten und floristisch stark verarmt.

AC: *Cratoneurum commutatum, C. filicinum* (opt.)

Die Gesellschaft besiedelt klare, bikarbonat-gesättigte, ionenreiche Quellwässer im Bereich von überrieselten Steinhängen oder selbst gebildeten biogenen Quellkalken (Quelltuffe, Travertin) mit teilweise selbst gebauten Kaskaden. Diese Moosgesellschaft verarmt zunehmend nach Norden und wird in der nordwestdeutschen Mittelgebirgslandschaft beispielsweise von *Cinclidotus riparius, C. aquaticus, Madotheca cordeana* oder *Brachythecium rivulare* und an der Ostseesteilküste von *Cardamine amara* beherrscht Dierssen 1988). Sie wird auch als **Cardamino-Cratoneuretum** Kornas & Medwecka-Kornas 1967 bezeichnet und stellt die Zentralassoziation des Verbandes dar.

Abb. 105:
Cochleario pyrenaicae-Cratoneuretum commutati
in den Almequellen
(Sauerland, 1982)

Abb. 106:
Cratoneuro-Arabidetum jaquinii in einem Hartwasser-Quelltopf mit Tuffbildung (Fimbertal, 1986)

2. **Eucladietum verticillati** Allorge 1922
Schönastmoos-Quellflur. Eine aus Polstermoosen gebildete Gesellschaft, die an sommerlich austrocknenden und versiegenden Kalkquellen siedelt.

AC: *Eucladium verticillatum*

Bildner eines harten Quelltuffs (Travertin). Meist nur kleinflächig entwickelte Gesellschaft; an Kalkgebiete gebunden (DREHWALD & PREISING 1991).

3. **Cochleario pyrenaicae-Cratoneuretum commutati** (Oberd. 1957) Th. Müller 1969
Pyrenäen-Löffelkraut-Gesellschaft. Ziemlich seltene, ausdauernde, wintergrüne subarktische Reliktgesellschaft an Kalkquellen des Berglandes.

AC: *Cochlearia pyrenaica*

Im nördlichen Alpenvorland, auf der Schwäbischen Alb (Bärental), im Jagsttal, in Franken, in der Rhön und im Norden noch an den Almequellen im Nordsauerland verbreitet (Abb. 105).

4. **Cratoneuro-Arabidetum jaquinii** W. Koch 1928
Die Gänsekresse-Tuffmoosflur schließt in der subalpin-alpinen Stufe an das *Cratoneuretum* an.

AC: *Arabis jaquinii, Saxifraga aizoides* (opt.)

Auffällige alpine Rieselgesellschaft an nassen Kalkfelsen und in Kalksümpfen; auch als **Cratoneuretum falcati** Gams 1927 bezeichnet (Abb. 106).

2. **Ordnung: Cardamino-Chrysosplenietalia** Hinterlang 1992
Diese Ordnung beherbergt ausschließlich Waldquellgesellschaften, deren synsystematische

Behandlung seit vielen Jahren kontrovers diskutiert wird. Waldquellfluren kommen häufiger außerhalb von Naßwäldern vor als innerhalb. Ihre Minimumareale unterschreiten immer die Minimumareale von Waldgesellschaften. Waldquellfluren sind grundsätzlich baumfrei, aber obligat von Beschattung abhängig. Diese Beschattung ist ein reines Strukturmerkmal und kann auch von geschlossenen Hochstaudenfluren geleistet werden.

OC: *Chrysosplenium oppositifolium,* (*C. alternifolium,* schwach), *Lysimachia nemorum, Plagiomnium undulatum, Circaea intermedia, Cardamine flexuosa*

Die Gesellschaften der Ordnung *Cardamino-Chrysosplenietalia* sind im Durchschnitt ganztägig mäßig beschattet. Diese Schätzung entspricht einem gemessenen Lichtgenuß der Krauschicht von rund 4 %. Die grundsätzlich unterschiedliche Strahlungssituation zieht natürlich auch andere signifikante mikroklimatische Folgen nach sich. Grundsätzlich gilt für den mitteleuropäischen Raum, daß die Gesellschaften der Ordnung an Laub- und Laubmischwälder gebunden sind. Die Quellen der natürlich verbreiteten Nadelwälder werden in der Regel von dem *Sphagnum*-reichen **Caricetum fuscae polytrichetosum** Oberd. 1938 besiedelt, das kaum floristische Ähnlichkeiten mit den *Montio-Cardaminetea* hat. Diese Begrenzung gilt zugleich horizontal und vertikal; die Quellen in der Fichtenstufe unserer Hochgebirge tragen ebenfalls keine Vegetationstypen der Ordnung *Cardamino-Chrysosplenietalia* (HINTERLANG 1992).

1. Verband: Caricion remotae Kästner 1941
Mit seiner Forderung, die Waldsumpfgesellschaften synsystematisch aus den Waldgesellschaften herauszulösen und sie als eigenständige, wenn auch abhängige Gesellschaften zu betrachten, verband KÄSTNER (1938, 1941) die Aufstellung eines eigenen Verbandes, den er *Caricion remotae* nannte und neben den *Cardamino-Montion*-Verband Br.-Bl. 1926 stellte. Der Verband umfaßt eine Gruppe von Gesellschaften an Waldquellen.

VC: *Carex remota* (schwach), *Circaea alpina, Veronica montana, Stellaria nemorum* (schwach), *Cardamine flexuosa, Lysimachia nemorum,* (*Ranunculus hederaceus*)

Es sind beschattete oder nur teilweise beschattete Sumpf- oder Hangsickerquellen der montanen bis planaren Lagen.

1. Chrysosplenietum oppositifolii Oberd. & Philippi 1977 in Oberd. 1977
(= **Pellio-Chrysosplenietum oppositifolii** Maas 1959 em. Oberd. & Phil. ap. Oberd. 1977
Die Milzkrautgesellschaft ist üblicherweise in der Montanstufe verbreitet; sie ist auch auf beschatteten, ständig feuchten Standorten in Bachnähe zu finden.

AC: *Chrysosplenium oppositifolium* (opt.)
Begleiter: *Pellia epiphylla*

Die Gesellschaft stellt atlantisch-colline Ausläufer eines vorwiegend boreo-montan verbreiteten *Cardamino-Chrysosplenietum oppositifolii* dar (MAAS 1959). Oft in schwach kalkhaltigen Gewässern, leitet über zu Kalkquellsümpfen.

2. Caricetum remotae (Kästner 1941) Schwickerath 1944
Die Wald-Gilbweiderich-Winkelseggen-Gesellschaft ist die Zentralassoziation des Verbandes.

AC: *Carex remota,* (*Lysimachia nemorum, Cardamine flexuosa*)

Sie gedeiht an schattigen und langsam sickernden Waldquellen, vorzugsweise im Hügelland, in der montanen Stufe sowie in der hohen Geest des Nordens und an quelligen Waldwegen.

3. Ranunculetum hederacei (R. Tx. & Diemont 1936) Libbert 1940
Die Gesellschaft des Efeublättrigen Hahnenfußes ist bezeichnend für mäßig nährstoffreiche, selten trockenfallende Helokrenen (Quellmulden). Über nassen, basenarmen Sandböden optimal verbreitet.

AC: *Ranunculus hederaceus*

Auch in Gräben und zeitweise überschwemmten Mulden sowie in kleinen Tümpeln und Teichen mit humusarmem Substrat vorkommend. Vielleicht gehören diese Bestände auch eher zum *Cardamino-Montion*-Verband.

15. Klasse: Scheuchzerio-Caricetea nigrae (Nordhagen 1936) R. Tx. 1937 – Niedermoorgesellschaften und Hochmoorschlenken-Gesellschaften

Sümpfe und Niedermoore zeichnen sich dadurch aus, daß Grund-, Quell- oder Sickerwasser den Boden langfristig durchtränkt; sie trocknen daher nur oberflächlich ab. Die Gesellschaften bestehen aus Kleinseggen, Binsen und Wollgräsern. Sie finden sich in der gesamten eurosibirischen Region, in unserem Gebiet v.a. im Gebirge von der submontanen bis in die subalpine Stufe sowie in den Moorbereichen der nordwestdeutschen Geest und in den Dünentälern der Inseln. Ihre primären Standorte im Umkreis von Gewässern oder im Lagg von Hochmooren sind von Natur aus weitestgehend gehölzfrei.

KC: *Eriophorum angustifolium, Sphagnum subsecundum, Sph. contortum, Carex nigra*

Die Klasse gliedert sich in drei Ordnungen: **Scheuchzerietalia palustris, Caricetalia nigrae** und **Caricetalia davallianae**. Prägend für die Artenzusammensetzung der einzelnen Niedermoorgesellschaften sind feine Abstufungen im Wasserhaushalt, im Elektrolytgehalt und im pH-Wert der Torfstandorte. Alle diese Standorte sind durch Melioration und Eutrophierung stark gefährdet. Mit der Entwässerung unterliegen die Niedermoortorfe beispielsweise einer starken Mineralisation. Der freiwerdene Stickstoff fördert nitrophile Staudenvegetation als Folgegesellschaften (DIERSSEN 1988).

Abb. 107:
Carex limosa in einer Moorschlenke
(Hinterzartener Moor/Hochschwarzwald, 1985)

1. Ordnung: Scheuchzerietalia palustris Nordhagen 1936

Die Ordnung umfaßt artenarme Pioniergesellschaften von Moorschlenken, oft im Kontakt zu Hochmoor-Bultgesellschaften. Die Gesellschaften zeigen in der Regel eine nordisch ozeanische Hauptverbreitung. Sie wachsen auf nassen, nackten Torf- und Sandböden, besonders im Hochmoor-Vegetationskomplex, aber auch in der Uferzone oligo- oder dystropher Gewässer.

1. Verband: Rhynchosporion albae W. Koch 1926

Die Schnabelried-Schlenken werden aus den Gesellschaften nasser, nährstoffarmer, dystropher Moorgewässer gebildet; oft sind es periodisch oder episodisch wassergefüllte Rinnen, Schlenken oder Moorblänken im Kontakt zu Hochmoor-Bultgesellschaften.

VC: *Drosera intermedia, D. anglica, Scheuchzeria palustris, Rhynchospora alba, Rh. fusca, Sphagnum pulchrum, Sph. majus, Sph. balticum*

Die Gesellschaften wachsen auf locker gelagerten Torfsubstraten oder Torfschlamm, in Feuchtheiden des *Ericetum tetralicis* auch auf verdichteten Böden. Weiteste Verbreitung und größte Ausdehnung erreichen die Assoziationen dieses Verbandes in den Mooren der borealen Nadelwaldzone; in der temperaten Zone treten sie nur kleinflächig auf, so auch in den montanen Mooren der Mittelgebirge (vgl. JENSEN 1961, 1987; DIERSSEN & DIERSSEN 1984).

1. Caricetum limosae Paul 1910 em. Osvald 1923

Schlammseggen-Blasenbinsen-Gesellschaft. In nicht austrocknenden, wassergesättigten Hoch- und Zwischenmoorschlenken sowie auf Schwingrasen und besonders an den Ufern hochmoorartig verlandender Seen (Abb. 107 u. 108); Gesellschaft mit boreo-montanem Verbreitungsschwerpunkt. Sie bildet Mosaike mit *Sphagno-Utricularion*- und *Oxycocco-Sphagnetea*-Vegetationseinheiten. Folgende Charakterarten:

AC: *Scheuchzeria palustris, Carex limosa*

In Nordwestdeutschland selten geworden; im Alpenvorland noch häufiger.

Abb. 108: *Scheuchzeria palustris* in einer Moorschlenke (Hinterzartener Moor/ Hochschwarzwald, 1985)

Abb. 109:
Irregulärer Bult-Schlenken-Vegetationskomplex mit *Ericetum tetralicis* und *Rhynchosporetum albae* im Gildehauser Venn (1983)

2. **Rhynchosporetum albae** Osvald (1923) em. W. Koch 1926
Die Schnabelriedgesellschaft ist eine atlantisch-subatlantische Gesellschaft auf nackten, nährstoffarmen Torf- und feucht-humosen Sandböden, die abtrocknen.

AC: (*Rhynchospora alba*, transgr.), *Rh. fusca, Drosera intermedia,* (*Lycopodiella inundata*, schwach)

Das *Rhynchosporetum albae* ist eine gut charakterisierte Assoziation. Ihre konstituierenden Arten sind aber nur relativ konkurrenzschwach, deshalb kann sich diese Gesellschaft nur auf offenen Böden mit längerer Überflutung gut entfalten (s. Abb. 109). Die Gesellschaft läßt sich in verschiedene Subassoziationen gliedern, z.B. *Erica tetralix*- und *Sphagnum cuspidatum*-reiche Untergesellschaft auf Torf (C/N-Verhältnis 30 – 50, nach BORCHERT & WITTIG 1990), *Rhynchospora fusca*- und *Juncus bulbosus*-reiche Subassoziation an Heideweihern auf humosen, mineralischen Böden mit einem C/N-Verhältnis von 20 – 30, und eine *Lycopodiella inundata*-reiche pionierhafte Subassoziation auf schwach bis mäßig humosen Mineralböden mit stark streuenden C/N-Werten von 10 – 35.

3. **Sphagnum cuspidatum-Eriophorum angustifolium-Gesellschaft**
Wenigartige, langlebige Wollgras-Gesellschaft an dystrophen Gewässerrändern regenerierender Torfstiche oder an dystrophen Moorseen mit *Eriophorum angustifolium* und *Sphagnum cuspidatum* (Abb. 110). Meist an solchen Stellen, in denen das Wasser für das *Rhynchosporetum albae* zu tief ist, sind regelrechte Schwingrasen dieser Gesellschaft flächenhaft entwickelt (Abb. 111). Wenn nach Jahren der Verlandung der freie Wasserraum zwischen Schwingrasen und Torfboden mit Wollgrastorfen angefüllt ist, können *Sphagnum fallax, Eriophorum vaginatum* und weitere *Oxycocco-Sphagnetea*-Elemente eindringen und diese Wollgras-Rasen ablösen (s. auch WITTIG 1980). So läßt sich eine Sukzessionsreihe von der **Sphagnum cuspidatum-Eriophorum angustifolium-Gesellschaft** über eine **Sphagnum fallax-Eriophorum angustifolium-Gesellschaft** bis hin zur **Eriophorum vaginatum-Gesellschaft** aufzeigen, die schließlich alle im **Erico-Sphagnetum magellanici** (Hochmoorbult-Gesellschaft) enden. Bei Absenkung des Wasserstandes ohne Nährstoffeintrag entwickeln sich *Molinia*-Bultstadien.

2. Verband: Caricion lasiocarpae Vanden Berghen ap. Lebrun et al. 1949

Die Gesellschaften dieses Verbandes wachsen an mesotrophen Zwischenmooren mit Verbreitungsschwerpunkt in borealen Gebieten; die Vorkommen können stellenweise als Glazialrelikte gedeutet werden.

VC: *Carex lasiocarpa, Eriophorum gracile, Sphagnum riparium, Sph. obtusum, Sph. lindbergii*

Abb. 110:
Eriophorum angustifolium als Röhricht an dystrophen Heideweihern (Dörgener Moor, Emsland 1984)

Abb. 111: Flächenhaft entwickelte Wollgrasschwingrasen im Amts-Venn bei Gronau (Fotoarchiv Westf. Museum f. Naturkunde, Münster)

Die Gesellschaften bilden sehr nasse Schwingrasen an Moorgewässern und in Heideweihern. Sie haben hier ihre Primärstandorte, sind sekundär aber auch in Torfstichgewässern vertreten. Artenarme röhrichtähnliche Bestände aus diesem Verband stehen den *Magnocaricion*-Gesellschaften ökologisch und floristisch sehr nahe. Darauf deuten vielfach herdenartige Vorkommen von *Carex rostrata, Peucedanum palustre, Comarum palustre* und *Lysimachia thyrsiflora* hin (s. auch W. KOCH 1926, OBERDORFER 1977).

1. **Caricetum lasiocarpae** Osvald 1923 em. W. Koch 1926
   Fadenseggenmoor. Auf seicht überschwemmten elektrolytarmen, sauren Niedermoortorfen; im Lagg oligotropher Moore sowie im Komplex hochmoorartig verlandender Gewässer.

   AC: *Carex lasiocarpa* (= *C. filiformis*)

   Die Physiognomie der Gesellschaft wird von der Charakterart geprägt; sie bildet vielfach trittfeste Schwingrasen auf nassem Dy oder auf Dygyttia. *Carex lasiocarpa* selbst besitzt eine weite ökologische Amplitude: sie kann neben saure Moorstandorte auch basenhaltige Substrate bewachsen und tendiert dann in die Ordnung *Caricetalia davallianae* oder in den *Caricion elatae*-Verband.

2. **Caricetum diandrae** Osvald 1923 em. Jonas 1932
   Die Drahtseggen-Gesellschaft ist selten, kalkoligotraphent und konkurrenzschwach. Auch sie ist auf schwach bis mäßig sauren Torfböden vorwiegend montan verbreitet.

   AC: *Carex diandra*

   Die seicht überschwemmten Flachmoorschlenken und Schwingrasen finden sich vorwiegend in den pleistozänen Vereisungsgebieten mit Häufungen im Alpenvorland.

3. **Drepanoclado-Caricetum chordorrhizae** Osvald 1925
   Das Strickwurzelseggenmoor ist ebenfalls ein seltener Schwingrasen auf nassen, aber nur schwach sauren bis basenreichen Torfböden. Die Gesellschaft wird als Glazialrelikt gedeutet.

   AC: *Carex chordorrhiza*

   Gesellschaft mit boreal-kontinentaler Hauptverbreitung (z.B. noch in Brandenburg), im Bodenseegebiet und im Alpenvorland.

4. **Caricetum heleonastae** (Paul & Lutz 1941) Oberd. 1957
   Das Torfseggenmoor bildet seltene Schwingrasen im bayerischen Alpenvorland auf basenreichen bis mäßig sauren Torfböden.

   AC: *Carex heleonastes*
   Begleiter: *Meesia triquetra*

   Die Gesellschaft ist ein Eiszeitrelikt.

2. **Ordnung: Caricetalia nigrae** (W. Koch 1926) Nordhagen 1936 em. Br.-Bl. 1949
Braunseggensümpfe sind torfbildende Kleinseggengesellschaften im Bereich kalkarmer, aber nicht zu nährstoffarmer Gewässer der gesamten eurosibirischen Region. Bei uns v.a. in den Mittelgebirgen und im Lagg von Hochmooren verbreitet (PHILIPPI 1974).

1. **Verband: Caricion nigrae** W. Koch 1926 em. Klika 1934
An oligotroph-sauren Moorrändern auf Sumpfhumusböden sind Braunseggensümpfe ver-

breitet; sie treten gehäuft in sauren Mittelgebirgslandschaften und in den Silikatalpen auf.

VC: *Carex echinata, C. canescens, C. magellanica (= C. paupercula)*

Es sind vielfach sicker- bis staunasse Flach- und Quellmoore von der Ebene bis in die alpine Stufe der Hochgebirge.

1. **Eriophoretum scheuchzeri** Rübel 1912
   Das Kopfwollgrasmoor ist eine artenarme, arktisch-alpin disjunkte Verlandungsgesellschaft an Tümpeln der alpinen Stufe auf basenarmen Böden, im Sommer trockenfallend (Abb. 112).

   AC: *Eriophorum scheuchzeri*

   Vorwiegend in den Zentralalpen verbreitet.

2. **Caricetum nigrae** Br.-Bl. 1915
   Seggensümpfe mit *Carex nigra* bilden eine vielgestaltige Zentralassoziation des Verbandes an basenarmen, im allgemeinen stark sauren, torfigen Standorten.

   AC: *Carex nigra* (schwach)

   Die Verbandscharakterarten *Carex canescens, C. echinata* und *Viola palustris* haben hier ihre Schwerpunkte.

Abb. 112:
Eriophoretum scheuchzeri
im oberen Fimbertal
unterhalb der Heidelberger
Spitze (1991)

Die Gesellschaft ist außerordentlich variabel und läßt sich in gut zu unterscheidende geographische Vikarianten trennen; des weiteren ist sie in verschiedenen Höhenlagen jeweils floristisch unterschiedlich differenziert. Nach OBERDORFER (1977) sind dies: eine submontane und montane, recht einheitliche Gesellschaftsausprägung mit hohen Anteilen an *Carex canescens, Juncus bulbosus* und *Ranunculus flammula*, die höhenwärts in eine subalpine und alpine Form übergeht, wo v.a. *Trichophorum cespitosum* zu dominieren beginnt. Atlantische geographische Vikarianten sind in dieser Gesellschaft beispielsweise durch *Wahlenbergia hederacea* differenziert (Schwarzwald); eine Rasse mit *Selinum pyrenaicum* findet sich in den Vogesen; *Willemetia stipitata* und *Homogyne alpina* differenzieren die Braunseggen-Flachmoore der nördlichen Alpenkette.

3. Parnassio-Caricetum nigrae Oberd. em. Görs 1977

Der Herzblatt-Braunseggensumpf ist auf basenreichen, aber kalkfreien Flachmooren verbreitet. Etwas nährstoffreicher als vorige Assoziation; in den Silikatgebirgen und im norddeutschen Flachland.

AC: *Carex demissa, Swertia perennis, (Parnassia palustris, Pinguicula vulgaris*, alle mehr als Begleiter zu sehen)

Die Gesellschaft läßt sich ebenfalls in montane und alpine Höhenformen gliedern. Sie vermittelt aber standörtlich zu den *Caricetalia davallianae*-Gesellschaften.

OBERDORFER (1977) schließt in ein weit gefaßtes *Parnassio-Caricetum nigrae* die reliktischen, *Bartsia alpina*-reichen Bestände des subalpinen Feldberggipfels im Schwarzwald ein (**Bartsio-Caricetum fuscae** Bartsch 1940; Abb. 113); ebenso das **Willemetio-Caricetum fuscae** Phil. 1963 aus der subalpinen Stufe des Arber- und Lusengebietes im Bayerischen Wald sowie das **Selino-Caricetum fuscae** mit *Selinum pyrenaeum* aus den Karen des Hohneckgebietes in den Vogesen. Neben dieser geographischen Differenzierungsmöglichkeit gibt es noch standörtliche Unterschiede entlang eines Trophie- und Nässegradienten wie auch die Möglichkeit zur Höhendifferenzierung des *Parnassio-Caricetum nigrae*, das somit alle Anforderungen an eine mehrdimensionale Gesellschaftsgliederung erfüllt. Die Tieflagenausbildung mit hohen Anteilen an *Carex panicea* und *C. demissa* werden auch als **Campylobo-Caricetum dioicae** Osvald 1923 em. Dierßen 1982 bezeichnet.

Abb. 113:
Bartsia alpina als Glazialrelikt im *Caricetum nigrae*-Flachmoor am Feldberggipfel (1990)

Abb. 114:
Carici canescentis-Agrostidetum caninae am Rande des Großen Heiligen Meeres (1985)

4. **Caricetum trinervi-nigrae** Westhoff 1947
Der Dreinerv-Seggensumpf ist eine niedrige, von Riedgräsern beherrschte und von *Salix repens* durchsetzte Sumpfgesellschaft in alten, sauren Dünentälern der Ostfriesischen und Nordfriesischen Inseln (Sylt).

AC: *Carex trinervis*
Begleiter: *Salix repens, Juncus alpino-articulatus* ssp. *atricapillus, Carex x timmiana, Drepanocladus sendtneri*

Diese Gesellschaft ist heute sehr selten im Bereich kalkarmer, alter Dünen über geringmächtigen Niedermoortorfen in nassen, mit hohem, aber schwankendem, im Winter über die Bodenoberfläche steigendem Grundwasserstand. Diese natürliche Sumpfgesellschaft steht im Entwicklungskomplex der Hygroserie von Dünentälern; sie entwickelt sich aus dem *Samolo-Littorelletum uniflorae* und wird vom *Empetro-Ericetum tetralicis* abgelöst.

5. **Carici canescentis-Agrostietum caninae** R. Tx. 1937
Hundsstraußgras-Grauseggen-Sumpf. Häufig am Rande eutrophierter Heideweiher; vom kalkfreien Wasser durchsickerte Flachmoorgesellschaft.

AC: *Carex canescens, Agrostis canina*

Carex canescens und *Agrostis canina* wachsen meist über dichten *Sphagnum cuspidatum*-Teppichen und beherrschen so den Gesellschaftsaspekt (Abb. 114). In der Optimalphase ist *Eriophorum angustifolium* mit hoher Mächtigkeit beteiligt. Sehr plastische Gesellschaft, die Schwingrasen aufbaut oder sich auch direkt über Mineralböden entwickeln kann. *Hydrocotyle vulgaris, Comarum palustre, Lysimachia vulgaris* oder auch *Carex rostrata* (meist nur vegetativ und kümmerlich) können mit jeweils unterschiedlichen Deckungsgraden aspektbestimmend auftreten. Sie zeigen die Weiterentwicklung zu mesotrophen Seggenriedern an.

6. **Pediculario palustris-Juncetum filiformis** Prsg. 1952
Sumpfläusekraut-Fadenbinsen-Sumpf, geprägt von der Fadenbinse, von Kleinseggen (*Carex panicea, C. nigra, C. canescens, C. stellulata*) und *Eriophorum angustifolium*.

AC: *Juncus filiformis, Pedicularis palustris*

Auf nassen, weichen Niedermoorböden in Fluß- und Bachniederungen und in Verlandungszonen von Heideweihern. Dort natürliche Gesellschaft; vielfach aber auch Ersatzgesellschaft von Erlen- und Birkenbruchwäldern.

Dominanzgesellschaft des **Caricion nigrae**:

Juncus acutiflorus-Gesellschaft
Natürliche, von der dunkelgrünen Waldbinse beherrschte Sumpfgesellschaft auf sauren, nährstoffarmen Quellmooren dauernd nasser Quellwasserstandorte. Vorwiegend im Wuchsbereich des *Quercion robori-petraeae*. Die Waldbinsen-Sümpfe können sich anstelle gerodeter Erlen- oder Birkenbruchwälder flächenhaft ausbreiten und vermitteln dann zu Feucht- und Naßwiesengesellschaften (s. dort). Vielleicht eigenständige Assoziation.

3. Ordnung: Caricetalia davallianae Br.-Bl. 1949
Die Kalkflachmoore und Rieselfluren sind meist kalkoligotrophe Standorte, die als Verlandungssümpfe, Quell- und Rieselfluren der eurosibirischen Region in planaren bis subalpinen Lagen verbreitet sind. Das Substrat bilden im Regelfall stark mineralisierte Torfe, seltener kalkreiche Sedimente bzw. wassergesättigte, basenreiche Mineralböden. Im Vergleich zu den beiden vorangestellten Ordnungen sind die Gesellschaften der *Caricetalia davallianae* durchweg artenreicher. Die Ordnungs- und Verbandscharakterarten sind weitgehend identisch.

1. Verband: Caricion davallianae Klika 1934
Niedrigwüchsige, teilweise sehr farbenprächtige und artenreiche Gesellschaften kalkreicher, aber nährstoffarmer Niedermoore. Im Alpengebiet, im Alpenvorland und im Jungmoränengebiet häufiger, sonst sehr selten.

OC - VC: *Carex lepidocarpa, C. hostiana, C. pulicaris, Liparis loeselii, Eriophorum latifolium, Trichophorum alpinum, Schoenus nigricans, Eleocharis quinqueflora, Primula farinosa, (Swertia perennis, transgr.)* u.a.

Die Verlandungssümpfe, die Quell- und auch die Rieselfluren des *Caricion davallianae* in den Kalkgebieten oder auf den kalkhaltigen Sanden der Jungmoränenlandschaften Norddeutschlands sowie auf den Nordseeinseln sind allesamt akut vom Aussterben bedroht!

1. Orchio-Schoenetum nigricantis (Allorge 1922) W. Koch 1926
Kopfbinsengesellschaften sind kennzeichnend für quellige Verlandungsmoore an Seen und in sumpfigen Niederungen. Neben kalkreichen, feuchten Dünentälern an den Küsten der Nordsee (s. Abb. 115 sowie WESTHOFF 1947, RANWELL 1959, ERNST & VAN DER HAM 1988) ist die Art im südöstlichen Europa v.a. auf kalkarmen Flachmooren des Kontinents verbreitet (u.a. ZOBRIST 1935, KLOOS 1965, BALATOVA-TULACKOVA & VENANZONI 1989). Trotz des großen Interesses von Vegetationskundlern an kontinentalen *Schoenus*-Gesellschaften ist aber über die Ökologie von *Schoenus nigricans* nichts bekannt (ERNST 1991). Die temperat-meridional-ozeanische Verbreitung von *Schoenus nigricans* wird in der Regel durch die -2°C - Januarisotherme begrenzt.

AC/D: *Schoenus nigricans* (transgr.), *Orchis palustris*

Die Festlandsbestände mit dem Kopfried gehören nach OBERDORFER (1957) dem *Orchio-Schoenetum nigricantis* an. Es sind Tieflagengesellschaften auf wechselfeuchtem Kalksand oder Seekreide in den Jungmoränenlandschaften Schleswig-Holsteins (dort zumeist ausgestorben) oder Mecklenburg-Vorpommerns. In Süddeutschland (Oberrhein- und Bodenseegebiet) sowie im Alpenvorland auf kalkreichen, nährstoffarmen Niedermooren mit bewegtem, meist im Winter hochstehendem Grundwasser, im Sommer trockenfallend.

2. Junco baltici-Schoenetum nigricantis Westhoff 1947
(= **Salici repentis-Schoenetum nigricantis** R. Tx. 1943)

In den Küstendünen der Nordseeinseln Borkum, Spiekeroog und Baltrum ist das mehrjährige Riedgras *Schoenus nigricans* ein wichtiger Vertreter der Hygroserie (s. ERNST & VAN DER HAM 1988, WESTHOFF & VAN OOSTEN 1991). Hier steht das Kopfried in feuchten, primären, jungen Dünentälern und nimmt eine Schlüsselstellung bei der Aussüßung und Bodenbildung solcher natürlichen abgeschnürten, ehemals salzreichen Dünentäler ein.

AC/D: *Campylium stellatum, C. polygamum, Liparis loeselii, Juncus balticus* (schwach), *Schoenus nigricans* (transgr., s.o.)

Die boreale Art *Juncus balticus* erreicht hier ihre Südgrenze und ist in dieser Gesellschaft derzeit nur von Borkum bekannt.

Kennzeichnend für die Ökologie feuchter Küstendünentäler ist eine starke Fluktuation des Grundwasserstandes, der im Winter bis zu 70 cm über der Bodenoberfläche steht und im Sommer bis zu unter 100 cm unter Flur absinken kann (ERNST & VAN DER HAM 1988). In Gebieten mit starker Absenkung des Grundwasserstandes infolge Trinkwassergewinnung haben die Populationen von *Schoenus nigricans* seit einigen Dezennien stark unter dem Fraß von Kaninchen zu leiden, wobei infolge des Fehlens der winterlichen Überflutung die oberirdischen Sprosse fast völlig abgefressen werden. Hierdurch verliert die Pflanze nicht nur einen Teil der Nährstoffreserve, sondern v.a. die im Spätsommer angelegten neuen Blütenstände. Folglich wird die Saatproduktion und damit die Verjüngung der Populationen stark beeinträchtigt (ERNST & VAN DER HAM 1988, ERNST 1991).

Sprossen von *Schoenus nigricans* wachsen im Laufe ihres 8- bis 16-monatigen Lebens stets von der Basis nach und beginnen an der Sproßspitze abzusterben; solche Kopfriedbestände fallen ganzjährig durch ihre schmutzig-braunschwarz-graue Farbe auf (Abb. 115). Ähnliche – allerdings floristisch verarmte – Bestände sind auch durch KLEMENT (1953), WIEMANN & DOHMKE (1967) von den Inseln Wangerooge und Spiekeroog, durch GROOTJANS et al. (1988) von der westfriesischen Insel Schiermonnikoog sowie von PIGNATTI (1953), SPARLING (1968), WATTEZ (1971), GÉHU-FRANCK & GÉHU (1975), LORIENTE ESCALADA (1982) und PICCOLI & MERLONI (1989) aus dem atlantisch-mediterranen Küstenraum beschrieben worden.

Abb. 115:
Das dunkel-schwarzgrau gefärbte Kopfbinsenried (*Orchio-Schoenetum nigricantis*) in einem primären Dünental auf der Insel Schiermonnikoog/ Niederlande (1989)

Abb. 116:
Parnassio-Juncetum in einem Dünental auf der niederländischen Insel Schiermonnikoog mit *Parnassia palustris* und *Juncus atricapillus* (1989)

3. **Parnassio-Juncetum atricapilli** Westhoff (1947) 1969
(= **Gentiano-Centaurietum vulgaris** Br.-Bl. & De Leeuw 1936, p.p.)
(= **Centaurio-Saginetum moliniformis** Diemont, Sissingh & Westhoff 1940, p.p.)
Die vorwiegend atlantisch-mediterran verbreitete Sumpfherzblattgesellschaft mit auffälligen Anteilen an *Juncus alpino-articulatus ssp. atricapillus* (= *J. anceps*) wächst noch in einigen Dünentälern der West- und Ostfriesischen Inseln. Es ist eine niedrige, blumenreiche Gesellschaft (Abb. 116), in der *Parnassia palustris* und Strandgüldenkraut (*Centaurium littorale*) besonders auffallen.

AC: *Gentianella amarella ssp. uliginosa, Juncus anceps*

Auf frischem bis feuchtem, stark humosem, grauem, kalk- und etwas salzhaltigem Sand von Dünentälern. Der wechselnde Wasserstand schwankt zwischen 30 und 50 cm Tiefe. Die schwach salzertragende Gesellschaft steht an der Basis der Hygroserie im Verlandungsbereich primärer Dünentäler und entwickelt sich bei zunehmender Aussüßung und Entkalkung zum *Junco baltici-Schoenetum nigricantis* (Westhoff 1990).

Das *Parnassio-Juncetum* steht floristisch und ökologisch zwischen den Kalkflachmoorgesellschaften, den sauren Niedermooren und enthält Anteile der *Saginetea maritimae*; die genaue synsoziologische Eingliederung dieser Gesellschaft sollte noch überprüft werden; vorläufig wird sie dem *Caricion davallianae* zugeordnet.

4. **Primulo-Schoenetum ferruginei** Du Rietz 1925
Mehlprimel-Kopfbinsenmoor. Bezeichnende montane Kalkflachmoor- bzw. Kalksumpfgesellschaft an Quellaustritten und im Verlandungsbereich kalkoligotropher Seen. Gliedert sich in zahlreiche Subassoziationen.

AC: *Schoenus ferrugineus, Primula farinosa, Selaginella selaginoides*

Mit zahlreichen alpigenen und nordisch-arktischen Geoelementen gut gegenüber dem *Orchio-Schoenetum nigricantis* differenziert. Das *Primulo-Schoenetum ferruginei* ist auf Primärstandorten der Montanstufe des Alpenvorlandes und des Alpenraumes selbst durch einen festen Anteil an *Aster bellidiastrum, Gentiana asclepiadea* u.a. differenziert (OBERDORFER 1977).

5. **Caricetum davallianae** Dutoit 1924 em. Görs 1963
Der Davall-Seggensumpf bildet sich auf durchrieselten, sauerstoffreichen Böden, meist in Hanglagen. Er ist häufig tuffaufbauend. Das Entfaltungszentrum der Assoziation liegt in den Hochgebirgen; sie geht auch in die Mittelgebirge vom Alpenvorland bis in die Schwäbische und Fränkische Alb.

AC: *Carex davalliana*

Mit zunehmender Entfernung vom Alpenraum zeigt sich eine fortschreitende floristische Verarmung dieser kurzrasigen Quellmoor-Gesellschaft. In der subalpin-alpinen Stufe treten vielfach Höhenformen der typischen Gesellschaft mit *Selaginella selaginoides, Polygonum viviparum, Juncus triglumis* und *Bartsia alpina* auf (s. Abb. 117); in der montanen Stufe erreichen *Succisa pratensis, Epipactis palustris* und *Cirsium palustre* hohe Stetigkeiten (GÖRS 1963, 1964). Hier werden die Kalkflachmoore stellenweise sogar gemäht.

6. **Trichophoretum alpini** (Bertsch 1928) Braun 1969
Die nordische Alpenkopfgras-Gesellschaft ist am Südrand ihrer europäischen Verbrei-

Abb. 117:
Dactylorhiza majalis agg.
und weibliche Exemplare
von *Carex davalliana* im
Fimbertal (1991)

Abb. 118: *Trichophoretum alpini* auf erodiertem Flachmoortorf in der alpinen Stufe der Fimbertals/Silvretta (1984)

tung auf mittelgründigen Torfböden mit starker Bodenerhöhung, aber ausreichender Versorgung mit mineralhaltigem Wasser ausgebildet (Abb. 118).

AC: *Trichophorum alpinum*, (*Carex dioica*, schwach)

Von *Trichophorum alpinum* beherrschte kalkoligotraphente Niedermoorgesellschaften haben ihren Häufigkeitsschwerpunkt in der subalpinen und alpinen Stufe der Alpen. Die Vorkommen in den Hochlagen der Mittelgebirge sind davon isoliert. In den Bergen, aber auch in den Niedermooren der Jungmoräne Norddeutschlands.

7. Caricetum frigidae Rübel 1912

Eisseggenflur. In den Kalkgebieten der Alpen; im Schwarzwald über Gneis, der von Calcitadern durchzogen ist (am Feldberg selbst Eiszeitrelikt mit hohem Anteil weiterer hochalpiner Reliktpflanzen).

AC: *Carex frigida*

Kaltstenotherme Assoziation zwischen Quellflur und Quellmoor.

8. Eleocharitetum quinqueflorae Lüdi 1926

Die Gesellschaft des Armblütigen Sumpfriedes bildet niedrige, lückige Rasen auf Niedermoorstandorten mit hoher Basensättigung.

AC: *Eleocharis quinqueflora*

Heute noch im Küstenbereich auf den Inseln (Fehmarn, Sylt, Ostfriesische Inseln) sowie verbreitet im Alpenvorland.

9. Juncetum subnodolosi W. Koch 1926

Die Gesellschaft der Stumpfblütigen Binse gedeiht an wechselfeuchten, quelligen Stellen in Auen und Verlandungsgürteln mesotroph-kalkhaltiger Seen, an Kalk-Quellmooren im Flachland und im Hügelland; sie ist heute sehr selten.

AC: *Juncus subnodolusus, Dactylorhiza incarnata*

Die Gesellschaft bildet auch Fazies in unterschiedlichen *Calthion*-Gesellschaften auf schwach gedüngten, einschürigen Wiesen kalkreicher, sickernasser, toniger Böden. Als natürliche, baumfreie Binsengesellschaft zeigt sie sich stationär mit hoher Stabilität; das läßt sich in einigen kalkreichen Quellmooren der Jungmoränenlandschaft Norddeutschlands bis hin nach Vorpommern beobachten. Nennenswerte Vorkommen gibt es noch im kretazischen nordwestdeutschen Hügelland.

Fragmentgesellschaft des **Caricion davallianae** ist:

Carex pulicaris-Gesellschaft
Flohseggen-Sumpf mit Reinbeständen von *Carex pulicaris* an quelligen, wasserdurchsickerten, sauerstoff- und kalkreichen Kalkflachmooren und Quellmooren von der Ebene (z.B. Vorland des Teutoburger Waldes bei Brochterbeck/Westfalen) bis in die alpine Stufe. Auch als Assoziation gefaßt: **Parnassio-Caricetum pulicaris** Oberd. 1957 em. Philippi 1963. Heute am Nordrand der nordwestdeutschen Mittelgebirge so gut wie erloschen; die Restbestände können eventuell dem *Orchio-Schoenetum nigricantis* zugeordnet werden.

2. **Verband: Caricion maritimae** Br.-Bl. ap. Volk 1939
   (= **Caricion bicoloris-atrofuscae** Nordhagen 1936)
Alpigene Schwemmufer-Gesellschaften und Rieselfluren sind Pioniergesellschaften offener Schwemmsandböden mit zahlreichen nordisch-zirkumpolaren Arten, die sich nach dem Rückzug des Eises in den Alpen als Relikte haben halten können (arktisch-alpine Disjunktion).

   VC: *Typha minima, Kobresia simpliciuscula, Equisetum variegatum*

Die Gesellschaften dieses Verbandes sind in Deutschland vielfach nur in verarmter Form ausgebildet.

1. **Kobresietum simpliciusculae** Br.-Bl. ap. Nadig 1942
   Die Schuppenseggen-Gesellschaft wächst an wasserzügigen Hängen und sandigen Bachufern ohne Staunässe, sie ist zu geringfügiger Torfbildung fähig.

   AC: *Kobresia simpliciuscula*

   Optimal in den Zentralalpen, bei uns in Berchtesgaden.

2. **Caricetum maritimae** Br.-Bl. 1918
   Binsen-Seggen-Gesellschaften sind auf wenig stabilen Standorten entlang von Gletscherbächen in den Zentralalpen verbreitet. Sie bilden Pioniergesellschaften auf Feinsandschüttungen, optimal in der subalpinen bis alpinen Stufe.

   AC: *Carex maritima*

   Die Gesellschaft entwickelt sich auch auf Gletschermoränen über feuchten, kalkreichen bis neutral-sauren Schwemmsanden und Kiesböden.

3. **Juncetum alpino-articulati** (Oberd. 1957) Philippi 1960
   Gesellschaft der Alpenbinse. In Hochwasserrinnen der Alpenflüsse auf Schlick und auf Sand. Pioniergesellschaft auf trockenfallenden Gleithängen fast aller Alpenflüsse bis in das Alpenvorland.

   AC: *Juncus alpinus, J. articulatus, Equisetum variegatum*

   Meist kleinflächige Gesellschaft, auch in Kalkflachmooren.

4. **Equiseto-Typhetum minimae** Br.-Bl. ap. Volk 1949
   Zwergrohrkolben-Sumpf. Auf schlickreichen, tonigen und kalkhaltigen Schwemmsandböden. In Hochwasserrinnen und ruhigen Buchten der Alpenflüsse.

   AC: *Typha minima*

Durch Gewässerregulierungen ist die sehr seltene, 30-70 cm hohe Rohrkolbengesellschaft sehr stark zurückgegangen. Nennenswerte Vorkommen gibt es nur noch entlang der alpenbürtigen Donauzuflüsse Lech und Inn.

16. Klasse: Oxycocco-Sphagnetea Br.-Bl. 1943 – Feuchtheide- und Hochmoorbult-Gesellschaften

Die Klasse umfaßt die artenarmen, torfmoos-beherrschten Gesellschaften oligotropher Hoch- und Übergangsmoore in planaren bis subalpinen Höhenlagen. Anmoorige Feuchtheiden, in denen Sphagnen, Cyperaceen und Ericaceen dominieren, werden hier angegliedert.

Die natürlichen Standorte der Hochmoorvegetation sind extrem saure und nährstoffarme Torfe. Sie bestehen überwiegend aus halbzersetzten Rotteprodukten von Torfmoosen (*Sphagnum*-Arten) mit Einschlüssen von Wollgräsern und Hochmoor-Ericaceen. Die lebenden Torfmoose haben aufgrund ihrer spezifisch morphologischen Ausstattung ein hervorragendes Wasserspeicherungsvermögen, das sie auch als Rotteprodukte (bei Vertorfung) beibehalten. Hinsichtlich der Wasserspeicherung wirkt der Sphagnumtorf also wie ein Schwamm, und daher hat jedes Hochmoor mit riesigen Mengen gespeicherter Niederschläge seinen eigenen Wasserhaushalt. Die anspruchslosen Hochmoorpflanzen werden nur vom gespeicherten Regenwasser und dem atmosphärischen Staub versorgt, sie können meist ihren Nährstoffbedarf über symbiontische Pilzpartner erschließen (Mycorrhiza). Sie sind weiterhin unabhängig vom Grundwasser und seinen Nährstoffen. Die Ombrotrophie ist das entscheidende Charakteristikum eines Hochmoores und seiner anspruchslosen Vegetation, im Gegensatz zum Niedermoor (Flachmoor), dessen anspruchsvolle Sumpfpflanzen stets vom nährstoffreicheren Grundwasser abhängig sind.

Zum Vegetationskomplex eines ungestörten ombrogenen Hochmoores gehören neben einigen dystraphenten Wasserpflanzengesellschaften gehölzfreie Bult- und Schlenken-Assoziationen der *Oxycocco-Sphagnetea* und *Scheuchzerietalia*. Die meist schwach erhabenen Bulte werden im feuchten Bereich von Torfmoosen beherrscht. Ihre typischen Vertreter *Sphagnum magellanicum, Sph. rubellum* und *Sph. papillosum* sind allerdings in vielen Mooren schon zu Seltenheiten geworden. Als häufigstes Torfmoos tritt dafür *Sphagnum fallax* auf. Weitere Bult-Arten sind neben Rundblättrigem Sonnentau (*Drosera rotundifolia*), Scheidenwollgras (*Eriophorum vaginatum*) und Moorlilie (*Narthecium ossifragum*) die Ericaceen Moosbeere (*Vaccinium oxycoccus*), Rosmarinheide (*Andromeda polifolia*), Glockenheide (*Erica tetralix*) und im trockenen Bereich auch die Gewöhnliche Heide (*Calluna vulgaris*). Die *Scheuchzerietalia*-Gesellschaften der zeitweilig überfluteten Moorschlenken und Schwingrasen beherbergen dagegen vorzugsweise Torfmoose der nässeliebenden Cuspidata-Gruppe.

Bei der Betrachtung der Hochmoore Deutschlands sollte man beachten, daß diese hier an der Südgrenze des temperat-borealen Hochmoorareals überhaupt stehen und ihre floristische Verarmung hinsichtlich der systematischen Einordnung der Hochmoorgesellschaften große Schwierigkeiten bereitet. Hochmoorreiche Landstriche, wie sie in der Abb. 119 dargestellt sind, zeichnen sich durch hohe Niederschlagssummen und nicht allzu extreme Temperaturdifferenzen aus. In Deutschland findet man neben den großen norddeutschen ombrotrophen Hochmooren und Kesselmooren die plateau- und terrainbedeckenden „blanket bogs" (= Deckenmoore) der Eifel und des Hohen Venns, die birken-, kiefern- oder fichtenbestockten Hang-, Kamm- oder Sattelmoore der nordwestdeutschen Mittelgebirge sowie die ausgedehnten ombrotrophen oder fast ombrotrophen Moorgebiete im Erzgebirge, im Bayerischen Wald, Fichtelgebirge, Oberpfälzer Wald, den Alpen unterhalb der Baumgrenze, dem Alpenvorland und dem Schwarzwald (Abb. 119). In Süd- und Mitteldeutschland sind nur wenige Moore aus Höhenlagen über 500 m NN bekannt; die Höhengrenze des Moorwachstums liegt nur wenig oberhalb der Waldgrenze, da hier eine höhere Erosion den meist geringen organogenen Zuwachs übersteigt oder ausgleicht.

Quellflur- und Niedermoorgesellschaften 189

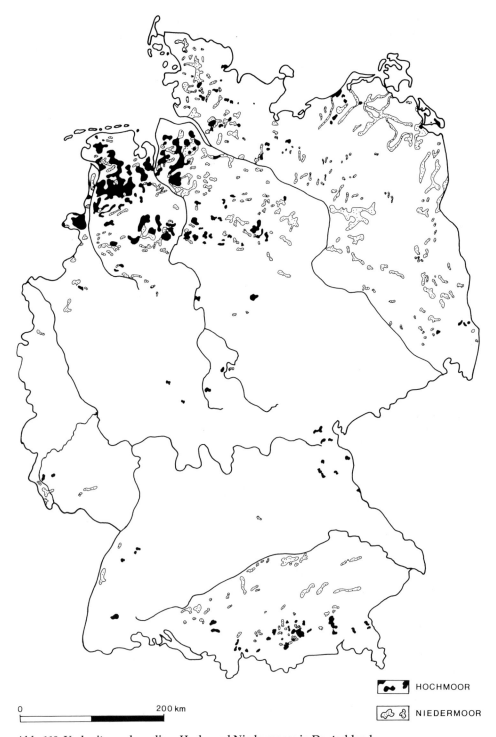

Abb. 119: Verbreitung ehemaliger Hoch- und Niedermoore in Deutschland

KC: *Andromeda polifolia, Calypogeia sphagnicola, Carex pauciflora, Cephalozia connivens, Dicranum bergeri, Drosera rotundifolia, Vaccinium oxycoccus, Polytrichum strictum, Sphagnum magellanicum, Sph. rubellum* u.a.

In unmittelbarem Kontakt mit den typischen Hochmoorassoziationen wachsen an den Moorrändern aus Gründen der Nährstoffarmut nur wenige Pflanzengesellschaften. Die wichtigsten davon sind im atlantischen Tiefland die Glockenheidegesellschaft, der Gagelbusch sowie der Birkenbruchwald.

Die Klasse gliedert sich nach SCHWICKERATH (1940), MOORE (1968) und DIERSSEN (1982) in die Ordnungen **Sphagnetalia magellanici** (Pawl. 1928) Kästner & Flößner 1933 für die subkontinental und montan verbreiteten Gesellschaften sowie **Erico-Sphagnetalia papillosi** Schwickerath 1940 em. Br.-Bl. 1949 für die ozeanisch-subozeanisch verbreiteten Hochmoorbult-Gesellschaften.

JONAS (1935), SCHWICKERATH (1940), JENSEN (1961), K. MÜLLER (1965) und J. TÜXEN (1969, 1979) unterscheiden *Oxycocco-Sphagnetea*-Gesellschaften in erster Linie nach der Dominanz verschiedener Torfmoose, indem sie *Sphagnum fuscum, Sph. imbricatum, Sph. magellanicum, Sph. papillosum* und *Sph. rubellum* als Charakterarten jeweiliger Assoziationen werten. Dieser Auffassung ist jedoch mehrfach widersprochen worden, z.B. durch R. TÜXEN (1958), MOORE (1968), BARKMAN (1972) und DIERSSEN (1973, 1978, 1982), und sie scheint auch den tatsächlichen Gegebenheiten nicht oder nur in bedingtem Maße gerecht zu werden. Durch zahlreiche Literaturhinweise sowie eigene Beobachtungen (vgl. POTT 1982b, 1984b) läßt sich belegen, daß häufig mehrere *Sphagnum*-Arten in unmittelbarer Nachbarschaft wachsen, selbst wenn man dabei sehr kleine Probeflächen zugrunde legt. Mitunter treten beispielsweise auch Vegetationsdecken mit dominierendem *Sphagnum magellanicum* oder *Sph. papillosum* auf, doch diese können ebensogut als Faziesbildungen aufgefaßt werden. Für die Trennung unterschiedlicher Wasser- und Nährstoffstufen der Hochmoorvegetation scheint daher eine Gliederung in verschiedene Untereinheiten weitgefaßter Assoziationen, wie sie hier vorgenommen wird, ausreichend zu sein.

1. Ordnung: Sphagnetalia magellanici (Pawl. 1928) Kästner & Flössner 1933
In dieser Ordnung sind die Gesellschaften der humiden Mittelgebirge Zentraleuropas zusammengefaßt. Kennzeichnende Arten sind:

OC: *Sphagnum fuscum*
D: *Oxycoccus microcarpus, Betula nana, Rubus chamaemorus*

Die Ordnung beinhaltet in Deutschland den Verband **Sphagnion magellanici** Kästner & Flössner 1933 für die Mittelgebirgsmoore des temperaten Bereichs. Die boreal verbreiteten Moorgesellschaften des **Oxycocco-Empetrion hermaphroditi**-Verbandes ssu. Nordhagen 1937 dünnen in Deutschland deutlich aus oder zeigen hier in disjunkten Vorkommen Reliktcharakter (z.B. die wichtigen Differentialarten *Oxycoccus microcarpus, Betula nana, Rubus chamaemorus* oder auch *Sphagnum fuscum*).

1. Verband: Sphagnion magellanici Kästner & Flössner 1933
Der Verband umfaßt subkontinental-montan verbreitete Hochmoorbult-Gesellschaften. Das sind anspruchslose und extrem acidophytische Torfgesellschaften auf bultigen Erhebungen ombrogener Moore (Hochmoore).

VC: *Calypogeia sphagnicola, Mylia anomala*

Es handelt sich dabei nach DIERSSEN (1988) um Moore, die stark von mittelhohen Zwergsträuchern wie Sumpfporst (*Ledum palustre*) oder auch von Moorbirke (*Betula pubescens*) bzw. Waldkiefer (*Pinus sylvestris fo. turfosa*) geprägt sein können.

1. Ledo-Sphagnetum magellanici Sukopp 1959
Die Sumpfporst-Torfmoos-Gesellschaft ist typisch für Hochmoore und hochmoorähnliche Niedermoore im östlichen Niedersachsen (Wendland), im Südosten Schleswig-Holsteins, in Mecklenburg-Vorpommern und in Brandenburg. Vereinzelte, meist isolierte Fundstellen gibt es im östlichen Thüringen und im Bayerischen Wald.

D: *Ledum palustre, Mylia anomala, Chamaedaphne calyculata, Rubus chamaemorus*

Diese Gesellschaft steht in Deutschland an der Südwestgrenze ihres nordisch-kontinentalen Areals.

2. Ordnung: Erico-Sphagnetalia papillosi Schwickerath 1940 em. Br.-Bl. 1949
Hier sind vorwiegend Moor-Gesellschaften mit nur zwei Verbänden, dem **Oxycocco-Ericion tetralicis** (Nordhagen 1936) R. Tx. em. Moore 1968, und dem **Ericion tetralicis** Schwickerath 1933 zusammengefaßt.

OC: *Narthecium ossifragum, Odontoschisma sphagni, Erica tetralix, Hypnum jutlandicum, Potentilla erecta* u.a.

1. Verband: Oxycocco-Ericion tetralicis (Nordhagen 1936) R. Tx. em. Moore 1968
Dieser Verband umfaßt ozeanisch-subozeanische Hochmoor- und Moorheidegesellschaften.

1. Erico-Sphagnetum magellanici (Osvald 1923) Moore 1968
Diese Hochmoorbult-Gesellschaft ist die bezeichnende mitteleuropäische Bultgesellschaft auf wachsenden Hochmooren. Gut entwickelte Bulte sind in sich gegliedert und in verschiedene Untereinheiten teilbar.

D: *Sphagnum magellanicum, Sph. rubellum* (alle opt.)

Die einzelnen Torfmoose nehmen je nach Wasserspeicherkapazität verschiedene Wuchszonen ein. Dem weit gefaßten *Erico-Sphagnetum magellanici* fehlen zwar überregionale Charakterarten, doch nach DIERSSEN (1982) ist es durch die typische Artenkombination überall eindeutig gekennzeichnet. Im boreo-kontinentalen Bereich sind beispielsweise *Sphagnum fuscum* und *Cephalozia connivens* verstärkt vertreten (z.B. küstennahe Region Mecklenburgs, s. PASSARGE 1964). Hier zeigen sich Übergänge zum kontinentalen *Ledo-Sphagnetum magellanici*. Als lokale Charakterarten der Hochmoorbult-Gesellschaft gelten andererseits im nordwestdeutschen Raum neben den vorgenannten *Andromeda polifolia, Vaccinium oxycoccus* und *Sphagnum papillosum* (vgl. R. TÜXEN 1937, DIERSSEN 1973, WITTIG 1980), die zusammen mit der namengebenden *Erica tetralix* die Physiognomie der Gesellschaft weitgehend bestimmen. In den verschiedenen Untereinheiten können darüber hinaus auch *Narthecium ossifragum, Empetrum nigrum, Polytrichum strictum* oder *Leucobryum glaucum* aspektbestimmend auftreten. Teppichartige, flache Torfmoosrasen sind dabei bezeichnend für sehr nasse Standorte, an denen *Erica tetralix* noch fehlt oder nur geringe Deckungsgrade erreicht (z.B. *Sphagnum fallax*-Torfmoosdecken, Abb. 120). Erst bei stärkerer Bultbildung bzw. Austrocknung gelangen dann Ericaceen oder die genannten Laubmoose zur Vorherrschaft, wobei die Hochmoor-Sphagnen mitunter stark zurückgedrängt werden.

Darüber hinaus repräsentieren die Bultengesellschaften vielfach mehr oder weniger anspruchsvollere Untereinheiten, die für Sekundärstandorte charakteristisch sind, also für Schlatts, Moore mit Quellwasseraustritt und verlandende Torfstiche. Zu erkennen ist dies häufig am steten Auftreten von *Molinia caerulea* und zusätzlich an den vielfach hohen Deckungswerten von *Eriophorum angustifolium* und *Sphagnum fallax*. Als Ombrominerobionten wachsen die beiden letztgenannten Arten in Nordwestdeutschland zwar auch in rein ombrotrophen Hochmooren, doch ihr Optimum finden sie dort in den

Abb. 120:
Sphagnum cuspidatum und *Sph. fallax* (= *Sph. recurvum*) umgeben als initiale Bultbildner eine flache, wassergefüllte Hochmoorschlenke im Hiddeser Bent (1981)

Schwingrasen von Kolken, wo durch Wasserbewegung und damit verbundene Remineralisierungsprozesse der Torfmudde ebenfalls schwach Minerotrophie-ähnliche Bedingungen geschaffen werden (vgl. K. MÜLLER 1973). Rein ombrotraphente Ausbildungen des *Erico-Sphagnetum magellanici*, die früher zu den bezeichnenden Landschaftselementen der norddeutschen Pleistozänlandschaften gehörten, sind dagegen als Folge der Trockenlegung unserer Moore vollständig verschwunden. Selbst unabgetorfte und sekundär wiedervernässte Hochmoorrestflächen sind heute durch das Vorkommen der Minerobionten gekennzeichnet, die hier in der Phase stagnierenden Torfwachstums Fuß fassen konnten (vgl. K. MÜLLER 1968, 1981).

Die mögliche Gesellschaftsgliederung eines *Erico-Sphagnetum* auf pflanzensoziologisch-syndynamischer Basis soll im folgenden nach POTT (1982b) und HARTMANN (1987) dargestellt werden:
- Initialphase mit *Vaccinium oxycoccus*; im Schwingrasen-Verlandungsbereich von Hochmoorkolken, Schlatts und Torfkuhlen treten Initialstadien des *Erico-Sphagnetum magellanici* auf, die v.a. durch *Vaccinium oxycoccus* geprägt werden. Bei ungestörter Sukzession geht die Initialphase mit *Vaccinium oxycoccus* in die typische Subassoziation über, sobald *Sphagnum magellanicum*, *Sph. papillosum* oder *Sph. rubellum* in die Bestände eindringen. Falls diese bultbildenden Sphagnen allerdings lokal oder kleinstandörtlich ausbleiben, können zunächst lückig ausgeprägte Rasen der Moosbeere die Schwingdecken schließlich auch völlig überwachsen.
- Varianten mit *Scheuchzeria palustris*, *Carex limosa* bzw. *Rhynchospora alba* kennzeichnen die nassesten Wuchsorte der Assoziation und stehen in direktem Kontakt zum *Caricetum limosae* bzw. zum *Rhynchosporetum albae*, aus denen sie offenbar nach zunehmender Verlandung und Verfestigung der ursprünglichen Schwingrasen hervorgegangen sind.
- Die Subassoziation von *Rhynchospora alba* ist kennzeichnend für vergleichsweise nasse Standorte im Kontakt zu verschiedenen Schlenken-Gesellschaften. Es handelt sich um relativ ebene, nie bultförmige Vegetationsdecken, in denen *Erica tetralix* oft nur geringe Deckungswerte erreicht oder ganz fehlt. Differentialarten sind neben *Rhynchospora alba* nach JAHNS (1969) auch *Drosera anglica* und *Sphagnum pulchrum*. Ferner hat *Sphagnum tenellum* hier seinen Verbreitungsschwerpunkt innerhalb der Assoziation.
- Die typische Subassoziation besiedelt sowohl ebene, *Erica*-arme Flächen mit geschlossener Torfmoos-Decke als auch niedrige bis mittelhohe Bulten, in denen *Erica tetralix* mit

zunehmender Höhe stärker hervortritt, während die Torfmoose gleichzeitig etwas zurückgehen. Jedes der bultbildenden Sphagnen kann innerhalb dieser Untereinheit auch faziesbildend auftreten, wobei besonders häufig Reinbestände von *Sphagnum magellanicum* zu beobachten sind. *Polytrichum strictum* und *Aulacomnium palustre* können dabei trockene Bultbereiche einnehmen, in denen das Torfmooswachstum teilweise oder vollständig zum Erliegen kommt. Für das bereits länger zurückliegende Aussterben von *Sphagnum imbricatum* werden im allgemeinen die regelmäßigen Moorbrände der Vergangenheit verantwortlich gemacht (OVERBECK 1975, J. TÜXEN 1979, DIERSSEN 1982).

– Die Subassoziation von *Narthecium ossifragum* ist eindeutig auf minerotrophe Biotope beschränkt, was an den stetig vorkommenden Mineralbodenwasserzeigern – v.a. *Molinia caerulea*, aber auch *Myrica gale, Dactylorhiza maculata, Carex rostrata, Gentiana pneumonanthe* und *Sphagnum auriculatum* - deutlich zu erkennen ist (Abb. 121).

– Abbauphasen des *Erico-Sphagnetum magellanici* sind bei fortschreitender Bultbildung bzw. sekundärer Austrocknung des Standortes durch vermehrtes Auftreten von *Empetrum nigrum, Leucobryum glaucum, Polytrichum strictum* oder *Erica tetralix* gekennzeichnet, wobei die Charakterarten der Gesellschaft und auch *Sphagnum fallax* immer mehr verdrängt werden.

– Das *Erica*-reiche Folgestadium des *Erico-Sphagnetum magellanici* ist auf entwässerten Hochmooren durch dichte Bestände von *Erica tetralix* gekennzeichnet. Von den trockensten *Erica*-Abbauphasen der Sekundärstandorte unterscheidet sich diese Vegetationseinheit floristisch v.a. durch stetes Vorkommen von *Eriophorum vaginatum*. Neben *Molinia caerulea* gehören außerdem noch *Eriophorum angustifolium* und *Sphagnum fallax* zu den regelmäßigen Begleitern, wobei die beiden letztgenannten Arten allerdings häufig nur mit Kümmerformen auftreten.

– Die trockensten Zonen vieler Hochmoorrestflächen sind durch das *Calluna*-reiche Folgestadium des *Erico-Sphagnetum magellanici* gekennzeichnet, in dem *Erica tetralix* immer mehr von *Calluna vulgaris* ersetzt wird. Mitunter können *Cladonia arbuscula*, *Leucobryum glaucum* oder *Empetrum nigrum* in *Erica*- bzw. *Calluna*-reichen Folgestadien Fuß fassen, wobei die beiden Heide-Arten manchmal sogar völlig verdrängt werden. Solche *Cladonia*-, *Leucobryum*- oder *Empetrum*-Bestände bedecken dann vereinzelt zusammenhängende Flächen von mehreren Hundert Quadratmetern. Diese Stadien gehen normalerweise rasch in einen Birkenbusch über.

Es scheint zweckmäßiger zu sein und den natürlichen Gegebenheiten auch besser gerecht zu werden, wenn man z.B. die Vielzahl äußerst schwach charakterisierter Assoziationen,

Abb. 121:
Narthecium ossifragum in massierten Vorkommen am Rande einer Moorschlenke im Schierhorner Moor/ Nordheide, Krs. Harburg

Abb. 122:
Eriophoro-Trichophoretum cespitosi im **Sonnenberger Moor, Hochharz (1987)**

die J. TÜXEN & SOLOMONS (1983) als Kryptogamensynusien unterscheiden, allesamt als Faziesbildungen zum gut definierbaren *Erico-Sphagnetum magellanici* stellt.

2. **Eriophoro-Trichophoretum cespitosi** (Zlatnik 1928, Rudolf et al. 1928) Rübel 1933 em. Dierßen 1975
Rasenbinsen-Hochmoor. Auf baumfreien, sauer-oligotrophen Hochmooren der hochmontanen Stufe in den Mittelgebirgen (Abb. 122); vielleicht auch nur Höhenform von vorgenannter Assoziation

    D: *Trichophorum cespitosum* ssp. *cespitosum, Carex pauciflora*

Im Harz, in Thüringen, im Bayerischen Wald, im Hochschwarzwald sowie aus den Alpen und Voralpen beschrieben. Es sind die überwiegend baumfreien Hochmoorflächen der subalpinen Nadelwaldstufe. Hier sind floristisch bedeutsame Relikt-Vorkommen von *Betula nana, Oxycoccus microcarpus* und *Empetrum hermaphroditum* zu nennen. Diese arktoborealen Geoelemente verweisen auf den borealen *Oxycocco-Empetrion hermaphroditi*-Verband ssu. Nordhagen 1936.

2. **Verband: Ericion tetralicis** Schwickerath 1933
Glockenheide-Feuchtheidegesellschaften sind in typischer Artenkombination auf Anmoor- und Gleypodsol-Böden beschränkt. Sie sind in Nordwestdeutschland primär in feuchten Dünentälern der Inseln sowie kleinflächig an den Ufern von Moor- und Heidekolken verbreitet. Sie sind dagegen sekundär auf Wuchsbereiche des *Betulo-Quercetum molinietosum* bzw. *Betuletum pubescentis* ausgeweitet. Den zwergstrauchreichen Folgestadien der Hochmoorbult-Gesellschaften fehlen in der Regel sowohl die Verbandscharakterarten, wie auch die Charakter- und Differentialarten des *Ericetum tetralicis*, also *Juncus squarrosus, Sphagnum compactum, Sph. molle* und *Trichophorum cespitosum* ssp. *germanicum*. Stattdessen tritt mit großer Stetigkeit *Eriophorum vaginatum* in Erscheinung. Das Scheidenwollgras kann daher als Differentialart dieser Vegetationseinheit gewertet werden.

1. **Ericetum tetralicis** (Allorge 1922) Jonas 1932
   Glockenheide-Anmoor. Natürliche, torfbildende Heide auf grund- oder stauwassergeprägten Böden (Anmoorgley, Pseudogley). Atlantische Gesellschaft (Abb. 123).

   AC: *Sphagnum compactum, Sph. molle, Erica tetralix, (Narthecium ossifragum, Trichophorum cespitosum ssp. germanicum*, schwach)

   Entwickelt sich häufig zu Bultgesellschaften des *Erico-Sphagnetum magellanici* oder zum Gagelgebüsch (*Myricetum galis*).
   Die Glockenheide-Gesellschaft besiedelt meist mit einer dünnen Torfschicht bedeckte, nasse Moorrandpartien oder kommt auch auf schwach entwässerten Hochmoortorfen vor. Ihr Arteninventar besteht aus wenigen extrem säuretoleranten und nässeliebenden Arten, die eine winterliche Überstauung durch Grundwasser vertragen können. Es sind im wesentlichen die vorherrschende Glockenheide (*Erica tetralix*), Pfeifengras (*Molinia caerulea*), Rundblättriger Sonnentau (*Drosera rotundifolia*), Rasenbinse (*Trichophorum cespitosum ssp. germanicum*) und das dichte Torfmoos (*Sphagnum compactum*). Andere Arten spielen eine untergeordnete Rolle oder sind, wie *Sphagnum molluscum*, in besonders nassen Ausbildungsformen der Gesellschaft vorhanden.

2. **Empetro-Ericetum tetralicis** (R. Tx. 1937) Westhoff & De Smidt 1975
   Die hygrophile Krähenbeeren-Glockenheidegesellschaft ist auf korrespondierenden Standorten in feuchten Dünentälern der Ostseeküste sowie der Nord- und Ostfriesischen Inseln verbreitet.

   D: *Carex trinervis, Juncus arcticus ssp. balticus, J. alpino-articulatus ssp. atricapillus*

   Diese Differentialarten sind Trennarten gegenüber dem binnenländischen *Ericetum tetralicis* (WESTHOFF 1990). Die Gesellschaft findet sich in Dünentälern, die im Winter öfters geflutet sind und wo das Grundwasser im Sommer bis an die Oberfläche reichen kann. Der Boden ist vielfach gleyartig verändert. Das Areal dieser Assoziation reicht vom Baltikum bis an die Südgrenze des Niederländischen Wattendistrikts. Das *Empetro-Ericetum* ist eine Dauergesellschaft. Sukzession kann auf den Inseln zu einem *Myrica gale*-Gebüsch führen.

3. **Sphagno compacti-Trichophoretum germanici** (Oberd. 1938) Bartsch 1940 em. Dierßen 1975
   Das Rasenbinsen-Anmoor wächst auf Torfauflagen über Mineralböden. Euatlantische Arten fehlen in der Regel.

Abb. 123:
Ericetum tetralicis als natürliche Anmoorgesellschaft im Gildehauser Venn (1985)

D: *Trichophorum cespitosum* ssp. *germanicum*

Status unklar, vielleicht nur verarmte Ausbildung der vorigen Gesellschaften im Osten sowie in den Hochlagen einiger Mittelgebirge.

4. Eriophorum vaginatum-Sphagnum fallax-Gesellschaft

Von brandenburgischen Hochmooren hat HUECK (1925) eine *Eriophorum vaginatum-Sphagnum recurvum*-Assoziation beschrieben, deren Physiognomie fast ausschließlich von mehr oder weniger dicht stehenden *Eriophorum vaginatum*-Bulten und *Sphagnum*-Rasen bestimmt wird und mit der vorliegenden identisch ist (vgl. KRAUSCH 1968a, KAULE 1974, WITTIG 1980 u.a.). Torfmoose füllen in der Gesellschaft des Scheidenwollgrases nur noch die Zwischenräume zwischen den Wollgras-Bulten aus, wobei *Sphagnum fallax* (= *Sph. recurvum*) meist klar dominiert. Als stete Begleiter treten daneben *Sphagnum cuspidatum*, *Drepanocladus fluitans*, *Molinia caerulea*, *Dryopteris carthusiana* sowie als Waldpioniere *Betula pubescens* und *Pinus sylvestris* auf. Das Gemeine Frauenhaarmoos (*Polytrichum commune*) entwickelt in dieser Vegetationseinheit oft prächtige Bultenkomplexe.

Obwohl *Eriophorum vaginatum*-Bestände bei konstant bleibendem Wasserstand anscheinend Dauerstadien darstellen (vgl. HUECK 1925), hat die zunehmende Austrocknung der meisten Moore dazu geführt, daß Übergänge zum Birkenbruch heute in den meisten Gebieten die Regel sind. Ob andererseits bei einem günstigeren Wasserhaushalt die Weiterentwicklung auch zum *Erico-Sphagnetum magellanici* verlaufen kann, läßt sich hier nicht eindeutig entscheiden. Das häufige Auftreten von *Vaccinium oxycoccus* und *Erica tetralix* sowie das gelegentliche Vorkommen von *Andromeda polifolia* und *Sphagnum magellanicum* lassen eine solche Sukzession jedoch zumindest möglich erscheinen (s. auch HARTMANN 1987).

VI. Meerstrand-, Spülsaum-, Dünen- und Salzwiesengesellschaften
(mit Ausnahme der Vegetationstypen auf Grau- und Braundünen)

Hier sind natürliche Salzpflanzen-Gesellschaften der Küstenlandschaften von Nord- und Ostsee sowie die Salzpflanzen-Gesellschaften des Binnenlandes zusammengefaßt. Es sind im ersteren Fall die Lebensräume der tidebeeinflußten amphibischen Küstenlandschaften des Wattenmeerbereiches der Nordsee wie auch der Bodden- und Nehrungsküsten an der Ostsee (z.B. Fischland, Darß und Zingst, Hiddensee, Rügen bis nach Usedom, s. FUKAREK 1961). So wie an der Nordsee die Gezeiten mit ihren Strömungen und Brandungen zweimal täglich große Flächen des Wattenmeeres prägen und neu formen, so wechseln an der Ostsee im neu entstandenen Land Reff und Riegen. Die Reffs sind kleine Dünen, vom Flugsand überhöhte Strandwälle. Zwischen ihnen aber liegen die Riegen, sumpfiges Terrain, durchzogen vom schwarzen Wasser in größeren oder kleineren lagunenartigen Seen, welches als Schwemmland – von der offenen See abgeschnitten – über Jahrhunderte einer allmählichen Aussüßung unterliegt und somit eine Metamorphose von einem See mit Binsen und Schilf bis hin zum allmählich verlandenden Sumpf erfährt.

An der Nordsee und im salzwasserexponierten Boddenbereich der Ostsee lassen v.a. die Häufigkeit und Dauer von Salzwasserüberflutungen bestimmte, gesetzmäßig angeordnete Vegetationszonen von Salzpflanzengesellschaften entstehen. Die tiefstgelegene Zone zwischen der mittleren Tide-Niedrigwasserlinie und der mittleren Tide-Hochwasserlinie, die man als die niedrige Salzmarsch bezeichnet, ist das Wuchsgebiet der Queller-Fluren und eingestreuter Schlickgras-Wiesen. Landwärts anschließend erhebt sich bis etwa 30 cm über die mittlere Tide-Hochwasserlinie die Andelgraszone mit *Puccinellia maritima*. Sie wird auf der langsam ansteigenden Salzmarsch noch weiter landwärts von Grasnelkenrasen mit *Armeria maritima* abgelöst. Auf den natürlichen, uneingedeichten Salzwiesen der Inselwattflächen und einiger Küstenwattbereiche sind die Vegetationszonen der Salzmarsch von

Abb. 124: Profil der tidebeeinflußten Inselwattflächen im Osthellerbereich von Norderney (1991). Die bronchienartig verästelten Priele und kleineren Rinnsale markieren den Salzwiesenbereich; im Mittel- und im Hintergrund sind die Weißdünen in allen Entwicklungsstadien zu sehen (Foto C. Hobohm).

Prielen, Mulden, sandreichen Kuppen und anderen Kleinstrukturen durchsetzt, wo jeweilige Spezialistengesellschaften ganz charakteristische Vegetationskomplexe aufbauen (Abb.124).

An den Sandstränden bieten Spülsäume aus sich zersetzendem organischem Material einigen sommerannuellen Spezialistengesellschaften der *Cakiletea maritimae* geeignete Wuchsmöglichkeiten. Sie sind oft fleckenhaft bandartig und nur selten in geschlossenen Gürteln am Fuß der Dünenketten entwickelt. Pionierdünen, die von salzertragenden Gräsern, v.a. der salzobligaten Strandquecke (*Agropyron junceum = Elymus farctus*) gebildet werden, folgen in der räumlichen Zonation des Meeresstrandes. Die dünenbildende *Ammophila arenaria* kann sich als effektiver Sandfänger erst dann voll entfalten, wenn in kleinen Primärdünen des *Elymo-Agropyretum juncei* ein Süßwasserkissen vorhanden ist.

17. Klasse: Thero-Salicornietea Pignatti 1953 em. R. Tx. in R. Tx. & Oberd. 1958 – Quellerfluren

Als *Thero-Salicornietea* bezeichnen Tüxen & Oberdorfer (1958) von Therophyten beherrschte Gesellschaften der Meeresküste und des Binnenlandes, die nasse alkalische Böden mit hohen Salzkonzentrationen besiedeln. Es sind amphibische Salzwassergesellschaften mit Halophyten in Flachwasserbuchten der Ostsee sowie auf Schlickböden des Wattenmeeres in der Tidenzone. Im Normalfall einartige, lichte Bestände des Quellers auf den Wattflächen oberhalb der Seegras-Zone, also im Eulitoral der Gezeitenküsten. Auf Flugsandplaten sowie kleinflächiger und seltener werdend auf salzigen Vorländereien entlang der Nord- und Ostsee, seltener auch an Salzstellen im Binnenland. Die Gesellschaften fördern als Schlickfänger im allgemeinen die Sedimentation.

KC: *Salicornia* div. spec., *Suaeda maritima* agg., *Bassia hirsuta*

Erstmals wird bei Tüxen & Oberdorfer (1958) eine klare Abgrenzung sowohl zu den Spülsaumgesellschaften der *Cakiletea* als auch zu den von perennierenden Arten beherrschten, mediterranen Verbänden *Salicornion fruticosae* und *Staticion gallo-provincialis* vollzogen.

Als Autor mit Priorität für den Namen *Thero-Salicornietea* wird bisweilen auch PIGNATTI (1953) 1954 angeführt; dieser nannte die Klasse aber *Cakileto-Therosalicornietea*, welche noch Spülsaumgesellschaften beinhaltete (PIGNATTI 1954). Für die Ordnungen **(Thero-)Salicornietalia** und **Thero-Suaedetalia** gilt es festzustellen, ob sie möglicherweise synonym sind oder ob sie sich auf vollkommen verschiedene Aspekte beziehen. Aus einer weiteren Untergliederung in Verbände und Assoziationen sowie den Anmerkungen zur Ökologie wird deutlich, daß sich sowohl die *Salicornietalia sensu* BRAUN-BLANQUET (1933) als auch die *Thero-Suaedetalia sensu* BRAUN-BLANQUET & DE BOLOS (1957) auf xerohalophytische, sommertrockene Verhältnisse beziehen, die nicht streng an Küsten gebunden sind. Diese beiden sind daher zumindest zum Teil inhaltlich identisch. Sie unterscheiden sich damit deutlich von den *Thero-Salicornietalia sensu* TÜXEN 1954 (in TÜXEN & OBERDORFER 1958), die sich auf unsere Küsten beziehen und deren Gesellschaften regelmäßig auch im Sommer überflutet werden. Die Ordnung *Salicornietalia sensu* BRAUN-BLANQUET (1931, 1933) umfaßte überdies Gesellschaften, die heute aufgrund gravierender soziologischer und standörtlicher Unterschiede verschiedenen Klassen zugeordnet werden; sie kann daher als nomen ambiguum in diesem Sinne kaum mehr aufrecht erhalten werden.

1. Ordnung: Thero-Salicornietalia Pignatti 1953 em. R. Tx. 1954 in R. Tx. & Oberd. 1958
Einjährige Quellergesellschaften mit Schwerpunkt im hygrohalinen Bereich sind hier subsumiert. Sie besiedeln schlickige und schlickig-sandige Substrate unterhalb der Zone geschlossener Rasen der Salzwiesen (*Astereta tripolii*) und werden nach Sedimentation auch von diesen verdrängt (Abb. 125).

OC: *Salicornia brachystachya, S. stricta, Suaeda flexilis*

Es lassen sich zwei Verbände unterscheiden: der **(Thero-) Salicornion strictae**-Verband umfaßt nur die *Salicornia stricta*-Gesellschaften der oben beschriebenen Lebensräume des Schlickwatts; die Gesellschaften des **Salicornion ramosissimae** R. Tx. 1974 sind dagegen in mesohalinen Bereichen von Erosionswannen, Abplaggungsstellen und an flachen Prielrändern – umgeben von *Astereta tripolii*-Beständen – zu finden und können aus diesen hervorgehen (Abb. 126).

1. Verband: (Thero-)Salicornion strictae Br.-Bl. 1933 em. R. Tx. 1950
Gesellschaften des Wattbereiches an der Nordseeküste etwa in Höhe des Mitteltidehochwassers (MTHw) und bis zu 40 cm darunter (s.u.a. KÖTTER 1961). Als Verbandscharakterart kommt nur die Ordnungscharakterart *Salicornia stricta* in Frage.

Abb. 125: *Salicornietum strictae* auf Schlickwattflächen der neu entstehenden Insel Mellum (1981)

Abb. 126:
Salzwiesenkomplex auf der Insel Wangerooge mit vegetationsarmen Stellen (Salzlacken), auf denen sich immer wieder *Salicornia ramosissima*-Gesellschaften etablieren können (1980)

1. **Salicornietum strictae** Christiansen 1955 ex R. Tx. 1974
   (= **Salicornietum dolichostachyae**)
   Schlickqueller-Gesellschaft. Von etwa 40 cm unter MTHw bis MTHw auf Schlickwatten, mit reduzierter Vitalität auch auf Prielen der Vorländereien im Nordseeküstenbereich.

   AC: *Salicornia stricta*

   Artenarme Gesellschaft aus obligaten Halophyten; nur aus Queller aufgebaut (Abb. 125). Wird meist im Herbst durch erste Sturmfluten beseitigt. In letzter Zeit auch durch Zunahme von *Enteromorpha*- und *Ulva*-Arten gefährdet, die als Grünalgen sich deckenartig über die Quellerpflanzen legen.

2. **Verband: Salicornion ramosissimae** R. Tx. 1974
   Die mesohalinen Gesellschaften dieses Verbandes sind meistens im Salzwiesenbereich von Nord- und Ostsee über der MTH-Linie etabliert und kommen auch an Salzstellen des Binnenlandes vor.

   VC: *Suaeda flexilis*

   Es sind in der Regel vom Kurzährigen Queller (*Salicornia brachystachya*) beherrschte, einjährige Dauer-Initialgesellschaften in schlickreichen Bodensenken, in Mulden, in Erosionsbereichen, an Prielrändern oder auf überstauten, oberflächlich abtrocknenden binnenländischen Salzstellen mit stark wechselnder, oftmals aber sehr hoher Salzkonzentration.

   1. **Salicornietum ramosissimae** Christiansen 1955
      (= **Salicornietum patulae** = **S. brachystachyae**)
      Gesellschaft des Vorland-Quellers. Auffällige Gesellschaft mit typischer herbstlicher Rotfärbung, auf Sodenentnahmestellen und in Andelgrasrasen, an Prielrändern sowie im Binnenland vorkommend (in „Salzpfannen en miniature", SCHWABE 1991).

      AC: *Salicornia ramosissima* (= *S. brachystachya*)

An der Ostsee die beherrschende Gesellschaft. Ersetzt dort das fehlende *Salicornietum strictae*. *Salicornia ramosissima* bildet in überschlickten Sandlagunen oder auch auf überschlickten Flugsandplaten prostrate Formen aus (s. SCHWABE 1991). Es handelt sich hierbei nur um Standortmodifikationen. Das *Puccinellio maritimae-Salicornietum ramosissimae* nom. inv. R. Tx. 1974 ist synonym mit dem *Salicornietum patulae* Christiansen 1955. Priorität hat der ältere Name.

2. **Suaeda flexilis-Gesellschaft** s.l.
   (incl. **Suaeda flexilis-Gesellschaft** ssu. Schwabe & Kratochwil 1984; vielleicht auch incl. **Astero-Suaedetum macrocarpae** J.-M. & J. Géhu 1969).
   Einjährige Initialgesellschaft aus der Strandsode, in Mulden des Andelgrasrasens auf festen, nährstoffreichen Schlickböden oberhalb MTHw.

   C: *Suaeda flexilis*

   Hier wird die großsamige, aufrecht wachsende Bogen-Strandsode (*Suaeda flexilis*) ssu. FOCKE 1873, SCHWABE & KRATOCHWIL 1984 und HOBOHM 1991 mit mittelgroßen Samen (1,4 – 2 mm Größe = *Suaeda macrocarpa*) als Kennart angenommen. Die Gesellschaft ist sehr selten und bislang nur von wenigen Stellen des Jadebusens, von Borkum und von Norderney bekannt. Das für den Küstenraum der deutschen Nordseeküste beschriebene *Suaedetum macrocarpae* bezieht sich auf Bestände einer Form, die bislang nur als Variatio beschrieben wurde (vgl. HEGI 1979). Es bleibt nun ohnehin zu fragen, ob auf dieser Grundlage eine Assoziation gültig neu zu benennen ist. Nach eigenen Beobachtungen der Gesellschaft von Borkum und der Leybucht bezieht sich der Name *Suaedetum macrocarpae* auf Dominanzbestände einer sehr mastigen, großsamigen, relativ spät (Anfang Oktober) noch grasgrünen Form von *Suaeda flexilis*. SCHWABE & KRATOCHWIL (1984) halten es für möglich, daß die *Suaeda flexilis*-Gesellschaft von Borkum identisch ist mit dem *Astero-Suaedetum macrocarpae* J.-M. & J. Géhu 1969. Dieser Name wäre dann der gültige. Vor dem Hintergrund der genannten taxonomischen Probleme muß diese Frage allerdings noch offen bleiben. Der Name *Suaeda flexilis*-Gesellschaft ist aber keinesfalls auf Gesellschaften zu beschränken, in denen diese großsamige Form vorherrscht. Aufgrund taxonomischer Probleme innerhalb der *Suaeda flexilis*-Gruppe sind Gesellschaften, in denen diese aufrechten Formen vorherrschen, nach wie vor nicht weiter zu differenzieren. Es wird daher vorgeschlagen, diese zunächst ranglos als *Suaeda flexilis*-Gesellschaft s.l. zu führen.

2. **Ordnung: Thero-Suaedetalia** Br.-Bl. & De Bolos 1957
Gesellschaften, die dieser Ordnung angehören, wurden auch von Salzstandorten des Festlandbereiches bzw. von Lagunen, Flußufern und Deltagebieten des Mediterranraumes beschrieben (vgl. BRAUN-BLANQUET 1928, BRAUN-BLANQUET & DE BOLOS 1957).

OC: *Salicornia decumbens, Suaeda prostrata, Bassia hirsuta*

Der vergleichsweise kontinental getönte, xerohaline **Thero-Suaedion**-Verband ssu. Braun-Blanquet 1931 kann nach oben an die dichten Salzwiesen anschließen.

1. **Verband: Thero-Suaedion** Br.-Bl. 1931
Die sodenreichen, sommertrockenen Halophytengesellschaften sind meist kleinflächige, dichte, aber artenarme, einjährige Pionierbestände an der äußeren Grenze der Salzwiesen zum Watt oberhalb der Queller- und Schlickgraszone im Gezeitenfluß. Vielfach sind sie auch bandartig entlang von Prielrändern und an Grabensystemen entwickelt. Die Verbandscharakterarten entsprechen den Ordnungscharakterarten.

1. **Salicornietum decumbentis** Schwabe & R. Tx. 1974
   Die Sandplaten-Quellergesellschaft ist eine niedrige, schüttere annuelle Pioniergesellschaft

auf Flugsandplaten oberhalb MTHw; nur gelegentlich überflutet, stärker dem Sandflug und Sandgebläse ausgesetzt.

AC: *Salicornia decumbens* (opt.)

Im Substrat finden sich häufig Schlickbeimengungen; oberhalb MTHw optimal entwickelt. Die Bestände werden nur gelegentlich bei hoch auflaufenden Tiden unter Wasser gesetzt. *Salicornia decumbens* keimt bei 1 – 2 mm starker Überschlickung, die als Keimbett dient. An der Nordseeküste häufig.

2. **Suaedetum prostratae** Géhu 1975
Im Gegensatz zu *Suaeda flexilis* FOCKE, die vom oberen Quellerwatt bis zur oberen Salzwiesenzone und darüber in den verschiedensten Bereichen mehr oder weniger häufig zu finden ist, scheint *Suaeda prostrata* FOCKE standörtlich sehr eng an sandige, offene Substrate oberhalb der geschlossenen Salzwiesen gebunden zu sein.

AC: *Suaeda prostrata* (opt.)

Die Gesellschaft ist von der Niederliegenden Strandsode beherrscht (Abb. 127); es sind meist lückige Bestände weit oberhalb MTHw über sandigem Substrat, das einer ständigen Sandneuzufuhr unterliegt. Bisher auf Borkum, Norderney und Mellum beobachtet; dort vielfach in den jungen Anwuchsbereichen der Inseln, wo standörtliche Verwandtschaft mit dem *Salicornietum decumbentis* herrscht. In der Nähe von Embryonaldünen können Verzahnungen mit dem *Agropyretum juncei* auftreten.

3. **Suaedo-Bassietum hirsutae** Br.-Bl. 1933
Die Dornmelden-Gesellschaft ist eine vorwiegend kontinental bis ostmediterran verbreitete Salzschlammgesellschaft auf wechselfeuchtem und wechselhalinem Substrat.

AC: *Bassia hirsuta* (opt.)

Die Gesellschaft gehört nach der Originaldiagnose und nach ökologischen Angaben dem *Thero-Suaedion*-Verband an (vgl. BRAUN-BLANQUET 1931, 1933; TÜXEN 1950). Bei den Beständen unserer Küsten, von denen aus eigener Anschauung Fundorte von Sylt (vgl. auch HOBOHM 1986) und von Föhr bekannt sind, handelt es sich dagegen um einartige bzw. um wenigartige Dominanzbestände von *Bassia hirsuta* (zusammen mit *Suaeda flexilis* FOCKE 1873, *Salicornia ramosissima* und *S. stricta*), die Mulden innerhalb geschlossener *Asteretea*-

Abb. 127:
Suaedetum prostratae über sandigen, überwehten Schlickwattflächen auf Norderney (1989)

Gesellschaften besiedeln. Es käme also auch eine Eingliederung der Gesellschaft in den *Salicornion ramosissimae*-Verband in Frage. Da aus diesem Raum aber bisher keine Aufnahmen vorliegen, muß eine Zuordnung zunächst provisiorisch erfolgen.

18. Klasse: Spartinetea maritimae R. Tx. 1961 – Schlickgras-Fluren

Horstbildende Grasbestände in Schlickwatten etwa zwischen 40 cm unter und 20 cm über MTHw, bevorzugt an geschützten, durch Lahnungen befestigten Wattabschnitten. *Spartina townsendii* ist ein mit 2n = 61 Chromosomen steriler Bastard, der um 1800 aus der indigenen mitteleuropäischen *Spartina maritima* (Curt.) Fern. (2n = 60) und der eingeschleppten nordamerikanischen *Spartina alterniflora* Lois. (2n = 62) entstanden ist. Aus *Spartina townsendii* entstand um 1890 an der südenglischen Küste durch Polyploidisierung die junge allotetraploide Art *Spartina anglica* (2n = 122). Beide breiteten sich rasch an der englischen und französischen Küste aus und verdrängen die heimische Elternart (WILMANNS 1989a). Anfang des Jahrhunderts wurde *Spartina townsendii* im Rahmen der Landgewinnungsprozesse angepflanzt; häufig mit nachteiligen Auswirkungen. Diese wintergrüne Art bietet den herbstlichen und winterlichen Sturmfluten Widerlager und führt stellenweise zur Erosion im Watt. Die Phänomene der Florenveränderung kommen noch dazu (s. auch KÖNIG 1948, SCHWABE 1972, BEEFTINK & GÉHU 1973). Nur monotypisch mit einer Ordnung **Spartinetalia maritimae** Conrad 1935, einem Verband und einer Assoziation vertreten:

1. Verband: Spartinion maritimae Conrad 1952

Vom Schlickgras beherrschte, ausdauernde, nahezu einartige Pioniergesellschaft im Eulitoral und in den Salzwiesen der Küste und auf den Inseln über Schlickböden, in der Regel bis 30 cm, aber manchmal bis 85 cm unterhalb MTHw (DIERSSEN 1988, SCHERFOSE 1989).

1. Spartinetum anglicae (= Spartinetum townsendii) Corillon 1953

Die Schlickgras-Gesellschaft bildet schüttere bis dichte, kniehohe Bestände. Seit 1927 im Wattenmeer der Nordseeküste angesiedelt und gebietsweise stark ausgebreitet; verdrängt oft die Queller-Gesellschaft (Abb. 128).

AC: *Spartina townsendii agg., Sp. anglica*

Abb. 128: *Spartinetum anglicae* in der Leybucht bei Greetsiel (1988)

Artenarme, meist einartige Gesellschaft auf Wattenschlick (Schlickfänger). Je nach Überflutungsdauer und Salzgehalt sind nur noch *Aster tripolium* (an weniger überfluteten Stellen), oder *Bolboschoenus maritimus* (bei geringerer Salzzufuhr) beigemengt.

19. Klasse: Saginetea maritimae Westhoff, van Leeuwen & Adriani 1962 – Küsten-Mastkraut-Gesellschaften

An der Küste gibt es kleine Flächen, die gelegentlich vom Salzwasser durchflutet werden, dann aber rasch durch Regen aussüßen und bald auch austrocknen; solche wechselhalinen und zugleich wechselfeuchten Flecken sind z.B. kleine Störstellen, wie Ameisenhaufen, inmitten von Salzwiesen. Hier leben winterannuelle Therophyten, welche die Klasse charakterisieren:

KC: *Sagina maritima*, *Bupleurum tenuissimum*, *Plantago coronopus*, *Parapholis strigosa* und *Pottia heimii*

Auch an Flutmarken winterlicher Sturmfluten in Salzwiesen. Nur eine Ordnung **Saginetalia maritimae** Westhoff, van Leeuwen & Adriani 1962 und ein Verband:

1. Verband: Saginion maritimae Westhoff, van Leeuwen & Adriani 1962
Die Strand-Mastkraut-Fluren sind ephemere, therophytenbeherrschte Gesellschaften, deren Keimorte die Flutmarken der winterlichen Sturmfluten kennzeichnet, vielfach im Grenzbereich zwischen Salzrasen und Graudünen auf den Inseln (TÜXEN & WESTHOFF 1963).

1. Sagino maritimae-Cochlearietum danicae R. Tx. & Gillner 1967
Löffelkraut-Gesellschaft. An der Nordseeküste typisch für offene und dabei festliegende Böden im Grenzsaum des Meeres. Oft hat hier der kenternde Flutstrom Tone sedimentiert. Im Kontaktbereich von Salzwiesen und Dünenfüßen auf den Inseln.

AC: *Cochlearia danica*

Das *Sagino-Cochlearietum* wächst überwiegend auf konvexen Geländeformen an mechanisch stark beanspruchten Stellen, die u.a. durch den Wellenschlag höchster Fluten zustande kommen (Abb. 129). Ebenso inmitten von Salzwiesen auf Erhöhungen und kleinen Ameisenhügeln, welche zumeist von *Lasius flavus* aufgebaut sind. Nach oben an die *Asteretea tripolii* anschließend, oder zwischen Dünen und Salzwiesen vermittelnd.

Abb. 129:
Sagino-Cochlearietum danicae mit *Cochlearia danica* in einem stark von Kaninchen beweideten Zustand auf Borkum (1990)

Abb. 130:
Centaurio litoralis-Saginetum nodosae auf Juist (1991)

2. Centaurio litoralis-Saginetum nodosae Diemont, Sissingh & Westhoff 1940

Die Gesellschaft des Zierlichen Tausendgüldenkrautes wird auch als **Gentianello uliginosi-Centaurietum litoralis** oder als **Centaurio-Saginetum moliniformis** bezeichnet (Abb. 130). Sie sollte aus sippentaxonomischen Gründen aber nach *Sagina nodosa* (= *S. moliniformis*) benannt werden. Auf wechselfeuchtem kalkhaltigen Sand in Dünentälern der Küstenregion, teilweise oligohalin.

AC: *Centaurium littorale, Gentiana uliginosa, Sagina nodosa*

Das *Centaurio-Saginetum* findet sich in Gelände-Hohlformen, die ebenfalls mechanisch stark beansprucht sind (u.a. durch Tritt, Kaninchenfraß etc.). Zumeist nach unten an Dünengesellschaften (Kleingrasrasen, *Hippophae*-Gebüsche) anschließend oder zwischen Dünen und Salzwiesen vermittelnd.

20. Klasse: Cakiletea maritimae R. Tx. & Prsg. 1950 – Meersenf-Spülsäume und Tangwallgesellschaften

Artenarme, lückige Pflanzengesellschaften auf Seegras-, Grünalgen- und Tangwällen auf schwach geneigten Sand- und Kiesstränden entlang der Küsten. Die angepaßten Pflanzen sind in gewissem Rahmen salztolerant und besiedeln als Nitrophyten die Flutmarken mit lebhafter Stickstoff-Umsetzung und wechselfeuchten Bedingungen (Flutmarkengesellschaften, s. WESTHOFF & DEN HELD 1969, ERNST 1969). Instabile Gesellschaften in der Zone des Vorstrandes und der Embryonaldünen mit Sommerannuellen; Sturmfluten reißen die Gesellschaften weg; Sandstürme überdecken und überlagern sie. Die Samen der Pflanzen werden mit winterlichen Hochwassern verlagert und auf Treibselsäumen zusammengeschwemmt. So entstehen in unregelmäßigen Abschnitten perlschnurartig strandparallele Driftwälle. Die jüngsten und frischesten Ablagerungen werden bei Springfluten noch von Meerwasser durchfeuchtet und sind noch nicht oder nur mit juvenilen, annuellen Gefäßpflanzen sporadisch besiedelt (s. auch THANNHEISER 1991). Das ältere Spülsaummaterial bietet für die Dauer einer Vegetationsperiode vielen salzresistenten und nitrophytischen annuellen Pflanzen geeignete Wuchsplätze. Es sind migrierende Dauer-Pioniergesellschaften (TÜXEN 1975). Viele halophytische Ökotypen aus den Spülsäumen von Flußufern und Meeresküsten sind Stammformen einheimischer Ruderalpflanzen (z.B. *Chenopodium, Atriplex*) oder auch der Kulturpflanzen (z.B. *Beta vulgaris ssp. maritima*).

Cakiletea-Gesellschaften sind bis jetzt bekannt von den Meeresküsten West- und Nordeuropas, des Mittelmeeres, Nordamerikas und Ostasiens. Sie lassen sich aufgrund dieser

Verbreitung weltweit in vier Ordnungen aufgliedern, von denen bei uns nur eine vorkommt (PREISING et al. 1990).

1. Ordnung: Cakiletalia maritimae R. Tx. ap. Oberd. (1949) 1950

Das sind im wesentlichen die Meersenf-Spülsäume mit den artenarmen, nitrophilen Halophytengesellschaften auf Treibselsäumen der Meeresküsten.

KC u. OC: *Cakile maritima, Atriplex prostrata, A. deltoidea (= A. hastata var. deltoidea), Tripleurospermum maritimum*

Übersandete Tang-Spülsäume im Vordünenbereich der Nordseeküste und auf Strandwällen der Ostsee werden gelegentlich dem Verband *Salsolo-Honkenyion peploides* ssu. R. Tx. 1951 zugeordnet und von den schlickhaltigen, sandarmen Tangwallgesellschaften des *Atriplicion littoralis*-Verbandes ssu. Nordhagen 1940 em. R. Tx. 1950 getrennt. Diese Differenzierung ist im allgemeinen aber nur sehr schwach, so daß die Ordnung an der Nord- und Ostseeküste nur mit einem Verband geführt wird.

1. Verband: Atriplicion littoralis Nordhagen 1940
(Synonym: **Salsolo-Honkenyion peploides** R. Tx. 1950)

Es sind vielfach windharte Gesellschaften der Sandstrände von Nord- und Ostsee, wobei einmal wechselfeuchte Tangwall-Spülsäume (an der Ostsee auch Seegras-Spülsäume) an Prielrändern, auf Schlickwatten und Salzwiesen oberhalb MTHw oder auch übersandete Tang-Spülsäume besonders im Vordünenbereich der Nordsee bzw. wenig übersandete Schotter und Strandwälle entlang der Ostsee besiedelt werden.

VC: *Atriplex littoralis, A. prostrata, Honkenya peploides*
D: *Salsola kali*

Hinter den hakenförmigen Sandaufhäufungen der vorpommerschen Nehrungsküste werden nach langen Winterstürmen von den Wellen manchmal meterhohe Tangberge von *Zostera* und *Fucus*, von *Polysiphonia, Ectocarpus, Ceramium* und *Furcellaria* zusammengeschwemmt und später eingesandet (FRÖDE 1958). Hier wachsen dann im folgenden Jahr Riesenexemplare von *Atriplex littoralis, Salsola kali* und *Cakile maritima*.

1. Atriplicetum littoralis Libbert 1940
Strandmelden-Gesellschaft. Tangwälle der Nord- und Ostseeküste, auf mit Sand vermischtem organischen Material.

AC: *Atriplex littoralis, A. hastata*

Es sind vielfach Spülsäume im Salzwiesenbereich, die zusätzlich ephemere Kulturbegleiter aufnehmen können (z.B. *Solanum lycopersicum, Rhizinus communis*, HOBOHM 1991). Für verschiedene Substrate von Tangwällen und Spülsäumen der Boddenküste beschreibt beispielsweise KRISCH (1990) spezielle Überlagerungsgesellschaften (**Astero-Atriplicetum, Galeopsio-Atriplicetum**), die sich aber nur standörtlich geringfügig unterscheiden und als Subassoziationen gewertet werden sollten.

2. Atriplicetum glabriusculae-calothecae Fröde 1957/58
Die Strandmelden-Salzkrautgesellschaft über mächtigen Tangmassen ist von den Inseln Hiddensee und Rügen beschrieben. Sie zeigt mastige Exemplare der konstituierenden Arten.

AC: *Atriplex glabriuscula, A. calotheca*

Die Gesellschaft wurde zuerst vom Nord-Haken am Alt-Bessin auf Hiddensee von FRÖDE (1958) erkannt.

Abb. 131:
Cakiletum maritimae als migrierende, annuelle Spülsaumgesellschaft im Bereich der Weißen Dünen von Norderney (1985)

3. Cakiletum maritimae Nordhagen 1940

Die Meersenf-Gesellschaft markiert Hochwassersäume an der Nord- und Ostseeküste, zwischen Treibsel und Abfällen auf feuchtem, stickstoffreichem, salzhaltigem Sand (Abb.131).

AC: *Cakile maritima*

Lückige und artenarme Bestände, meist am Fuße der Vordünen seeseitig zwischen Strandplate und Vorstrand sowie im Randdünen- und Vordünenbereich. In seltenen Fällen überlagern diese Spülsäume junge Dünentalgesellschaften oder Ruderalgesellschaften. Selbst auf Strandwällen aus Kiesen und grobem Geröll der Ostsee trifft man – bedingt durch die organischen Ablagerungen – vereinzelt Spülsaumpflanzen an.

4. Beta maritima-Gesellschaft

Wildrüben-Spülsäume sind von schillreicheren Ablagerungen auf Helgoland bekannt.

D: *Beta vulgaris* ssp. *maritima*

Die annuellen Bestände der Wildrübe stellen – wie alle anderen Spülsaumgesellschaften – gleichzeitig auch Schlußgesellschaften dar, da bei permanenter Zerstörung und Verlagerung ihrer Standorte nach Sturmfluten keine Sukzession stattfinden kann.

Fragment der Spülsaumgesellschaften:

Crambe maritima-Gesellschaft (Abb. 132);

diese nordöstlich-atlantisch verbreitete Art dehnt sich gerade in Spülsaumgesellschaften, in Vordünen auf sandigen Böden im Nordsee-Küstenraum aus (seit 1935 nordwärts gerichtete Ausbreitung entlang der niederländischen Küste bis nach Schiermonnikoog, WESTHOFF 1991). Ebenso auf sandig-steinigen Salzschlickböden des Ostseeküstenbereiches (dort findet eine zunehmend westwärts gerichtete Wanderbewegung statt, MÖLLER 1975). Diese zangenförmige Ausbreitung erschwert die standörtliche und soziologische Bewertung von *Crambe maritima*. Im Ostseeraum sind stets *Agropyron repens, Rumex crispus* und *Potentilla anserina* mit ihr vergesellschaftet; diese Bestände gehören offenbar in den Lolio-Potentillion-Verband (vgl. EIGNER 1973, G. & H. PASSARGE 1973). Im Nordsee-Küstenbereich verhält sich *Crambe maritima* als *Cakiletea*-Art.

Atriplex longipes-Gesellschaft

(= **Atriplicetum longipedis** Nordhagen 1940); boreale Gesellschaft, im Ostseeraum unbeständig auf älteren Spülsäumen. Hemerophile und ruderale Pflanzengesellschaft.

Atriplex prostrata-Gesellschaft
auf wechselfeuchten Tangwall-Spülsäumen mit weiterer ökologischer Amplitude als das *Atriplicetum littoralis* kleinflächig und meist nur in fragmentarischer Ausbildung vorhanden.

21. Klasse: Ammophiletea arenariae Br.-Bl. & R. Tx. 1943 – Stranddünengesellschaften

Strandquecke, Strandroggen und Strandhafer bauen als derbe Gräser Vordünen- und Dünen-Gesellschaften der Sandküsten auf. Sie bewirken Auffangen und Befestigung des Flugsandes und die Entstehung strandparalleler Primär- und Sekundärdünen (Weißdünenlandschaft). Starke Selektion durch Sandüberwehung und Salzwirkung.

Eine Klasse *Honkenyo-Elymetea* R. Tx. 1966 der Strandroggen-Gesellschaften mit Verbreitungsschwerpunkt im boreo-arktischen Bereich der Holarktis wird mit einigen Charaktergesellschaften auch für Deutschland angegeben (*Potentillo-Elymetum arenarii, Crambeetum maritimae, Petasitetum spuriae*, s. DIERSSEN 1988, WILMANNS 1989a). Strandroggen-Gesellschaften sind bei uns jedoch v.a. durch Strandhafer-Dünen ersetzt; die benannten Gesellschaften tendieren alle zur Ruderalisation und lassen sich zwanglos den *Artemisietea* oder *Cakiletea* zuordnen (s. dort). Für diese boreal-arktische Klasse ergibt sich für den Nord- und Ostseeraum Deutschlands derzeit keine Notwendigkeit.

Für die Entstehung von Dünen im Anschluß an die Sandstrände bedarf es zunächst einer physikalischen Dünenbildung, die auch auf der Strandplate und im Vordünenbereich bei Windstärken über vier Beaufort erfolgt (s. Abb. 133). Eine organogene Dünenbildung mit biologischer Substratfixierung schließt sich durch die Strandhaferdünen an. Nur eine Ordnung: **Ammophiletalia arenariae** Br.-Bl. 1933

KC u. OC: *Eryngium maritimum, Lathyrus maritimus, Calystegia soldanella*

Abb. 132:
Crambe maritima am Schönberger Strand bei Kalifornien, Ostsee (1982)

Abb. 133: Windgefegte Strandplate von Norderney (1988)

Auf tonigen Sanden von Festlandsstrandplaten (z.B. Eiderstedt) oder auf den Geestinseln Amrum und Föhr können bei geringer Übersandung *Puccinellia maritima* oder *Agropyron pungens* sogar als Primärdünenbildner fungieren (s. HEYKENA 1965, DIERSSEN et al. 1991); auf den seeseitigen Abschnitten der ostfriesischen Inseln herrscht in der Regel die „klassische Strandfolge" (s. ELLENBERG 1989) von den Vordünen in die Weißdünen.

1. **Verband: Agropyro-Honkenyion peploidis** R. Tx. ap. Br.-Bl. & R. Tx. 1952
Strandquecken-Vordünen. Extrem artenarme Gesellschaften, die an Sandküsten oberhalb der Springtide-Hochwasserlinie den Flugsand festlegen und Embryonal- bzw. Primärdünen aufbauen.

VC: *Agropyron junceum* (= *Elymus farctus*)

Als obligater Halophyt ist *Agropyron junceum* in der Lage, auf vegetationsfreiem Sand zu keimen oder sich aus angespülten Rhizombruchstücken zu entwickeln. Das gelingt nur, wenn die Pflanze mit den Wurzeln das Grundwasser erreichen kann und der Standort oberhalb der MTHw liegt. Hinter den Pflanzen bilden sich kleine Sandfahnen und bei ausreichender Sandversorgung vom Vorstrand wachsen die Vordünen rasch zu größeren Weißdünen heran.

1. **Elymo-Agropyretum juncei** Br.-Bl. & De Leeuw 1936 em. R. Tx. 1957
Strandquecken-Vordüne. Auf den friesischen Inseln im allgemeinen seltener großflächig entwickelt, da an Westküsten die Embryonaldünen abgetragen werden. Einartige Primärdünengesellschaft auf salzhaltigem Sand (Abb. 134).

AC: *Agropyron junceum* (= *Elymus farctus*)
Begleiter: *Honkenya peploides* (*Agropyron x acutum*, *A. x obtusiusculum*)

Konsolidierte Dünenfüße sind vielfach durch deckenartige *Honkenya peploides*-Bestände markiert. Die halbsukkulente, nitratliebende *Honkenya* ist salztolerant und kann einer nicht allzu starken Übersandung durch Verlängerung der Sprosse entgehen. Zwei nicht seltene und weiträumig verbreitete Bastarde der Strandquecke (*Agropyron x acutum*, *A. x obtusiusculum*) sind an Nord- und Ostsee zu beobachten (vgl. v. GLAHN 1987, KRISCH 1981, 1986).

2. Verband: Ammophilion arenariae Br.-Bl. 1933 em. R. Tx. 1955

Strandhafer-Weißdünen. Nicht entkalkte Flugsand-Dünen an den Nordseeküsten, stellenweise auch an der Ostsee.

VC: *Ammophila arenaria, Oenothera parviflora var. ammophila*
D: *Elymus arenarius*

Höhere Dünen als das *Agropyretum juncei* baut das *Elymo-Ammophiletum* auf. Im bewegten Sand ist *Ammophila arenaria* ständig gezwungen, durch fortwährende Wurzelneubildung das frische Material zu durchziehen; das bedeutet ständige Zufuhr mineralischer Nährstoffe und allmähliche Festigung der Dünenkomplexe. Im ruhenden Sand wird das Wurzelwerk

Abb. 134:
Primärdünen mit dem
Agropyretum juncei auf
Juist (1990)

Abb. 135:
Weißdünen mit dem
Elymo-Ammophiletum auf
Norderney (1981)

der *Ammophila* von Nematoden (*Trigonotylus elyni*) angegriffen und gefressen, so daß die Pflanzen verhungern und verdursten (v.d. PUTTEN et al. 1988, WESTHOFF 1991). In bewegtem Sand entgeht der Strandhafer den schädlichen Wirkungen dieser Bodenorganismen, wie man an vitalen *Ammophila*-Horsten fernab der Küste in parabolisierten, windgeöffneten Sekundärdünenlandschaften auf den Inseln sehen kann. Dieses Equilibrium zwischen Sandanwehung, Bildung von Biomasse, Dünenfestigung und Schwächung von *Ammophila* durch *Trigonotylus elyni* bedingt die maximale Höhe der Weißdünenketten.

1. **Elymo-Ammophiletum arenariae** Br.-Bl. & De Leeuw 1936
   Strandhafer-Weißdüne. Bildung nach ständiger Übersandung und Rückgang der Salzeinwirkung aus den Primärdünen (Abb. 135).

   AC: *Ammophila arenaria*, (*Elymus arenarius*, schwach), *Ammocalamagrostis baltica*, *Sonchus arvensis* var. *maritimus*

   Weit verbreitete und bezeichnende Weißdünen-Gesellschaft. *Ammophila* und *Ammocalamagrostis* sind in den seewärtigen Weißdünen vielfach gleichermaßen am Aufbau der Gesellschaft beteiligt.

   Knapp hinter dem Bereich der maximalen Sandüberwehung, meistens an der Leeseite der Weißdünen ändern sich Standortklima und Vegetation sehr rasch. Hier stellt sich das **Elymo-Ammophiletum festucetosum arenariae** ein. Dieses zeichnet sich durch viele Differentialarten aus (z.B. *Eryngium maritimum*, *Oenothera parviflora* var. *ammophila*, *Calystegia soldanella* Abb. 136, *Anthyllis vulneraria* var. *langei*, *Hieracium umbellatum* und *Festuca rubra* ssp. *arenaria*; s. auch WESTHOFF 1991). Mechanische Beanspruchung und Sedimentation sind an diesen mikroklimatisch ausgeglicheneren Standorten nicht mehr so extrem. Vielfach führt die Sukzession des *Elymo-Ammophiletum festucetosum* nach Aufsandung zu einem dichten und hohen Sanddorngestrüpp, dem *Salici-Hippophaetum*.

22. **Klasse: Asteretea tripolii** Westhoff & Beeftink ap. Beeftink 1965 (= **Juncetea maritimi** Br.-Bl. 1931 p.p.) – Salzrasen und Salzwiesen-Gesellschaften

Verbreitete Wattwiesen der Nord- und Ostsee; sie lösen landeinwärts die Quellergesellschaften etwa in der Höhe des mittleren Tidehochwassers zonenartig ab und werden nur noch von Sturmfluten mit Salzwasser überspült. Sie sind daher artenreicher als die Quellergesellschaften. Salzrasen wachsen auf den Schlickküsten des Wattenmeeres, an der Ostsee und auch an binnenländischen Salzstellen auf wechselnassen, zeitweise überstauten Salzböden.

Abb. 136:
Calystegia soldanella im *Elymo-Ammophiletum* (Spiekeroog, 1982)

Die Gesellschaften bestehen aus fakultativen Halophyten.

KC: *Aster tripolium, Limonium vulgare, Artemisia maritima, Cochlearia anglica, Spergularia media*

An den Küsten sind die supralitoralen Salzwiesen über den marinen Schlick- und Sandböden normalerweise zonenartig, seltener mosaikartig angeordnet (vgl. auch PREISING et al. 1990), wobei das Vegetationsbild von der Höhe, der Dauer und dem Salzeintrag durch Überflutungen bestimmt wird. Durch die periodische bzw. episodische Überflutung mit Meerwasser kommt es zur Sedimentation und Bodenbildung, verbunden mit hohen pflanzenverfügbaren Salzgehalten. Dazu wirken sich wechselnde reduzierende Bodenbedingungen, geringe oder fehlende Sauerstoffgehalte und hohe Eisen- und Mangangehalte aus (s. JANIESCH 1991a, 1991b). Dem haben sich die Salzwiesen angepaßt; die Anpassung an den amphibischen Extrem-Lebensraum kann sogar soweit gehen, daß innerhalb einer Vegetationsperiode bei Absterben und Spontanmineralisation von Pflanzen die verringerte Biomasse kompensiert oder ausgeglichen werden kann. In einem *Puccinellietum maritimae* konnte JANIESCH (1991b) beispielsweise ein spätsommerliches Absterben von *Triglochin maritimum* beobachten und messen, daß in diesem Fall allein dadurch 14 kg N/ha freigesetzt und an Ort und Stelle mineralisiert wurden. Die Mineralisation führte sofort zu einer Produktionssteigerung von *Festuca litoralis* in der untersuchten Gesellschaft, die dann den Herbstaspekt bildete.

Die Salzwiesen an der niedersächsischen Küste zeigen vielfach die Spuren der Begrüppung zum Küstenschutz und zur Landgewinnung; sie sind meistens noch beweidet, wodurch die natürlichen Vegetationsabfolgen verändert und stellenweise unkenntlich gemacht werden (s. auch DIERSSEN et al. 1991, SCHWABE 1991).

1. Ordnung: Glauco-Puccinellietalia Beeftink & Westhoff 1962
Diese Ordnung beinhaltet Salzwiesen der klimatisch kühl-gemäßigten, atlantisch geprägten Küsten und örtliche Binnensalzstellen dieser Regionen.

OC: *Glaux maritima, Plantago maritima, Triglochin maritimum*

Hier sind mehr oder weniger geschlossene Rasengesellschaften im Tidebereich der Nordsee und unter Salz- und Brackwassereinfluß entlang der Ostsee zusammengefaßt. Die zonale Abfolge von Arten und Gesellschaften im Küstenbereich folgt aus der abgestuften Salz- und Überflutungstoleranz. Die Zonierungen sind ihrerseits nicht stabil, sondern unterliegen einer natürlichen Sukzession.

1. Verband: Puccinellion maritimae Christiansen 1927
Die Andelrasen bilden den unmittelbaren Anschluß an die Quellerzone, sie werden noch relativ häufig überspült (Abb. 137); daher sind vorwiegend obligate Halophyten dominierend. Die Salzgehalte betragen um 20 ‰ Cl-; es finden ± 250 Überflutungen im Jahr statt.

VC: *Spergularia media, Halimione portulacoides,* (*Salicornia brachystachya, Spartina townsendii, Sp. anglica,* DV gegen den Verband *Armerion*)

Es handelt sich um Gesellschaften in der mittleren Tidewasserlinie und landwärts etwas darüber hinaus.

1. Puccinellietum maritimae Christiansen 1927
Die Andelgras-Gesellschaft bildet typische Wattwiesen dicht oberhalb der Mittelhochwasserlinie (Abb. 137). Es sind weit verbreitete und die häufigsten Gesellschaften der Salzwiesen.

AC: *Puccinellia maritima*

Diese niedrigen, dichten Rasen sind vielfach kleinbuckelig reliefiert; sie werden als

Abb. 137:
Initiales *Puccinellietum maritimae* im Osthellerbereich von Norderney (1981)

Abb. 138:
Halimionetum portulacoides im Salzwiesenbereich der Boschplaat auf der niederländischen Insel Terschelling (1989)

Weideland genutzt (Schafe, Rinder und Pferde). Dadurch wird das Artengefüge der Gesellschaft häufig beeinträchtigt und drastisch verändert.

2. **Halimionetum portulacoidis** Kuhnholtz-Lordat 1927
Salzmelden-Gesellschaft. Meist kleinflächig verbreitete Gesellschaft; etwa 10 cm oberhalb der mittleren Hochwasserlinie und oft bandartig an Prielrändern (Abb. 138), bei hoher Salinität und intensiver Durchlüftung des Substrats.

AC: *Halimione portulacoides*

Beweidungsempfindlich und oft von voriger ersetzt. Durch klonales Wachstum bildet *Halimione portulacoides* in der unteren Salzwiese monospezifische Bestände von mehreren Quadratmetern Ausdehnung.

3. **Puccinellio-Asteretum tripolii** nom. inv. Van Langendonck 1931
Niedrige, vom Salzschwaden und der Strandaster beherrschte Initialgesellschaft auf frischen bis feuchten Salzböden.

   AC: *Aster tripolium*

   Puccinellia bildet vielfach horstartig erscheinende Rasen mit auffälligen Blühaspekten der Strandaster. Vermehrt auf schlickig-sandigen Böden der Inselwattflächen. Fragliche Assoziation; vielleicht nur Ausbildung des *Puccinellietum*.

2. Verband: Puccinellio-Spergularion Beeftink 1965
Der Verband umfaßt kurzlebige Salzbodengesellschaften. Sie entwickeln sich an solchen Stellen, wo die ursprüngliche Vegetationsdecke durch Erosion oder lang andauernde Überstauung oder Überflutung ausgedünnt oder beseitigt ist.

   VC: *Spergularia salina, Puccinellia distans*

Die Gesellschaften siedeln außendeichs wie auch binnendeichs (PREISING et al. 1990); neben den natürlichen Vorkommen an oben beschriebenen Stellen treten sie auch an anthropozoogenen Ersatzstandorten auf (Trittstellen, Sodenstiche, Fahrspuren). Die Salzgehalte der Böden können beträchtlich schwanken.

1. **Spergulario-Puccinellietum distantis** Feekers 1943
Die Salzschwaden-Gesellschaft ist eine Pioniergesellschaft auf anthropogenen (Sodenstiche) oder von Sturmfluten entblößten Wattböden im Bereich des Andelrasens.

   AC: *Spergularia salina, Puccinellia distans*

   Auch außerhalb des Tidebereiches an salzigen Stellen; z. B. im Binnenland, wo an natürlichen Salzstellen hohe Salzgehalte im Boden auftreten.

2. **Puccinellietum retroflexae** (Almquist 1929) Beeftink 1965
Wenig beobachtete, offenbar ephemere und vorzugsweise binnendeichs auftretende Gesellschaft; ähnlich wie vorige, aber nasser.

   AC: *Puccinellia retroflexa*

   Bisher nur auf Helgoland beobachtet (DIERSSEN 1988).

3. Verband: Armerion maritimae Br.-Bl. & De Leeuw 1936
Die Strandnelken-Gesellschaften schließen sich landwärts an die Andelgraszone an; ihre Standorte werden daher seltener überflutet; sie reichen meist ab 25 cm MTHw, werden nur noch 40 bis 70 mal im Jahr überflutet, die Salzgehalte liegen meistens unter 15 ‰ Cl-.

   VC: *Armeria maritima, Juncus maritimus, Carex extensa, C. distans, Agrostis salina, Festuca litoralis, Atriplex hastata* (DV), *Potentilla anserina* (DV), *Leontodon autumnalis* (DV)

Als sehr schwache DV kann auch *Phragmites australis* angesehen werden. Es tritt an ausgesüßten Stellen in der hohen Salzmarsch auf. Die meisten Gesellschaften dieses Verbandes werden beweidet, gelegentlich sogar gemäht.

1. **Plantagini-Limonietum** nom. cons. Christiansen 1927
Strandfliedergesellschaft. Die Vergesellschaftung von *Limonium vulgare* und *Plantago maritima* bei häufig gleichzeitiger Anwesenheit der Verbandscharakterarten des *Puccinellion* und *Armerion* ist bezeichnend (Abb. 139); bislang nur für den west- und ostfriesischen Küstenraum beschrieben.

   AC: *Limonium vulgare*

Abb. 139:
Plantagini-Limonietum im Inselwatt von Norderney (1991)

Abb. 140:
Sandüberwehtes *Plantagini-Limonietum* mit sandbedeckten Exemplaren von *Limonium vulgare* im Kontakbereich von erodierten Sekundärdünen zu Salzwiesen im Inselwatt von Norderney (1988)

Im Hinblick auf die Soziologie und die Ökologie der Gesellschaft gibt es eine Fülle von Widersprüchlichkeiten (s. Schwabe & Kratochwil 1984, Scherfose 1986, Hobohm 1991). Die Gesellschaft wird vielfach auch einem weit gefaßten *Halimionetum portulacoides* subsumiert oder geht in das *Armerietum maritimae* ein. Extensiv beweidete Bestände sind an der ostfriesischen Küste die Regel; die Strandfliedergesellschaft wächst auf tonigen Schlicksubstraten mit leichter Sandüberdeckung (Abb. 140) und markiert gleichzeitig im Verhältnis zu den anderen tieferliegenden Salzwiesengesellschaften die Grenzen des Höchstwasserstandes.

2. **Juncetum gerardii** Nordhagen 1923

Die Bottenbinsenwiese ist (incl. dem *Armerio-Festucetum litoralis*) eine weit verbreitete Gesellschaft des Außendeichlandes in der hohen Salzmarsch (Außengroden, Köge) an Nord- und Ostsee (Viehweide); auch im Binnenland an Salzstellen.

AC: *Juncus gerardi* (opt.)

Floristisch vielgestaltige Gesellschaft mit dichten, sattgrünen, blütenreichen Rasen

(Abb. 141). *Glaux maritima* kann in dichten, teppichartigen Beständen pionierhaft zu geschlossenen *Juncus gerardi*-Salzwiesen überleiten.

3. **Artemisietum maritimae** Br.-Bl. & De Leeuw 1936
Strandbeifuß-Gesellschaft. Verbreitet an Priel- und Grabenrändern des Außengrodens; trockenheitsresistente Gesellschaft.

   AC: *Artemisia maritima*

   Vom Silbergrauen Strandbeifuß beherrschte, auffällige Gesellschaft (s. Abb. 142), auf gut durchlüfteten Böden, etwas nitrophytisch. Bevorzugt auf flachen Uferwällen entlang von Prielen mit abgelagertem Getreibsel. In beweideten Salzwiesen offenbar durch positive Weideselektion gefördert; das gilt besonders für die kaninchenbeweideten, dünennahen Inselwattflächen, die z.T. ganzjährig kurzgeschorene riesige *Artemisia*-Bestände aufweisen.

4. **Blysmetum rufi** Gillner 1960
Braunsimsen-Rasen sind stellenweise auf schwarzem, feuchtem Schlickboden an der Nord- und Ostseeküste verbreitet. *Blysmus rufus* ist ein Staunässezeiger.

   AC: *Blysmus rufus, Eleocharis uniglumis*

   Auch an Süßwasseraustritten auf Salzwiesen; oft nur kleinflächig ausgebildet.

Abb. 141:
Juncetum gerardii mit Vollblüte von *Armeria maritima* in den Sehestedter Salzwiesen am Jadebusen (1988)

Abb. 142:
Armerietum maritimae auf der Insel Wangerooge (1983)

5. **Junco-Caricetum extensae** Br.-Bl. & De Leeuw 1936
Salzbinsen-Seggenried. Stellenweise auf feuchten kalk- und salzreichen Böden des Außengrodens. Auch auf sandigen, z.T. überschlickten Böden.

AC: *Carex extensa, Odontites verna* ssp. *serotina*, (*Juncus anceps*, Begleiter)

Häufig am Rand von Dünen oder Strandwällen, über der mittleren Tidewasserlinie, wo Sturmfluten nur noch selten hingelangen. Fast auf allen Inseln im Übergangsbereich von den Graudünenketten zum Inselwatt. Geht bei Beweidung in ein *Puccinellietum* über.

6. **Onondo-Caricetum distantis** (R. Tx. 1955) n.n.
Der Hauhechel-Lückenseggenrasen ist eine stabile Dauerpioniergesellschaft, die dem *Junco-Caricetum* sehr nahe steht. Meist kleinräumig auf schlickigem Sand (Trockenstandorte) entwickelt; vom Vieh verschmäht. Trockene Salzrasen im Kontakt zu Graudünen (Abb. 143) an wattseitigen Ausläufern älterer Dünen.

AC: *Ononis spinosa, Carex distans*

Hauptsächlich im Bereich der Ostplaten der Ostfriesischen Inseln; ansonsten selten bis zerstreut (SCHERFOSE 1986). Die Gesellschaft ist bislang für den deutschen Küstenraum noch nicht gültig publiziert; eine Stetigkeitstabelle von RUNGE (1966) ist nicht vollständig, daher ungültig. TÜXEN (1955) legt überhaupt kein Aufnahmematerial vor.

Die entsprechenden Bestände der oberen Salzwiesen mit *Ononis spinosa* könnten allerdings auch als *Junco-Caricetum extensae*, Ausbildung von *Ononis spinosa*, aufgefaßt werden.

7. **Oenantho-Juncetum maritimi** Fröde 1958
Dichtes Binsenried in feuchten bis nassen Mulden mit mäßig versalzten Böden (sandigkleiig, PREISING et al. 1990).

AC: *Oenanthe lachenalii, Inula britannica*

Oberhalb MTHw in der hohen Salzmarsch, häufig im Kontakt zu halophilen *Bolboschoenus maritimus*- oder *Phragmites*-Beständen (z.B. Südstrandpolder auf Norderney, Ostland auf Borkum).

8. **Atriplici-Agropyretum pungentis** Beeftink & Westhoff 1962
Salzwiesen mit *Agropyron pungens* (AC), *A. repens, A. oliveri* und *A.* x *obtusiusculum* sind sehr schwer zu trennen. Sie werden einmal durch BEEFTINK (1986) als **Atriplici-Agropyretum**

Abb. 143: *Onondo-Caricetum distantis* als Ausprägung trockener Salzrasen im Kontakt zu Graudünen an den wattseitigen Rändern alter Graudünen (Boschplaat, Terschelling 1989)

Abb. 144:
Brassica oleracea-Wildformen an steilen Felsküstenabschnitten (1986)

repentis und zum anderen durch v. GLAHN (1986) als **Astero-Agropyretum repentis** differenziert. *Agropyron repens var. maritimum* wird im letzteren Fall dabei als Assoziationscharakterart gewertet. Beide Gesellschaften besitzen nach v. GLAHN (1986) eine große standörtliche Verwandtschaft. Vielfach sind die einzelnen Bastarde sogar auch noch häufiger als ihre Stammarten. Ferner gedeihen beide Salzwiesen mit Strandquecken auf den sandigen Erhöhungen und den Strandwällen oberhalb des *Artemisietum maritimi*, mit dem sie sich auch verzahnen.

2. Ordnung: Crithmo-Limonietalia Br.-Bl. 1942
(= **Crithmo-Armerietalia** Géhu 1964)

Die Samphiren-Fluren sind an salzwasserbeeinflußten Felsküsten der Mittelmeer- und der Atlantikküsten verbreitet; bei uns nur auf Helgoland vertreten mit dem einen Verband *Crithmo-Armerion maritimae* Géhu 1964 sowie einer Gesellschaft. Ansonsten v.a. mediterran verbreitet (westl.-atl.-med.).

1. Brassicetum oleraceae Géhu 1962

Gemüsekohl-Gesellschaft. An salzwasser- und stickstoffbeeinflußten Felsspalten der Steilküste von Helgoland verbreitet.

AC: *Brassica oleracea ssp. oleracea*
Begleiter: *Glaucium flavum*

Brassica oleracea ist die Stammpflanze der Gemüse- und Futterkohlarten (Abb. 144; mit einem Chromosomensatz von $2n = 18$). Daraus sind zumindest die strauchförmigen (*Brassica oleracea* var. *oleracea*) und die stengelförmigen Kohlsorten (*Brassica oleracea* var. *acephala*) entstanden (Rosenkohl, Grünkohl, Stammkohl u.v.a.).

VII. Tritt- und Flutrasen, Rasengesellschaften des Wirtschaftsgrünlandes, Graudünen, Halbtrockenrasen und Magerrasen, Hochgebirgsrasen

Hier sind natürliche und synanthrope Vegetationstypen aus niedrigwüchsigen, gegen starke Bodenverdichtung und mechanische Bodenverletzung in hohem Maße widerstandsfähige, einjährige Pflanzengesellschaften der Klasse **Polygono-Poetea annuae** sowie ausdauernde Tritt- und Flutrasengesellschaften und die halbnatürlichen Vegetationstypen des Wirtschafts- und Extensivgrünlandes aus der umfangreichen Klasse der **Molinio-Arrhenatheretea** zusammengefaßt. Die Grasfluren und Rasengesellschaften, aus Hemikryptophyten und teilweise auch aus dikotylen Kräutern und Hochstauden aufgebaut, die meistens gehölzfrei und mäh- oder beweidbar sind, werden ebenfalls hier untergeordnet (Klassen: **Koelerio-Corynephoretea** – Sandtrockenrasen und Graudünen; **Festuco-Brometea** – Steppen- und Trespenrasen; **Violetea calaminariae** – Schwermetallrasen; **Seslerietea variae** – Blaugras-Steinrasen; **Carici rupestris-Kobresietea bellardii** – holarktische Nacktriedrasen und **Caricetea curvulae** – alpine Krummseggenrasen).

23. Klasse: Polygono-Poetea annuae Rivas-Martinez 1975 – Einjährige Trittfluren

Es handelt sich um Vegetationstypen aus niedrigwüchsigen Arten, die gegen Bodenverdichtung und mechanische Verletzung ziemlich widerstandsfähig sind. Meist einjährige Gesellschaften an stark betretenen oder befahrenen Stellen, so in Pflasterritzen, auf Hofplätzen und an Straßenrändern. Die syntaxonomische Einordnung dieser vorwiegend mediterran verbreiteten therophyten- und kryptogamenreichen Vegetationseinheiten ist noch recht umstritten; die Erkenntnis einer eigenen Klasse beginnt sich durchzusetzen (s. auch Rivas-Martinez 1975, Dierssen 1988 und Wilmanns 1989a); doch wäre eine Eingruppierung solcher annuellen Trittgesellschaften innerhalb der Ordnung *Plantaginetalia majoris* (Molinio-Arrhenatheretea, s. dort) durchaus denkbar. Hemikryptophyten wie u.a. *Sagina procumbens, Polygonum aviculare* und *Plantago major* deuten dieses an. Die genauen soziologischen Bindungen dieser Vegetationseinheiten müssen künftig noch geprüft werden. Derzeit läßt sich eine Ordnung **Poo-Polygonetalia** R. Tx. & Ohba in Géhu et al. 1972 erkennen. Charakterarten der höheren Ränge sind dabei:

KC u. OC: *Coronopus squamatus, Lepidium ruderale, Poa annua* agg., *Polygonum aviculare* agg.

Das Einjährige Rispengras (*Poa annua*) hat hier wohl seinen Schwerpunkt; diese allotetraploide Art ist wie die meisten anderen Konstituenten phänotypisch sehr plastisch (z.B. kurzlebige, aufrechte Form *Poa annua* ssp. *annua* und ausdauernde, niederliegende Form *Poa annua* ssp. *repens*) und zeigt mit ihrem hohen Diasporenvorrat optimale Anpassungssyndrome an die immer wieder gestörten Standorte. Die Ordnung gliedert sich in zwei Verbände.

1. Verband: Saginion procumbentis R. Tx. & Ohba in Géhu et al. 1972
Hier ist beispielhaft die Pflasterritzengesellschaft mit *Sagina procumbens* und *Bryum argenteum* vertreten. Beide Arten vermeiden den Tritt, vor dessen Auswirkungen sie sich praktisch durch Kleinwüchsigkeit „verstecken". Die Artenzusammensetzung spiegelt die Trittbelastung sehr genau wider. In den östlichen Landesteilen kann *Lepidium ruderale* an wenig betretenen Kleinpflasterstandorten als kontinentales Geoelement hinzutreten. Sie bildet eventuell eine eigene Gesellschaft aus, die von Brandes (1989a) als **Lepidium ruderale-Bryum argenteum-Gesellschaft** für Bahnhöfe und für Mittelstreifen stark befahrener Straßen Ostniedersachsens beschrieben worden ist.

1. **Sagino-Bryetum argentei** Diemont, Sissingh & Westhoff 1940
   Die Mastkraut-Silbermoos-Gesellschaft ist eine trittfeste, artenarme Gesellschaft zwischen Pflastersteinen. Zentralassoziation des Verbandes.

   AC: *Sagina procumbens, Bryum argenteum*

   Auf Schlacken- und Aschenwegen, wo noch geringste Feinerdemengen zur Etablierung der Gesellschaft ausreichen. Optimal in atlantisch-subatlantischen Regionen verbreitet, dort vielfach mit *Spergularia rubra* differenziert; im nordostdeutschen Raum tritt *Sagina procumbens* zumeist zurück und *Lepidium ruderale* beherrscht die Vorkommen in Brandenburg und Ost-Mecklenburg.

2. Verband: Polygonion avicularis Br.-Bl. ex Aichinger 1933
Dieser Verband umfaßt Pflanzengesellschaften stark betretener Flächen, die den Tritt ertragen.

VC: *Matricaria discoidea, Cynodon dactylon*

1. Polygono arenastri-Matricarietum discoideae Br.-Bl. 1930 em. Lohmeyer 1975
Gesellschaft der Strahllosen Kamille. Ubiquitär und sehr häufig an Straßenrändern, Weideeingängen, Spiel- und Sportplätzen.

AC: *Polygonum aviculare* ssp. *arenastrum, Matricaria discoidea* (opt.)

Auch auf lehmigen Wegen; die Gesellschaft benötigt geringe Nährstoffmengen. In Ausbreitung begriffen. Es handelt sich um eine recht junge Pflanzengesellschaft, da die Charakterart *Matricaria discoidea* noch um die Jahrhundertwende sehr selten war (s. HARD 1982; BRANDES 1983, 1986b; BRANDES & GRIESE 1991). Auch in der Altmark, in Brandenburg sowie in Ost-Mecklenburg verbreitet; dort mit *Lepidium ruderale* differenziert.

2. Poo-Coronopetum squamati Gutte 1986
Die Krähenfuß-Trittgesellschaft ist selten. Auf verdichteten, lehmig-tonigen und schwereren Böden als vorige Assoziation verbreitet, etwa entlang der Küste auf Kleiböden oder festgestampften Deichkronen, in der Umgebung von Jauchegruben, auf Klärschlamm.

AC: *Coronopus squamatus*

Auch auf Gülleäckern zu finden. Der Schwerpunkt des Vorkommens liegt in Südostniedersachsen (JANSSEN & BRANDES 1986) und weiter im Osten im Bereich der Magdeburger Börde, im Sächsischen Tiefland und im Sächsischen Hügelland sowie in Thüringen. In Süddeutschland, in der Südpfalz und im Rhein-Maingebiet tritt regional *Sclerochloa dura* zusammen mit *Coronopus* und *Polygonum arenastrum* auf und bildet eine submediterran geprägte geographische Vikariante.

3. Myosuretum minimi (Diemont et al. 1940) R. Tx. 1950
Die Mäuseschwanz-Gesellschaft ist eine seltene, artenarme, meist kleinflächige Trittgesellschaft mit *Myosurus minimus* als Kennart und Elementen des *Lolio-Plantaginetum* (Abb. 145).

Abb. 145:
Myosurus minimus als Therophyt an offenen Pionierstandorten auf feuchten, nährstoffreichen, dichten Lehm- und Tonböden, hier auf einer Pferdekoppel (1988)

AC: *Myosurus minimus*

Offenbar gehäuft in atlantisch-subatlantischen Klimaregionen Norddeutschlands. In Süddeutschland stellenweise mit *Ranunculus sardous* angereichert (eventuell dort eine eigenständige Assoziation: **Cerastio-Ranunculetum sardoi** Oberd. 1957).
Auf lehmig-feuchten Böden, die im Frühling und im Frühsommer überstaut sein können. Auf Äckern, an Weideeinfahrten sowie auf zertretenen Böden von Viehtränken. Häufig in engem soziologischen Konnex mit dem *Centunculo-Anthocerotetum* auf sandig-lehmigen Substraten.

4. **Rumici acetosello-Spergularietum rubrae** Hülbusch 1973
Die Gesellschaft der Roten Schuppenmiere besiedelt nitratreiche, feuchte und humusarme Sandböden. Sie steht oft im Kontakt zu oligotrophen Sandtrockenrasen und ist subatlantisch verbreitet.

AC: *Spergularia rubra*

Therophytenreiche Gesellschaft mit Dominanz von *Spergularia rubra* und *Rumex acetosella*. Es sind in der Regel schwach betretene Sandböden mit kleinflächigen Verzahnungen zu Sandtrockenrasen oder bodensauren Gesellschaftsausprägungen des *Lolio-Cynosuretum luzuletosum*.

5. **Herniarietum glabrae** (Hohenester 1960) Hejny & Jehlik 1975
Die Gesellschaft mit dem Kahlen Bruchkraut breitet sich häufig auf Ascheböden aus. Die dünnen, gelblichgrünen Teppiche des Kahlen Bruchkrautes fallen sofort auf.

AC: *Herniaria glabra*

Trittfeste, synanthrope, nitrophile Gesellschaft; in Ausbreitung begriffen. Östlich der Elbe tritt noch *Spergularia echinospora* in der Bruchkrautgesellschaft als kontinentale Differentialart hinzu (PASSARGE 1964, HEJNY & JEHLIK 1975). Die Gesellschaft steht vielfach im Kontakt zu Sandtrockenrasen und bildet Übergänge dahin aus. Solche Bestände sind von GÖDDE (1987) einem **Spergulario-Herniarietum glabrae** zugeordnet worden.

6. **Alchemillo-Poetum supinae** Aichinger 1933
Die Lägerrispengras-Gesellschaft ist für höhere Gebirgslagen über 900 m NN des Südschwarzwaldes, des Bayerischen Waldes und aus dem Erzgebirge bekannt.

AC: *Poa annua x supina* (= *P. supina*, = *P. x nannfeldtii*)

Im Umfeld von Viehställen, von Hütten sowie auf viel begangenen Wanderwegen.

Fragment- oder Dominanzbestände des **Polygonion-Verbandes:**

Polygonum calcatum-Gesellschaft
In Innenstädten mit Massenbeständen dieser Kleinart von *Polygonum aviculare*. Die systematische Bedeutung dieser Sippe ist noch umstritten.

Poa annua-Bestände
Häufige Fragmentgesellschaft aus beiden Ökotypen von *Poa annua* auf Fußwegen, in Vorgärten etc. Vielfach auch nur Überwinterungsaspekt anderer Trittgesellschaften.

3. **Verband: Eragrostion minoris** R. Tx. in Slavnic 1944
Eragrostis minor bildet artenarme Bestände auf trockenen, sich leicht erwärmenden Böden. Die *Eragrostis*-Arten sind vielfach Bestandteile innerstädtischer Trittgesellschaften.

VC: *Eragrostis minor, E. pilosa*

Die Elemente dieses Verbandes sind vorwiegend mediterraner Herkunft. Der Verband ist deshalb hier als nördlicher Ausklang zu betrachten. Gehört vielleicht auch in die annuellen Ruderalgesellschaften der *Sisymbrienea*.

1. Eragrostis minor-Polygonum aviculare-Gesellschaft

Seltene Gesellschaft des Liebesgrases auf humusarmen, lockeren und durchlässigen Sandböden in sommerwarmen Regionen des Oberrheingebietes und Neckarbeckens.

D: *Eragrostis minor, E. cilianensis (= E. major)*

Auch auf Hackfruchtäckern und in Gärten (dort unbeständig) oder auf innerstädtischen Brachflächen (z.B. in Berlin, Hannover und Bremen beobachtet). Auch als **Digitario-Eragrostietum minoris** R. Tx. 1950 und als **Eragrostio-Polygonetum avicularis** Oberd. 1952 bezeichnet.

24. Klasse: Molinio-Arrhenatheretea R.Tx.1937 – Gesellschaften des Wirtschaftsgrünlandes

In die weit gefaßte Klasse sind die Vegetationstypen der Intensivweiden, der Fettwiesen sowie das Feuchtgrünland mit den Staudengesellschaften feucht-nährstoffreicher Standorte einbezogen, die strukturell, teilweise auch floristisch, zu den Hochstaudenfluren stickstoffreicher Ufer überleiten. Die syntaxonomische Fassung und Untergliederung dieser Klasse folgt weitgehend älteren Vorschlägen von R. TÜXEN & PREISING (1951), R. TÜXEN (1970), OBERDORFER (1983) und v.a. dem neuesten Vorschlag des Arbeitskreises für Syntaxonomie der Reinhold-Tüxen-Gesellschaft (s. DIERSCHKE 1990).

KC: *Ajuga reptans, Alopecurus pratensis, Bellis perennis, Cardamine pratensis, Centaurea jacea* agg., *Cerastium holosteoides, Colchicum autumnale, Festuca pratensis, Holcus lanatus, Lathyrus pratensis, Prunella vulgaris, Ranunculus acris, Rumex acetosa, Taraxacum officinale, Trifolium pratense, T. repens, Trollius europaeus, Vicia cracca* u.a.

Es lassen sich insgesamt 4 Ordnungen differenzieren: die Ordnung **Agrostidetalia stoloniferae** umfaßt Flutrasen im engeren Sinne (vielleicht auch eigene Klasse), die Ordnung **Plantaginetalia majoris** beinhaltet die Trittrasen sowie verdichtete Grünlandgesellschaften. Das Wirtschaftsgrünland ist den Ordnungen **Arrhenatheretalia** (Wiesen und Weiden) und **Molinietalia coeruleae** (Wiesen- und Hochstauden-Gesellschaften feucht-nasser Standorte) unterstellt. Die systematische Klassenzugehörigkeit der Flutrasen wird in der Literatur nach wie vor uneinheitlich beurteilt. Eine Zuordnung zu den Trittrasen der *Plantaginetea majoris* R. Tx. & Prsg. in R. Tx. 1950, wie sie beispielsweise SYKORA (1982) vornimmt, läßt sich floristisch nicht begründen. Das Tabellenmaterial von VERBÜCHELN (1987) spricht für einen Anschluß an die *Molinio-Arrhentheretea*, so wie es auch R. TÜXEN (1970) vorschlägt.

1. Ordnung: Trifolio fragiferae-Agrostietalia stoloniferae (Oberd. ap. Oberd. et al. 1967) R. Tx. 1975

Kriechrasen-Gesellschaften. Es handelt sich um ausdauernde, meist dicht geschlossene Rasengesellschaften, die von Gräsern oder grasartigen Elementen beherrscht werden. Eine umfangreiche Artengruppe bildet die Charakterarten innerhalb dieser Ordnung:

OC: *Agrostis stolonifera, Carex hirta, C. otrubae, Juncus compressus, J. inflexus, J. tenuis, Leontodon autumnalis, Plantago intermedia, Plantago major, Poa annua, Potentilla anserina, Ranunculus repens, Rorippa sylvestris, Rumex crispus, Trifolium fragiferum, (Triglochin palustre)*

Die hier zusammengeschlossenen Gesellschaften umfassen v.a. feuchtigkeitsliebende Pionierbestände, die mit rasch wachsenden Kriechsprossen und intensivem Wurzelwerk offene Böden schnell besiedeln und kürzere Wasserüberstauungen recht gut ertragen können. Es sind meistens Gesellschaften der Flut- und Kriechrasen im wechselfeuchten, episodisch überstauten Grünland. Beweidung und Verdichtung nasser Böden fördern die Entwicklung relativ gleichartiger Flutrasen-Gesellschaften. Ihre flächenhafte Entwicklung verdanken die meisten Kriechrasengesellschaften v.a. der Rodung von Niederungswäldern seit dem Mittelalter und nachfolgender Nutzung als Weideland. Kleinflächige Primärstandorte dürften in Auenkomplexen immer genügend vorhanden gewesen sein (z.B. Flutrinnen, Biberwiesen etc.).

1. **Verband: Lolio-Potentillion** R. Tx. 1947
   (= **Agropyro-Rumicion** Nordhagen 1940 em R. Tx. 1950 p.p.)
   Fingerkraut-Quecken-Flutrasen. Pioniergesellschaften, die ursprünglich im Hochwasserbereich von fließenden und stehenden Gewässern zuhause sind, nachträglich aber auch auf anthropogene Standorte im Grünlandbereich übergegangen sind. Der Verband *Lolio-Potentillion* darf nicht mehr voll inhaltlich mit dem bekannteren *Agropyro-Rumicion* gleichgesetzt werden, da dieser sich – wie SYKORA (1982) gezeigt hat – vorwiegend und teilweise ausschließlich auf nitrophytische Kriechrasen nordischer Meeresküsten beschränkt.

   VC: *Pulicaria dysenterica, Mentha pulegium, Potentilla reptans* u.a.

Die Gesellschaften charakterisieren relativ instabile, gestörte Übergangsbereiche (Ökotone) zwischen stabilen, vom Arteninventar her gesättigten Bereichen.

1. **Potentillo-Festucetum arundinaceae** (R. Tx. 1937) Nordhagen 1940
   Rohrschwingel-Gesellschaft. Bezeichnend für mäßig verdichtete Böden auf nährstoffreichem Lehm. Oft streifenförmig entwickelt.

   AC: *Festuca arundinacea, Potentilla anserina, P. reptans*

   Zentralgesellschaft des Verbandes. Auch an Teichufern und auf Dorfangern (Gänseangern) bilden sich dichte *Potentilla anserina*-Rasen (z.B. in der Niederlausitz). In der Altmark teilweise mit *Anthemis cotula* durchsetzt, die auch weiter östlich in Polen vorkommt. An leicht brackigen Standorten mit *Trifolium fragiferum* (oft in Küstennähe, im Kontakt zu Salzwiesen). Sonst überall verbreitete Gesellschaft mit Häufungen in Stromtälern (z.B. Ems, Elbe, Luckau-Calauer Becken, Baruther Urstromtal sowie im Rhein-Maingebiet).

2. **Rorippo-Agrostidetum stoloniferae** (Moor 1958) Oberd. & Th. Müller 1961
   Flutrasen an den Rändern kiesiger Flußbetten, optimal im Überschwemmungsbereich der Elbe und ihrer Nebenflüsse auf tonig-sandigen Schwemmböden. Auch im Spree- und Odergebiet auf humusreichen Mineralsandböden und sekundär an Uferbefestigungen verbreitet.

   D: *Rorippa sylvestris*

   Hier sind vielfach *Barbarea vulgaris* und *B. stricta* am Aufbau der Gesellschaft beteiligt. Die Gesellschaft verarmt von Nordosten nach Südwesten hin zunehmend, wobei aber im Alpenvorland (z.B. Bodenseegebiet) vermehrt präalpine Sippen wie z.B. *Erucastrum nasturtiifolium* in die Wildkresse-Kriechstraußgrasrasen eindringen. Sehr oft mit dem *Phalaridetum arundinaceae* und *Chenopodion rubri*-Gesellschaften verzahnt.

3. **Ranunculo repentis-Alopecuretum geniculati** R. Tx. 1937
   Knickfuchsschwanz-Rasen. Auf stickstoffreichen, eutrophen Standorten in Flutmulden, namentlich in Altwasserrinnen von Bächen und Flüssen, sowie in grundwassernahen Hohlformen von Weiden und Wiesen auf verdichtetem, sandigem oder sandig-lehmigem Substrat.

   AC: *Alopecurus geniculatus*

   Bezeichnend sind länger andauernde Überflutungen und Überstauungen (Abb. 146). Auf sehr nassen, lange überstauten Flächen tritt regelmäßig *Glyceria fluitans* auf und bildet zu-

Abb. 146:
Flutrasen mit dem *Ranunculo repentis-Alopecuretum geniculati*. Im Hochsommer werden die Flutrasen als Nahrungsquelle vom Vieh gern angenommen (Versener Paradies 1989)

sammen mit *Ranunculus flammula, Eleocharis palustris* oder verschiedenen *Bidention-* bzw. *Nanocyperion-* Elementen verschiedene nässe- und trophiebedingte Subassoziationen der Gesellschaft (vgl. MEISEL 1977, BURRICHTER et al. 1980, VERBÜCHELN 1987, POTT & HÜPPE 1991). Verbreitet in großen Flußtälern Norddeutschlands (Stromtalgesellschaft). Fehlt in Südwestdeutschland (Oberrheingebiet).

4. Poo-Cerastietum dubii Libbert 1939
Die subkontinentale Klebhornkraut-Gesellschaft ist aus osteuropäischen Stromauen bekannt (z.B. Oder, Spree, Elbe und Saalegebiet).

D: *Cerastium dubium, Cardamine parviflora*

Im Trocken- und Wärmegebiet des nördlichen Oberrheins (z.B. bei Mannheim und bei Lampertsheim) zeigt sie ihre westlichsten Vorposten (OBERDORFER 1983).

5. Blysmo-Juncetum compressi Libbert 1932
Plattbinsen-Rasen. Artenarmer und seltener, dunkelgrüner Trittrasen im Bereich von Flüssen und Bächen sowie betretenen Kalk-Flachmooren auf verdichteten, nassen und nährstoffreichen schweren Böden. Teilweise sehr artenarm.

AC: *Juncus compressus* ssp. *compressus*
D: *Blysmus compressus*

In Süddeutschland mit *Carex hordeistichos, Centaurium pulchellum* und *Carex distans* angereichert. Die Plattbinsengesellschaft ist mit dem *Lolio-Plantaginetum* sehr verwandt (vielleicht gehören die Bestände auch hierher).

6. Cotula coronopifolia-Gesellschaft
Laugenblumen-Gesellschaft. Auf schwach brackigen Kleiböden im Ems- und Elbe-Ästuar, schwach nitrophytischer Flutrasen.

D: *Cotula coronopifolia*

Standörtlich zwischen *Bidention*-Gesellschaften und Flutrasen vermittelnd (DIERSSEN 1988).

7. Mentho longifoliae-Juncetum inflexi Lohm. 1953
Roßminzen-Blaubinsen-Gesellschaft. Wiesenartige Gesellschaft in submontanen bis montanen Überschwemmungsgebieten Süddeutschlands, auch aus dem niedersächsischen Berg- und Hügelland bekannt.

AC: *Mentha spicata* ssp. *longifolia, (Juncus inflexus,* schwach)

Auf nährstoffreichen, überstauten Lehm-, Mergel- und Tonböden der Alpenflußauen. Vielfach Ersatzgesellschaft von Weiden- oder Erlenauenwäldern (*Alnetum incanae, Salicetum albae*). Gehört vielleicht auch in die Hochstaudengesellschaften des *Filipendulion*-Verbandes oder in die Ruderalgesellschaften des *Aegopodion*-Verbandes (**Aegopodio-Menthetum longifoliae** Hilbig 1972).

8. **Potentillo-Menthetum suaveolentis** Oberd. 1952
Fingerkraut-Dorfminzen-Gesellschaft. In sommerwarmen Tieflagen des Oberrheingebietes mit submediterran-subatlantischer Verbreitung. Auf verdichteten Böden.

AC: *Mentha suaveolens*

Vom Tiefland bis in die Hochlagen der Alpen weit verbreitet (Oberdorfer 1983).

9. **Potentillo-Deschampsietum mediae** Oberd. 1957
Binsen-Schmielengesellschaft. Eigentümliche, isolierte, vom mediterranen Hauptverbreitungszentrum weit entfernte Gesellschaft zwischen Karlsruhe und Mannheim. Auf periodisch überschlickten Flutmulden.

AC: *Deschampsia media*

Die mediterrane Binsen-Schmiele greift auch in Molinion-Gesellschaften über (Oberdorfer 1983).

10. **Poo irrigatae-Agropyretum repentis** R. Tx. 1957
Begleitet in Nordwestdeutschland oft als kilometerlanges Band die Flüsse. Am dunkelgrünen Salzwiesenrispengras mit seinen violett überlaufenen Blütenständen sofort kenntliche Gesellschaft.

D: *Agropyron repens, Poa irrigata* (= *P. subcoerulea*)

Auch im trockeneren Bereich der Salzwiesen auf den Nordsee-Inseln zu finden. Breitet sich auf Kosten des *Ranunculo repentis-Alopecuretum geniculati* aus. Nitrophil.

11. **Poo trivialis-Rumicetum obtusifolii** (R. Tx. 1947) Hülbusch 1969
Die Gesellschaft des Stumpfblütigen Ampfers tritt primär in Flußauen auf; sie hat ihr Optimum in den teilweise vom Hochwasser ausgerissenen Ausuferungszonen auf feuchten, sandig-lehmigen Rohaueböden.

D: *Rumex obtusifolius*

An allen Mittelgebirgsflüssen verbreitet (s. auch Seibert 1962; Hülbusch 1973, 1979; Th. Müller 1974). Die Gesellschaft zeigt einen ausgeprägten jahreszeitlichen Wechsel in Farbe und Struktur.

2. **Ordnung: Plantaginetalia majoris** R. Tx. & Prsg. 1950
Betretene und verdichtete Grünland-Gesellschaften, die vielfach auch in einer eigenen Klasse zusammengestellt werden; sie zeigen starke verwandtschaftliche Beziehungen zu den Trittfluren der *Polygono-Poetea annuae*. Die Wegerich-Trittrasen und Weiden werden in diesem Fall dem Dauergrünland unterstellt, mit dem sie intensive floristische Verbindungen aufzeigen.

D: *Leontodon autumnalis, Plantago major, Lolium perenne*

Die Abtrennung der aus vorwiegend einjährigen Arten bestehenden *Polygono-Poetea annuae* von den ausdauernden Trittrasen der *Plantaginetalia* macht es notwendig, das ehemals beschriebene weitgefaßte **Lolio-Polygonetum arenastri** Br.-Bl. 1930 em. Lohm. 1975 in zwei

Abb. 147:
Detail aus einem *Lolio-Plantaginetum typicum* mit *Lolium perenne* und *Plantago major* als trittunempfindliche Pionierpflanzen

Assoziationen aufzutrennen: das einjährige **Polygono arenastri-Matricarietum discoideae** (s. Verband *Polygonion, Polygono-Poetea*) und das ausdauernde **Lolio-Plantaginetum** i.e.S.

1. Verband: Lolio-Plantaginion R. Tx. 1947
Wegerich-Trittrasen. Ausdauernde, meist dicht geschlossene Rasengesellschaften auf ungepflasterten Wegen, an Wegrändern, auf Plätzen etc. Oft im Kontakt zu offenen Trittfluren; sonst meistens geschlossene Vegetationstypen der Weideflächen.

1. **Lolio-Plantaginetum** (Linkola 1921) Beger em. Sissingh 1969
   Weidelgras-Wegerich-Rasen. Häufige und ausdauernde Trittgesellschaft auf Sand- und Lehmböden (Feldwege, Straßenränder, Weideeingänge, Sport- und Hofplätze, Abb. 147).

   D: *Lolium perenne, Plantago major*

   Artenarme, weit verbreitete Assoziation. Bei gleichbleibend-mäßiger Trittbelastung als Dauer-Initialgesellschaft etabliert; geht bei zunehmender Trittbelastung über in einjährige Gesellschaften der *Polygono-Poetea annuae* (*Polygono-Matricarietum*), bei ausbleibender Belastung erfolgt eine Weiterentwicklung zu Ruderalgesellschaften. Zentralassoziation des Verbandes.

2. **Prunella vulgaris-Plantago major-Gesellschaft**
   Die Braunellen-Gesellschaft ist ein häufiger Trittrasen auf Mittelstreifen und an Fahrspurrändern geschotterter, verdichteter und feuchter Waldwege.

   D: *Prunella vulgaris, Plantago major*

   Meist auf kalkhaltigen Böden. Auch als **Prunello-Plantaginetum** von Winterhoff (1963) gefaßt.

3. **Juncetum tenuis** (Diemont, Sissingh & Westhoff 1940) R. Tx. 1950
   Trittbinsen-Rasen. Trittfeste und feuchtigkeitsliebende Gesellschaft auf reinen und anlehmigen Sandböden.

   AC: *Juncus tenuis* (= *J. macer*)

   Schwerpunkt der Gesellschaft in halbschattiger Lage. V.a. in *Quercion robori-petraeae*-Landschaften Norddeutschlands.

4. Cichorium intybus-Gesellschaft

Die Wegwarte ist bezeichnend für wenig betretene, aber verdichtete Weg- und Straßenränder mit stickstoffreichen, sommers stark abtrocknenden Lehm- und Kalkböden.

D: *Cichorium intybus*

Die ehemalige Heil- und Nutzpflanze ist licht- und wärmeliebend; sie dringt derzeit stark in ruderalisierte Brachen vor (oft mit der Quecke); vielleicht gehören die Bestände auch besser in die halbruderalen Queckengesellschaften der *Agropyretalia repentis* oder in die ruderalen *Onopordetalia*-Gesellschaften.

3. Ordnung: Arrhenatheretalia Pawl. 1928

Fettwiesen und Weiden frischer Standorte. Hierzu zählen die fast ausschließlich anthropogen beeinflußten, gedüngten, gemähten oder wechselhaft genutzten Futterwiesen. Die Art und Intensität der Bewirtschaftung wirkt sich tiefgreifend auf die floristische Struktur der Wiesengesellschaften aus. Auch die Höhenlage wirkt differenzierend.

OC: *Leucanthemum vulgare, Avena pubescens, Crepis capillaris, Tragopogon pratensis, Bromus hordeaceus, Heracleum sphondylium, Pimpinella major, Rhinanthus alectorolophus, Dactylis glomerata, Selinum carvifolia, Sanguisorba officinalis*

1. Verband: Arrhenatherion W. Koch 1926

Glatthaferwiesen. Tieflagen-Fettwiesen auf nährstoffreichen, warmen, trockenen bis frischen Böden. Die Gesellschaften sind sehr artenreich, ihre bezeichnenden Elemente sind beweidungsempfindlich. Mähweiden nehmen eine Mittelstellung zwischen Fettweiden und Wiesen ein.

VC: *Arrhenatherum elatius, Crepis biennis, Pastinaca sativa, Geranium pratense, Galium mollugo, Knautia arvensis, Campanula patula*

In den „Tieflagen-Fettwiesen" spielt normalerweise *Arrhenatherum elatius* eine dominante Rolle; daneben herrschen Obergräser vor (u.a. *Dactylis glomerata, Festuca pratensis* und *Alopecurus pratensis*). Starke Stickstoffdüngungen der letzten Jahre führten im allgemeinen zu starkem Rückgang der Wiesengräser zugunsten von Doldengewächsen. Namentlich Wiesenkerbel (*Anthriscus sylvestris*) und Bärenklau (*Heracleum sphondylium*) breiten sich in überdüngten Beständen in unangenehmer Weise aus (Abb. 148).

Abb. 148: *Anthriscus sylvestris*-Massenaspekt nach überhöhter N-Düngung in einem Feuchtwiesental der Senne am Südrand des Teutoburger Waldes (1982)

1. **Dauco-Arrhenatheretum elatioris** Br.-Bl. 1915
Tiefland-Glatthaferwiese. Verbreitete Fettwiese mit guter Nährstoffversorgung in der planaren bis collinen Stufe. Zwei- bis dreischürig.

   AC: *Arrhenatherum elatius, Crepis biennis, Galium mollugo, Geranium pratense*

   Besonders reich gegliedert in Süddeutschland; in Norddeutschland floristisch stark verarmt (geringere Erwärmung des Bodens). Die Wilde Möhre (*Daucus carota*) hat ihren Verbreitungsschwerpunkt in ruderalen, häufig wegbegleitenden Glatthaferbeständen, welche von FISCHER (1985) als ruderale Glatthaferwiesen (**Tanaceto-Arrhenatheretum**) beschrieben worden sind. Die geographische Verbreitung und die entsprechende floristische Differenzierung der Glatthaferwiesen wurde eingehend von KRAUSE & SPEIDEL (1953) sowie von SCHREIBER (1962) untersucht. In planaren Lagen Norddeutschlands normalerweise häufig mit *Pastinaca sativa*, die in montanen Lagen in einen *Alchemilla*-reichen Typ übergeht.

2. **Alchemillo-Arrhenatheretum elatioris** Sougnez & Limb. 1963
Berg-Glatthaferwiese. Verbreitete submontane Gesellschaft. Bildet Übergänge zu den hochmontanen und subalpinen Goldhaferwiesen.

   D: *Alchemilla vulgaris* agg., *Trollius europaeus, Phyteuma orbiculare*

   Mit Höhenvarianten gekennzeichnet. Charakterarten wie bei voriger Gesellschaft. *Alchemilla monticola* und *A. xanthochlora* überwiegen bereits ab 300 m NN.

3. **Chrysanthemo-Rumicetum thyrsiflori** Walther ap. R. Tx. 1955 ex Walther 1977
Gesellschaft des Straußblütigen Ampfers. Ersetzt die Glatthaferwiese auf kurzfristig staunassen Auelehmen des Elbtales bis Hamburg wie auch an der Regnitz und in der Itzaue. Kontinental getönte Assoziation.

   AC: *Rumex thyrsiflorus*

   Farbenprächtige, blütenreiche Wiese auf sandig-lehmigen Böden (reich an *Chrysanthemum vulgare*).

4. **Alopecuretum pratensis** Regel 1925
Fuchsschwanz-Wiese. Auf sommertrockenen Überschwemmungsstandorten in Stromtälern. Wiesenstandorte mit schwacher Nachweide.

   AC: *Alopecurus pratensis, Poa palustris*

   Der Wiesenfuchsschwanz bestimmt den Aspekt. Wiesen mit dominierendem Fuchsschwanz beschreiben auch MEISEL (1969, 1977) und VERBÜCHELN (1987) aus verschiedenen nordwestdeutschen Flußtälern. Im Gegensatz zu den *Alopecurus pratensis*-Gesellschaften östlicher Flußtäler (HUNDT 1954, MORAVEC 1965 und KRISCH 1967) fehlen den westlichen Vorkommen weitgehend die *Arrhenatheretalia*-Arten wie *Sanguisorba officinalis* und *Selinum carvifolia*. Vielfach bestehen auch enge standörtliche und floristische Übergänge zu den *Agrostidetalia stoloniferae* (*Ranunculus repens-Alopecurus pratensis*-Gesellschaft). Diese Auewiesen sind stellenweise floristisch oft sehr wertvoll wegen ihrer Schachblumenvorkommen (Schachblumenwiesen mit *Fritillaria meleagris*, Abb. 149).

Fragmentgesellschaften des **Arrhenatherion:**

Anthriscus sylvestris-Gesellschaft
Verarmte Bestände, die nach erhöhter Mahdfrequenz und verstärkter Stickstoffdüngung aus den dünge- und mehrschnittunempfindlichen Arten *Anthriscus sylvestris* und *Heracleum sphondylium* aufgebaut sind (vgl. auch Abb. 148). Im tidebeeinflußten Außendeichsgelände der Flußunterläufe sind Wiesenkerbelwiesen wohl natürlich, sie können dort als **Anthrisco-Agrostidetum giganteae** Jahns 1954 bezeichnet werden (s. MEISEL 1969).

Abb. 149:
Fritillaria meleagris
(hier v.a. in der Albino-
Form) in Auewiesen der
Ems und ihrer Nebenflüsse
bei Sassendorf i. Westfalen
(1984)

2. Verband: Polygono-Trisetion Br.-Bl. & R. Tx. ex Marschall 1947 nom. inv.
Berg-Goldhaferwiesen, Gebirgsfrischwiesen. Die Bergwiesen sind von den *Arrhenatherion*-Wiesen des Tieflandes durch eine kürzere Vegetationszeit, meist lang anhaltende Schneedecke und höhere Niederschlagssummen differenziert. Die Bewirtschaftung der Bergwiesen ist in vielen Gebieten mehr extensiv; manche Wiesen gehen bei extensiver Beweidung in *Nardetalia*-Rasen über.

VC: *Alchemilla monticola, Pimpinella major var. rubra, Campanula rhomboidalis, Centaurea pseudophrygia, Crepis mollis, C. pyrenaica, Geranium sylvaticum* u.a.

Der Verband umfaßt die Schnittwiesen der Hochlagen in den Mittelgebirgen sowie im Voralpenraum. Sie streichen unter floristischer Verarmung nach Norden bis in das nördliche Hochsauerland (z.B. Massiv des Kahlen Astens). Diese höchst gelegenen Wiesen Westfalens (600 – 800 m NN) sind beispielsweise pflanzengeographisch noch recht bemerkenswert; sie weisen neben verschiedenen *Alchemilla*-Arten v.a. noch große Anteile an *Geranium sylvaticum*, *Crepis mollis* und *Hieracium caespitosum* auf. *Meum athamanticum*, bezeichnend für die Bergwiesen u.a. der Eifel, des Harzes und des Schwarzwaldes, ist in den nördlichsten Mittelgebirgen, ähnlich wie *Peucedanum ostruthium*, als Kulturrelikt eingebürgert. Das Indigenat vieler Wiesen-Arten in den hohen Mittelgebirgen ist offensichtlich (Felsabstürze, Schuttbahnen, Flußauen etc.).

1. Geranio-Trisetetum flavescentis Knapp ex Oberd. 1957
Goldhaferwiese. Zentralassoziation, die sich in zahlreiche Gebietsassoziationen aufteilen läßt. Meist auf basenreichen Standorten der Mittelgebirge.

AC: *Trisetum flavescens*

Vom Harz (dort ab 400 m) bis in die Voralpen (ab 900 m) verbreitet. Man kann die Goldhaferwiesen in zahlreiche Subassoziationen, Höhenformen und Vikarianten aufgliedern; eine befriedigende Gliederung, die das ganze *Trisetetum*-Areal umfaßt, gibt es noch nicht (s. auch DIERSCHKE 1981, RUNGE 1990).

2. **Centaureo-Meetum athamantici** nom. cons. R. Tx. 1937
(= **Meo-Trisetetum flavescentis** R. Tx. 1937; = **Meo-Festucetum** R. Tx. 1937, J. & M. Bartsch 1940, Oberd. 1957 nom. inv.)
Bärwurz-Wiesen. Bergwiesen auf sauren Standorten (Abb. 150). V.a. im Westen vom Schwarzwald bis in die Eifel und den Taunus. Einschürige Magerwiesen mit wechselndem Wasserhaushalt.

D: *Meum athamanticum, Centaurea pseudophrygia* (östliche Ausprägung: Harz, Thüringer Wald, Erzgebirge), *Centaurea nigra* (westliche Ausprägung: Schwarzwald, Eifel, Hohes Venn)

Die Bestände werden auch als Untergesellschaft der vorigen gesehen (**Geranio-Trisetetum meetosum athamantici** R. Tx. 1937). Sie entwickeln sich auf mäßig gedüngten Böden in Höhenlagen ab etwa 400 m bei subatlantisch-montaner Klimalage. Ihre floristisch beste Ausbildung haben die Bärwurzwiesen im Taunus, im Vogelsberg und auf der Schwäbischen Alb (DIERSCHKE 1981). *Centaureo-Meetum athamantici* und *Geranio-Trisetetum* sind floristisch durch viele Übergänge miteinander verbunden. Im östlichen Erzgebirge klingt die Gesellschaft in einer verarmten *Cirsium heterophyllum*-Ausbildung aus.

3. **Astrantia major-Trisetum flavescens-Gesellschaft**
Sterndolden-Bergwiese. Goldhaferwiese der Bayerischen Kalkalpen und aus dem Oberallgäu bis nach Vorarlberg bekannt, die allerdings noch unzureichend erforscht ist. Läßt sich in basenreiche und basenarme Ausbildungen aufgliedern.

D: *Astrantia major, Trifolium montanum*

Mit *Narcissus radiiflorus* zeichnet sich außerdem eine westliche geographische Vikariante gegenüber einer östlichen mit *Centaurea pseudophrygia* ab. Auch als **Astrantio-Trisetetum** Knapp ex Knapp 1942 gefaßt.

Abb. 150:
Meum athamanticum-reiche Bärwurzwiesen als montaner Silikat-Wiesentyp in der Eifel (1987)

Abb. 151: *Lolio-Cynosuretum typicum* im Emstal bei Greven i. Westfalen. Die Weidelgras-Weißklee-Weide hebt sich durch die weißen Blühaspekte von *Trifolium repens* deutlich im Gelände von ihrer Umgebung ab (1987)

3. Verband: Cynosurion cristati R. Tx. 1947

Fettweiden, Stand- und Mähweiden. Intensivweiden, von der Artenzusammensetzung her in allen Landesteilen nahezu gleichartig zusammengesetze Vegetationstypen.

VC: *Cynosurus cristatus, Odontites vulgaris, Trifolium repens, Veronica filiformis*

Obwohl physiognomisch recht einheitlich, zeigen die *Cynosurion*-Gesellschaften doch eine deutliche floristische Feingliederung in Abhängigkeit von Bodenart und Wasserhaushalt des Standortes. Magerweide und Fettweide sind in ihrer Wasserversorgung grundsätzlich niederschlagsgebunden.

1. Lolio-Cynosuretum Br.-Bl. & De Leeuw 1936 nom. inv.

Weidelgras-Weißkleeweide. Ertragreiche Intensivweide der planaren bis submontanen Stufe, optimal im nordwestdeutschen Küstengebiet mit langer Vegetationsperiode, milden Wintern und feuchten Sommern.

AC: *Lolium perenne, Cynosurus cristatus*

Auf stark humosem, anlehmigem Sand wächst die reine Weidelgras-Weißkleeweide, in welcher der Weißklee (*Trifolium repens*) mengenmäßig hervortritt (Abb. 151). Magerweiden (**Lolio-Cynosuretum luzuletosum**) sind dagegen durch die Artengruppe *Hieracium pilosella, Hypochoeris radicata, Holcus mollis, Viola canina* und *Luzula campestris* differenziert. Zwischen beiden vermittelt floristisch und ökologisch die B*ellis perennis-Trifolium repens*-Gesellschaft mit faziellen Anreicherungen von *Festuca rubra* und *Agrostis tenuis* (Rotschwingel-Weide sensu Tüxen 1974b, Pott & Hüppe 1991).

Alchemilla-reiche Rotschwingelweiden sind von der ersten durch einige Höhendifferentialarten und drastische Mengenverschiebung der Gräser unterschieden. Differentialarten sind *Alchemilla monticola, Carum carvi, Euphrasia rostkoviana* und *Colchicum autumnale*. Das Weidelgras tritt stark zurück. Verbreitet in den niederschlagsreichen und kühlmontanen Stufen der Mittelgebirge und Voralpen. Die Bergweiden werden auch als **Festuco commutatae** (= **nigrescentis**)-**Cynosuretum** R. Tx. 1940 ap. Büker 1942 gefaßt.

2. **Festuco commutatae-Crepidetum capillaris** Hülbusch & Kienast ex Kienast 1978
Die Gesellschaft des Grünen Pippau ist recht häufig. Sie geht als artenarme Gesellschaft vielfach aus Einsaatmischungen von Rasen, Parks, Gärten und Straßenrändern hervor.

   D: *Festuca rubra, Crepis capillaris*

   Artenreiche, leicht betretene, 10 - 25 mal pro Jahr gemähte Scher- und Parkrasen älterer Ansaaten mit einem breiten Erscheinungsbild, je nach Pflegeintensität, Substrat und Beschattung differenziert.

3. **Trifolio repentis-Veronicetum filiformis** N. Müller 1988
Parkrasen der Innenstädte mit der neophytischen *Veronica filiformis* gekennzeichnet.

   D: *Veronica filiformis, Bellis perennis, Trifolium repens*

   Die Bestände entwickeln sich optimal auf lehmig-frischen Standorten. Der Fadenförmige Ehrenpreis wird durch maschinelle Mahd der Zierrasen schnell und erfolgreich verbreitet; diese Art kann sich an Sproßabschnitten sekundär bewurzeln und sich vermehren. In Ausdehnung begriffene Gesellschaft.

4. **Verband: Poion alpinae** Oberd. 1950
Alpine Milchkraut-Weiden. Die subalpinen und alpinen Weidegesellschaften sind an frische, nährstoffreiche und lehmig-tonige Böden gebunden. Sie sind durch eine Reihe guter Kennarten zusammengehalten.

   VC: *Crepis aurea, Phleum alpinum, Poa alpina, Trifolium badium, Trifolium pratense* ssp. *nivale, Trifolium thalii*

Es sind vielfach Ersatzgesellschaften des subalpinen Nadelwaldes und der Krummholzgebüsche; die Böden sind in diesem Fall tiefgründig und nährstoffreich.

1. **Crepido-Festucetum rubrae** Lüdi 1948
Alpenfettweide. Anthropogene Weide, die für die Almen charakteristisch ist. Häufig in der Umgebung von Sennhütten in ca. 1500 - 2200 Metern.

   AC: *Prunella vulgaris, Trifolium repens, Poa alpina, Ligusticum mutellina*

   Auf nährstoffreichen, tiefgründigen, frischen Standorten. Die Weide liefert ein gutes Viehfutter.

2. **Trifolio thalii-Festucetum violaceae** Br.-Bl. in Br.-Bl. & Jenny 1926
(= **Trifolietum thalii** Rübel 1912)
Alpine Urfettweide. Alpine Weidegesellschaft an Standorten, die wegen langer Schneebedeckung primär holzfrei sind. Leguminosenreich.

   AC: *Festuca violacea, Trifolium thalii, Agrostis alpina*

   Auf feinerdereichen, frischen Böden über 2200 Metern Höhe in den Alpen.

4. **Ordnung: Molinietalia coeruleae** W. Koch 1926
Die Naß- und Streuwiesen und nassen Hochstaudenfluren (Feuchtgrünland) sind bezeichnend für wechselfeuchtes, mäßig nasses bis nasses Grünland auf nicht oder allenfalls selten gedüngten Niedermoortorferden mit unterschiedlicher Basenversorgung.

   OC: *Achillea ptarmica, Cirsium palustre, Deschampsia cespitosa, Filipendula ulmaria, Galium uliginosum, Lysimachia vulgaris, Lythrum salicaria* sowie *Succisa pratensis* und *Thalictrum flavum* (letztere beide schwach)

Die Pfeifengraswiesen sind durch extensive Grünlandnutzung entstanden (ohne Düngung). Die Mahd erfolgt wegen Ertragsarmut und geringer Heuqualität einschürig oder entfällt ganz. Vielfach wurden diese Wiesen auch nur ab Ende September zur Streunutzung gemäht. Das Bewirtschaftungssystem förderte an den Bearbeitungsrhythmus angepaßte Pflanzenarten, so daß die Bestände zu den floristisch wertvollsten Grünlandgesellschaften gehören. Aufgabe der Nutzung und Umwandlung in Intensivgrünland führten flächenhaft zum nahezu völligen Verschwinden dieses Wiesentyps (s. auch KLEMM 1989).

Die Ordnung *Molinietalia* umfaßt die Verbände **Calthion** R. Tx. 1937, **Molinion** W. Koch 1926, **Filipendulion** Segal 1966 und **Cnidion dubii** Balatova-Tulackova 1965.

1. Verband: Calthion R. Tx. 1937

Nährstoffreiche Naßwiesen und Hochstaudenfluren feucht-nasser Standorte. Auf eutrophen Naßstandorten, aus nährstoff- und nässeliebenden Auewäldern hervorgegangen und infolge Drainage erheblich schwindend.

VC u. DV: *Agrostis canina, Angelica sylvestris, Bromus racemosus, Caltha palustris, Carex disticha, C. nigra, Cirsium rivulare, C. oleraceum, (C. dissectum), Crepis paludosa, Dactylorhiza majalis, Geum rivale, Juncus acutiflorus, J. conglomeratus, J. effusus, J. filiformis, Lotus uliginosus, Lychnis flos-cuculi, Myosotis palustris, Scirpus sylvaticus, Polygonum bistorta, Ranunculus aconitifolius, R. flammula, Senecio aquaticus*

Hochstete und daher gute Verbandscharakterarten sind *Caltha palustris, Myosotis palustris* und *Bromus racemosus*. *Polygonum bistorta* kann als Höhendifferentialart angesehen werden, die in den unteren collinen Stufen zögernd und in der Montanstufe optimal und dominierend auftreten kann.

1. Angelico-Cirsietum oleracei R. Tx. 1937

Die Kohldistelwiese ist die Zentralassoziation. Hochstaudenreiche Naßwiese mit Verbreitungsschwerpunkt in submontaner Höhenstufe, optimal auf basenreichen Lehmböden (Abb. 152).

AC: *Cirsium oleraceum, Cirsium rivulare* (Höhenform)

Abb. 152:
Angelico-Cirsietum oleracei als hochstaudenreiche Naßwiese auf staunassen, nährstoffreichen Standorten (Senne, 1989)

Abb. 153:
Bromo-Senecionetum - Wassergreiskraut-Feuchtwiese in der Jeetzelniederung (Hannov. Wendland, 1988). Dieser Feuchtwiesentyp war früher in Nordwestdeutschland weit verbreitet und ist heute durch Gülleüberdüngung vielfach bis zur Unkenntlichkeit nitrifiziert

Das Ertragspotential der Gesellschaft ist wasserabhängig. Bachdistelwiesen mit *Cirsium rivulare* und *Trollius europaeus* ersetzen die Kohldistelwiesen in den Hochlagen der Mittelgebirge und im Alpenvorland (manchmal auch als **Valeriano-Cirsietum rivularis** Nowinski 1927 bezeichnet). Im Gegensatz zu süd- und mitteldeutschen Ausbildungen der Gesellschaft fehlen im Norden Deutschlands v.a. *Sanguisorba officinalis, Colchicum autumnale* und *Silaum silaus* (vgl. auch HUNDT 1954, 1964, 1980; OBERDORFER 1983). *Polygonum bistorta* vermag auch hier verschiedene Höhenformen zu differenzieren (= **Polygono-Cirsietum oleracei** R. Tx. 1951).

2. **Bromo-Senecionetum aquatici** Lenski 1953
Die Wassergreiskraut-Wiese ist eine bewirtschaftete Naßwiese des Tieflandes auf nährstoffreichen, humosen bis anmoorigen, basenarmen Aueböden (kalk- und basenarme Standorte, Abb. 153).

AC: *Senecio aquaticus, Bromus racemosus*

Früher in der nordwestdeutschen Tiefebene häufig, heute sehr selten geworden. Je nach Nährstoffangebot und Feuchtigkeit zeigt die Wassergreiskraut-Wiese eine große Variabilität, die sich in zahlreichen Subassoziationen ausdrückt (z.B. mesotrophe Ausbildungen mit *Potentilla palustris* und *Menyanthes trifoliata*; basenreichere Standorte sind durch *Ranunculus auricomus* und *Primula elatior* differenziert). *Carex disticha* tritt faziell in unbewirtschafteten Naßwiesen auf und vermittelt zu *Magnocaricion*-Gesellschaften (s. dort). In Höhen über 250 m NN wird das *Bromo-Senecionetum* auf basenarmen Böden von *Polygonum bistorta*-dominierten Gesellschaften abgelöst.

3. **Chaerophyllo hirsuti-Ranunculetum aconitifolii** Oberd. 1952
Kälberkropfwiese. Quellstaudenflur an Wiesenbächen der Silikatmittelgebirge. Montane Assoziation.

   AC: *Chaerophyllum hirsutum, Ranunculus aconitifolius*

   Die Gesellschaft ist optimal über tonhaltigen Alluvionen entwickelt; sie hat ihr geographisches Optimum in den hohen Mittelgebirgen Süd- und Mitteldeutschlands (Schwarzwald, Thüringer Wald, Westerwald). In floristisch verarmter Form gedeihen die Bachhochstaudenfluren noch im Rothaargebirge und im Ebbegebirge (Sauerland). Diesen nördlichsten Beständen sind immerhin noch die montan-präalpinen Geoelemente *Ranunculus platanifolius* (Rothaargebirge) und *Ranunculus aconitifolius* (Ebbegebirge) beigemengt.

4. **Crepis paludosa-Juncus acutiflorus-Gesellschaft**
   (= **Crepido-Juncetum acutiflori** Oberd. 1937)
   Die Silikat-Binsen-Wiese ist eine atlantische Gesellschaft. Sie ist kleinflächig entwickelt auf langfristig wassergesättigten, leicht quelligen, wasserzügigen Standorten.

   D: *Juncus acutiflorus, Anagallis tenella*

   Von Entwässerungen betroffen und sehr selten geworden. Die Abtrennung eines eigenen *Juncion acutiflori*-Verbandes und die Etablierung einer eigenen Assoziation (*Crepido-Juncetum*) ist nicht haltbar, da *Juncus acutiflorus* in unterschiedlichsten Gesellschaften (z.B. *Scheuchzerio-Caricetea*-Gesellschaften etc.) vorkommt und dort als spezielle Differentialart anzusehen ist.

5. **Sanguisorba officinalis-Polygonum bistorta-Gesellschaft**
   (= **Sanguisorbo-Silaetum pratensis** Klapp 1954)
   Staudenreiche Naßwiese und wärmeliebende Tieflagen-Gesellschaft der großen Stromtäler auf basen- und nährstoffreichen Böden (Abb. 154).

   AC: *Silaum silaus, Sanguisorba officinalis*

   In Deutschland regional verschiedene Ausbildungen der Assoziation mit unterschiedlicher Stellung vom *Calthion* bis zum *Molinion*- Verband (s. BERGMEIER et al. 1984, VERBÜCHELN 1987).

Abb. 154: Die *Sanguisorba officinalis-Polygonum bistorta*-Gesellschaft ist bezeichnend für Naß- und Moorwiesen sowie für feuchte Tal- und Bergwiesen (Südrand des Teutoburger Waldes, 1984)

6. Scirpus sylvaticus-Gesellschaft

Waldsimsenwiese. Planare bis montane Naßwiese auf tonigen Silikatböden unter Stauwassereinfluß. Durch Massenauftreten der Waldsimse gekennzeichnet; auf Lehm- und Torfböden im Silikatbereich.

D: *Scirpus sylvaticus*

Häufig anstelle gelichteter oder gerodeter Erlenwälder. *Scirpus sylvaticus*-Naßwiesen sind in ganz Mitteleuropa mit relativ gleichförmiger Artengarnitur verbreitet (vgl.WESTHOFF & DEN HELD 1969, NEUHÄUSLOWA-NOVOTNA & NEUHÄUSL 1972, BALATOVA-TULACKOWA 1981). Auch als **Scirpetum sylvatici** Ralski 1931 bezeichnet.

7. Juncus filiformis-Gesellschaft

Fadenbinsen-Sumpf. Gedüngte Feucht- und Naßwiese auf kalkarmen Böden. Seltene, oft nur kleinflächig auf Anmooren entwickelte Gesellschaft.

C: *Juncus filiformis*

Boreale Naßwiese, in Süddeutschland nur in Kaltluftgebieten. Die Charakterisierung der Gesellschaft ist noch umstritten; *Juncus filiformis* kommt auch in Gesellschaften des *Caricion nigrae* vor.

8. Epilobio-Juncetum effusi (Walther 1950) Passarge 1964

Flatterbinsen-Gesellschaft. Auf vernäßten, wenig gereiften, aber nährstoffreichen Standorten als Pionier und Störzeiger.

D: *Juncus effusus*

Die Stellung der Flatterbinsen-Bestände ist umstritten; sie sind Ersatzgesellschaften von Erlenbrüchen, feuchten Eichen-Hainbuchenwäldern, bei Düngung auch von Birkenbruchwäldern und feuchten oder nassen Eichen-Birkenwäldern. Auch nach Guanotrophierung durch Vogelkolonien gefördert.

2. Verband: Molinion coeruleae W. Koch 1926

Pfeifengraswiesen sind Wechselfechtigkeit anzeigende, minderwertige Streuwiesen. Auf basenreichen Wiesenmoorböden vorwiegend in Süddeutschland. In Nordwestdeutschland z.T. auch als wechselfeuchte Magerwiesen auf sauren Böden.

VC u. DV: *Allium angulosum, A. suaveolens, Betonica officinalis, Briza media, Carex flacca, C. tomentosa, Cirsium tuberosum, Galium boreale, Epipactis palustris, Iris sibirica, Ranunculus polyanthemos agg., Selinum carvifolia, Serratula tinctoria, Silaum silaus, Tetragonolobus maritimus, Valeriana pratensis*

Als weitere Differentialarten des Verbandes treten u.a. noch *Gentiana pneumonanthe, Inula salicina, Lotus corniculatus* und *Symphytum officinale* hinzu.

Juncus acutiflorus- und *J. conglomeratus*-reiche Wiesen werden im atlantischen Westeuropa auf der Grundlage einer zusammenfassenden Übersicht von DE FOUCAULT & GÉHU (1978) einem *Juncion acutiflori*-Verband sensu Br.-Bl. 1947 zugeordnet, der aber floristisch zu schwach differenziert ist (s. auch DIERSCHKE 1990).

1. Junco-Molinietum coeruleae Prsg. ap. R. Tx. & Prsg. 1953

Borstgras-Pfeifengraswiese. Artenarme Streuwiesen von Silikatböden auf bodensauren, meist torfigen Standorten (Abb. 155).

D: *Succisa pratensis, Gentiana pneumonanthe*

Abb. 155:
Vegetationsaspekt aus dem *Junco-Molinietum coeruleae* mit *Succisa pratensis* als Magerwiese am Heiligen Meer 1980. Dieser Wiesentyp ist durch Drainagen und N-Düngung vielerorts so gut wie ausgestorben

Diese acidokline Pfeifengraswiese ist hinsichtlich ihrer synsystematischen Stellung und syntaxonomischen Fassung umstritten. Die Assoziation ist aber positiv gekennzeichnet durch Arten der Borstgrasrasen. Charakteristisch sind weiterhin Magerkeitszeiger wie *Luzula multiflora*, *Potentilla erecta*, *Nardus stricta* und *Sieglingia decumbens*; ansonsten nur schwach gekennzeichnet.

2. **Molinietum coeruleae** W. Koch 1926
   (= **Molinietum medioeuropaeum**)
   Basenreiche Pfeifengraswiesen. Optimal entwickelt sind die Pfeifengraswiesen im Oberrheingebiet. Sie dringen aber noch bis nach Norddeutschland vor (z.B. Lehrte bei Hannover und im Braunschweiger Hügelland). Die Assoziation kann als basikline Pfeifengraswiese mit *Iris sibirica* von den acidoklinen wechselfeuchten Magerwiesen abgetrennt werden (Abb. 156). Zentralassoziation des Verbandes. Eine Aufgliederung in mehrere mögliche Assoziationen ist noch unklar (DIERSCHKE 1990).

3. **Gentiano asclepiadeae-Molinietum** (Oberd. 1957) Görs in Oberd. 1979
   (= **Allio suaveolentis-Molinietum** Görs ex Oberd. 1983 p.pte.)
   Schwalbenwurz-Enzian-Pfeifengraswiese. Im kühl-niederschlagsreichen Alpenvorland als Streuwiesen mit anderen Alpenpflanzen. Die wärmebedürftigen Elemente des zentralen Molinietum fehlen hier.

   AC: *Gentiana asclepiadea*, (*Primula farinosa*, *Veratrum album*, *Selaginella selaginoides*, als Begleiter)

   Man hat bislang mehr als 15 Pfeifengras-Wiesentypen unterschieden, darunter diese Gesellschaft mit dem Schwalbenwurz-Enzian. Eine allseits befriedigende Gliederung der *Molinia*-Wiesen in ihrem gesamten Verbreitungsgebiet wurde aber bisher noch nicht gefunden. Genannt seien hier noch das:

4. **Cirsio tuberosi-Molinietum arundinaceae** Oberd. & Philippi ex Görs 1974
   Die Knollendistel-Pfeifengraswiese ist eine Gesellschaft der Alpenflußtäler.

   AC: *Cirsium tuberosum*

   An der Isar, am Lech und an der Donau sowie im Schweinfurter Becken (WALENTOWSKI et al. 1991). Stellenweise noch am Oberrhein (z.B. Taubergießen).

5. **Oenantho lachenalii-Molinietum** Phil. 1960
Fenchel-Pfeifengras-Wiese. Am mittleren und nördlichen Oberrhein endemische Assoziation mit atlantisch-mediterraner Ausbreitungstendenz.

D: *Oenanthe lachenalii*

In unmittelbarer Nähe des Rheinstromes auf nassen, kiesigen, kalkhaltigen Rohaueböden. Die Fenchel-Pfeifengraswiese wird gelegentlich gemäht oder gar nicht bewirtschaftet.

6. **Galio borealis-Molinietum** W. Koch 1926 em. Philippi 1960
Artenreiche Pfeifengraswiese auf nur schwach sauren, neutralen bis kalkreichen Niedermoorböden mit ausgeprägter Wechselfeuchtigkeit.

D: *Galium boreale, Linum catharticum, Dianthus superbus, Inula salicina, Laserpitium pruthenicum*

V.a. östlich verbreitete und kontinental getönte Gesellschaft; aus der Niederlausitz beschrieben (z.B. KLEMM 1989).

Fragmentgesellschaften des **Molinion coeruleae**:

Holcus lanatus-Dominanzgesellschaft
Mähweiden mit Massenaufkommen vom Honiggras – das in fast allen *Calthion-, Juncion-* und *Arrhenatherion*-Wiesen hohe Stetigkeiten besitzen kann – aber schwerpunktmäßig

Abb. 156:
Molinietum coeruleae mit *Iris sibirica* in wechselnassen, mäßig nährstoff- und basenreichen Flutmulden bei Lehrte/Hannover (1991)

auf feuchten, nährstoffarmen, humosen Sand- und Torfböden vorkommt. Entwässerungen und erhöhte Stickstoffdüngung sowie Gülle fördern ebenfalls diesen Grünlandtyp. Verbreitet auch im Osten Deutschlands im Elbe-Havelgebiet, im Spreewaldgebiet und im Odertal.

3. Verband: Cnidion dubii Balatova-Tulackova 1966
Auf grundwasserbeeinflußten, mageren Standorten im Überflutungsbereich der großen Ströme, vorzugsweise unter subkontinentalem Klimaeinfluß. Im Elbtal zwischen Hamburg und Dresden; im Saale-, Oberrhein- und Maintal.

VC: *Cnidium dubium, Gratiola officinalis, Lathyrus palustris, Viola persicifolia (= V. stagnina), V. pumila, Scutellaria hastifolia*

Es sind stark wechselfeuchte Wiesen, in denen die Rasenschmiele (*Deschampsia cespitosa*) zu den bestimmenden Gräsern gehört.

1. Cnidio venosi-Violetum persicifoliae Walther ex R. Tx. 1954
Brenndolden-Gesellschaft. Subkontinentale Gesellschaft, im Elbtal verbreitet; von Thüringen her über das Maintal zum Oberrhein hin vordringend.

AC: *Cnidium dubium, Viola persicifolia*

In nassen Mulden und Flutrinnen auf tonigen Böden; stark wechselfeuchte, farbenprächtige Wiese mit später Entwicklung im Jahr.

4. Verband: Filipendulion Segal 1966
Die Mädesüß-Fluren sind von Hochstauden beherrschte Gesellschaften auf nährstoffreichen Flächen grundwassernaher Standorte; die aufbauenden Arten sind mahd- und beweidungsempfindlich. Die Hochstaudenfluren heben sich von den Wirtschaftswiesen ab und müssen synsystematisch vielleicht auch als eigene Klasse aufgefaßt werden. Die Gesellschaften der Hochstaudenfluren sind oft streifenartig an Wiesen, Weiden und Bachufern entwickelt; bei Nutzungseinstellung nehmen sie flächenhaft das feuchte Grünland ein.

VC/D: *Epilobium hirsutum, E. parviflorum, Geranium palustre, Hypericum tetrapterum, Lysimachia vulgaris, Lythrum salicaria, Polemonium caeruleum, Stachys palustris, Valeriana procurrens, Veronica longifolia, Thalictrum flavum*

Es sind meistens Folgegesellschaften nicht mehr genutzter *Calthion*-Wiesen sowie abgetrockneter *Phragmitetea*-Gesellschaften. Sie zeigen vielfach Anklänge an ruderale Hochstaudengesellschaften und nehmen viele Nitrophyten auf (*Urtica dioica, Galium aparine, Cirsium arvense* und *Calystegia sepium*).

1. Valeriano-Filipenduletum Sissingh in Westhoff et al. 1946
Mädesüß-Gesellschaft. Nährstoffliebende Hochstaudenflur an Gräben, Fließ- und Stillgewässern. V.a. in Tieflagen verbreitet (Abb. 157).

AC: *Filipendula ulmaria, Valeriana procurrens*

In ruderalisierten Beständen weit verbreitet und vorwiegend an Talauen gebundene Zentralassoziation. Eine pflanzengeographische Gliederung der Assoziation in eine subatlantische Vikariante mit *Valeriana procurrens* und eine subkontinentale Vikariante mit *Veronica longifolia* ist denkbar. *Polygonum bistorta* kennzeichnet die Höhenformen. Am Rhein, am Main, an der Donau und an der Elbe treten *Euphorbia palustris* und *Veronica longifolia* vermehrt in solchen Hochstaudenfluren zusammen; derartige Bestände lassen sich eventuell auch als subkontinentale sommerwarme Assoziation **Veronico longifoliae-Euphorbietum palustris** Korneck 1963 fassen. In den montanen Regionen treten *Ranunculus*

Abb. 157:
Valeriano-Filipenduletum als hochstaudenreiche Naßwiese, die sich über Weidengebüsche zum Erlenwald weiterentwikkelt (Plantlünner Sandebene b. Hopsten, 1983)

aconitifolius, Chaerophyllum hirsutum bzw. *Cirsium heterophyllum* vermehrt in den *Filipendula*-Hochstaudengesellschaften als Differentialarten hinzu; derartige Bestände werden auch als **Ranunculo aconitifolii-Filipenduletum,** als **Chaerophyllo hirsuti-Filipenduletum** oder als **Cirsio heterophylli-Filipenduletum** bezeichnet.

2. **Filipendulo-Geranietum palustris** W. Koch 1926
Sumpfstorchschnabel-Mädesüß - Gesellschaft. Standörtlich der vorigen ähnlich, aber offenbar an basenreichere Standorte gebunden.

   AC: *Geranium palustre*

Natürliche Gesellschaft am Rand von Röhrichten (landwärts); Sekundärausbreitung auf brachgefallenem Naßgrünland.

3. **Veronico longifoliae-Scutellarietum hastifoliae** Walther 1955
Gesellschaft des Langblättrigen Ehrenpreises. Subkontinentale Stromtalassoziation. Ersetzt die ersten beiden im Auebereich an den Sandufern der Unterelbe und an der Oder.

   D: *Scutellaria hastifolia, Veronica longifolia*

Zum Teil mit *Poa palustris* und *Lathyrus palustris* angereichert (= **Poo palustris-Lathyretum palustris** Walther ap. R. Tx. 1955). Mähwiese mit hohen Massenerträgen; oft als meterhohe Gesellschaft saumartig längs alter Hochwassergrenzen oder am Rande von Weidengebüschen.

25. Klasse: Koelerio-Corynephoretea Klika ap. Klika & Nowak 1941 (syn.= **Sedo-Scleranthetea** Br.-Bl. 1955 em. Th. Müller 1961) – Gesellschaften der Graudünen, Sandtrockenrasen, Mauerpfeffer- und Felsbandgesellschaften

In dieser Klasse sind lückige, wärme- und trockenheitsertragende, lichtbedürftige und daher konkurrenzschwache, niedrigwüchsige Pionierfluren zusammengefaßt. Natürliche Bestände sind auf Dünenstandorte des Binnenlandes und der Küstenregion beschränkt. Neben den ebenfalls natürlichen Felsgrus- und Felsbandgesellschaften gibt es in dieser Klasse nur wenige anthropogene Vegetationseinheiten mit geringen Anteilen an der Ruderalvegetation (z.B. Sekundärstandorte, wie Mauerkronen und Eisenbahnanlagen).

KC: *Arenaria serpyllifolia, Brachythecium albicans, Cerastium arvense, Cladonia alcicornis, Erophila verna, Filago minima, Holosteum umbellatum, Hypochoeris glabra, Jasine montana, Myosotis stricta, Peltigera rufescens, Petrorhagia prolifera, Polytrichum piliferum, Rhacomitrium canescens, Rumex tenuifolius, Scleranthus perennis, Sedum acre, S. sexangulare, Spergula morisonii (= S. vernalis), Trifolium campestre*

Die Klasse gliedert sich in die Ordnungen **Corynephoretalia** (Silbergras-, Kleinschmielen- und Schillergrasfluren) und **Festuco-Sedetalia** (Blauschillergras- und Heidenelkenfluren) sowie **Sedo-Scleranthetalia** (Felsgrus- und Felsband-Gesellschaften).

1. Ordnung: Corynephoretalia canescentis Klika 1934
Silbergrasfluren. Von Silbergras (*Corynephorus canescens*) beherrschte, offene subatlantische Pionierrasen auf Lockersandböden (Flugsanddünen, Abb. 158) mit geringen Kalkgehalten oder kalkfreien Quarzsandflächen.

OC: *Corynephorus canescens, Carex arenaria, C. ligerica, Thymus serpyllum, Viola curtisii, Trifolium arvense, Festuca ovina, Vicia lathyroides, Cerastium semidecandrum, Teesdalia nudicaulis*

Zur Ordnung gehören in Deutschland drei Verbände, von denen das atlantische *Koelerion albescentis* R. Tx. 1937 (Schillergrasfluren) nur im Bereich der Küstendünen auftritt.

1. Verband: Corynephorion canescentis Klika 1934
Silbergrasfluren s. str. Spezialisierte Pioniergesellschaften offener Flugsande. Die Silbergrasfluren besiedeln als artenarme Pionierrasen meist humus- und nährstoffarme, durchlässige Lockersandböden mit geringen Kalkgehalten, so v.a. Dünengelände. Ihr Hauptareal liegt im subatlantischen Westeuropa, doch finden sie sich auch noch auf Flugsandböden im östlichen Mitteleuropa.

Als Initialgesellschaften besiedeln die Silbergrasfluren bei primärer Entwicklung die sauren, nährstoffarmen Rohböden (Podsolranker) der Dünen. Daneben liegt vielfach eine sekundäre Entwicklung auf ehemaligen, ebenfalls kalk- und humusarmen Wald- und Ackerböden vor.

1. **Spergulo vernalis-Corynephoretum canescentis** (R. Tx. 1928) Libbert 1933
   Frühlingsspark-Silbergrasflur. Offene Pioniergesellschaft auf trockenen, nährstoffarmen

Abb. 158:
Windanrisse und beginnende Dünenbildung in pleistozänen Sandlandschaften als Standorte für Sandtrockenrasen mit initialen Beständen des *Spergulo-Corynephoretum canescentis*
(Elter Dünen, 1980)

Abb. 159:
Violo-Corynephoretum im Graudünenbereich der Insel Langeoog (1989)

Binnendünen besonders im Bereich der Geest Nordwestdeutschlands. In Süddeutschland auf Lockersanden im Oberrhein-, Main- und Regnitzgebiet.

AC: *Spergula morisonii* (= *S. vernalis*), *Teesdalia nudicaulis*

Die Erstbesiedlung der offenen, bewegten Sandflächen geschieht durch die Sandsegge (*Carex arenaria*) und das Silbergras (*Corynephorus canescens*). Beide Pflanzen zeigen hieran besondere Anpassungen. So besitzt *Carex arenaria* ein ausgedehntes Ausläufersystem, mit dem sie wesentlich zur Festlegung des Sandes beiträgt. *Corynephorus canescens* ist mit seinem weit gefächerten, bis 40 cm tiefen Wurzelsystem und durch Etagenwuchs nicht nur gut vor Übersandungen geschützt, sondern sogar auf diese angewiesen (BERGER-LANDEFELDT & SUKOPP 1965). Zu beiden gesellen sich nur die übersandungsunempfindlichen Therophyten *Spergula morisonii* und *Teesdalia nudicaulis*.

In windstillen Hohlformen zwischen den Dünenerhebungen hat die Sandsegge am ehesten Gelegenheit, durch ihre umfangreichen unterirdischen Organe den offenen Sand „zuzunähen" und damit das Eindringen verwehungsempfindlicher Gräser (*Festuca ovina*, *Agrostis stricta*) zu ermöglichen. Der Oberboden ist durch verwitterte Sproß- und Blattreste zwar vielfach schwach humifiziert, hat aber eine noch so geringe Wasserhaltekraft, daß in diesem Stadium der Vegetationsentwicklung v.a. austrocknungsfähige Flechten und Moose konkurrenzfähig sind. Die Silbergrasflur kann als kleinflächige Dauergesellschaft in diesem flechtenreichen Stadium verharren oder sich bei günstigerer Wasserversorgung zu *Festuco-Sedetalia*-Sandrasen weiterentwickeln. Das am weitesten fortgeschrittene Abbaustadium beweideter Silbergrasfluren stellen Bestände auf befestigten Dünen dar, in welche die Besenheide (*Calluna vulgaris*) fleckenweise eingedrungen ist.

2. **Violo-Corynephoretum canescentis** (Bocher 1941) Westhoff ap. Westhoff et al. 1946
Meerstrand-Silbergrasflur. Offene Flugsandgesellschaft im Tertiärdünengebiet der Inseln und Küsten. Auf den Graudünen oft großflächig.

AC: *Viola canina* var. *dunensis*, *Jasine montana* var. *litoralis*

Ein halboffener bis fast ganz geschlossener, bunter, von Blütenpflanzen und Moosen geprägter Trockenrasen (Abb. 159). Meist aus dem *Tortulo-Phleetum arenariae* oder dem *Elymo-Ammophiletum festucetosum arenariae* hervorgehend und mit diesen eng verzahnt. Wird von Küstenheiden mit *Empetrum nigrum* in der Xeroserie abgelöst.

3. Campylopus introflexus-Gesellschaft

Seit etwa 1985 werden die Sandtrockenrasen Norddeutschlands vermehrt durch Massenbestände des Kaktusmooses (*Campylopus introflexus*) überlagert. *Campylopus introflexus* ist ein Neophyt, der primär aus der temperaten Zone der Südhemisphäre stammt und seit etwa 1940 auch nach Europa gelangt ist. Diese Art zeigt heute ein disjunktes größeres Verbreitungsgebiet auf der Südhalbkugel (Südamerika, Kerguelen, Südafrika, Australien, Neuseeland) und ein kleineres in Westeuropa (s. Literatur bei POTT & HÜPPE 1991). Moos- und flechtenreiche Stadien von *Corynephorion*- und *Thero-Airion*-Sandtrockenrasen des Binnenlandes und der Küstendünen sind bevorzugte Einwanderungsflächen von *Campylopus introflexus*, wo dieses Moos dichte Teppiche mit großen Mächtigkeiten bilden kann. Vielfach erscheinen Boden und ehemalige Vegetation wie von einem „Leichentuch" aus *Campylopus* bedeckt (Abb. 160). Offenbar tritt auch *Cladonia foliacea* gehäuft in *Campylopus*-infizierten Beständen auf.

Eine enorme Ausbreitungsfähigkeit auf generativem und vegetativem Wege macht das Auftreten von *Campylopus introflexus* recht bedenklich. In Trockenperioden zeigen sich polygonartige Trockenrisse in den Moosteppichen, an denen diese dann aufbrechen und regelrechte Blöcke bilden. Diese lockeren Moospolster-Fragmente können über Jahre hinweg am Leben bleiben; sie werden vom Wind und von Tieren (Kaninchen; Vögel, v.a. Fasane; Weidevieh) verbreitet und bilden dann in den halboffenen Sandtrockenrasen sehr schnell und aggressiv neue Moosteppiche aus.

Campylopus bevorzugt in den Sandtrockenrasen die ruhenden, leicht humosen, oberflächlich trockenen und sauren Sandböden; dort kann das Moos mit bis zu 5 - 7 cm dicken Decken andere Elemente der Trockenrasen auf Dauer verdrängen.

2. Verband: Thero-Airion R. Tx. 1951

Kleinschmielen-Rasen. Auf festgelegten Sanden stehen sie oft im Kontakt zu den Silbergrasfluren, die sie in der Sukzession ablösen. Hauptsächlich subozeanisch verbreitete Therophyten-Gesellschaften.

VC: *Aira praecox, A. caryophyllea, Filago minima, Ornithopus perpusillus*

Auf oder am Rande von Pfaden und Fahrspuren, die Dünenlandschaften durchziehen, aber auch an verfestigten Stellen innerhalb der Silbergrasfluren, dominieren in ziemlich geschlossenen Teppichen der Frühe Schmielenhafer (*Aira praecox*) und der Nelkenhafer (*A. caryophyllea*). Im Frühjahr kontrastiert dieser Sandrasen zu den benachbarten Kontaktgesellschaften

Abb. 160:
Das neophytische Moos *Campylobus introflexus* weitet sich invasionsartig in Standtrockenrasen aus (Borkener Paradies 1990)

durch die roten Blattscheiden der frisch austreibenden, im Sommer durch die strohgelbe Farbe der verdorrten und abgefruchteten *Aira*-Pflanzen.

1. **Airetum praecocis** (Schwickerath 1944) Krausch 1967
   Gesellschaft des Frühen Schmielenhafers. Auf schwach humosen Sandböden an verdichteten, aber nur schwach betretenen Standorten im Eichen-Birkenwald-Gebiet und in Dünenlandschaften.

   AC: *Aira praecox*

   Über das Maingebiet bis nach Bayern südwärts ausstrahlend. Oft nur kleinflächige, niedrigwüchsige Pioniergesellschaft. Das annuelle, ausgesprochen subatlantische *Airetum praecocis* kann in regenreichen Sommern in großen Beständen auftreten, in ungünstigen (trockenen) Jahren dagegen in seiner Entfaltung gehemmt und nur fragmentarisch entwickelt sein (KRAUSCH 1968b, WITTIG & POTT 1978). Eine flechtenlose (typische) und eine flechtenreiche Ausbildungsform des Schmielenhafer-Rasens lassen sich in der Regel unterscheiden. Allerdings drücken sich hierin weniger edaphisch abweichende Standorte als vielmehr das floristische Übergreifen entsprechend flechtenloser oder flechtenreicher Untergesellschaften benachbarter Silbergrasfluren aus (s. auch KRIEGER 1937; BURRICHTER, POTT, RAUS & WITTIG 1980).

2. **Filagini-Vulpietum myuros** Oberd. 1938
   Federschwingel-Rasen. Subatlantisch-submediterrane Gesellschaft auf Sand- und Kiesbrachflächen bzw. sandig-kiesigen Rohböden.

   AC: *Vulpia myuros, V. bromoides*

   Aus Nordwestdeutschland (WITTIG & POTT 1978, SCHRÖDER 1989) bekannt, ebenso aus Brandenburg (KRAUSCH 1968b), aus dem Oberrheingebiet (PHILIPPI 1973) sowie aus Rheinland-Pfalz (KORNECK 1974). *Vulpia bromoides* kennzeichnet die süddeutschen, floristisch reicheren Bestände. Häufig nur fragmentarisch auf Brachen, Wegen, Dämmen etc. Die *Vulpia myuros*-Bestände auf den Bahnhöfen gehören nicht zum *Filagini-Vulpietum*, sondern sind als Derivatgesellschaften verschiedener Klassen einzustufen (BRANDES & GRIESE 1991).

3. **Airo caryophylleae-Festucetum ovinae** R. Tx. 1955
   Nelkenhafer-Gesellschaft. Von grusigen Silikatfelsköpfen als Primärstandorte auf anthropogene Ersatzstandorte übergegangen und weit verbreitet.

   AC: *Aira caryophyllea*

   Kleinflächig auch auf schwach betretenen, nährstoffarmen Sandböden in wintermilden Klimalagen. Entsteht auf festgelegten Sanden aus der Silbergrasflur. Der Nelkenhafer stirbt oft schon im Juni ab, und nur selten kommt es noch einmal nach günstigen Witterungsverhältnissen zu einer zweiten Blüte. Im Spätsommer ist diese therophytenreiche Gesellschaft daher nur noch schwer zu finden.

4. **Thymo-Festucetum ovinae** R. Tx. 1955
   Thymian-Schafschwingelrasen. Meist kleinflächig entwickelter, bunter Trockenrasen auf nährstoffarmem Sand, Tonschiefer etc., in der Regel südexponierte Gesellschaft. Durch die Thymian-Polster besonders auffallend.

   D: *Thymus serpyllum*

   Die Gesellschaft ist im Binnenland auf sauren Böden noch ziemlich häufig.

5. Narduretum lachenalii Korneck 1975
Die Dünnschwingel-Gesellschaft ist eine subatlantisch-submediterrane, wärmeliebende Gesellschaft im Wuchsbereich acidophiler Trauben-Eichenwälder *(Luzulo-Quercetum)* auf flachgründigen Graniten und Gneisen in Südbaden und der Südpfalz.

AC: *Nardurus lachenalii*

Die Böden sind feinerdearme Protoranker, die sich sommers stark erhitzen können. Diese Spezialistengesellschaft geht auch auf Sekundärstandorte, wie z.B. steinige Pfade und Wege.

6. Agrostietum coarctatae (Kobendza 1930) R. Tx. ap. Dierssen 1972
Gesellschaft des Schmalblättrigen Rispengrases. Oft als geschlossene Folgegesellschaft der Silbergrasflur.

D: *Agrostis coarctata, Jasione montana, (Cornicularia aculeata, Polytrichum piliferum, Cladonia chlorophaea, Cladonia floerkeana, Cladonia mitis)*

Auf festgelegten Binnendünen. Zahlreiche bodenbewohnende Flechten kennzeichnen wie beim *Spergulo-Corynephoretum* eine flechtenreiche Subassoziation. Diese bleibt im allgemeinen sehr stabil und läßt sich über Jahre hinweg in gleicher floristischer Ausprägung beobachten (SCHRÖDER 1989). Vom Schmalrispigen Sand-Straußgras beherrschter Sandtrockenrasen auf sommertrockenen Böden. Die weitere Entwicklung kann zu *Diantho - Armerietum* - Sandrasen, *Sarothamnus*-Heiden oder zu Birken-Eichenwäldern, im östlichen norddeutschen Tiefland zu *Leucobryum glaucum* - reichen Kiefernwäldern verlaufen.

Fragmentgesellschaft des **Thero-Airion:**

Carex arenaria-Gesellschaft
ist aus einartigen Massenbeständen der Sandsegge aufgebaut. Sie findet sich auf etwas humoseren Böden, als es beim *Agrostietum coarctatae* der Fall ist (JECKEL 1984).

3. Verband: Koelerion albescentis R. Tx. 1937
Schillergrasfluren. Gesellschaften der festgelegten, trockenen und wenig entkalkten Dünensande im Graudünenbereich der Nordsee und auf Strandwällen der Ostsee. Lokal auch in Sandgebieten Süddeutschlands. Gegenüber den beiden vorausgegangenen Verbänden sind die Bestände etwas stärker geschlossen.

VC: *Cerastium diffusum, Festuca rubra* ssp. *arenaria, Silene otites, Galium verum, Bromus hordeaceus* ssp. *thominii*

Vorwiegend auf Tertiärdünen verbreitete Gesellschaften, die als lückige, moos- und flechtenreiche Trockenrasen ausgebildet sind. Auch hier dringt vermehrt *Campylopus introflexus* ein (s. *Corynephorion*-Gesellschaften).

1. Tortulo-Phleetum arenarii (Massart 1908) Br.-Bl. & De Leeuw 1936
Sandlieschgras-Gesellschaft. Auf kalkreichen Sandböden der Küstendünen auf den Nordsee-Inseln verbreitet. Noch unter leichter Sandeinwehung.

AC: *Phleum arenarium, Erodium glutinosum, Tortula ruraliformis*

Natürliche Rasengesellschaften in der Entwicklungsreihe der Xeroserie von Küstendünen (vgl. WESTHOFF 1991). Auch auf den Strandwällen der Ostsee, dort nur noch fragmentarisch ausgebildet. *Silene conica* besitzt einen Schwerpunkt in dieser Gesellschaft.

2. **Agrostio-Poetum humilis** R. Tx. & Prsg. 1951
Straußgras-Düne. Blumenbunte, durch Beweidung entstandene Rasengesellschaft auf den Graudünen der Nordseeinseln.

AC: *Poa pratensis var. humilis*
D: *Galium verum var. maritimum, Jasione montana var. littoralis, Lotus corniculatus var. crassifolius*

An geschützten, oft südgeneigten Dünenhängen und in Dünenmulden, oft mit dem *Violo-Corynephoretum* verzahnt. Trittfeste Gesellschaft, wie hohe Anteile an *Danthonia decumbens* anzeigen. Noch unzulänglich beschriebene Assoziation, die vielleicht mit dem *Festuco-Galietum veri* (s.u.) identisch ist.

3. **Festuco-Galietum veri** (Onno 1933) Br.-Bl. & De Leeuw 1936
Schafschwingel-Labkraut-Rasen. Graudünen der Nordsee und Strandwälle der Ostsee. Relativ geschlossene Rasen auf humosen, entkalkten Sanden.

D: *Festuca rubra ssp. arenaria, Galium verum var. maritimum*

Recht weideunempfindliche Gesellschaft. Die Gesellschaft geht bei fortschreitender Entkalkung auf trockenen, gefestigten Dünensanden mit Beweidungseinfluß in der Xeroserie aus dem *Tortulo-Phleetum arenariae* hervor. Bei Konsolidierung entstehen *Empetrum*-Heiden und niedrige, meist stark durch Kaninchen befressene *Rosa pimpinellifolia*-Gesellschaften.

4. **Tuberaria guttata-Gesellschaft**
Die einzigen küstennahen Vorkommen von der atlantisch-mediterranen *Tuberaria guttata* in Deutschland finden sich auf der Insel Norderney (s. HAEUPLER & SCHÖNFELDER 1988, HOBOHM 1991). Häufiger ist *Tuberaria guttata* in den Sandgebieten des nördlichen Mitteldeutschlands (Altmark, Sachsen-Anhalt und südliches Brandenburg). Dort wächst die Art auf trockenen, sonnigen, locker berasten Sandböden v.a. im Vegetationskomplex von *Calluna*-Heiden. Genauere Angaben zur Soziologie von *Tuberaria guttata* fehlen in der Literatur. Man könnte die Bestände von Norderney zum *Violo-Corynephoretum* und diejenigen Mitteldeutschlands zum *Spergulo-Corynephoretum* stellen. *Tuberaria guttata* kommt derzeit beispielsweise auf Norderney im Grenzbereich der Silbergrasfluren zu *Salix arenaria*-Kriechweidengebüschen vor (Abb. 161), wo die filigrane Art einen gewissen Saumcharakter zeigt (Windschutz). GÉHU (1975) gibt für die französische Atlantikküste ein **Tuberario-Corynephoretum maritimi** an, das dem *Violo-Corynephoretum* als thermophile Assoziation vikariierend gegenübersteht. Wahrscheinlich handelt es sich bei den Norderneyer Beständen um die nördlichsten Ausläufer dieser atlantisch-mediterranen Gesellschaft.

2. **Ordnung: Festuco-Sedetalia** R. Tx. 1951
Sandsteppen-Gesellschaften. Von den osteuropäisch verbreiteten Sandsteppen kommen im Wuchsbereich thermophiler Wälder noch extrazonale und reliktartig verbreitete Bestände vor, die im Gebiet ausklingen und weiter östlich ihre optimale Entfaltung zeigen. Die Ordnung *Festuco-Sedetalia* und ihre Aufteilung entspricht dem Gliederungsvorschlag der mitteleuropäischen Sand- und Silikattrockenrasen von KRAUSCH (1962). Die systematische Gliederung des *Armerion elongatae* ist jedoch nicht unumstritten, da hier bereits viele *Festuco-Brometea*-Elemente eindringen können.

1. **Verband: Koelerion glaucae** (Volk 1931) Klika 1935
Blauschillergras-Rasen. Auf relativ kalkreichen Binnendünen im kontinental-subkontinental-sarmatischen Bereich, bei uns nur noch fragmentarisch entwickelt und ausklingend auf

Abb. 161:
Tuberaria guttata-Gesellschaft als Sand-Pioniergesellschaft mit dem mediterran-atlantisch verbreiteten Sandröschen *Tuberaria guttata*, das nur vormittags blüht (Norderney, 1991)

Binnendünen der Unterelbe sowie in Dünengebieten der Oberrheinebene und den Mainzer Sanden vorkommend.

VC: *Koeleria glauca*

Extrazonale, reliktartige Gesellschaften aus der postglazialen Wärmezeit. Die Gesellschaften zeigen eine große syngeographische Variabilität. Zwei geographisch vikariierende Gesellschaften sind im folgenden genannt:

1. **Jurinaeo-Koelerietum glaucae** Volk 1930
Silberschartenflur. Alle Charakterarten gehören dem kontinentalen Geoelement an. Endemische Gebietsassoziation der Mainzer Sande und der nördlichen Oberrheinebene. Isolierte Reliktgesellschaft des frühen Postglazials (Kiefernzeit).

AC: *Alyssum arenarium, Jurinaea cyanoides, Onosma arenarium, Kochia arenaria, Gypsophila fastigiata*

Mit submediterranen Arten (z.B. *Fumana procumbens, Silene conica* und *Allium montanum*) und den oben genannten östlichen Sandsteppenpflanzen gekennzeichnete Gesellschaft. Ihr steht im Osten Deutschlands die folgende gegenüber:

2. **Koelerio glaucae-Festucetum psammophilae** Klika 1931
Lockerer, niedriger Sandtrockenrasen des östlichen, trockenen Klimabereiches auf warmen, trockenen, durchlässigen und humusarmen Sandböden. Zentralassoziation des Verbandes.

D: *Koeleria glauca, Festuca psammophila, Hieracium echioides, Silene chlorantha, Gypsophila fastigiata, Astragalus arenarius*

Das Hauptverbreitungsgebiet der Gesellschaft liegt im Odergebiet. Von dort streicht sie nach Brandenburg, in das südliche Mecklenburg und nach Sachsen aus. Westlichste Vorposten finden sich im Elbegebiet (Wendland und bis südlich von Hamburg). Die Gesellschaft ist in regionale geographische Vikarianten differenziert (z.B. mit *Centaurea rhenana* im märkischen Bereich Brandenburgs und mit *Dianthus arenarius* im Odergebiet). Die Restvorkommen in der Niederlausitz sind durch *Silene chlorantha*, *Gypsophila fastigiata* und *Astragalus arenarius* differenziert, die hier bereits ihre Westgrenze erreichen.

2. Verband: Armerion elongatae Krausch 1961
Grasnelken-Fluren. Weitgehend geschlossene, niedrige Rasen auf verfestigten, etwas humosen Sandböden. Im Osten Deutschlands gut ausgebildet, nach Westen hin zunehmend verarmte Bestände.

VC: *Armeria elongata, Dianthus deltoides, Trifolium striatum, Artemisia campestris*

Die grasnelkenreichen Rasen des Verbandes sind aus vorwiegend mehrjährigen Arten aufgebaut. Natürliche Standorte der Gesellschaften sind Terrassensande und Dünen längs der großen Flüsse. Sekundäre Standorte sind die anthropo-zoogenen offenen Sandflächen, Brachländer und Böschungen.

Im *Armerion elongatae* finden sich auch wärmeliebende submediterrane Elemente wie *Ranunculus bulbosus*, *Medicago lupulina* und *Pimpinella saxifraga*. Diese Vorkommen lassen sich durch geringe Acidität der Böden, ihr vielfach geringes Alter und ihre leichte Erwärmbarkeit nach Austrocknung erklären. Mit seinen im Hochsommer farbenprächtigen Blühaspekten von *Dianthus deltoides* und *Galium verum* sowie den frühsommerlichen Weißtönen von *Cerastium arvense* fällt v.a. das *Diantho-Armerietum* das ganze Jahr über ins Auge und ist deshalb leicht von den anderen Sandtrockenrasen abzugrenzen.

1. Diantho deltoides-Armerietum elongatae Krausch 1959
Grasnelken-Flur. Auf leicht anlehmigen, trockenen Sandböden. Auf festgelegten Binnendünen der Geest. Die Grasnelke (*Armeria elongata*) kommt westlich der Weser nicht mehr vor, optimale Entwicklung auf den Elbe-, Aller- und Weserdünen (Abb. 162).

AC: *Dianthus deltoides, Armeria elongata*

Vorwiegend im Wuchsgebiet von *Quercion robori-petraeae*-Gesellschaften verbreitet. Gliedert sich in westliche und östliche Vikarianten (z.B. *Vicia lathyroides*-Vikariante in

Abb. 162:
Diantho-Armerietum auf den Dünensanden von Elbe und Jeetzel auf der Laascher Insel bei Gartow (Hannov. Wendland, 1986)

Westdeutschland, *Chondrilla juncea*- und *Helichrysum arenarium*-reiche Vikariante in Ostdeutschland).

2. **Armerio-Festucetum trachyphyllae** (Libbert 1933) Knapp 1948 ex Hohenester 1960
Kontinentale Sandtrockenrasen, die in Süddeutschland stärker an basische Standorte gebunden sind.

> AC/D: *Festuca ovina ssp. trachyphylla, Silene otites, Dianthus carthusianorum, Centaurea stoebe*

V.a. in Brandenburg und im südlichen Mecklenburg-Vorpommern auf südlich geneigten Moränenkuppen unter gemäßigt-xerothermen Bedingungen. Auf kalkhaltigen Sanden der östlichen Ostsee streicht das baltische **Diantho arenarii-Festucetum ovinae** R. Tx. 1951 mit der weißblühenden *Dianthus arenarius* und *Festuca ovina ssp. polesia* nach Süden aus. Die Gesellschaften gehören vielleicht auch zum *Koelerion glaucae*-Verband. Das *Armerio-Festucetum* ist auch als **Sileno otites-Festucetum** Libbert 1933 beschrieben worden.

Fragmentgesellschaft des **Diantho-Armerion:**

Agrostis tenuis-Gesellschaft
> Dichte Straußgrasbestände in norddeutschen Sandlandschaften an Feldwegen.

3. **Ordnung: Sedo-Scleranthetalia** Br.-Bl. 1955
Mauerpfeffer-Gesellschaften. Als Felsgrus- und Felsband-Gesellschaften mit ausdauernden und wasserspeichernden sukkulenten Arten ausgestattet. Andere bezeichnende Arten sind Sommerannuelle, die ihren Entwicklungsrhythmus relativ früh im Jahr abschließen. (*Sempervivum*- und *Sedum*- Arten sind OC).

1. **Verband: Alysso-Sedion** Oberd. & Th. Müller ap. Th. Müller 1961
Steinkraut-Fluren. Colline, thermophile süd- und mitteleuropäische Kalkfelsgrus-Fluren, die als Pioniergesellschaften auf trocken-warmen Kalkfelsköpfen wachsen. Die Gesellschaften zeichnen sich durch zahlreiche submediterrane Therophyten und Blattsukkulente aus.

> VC: *Cerastium brachypetalum, C. pumilum, Saxifraga tridactylites, Alyssum alyssoides, Thlaspi perfoliatum, Veronica praecox, Minuartia hybrida*

Die *Sedum*-reichen Pioniergesellschaften wachsen sekundär auch auf Dächern, Mauerkronen und Schotterstandorten, v.a. in Mittel- und Süddeutschland.

1. **Cerastietum pumili** Oberd. & Th. Müller ap. Th. Müller 1961
Zwerghornkraut-Gesellschaft. Auf trockenen, feinsandigen bis steinigen Böden oder Lößauflagen auf Kalk sowie auf initialer Pararendzina im Bereich von Trockenrasen.

> AC: *Cerastium pumilum, C. brachypetalum*

Vom Südbadischen Oberrheingebiet über die Schwäbische und Fränkische Alb und die Mainfränkischen Platten bis nach Holstein (verarmt). Kleinflächige Initialgesellschaft auf voll besonnten, offenen Böden auf Kalkfelsköpfen oder an steinigen Erdanrissen.

2. **Saxifrago tridactylitis-Poetum compressae** (Kreh 1945) Géhu & Lerig 1957
Die Fingersteinbrech-Gesellschaft bildet vergleichsweise buntblumige Trockenrasen.

> AC: *Saxifraga tridactylites, Poa compressa*

Abb. 163:
Alysso alyssoides-Sedetum albi auf Kalksteinfelsen bei Hechingen/ Schwäbische Alb (1984)

V.a. in der Schwäbischen und Fränkischen Alb und im Rhein-Main-Tiefland. Auf humoser Feinerde an Felsen, auf Mauerkronen und auf Dächern.

3. **Alysso alyssoidis-Sedetum albi** Oberd. & Th. Müller 1961
Kelchsteinkraut-Mauerpfeffer-Gesellschaft. Eine typische therophytenreiche Gesellschaft auf flachgründiger, initialer Rendzina über massivem Kalk (Abb. 163).

AC: *Sedum album, Alyssum alyssoides*

Besonders gut auf der Schwäbischen Alb und in der Fränkischen Alb auf voll besonnten Weißjura-Felsköpfen. Zerstreut auch auf den Flußschotter-Heiden Südbayerns.

4. **Sempervivetum soboliferi** Korneck 1975
Die Gesellschaft der Sprossenden Hauswurz ist eine Lokalassoziation.

AC: *Sempervivum soboliferum*

Sie ist auf Dolomit der Fränkischen Alb (Hersbrucker Schweiz) verbreitet.

2. **Verband: Sedo-Scleranthion** Br.-Bl. (1947) 1955
Subalpine und alpine Fetthennen- und Hauswurzgesellschaften. Der Verbreitungsschwerpunkt dieser Gesellschaften liegt in den Süd- und Zentralalpen, wo sie in der subalpinen und alpinen Stufe die Silikatfelsen bewohnen.

VC: *Sempervivum arachnoideum, S. tectorum, Sedum annuum*

Ähnliche, noch nicht gut untersuchte Artenverbindungen mit *Silene rupestris, Sempervivum tectorum* und *Sedum annuum* gibt es vereinzelt auch im Allgäu und im weiteren Alpenraum.

1. Sclerantho bienni-Sempervivetum arachnoidei Br.-Bl. 1949
Hauswurz-Gesellschaft. Pioniergesellschaft auf Felsbuckeln und sekundär auf Mauerkronen in der subalpinen Stufe der Alpen.

AC: *Sempervivum arachnoideum*

Auch auf Sekundärstandorte (Mauern, Dächer) übergreifend (Abb. 164).

2. Sileno rupestris-Sedetum annui Oberd. 1957
Felsenleimkraut-Mauerpfeffer-Gesellschaft. Silikatholde, alpigene Pioniergesellschaft im Hochschwarzwald.

AC: *Silene rupestris, Sedum annuum*

Lokal verbreitet am Gipfel des Belchen. *Silene rupestris* verhält sich als progressives Glazialrelikt.

3. Verband: Sedo albi-Veronicion dillenii (Oberd. 1957) Korneck 1974
Thermophile, colline Silikatfelsgrus-Gesellschaften. Auf kalkarmen, jedoch mineralkräftigen Silikatgesteinsböden trockenwarmer Standorte verbreitete Gesellschaften. Meist auf flachgründigen, feinerdearmen Protorankern bei intensiver Sonneneinstrahlung.

VC: *Veronica dillenii*

1. Allio montani-Veronicetum vernae Oberd. 1957 em. Korneck 1974
Die Berglauch-Frühlings-Ehrenpreis-Gesellschaft ist nur aus dem Kaiserstuhl von den Tephritköpfen bei Achkarren bekannt.

AC: *Allium montanum, Veronica verna*

Sie ist an offenen Bodenstellen auf dem Achkarrer Schloßberg verbreitet.

Abb. 164: *Sempervivum arachnoideum* als Pionierpflanze auf humus- und feinerdearmen Böden an felsigem Primärstandort in den Alpen (Kaisergebirge, 1986)

2. **Gageo saxatilis-Veronicetum dillenii** (Oberd. 1957) Korneck 1974
Die Felsengoldstern-Gesellschaft ist subatlantisch-submediterran verbreitet.

AC: *Gagea saxatilis*

Relativ häufig im Nordpfälzer Bergland, in der Rheinhessischen Schweiz sowie im Nahegebiet auf besonnten Porphyr-Felsköpfen.

4. **Verband: Seslerio-Festucion pallentis** Klika 1931
Bleichschwingel-Felsbandfluren. Schwer zugängliche Felsnasen und Felsbänder in oder an Flußtälern sind die Wuchsplätze dieser natürlichen, primären Dauergesellschaften. Sie haben ihr Entfaltungszentrum im kontinental-pannonischen Raum (südosteuropäisch-präalpin).

VC: *Festuca pallens, Melica ciliata, Erysimum crepidifolium, Alyssum montanum*

Seltene Steppenrasen; durch die bläulich bereiften Blauschwingel leicht kenntlich.

1. **Diantho gratianopolitani-Festucetum pallentis** Gauckler 1938
Pfingstnelkenflur. Auf heißtrockenen Felsbändern der Schwäbischen und Fränkischen Alb, auch lokal auf Silikatfelsen anderer Mittelgebirge.

AC: *Dianthus gratianopolitanus, Minuartia setacea*

Die Pfingstnelkengesellschaften Nordbayerns, Hessens und Südwestfalens sind durch Lokalpopulationen von *Festuca pallens* (z.B. *F. pannonica*) differenziert. *Festuca pallens* kommt beispielsweise noch im sauerländischen Massenkalk bei Attendorn vor. An diesen Felsstandorten (Hönnetal, Marsberger Felsen) sind neuerdings auch pflanzengeographisch bedeutsame Lokalpopulationen wärmeliebender *Hieracium*-Arten (*Hieracium bifidum, H. schmidtii, H. wiesbaurianum* und *H. onosmoides*) von GOTTSCHLICH & RAABE (1991) gefunden worden.

2. **Teucrio botryos-Melicetum ciliatae** Volk 1937
Traubengamander-Wimpernperlgrasflur. Auf Muschelkalk-Felssimsen vom Südharz über Nordbayern bis zur Schwäbischen Alb. Pioniergesellschaft feinerdereicher, trockenwarmer Feinfelsschutthalden.

AC: *Melica ciliata*

Seltene, lockere Trockenrasen auf steilen, besonnten Felsen. Verschiedene Lokalassoziationen dieser vorwiegend mediterranen Assoziation sind vom Kyffhäuser, aus dem Saalegebiet, vom Mittelrhein, dem Mosel- und Ahrgebiet sowie aus Süddeutschland (Donautal, Jagsttal, Taubertal etc.) beschrieben worden.

26. **Klasse: Festuco-Brometea** Br.-Bl. & R. Tx. 1943 – Schwingel-Steppen und Trespen-Rasen

Bei den artenreichen, basiphytischen Magerrasen auf Kalklöß oder basisch verwitternden Silikatgesteinen lassen sich zwei, im typischen Fall klar gesonderte vikariierende Ordnungen verschiedenen Areals erkennen: die subkontinentalen **Festucetalia valesiacae** Br.-Bl. & R. Tx. 1943 und die submediterranen **Brometalia erecti** Br.-Bl. 1936. Die *Festucetalia valesiacae* sind innerhalb Deutschlands an Gebiete mit knapp 500 mm Jahresniederschlag gebunden.

Innerhalb dieser basiphytischen Mager- und Halbtrockenrasen gibt es deutliche großräumige geographische Gradienten: die *Brometalia erecti* dünnen nach Osten und Norden hin aus, die *Festucetalia*-Arten nach Westen und Norden (vgl. u.a. auch KLIKA 1934, HOHENESTER 1967).

Abb. 165:
Stipa capillata-Rasen als „Federgras-Steppe" im Marchfeld bei Oberweiden im österreichischen Burgenland (1983)

KC: *Allium sphaerocephalum, Asperula cynanchica, Carex caryophyllea, Eryngium campestre, Euphorbia cyparissias, Koeleria gracilis, Medicago falcata, Potentilla heptaphylla, Prunella grandiflora, Salvia pratensis, Stachys recta, Trifolium montanum, Rhytidium rugosum* u. a.

1. Ordnung: Festucetalia valesiacae Br.-Bl. & R. Tx. 1943

Kontinentale Steppenrasen. Hitze und Trockenheit ertragende Rasengesellschaften, die an die Steppenformationen Osteuropas anschließen. Sie sind v.a. aus Horstgräsern und anderen Hemikryptophyten aufgebaut und können große Temperaturextreme ertragen (Abb. 165). Ihre Hauptverbreitung erreichen diese Gesellschaften in Brandenburg und im Thüringischen Trockengebiet (z.B. Kyffhäuser, Abb. 166) und dringen in den Stromtälern auch weiter nach Westen und Norden vor. Die Ordnung gliedert sich in die Verbände **Festucion valesiacae** (= **Festuco-Stipion**) und **Cirsio-Brachypodion.**

1. Verband: Festucion valesiacae Klika 1931

Pfriemengras-Gesellschaften. Extreme Trockenheit ertragende Gesellschaften trocken-heißer, kalkhaltiger Standorte. Diese erreichen ihre absolute Westgrenze im Oberrheingebiet. Die Gesellschaften sind v.a. an eine Steppen-Reliktzone gebunden, die, der Mainlinie folgend, von Mainfranken zum nördlichen Oberrhein bis in das innere Rheinhessen und das untere Nahetal zieht. Über das Elbetal bis in das südliche Braunschweigische Hügelland ausstreichend (z.B. Heeseberg b. Helmstedt). Bis hierher dringen noch die kontinentalen Geoelemente *Stipa capillata, Astragalus danicus* und *Adonis vernalis* vor.

VC: *Festuca valesiaca, Stipa capillata, S. ioannis, S. pulcherrima, S. stenophylla, Euphorbia seguierana, Seseli hippomarathum, Oxytropis pilosa, Veronica spicata, Adonis vernalis* u. a.

In den Verband werden neben dem reich gegliederten *Allio-Stipetum capillatae* zahlreiche, nur kleinräumig entwickelte Lokalassoziationen zusammengefaßt, die besonders im mitteldeutschen Trockengebiet verbreitet sind.

1. Allio-Stipetum capillatae (Knapp 1944) Korneck 1974

Knopflauch- Pfriemengras-Gesellschaft. Inselartig zwischen Mainfranken und Nahetal mit verschiedenen Ausbildungen und geographischen Rassen vertretene xerophile Gesellschaft.

AC: *Stipa capillata, Allium sphaerocephalum* u.a.

Besonders reich differenziert auf den Kalksanden von Mainz. Es gibt zahlreiche ostmitteleuropäische Parallelgesellschaften, die durch das Zutreten weiterer *Festucetalia*-Arten lokal unterschieden sind (s. Nr. 3 u. 4).

2. **Genisto pilosae-Stipetum stenophyllae** Korneck 1974
Roßschweif-Federgras-Gesellschaft. Auf wenigen kleinen Flächen im Nahegebiet völlig isolierte Vorkommen. Verwandt mit den kontinentalen Trockenrasen im Thüringer Raum.

AC/D: *Stipa stenophylla, Genista pilosa*

Vom östlichen Hauptverbreitungsgebiet abgetrennte, auf Felsköpfen und Felsklippen aus Melaphyr oder Oberrotliegendem ausgebildete lokale Federgrasfluren (KORNECK 1974). Sie zeigen floristische Verwandtschaft mit den Wiesensteppen des *Cirsio-Brachypodion* (s. MAHN 1965, SCHUBERT 1974).

3. **Festuco valesiacae-Stipetum capillatae** (Libbert 1931) Mahn 1959
Der Wallisschwingel-Federgrasrasen ist ein äußerst seltener Steppenrasen an extrem trockenen und warmen südexponierten Hängen Mitteldeutschlands, bis in das östliche Braunschweigische Hügelland vordringend.

D: *Achillea pannonica, Festuca valesiaca, F. rupicola, Erysimum crepidifolium* u.a.

Abb. 166:
Kontinentale Steppenrasen
im Hochsommeraspekt am
Südabfall des
Kyffhäusers (1991)

Rasengesellschaft, aus Horstgräsern aufgebaut; Frühlingsaspekt durch *Adonis vernalis*, Sommeraspekt durch die fast meterhohe *Stipa capillata*. Natürliche Felssteppengesellschaft; als anthropogene Pflanzengesellschaft aus Trockenwäldern hervorgegangen und durch extensive Nutzung offengehalten. Auf flachgründig verwitterten Karbonat- und Gipsgesteinen, denen eine geringmächtige Lößschicht aufgelagert ist, treten *Teucrium chamaedrys, T. montanum, Hippocrepis comosa* und *Bupleurum falcatum* den Xerothermrasen zu, die auch als **Teucrio-Stipetum** Mahn 1965 für das östliche Harzvorland (v.a. Kyffhäuser) beschrieben sind (MAHN 1965, 1966).

4. **Potentillo-Stipetum capillatae** Libbert 1933
Federgrasrasen im mitteldeutschen Trockengebiet, der sich nach PASSARGE (1964) in eine verarmte westliche (Havelland), eine *Centaurea rhenana*-reiche östliche (Brandenburg) und in eine *Adonis vernalis*-reiche südliche geographische Vikariante aufteilen läßt. Das sogenannte **Trinio-Stipetum** (Knapp 1944) Oberd. 1957 mit *Carex humilis* und *Eryngium campestre* sowie das südliche **Erysimo-Stipetum** Knapp 1944 mit *Poa badensis* und *Alyssum arenarium* zeigen starke floristische Verwandtschaft zu *Xerobromion*-Gesellschaften und vermitteln auch ökologisch dahin.

2. **Verband: Cirsio-Brachypodion** Hadac & Klika 1944
Subkontinentale, mesophile Halbtrockenrasen. Isoliert und vorpostenartig vorkommende Wiesensteppen, die nicht nur der Mainlinie, sondern auch der Donaulinie von Osten her folgen und bis nach Oberbayern hin vorkommen.

VC: *Potentilla arenaria, Scabiosa canescens, Scorzonera hispanica, Festuca sulcata, Astragalus danicus, Pulsatilla grandis*

1. **Scorzonero hispanicae-Brachypodietum pinnati** Gauckler 1957
Fiederzwenkenrasen. Mesophiler Halbtrockenrasen im Mainzer Sand, auf der Garchinger Heide bei München (dort mit dem präalpinen *Brachypodium rupestre*), im Gipskeuper Mainfrankens und in den Tertiärkalk-Landschaften Rheinhessens. Größtenteils aus wärmeliebenden Laubwäldern hervorgegangene Rasengesellschaft über kalkreichen Mergel- und Lehmböden. Mit verschiedenen standörtlichen Untereinheiten und geographischen Rassen.

AC: *Scorzonera hispanica, Oxytropis pilosa, Thesium linophyllum, (Adonis vernalis)*

In einigen Gebieten ziert beispielsweise das goldgelb blühende Frühlings-Adonisröschen die dichtgeschlossenen, krautreichen Steppenrasen (z.B. Heeseberg südlich Braunschweig, Kyffhäuser-Gebiet, Oderterrassen). Sie sind als kontinentale, östliche Vikariante der Gesellschaft anzusehen und werden auch als **Adonido-Brachypodietum pinnati** (Libbert 1933) Krausch 1961 bezeichnet (z.B. Windsheimer Bucht bei Kühlsheim, Nordbayern).

2. **Stipetum stenophyllae** Mahn 1965
Physiognomisch durch die seltene *Stipa stenophylla* geprägte Lokalgesellschaft von den Kreidesandhöhen bei Quedlinburg und vom Südabfall des Kyffhäusers bekannt (MAHN 1965).

D: *Stipa stenophylla*

Auf vergleichsweise tiefgründigen, sandig-lehmigen bis tonigen Lockergesteinen (degradierter Tschernosem) im schwach sauren bis sauren Bereich. Trockenrasen mit mesophilem Charakter und Übergängen zu Halbtrockenrasen und in seiner flächenhaften Ausdehnung an den beiden genannten Trockenstellen durch Waldweide anthropo-zoogen gefördert. Pflanzengeographisch bemerkenswert als westlichster Vorposten der russischen Wiesensteppenelemente.

2. Ordnung: Brometalia erecti Br.-Bl. 1936

Submediterrane Trocken- und Halbtrockenrasen. Die aus vorwiegend submediterranen und submediterran-subatlantischen Geoelementen aufgebauten Gesellschaften gliedern sich in einen Verband mehr mesophiler, grasreicher Halbtrockenrasen des **Mesobromion erecti** Br.-Bl. & Moor 1936 und die mehr xerophytischen, lückigen und zwergstrauchreichen sowie weniger anthropo-zoogen beeinflußten Gesellschaften des **Xerobromion** Br.-Bl. & Moor 1936.

> OC: *Anthyllis vulneraria, Bromus erectus, Carlina vulgaris, Centaurea scabiosa, Helianthemum nummularium, Hippocrepis comosa, Koeleria pyramidata, Medicago falcata, Potentilla verna, Pulsatilla vulgaris, Sanguisorba minor, Scabiosa columbaria*

Der Unterschied zwischen beiden Verbänden liegt im Wasserhaushalt der konstituierenden Gesellschaften. Die *Xerobromion*-Gesellschaften nehmen steile, flachgründige, südexponierte Hänge ein, an denen landwirtschaftliche Nutzung weitestgehend ausgeschlossen ist (s. v. ROCHOW 1951, WITSCHEL 1980, WILMANNS 1989a). Diese Vegetationseinheiten sind in der Regel edaphisch bedingt. Die *Mesobromion*-Gesellschaften vertreten potentielle Waldflächen (vgl. auch ZOLLER 1954, ELLENBERG 1989).

1. Verband: Bromion erecti Br.-Bl. & Moor 1936
(= **Mesobromion** nom. cons.)

Trespen-Halbtrockenrasen. Menschlich bedingte Halbkultur-Formationen, die durch Beweidung oder einschürige Mahd anstelle anspruchsvoller Buchenwald-Gesellschaften entstanden sind. Die floristische Zusammensetzung der Gesellschaften wird erheblich von der Art der Bewirtschaftung beeinflußt.

> VC: *Carex caryophyllea, Cirsium acaule, Gentiana ciliata, G. germanica, Onobrychis viciaefolia, Ononis repens, O. spinosa, Ophrys insectifera, Orchis militaris, Primula veris, Ranunculus bulbosus*

Die Standorte sind flachgründig und kalkreich oder besitzen zumindest durchlässige Böden; die konstituierenden Arten unterliegen zeitweiligem Wassermangel. Durch Düngung werden die Bestände vielfach in ertragreiches Wirtschaftsgrünland (v.a. *Arrhenatherum*-Gesellschaft) überführt. Bei fehlender landwirtschaftlicher Nutzung kommt es zur Verbrachung und flächenhaften „Versaumung" der Halbtrockenrasen.

1. Gentiano-Koelerietum pyramidatae (Knapp 1942) ex Bornkamm 1960

Enzian-Zwenkenrasen. Extensiv beweideter Halbtrockenrasen auf flachgründigen Kalkböden. Ein dichter, sehr artenreicher, bunter Halbtrockenrasen mit mehreren Orchideen und Enzianen (Abb. 167). Vom Frühjahr bis zum Herbst durch farbige Aspektwechsel und eine große Zahl floristisch und ökologisch bedeutsamer Arten ausgezeichnet.

> AC: *Gentiana ciliata, G. germanica, Koeleria pyramidata, Cirsium acaule, Ononis spinosa, Ophrys insectifera*

Die Gesellschaft unterliegt einer floristischen Verarmung von Süddeutschland nach Norddeutschland; nur die steten Begleiter *Linum catharticum, Thymus pulegioides, Plantago media* und *Briza media* sind bis an die Nordgrenze der Gesellschaft im südlichen Schleswig-Holstein konstant vertreten. Das *Gentiano-Koelerietum* zeigt feuchtigkeits- und substratbedingte Subassoziationen (z.B. mit *Parnassia palustris* auf wechselfeuchten Böden

Abb. 167:
Gentiano-Koelerietum als beweideter Halbtrockenrasen auf der Paderborner Hochfläche bei Kallenhardt (1980)

oder mit *Danthonia decumbens* auf oberflächlich versauerten bzw. maskierten Rendzinen). Zudem lassen sich geographische Vikarianten erkennen.

Meist an südlich exponierten Hängen. Aus Wald hervorgegangen, durch Beweidung offengehalten und vielerorts dadurch in Wacholderhaine vom Typ des *Roso-Juniperetum* überführt (Abb. 168). Bewaldet sich bei ausbleibender Beweidung selbständig wieder. Bei Auflassung dominiert zunächst vielfach die Fiederzwenke (*Brachypodium pinnatum*).

2. Onobrychido-Brometum Th. Müller 1968

Esparsetten-Halbtrockenrasen. Einschürig gemähter und ungedüngter Halbtrockenrasen auf flachgründigen Kalkböden der collinen und montanen Stufe.

AC: *Onobrychis viciaefolia, Anacamptis pyramidalis, Anthyllis vulneraria*

Heute nur noch selten und meist fragmentarisch erhalten. Wird unter Einbeziehung von Halbtrockenrasen auf Flußalluvionen (*Mesobrometum alluviale*) oft auch nur als „Mesobrometum" bezeichnet (Abb. 169). Läßt sich in zahlreiche Subassoziationen und geographische Vikarianten gliedern.

3. Gentiano vernae-Brometum Kuhn 1937

Der frühlingsenzianreiche Halbtrockenrasen ist beispielhaft als montan-präalpine Vikariante des *Mesobrometum* hier angeführt. Die Gesellschaft des voralpinen Hügellandes kann nur mit Vorbehalt als selbständige Assoziation betrachtet werden (OBERDORFER 1978).

4. Viscario-Avenetum pratensis Oberd. 1949

Pechnelken-Wiesenhafer-Gesellschaft (Abb. 170). Bodensaurer Halbtrockenrasen auf

Abb. 168:
Roso-Juniperetum auf Kalk im Vegetationskomplex mit dem *Gentiano-Koelerietum* in der Sötenicher Kalkmulde/ Eifel (1987)

lehmig-sandigen, kalkarmen Böden. Anstelle bodensaurer Eichen- oder Eichen-Kiefernwälder.

AC: *Viscaria vulgaris, Avena pratensis*

Verbreitet in den subatlantischen Mittelgebirgen (v.a. in der Eifel, im Hunsrück und im Taunus. Bis in den Oberpfälzer Wald und in das Donau-Isar-Gebiet nach Südosten vordringend. Die Gesellschaft ist nur schwach differenziert. Sie ähnelt einem von MAHN (1965) beschriebenen **Filipendulo vulgaris-Avenetum pratensis** Mahn 1965 und bildet eventuell auch nur eine westliche geographische Vikariante einer weiter zu fassenden Assoziation.

2. Verband: Seslerio-Mesobromion Oberd. 1957

Dealpine, submontan bis montan verbreitete Blaugras-Halbtrockenrasen. Die blaugrasreichen Kalk-Magerwiesen weichen in der Struktur nur wenig von den planaren und collinen Halbtrockenrasen ab. Je weiter die Reliktbestände der alpigenen *Sesleria* nach Norden gehen, umso eigenständiger sind sie. *Buphthalmum salicifolium, Thesium bavarum, Rhinanthus aristatus* und *Phyteuma orbiculare* differenzieren die montanen Magerrasen gut gegen die collinen Halbtrockenrasen.

1. Polygalo amarae-Seslerietum variae Winterhoff 1962

Blaugrashalde. An steilen Kalkfelsen und auf stark geneigten Kalkschotterhängen in oft treppenartigen, aus dem horstbildenden Blaugras aufgebauten Rasen. Vorwiegend südexponierte Bestände (Abb. 171).

AC: *Polygala amara, Sesleria varia*

Abb. 169:
Onobrychido-Brometum-
Vegetationsaspekt im
gemähten Halbtrocken-
rasen des Kaiserstuhls
(Badberg, 1987)

Die Gesellschaft erinnert an alpine Horstseggenrasen. Es ist eine natürliche, sehr stabile Rasen-Reliktgesellschaft an natürlich waldfreien Standorten. Je nach Feinerdegehalt des Untergrundes lassen sich zahlreiche Entwicklungsstufen der Gesellschaft beschreiben (s. SCHÖNFELDER 1978). Von Süddeutschland bis in das Weserbergland (Höxter) und in den Süntel (Hohenstein) nach Norden hin vorkommend. Die Reliktrasen sind meistens durch eine Vielzahl floristischer und pflanzengeographischer Besonderheiten ausgezeichnet, z.B. *Biscutella laevigata* ssp. *westphalica* und *Dianthus caesius* am Hohenstein/Süntel oder *Gypsophila repens, Calamagrostis varia* und *Thymus praecox* im Gipsgebiet des Südharzes.

Gypsophila fastigiata, Scabiosa canescens und *Fumana procumbens* kennzeichnen die südexponierten Gipshänge des Kyffhäusers. Diese Bestände wurden auch als **Fumano-Seslerietum** Schubert 1963 beschrieben; sie vermitteln zu den submediterranen *Xerobromion*-Gesellschaften (SCHUBERT 1974).

2. Carlino acaulis-Caricetum sempervirentis Lutz & Paul 1947
Präalpiner Blaugras-Halbtrockenrasen. Charakterisiert durch die ausgeglichene Kombination von Arten der Halbtrockenrasen und der alpischen Kalkrasen.

D: *Carlina acaule*

In der montanen Stufe der Kalkalpen, Oberbayerns (Buckelwiesen in Berchtesgaden) und in den Jura-Mittelgebirgen auf Rendzina-Böden. Der Halbtrockenrasen enthält mehrere Alpenpflanzen (*Dryas octopetala, Carex firma, C. sempervirens, Polygala chamaebuxus* und *Campanula scheuchzeri*); er vermittelt ökologisch und geographisch zum alpinen *Seslerio-Caricetum sempervirentis* (s. *Elymo-Seslerietea variae*). Das zeigen auch die oftmals gehäuften

Abb. 170:
Viscario-Avenetum pratensis **als bodensaurer Halbtrockenrasen in der Eifel bei Gerolstein (1987)**

Vorkommen von *Hippocrepis comosa, Helianthemum nummularium, Anthyllis vulneraria* und *Prunella grandiflora*.

3. Verband: Koelerio-Phleion phleoidis Korneck 1974

Bodensaure Trockenrasen. Xerophytische Assoziationen mit acido- und neutrophytischen Arten auf kalkarmen, lehmig-kiesigen Stein- und Sandböden; von den *Festucetalia valesiacae* und *Sedo-Scleranthetalia* nur schwer zu unterscheiden.

VC: *Phleum phleoides, Saxifraga granulata* (alle schwach)

Der Verband ist auch floristisch nur unscharf differenziert und mehr negativ als positiv gekennzeichnet (OBERDORFER 1978). Auch die Gesellschaften sind nur schwach differenziert. Beispielhaft sind hier angeführt:

1. Pulsatillo-Phleetum phleoidis Passarge 1959
Küchenschellen-Glanzlieschgras-Rasen. Im östlichen Norddeutschland (Mecklenburg-Vorpommern und Brandenburg) verbreitete Gesellschaft.

D: *Pulsatilla vernalis, Phleum phleoides*

Sie gliedert sich in eine westliche Vikariante mit *Potentilla verna* (Havelland), eine östliche Vikariante mit *Potentilla arenaria* (Uckermark, Brandenburg bis zur Oder) und eine nördliche Vikariante mit *Pulsatilla vernalis* (nördliche Ostsee).

2. Genisto sagittalis-Phleetum phleoidis Br.-Bl. 1938
Rheinischer Glanzlieschgras-Rasen. Im Rhein- und Moseltal auf flachgründigen, sauren

Abb. 171:
Polygalo-Seslerietum am Hohenstein/Süntel (1990). Hier wächst als Besonderheit die endemische *Biscutella laevigata* ssp. *westfalica*

Rankern. Läßt sich in zahlreiche geographische Rassen gliedern.

AC: *Genista sagittalis, Phleum phleoides*

Die Gesellschaft wurde bereits von Issler (1929) als Subassoziation oberflächlich versauerter Volltrockenrasen des *Xerobromion* beschrieben. Die Glanzlieschgras-Schafschwingelrasen mit F*estuca heteropachys* des Rhein- und Moseltales sind von Korneck (1974) diesem einheitlichen Assoziationstyp zugeordnet worden, der von Oberdorfer (1978) auch als **Viscario-Festucetum heteropachyos** (Issl. 1929) Br.-Bl. 1938 ex Oberd. 1957 em. Korneck 1974 corr. Oberd. 1978 bezeichnet wird.

4. Verband: Xerobromion (Br.-Bl. & Moor 1938) Moravec in Holub et al. 1967
Submediterrane Trockenrasen. Natürliche, klimatische oder substratbedingte Volltrockenrasen auf extrem trocken-warmen Standorten. Lückig strukturierte Vegetationseinheiten, mit submediterranen Zwergsträuchern ausgestattet; dazwischen zahlreiche Moose und Flechten. Kontaktgesellschaften sind immer wärmeliebende Eichenwälder oder *Carici-Fagetum*-Buchenwälder, die sich in ein steppenheideartiges Vegetationsmosaik auflösen (Abb. 172).

Die Zentren der Entfaltung liegen in den Trockengebieten Deutschlands, im Oberrheingebiet, Mainzer Sand, bei Regensburg. Weiter im Osten erfolgt eine Vermischung mit den kontinentalen Pfriemengras-Steppen der *Festucetalia valesiacae*.

1. Xerobrometum Br.-Bl. 1915 em. 1931
Rheinisch-Schwäbischer Trespen-Trockenrasen. An stark geneigten, südexponierten

Felsflanken auf Kalk oder vulkanischem Gestein. Im Kaiserstuhl, am Isteiner Klotz etc. Lückenhafte Dauer-Initialgesellschaft (Abb. 173).

AC: *Globularia elongata, Linum tenuifolium, Fumana procumbens, Helianthemum nummularium* u.a.

Wärmezeitliche Reliktassoziation. Häufig Vegetationskomplexe mit *Alysso-Sedion*-Gesellschaften aufbauend bzw. an offenen Stellen von Kryptogamen-Synusien durchsetzt (z.B. Bunte Erdflechtengesellschaft mit *Fulgensia fulgens, Cladonia endiviaefolia, Toninia coeruleo-nigricans* und *Psora decipiens;* s. WITSCHEL 1980, WILMANNS 1989a). Auf den xerothermen Standorten des Hoch- und Oberrheingebietes hat eine schmalblättrige Varietät des Sonnenröschens (*Helianthemum nummularium ssp. obscurum var. fruticans*) sogar ihre einzigen Vorkommen. *Scilla autumnalis* differenziert beispielsweise die elsässischen *Xerobrometum*-Rasen des **Koelerio vallesianae-Brometum** von denen des Kaiserstuhls.

2. **Trinio-Caricetum humilis** Volk in Br.-Bl. & Moor 1938
Mainfränkischer Erdseggen-Trockenrasen. Kennartenreichste *Xerobromion*-Reliktgesellschaft. Im Würzburger Wellenkalkgebiet und an der Fränkischen Saale. Gebietsassoziation mit verwandtschaftlichen Zügen bis nach Thüringen (WITSCHEL 1991).

D: *Carex humilis, Helianthemum canum, H. apenninum, Trinia glauca*

Das **Teucrio-Stipetum** Mahn 1959 ersetzt im Osten das *Trinio-Caricetum humilis*. Hier fallen bereits *Globularia punctata* und *Fumana procumbens* aus. Identisch mit dem *Trinio-Caricetum* ist wahrscheinlich auch das von SCHUBERT (1974) für das Unstrut-Gebiet beschriebene **Helianthemo-Xerobrometum** Schubert 1974.

3. **Pulsatillo-Caricetum humilis** Gauckler 1938 em. Oberd. & Korneck 1976
Erdseggen-Trockenrasen. Dealpin-kontinental getönter Trockenrasen im Regensburger Raum und von Ostbayern bis zur Frankenalb.

D: *Pulsatilla vulgaris, Leontodon incanus*

Abb. 172: Vegetationsmosaik am Badberg/Kaiserstuhl aus Volltrockenrasen des *Xerobromion*, aus Halbtrockenrasen des *Mesobromion* sowie aus aufkommenden Gebüsch- und Waldgesellschaften des *Berberidion* und des *Quercion pubescenti-petraeae* (1988)

Abb. 173:
Xerobrometum an der Rheinhalde bei Burgheim/ Kaiserstuhl, 1988. Im Hintergrund die Burgruine des Lazarus v. Schwendi aus dem 18. Jahrhundert

Hier treten bereits die subkontinentalen Arten der *Festucetalia valesiacae* stärker hervor; daneben erscheinen u.a. mit *Leontodon incanus* und *Buphthalmum salicifolium* bereits dealpine Elemente, die den anderen *Xerobromion*-Gesellschaften fehlen (OBERDORFER 1978). Auf den Dolomitsanden in der Nördlichen und Mittleren Frankenalb mit *Helichrysum arenarium* und von dort als **Helichryso-Festucetum sulcatae** Hohenester 1960 beschrieben. Diese regionale Spezialausbildung läßt sich zwanglos als Subassoziation **Pulsatillo-Caricetum humilis helichrysetosum arenarii** Oberd. 1978 führen.

5. **Verband: Seslerio-Xerobromion** Oberd. 1957
Blaugras-Trockenrasen. Xerophytische Blaugrasrasen auf besonnten Kalkfels-Steilhalden und -klippen. Schwach differenzierter Verband. Von den Blaugras-Kalk-Steinrasen der *Seslerietea variae* (28. Klasse) nur schwer zu trennen und auch dahin vermittelnd.

1. **Teucrio-Seslerietum coeruleae** Volk 1937
Gamander-Blaugrashalde. Im Mainfränkischen Gebiet in der Schwäbischen Alb und in den Jura-Felsenklippen und über Muschelkalk auf steinigen Abwitterungshalden.

   D: *Teucrium montanum, Linum tenuifolium*

Die Gesellschaft steht nach OBERDORFER (1978) dem *Trinio-Caricetum humilis* sehr nahe. Es ist eine treppenbildende Dauergesellschaft in südlicher bis westlicher Exposition auf lockerem Steinschutt.

2. **Bromo-Seslerietum** (Kuhn 1937) Oberd. 1957 nom. inv.
Die Kugelblumen-Blaugrashalde ist eine „Sammelgesellschaft" mit *Globularia punctata* im Schäbischen und Fränkischen Jura (OBERDORFER 1978).

27. Klasse: Violetea calaminariae Br.-Bl. & R. Tx. 1943 – Europäisch-westsibirische Schwermetallrasen, Galmeigesellschaften

Grasreiche Fluren aus Hemikryptophyten, Therophyten und Chamaephyten, die chalkophytische (= schwermetalltolerante) Sippen entwickelt haben; nur auf Schwermetallböden mit hohen Anteilen an Zn, Cu, Pb, Ni, Co, Cd und Cr. Durch Synevolution ein hoher Anteil an endemischen Sippen; Galmeipflanzen (Galmei = $ZnCO3$). Die charakteristische Artenkombination besteht aus resistenten Ökotypen, die sich auch morphologisch meist im Range von Unterarten von den Normalformen unterscheiden (Neoendemismus durch Arealseparation). Nur eine Ordnung **Violetalia calaminariae** Br.-Bl. & R. Tx. 1943.

KC u. OC: *Minuartia verna ssp. hercynica, Silene vulgaris var. humilis*

Die schwermetallhaltigen Gesteine und die seit prähistorischer Zeit bzw. seit dem 13. Jahrhundert gewerblich-industriell geschaffenen Erzbergbaustandorte der Schacht- und Schlackenhalden sind die ursprünglichen und sekundären waldfreien Standorte dieser schwermetallresistenten oder -toleranten Metallophyten.

1. Verband: Thlaspion calaminaris Ernst 1965
Die Alpenhellerkraut-Gesellschaften sind vorwiegend in Westdeutschland verbreitet und durch die Verbandscharakterarten *Thlaspi alpestre ssp. calaminare* und *Viola calaminaria* differenziert.

Abb. 174:
Die blauviolett blühende
Viola westfalica
(Galmei-Veilchen) in der
ehemaligen Bleigrube
von Blankenrode/
Westfalen (1983)

Abb. 175:
Die gelbblühende
*Viola calaminaria ssp.
calaminaria* am ehemaligen Bleibergwerk Breiniger Berg bei Stolberg/Aachen (1986)

1. **Violetum calaminariae** Schwickerath 1931
Zinkveilchen-Flur (Abb. 174). Galmeigesellschaft des westlichen Mitteleuropa auf trockenen Halden und Pingen. Geographische Rassenbildungen

.AC: *Viola calaminaria*

Die Gesellschaft läßt sich in Lokalassoziationen gliedern, wobei das **Violetum calaminariae westfalicum** auf zinkreichen Standorten im östlichen Westfalen verbreitet ist. Als Differentialart kommt die endemische *Viola westfalica* in Frage. Bei Blankenrode im Kreis Paderborn. Das **Violetum calaminariae rhenanum** gedeiht auf zinkreichen Standorten Belgiens, Hollands und bei Aachen. Differentialarten sind hier *Viola calaminaria ssp. calaminaria* (Abb. 175) und *Armeria maritima ssp. calaminaria*. Bei Stolberg und in der Nordeifel.

2. **Minuartio-Thlaspietum alpestris** Koch 1932
Der Alpenhellerkraut-Erzrasen ist bezeichnend für feinerdearme Böden auf Halden und Pingen.

AC: *Thlaspi alpestre*

Es sind artenarme, schüttere, niedrige Rasen, die als Erstbesiedler stabile Dauergesellschaften aufzubauen vermögen. *Silene vulgaris var. humilis* und *Minuartia verna ssp. herzynica* sind regelmäßig beigemischt. Bekannte Vorkommen gibt es im Gebiet des Silberbergs bei Osnabrück (ERNST 1974), im Aachen-Stolberger Erzgebiet, im Harz (s. SCHUBERT 1953) und bei Blankenrode in Westfalen.

2. **Verband: Armerion halleri** Ernst 1965
Die Galmeigrasnelken-Gesellschaften der schwermetallhaltigen Böden im Mansfelder Gebiet (östliches Harzvorland) weisen zwar stärkere verwandtschaftliche Beziehungen zu Rasensteppen der *Festucetalia valesiacae* auf (z.B. häufige Vorkommen von *Scabiosa canescens, S. ochroleuca, Poa badensis, Potentilla arenaria* u.v.a.), sind aber durch die schwermetallresistenten Sippen von *Minuartia verna ssp. herzynica, Silene vulgaris var. humilis* sowie von *Armeria halleri* (= *A. maritima ssp. halleri*) und deren Lokalendemiten deutlich differenziert.

1. **Armerietum halleri** Libbert 1930
Galmeigrasnelken-Gesellschaft. Im nördlichen Harzvorland auf Schwermetallböden

(z.B. Oker- und Innerste-Tal, Rammelsberg b. Goslar); die Grasnelke teilt sich offenbar auch in zahlreiche endemische Varietäten. Auch auf älteren Schwermetallhalden des Siegerlandes, an der Unstrut, an der Elbe etc.

AC: *Armeria halleri*

Die Gesellschaft läßt sich in zahlreiche Lokalassoziationen aufgliedern, die jeweilige Neoendemismen zeigen, z.B. das **Armerietum bottendorfensis** Schubert 1952 (nur auf der Bottendorfer Höhe an der Unstrut unterhalb von Artern) auf schwermetallhaltigem Boden mit *Armeria maritima ssp. bottendorfensis*. Bei Eisleben am südöstlichen Harzrand kennzeichnet der Endemit *Armeria hornburgensis* das lokale **Armerietum hornburgensis** Schubert 1974.

2. **Holco-Cardaminopsietum halleri** Hülbusch 1980
Der Erz-Schaumkressen-Rasen ist ein artenarmer, von Gräsern beherrschter, filziger Rasen auf schwermetallhaltigen Böden.

D: *Cardaminopsis halleri*

Auf frischen bis feuchten, humosen und feinerdereichen Böden, die mit schwermetallhaltigem Abraum durchsetzt sind. Oft in der Umgebung von Halden und Pingen sowie im Umfeld von Bergwerken (Harz, Sauerland, Siegerland), dort vergesellschaftet mit dem *Violetum calaminariae* bzw. mit dem *Armerietum halleri*; auch in der Umgebung schwermetallverarbeitender Industrie (z.B. Unterweser bei Nordenham).

28. Klasse: **Seslerietea variae** Oberd. 1978 – Blaugras-Rasen

Vorwiegend primäre Rasengesellschaften der subalpinen und alpinen Stufe der Alpen auf basenreichen, mild oder neutral reagierenden Humusböden, wie Proto-Rendzinen, Mull-Rendzinen und ähnlichen Karbonatgesteinsböden. Die Gesellschaften setzen sich v.a. aus alpinen oder submediterran-alpinen Florenelementen zusammen. Sie lösen die Trespen-Trockenrasen von der subalpinen Stufe an nach oben hin ab. Nur eine Ordnung: **Seslerietalia variae** Br.-Bl. 1926.

Buntblumige Alpenmatten der subalpinen und alpinen Stufe in den Kalkalpen; auf Schotter- und Lawinenbahnen als natürliche Vegetationseinheiten auch in tieferen Lagen.

KC - OC: *Anthyllis vulneraria ssp. alpestris, Astragalus frigidus, A. penduliflorus, Alchemilla hoppeana, Carex atrata, Centaurea scabiosa ssp. alpestris, Galium anisophyllum, Gentiana nivalis, Globularia cordifolia, Helianthemum nummularium ssp. grandiflorum, Nigritella nigra, Pulsatilla alpina* u.a.

Die Ordnung gliedert sich in zwei Verbände mit den mehr trockenheitsertragenden Gesellschaften des **Seslerion variae**-Verbandes und den an frischere Böden gebundenen Gesellschaften des **Caricion ferrugineae**-Verbandes. Diese entsprechen den *Seslerio-Xerobromion* bzw. *Mesobromion*-Gesellschaften der Tieflandsregionen.

1. Verband: **Seslerion variae** Br.-Bl. 1926
Blaugrasrasen. Trockenheitsertragende Rasengesellschaften in der unteren alpinen Stufe auf trockenen Rendzinen u.ä.

VC: *Biscutella laevigata, Gentiana clusii, Helianthemum alpestre, Pedicularis rostrato-capitata*

Meist primäre Kalkmagerrasen auf initialen Humusböden; auf feinerdearmen Graten und Hängen in den Kalkalpen verbreitet.

Abb. 176: *Caricetum firmae* auf Solifluktionsstreifen in den Kalkalpen/ Steiermark (1980)

1. **Caricetum firmae** Br.-Bl. in Br.-Bl. & Jenny 1926
   Polsterseggenrasen. Auf trockenen, skelettreichen, windexponierten Standorten mit Böden aus massivem Karbonatgestein (Abb. 176), typisch in den nordalpinen Hauptdolomitalpen. Auch in den Bayerischen Alpen.

   AC: *Carex firma, Crepis jaquinii, Saxifraga caesia*

   Läßt sich in zahlreiche Ausbildungsformen aufgliedern, z.B. initiale Stadien mit *Dryas octopetala*; windgefegte Standorte sind durch *Carex mucronata* differenziert.

2. **Seslerio-Caricetum sempervirentis** Beger 1922 em. Br.-Bl. in Br.-Bl. & Jenny 1926
   Blaugras-Horstseggenhalde (Abb. 177). Auf frischeren Standorten als vorige mit mehr Feinerde; auch auf Kalk-Silikatgesteinen (Kalkglimmerschiefer, Bündner Schiefer), mit größerer Höhenamplitude bis in die subalpine Waldstufe hinabsteigend.

   AC: *Leontopodium alpinum, Oxytropis jaquinii*

   Große Variationsbreite der Assoziation mit Unterschieden in den Westalpen und Ostalpen.

2. **Verband: Caricion ferrugineae** Br.-Bl. 1931
Die Rostseggenrasen repräsentieren den frischeren Flügel der Ordnung. Sie besiedeln steile Mergelhänge mit lockeren, tiefgründigen, oft durchsickerten Böden, die eine üppige Phytomassenproduktion ermöglichen. In den Bayerischen Alpen.

1. **Caricetum ferrugineae** Lüdi 1927
   Die Rostseggenhalde bildet Urwiesen der subalpinen Stufe, die wegen ihrer Phytomassenproduktion als Wildheuplanken nutzbar sind. Artenreiche Gesellschaft von großer soziologischer Mannigfaltigkeit.

   AC: *Carex ferruginea, Pedicularis foliosa, Phleum michelii*

   Auf Humuscarbonatböden und auf mullartigen Rankern.

2. **Laserpitio-Calamagrostietum variae** (Kuhn 1937, Moor 1957) Th. Müller 1961
   (incl. **Laserpitio-Seslerietum variae** Moor 1957)
   Buntreitgrashalde. Jurassische Gesellschaft auf steilen Mergelhalden der Schwäbischen

Alb. Vielleicht verarmte präalpine Ausbildung der vorigen Gesellschaft. Wohl thermophytische Reliktgesellschaft am Nordfuß der Südwestalb, wo Kalkschutt des Gebirgstraufes auf unterlagernde Mergel stürzt.

D: *Calamagrostis varia, Anemone narcissiflora, Festuca amethystina, Polygala chamaebuxus*

Die Gesellschaft läßt sich nach TH. MÜLLER (1961) in verschiedene standörtliche Ausbildungsformen differenzieren. *Laserpitium latifolium* und *Sesleria varia* wachsen noch am Kyffhäuser auf südgeneigten Rutschhängen; diese verarmten Bestände entsprechen floristisch dem von MOOR (1957) beschriebenen Typ des **Laserpitio-Seslerietum variae**.

29. Klasse: Carici rupestris-Kobresietea bellardii Ohba 1974 – Nacktriedrasen

Arktisch-alpin verbreitete, holarktische Vegetationseinheiten, in den Alpen nur kleinflächig auf basenreichen Ausgangsgesteinen, in Berchtesgaden auf Kalkgesteinen. Nur eine Ordnung: **Elynetalia myosuroides** Oberd. 1957 (= **Oxitropido-Kobresietalia** Ohba 1974) und ein Verband: **Elynion myosuroides** Gams 1936 (= **Oxytropido-Elynion** Br.-Bl. 1948).

Es handelt sich um eine monotypische alpine Rasenvegetation, die immer auf dünnen Rohhumusdecken, niemals auf reinen Schutt- oder Felsstandorten siedelt.

KC: *Carex rupestris, Dryas octopetala, Elyna myosuroides, Lloydia serotina, Minuartia verna, Silene acaulis*

Abb. 177:
Seslerio-Caricetum sempervirentis als buntblumige, artenreiche Blaugrashalde in der oberen alpinen Stufe der Ötztaler Alpen (1986)

Abb. 178:
Elynetum myosuroides an einem Felsgratstandort im Samnaun (1983)

1. **Elynetum myosuroides** (Brockmann-Jerosch 1907) Br.-Bl. 1913
(= **Kobresietum bellardii**)
Alpine Nacktriedgesellschaft. Wind- und kälteharte Rasengesellschaft schneearmer Grate und Windecken in der oberen alpinen Stufe (Abb. 178); auf Kalkgesteinen oder kalkreichen Silikatgesteinen mit hohem Gehalt an mineralischer Feinerde.

> AC: *Chamorchis alpina, Cerastium alpinum, Antennaria carpatica, Erigeron uniflorus, Saussurea alpina*

In Kalkschiefergebieten der Alpen bildet das Elynetum zwischen 2200 und 2800 m an windgepeitschten Graten die Schlußgesellschaft.

Elyna myosuroides, eine völlig wind- und kälteharte asiatisch-altaische Bergsteppenpflanze ist den Extremstandorten optimal angepaßt. Sie ist fast ohne Schneeschutz ganzjährig dem trockenen Wind ausgesetzt. Nach REISIGL & KELLER (1987) sind Sommertemperaturen von 40 – 50° C im Bestand und winterliche Tiefsttemperaturen von bis zu minus 30° C keine Seltenheiten dieser Extremstandorte. Dazu kommen Frostwechsel bei Strahlungswetter.

30. Klasse: Caricetea curvulae Br.-Bl. 1948 – Alpine Krummseggenrasen

Als Schlußgesellschaft auf Silikatgestein in der hochalpinen und nivalen Stufe der Zentralalpen (oberhalb 2500 m) optimal ausgebildet (Abb. 179). In den deutschen Alpen sind sie nur ausklingend entwickelt. Arktisch-alpine Urwiesen oder Primärrasen. Anthropo-zoogen in die subalpine Stufe hinabgedrängt (Almweide).

Abb. 179:
Caricetum curvulae-Krummseggenrasen, die sich fleckenartig im Grenzbereich der alpinen Mattenstufe hin zur alpinen Schuttstufe auflösen (Fimbertal, im Talgrund Heidelberger Hütte 2260 m, 1981)

1. Ordnung: Caricetalia curvulae Br.-Bl. 1926

Krummseggenrasen. Bestandsbildend sind persistente Sauergräser (*Carex curvula*) und Gräser (*Nardus stricta, Festuca*-Arten). Auf die Alpen beschränkter, zwischen nemoraler Laubwaldzone und mediterraner Zone eingeschobener eigenständiger, intrazonaler Gebirgs-Vegetationstyp mit zahlreichen Geoelementen aus den boreo-nemoralen Nachbarregionen (v.a. *Nardus stricta*) oder dem Mediterrangebiet (z.B. *Senecio incanus*).

> KC - OC: *Agrostis rupestris, Androsace obtusifolia, Avena versicolor, Carex curvula, Festuca halleri, Gentiana acaulis, Hieracium hoppeanum, Hypochoeris uniflora, Juncus jaquinii, Luzula lutea, Phyteuma hemisphaericum, Potentilla aurea, Pulsatilla apiifolia, Senecio carniolicus, Sesleria disticha, Tanacetum alpinum, Veronica bellidioides*

Soziologisch gesehen sind die Gesellschaften sehr artenarm und meist nur monodominant durch *Carex curvula* oder deren Mischbestände mit *Avena vesicolor* bzw. *Nardus stricta* bestimmt.

1. Verband: Caricion curvulae Br.-Bl. 1925

Alpine Krummseggen-Gesellschaften auf sauren alpinen Braunerden, Rankern, Pseudogleyen und Podsolen. In Deutschland nur in den höchsten Lagen der Allgäuer Fleckenmergelberge auf ebenen, sauerhumosen, kalkarmen Böden.

1. Caricetum curvulae Brockmann-Jerosch 1907

Krummseggen-Rasen. Bei uns nicht typisch entwickelt; verarmte Bestände nur im Allgäu mit *Sesleria disticha*. In den Zentralalpen gibt es enge Verzahnungen in der Höhenstufung und Höhenzonierung mit den Borstgrasrasen vom Typ des **Curvulo-Nardetum** und **Aveno-Nardetum**.

AC: *Carex curvula*

Die Krummsegge beherrscht die sommers schon bräunlich verfärbten Rasen. Vielfach sind die Bestände sehr strauchflechtenreich (*Cetraria islandica, C. nivalis, Cladonia rangiferina, C. aculeata, C. impexa, C. pyxidata, Thamnolia vermicularis* und *Alectoria ochroleuca*). Das *Caricetum curvulae* hat seinen Verbreitungsschwerpunkt in Österreich im zentralen Hauptkamm der Alpen und ist von dort auch in syntaxonomischer und ökologischer Sicht mehrfach beschrieben worden (s. REISIGL & PIETSCHMANN 1958, ALBRECHT 1969, GRABHERR et al. 1978, KÖRNER 1982, THEURILLAT 1989). Im Westen der Alpen ist besonders von Kalkschiefer-Standorten eine offenbar kalkbevorzugende Unterart von *Carex curvula* als Subspezies *C. curvula* ssp. *rosae* beschrieben worden (GILOMEN 1983). Über die Soziologie und die Ökologie dieser Art ist aber noch wenig bekannt.

2. Verband: Juncion trifidi Krajina 1933

Parallelverband zum Caricion *curvulae* in den arktischen Regionen Skandinaviens; bildet auch in den Westkarpaten die zonale Rasenvegetation der alpinen Stufe. Die Bestände von *Juncus trifidus* im Riesengebirge und im Böhmerwald (HUECK 1939) vermitteln zwischen den alpinen Grasheiden der Alpen und den arktischen bzw. karpatischen Beständen.

1. Juncus trifidus-Gesellschaft

Von OBERDORFER (1978) für den Arbergipfel (Bayerischer Wald) beschriebene Gesellschaft, die als Dauergesellschaft von Felsgesimsen der hochmontan-subalpinen Stufe anzusprechen ist.

D: *Juncus trifidus*

Die zirkumpolare, arktisch-alpin disjunkte *Juncus trifidus* besiedelt neutrale bis mäßig saure Lehm- und Tonböden. Die Art ist extrem wind- und frosthart.

Junctus trifidus-Rasen sind auch in den Alpen bekannt, v.a. in den Ostalpen (dort zusammen mit *Campanula alpina* und *Primula minima*); zumeist azonale Rasen mit Pioniercharakter auf sauren, kryoturbaten Böden (= Frostwechselböden); dort als **Juncetum trifidi** Szafer et al. 1923 em. Krajina 1933 bezeichnet.

VIII. Nitrophytische, ruderale Staudenfluren, halbruderale Halbtrockenrasen, Saum- und Verlichtungsgesellschaften, Uferstaudenfluren und anthropogene Gehölzgesellschaften

Hier werden pionierhafte Queckengesellschaften wechseltrockener Böschungen und Ruderalstandorte, ausdauernde Beifußgesellschaften, nitrophile Säume und hochstaudenreiche, gewässerbegleitende Saumgesellschaften zusammengefaßt. Auch die mesothermophilen Säume, die gehölzreichen Schlagfluren, die subalpinen Hochstaudengesellschaften und Grünerlengebüsche werden hier subsumiert. Einen Sonderfall stellen außerdem anthropogene Gebüschgesellschaften mit *Robinia pseudacacia, Buddleja davidii* und *Acer negundo* dar, die vielfach zur eigenen Klasse **Robinietea** gestellt werden, nach der Artenzusammensetzung aber durchaus den nitrophilen Gesellschaften der **Galio-Urticetea** zugeordnet werden können. Die Klasse **Galio-Urticetea** Passarge ex Kopecky 1969 ist aufgrund der floristischen und ökologischen Eigenständigkeit von den Ruderalgesellschaften der **Artemisietea vulgaris** Lohmeyer, Prsg. & R. Tx. in R. Tx. 1950 abgespalten worden (PASSARGE 1967, KOPECKY 1969). Diese Gliederung kann bei standörtlichen Extremen gut nachvollzogen werden, es gibt aber zahllose Übergänge beider Vegetationsklassen.

31. Klasse: Artemisietea vulgaris Lohmeyer, Prsg. & R. Tx. in R. Tx. 1950 – Ruderale Säume, halbruderale Halbtrockenrasen und Uferstauden-Gesellschaften

Aus ein- bis zweijährigen Arten aufgebaute Staudengesellschaften der Schuttplätze sowie Uferstaudenfluren und nitrophytische Waldsäume. Oft sind es mannshohe, üppige Bestände.

KC: *Artemisia vulgaris, Rumex obtusifolius, Urtica dioica, Carduus crispus, Conium maculatum, Melilotus altissimus, Cirsium vulgare, Tanacetum vulgare, Melandrium album* u.a.

Die Ruderalgesellschaften sind nutzbar zur pflanzensoziologischen Kartierung und Differenzierung von ruralen (ländlichen) und urbanen (städtischen) Siedlungstypen und ihren entsprechenden Ökosystemen (s. DIERSSEN 1980, WITTIG 1991).

1. Ordnung: Onopordetalia acanthii Br.-Bl. & R. Tx. 1943 ex Görs 1966
Eselsdistel-Fluren. Mehrjährige, trockenheitsertragende und wärmeliebende Ruderalfluren auf Schutt- und Trümmerplätzen, an Bahndämmen, Wegrändern und ähnlichen zivilisationsbedingten Stellen. Sie bilden den trockensten Flügel der Klasse und nähern sich floristisch den einjährigen Ruderalfluren.

OC: *Onopordon acanthium, Cynoglossum officinale, Reseda lutea, R. luteola, Oenothera biennis, Hyoscyamus niger, Echium vulgare, Berteroa incana, Marrubium vulgare, Verbascum thapsiforme, Artemisia absinthium, Malva moschata, Pastinaca sativa*

Durch eine Reihe archäophytischer Ruderalpflanzen (u.a. *Hyoscyamus niger, Reseda luteola, Pastinaca sativa*) besonders gut charakterisierte Vegetationseinheit.

1. Verband: Onopordion acanthii Br.-Bl. et al. 1936
Thermophile Distel-Gesellschaften, die in Deutschland ihre Hauptverbreitung in Wärme- und Trockengebieten sowie in Kalkgebieten haben.

1. Onopordetum acanthii Br.-Bl. ex Br.-Bl. et al. 1936
Eselsdistel-Gesellschaft. Schuttgesellschaft ausgesprochen sommerwarmer und trockener Gebiete mit stark mediterranem Einschlag.

AC: *Onopordon acanthium, Verbascum thapsiforme*

In Süddeutschland, in Mitteldeutschland sowie im Südosten Nordwestdeutschlands noch häufig. Im Norden nur innerhalb der Lößgebiete, dort in südlich exponierten Lagen (Abb. 180).

2. Cirsietum eriophori Oberd. 1957
Wolldistel-Flur. Ruderalgesellschaft der planaren bis hochmontanen Stufe v.a. in den Kalkgebieten Süddeutschlands. Ersetzt v.a. die 1. Assoziation in der Höhe (Abb. 181).

AC: *Cirsium eriophorum*

Optimal in Südeuropa entwickelt, in Deutschland nach Norden ausstreichend. Dort sind *Cirsium eriophorum*-Bestände vielfach nur noch äußerst fragmentarisch entwickelt und nicht mehr dem *Onopordion*-Verband zuzuordnen.

3. Stachyo-Carduetum acanthoides Weinert in Gutte 1966
Die Wegdistel-Ziest-Gesellschaft ist eine sehr seltene thermophile Ruderalgesellschaft an südexponierten Straßen- und Wegeböschungen.

AC: *Stachys germanica, Carduus acanthoides*

Abb. 180:
Onoporden acanthium an der Rheinhalde bei Burgheim/ Kaiserstuhl (1981)

Sie ist optimal verbreitet im mitteldeutschen Trockengebiet und tritt noch im Norden im Braunschweigischen Hügelland auf. Dort in ruderalisierten Beständen des *Adonido-Brachypodietum pinnatae* BRANDES & GRIESE 1991). Fragliche Assoziation.

4. Cynoglossum officinale-Gesellschaft

Die Hundszungen-Gesellschaft ist eine vorwiegend submediterran getönte Ruderalgesellschaft in sonnigen Unkrautfluren, an Schuttplätzen, an Wegrändern und Tierbauten auf bindigen Sandböden (z.B. nördlichste Vorkommen noch auf Norderney).

Von der Ebene bis in das Bergland (bis 1500 m NN) auf trockenen, basen- und nährstoffreichen Standorten verbreitet. *Marrubium vulgare* und *Hyoscyamus niger* sind den Beständen auf Norderney beigemengt.

2. Verband: Dauco-Melilotion Görs ex Oberd. et al. 1967

Es handelt sich nur um einen schwach differenzierten Verband, dessen Kennarten mit den Ordnungskennarten weitestgehend zusammenfallen. In Frage kommen eventuell als VC:

Tanacetum vulgare, Daucus carota, Melilotus officinalis, M. albus und *Picris hieracioides*

Im Vergleich zu den Onopordion-Gesellschaften sind es junge, oft neophytenreiche Pflanzengesellschaften auf offenen und nur mäßig stickstoffhaltigen Böden.

1. Tanaceto-Artemisietum vulgaris Br.-Bl. 1931 corr. 1949

Rainfarn-Beifuß-Gesellschaft. Häufige wegbegleitende Hochstauden-Gesellschaft mit

Schwerpunkt im Buchen-Eichenwaldgebiet der Geest.

AC: *Tanacetum vulgare, Artemisia vulgaris, Oenothera biennis*

Auch auf älteren Schuttplätzen mit sandig-lehmigen Böden. Häufige Tieflandsgesellschaft Norddeutschlands (Abb. 182).

Abb. 181:
Cirsietum eriophori als hochstaudenreiche Unkrautflur in sommerwarmen Lagen auf ehemaligen Holzlagerplätzen am Talgrund der Trisanna bei Galtür/Tirol (1991)

Abb. 182:
Tanaceto-Artemisietum als staudenreiche Unkrautflur an Wegen, auf Schuttplätzen auf frischen, nährstoffreichen Sand-Lehmböden. In Norddeutschland an das Wuchsgebiet des potentiellen *Fago-Quercetum* gebunden

2. Echio-Melilotetum R. Tx. 1947

Die Natterkopf-Gesellschaft ist eine häufige, blumenreiche Pionierassoziation auf trockenen Kies- und Schotterböden, Schlackenhalden, Steinbrüchen etc.

AC: *Echium vulgare, Melilotus albus, Melilotus officinalis*

Es ist eine wärmebedürftige, basiphile und schwach nitrophile, oftmals bezeichnende Bahndamm- und Bahnhofsgelände-Gesellschaft. Natürliche Standorte sind wohl die Schotterböden der Flußauen.

3. Resedo-Carduetum nutantis Sissingh 1950

Die Reseden-Nickdistel-Flur wächst auf basenreichen, etwas lehmigen Sandböden in Südexposition. In der planar-collinen Stufe im Bereich von Halbtrockenrasen.

AC: *Carduus nutans*

Diese lückige Distelgesellschaft trockener Standorte ist anspruchsloser als das Tanaceto-Artemisietum; sie ist weiter nach Norden vordringend.

4. Berteroetum incanae Sissingh & Tideman in Sissingh 1950

Graukressen-Gesellschaft. Wärmeliebende Gesellschaft auf trockenem Sand und Kies. Gelegentlich im Kontakt zu ruderalen Sandtrockenrasen (Abb. 183).

AC: *Berteroa incana*

Verbreitet in Süddeutschland (z.B. Münchener Schotterebene, Mainfränkische Platten,

Abb. 183:
Berteroetum incanae als Sandboden-Pionier-Unkrautgesellschaft an sonnigen Standorten, auf Kies- und Sandböden; v.a. in Wärme- und Trockengebieten (Brandenburg, 1991)

Oberrheintal), im Norden rückläufig. Häufige, niedrige und lückige Ruderalgesellschaft an Straßenrändern, in Städten sowie fast immer auf Bahnhofs- und Hafengeländen.

2. Ordnung: Agropyretalia repentis Oberd., Th. Müller & Görs in Oberd. et al. 1967

Halbruderale Halbtrockenrasen. Pionier-Rasen-Gesellschaften und Quecken-Ödland an wechseltrockenen Böschungen, aufgelassenen Äckern und deren Randstreifen auf basenreichen, meist lehmigen Standorten. In der floristischen Zusammensetzung treten je nach Entwicklungsstadium Beziehungen zu den Gesellschaften der Ackerwildkräuter, der Wirtschaftswiesen sowie der nitrophytischen Staudenfluren und zu Halbtrockenrasen auf (vgl. BRANDES 1986b).

OC: *Agropyron repens, A. intermedium, Anthemis tinctoria, Bromus inermis, Cerastium arvense, Convolvulus arvensis, Poa pratensis, Tussilago farfara*

Die aufbauenden Arten sind Lückenbüßer und Opportunisten, welche Störstandorte schnell besiedeln und sich über regenerationskräftige Rhizome und hohe Samenproduktion lange am Standort behaupten können. Syntaxonomisch ist die Ordnung noch recht umstritten; sie läßt sich eventuell auch mit einer eigenen Klasse umschreiben.

1. Verband: Convolvulo-Agropyrion repentis Görs 1966

Halbruderale Halbtrockenrasen. Hemerophile und in Ausbreitung begriffene Bestände. Zumeist hochwüchsige und konkurrenzkräftige Arten an anthropogenen und natürlichen Halbtrockenrasen-Standorten (Heilgesellschaften auf trockenen Lößanrissen).

Abb. 184:
Convolvulo-Agropyretum als ruderale bzw. halbruderale Rasen-Pioniergesellschaft in sommerwarmen Trockengebieten (Erfurt, 1991)

1. **Convolvulo-Agropyretum repentis** Felföldy 1943
Die Ackerwinden-Quecken-Gesellschaft ist auf nährstoffreichen Böden als Zentralassoziation ausgebildet.

AC: *Agropyron repens, Convolvulus arvensis*
Schwer erfaßbare Initialgesellschaft; fast überall verbreitet (Abb. 184).

2. **Poo-Tussilaginetum farfarae** R. Tx. 1931
Huflattich-Flur. Auf lehmigen, wechselfeuchten Böden an frischen Böschungen (v.a. in Ton- und Mergelgruben und in Kalksteinbrüchen).

AC: *Tussilago farfara*

An den Abbruchkanten des Ostsee-Steilufers auch natürlich (Abb. 185).

3. **Diplotaxi tenuifoliae-Agropyretum repentis** Th. Müller & Görs 1969
Die Stinkrauken-Queckengesellschaft ist als halbruderale Gesellschaft aus Rhizom-Hemikryptophyten mit Möglichkeiten zur vegetativen Vermehrung aufgebaut. In den oberrheinischen Lößlandschaften, besonders im Kaiserstuhl an Löß- und Rebböschungen (Abb. 186), v.a. an Böschungsrutschungen und an solchen Böschungen, die bei Rebumlegungen in den fünfziger Jahren entstanden sind (FISCHER 1982).

AC: *Diplotaxis tenuifolia*

Abb. 185:
Poo-Tussilaginetum farfarae am Primärstandort. Das sind v.a. Mergelrutschen oder wie hier Böschungsrutschungen mit bindigen Lehm- und Tonböden (Steilküste der Ostsee am Dänischen Wohld bei Kiel, 1988)

Abb. 186:
Diplotaxi-Agropyretum als wärmeliebende Rohboden-Pioniergesellschaft auf Lößböschungen im Kaiserstuhl b. Achkarren (1985)

Bis in das Maintal und das Mainfränkische Becken ostwärts vordringend und dort ihre Ostgrenze erreichende submediterrane Gesellschaft.

4. **Cardario drabae-Agropyretum repentis** Th. Müller & Görs 1969
   Pfeilkressen - Queckengesellschaft. Optimal verbreitet in sommerwarm - trockenen, wintermilden Weinbaugebieten auf steinigen Böden (Abb. 187).

   AC: *Cardaria draba*

   An Rebböschungen, Bahndämmen etc. durch die neophytische Pfeilkresse sofort kenntlich. Ebenfalls weit nach Norddeutschland vordringend (sogar auf den Ostfriesischen Inseln stellenweise noch vorkommend).

5. **Falcario vulgaris-Agropyretum repentis** Th. Müller & Görs 1969
   Sichelmöhren-Queckengesellschaft. In kontinental getönten Lößlandschaften; ersetzt die vorher genannten Gesellschaften im Osten.

   AC: *Falcaria vulgaris, Bunias orientalis*

   V.a. in sommerwarm-trockenen wintermilden Gebieten Nordbayerns (Mainfranken, Fränkische Alb) verbreitet.

Abb. 187:
Cardario drabae-Agropyretum auf nährstoff- und basenreichen Rohböden in sommerwarmen Lagen; hier am Rande eines Weinbergs im Kaiserstuhl (1984)

Abb. 188:
Saponario-Petasitetum spuriae mit herdenartigen Beständen der Filzigen Pestwurz auf sommertrockenen Sand- und Kiesböden. Stromtalgesellschaft am Elbufer bei Damnatz/Wendland (1980)

6. **Saponario-Petasitetum spuriae** Passarge 1964
Gesellschaft der Filzigen Pestwurz. Auf sommerwarmen, trocken-kiesigen Standorten (Abb. 188).

AC: *Petasites spurius, Saponaria officinalis*

Natürliche Ufergesellschaft ostmitteleuropäischer Flüsse; an der Ostseeküste und am Elbeufer im Wendland ihre Westgrenze erreichend.

7. **Poo compressae-Anthemidetum tinctoriae** Th. Müller & Görs 1969
Gesellschaft der Färberkamille. Ephemer an trockenen Böschungen auf Mauerkronen und Dämmen; oft nur kleinflächig entwickelt.

AC: *Anthemis tintoria*

Wärmeliebende Gesellschaft in klimatisch begünstigten Regionen; primäre Vorkommen existieren vielleicht auf Felsbändern.

8. Asparago-Chondrilletum junceae Passarge 1978
Die Knorpellattichgesellschaft ist kontinental verbreitet (südl. Mecklenburg, Brandenburg, Sachsen, Thüringen) und streicht elbeaufwärts bis in das Wendland bei Dannenberg.

AC: *Chondrilla juncea*

Auf trockenen, südexponierten Sandbrachen mit stellenweise hohen Vorkommen von *Asparagus officinalis*. Die Gesellschaft vikariiert zum *Diplotaxi-Agropyretum*. Sie erreicht ihre südwestliche Grenze in Mainfranken und reicht bis zur Mittleren Frankenalb bzw. zum Vorderen Bayerischen Wald (WALENTOWSKI et al. 1991).

2. Verband: Artemisio absinthii-Agropyrion intermedii Th. Müller & Görs 1966
Im Gegensatz zum vorwiegend durch mesophile Arten gekennzeichneten *Convolvulo-Agropyrion repentis*-Verband sind im xerophilen Artemisio-Agropyrion-Verband der kontinentalen Regionen die mehr trockenheitsangepaßten Arten vertreten. *Agropyron repens* ist hier beispielsweise durch die nah verwandte *A. intermedium* ersetzt.

1. Potentillo argenteae-Artemisietum absinthii Falinski 1965
Wermut-Gesellschaft. Sie bildet charakteristische Vegetationsbilder in mitteldeutschen und ostdeutschen Dörfern.

AC: *Artemisia absinthium* (schwach), *Potentilla argentea* (D)

Vom Wendland und der Altmark bis nach Sachsen und Thüringen verbreitet. Es ist eine niedrigwüchsige Ruderalgesellschaft trockener, sandiger Böden in sommerwarmen Gebieten.

2. Dauco-Picrietum hieracioides (Faber 1933) Görs 1966
Die Möhren-Bitterkraut-Gesellschaft ist eine Pionierassoziation auf feinerdereichen, mergeligen Böden in warmen Lagen, besonders im Umfeld aufgelassener Weinberge. Es handelt sich um eine mehrjährige Ruderalgesellschaft, die sich zu ruderalen Wiesen weiterentwickeln kann.

AC: *Picris hieracioides, (Daucus carota)*

Synanthrope Gesellschaft, in ganz Süd- und Mitteldeutschland verbreitet (v.a. Mainfranken, Oberrheingebiet, Pfalz). Nur schwach in diesem Verband verankert (evt. zum *Dauco-Melilotion*-Verband zu stellen).

3. Artemisia verlotiorum-Gesellschaft
Die Gesellschaft des neophytischen, aus Ostasien stammenden Beifußes ist eine wärmebedürftige, derzeit in Ausbreitung befindliche Ruderalgesellschaft in extremeren Lagen (Schuttplätze, Auenwaldlücken, Ufer- und Ruderalstandorte). V.a. in Süddeutschland von den Ufern des Bodensees beschrieben (LANG 1967). Vielleicht auch zum *Convolvulion*-Verband gehörend.

3. Ordnung: Artemisietalia vulgaris Lohmeyer in R. Tx. 1947
Klettengesellschaften und Lägerfluren. Gesellschaften anthropo-zoogener Ruderalstandorte mit nitrophytischen Hapaxanthen und ausdauernden Stauden auf weniger trocken-warmen Standorten.

OC: *Arctium lappa, A. minus, A. tomentosum, Ballota nigra, Chenopodium bonus-henricus, Lamium album, Leonurus cardiaca*

Abb. 189:
Arctio-Artemisietum an der unteren Ems im Rheiderland bei Jemgum (1990)

1. Verband: Arction lappae R. Tx. 1937 em. Gutte 1972
Klettenfluren. Ruderalfluren mit Verbreitungsschwerpunkt in Siedlungsbereichen; heute durch „Sanierungsmaßnahmen" stark im Rückgang begriffen, wie die Ruderalfluren insgesamt.

1. **Arctio-Artemisietum vulgaris** Oberd. ex Seybold & Th. Müller 1972
   Klettengesellschaft. Eine einjährige, deutlich nitrophytische Assoziation mit optimalem Anteil der Kletten (Abb. 189).

   AC: *Arctium lappa, A. minus*

   Auf mäßig frischen Standorten; auf Deponien, an Bahndämmen, weg- und straßenbegleitend sowie an Flüssen und Kanälen. V.a. im Außenbereich von Siedlungen. Ausdauernde Ruderalgesellschaft, die meist vorangegangene *Sisymbrion*-Gesellschaften ablöst und sich zur *Sambucus nigra*-Gesellschaft weiterentwickeln kann.

2. **Balloto-Chenopodietum boni-henrici** Th. Müller in Seybold & Th. Müller 1972
   Gesellschaft des Guten Heinrich. Nitrophile Dorfgesellschaft mit Schwerpunkt im Bergland bis ca. 1500 m über NN.

   AC: *Chenopodium bonus-henricus*

   Heute fast nur noch Rudimente durch Herbizideinsatz etc.. Stark dezimierte Gesellschaft (Abb. 190). Die Assoziation läßt sich regional differenzieren, v.a. nach Höhenformen. So gibt es eine planar-colline bis montan verbreitete typische Gesellschaft der Mittelgebirge und eine *Phleum alpinum*- bzw. *Poa supina*-reiche montane bis subalpine Form des schwäbisch-bayerischen Alpenvorlandes und der nördlichen Kalkalpen. Ungestörte Sukzession führt zu *Sambucus nigra*-Gebüschen.

3. **Lamio albi-Conietum maculati** Oberd. 1957
   Schierling-Saum. V.a. in östlichen Gebieten, im Hügelland auf Ruderalstandorten mit stark gedüngten Böden.

   AC: *Conium maculatum*

   Submediterrane bis subkontinentale Dauergesellschaft an Fluß- und Bachufern, an Grabenrändern und auf Müllplätzen. Im Nordwesten Deutschlands nur noch fragmentarisch ausgebildete Gesellschaft (z.B. auf einigen Ostfriesischen Inseln wie Borkum und Norderney).

4. **Leonuro cardiacae-Ballotetum nigrae** R. Tx. & v. Rochow 1942 em. Passarge 1955
Löwenschwanz-Schwarznesselflur. Ostsubmediterran-gemäßigt kontinentale Gesellschaft, im Osten Deutschlands optimal entwickelt; dort in Dorfkernen und Stadtrandbereichen.

AC: *Leonurus cardiaca, Ballota nigra agg., Nepeta cataria*

In Ostdeutschland noch stärker verbreitet; im Elbtal des hannoverschen Wendlandes noch geschlossen nach Westen ausstreichend. Inselartige Vorkommen in Trockengebieten Westfalens, Hessens und in Südwestdeutschland (dort verarmt).

5. **Lamio albi-Ballotetum nigrae** Lohmeyer 1970
Die Schwarznessel-Flur ist eine nitrophile und thermophile, weit verbreitete Ruderalgesellschaft der Dörfer und Stadtränder. Im Frühsommer durch *Lamium album* und *Anthriscus sylvestris*-Blühaspekte geprägt, während *Ballota nigra* den Spätsommeraspekt bestimmt.

AC: *Ballota nigra ssp. nigra*

V. a. in Tieflagen verbreitet, schon ab 500 m Meereshöhe floristisch stark verarmend; von Nordostdeutschland, am Nordrand der Mittelgebirge entlang nach Südwesten streichend und westlich der Linie Rhön-Main-Neckar-Oberes Donautal, Hegau-Westlicher Bodensee verbreitete Assoziation.

Abb. 190:
Junges *Balloto-Chenopodietum bonihenrici* am Belchen-Haus im Schwarzwald (1985)

Abb. 191:
Rumicetum alpini im
Allgäu bei Kempten (1986)

2. Verband: Rumicion alpini Rübel 1933
Subalpine und alpine Lägerfluren. Nitrophytische Hochstaudengesellschaften an Lager- und Dungstellen in der subalpinen Stufe.

VC: *Rumex alpinus, Cirsium spinosissimum, Aconitum napellus, Veratrum album*

1. Rumicetum alpini Beguin 1922
Alpenampferflur. Subalpine Lägerflur in der unmittelbaren Umgebung von Viehställen, Bauernhöfen und Sennhütten auf sehr stickstoffreichen Böden (Abb.191).

AC: *Rumex alpinus*

Hohe Nährstoffzufuhr, Feuchtigkeit und Bodenverdichtung fördern den Alpenampfer. In Höhen von 900 bis 2600 m über NN. Vorwiegend subalpine Gesellschaft der Alpen und des Alpenvorlandes. Auch in den höchsten Lagen des Fichtelgebirges und im Hochschwarzwald.

2. Cirsietum spinosissimi Br.-Bl. 1931
Alpenkratzdistelflur. Alpine Lägerflur mit auffallenden Hochstauden. Ersetzt die vorgenannte Gesellschaft in den höheren Lagen. Alpine Assoziation von 1400 bis 2500 m ü. NN.

AC: *Cirsium spinosissimum*

Auf sehr stickstoffreichen Böden an Viehlägern etc. (Abb. 192), über frischen, meist feinerdereichen Böden, auch auf Schutt. In der unteren subalpinen Stufe häufig zusammen mit *Peucedanum ostruthium*; derartige „Tieflagenausbildungen" der Gesellschaft werden auch als **Peucedano ostruthii-Cirsietum spinosissimi** G. & J. Br.-Bl. 1931 beschrieben.

32. Klasse: Galio-Urticetea Passarge ex Kopecky 1969 – Nitrophile Säume, Uferstaudenfluren und anthropogene Gehölzgesellschaften

Die Klasse gliedert sich in zwei Ordnungen, die **Glechometalia hederaceae** und **Convolvuletalia sepium**. Der Umfang der Klasse entspricht der Klassifikation von HILBIG et al. (1972). Die Gliederung ist auch synökologisch durch differenzierte Habitatfeuchtigkeit und den damit verbundenen floristischen Unterschieden der Gesellschaften begründet.

Abb. 192:
Cirsietum spinosissimi im Gebiet der Heidelberger Hütte (im Hintergrund die Verwall-Gruppe/Lechtaler Alpen, 1991)

KC: *Chaerophyllum bulbosum, Galium aparine, Urtica dioica, Rubus caesius,* (*Reynoutria japonica, R. sachalinensis, Solidago gigantea, S. canadensis,* alle schwach)

Die konstituierenden Arten der *Galio-Urticetea* sind vielfach Apophyten, welche früher in natürlichen Gesellschaften (z.B. Wälder, Schlagfluren, Flußufer) beheimatet waren und sich sekundär auf anthropogene Standorte ausgebreitet haben, sowie eine große Anzahl von Neophyten, deren Zuwanderung derzeit noch nicht abgeschlossen ist. Die **Glechometalia hederaceae** beinhalten eusynanthrope Saumgesellschaften der trockenen bis mäßig frischen Lagen. Die **Convolvuletalia sepium** bestehen aus halbnatürlichen, gewässerbegleitenden Saum- und Hochstaudengesellschaften feuchter Habitate.

1. Ordnung: Glechometalia hederaceae R. Tx. in Brun-Hool & R. Tx. 1975
Nitrophytische Staudenfluren, Saum- und Verlichtungsgesellschaften frischer und feuchter Standorte.

OC: *Aegopodium podagraria* (transgr.), *Chelidonium majus, Geranium robertianum, Glechoma hederacea, Lamium maculatum, Lapsana communis, Sambucus ebulus, Viola odorata*

Die Ordnung umfaßt nitrophile Staudensäume an Wald- und Gebüschrändern sowie an anthropogenen Standorten. Hier dringen zahlreiche adventive Arten ein, die größtenteils aus Nordamerika stammen (z.B. *Aster laevis, A. novae-anglicae, A. novi-belgii, Helianthus annuus, Rudbeckia laciniata, Robinia pseudacacia* und *Lycium barbarum*). Aus Ostasien stammen *Ailanthus altissima, Reynoutria japonica* und *R. sachalinensis*.

1. Verband: Aegopodion podagrariae R. Tx. 1967
Giersch-Saum-Gesellschaften. Natürliche oder naturnahe Saumgesellschaften stickstoffreicher und frisch-feuchter Waldränder auf meist tiefgründigen Böden.

VC: *Lamium maculatum, L. album, Cruciata laevipes, Melandrium rubrum, Ficaria verna, Aegopodium podagraria, Alliaria petiolata, Galium aparine* u.a.

Der Verband umfaßt v.a. ausdauernde nitrophile Waldrandgesellschaften meist in beschatteten Lagen mit günstigem Mikroklima, daneben aber auch Ruderalgesellschaften.

1. **Urtico-Aegopodietum podagrariae** (R. Tx. 1963 n.n.) Oberd. 1964 in Görs 1968
   Brennessel-Giersch-Gesellschaft. Häufiger Staudensaum mit Schwerpunkt in Auenwäldern.

   AC: *Aegopodium podagraria*

   Zentralassoziation des Verbandes. Gliedert sich in verschiedene Höhenformen, wobei in den submontanen und montanen Lagen *Alchemilla monticola* und *A. xanthochora, Knautia sylvatica* und *Geranium sylvaticum* auftreten; in den montanen und hochmontanen Lagen sind dies zusätzlich *Chaerophyllum hirsutum, Polygonum bistorta* und die *Aconitum*-Arten (*A. variegatum, A. napellus*). *Rumex alpinus, Poa supina* oder *Carum carvi* differenzieren die Vorkommen der höchsten Mittelgebirgsregionen (OBERDORFER 1983).

2. **Chaerophylletum bulbosi** R. Tx. 1937
   Rübenkälberkropf-Gesellschaft. Mesophile, üppige Gesellschaft im Weser-Werra-Leine-Stromgebiet, an den Flußufern des Mains und seiner Nebenflüsse im Bereich der Hartholzaue planarer bis submontaner Lagen.

   AC: *Chaerophyllum bulbosum*

   Über 2 m hohes, dichtes Staudengestrüpp über stark gekrümeltem, frischem Auenlehm; rund 1 m über dem mittleren Wasserspiegel, daher nur noch bei Hochwasser überflutet. Als Saum- und Ersatzgesellschaft der Weidengebüsche in Flußauen anzusehen. Sie vikariiert mit einer wärmeliebenden, östlich verbreiteten Gesellschaftsausbildung, die mit *Conium maculatum* differenziert ist und in den Weinbaulandschaften entlang der Donau vorkommt (**Conio-Chaerophylletum bulbosi** Pop 1968).

3. **Chaerophyllo-Petasitetum hybridi** Gams ap. Hegi 1929
   Pestwurzflur. Häufige Staudengesellschaft mit bis zu 150 cm erreichenden Rhabarberähnlichen Blättern der Pestwurz. Aus *Chaerophyllum hirsutum* und *Petasites hybridus* aufgebaute Gesellschaft.

   AC: *Petasites hybridus*

   Auch auf sandig-kiesigen Alluvionen wachsend. In Tieflagen häufig mit *Typhoides arundinacea* gekennzeichnet und als **Phalarido-Petasitetum officinalis** Schwickerath 1933 bezeichnet. Im Alpenvorland durch *Carduus personata, Aconitum napellus, Thalictrum aquilegifolium* und andere präalpine Arten differenziert.

4. **Chaerophylletum aurei** Oberd. 1957
   Der Goldkälberkropfsaum ist in der submontanen bis montanen Stufe im Halbschatten von Gebüschen verbreitet. Saumgesellschaft an Gebüsch- und Feldwegrändern.

   AC: *Chaerophyllum aureum*

   Die Böden sind frisch, stickstoff- und basenreich. *Chaerophyllum aureum* beherrscht in dichten Herden die Gesellschaft (DIERSCHKE 1974). In den Kalkbuchenwald-Landschaften der Mittelgebirge von Süddeutschland über Mitteldeutschland bis nach Sachsen-Anhalt sehr verbreitet. Vikariiert zum *Chaerophylletum aromatici* in subozeanisch getönten Regionen.

5. **Chaerophylletum aromatici** Neuhäuslova-Novotna et al. 1969
   Gewürzkälberkropf-Gesellschaft. Vikariierende Assoziation zum *Chaerophylletum aurei* in subkontinental-kontinentalen Bereichen, aber auf kalkarmen Böden in sonnigen bis halbschattigen Lagen.

   AC: *Chaerophyllum aromaticum*

Abb. 193:
Polygonum cuspidatum-
Gesellschaft mit
Polygonum cuspidatum
(= *Reynoutria japonica*)
in einem Hartholz-
auenkomplex der Elbe bei
Magdeburg (1990)

Der Gewürzkälberkropf bestimmt als dominante Art den Bestandesaufbau der Gesellschaft. Im Bayerischen Wald vorkommende Hochstaudengesellschaft (dort wohl nur eingeschleppt).

6. Polygonum cuspidatum-Gesellschaft
Japan-Knöterich-Gesellschaft. Adventiv-Gesellschaft mit dem neophytischen Knöterich an Fluß- und Bachufern sowie an Ruderalplätzen.

AC: *Polygonum cuspidatum* (= *Reynoutria japonica*)

Sich ausbreitende Gesellschaft, bis in mittlere Gebirgslagen vorkommend (Abb. 193).

7. Aegopodio-Anthriscetum nitidae Kopecky 1974 nom. inv.
Glanzkerbel-Saum. An sehr schattigen, feucht-kühlen Standorten in Berglagen. Auf nährstoffreichen Böden vorkommend.

AC: *Anthriscus nitida*

Nicht sehr häufig, z. B. auf dem Vogelsberg/Rhön. Die ursprünglichen Standorte sind *Tilio-Acerion*-Schluchtwälder, von wo *Anthriscus nitida* als Apophyt zusammen mit *Chaerophyllum hirsutum, Stellaria nemorum* und *Urtica dioica* diese synanthrope Gesellschaft aufbaut.

8. Urtico-Cruciatetum laevipes Dierschke 1973
Kreuzlabkraut-Saum. Sehr schwache Assoziation; dem *Urtico-Aegopodietum* sehr ähnlich und von ihm nur schwer zu differenzieren. Auf lichteren Standorten. *Urtica dioica* und *Cruciata* prägen das Gesellschaftsbild einer niedrigen, artenreichen Saumgesellschaft auf basen- und nährstoffreichen Böden.

AC: *Cruciata laevipes*

An Gebüschrändern, Rainen und Wegrändern selten, besonders aus Süd- und Mitteldeutschland bekannt (Rhön, Bayerisch-Schwäbisches Alpenvorland).

2. Verband: Galio-Alliarion Lohmeyer & Oberd. in Oberd. et al. 1967
Nitrophytische Säume halbschattiger Standorte. Waldsäume und Waldverlichtungsgesellschaften. Säume aus dem Waldinnern, an den Waldwegen und Waldverlichtungen in schattigen bis halbschattigen Lagen.

VC: *Cardamine impatiens, Lapsana communis*

Der Verband umfaßt im Unterschied zum *Aegopodion*-Verband wärme- und trockenheitsertragende, nitrophytische Saumgesellschaften. Diese haben oftmals halbruderalen Charakter und vermitteln vielfach zu *Agropyretalia*-Gesellschaften.

1. Dipsacetum pilosi R. Tx. (1942) in Oberd. 1957
Schuppenkardensaum. Seltener Waldsaum auf schweren und nassen Lehmböden im Bereich von Auenwäldern.

AC: *Dipsacus pilosus*

Auf frischen bis feuchten Standorten v.a. in tiefen, wärmebegünstigten Tallagen (Stromtäler); in Süddeutschland recht häufig (z.B. Rhein-, Neckar-, Maingebiet, entlang der Donau und ihrer Nebenflüsse), in Norddeutschland ausklingend (z.B. an der Weser nur noch häufig oberhalb der Mittelgebirgsschwelle bei Porta Westfalica; nördlich dann abnehmend).

2. Alliario-Chaerophylletum temuli Lohmeyer 1949
Knoblauchrauken-Gesellschaft. Verbreiteter nitrophiler Staudensaum an schattigen Waldrändern und in Parks.

AC: *Chaerophyllum temulum*

Eine der häufigsten Gesellschaften des Verbandes überhaupt. *Anthriscus cerefolium*-reiche Ausbildungen der Gesellschaft sind in den Weinbaulandschaften des Rhein-Main-Gebietes zu finden. In Siedlungsnähe tritt oft *Chelidonium majus* vermehrt in der Gesellschaft auf.

3. Torilidetum japonicae Lohmeyer ap. Oberd. 1967
Klettenkerbel-Gesellschaft. Nitrophile Saumgesellschaft auf etwas verhagerten Standorten an Waldrändern, den Schlagfluren nahestehend. Oft im Kontakt zu bodensauren Eichen-Hainbuchenwäldern (*Stellario-Carpinetum periclymenetosum*).

AC: *Torilis japonica*

Auch auf etwas weniger stickstoffreichen Standorten; häufige Gesellschaft, die bis in mittlere Gebirgslagen aufsteigt.

4. Chaerophyllo-Geranietum lucidi Oberd. 1957
Glänzender Storchschnabelsaum. In warmen wintermilden Gebieten des Mittelrhein-, Mosel- und Ahrtales an Waldrändern, Gebüschrändern und an Waldlichtungen verbreitet; vikariierende Gesellschaft zum *Alliario-Chaerophylletum temuli*.

AC: *Geranium lucidum*

In Südwestdeutschland vorwiegend auf das Wuchsgebiet des *Aceri monspessulani-Quercetum petraeae* beschränkte Assoziation.

Abb. 194:
Sambucus ebulus als saumartige, wegbegleitende Staudenflur auf sommerwarmen, nährstoff- und basenhaltigen Böden südlich von Brochterbeck/ Teutoburger Wald (1990)

5. **Alliario-Cynoglossetum germanici** Géhu, Richard & R. Tx. 1972
Waldhundszungen-Saum. Kennart ist die präalpin-submediterran verbreitete Hundszunge. Sehr seltene Assoziation; bislang nur aus der Schwäbischen Alb und aus Nordhessen beschrieben.

AC: *Cynoglossum germanicum*

In Niedersachsen noch auf dem Ith sowie am Deister in fragmentarischer Ausprägung zu beobachten.

6. **Heracleo-Sambucetum ebuli** Brandes 1985
Zwergholunder-Gesellschaft. Saumartige Staudenflur an Waldrändern und auf Verlichtungen. Auf basenreichen, meist kalkhaltigen Böden (Abb. 194).

AC: *Sambucus ebulus*

Leicht wärmeliebende, submediterran getönte Assoziation mit Verbreitungsschwerpunkt im Süden; in den Hochlagen des Bayerischen Waldes und des Alpenvorlandes aber fehlend. Für den kontinentalen Raum wurde von FELFÖLDY (1942) ein vikariierendes *Sambucetum ebuli* beschrieben; wahrscheinlich sind beide Typen einer weit gefaßten Assoziation mit entsprechenden geographischen Differentialarten zuzuordnen (vgl. auch BRANDES 1982, 1985; MUCINA 1990).

3. **Verband: Ranunculo-Impatiention noli-tangere** Passarge 1967
Die frischen Waldsäume und Verlichtungsgesellschaften mit winterannuellen Stauden lassen sich im wesentlichen durch die folgende Artengruppe differenzieren:

VC: *Impatiens noli-tangere, Mycelis muralis* u.a.

Die Gesellschaften sind gewöhnlich als Säume mesophiler Wälder anzutreffen, v.a. in feuchten *Carpinion*- und *Salicion albae*-Waldkomplexen (vgl. PASSARGE 1967, 1979), an luftfeuchten Standorten über humosen Böden. Bis in die subalpine Stufe verbreitet.

1. **Galio aparine-Impatientetum noli-tangere** (Passarge 1967) R. Tx. 1975
   Die klebkrautreiche *Impatiens*-Gesellschaft ist aus stickstoff- und feuchtigkeitsliebenden Arten aufgebaut, die ursprünglich in lichten und humosen Auenwäldern, Schluchtwäldern und an Waldschlägen verbreitet waren.

   D: *Impatiens noli-tangere, Circaea lutetiana, Galium aparine*

   Entlang von Waldwegen und an Kahlschlägen in *Carpinion*- und *Alnion*-Gesellschaften. Planare Gesellschaft.

2. **Senecio fuchsii-Impatientetum noli-tangere** (Hilbig 1972) R. Tx. 1975
   Die waldgreiskrautreichen Saum- und Verlichtungsgesellschaften sind bezeichnend für die montanen Stufen der Mittelgebirge.

   D: *Impatiens noli-tangere, Festuca gigantea, Senecio fuchsii*

   Auf nährstoffreichen, feuchten und halbschattigen Standorten an Waldrändern und in Bachtälern (z.B. im Harz, im Elbsandsteingebirge sowie im westsächsischen Berg- und Hügelland). Montane Gesellschaft (vgl. auch TÜXEN & BRUN-HOOL 1975). Unbefriedigende Eingliederung; vielleicht handelt es sich nur um Mischbestände von Schlaggesellschaften des *Senecionetum fuchsii (Epilobietea)* und *Impatiens noli-tangere*-Verlichtungsgesellschaften.

3. **Epilobio-Geranietum robertiani** Lohmeyer in Oberd. et al. 1967 ex Görs & Th. Müller 1969
   Bergweidenröschen-Ruprechtsstorchschnabel-Gesellschaft. Nitrophile Gesellschaft vieler Waldinnensäume und Waldlichtungen mit dominierendem *Geranium robertianum*.

   AC: *Epilobium montanum, Geranium robertianum*

   Schattenertragende Assoziation auf lehmigen, feuchten Waldböden. Kerngesellschaft des Verbandes.

Fragmentgesellschaft des **Ranunculo-Impatiention-Verbandes**:

Impatiens parviflora-Gesellschaft
mit artenarmen Herden von *Impatiens parviflora* in Parks und stadtnahen Wäldern. Das kleine Springkraut ist ein Therophyt zentralasiatischer Herkunft.

Die **anthropogenen Gehölz-Gesellschaften der Ordnung Glechometalia** sind im wesentlichen nach MUCINA (1990, 1991) geordnet. Es sind Robinienbestände bzw. andere, floristisch ähnliche anthropogene Gehölzgesellschaften. Diese stellen ein syntaxonomisches Problem dar. Sie wurden mehrmals als Assoziationen beschrieben (DOING 1963) und nach floristisch-soziologischen Prinzipien in höhere Syntaxa gruppiert. Die Robiniengesellschaften gleichen physiognomisch zwar einem „Wald" oder einem Hain. Dennoch weist die Krautschicht Ruderalcharakter auf, wobei Arten der Klasse *Galio-Urticetea* (und schwerpunktmäßig der Ordnung *Glechometalia*) den Unterwuchs deutlich beherrschen (KLAUCK 1988, MUCINA & KOLBEK 1989). Es handelt sich um anthropogene Vegetationstypen, teilweise um echte Holzplantagen (Robinien-Haine), gepflanzte Hecken (*Lycium barbarum*-Gebüsche) oder subspontane Gehölze mit *Acer negundo, Ailanthus altissima, Buddleja davidii* und *Sambucus nigra*. Einige davon sind hier angeführt:

Ailanthus altissima-Gesellschaft
mit dem Götterbaum (*Ailanthus altissima*), einer ursprünglich ostasiatischen Pflanze. Es ist eine gegen Emissionen und Staubbelastung des urbanen Bereichs widerstandsfähige Art. Die Art breitet sich mit überraschender Geschwindigkeit und Aufdringlichkeit in ganz Europa, besonders in Gebieten mit milderem Klima aus (BÖCKER & KOWARIK 1982).

Buddleja davidii-Gesellschaft
Schmetterlingsstrauch-Gebüsch. *Buddleja davidii* ist ein aus China stammender Zierstrauch, welcher v.a. an den Uferböschungen von Seen, an Straßenrändern und am Fuße von Eisenbahndämmen bandförmige Bestände bildet. Sie wurden oft als Mantelgesellschaften und „Vorwaldstadien" der Robinien-Bestände gedeutet (BRANDES 1989a).

Acer negundo-Gesellschaft
Eschen-Ahorn-Gehölz. *Acer negundo* (heimisch in Ostasien) besitzt eine den mitteleuropäischen Ahorn-Arten (*Acer pseudoplatanus* und *A. platanoides*) ähnliche Lebensstrategie. Alle drei Arten sind nach menschlicher Störung als Vorwald-Gehölze sehr erfolgreich und verhalten sich als Bäume mit ruderaler Strategie.

Lycium barbarum-Gesellschaft
Bocksdorn-Gebüsch. *Lycium barbarum* ist eine ostmediterran-submediterran verbreitete, in Deutschland adventive Art, welche früher als Zaunpflanze zur Begrenzung von Parzellen benutzt wurde. Sie bildet sehr dichte Gebüsche, in welchen nur einige, wenig anspruchsvolle Arten überleben können, meistens Winterannuelle wie *Bromus sterilis*, *Hordeum murinum* und *Galium aparine*.

Robinia pseudacacia-Gesellschaft
Robinien-Haine und -Gebüsche. Unter dem Namen *Robinia pseudacacia*-Gesellschaft werden an dieser Stelle alle sekundären Haine mit *Robinia pseudacacia* in der Baumschicht gefaßt. Hierher fallen auch Bestände mit oder ohne *Sambucus nigra* in der Strauchschicht. Die stickstoff-autotrophe *Robinia* (seit 1601 nach Frankreich eingeführt und seitdem in Süddeutschlands Weinbaulandschaften als Rebsteckenlieferant vielfach gepflanzt), breitet sich v.a. in Süd- und Mitteldeutschland stark aus. Sie ist in Norddeutschland bereits an der Südseite des Wesergebirges (Porta Westfalica) angelangt.

2. Ordnung: Convolvuletalia sepium R. Tx. 1950
(= **Calystegietalia sepium**)
Nitrophytische Uferstauden- und Saumgesellschaften nasser Standorte.

OC: *Calystegia sepium*, *Impatiens glandulifera*, *Aster tradescantii*, *A. salignus*, *Senecio fluviatilis*, *Rudbeckia laciniata* u. a.

1. Verband: Convolvulion sepium R. Tx. 1947
Nitrophytische Uferstauden- und Saumgesellschaften der größeren Flüsse und Ströme mit Schwerpunkt in der planaren und collinen Stufe.

1. Convolvulo-Archangelicetum littoralis Passarge 1964
Erzengelwurz-Gesellschaft. Hochstaudensaum in Steinpackungen von Kanälen und Uferböschungen.

AC: *Angelica archangelica ssp. littoralis*

Spezialistengesellschaft an Schiffahrtskanälen. Auch an Flüssen, Bächen und Wiesengräben von etwa 20 bis 120 cm über dem mittleren Wasserspiegel. Nach ELLENBERG (1974) sowie DIERSCHKE, JECKEL & BRANDES (1977) ist *Angelica archangelica* salzertragend; die zunehmende Belastung und anwachsende Eutrophierung der Flüsse und Schifffahrtskanäle macht die neuerliche Ausbreitung der Gesellschaft verständlich. Im salzbeeinflußten Oberweser-Werra-Gebiet tritt beispielsweise *Aster salignu*s der Gesellschaft bei.

2. **Senecionetum fluviatilis** (Zahlheimer 1979) Th. Müller in Oberd. 1983
Flußgreiskraut-Gesellschaft. Staudenreiche Saumgesellschaft an Ufern und Flüssen oder auch an Stillgewässern. Stromtalgesellschaft.

AC: *Senecio fluviatilis*

V.a. im Osten und in der Mitte Deutschlands verbreitet, vorwiegend am Main und an der Donau mit ihren Nebenflüssen.

3. **Cuscuto-Convolvuletum sepii** R. Tx. 1947
Zaunwinden-Hopfenseide-Gesellschaft. Häufige, nitrophytische Schleiergesellschaft an Flußufern (meist noch im Überschwemmungsbereich), an Gewässern und Ruderalplätzen.

AC: *Cuscuta europaea, Convolvulus sepium*

Rankende Tieflandsgesellschaft mit Schwerpunkt in Stromtallagen. Den Grundstock der Gesellschaft bildet in den meisten Fällen *Urtica dioica*, die teilweise von der schmarotzenden Europäischen Seide (*Cuscuta europaea*) befallen ist. Windende und kletternde Pflanzen wie *Calystegia sepium, Galium aparine* und *Solanum dulcamara* kommen hinzu. *Calystegia* kann im Sommer die Bestände völlig überwachsen und sie fast undurchdringlich erscheinen lassen (Abb. 195).

Abb. 195:
Cuscuto-Convolvuletum als Schleiergesellschaft auf einem *Urtico-Aegopodietum podagrariae* am Niederrhein bei Elten (1984)

4. Convolvulo-Epilobietum hirsuti Hilbig, Heinrich & Niemann 1972
Zaunwinden-Weidenröschen-Gesellschaft. An feuchten Uferböschungen und -bänken langsam fließender Gewässer und an Straßen- bzw. Wiesengräben. Oft streifenförmig ausgebildete Gesellschaft. Nur schwach durch *Epilobium hirsutum* gekennzeichnet und vielleicht auch keine eigenständige Assoziation.

D: *Epilobium hirsutum, Scrophularia umbrosa*

Urtica dioica und *Epilobium hirsutum* bestimmen den Gesellschaftsaspekt der planaren Lagen; in den montanen Lagen tritt *Scrophularia umbrosa* vermehrt in Erscheinung; auf sickerfeuchten und frischen Uferböschungen und auf Waldschlägen von Auenwäldern ist *Eupatorium cannabinum* herdenbildend anzutreffen. Derartige auffällig dichte, mannshohe Bestände werden auch als eigene Gesellschaften gefaßt: **Convolvulo-Eupatorietum cannabini** Görs 1974; wahrscheinlich handelt es sich hierbei nur um eine stickstoff- und feuchtezeigende Subassoziation.

Neophytische Bestände des **Convolvulion-Verbandes** sind:

Helianthus tuberosus-Gesellschaft
Topinambur-Flur, entlang von Gewässern oder auf Ödland sich ausbreitend;

Humulus lupulus-Gesellschaft
Die Brennessel-Hopfen-Gesellschaft bildet Schleier an Bahndämmen, an Straßen in Auenwaldbereichen und im Ödland;

Impatiens glandulifera-Gesellschaft
Die Gesellschaft des Drüsigen Springkrautes ist von den Tieflandsregionen bis in das Gebirge verbreitet, wobei sich häufig Vegetationskomplexe der gartenflüchtigen Neophyten ergeben. Darin tritt auch *Polygonum sachalinense* auf (Hetzel 1991).

Die **Solidago canadensis-Gesellschaft** und die **Solidago gigantea-Gesellschaft** basieren auf polycormonbildenden, konkurrenzstarken nordamerikanischen Goldrutenarten, die wahrscheinlich die erfolgreichsten mitteleuropäischen Neophyten sind, welche an ruderalisierten Uferböschungen, in Auenwaldlichtungen und an Straßenrändern sowie auf Lößböschungen in Flurbereinigungsgebieten (z.B. Kaiserstuhl, Fischer 1982) ausgedehnte monodominante Bestände bilden.

33. Klasse: Trifolio-Geranietea sanguinei Th. Müller 1961 – Meso- und thermophile Säume

In den Laubwald-Gebieten Mitteleuropas ist an vorwiegend südexponierten felsigen Hängen eine edaphisch und mikroklimatisch bedingte Waldgrenze zu finden. Darunter versteht man keine scharfe Grenze, sondern ein allmähliches, mosaikartiges Auflösen des Waldes in einzelne Gehölzgruppen und krüppelige Einzelbäume. Um die Gebüschgruppen sammeln sich Hochstauden. Sie gehören zu einer eigenständigen Klasse der meso- und thermophilen Saumgesellschaften.

Diese primären Staudensäume trocken-warmer Standorte können sich auch sekundär an Waldrändern, Hecken und Gebüschen, auf teilweise mineralkräftigen, aber auch auf stickstoffarmen Böden in Mittelgebirgslandschaften verbreiten. Solche Saumgesellschaften stehen oft mit den Kalk- und Silikattrockenrasen im Kontakt und etablieren sich im anthropo-zoogenen Vegetationsmosaik der Triftgebiete innerhalb des Trockenrasen-Saum-Mantel-Wald-Mosaiks (s. Abb. 196) zwischen den Waldmänteln und Gebüschen einerseits und offenen Rasen andererseits als saumartig wachsende Hochstauden-Bestände. Von der einzigen mitteleuropäischen Ordnung **Origanetalia vulgaris** kommen mehrere Verbände vor.

Abb. 196:
Hudebedingtes, zonenartig angeordnetes Vegetationsmosaik aus Rasen-, Saum-, Mantel- und Waldkomplexen im Borkener Paradies, Emstal bei Meppen (1988)

1. Ordnung: Origanetalia vulgaris Th. Müller 1961

Wirbeldostgesellschaften. Saumgesellschaften und Staudenfluren trockener Standorte. Im Gegensatz zu den nitrophilen Säumen stellen diese Pflanzengesellschaften keine betonten Ansprüche an den Wasser- und Stickstoffhaushalt.

OC: *Astragalus cicer, A. glyciphyllos, Calamintha clinopodium, C. officinalis, Coronilla varia, Inula conyza, Lathyrus heterophyllus, L. sylvester, Medicago falcata, Origanum vulgare, Silene nutans, Valeriana collina, Verbascum lonchitis, Vicia tenuifolia* etc.

1. Verband: Geranion sanguinei R. Tx. in Th. Müller 1961

Die Blutstorchschnabel-Säume sind an Primärstandorten floristisch am reichsten ausgebildet. Sie bilden Mosaikbausteine der thermophilen Trockenwald-Gebüsch-Saumgesellschaften mit artenreichster Entfaltung in Süddeutschland (besonders auf der Schwäbischen Alb und im Kaiserstuhl). Diese xerothermen Säume vermitteln standörtlich zwischen den Trockengebüschen und trockenen Wäldern und Halbtrockenrasenformationen.

VC: *Geranium sanguineum, Anthericum ramosum, Bupleurum falcatum, Campanula rapunculoides, Coronilla coronata, Fragaria viridis, Melampyrum cristatum, Inula hirta, Peucedanum officinale, Thalictrum minus, Trifolium rubens*

In der Kulturlandschaft mit ihrem reichen Wechsel von Waldland, Gebüschen, Hecken und Rasen haben sich die Saumgesellschaften oft verselbständigt. Dabei ist vielen Saumpflanzen die Fähigkeit zur vegetativen Vermehrung förderlich. Bei fehlender Mahd und Beweidung entwickeln sich flächenhafte „Säume" aus Halbtrockenrasen- und Wiesenformationen der *Festuco-Brometea*.

1. Geranio-Anemonetum sylvestris Th. Müller 1961

Wildanemonen-Saum. Charakteristische Saumgesellschaft der Lößböschungen in Mitteldeutschland und im südlichen Oberrheingebiet (Kaiserstuhl, Abb. 197).

AC: *Anemone sylvestris, Peucedanum oreoselinum*

Saumgesellschaft, die sich auf alte Böschungen (FISCHER 1982) und Waldschläge ausbreiten kann. Über die nördliche Frankenalb und Hessen bis nach Westfalen vordringend (z.B. Weser- und Diemeltal).

2. Geranio-Peucedanetum cervariae (Kuhn 1937) Th. Müller 1961

Hirschwurz-Saum. Von *Peucedanum cervaria* beherrschte, farbenprächtige Gesellschaft, die am häufigsten und am reichsten im submediterranen und subkontinentalen Raum vorkommt und bis in das Oberrheingebiet über die Fränkisch-Schwäbische Alb, die Mainfränkischen Platten und das Weser-Leine-Bergland sowie bis in den Ostseeraum nach Rügen (verarmt am Kap Arcona) ausstrahlt (Abb. 198).

Abb. 197:
Anemone sylvestris als Leitpflanze gleichnamiger Saumgesellschaft am Badberg/Kaiserstuhl (1986)

Abb. 198:
Convallaria majalis und die Grundblätter von *Peucedanum cervaria* in einer jungen Saumgesellschaft im Trauf eines Liguster-Busches am Kap Arcona auf Rügen (1991)

Abb. 199:
Geranio-Dictamnetum als Saum um ein *Ligustro-Prunetum* am Strangenberg bei Westhalten/Elsaß (1990)

Abb. 200:
Bupleuro longifolii-Laserpitietum latifolii auf der Schwäbischen Alb bei Reutlingen (1987)

AC: *Peucedanum cervaria, Seseli libanotis, (Coronilla coronata)*

Bandartig an Wald- und Gebüschrändern ausgeprägte Gesellschaft im Wuchsgebiet des *Quercetum pubescenti-petraeae* (= *Lithospermo-Quercetum*), des *Cytiso-Pinetum* bzw. des *Carici-Fagetum*. Wohl auch natürliche Gesellschaft im Felsvegetationsmosaik Süd- und Mitteldeutschlands. Zentralassoziation des Verbandes. Die Gesellschaft läßt sich in verschiedene geographische Vikarianten gliedern, z.B. kontinental getönte Rasse mit *Cytisus nigricans*; mediterran getönte Rasse mit *Coronilla emerus* und Mischrassen von beiden (Th. MÜLLER 1962). Dazu treten verschiedene Höhenformen auf, die eine mehrdimensionale Gesamtdifferenzierung ermöglichen, wie sie beispielsweise WITSCHEL (1980) zeigt.

3. **Geranio-Dictamnetum** Wendelberger 1954

Diptam-Saum. Submediterran und subkontinental verbreitete Assoziation. Sie bildet den wärmeliebendsten Teil der Storchschnabelsäume (Abb. 199).

AC: *Dictamnus albus, Peucedanum alsaticum*

Optimal ausgeprägt im Oberrheingebiet (Kaiserstuhl), bis in die warmen Kalk- und

Keupergebiete Nordbayerns nach Nordosten hin vordringend. Nördlichste Vorkommen finden sich am Harzsüdrand auf Gips und Kalk (Kyffhäuser). Auch diese Gesellschaft läßt sich räumlich-vertikal und räumlich-horizontal in mehrdimensionaler Hinsicht differenzieren. Aus der Pfalz, dem Nahe- und Moseltal belegt KORNECK (1974) sogar acidokline Diptamsäume auf Porphyr, Melaphyr und devonischen Schiefern.

4. **Geranio-Trifolietum alpestris** Th. Müller 1961
Hügelklee-Saum. Auf ausgehagerten Kalkstandorten wie die anderen *Geranion sanguinei*-Gesellschaften verbreitet, im Kaiserstuhl zusätzlich auf Tephrit vorkommend. Dieser Typ besitzt zahlreiche Säurezeiger und vermittelt zu den Säumen bodensaurer Eichenwälder.

   AC: *Trifolium alpestre, Anthericum liliago*

   Bis in den Lauenburger Raum (Schleswig-Holstein) und bis in den Ostseeraum ausstrahlend (z.B. auf Rügen im Gebiet der Stubbenkammer und am Königsstuhl noch vorkommend).

5. **Bupleuro longifolii-Laserpitietum latifolii** Th. Müller 1977 in Oberd. 1978
Montaner, mesophiler Laserkraut-Saum (Abb. 200). In den Hochlagen der Schwäbischen Alb, der Fränkischen Alb bis zum Steigerwald, wo die thermophilen Arten sukzessive ausfallen. Optimal in schattigen bis halbschattigen Lagen ausgebildet.

   AC: *Laserpitium latifolium, Bupleurum longifolium, Peucedanum officinale*

   Fraglicher Assoziationstyp. Eventuell besser nur als *Laserpitium latifolium*-Zentralgesellschaft zu bezeichnen; der könnten auch die *Laserpitium siler*-reichen Säume der montanen Lagen der Schwäbisch-Bayerischen Voralpen und Nördlichen Kalkalpen (bei Bad Reichenhall, Mittenwald etc.) zugeordnet werden. Ebenso die *Coronilla coronata-Laserpitium latifolium*-reichen Säume wechseltrockener Standorte der Schwäbischen Alb, die noch fragmentarisch bis an die Weserklippen bei Höxter nach Norden reichen.

2. **Verband: Trifolion medii** Th. Müller 1961
Mesophile Klee-Saumgesellschaften. Im Unterschied zum Verband *Geranion sanguinei* handelt es sich bei den Gesellschaften des *Trifolion medii* um Säume an anthropo-zoogenen Waldrändern. Die Mittelklee-Säume sind weniger artenreich und physiognomisch auch weniger auffällig als die Blutstorchschnabelsäume. Hier sind eine Reihe mesophiler Fettwiesenelemente eingestreut, von denen manche in primären Säumen ihre Heimat gehabt haben mögen.

   VC: *Trifolium medium, Agrimonia eupatorium, Galium mollugo, Lathyrus pratensis, Campanula rotundifolia, Veronica chamaedrys, Vicia sepium, Centaurea jacea, Achillea millefolium*

1. **Trifolio-Agrimonietum** Th. Müller 1961
Der Hügelklee-Odermennig-Saum ist eine buntblumige, basiphytische Gesellschaft am Rande von Kalkbuchenwäldern, v.a. im Bereich des Halbtrockenrasen-Triftgeländes (Abb. 201).

   AC: *Agrimonia eupatorium*

   Weit verbreitet von der planaren bis in die montane Stufe und reich gegliedert mit ca. 24 Untereinheiten (s. DIERSCHKE 1974).

2. **Vicietum sylvaticae-dumetori** Oberd. & Th. Müller 1961
Waldwicken-Saum. Wärmeliebende Saum- und Schlaggesellschaft mineralkräftiger und frischer Lehm- und Kalklehm-Standorte des Berglandes.

   AC: *Vicia sylvatica, V. dumetorum*

Abb. 201:
Trifolio-Agrimonietum als mesophile Odermennig-Saumgesellschaft im Traufbereich eines *Carpino-Prunetum*-Gebüsches auf der Cenomanplänerkalk-Südkette des Teutoburger Waldes bei Brochterbeck i. Westf. (1988), an der absoluten Nordwestgrenze der Gesellschaft in Deutschland

Subkontinentale, sommerwärmegebundene Verbreitung im Wuchsgebiet des *Carici-Fagetum*, der sommerwarmen *Galio-Carpinetum* bzw. der *Tilio-Aceretum*-Wälder.

3. Teucrio scorodoniae-Centaureetum nemoralis Th. Müller 1961
Die Salbeigamander-Flockenblumen-Gesellschaft ist eine typische Saumgesellschaft auf Silikatböden des Schwarzwaldes.

AC: *Centaurea nemoralis*

Subatlantisch geprägte Gesellschaft, im Odenwald und im Spessart an der Ostgrenze ihrer Verbreitung. Vielleicht auch zum nächsten Verband gehörende Assoziation.

3. Verband: Melampyrion pratensis Passarge 1967
Acidophile Saumstrukturen, die im Übergangsbereich von Mantel- und Waldgesellschaften mit Freilandgesellschaften vorkommen, sind verhältnismäßig artenarm, in der Regel physiognomisch unauffällig und werden in ihrer floristischen Zusammensetzung überwiegend durch säureresistente Arten gekennzeichnet. *Origanetalia*-Arten spielen im Gegensatz zu den in Süddeutschland untersuchten Waldsäumen (TH. MÜLLER 1962, OBERDORFER 1978) beim Aufbau der Gesellschaften keine Rolle, da diese vorwiegend an Böden mit höheren Karbonatanteilen gebunden sind und deshalb auf sehr basenarmen Böden fehlen.

Über die Existenz eigener Kennarten acidophiler Saumgesellschaften besteht noch weitgehend Unklarheit. Zwar bezeichnen PASSARGE (1979a) *Holcus mollis, Teucrium scorodonia, Melampyrum pratense*, WITTIG (1979a) diverse *Hieracium*-Arten und SCHWABE-BRAUN (1979a,

1979b, 1980) *Teucrium scorodonia* als typische Saumarten, jedoch sind diese Angaben nur auf bestimmte Regionen bezogen und können deshalb nicht ohne weiteres verallgemeinert werden.

Da für die acidophilen saumartigen Strukturen eigentliche Kennarten nur schwer zu differenzieren sind, lassen sie sich soziologisch ebenfalls nur schwer klassifizieren. Aufgrund dessen war es immer noch nicht möglich, eine zufriedenstellende syntaxonomische Zuordnung vorzunehmen. So werden im folgenden u.a. nicht alle Vegetationstypen nur als Assoziationen, sondern auch als Gesellschaften unter den Namen **Melampyrum pratense-Gesellschaft, Teucrietum scorodoniae** und **Hieracium laevigatum-Gesellschaft** beschrieben.

VC/D: *Hieracium laevigatum, H. umbellatum, Holcus mollis, Melampyrum pratense, Teucrium scorodonia*

1. Stachyo-Melampyretum nemorosi Passarge 1967
Hainwachtelweizen-Saum. Subkontinental getönte Gesellschaft aus Thüringen, Sachsen-Anhalt und dem Göttinger Raum, dem östlichen Bayern sowie aus dem mecklenburgischen Flachland bekannt.

AC: *Melampyrum nemorosum*

Die genaue Verbreitung ist noch unklar.

2. Trifolio medii-Vicietum orobi Rivas-Martinez & Mayor 1965 ex Oberd. 1978
Heidewicken-Saum. Atlantisch-montane Gesellschaft. Bisher aus dem Spessart und aus der Nordeifel bekannt.

AC: *Vicia orobus*

Genaue Verbreitung und floristische Zusammensetzung sind ebenfalls noch unklar.

3. Agrimonio-Vicietum cassubicae Passarge 1967
Die Kassubenwicken-Saumgesellschaft wächst auf sandig-lehmigen Böden an Wald- und Gebüschrändern.

AC: *Vicia cassubica*

V.a. in Ostdeutschland (Mecklenburgisches Flachland) verbreitet; im Norden bis an die Unterelbe zwischen Lauenburg und Hamburg; in Bayern noch im Gebiet der Mainfränkischen Platten und im Fränkischen Keuper-Lias-Land vorkommend (WALENTOWSKI et al. 1991).

4. Teucrietum scorodoniae ass. nov.
Subatlantische Salbei-Gamander-Gesellschaft. Hier sind Säume auf Sandböden der Geest und des Silikat-Berglandes mit zahlreichen mesophilen Acidophyten subsumiert. Es sind eigenständige Vegetationstypen.

Entlang von Wegböschungen und an S-SW exponierten Hanglagen sind die meist schmal ausgebildeten *Teucrium scorodonia*-Bestände mäßig saurer Standorte häufig anzutreffen. Sie kommen aber auch im Schatten bodensaurer Buchenwaldränder und Fichtenforstränder vor. Gekennzeichnet wird die Gesellschaft durch dominantes Auftreten des Salbei-Gamanders unter Beimischung zahlreicher acidophytischer Arten, von denen v.a. *Vaccinium myrtillus, Avenella flexuosa, Agrostis tenuis, Galium harcynicum* und *Calluna vulgaris* zu erwähnen sind. Ebenfalls bezeichnend ist ein gewisser Anteil an Wiesenarten, an Gehölz-Jungwuchs und an Moosen. Als Typus-Aufnahmen können die Aufnahmen 1 – 3 der Vegetationstabelle 8 angesehen werden.

Tab. 8:   Veg.tab. *Teucrietum scorodoniae*

Nr.	1	2	3	4	5	6	7	8	9	10	11	12	
Exposition	SE	SE	E	NW	S	N	NE	N	SE	W	S	W	
Inclination (in°)	0	10	0	3	5	25	0	10	0	0	3	0	
Deckungsgr. (in %)	100	100	100	75	100	100	100	95	100	100	95	100	
Fläche (in m)	4	5	6	4	8	5	5	5,5	5	3,5	6	6	
Breite (in m)	1	1	1	1	1	1	1	1	1	0,8	1	1	
Artenzahl	13	10	8	8	6	6	4	4	7	7	6	8	
Acidophile Saumarten:													
Teucrium scorodonia	3	3	2	2	2	3	1	4	4	3	4	4	V
Holcus mollis	1	3	3	.	2	4	5	3	2	3	+	2	V
Hieracium laevigatum	.	.	.	.	.	.	+	.	+	.	.	.	I
Begleiter:													
Agrostis tenuis	4	3	3	1	4	1	+	2	1	+	2	+	V
Avenella flexuosa	.	+	.	1	.	.	.	.	.	1	1	.	II
Quercus robur Klg.	.	.	+	+	.	.	.	.	.	+	.	+	II
Rubus sprengelii	1	.	.	.	1	.	.	.	.	.	.	2	II
Lonicera periclymenum	.	.	.	.	.	.	.	1	.	.	.	1	I
Quercus robur juv.	.	.	.	.	1	.	.	.	.	1	.	.	I
Agrostis vinealis	.	1	.	.	.	.	.	.	.	.	1	.	I
Calamagrostis epigeios	.	.	.	.	.	.	.	.	1	1	.	.	I
Carex pilulifera	.	+	.	1	.	.	.	.	.	.	.	.	I
Galeopsis tetrahit	+	.	.	.	.	.	.	.	.	.	.	+	I

Je einmal: Nr. 1: Festuca pratensis 1; Elytrigia repens 1, Hedera helix +, Galium aparine +, Holcus lanatus 1, Urtica dioica +, Bromus mollis +, Viola arvensis +; Nr. 2: Vicia cracca 1, Hypericum perforatum 1, Populus tremula juv. +; Nr. 3: Dactylis glomerata +, Verbascum nigrum +, Epipactis hellborine +; Nr. 4: Vaccinium myrtillus 1, Franugla alnus Klg. +; Nr. 5: Carex leporina 1; Nr. 6: Rubus divaricatus +, Linaria vulgaris +; Nr. 9: Prunus serotina Klg. +, Senecio sylvaticus +; Nr. 12: Pteridium aquilinum +

alle Aufnahmen aus Nordwestdeutschland 1989 - 1990

Die *Teucrium scorodonia*-Säume bevorzugen mesotrophe bis mesophile Wald- und Heckenstandorte mit anlehmigen Böden (PASSARGE 1979a, 1979b). Der Salbei-Gamander gilt auch als wertvolle Indikatorpflanze für die Abgrenzung der *Fago-Quercetum*-Bereiche gegenüber den *Betulo-Quercetum*-Bereichen innerhalb der bodensauren Eichenwälder (BURRICHTER 1969, 1973). In ihrem floristischem Aufbau (s. Tab. 8) ähneln die Bestände dem von OBERDORFER (1978) für mehr oder weniger frische, basenreiche aber kalkarme, saure Böden im collin-submontanen Bereich des *Melico-Fagetum* und *Luzulo-Fagetum* beschriebenen **Teucrio scorodoniae-Campanuletum baumgartenii** (Hailer 1968) Knapp 1976. Allerdings kann *Campanula baumgartenii* aufgrund ihres endemischen Vorkommens in Süddeutschland nicht als Charakterart subatlantischer Waldsäume herangezogen werden.

Teucrium scorodonia-Saumgesellschaften sind die bisher am meisten beschriebenen Vegetationstypen im bodensauren Bereich (TH. MÜLLER 1962, PHILIPPI 1971, LINIENBECKER 1971, KORNECK 1974, KNAPP 1976, PASSARGE 1979a, SCHMITT & RAMEAU 1979, DE FOUCAULT 1979, SCHWABE-BRAUN 1979b, 1980; HILBIG et al. 1982, POTT 1982b, 1985a). Häufig bilden diese Säume fließende Übergänge zu den anderen mesophilen *Trifolion medii*-Säumen. Ähnlich artenarme Bestände, die den hier beschriebenen in ihrer floristischen Zusammensetzung fast gleichen, sind aus dem Schwarzwald (SCHWABE-BRAUN 1979a, 1980), der Oberrheinebene (PHILIPPI 1971) und aus dem Pariser Becken (SCHMITT & RAMEAU 1979) beschrieben worden.

Die Vergesellschaftung der oben genannten Säume mit *Holcus mollis* unterstreicht den atlantisch-subatlantischen Charakter der *Teucrium scorodonia*-Säume, zumal auch der Salbei-Gamander selbst im wesentlichen auf das subatlantische, mäßig temperate Europa begrenzt ist (Passarge 1979a, 1979b; De Foucault 1979, Oberdorfer 1983). In Nordwest-Frankreich ist ein vikariierend verbreitetes **Teucrio-Corydaletum claviculatae** beschrieben, das u.a. mit *Hedera helix* deutlich euatlantische Züge trägt. Das *Teucrietum scorodoniae* geht im Osten und Südosten Deutschlands zurück und wird dort von *Hieracium-Melampyrum pratense*-Säumen abgelöst. Im Xerothermvegetationskomplex an Felsstandorten tritt vielfach *Polygonatum odoratum* in Saumgesellschaften auf, die als **Teucrio scorodoniae-Polygonetum odorati** Korneck 1974 bezeichnet werden können.

5. Melampyrum pratense-Gesellschaft

Die *Melampyrum pratense*-Gesellschaft weist in den silikatischen, submontanen Mittelgebirgslagen die weitaus größte Verbreitung auf. Sie säumt dort Eichen-Birken-Niederwälder und Wälder vom Typ des *Luzulo-Fagetum*. Typischer Vertreter dieser Waldrandvegetation ist *Melampyrum pratense*. Als einjähriger Halb-Schmarotzer parasitiert der Wiesen-Wachtelweizen ausschließlich auf Holzpflanzen, wobei ihm v.a. *Quercus robur, Betula pendula, B. pubescens, Vaccinium myrtillus* und *V. vitis-idaea* als Wirtspflanzen dienen (Masselink 1980). Die als Halbschatten- bzw. Halblichtpflanze eingestufte Art gedeiht optimal unter den günstigen Belichtungsverhältnissen des Waldrandes. Floristisch ähnlich strukturiert wie die *Melampyrum*-Gesellschaft sind die von Passarge (1967, 1971, 1979b) als **Lathyro-Melampyretum pratense** Passarge 1967 beschriebenen Säume für den submontanen-montanen Bereich bzw. für das nordostdeutsche Flachland. Diese Assoziation wurde von Passarge (1967) in den provisorischen Verband *Melampyrion pratensis* Passarge 1967 gestellt und in die Klasse *Melampyro-Holcetea mollis* eingegliedert. Auch Oberdorfer (1978) erwähnt eine **Melympyrum pratense-Hieracium-Gesellschaft** Th. Müller 1977 saurer Böden im Wuchsgebiet des *Luzulo-Quercetum* und *Luzulo-Fagetum*. Hilbig et al. (1982) benennen ein **Lathyro-Melampyretum pratense** Passarge 1967 im Kontakt zu Traubeneichenwäldern und bodensauren Buchenwäldern.

6. Hieracium laevigatum-Gesellschaft

Diese Saumgesellschaft wird durch *Hieracium laevigatum* charakterisiert und ist eng mit der *Melampyrum pratense*-Gesellschaft verwandt. Beiden Gesellschaften gemeinsam ist der hohe Anteil der Gräser am Aufbau der Bestände. Allgemein verbreitet in der *Hieracium*-Gesellschaft sind *Agrostis tenuis, Avenella flexuosa* und *Festuca ovina. Hieracium laevigatum* und andere großwüchsige, im Halbschatten wachsende Habichtskräuter können häufig an gestörten, leicht bis mäßig eutrophierten Weg- und Straßenrändern sowie auf Öd- und Brachflächen in größeren Herden auftreten, besonders wenn die Standorte z.B. durch Alleebäume leicht beschattet sind.

34. Klasse: Epilobietea angustifolii R. Tx. & Prsg. in R. Tx. 1950 – Schlagfluren

Schlagfluren bilden den ersten Schritt einer vom Menschen ausgelösten, spontan ablaufenden Sukzession, die zur Wiederbewaldung führt. Die auftretenden Schlagpflanzen sind lichtliebende, nitrophile Arten, die auf den verstärkten Abbau des Bestandesabfalls reagieren, den Waldboden vor Erosion schützen und zugleich ein günstiges Mikroklima für den natürlichen Jungwuchs des Waldes schaffen. Es treten phasenverschobene Stadien von zunächst staudenreichen Gesellschaften der **Atropetalia belladonnae** auf, die von Gebüschgesellschaften der **Sambucetalia racemosae** abgelöst werden.

1. Ordnung: Atropetalia belladonnae Vlieger 1937

Die Staudengesellschaften treten nach Kahlschlag oder nach Verlichtung in verschiedensten

Waldgesellschaften auf, die – obwohl sie weitestgehend aus Nitrophyten bestehen – sich dennoch auf den unterschiedlich nährstoffreichen Böden voneinander unterschieden.

OC: *Calamagrostis epigeios, Rubus idaeus, Gnaphalium sylvaticum, Centaurium umbellatum, Fragaria vesca, Myosotis sylvatica*

Dementsprechend werden Weidenröschen-Gesellschaften des **Carici piluliferae-Epilobion angustifolii** von den Tollkirschen-Schlagfluren des **Atropion belladonnae** getrennt.

1. Verband: Carici piluliferae-Epilobion angustifolii R. Tx. 1950

Acidophytische Weidenröschen-Gesellschaften. Schlaggesellschaften und Verlichtungsbestände der Silikat-Buchenwälder des Berglandes sowie acidophytischer Waldgesellschaften in den Tieflagen.

VC: *Epilobium angustifolium, Senecio sylvaticus, Calamagrostis epigeios*

1. Digitalio-Epilobietum angustifolii Schwickerath 1933

Die Fingerhut-Gesellschaft ist eine subatlantisch-montan verbreitete Schlaggesellschaft der Silikat-Buchenwälder und Forstbestände, im allgemeinen über 200m Höhe (Abb. 202).

AC: *Digitalis purpurea*

Die hochwüchsige Initialgesellschaft hat eine Lebensdauer von 2–3 Jahren. Sie leitet über Gebüschgesellschaften mit *Rubus idaeus* und *Sambucus racemosa* die Sukzession zum Wald ein. In der Fichtenwaldstufe der Mittelgebirge (z.B. Harz, Nordalpenrand) treten als

Abb. 202: *Digitali-Epilobietum* als Waldverlichtungsgesellschaft des *Luzulo-Fagetum* im Siegerland (1984)

Höhenformen der Gesellschaft *Calamagrostis villosa*-reiche Waldlichtungsbestände auf. Diese kniehohen, grasreichen Waldlichtungsfluren sind als hochmontane Gesellschaftsausprägungen des *Digitalio-Epilobietum* anzusprechen.

2. Epilobio-Senecionetum sylvatici R. Tx. 1937
Die Waldgreiskraut-Weidenröschen-Gesellschaft ist eine Schlaggesellschaft kalkarmer Standorte der Ebene und des Hügellandes. Zentralassoziation des Verbandes. Die Gesellschaft leitet über *Rubus idaeus*-Stadien zu Vorwald-Stadien mit *Sambucus racemosa* oder *Salix caprea*.

AC: *Senecio sylvaticus*

Auf sauren, kalkarmen, trockenen bis mäßig feuchten Böden, besonders auf Rohhumus in den *Quercion robori-petraeae*-Landschaften Norddeutschlands. *Senecio fuchsii*, *Prenanthes purpurea* oder *Calamagrostis arundinacea* kennzeichnen Höhenformen der Montanstufe.

3. Epilobio-Corydaletum claviculatae Hülbusch & R. Tx. 1968
Gesellschaft des Kletternden Lerchensporns. Atlantisch-subatlantische Gesellschaft im Bereich bodensaurer Eichenmischwälder der Geest Nordwestdeutschlands. Dort recht häufig.

AC: *Corydalis claviculata*

Vom Rankenden Lerchensporn und von *Senecio sylvaticus* beherrschte Waldlichtungsgesellschaft Norddeutschlands. *Corydalis claviculata* breitet sich in den letzten Jahren in der nordwestdeutschen Geest rapide aus (s. auch Pott & Hüppe 1991). Gründe dafür sind in der aerosolen Stickstoffdeposition zu suchen; ebenso in den milden, in Nordwestdeutschland frostarmen Wintern. Ihr Zusammenwirken ist für die Massenausbreitung des Rankenden Lerchensporn verantwortlich.

4. Calamagrostio arundinaceae-Digitalietum grandiflorae (Sillinger 1933) Oberd. 1957
Die Gesellschaft des Großblütigen Fingerhutes ist das subkontinental verbreitete Gegenstück zum *Digitali-Epilobietum* auf sommerwarmen Hängen kalkarmer Standorte. V.a. im östlichen Berg- und Hügelland Deutschlands.

2. Verband: Atropion belladonnae Br.-Bl. ex Aichinger 1933
Basiphytische Tollkirschen-Schlagfluren. Schlaggesellschaften der Kalkbuchenwälder sowie der anspruchsvollen Eichen-Hainbuchenwälder und Auenwälder.

VC: *Atropa belladonna*, *Bromus ramosus*, *Fragaria vesca*, *Arctium nemorosum*, *Cirsium lanceolatum*, *Hypericum hirsutum*

Die Schlagfluren des *Atropion* führen in der Regel über *Sambucus nigra*-Vorwaldstadien zum Wald zurück.

1. Atropetum belladonnae (Br.-Bl. 1930) R. Tx. 1931 em. 1950
Tollkirschen-Gesellschaft. Ersatzgesellschaft montaner Kalkbuchenwälder auf basenreichen Böden, meistens über Kalkgestein oder Löß.

AC: *Atropa belladonna*

Kurzlebige, nur wenige Jahre ausdauernde, von hohen buntblühenden Stauden beherrschte Schlagflur, die sich über *Rubus idaeus*-, *R. pedemontanus*- und *Sambucus nigra*-Stadien zum Wald weiterentwickelt. In Initialstadien des *Atropetum* können *Cirsium vulgare* var. *sylvaticum*, *C. lanceolatum* im Verein mit *Bromus ramosus* sogenannte „Vorstufen" der Gesellschaft aufbauen.

2. Atropo-Digitalietum luteae Oberd. 1957
Schlagflur mit dem Kleinen Fingerhut. Submediterran-subatlantisch verbreitete Gesellschaft; nur in Deutschland auf Wärmestandorten im Wuchsgebiet von Flaumeichenwäldern.

AC: *Digitalis lutea*

Die Schlagflur ersetzt *Carici-Fagetum-* oder *Quercion pubescentis-*Gesellschaften in Süddeutschland.

3. Verband: Arctio-Sambucion nigrae Doing 1962
Hier sind Waldlichtungsgesellschaften und Vorwaldstadien reicherer Standorte zusammengefaßt. Sie besitzen zumeist einen hohen Anteil an ruderalen Arten und bauen Vegetationskomplexe mit *Artemisietea-* bzw. *Galio-Urticetea-*Gesellschaften auf.

VC: *Salix caprea, Sambucus nigra, Rubus nessensis*

1. Arctietum nemorosi R. Tx. (1931) 1950
Die Waldkletten-Gesellschaft ist eine von *Arctium nemorosum* beherrschte Waldlichtungsgesellschaft im Bereich artenreicher Eichen-Hainbuchenwälder, artenreicher Auenwälder sowie in frischen Ausbildungen der Buchenwälder auf feuchten, schweren Lehmböden.

AC: *Arctium nemorosum*

Im Wuchsgebiet des *Stellario-Carpinetum* konzentriert vertreten. Auch auf nährstoffreichen Böden im Wuchsgebiet montaner Auenwälder (*Alnetum incanae*) oder an *Tilio-Acerion-*Standorten zu finden.

2. Sambucetum nigrae Oberd. (1967) 1973
Die Gebüsche des Schwarzen Holunders sind bezeichnend für hypertrophierte Böden in meist siedlungsnahen Lagen sowie für entwässerte Erlenbruchwald- und Auenwaldstandorte.

2. Ordnung: Sambucetalia racemosae Oberd. 1957
Brombeerreiche Waldlichtungsgebüsche sind auch als Waldmäntel, als Vormäntel oder als Randstrukturen von Hecken auf nährstoffarmen und nährstoffreichen Böden ausgebildet.

OC: *Rubus gratus, R. idaeus, R. rudis, Salix caprea, Sambucus racemosa*

Sie gehen gewöhnlich aus krautigen Schlaggesellschaften der *Atropetalia belladonnae* hervor, welche sie zunehmend verdrängen.

1. Verband: Lonicero-Rubion sylvatici R. Tx. & Neumann 1950 ex Wittig 1977
Der Verband umfaßt besenginster- und brombeerreiche Gebüsche als Pioniergesellschaften an Waldschlägen, auf Lichtungen sowie an Weg- und Waldrändern. Die Gebüsche sind häufig von aufwachsenden Waldpionieren des *Quercion robori-petraeae* durchragt (WEBER 1990). Derartige Vegetationseinheiten werden von WEBER (1977) auch als **Rubion plicati-**Verband bezeichnet.

VC: *Rubus plicatus, R. lamprocaulos, R. camptostachys, R. gratus, R. ammobius* u.a.

1. Rubetum grati R. Tx. & Neumann ex Weber 1976
Gesellschaft der Angenehmen Brombeere. Mäßig häufig auf Quarzsandböden im Wuchsgebiet bodensaurer Eichen-Birkenwälder des atlantischen Nordwestdeutschlands.

AC: *Rubus gratus, R. ammobius*

Abb. 203:
Ginstergebüsch des *Rubo plicati-Sarothamnetum* auf Waldschlägen und an Waldsäumen im Wuchsgebiet bodensaurer *Luzulo-Fagetum*-Wälder (Siegerland bei Netphen, 1984)

Dicke Brombeergebüsche auf trockenen, sandigen Mineralböden, an Wegrändern und auf Waldschlägen. Anspruchsloseste Brombeergesellschaft. Verbreitung in Süddeutschland unklar.

2. **Rubo plicati-Sarothamnetum** (Pott 1985) Weber 1987
Brombeer-Besenginster-Gesellschaft. Im Tiefland selten, gehäuft im Silikat-Bergland. Es sind geschlossene, meist mannshohe Besenginstergebüsche (Abb. 203), bei denen es sich nicht um eine Zwergstrauchgesellschaft handelt (s. *Calluno-Sarothamnetum* Malcuit 1928), sondern um gehölzreiche Strauchformationen, die vielfach aus Brandfeldbau-Systemen entstanden sind (Reutwirtschaft, Schiffelwirtschaft, Haubergswirtschaft, vgl. POTT 1985a).

AC: *Rubus plicatus*

Verbreitung in Süddeutschland unklar; vielleicht auch besser als **Rubetum plicati** zu bezeichnendes Syntaxon.

3. **Rubetum silvatici** Weber in Prsg. 1990
Waldbrombeer-Gebüsche. Sehr häufig in Nordwestdeutschland im Wuchsbereich bodensaurer Buchenwälder planarer bis montaner Lagen.

AC: *Rubus silvaticus*

Die Gesellschaft löst das *Rubetum grati* auf etwas reicheren Standorten ab; sie bildet ein artenreiches, von den AC sowie von *Rubus vigorosus, R. pyramidalis, R. nemoralis* und *R. calvus* aufgebautes Brombeergebüsch (WEBER 1990) im nordwestdeutschen Tiefland und in angrenzenden Hügellandsregionen.

4. **Rubetum pedemontani** Weber in Prsg. 1990
Die Gesellschaft der Dreiblättrigen Drüsenbrombeere ist eine niedrigwüchsige, spreizklimmende Schlagflur in Waldlichtungen und an Waldrändern.

AC: *Rubus pedemontanus*

Die genaue geographische Verbreitung der Gesellschaft ist noch unklar; sie wurde bislang nur in Schleswig-Holstein und für das Nordwestdeutsche Tiefland bis zur montanen Stufe Niedersachsens bearbeitet (WEBER 1990).

5. Rubetum sciocharis Weber in Prsg. 1990
Extrem atlantische Gebüschgesellschaft in Nordwestdeutschland mit etwa gleichen Standortansprüchen wie das *Rubetum silvatici*.

AC: *Rubus sciocharis, (R. langei)*

Schwerpunktmäßige Vorkommen im westlichen Schleswig-Holstein; von dort bis in die Elbregion von Harburg und Stade hinabreichend.

2. Verband: Sambuco-Salicion capreae R. Tx. & Neumann in R. Tx. 1950
Stauden-Gestrüpp-Gesellschaften. Hier fließen die Assoziationen der silikatischen und basiphytischen Schlagfluren in einer Einheit zusammen, wobei verholzende Gestrüpp- und Gebüsch-Arten die spezifische Garnitur der Kahlschlagstauden verdrängen. Hier wird der Prozeß der Wiederbewaldung und Waldheilung unmittelbar eingeleitet.

1. Senecionetum fuchsii (Kaiser 1926) Pfeiffer 1936 em. Oberd. 1973
Fuchsgreiskraut-Gesellschaft. Charakteristische Gesellschaft älterer Schläge auf frischen nährstoffreichen Böden des Berg- und Hügellandes.

AC: *Senecio fuchsii*

Sie löst in allen Fällen die Weidenröschen und Tollkirschen ab. Die Wiederbewaldung erfolgt meist über *Rubus idaeus*- und *Sambucus racemosa*-Stadien.

2. Rubetum idaei Pfeiffer 1936 em. Oberd. 1973
Himbeergestrüpp. Auf etwas trockeneren, nährstoff- und basenärmeren Stellen alter Waldlichtungen von der planaren bis zur subalpinen Stufe. Die Gesellschaft folgt in der Sukzession den vorigen Assoziationen.

AC: *Rubus idaeus*

Häufigste Gesellschaft älterer Waldverlichtungen vom planaren *Quercion robori-petraeae*-Wuchsbereich Norddeutschlands bis in die subalpine Stufe aufsteigend. Dort geht die Gesellschaft über in die subalpinen *Betulo-Adenostyletea*-Hochstaudenfluren.

3. Sambuco racemosae-Rubetum rudis R. Tx. & Neumann 1950
Traubenholunder-Gesträuch mit Roher Brombeere. Der Traubenholunder-Vorwald bekleidet alte Waldlücken und Waldschläge submontaner und montaner Buchenwälder auf nährstoffreichen Parabraunerden.

AC: *Sambucus racemosa*

Meist nur kleinflächig entwickelt im 4. bis 5. Jahr nach erfolgtem Schlag.

4. Lonicero-Salicetum capreae (Kulcz. 1927) R. Tx. 1950
Salweiden-Gesträuch. Folgt in der primären Sukzession den Kahlschlägen und leitet ebenso die Wiederbewaldung ein. Häufige Vorwald-Gesellschaft von der Ebene bis ins Bergland auf basenreichen bis basenarmen Standorten.

AC: *Salix caprea*

Das Salweidengebüsch bildet ebenso den Vorwald von eschen- und ulmenreichen Hartholzauen und Eichen-Hainbuchenwäldern auf frischen, pseudovergleyten Lehmböden.

5. Sorbetum aucupariae Oberd. 1973
Der Ebereschen-Vorwald ist bezeichnend für planare bis montane Silikatbuchenwälder

sowie für hochmontane Buchenwälder und Fichtenwälder; er kann bis über 1000 m Seehöhe aufsteigen. An der subalpinen Waldgrenze der Alpen gibt es nahtlose Übergänge zu *Betulo-Adenostyletea*-Gesellschaften, die vereinzelt auch in schneereichen Lagen der hohen Mittelgebirge auftauchen (z.B. Schwarzwald, Fichtelgebirge, Bayerischer Wald).

35. Klasse: Betulo-Adenostyletea Br.-Bl. & R. Tx. 1943 – Subalpine Hochstaudenfluren und Gebüsche

Grünerlen- und Weidengebüsche sowie strauchfreie Hochstaudenfluren auf mineralkräftigen, mittel- bis tiefgründigen, wasserversorgten Böden werden hier zusammengefaßt. Sie bilden die produktionskräftigsten Gesellschaften der europäischen Hochgebirge oberhalb der Waldgrenze.

1. Ordnung: Adenostyletalia Br.-Bl. 1931
Hochstaudenfluren und Gebüsche der hohen Mittelgebirge und der Alpen.

KC - OC: *Adenostyles alliariae, Cicerbita alpina, Geranium sylvaticum, Athyrium distentifolium, Ranunculus platanifolius, Viola biflora, Epilobium alpestre, Rosa pendulina, Salix waldsteiniana, Senecio nemorensis* u.a.

Es sind krautreiche Staudengesellschaften auf frischen, gut gelüfteten nährstoffreichen Böden im Bereich der Baum- oder Waldgrenzen.

1. Verband: Adenostylion alliariae Br.-Bl. 1925
Hochstaudenfluren und Grünerlengebüsche der Alpen. In Böden im Bereich der hoch

Abb. 204:
Bachbegleitendes
Alnetum viridis-Gebüsch
(Fimberbach, Ischgl 1990)

Abb. 205:
Alnus viridis-Knieholzgebüsch in der subalpinen Stufe auf sickerfrischen Schnee- und Lawinenrunsen-Standorten; bzw. durch Weideselektion positiv ausgelesen (Bodenalpe 1991)

montanen und subalpinen Stufe zwischen 1000 und 2000 Metern Seehöhe. Vorwiegend in kühlen, sonnenabseitigen Lagen.

VC: *Achillea macrophylla, Adenostyles alliariae, Peucedanum ostruthium, Saxifraga rotundifolia, Chaerophyllum hirsutum, Cortusa matthioli* u. a.

1. **Alnetum viridis** Br.-Bl. 1918

Grünerlen-Gebüsch. Spontaner Böschungsbesiedler an Alpenflüssen auf Rohböden, z. B. auf tonigen Substraten des Allgäu.

AC: *Alnus viridis*

Tritt anthropo-zoogen als Knieholz auch auf ehemaligen Waldstandorten auf; die Grünerle zeigt dort potentielle Waldstandorte an (vgl. Abb. 204 und Abb. 205). Pflanzengeographisch läßt sich nach OBERDORFER (1978) eine westliche Vikariante des Allgäu mit *Achillea macrophylla* von einer östlichen Vikariante in Berchtesgaden mit *Doronicum austriacum* differenzieren. Zum Teil mit *Salix waldsteiniana* und *S. hastata* in der oberen subalpinen Stufe der nördlichen Kalkalpen angereichert; solche kniehohen Bäumchen-weiden-Bestände werden auch als **Salicetum waldsteinianae** (Kägi 1920) Beger 1922 gefaßt (OBERDORFER 1978).

2. **Adenostylo-Cicerbitetum** Br.-Bl. 1950
   Alpine Hochstaudenflur. Die Gesellschaft entsteht nach Schlag aus dem *Alnetum viridis*; ihre natürlichen Vorkommen besitzt sie in der alpinen Stufe (Abb. 206).

   AC: *Adenostyles alliariae, Cicerbita alpina*

   Lichte, gehölzfreie subalpin-alpine Hochstauden-Gesellschaft der Alpen und der Mittel-gebirge (v.a. Bayerischer Wald, Rhön, Schwarzwald, Harz, verarmt bis in das Sauerland). Die norddeutschen Bestände am Rande kleiner Wasserläufe sowie an Quellaustritten in der Buchenwaldstufe des Harzes und des Rheinischen Schiefergebirges sind meist nur noch von *Cicerbita alpina, Petasites albus, Luzula sylvatica, Ranunculus platanifolius* und *Senecio nemorensis* geprägt; sie werden auch als **Petasito albi-Cicerbitetum alpinae** R. Tx. 1931 bezeichnet.

3. **Salicetum appendiculatae** Br.-Bl. 1950 em. Oberd. 1957
   Schluchtweiden-Gesellschaft. Charakteristische primäre Stauden- und Strauch-Gesell-schaft der Lawinenbahnen im Schwarzwald in ost- und nordseitigen Lee-Lagen (Abb.207).

   AC: *Salix appendiculata*

   Am Feldberg eine spätglaziale Reliktgesellschaft, die unter nährstoffarmen Bedingungen verstärkt mit *Sorbus aucuparia* angereichert ist (OBERDORFER 1978).

Abb. 206:
Adenostylo-Cicerbitetum als typische subalpin-alpine Hochstaudenflur auf sickerfrischen, nährstoffreichen Rohbodenstandorten im Kleinen Walsertal (1983)

Abb. 207:
Salicetum appendiculatae-Gebüsch mit bogenartig aufsteigenden Zweigen der Schluchtweide als Pioniergebüsch auf Lawinenbahnen und Schneerunsen; in der orealen Waldstufe bis oberhalb der Waldgrenze verbreitet, und dort vom *Alnetum viridis* abgelöst (Feldberg, 1985)

Abb. 208:
Karsteilwand unterhalb des Hohneckgipfels in den Vogesen mit natürlichen Gebüschgesellschaften des präalpinen *Sorbo-Calamagrostidetum* (Frankenthalkar, 1991)

2. Verband: Calamagrostion villosae Luquet em. Oberd. 1957
Subalpine Hochgrasfluren. Mesophytische Hochgrasfluren der hercynischen Mittelgebirge (Urwiesen) mit der Gattung Reitgras (*Calamagrostis*) in der hochmontan-subalpinen Waldgrenzstufe. Auf basenreichen, aber kalkarmen und sommerwarmen Standorten.

VC: *Calamagrostis arundinacea, C. villosa, Hieracium prenanthoides, H. aurantiacum, Knautia sylvatica*

In den westlichen Mittelgebirgen herrscht *Calamagrostis arundinacea*, in den östlichen Mittelgebirgen dagegen *C. villosa* vor.

1. Sorbo-Calamagrostietum Oberd. (1936) 1957 em. Carbiener 1969
Subalpine Mehlbeer-Gesellschaft. Primäre Hochgrasflur an licht- und windexponierten Stellen und Karwänden des Hochschwarzwaldes bei 1200 m Höhe (Abb. 208).

AC: *Sorbus chamaemespilus, S. aria*

Die Gesellschaft bildet im Südschwarzwald und auch in den Vogesen primäre Gebüsche der Kare in 1200 bis 1400 m Höhe. Subalpin anmutende Reliktgesellschaft der postglazialen Wärmezeit (CARBIENER 1969).

2. Hieracium aurantiacum-Calamagrostis villosa-Gesellschaft Lippert 1966
Auf mergeligen Böden der Berchtesgadener Alpen kommt diese östlich verbreitete Gesellschaft noch vor.

D: *Calamagrostis arundinacea, C. villosa, Hieracium aurantiacum*

Status noch unklar.

3. Athyrietum distentifolii Schlüter 1966
Die Gebirgsfrauenfarngesellschaft ist eine Hochstaudenflur an Quellgräben und Quellrinnen in den Hochlagen der Mittelgebirge (v.a. im Harz und in Thüringen) in der Fichtenwaldstufe.

AC: *Athyrium distentifolium*

Es sind auffällige, dichte Farnbestände aus der Charakterart aufgebaut. Diese natürliche, v.a. in den Alpen verbreitete Staudenflur ist häufig Ersatzgesellschaft von bachbegleitenden Fichtenwäldern (SCHLÜTER 1966).

IX. Zwergstrauch-Gesellschaften und Borstgras-Triften

Von Ericaceen, Gräsern und Seggen dominierte Vegetationseinheiten mit zwergstrauchreichen Heiden und abgetrockneten Heidemooren. Auf meist nährstoffarmen Standorten, bei denen oft die Lückigkeit und Lockerheit der Kormophyten noch eine gut entwickelte Moosschicht zuläßt.

Diese Vegetationseinheiten gehören zum Vegetations- und Landschaftsinventar der Extensivlandschaften Mitteleuropas, die entweder nur beweidet, geplaggt, gebrannt oder einmal im Jahr gemäht wurden. Durch die Intensivierung der landwirtschaftlichen Produktion gehören sie heute vielfach zu den bedrohten Vegetationstypen.

36. Klasse: Nardo-Callunetea Prsg. 1949 – Borstgrasrasen, Zwergstrauchheiden und Ginsterheiden

Anthropogene Pflanzengesellschaften v.a. in der Montanstufe der Mittelgebirge und in den Geestgebieten Nordwestdeutschlands. Es sind meist einschichtige Rasengesellschaften, deren Physiognomie durch das Vorherrschen von *Nardus stricta* bestimmt wird, oder boreoatlantische bis subkontinentale Heiden, welche von niedrigen Zwergsträuchern dominiert werden. Hauptverbreitungsgebiete befinden sich in Norddeutschland, in den hohen Mittelgebirgen sowie in den niederschlagsreichen Außenketten der Alpen. Klassentypische Standortsfaktoren sind: niedriger pH-Wert, geringe Nährstoffreserven der Böden, v.a.

Calcium und Nitrat, volle Besonnung und extensive Beweidung mit zusätzlichem Brand und Plaggenstich.

> KC: *Calluna vulgaris, Carex pilulifera, Danthonia decumbens, Luzula multiflora, Potentilla erecta*

Borstgrasrasen sind vielfach artenarme Bestände oder klassenlose Gesellschaften. Ihre Primärvorkommen haben sie wohl auf Silikatböden in der Nähe von Schneeböden in der subalpinen Stufe, an Moorrändern in der Montanstufe sowie an wechselfeuchten Niedermoorrändern der Ebenen. Die Klasse gliedert sich in die beiden Ordnungen der **Nardetalia strictae** für die Magertriften und die **Calluno-Ulicetalia** für die Zwergstrauchheiden.

1. Ordnung: Nardetalia strictae Oberd. ex Prsg. 1949

Borstgrasrasen. Meist planar bis subalpin verbreitete Pflanzengesellschaften, die nach oben hin von den alpinen Nacktried- und Krummseggenrasen abgelöst werden. Mit der Höhenlage ergibt sich eine Differenzierung in einen planaren bis montanen **Violion caninae-Verband** und einen hochmontanen bis subalpinen **Nardion strictae-Verband;** daneben läßt sich im atlantischen und subatlantischen Nordwesten ein zugleich edaphisch bedingter Feuchtrasen-Verband des **Juncion squarrosi** ausdifferenzieren.

> OC: *Antennaria dioica, Arnica montana, Botrychium lunaria, Coeloglossum viride, Dianthus seguieri, Nardus stricta, Hypericum maculatum, Alchemilla hybrida, Galium harcynicum, Euphrasia stricta*

1. Verband: Juncion squarrosi Passarge 1964

Torfbinsen-Gesellschaften. Feuchte Borstgrasrasen auf sauren Anmoorböden wachsend, vielfach im Kontakt zu Glockenheidegesellschaften, Feuchtwiesen und Kleinseggenriedern. Die Gesellschaften sind durch eine Reihe von feuchte- bis nässeliebenden Sippen floristisch stark abgehoben, so durch *Juncus squarrosus, Carex nigra, C. panicea, Hydrocotyle vulgaris* und *Viola palustris*. Vielfach atlantisch bis subatlantisch verbreitete Vegetationseinheiten in den Küstengebieten von Nord- und Ostsee, im altpleistozänen Tiefland Norddeutschlands sowie in den atlantisch-subatlantischen Mittelgebirgsregionen.

1. Nardo-Juncetum squarrosi Nordhagen 1922

Gesellschaft der Sparrigen Binse. Auf sauren, stark verdichteten Gleypodsolen, oft bandförmig entwickelt auf Wegen und an Wegrändern.

> AC: *Juncus squarrosus, Pedicularis sylvatica, (Polygala serpyllifolia)*

Die collin bis hochmontan verbreitete Gesellschaft zeigt verschiedene Standortausbildungen. So läßt sich ein lungenenzianreicher Borstgrasrasen als **Gentiano pneumonanthes-Nardetum strictae** Prsg. 1950 auf feuchten, entkalkten Sanden in Dünentälern auf den Inseln (dort teilweise mit viel *Plathanthera bifolia, Botrychium lunaria* und *Pedicularis sylvatica*) und in abflußlosen Senken der Feuchtheiden auf der Geest beschreiben.

Beide genannten Gesellschaften sind bezeichnend für Eichen-Birkenwald-Landschaften Nordwestdeutschlands.

2. Eriophoro-Nardetum strictae Hempel 1974

Der Scheidenwollgras-Borstgrasrasen ist für die nassen, ständig von Wasser durchrieselten Torfabbauflächen der oligotroph-sauren Hang- und Regenmoore des Erzgebirges beschrieben worden.

> D: *Eriophorum vaginatum, E. angustifolium*

Bei genügenden Resttorfanteilen erhalten sich solche Bestände durchaus als Dauergesellschaften; nach Abtorfung oder Entwässerung sind sie leicht in feuchte Grünlandgesellschaften zu überführen.

2. Verband: Violion caninae Schwickerath 1944

Borstgrasheiden auf trockenen Standorten. Bodensaure Magerrasen im atlantischen Teil Deutschlands von der planaren bis zur montanen Stufe. Natürliche Vorkommen sind oft sehr kleinflächig an Felsbändern und Felsköpfen sowie im Umfeld natürlicher Sandheiden zu finden. Initiale Bestände auf sandig-grusigen, silikatischen Standorten werden vielfach zu den offenen, lückigen, therophytenreichen *Sedo-Scleranthetea*-Gesellschaften gerechnet. Die *Violion*-Gesellschaften sind dichtrasig strukturiert.

1. Polygalo-Nardetum Oberd. 1957

Kreuzblumen-Borstgrasrasen. Bezeichnende Magergesellschaft der Geest, dort nur in Rudimenten vorhanden (z.B. Hümmling, Lüneburger Heide, Hiddensee), optimal in der submontanen und montanen Stufe der Mittelgebirge als beweidete Rasengesellschaft (Abb. 209).

AC: *Polygala vulgaris, Viola canina, Hypericum maculatum*

Auf den Granit-, Basalt- und Buntsandstein-Verwitterungsböden der Mittelgebirge (z.B. Rheinisches Schiefergebirge, Rhön, Oberpfälzer Wald und Bayerischer Wald) dringen vermehrt *Galium harcynicum, Gentiana bohemica* (endemisch im Bayerischen Wald) in den Kreuzblumen-Borstgrasrasen ein. Solche montanen Bestände werden auch als **Hyperico maculati-Polygaletum** Prsg. 1950 in Klapp 1951 bezeichnet. In den hochmontanen Lagen des Schwarzwaldes, in den Hochlagen der Eifel und der Rhön sowie im Harz treten beispielsweise *Meum athamanticum*-reiche Borstgrasrasen auf. Sie sind besonders reich an Bärwurz, an *Arnica montana, Galium harcynicum, Lathyrus montanus* und *Hypericum maculatum*, und sind als *Meum athamanticum*-reiche Höhenformen der *Nardus*-Gesellschaften anzusehen.

2. Thymo serpylli-Festucetum turfosae Oberd. & Görs ap. Görs 1968

Der Torf-Schafschwingelrasen wächst primär am Rande von Hoch- und Zwischenmooren, sekundär auch auf ausgetrockneten Torfbänken am Rand gestörter Moore mit *Thymus serpyllum* und *Festuca ovina var. turfosa*. V.a. im Schwäbisch-Bayerischen Alpenvorland und im Oberpflälzer Wald (WALENTOWSKI et al. 1991).

Abb. 209:
Wacholderheide am Gräftenberg/Sauerland mit dem Vegetationskomplex *Polygalo-Nardetum* und *Dicrano-Juniperetum* (aus POTT 1985b)

3. **Festuco-Genistetum sagittalis** Issler 1927
Flügelginster-Weide. Magerweide in mittleren Hochlagen des Südschwarzwaldes, im Nordschwarzwald und auf der Schwäbischen Alb.

AC: *Genista sagittalis, Festuca rubra*

Auf kalkarmen, aber basenreichen Rankern, sommerwarm. Sehr kleinflächig auf Tertiärschottern nach Osten bis nach Bayern vordringend mit vermehrten Anteilen an *Viscaria vulgaris*.

4. **Aveno-Genistetum sagittalis** Oberd. 1957
Wiesenhaferreiche Flügelginsterweide. Ersetzt die erste weiter im Osten des Südschwarzwaldes.

D: *Avena pratensis, Genista sagittalis*

Von Neustadt/Schwarzwald bis Regensburg.

5. **Polygono vivipari-Genistetum sagittalis** (Kuhn 1937) Th. Müller 1978
Knöterichreiche Flügelginsterweide. Territorial-Assoziation auf der südlichen Schwäbischen Alb.

D: *Polygonum viviparum, Genista sagittalis, Salix starkeana*

Mit zahlreichen präalpinen Arten, z. B. Irndorfer Hardt.

3. Verband: **Nardion strictae** Br.-Bl. in Br.-Bl. & Jenny 1926
Hochmontane und subalpine Borstgrasmatten. Magere Grastriften auf kalkarmem, sauerhumosem Lehm und steinigen Böden der hochmontanen bis subalpinen Höhenstufe. In den Mittelgebirgen und den Alpen von rund 1000 m bis über 2200 m reichend.

VC: *Campanula barbata, Diphasium alpinum, Gentiana kochiana, Gentiana punctata, Leontodon helveticus, Leucorchis albida, Potentilla aurea, Phyteuma betonicifolium* u.a.

Meist handelt es sich um Ersatzgesellschaften ehemaliger Waldbestände oder Knieholzgesellschaften. An der oberen Verbreitungsgrenze stoßen die *Nardion*-Gesellschaften an die *Caricion curvulae*-Gesellschaften, mit denen sie sich verbinden. Das strohige Borstgras ist aufgrund seiner brettförmigen Horste verbiß- und trittunempfindlich, es besitzt eine endotrophe Mykorrhiza, überwintert in grünem, assimilationsfähigem Zustand und ist unempfindlich gegen Bodenverdichtungserscheinungen. So besitzt *Nardus* gewisse Konkurrenzvorteile, die eine Ausbreitung bei Extensivbeweidung erklären. Nur an windgefegten Standorten wird *Nardus* von Zwergsträuchern ersetzt.

1. **Nardetum strictae** Br.-Bl. 1949 em. Oberd. 1950
(= **Nardetum alpigenum**)
Hochmontane Borstgrasmatten. In hochmontanen Gebieten der Nordalpen zwischen 1000 und 1800 m Höhe auf kalkarmen oder entkalkten Lehmböden.

D: *Nardus stricta*

Auch in Hochlagen der Mittelgebirge (Harz, Bayerischer Wald u.a.). Vielgestaltige Gesellschaft, die sich mehrdimensional gliedern läßt (Abb. 210).

2. **Aveno versicoloris-Nardetum** Oberd. 1957
Subalpine Borstgrasmatten. Buntblumige Weidegesellschaft an der Grenze zur alpinen Stufe.

Abb. 210: Borstgrasrasen in der Gipfelregion der Vogesen (Hohneckmassiv ca. 1100 m NN) mit *Pulsatilla alba* (= *P. micrantha*), die für die europäischen Mittelgebirge (Vogesen - Harz - Karpaten) als endemisch gilt

AC: *Avena versicolor, Hypochoeris uniflora*

Verbindet sich mit den alpinen Krummseggenrasen (siehe dort).

3. **Leontodonto helvetici-Nardetum** Bartsch 1940
   Hochmontane Borstgrastrift des Hochschwarzwaldes. Als Eiszeitrelikte auf Feldberg und Belchen anzusehen, gegenüber den Alpen verarmte Gebietsassoziation.

   AC: *Leontodon helveticus, Potentilla aurea*

   Beide Kennarten sind progressive Glazialrelikte (WILMANNS1989a). Dieser Gesellschaft steht in den Vogesen das **Violo-Nardetum** gegenüber. Statt *Potentilla aurea* ist dort auch *P. crantzii* vorhanden.

4. **Violo-Nardetum** (Issler 1927) Oberd. 1957
   Vogesen-Borstgrasrasen. Korrespondierend zum Schwarzwald hat sich in den Hochlagen der Vogesen eine reliktisch-isolierte Gebietsassoziation mit

   AC: *Viola lutea, Potentilla crantzii* (D)

   ausgebildet. In der Gipfelregion des Hohneck (Abb. 211, 212) und des Belchen-Massivs auf dem Vogesenkamm verbreitet.

5. **Pulsatillo-Nardetum** R. Tx. 1937
   Anemonen-Borstgrasrasen. Weithin zerstörte Lokalassoziation des Brockens im Harz. Kleinflächige, primäre Vorkommen gibt es über Podsolrankern auf der Brockenkuppe und noch auf Thurfuren in den Hochvogesen (Abb. 210).

   AC: *Pulsatilla alba*

Die Kleine Alpenanemone (*Pulsatilla alba* = *P. micrantha*) ist als Eiszeitrelikt endemisch in den Hochlagen europäischer Mittelgebirge (Harz, Karpaten, Vogesen). Die Gesellschaft ist eventuell auch nur eine geographische Vikariante eines weiter gefaßten *Lycopodio-Nardetum*.

Abb. 211:
Das Vogesen-Stiefmütterchen (*Viola lutea*) in der gelben Blütenform. Diese westpräalpine Art blüht auch blau und zeigt alle Farbübergänge zwischen beiden Grundfarben (Hohneck, 1990)

Abb. 212:
Vogesen-Stiefmütterchen (*Viola lutea*), blaue Form (Hohneck, 1990)

Abb. 213:
Waldreiche *Calluna*-Heiden-Kulissenlandschaft im Eichen-Birkenwaldgebiet der zentralen Lüneburger Heide mit Wacholderhain, Birkenalleen, Waldinseln und genutzter Agrarlandschaft (1992)

6. Lycopodio alpini-Nardetum Prsg. 1953

Alpenbärlapp-Borstgrasrasen. Lokalassoziation des Harzes, des Bayerischen Waldes und des Böhmerwaldes. Floristisch arme und meist auch kennartenarme Bestände. Im Fichtelgebirge und im Brocken-Massiv des Harzes ab 1000 m Höhe.

AC: *Lycopodium alpinum*

Ebenfalls Reliktgesellschaft, die sich auf Waldlichtungen und Weideflächen sekundär ausgedehnt hat. Sie wurde früher gelegentlich zur Streunutzung gemäht oder beweidet. Derzeit werden die Bestände aber vielfach nicht mehr bewirtschaftet, so daß eine Verheidung mit *Calluna vulgaris, Vaccinium myrtillus* und *V. vitis-idaea* (*Vaccinio-Callunetum*) eingesetzt hat, die im Hochharz beispielsweise zur Rückbewaldung mit *Picea abies* führt.

Eine Vielzahl präalpiner Arten oder arktisch-alpiner Reliktpflanzen hat in dieser Gesellschaft ihren Verbreitungsschwerpunkt in den höchsten Mittelgebirgen, z.B. *Leucorchis albida, Solidago virgaurea ssp. minuta, Luzula sudetica, Hieracium gothicum, Rhinanthus pulcher* (Erzgebirge) und *Hieracium alpinum*. Das Alpen-Habichtskraut dominiert zusammen mit *Huperzia selago, Thamnolia vermicularis* und *Lophozia alpestris* beispielsweise in dieser Gesellschaft an windbeeinflußten Stellen in der oberen Fichtenwaldstufe des Harzes.

2. Ordnung: Calluno-Ulicetalia R. Tx. 1937

Ginsterheiden, Heidekraut-Heiden und subozeanische Zwergstrauchheiden. Teilweise an Felsvorsprüngen und Steilhängen natürlich verbreitete, sonst aber anthropo-zoogene Vegetationseinheiten (Abb. 213).

OC: *Genista pilosa, Hypnum ericetorum, Dicranum spurium, D. undulatum, Ptilidium ciliare, Cladonia bacillaris, C. floerkeana*

Die Gesellschaften sind infolge von Extensivnutzungen anstelle bodensaurer Wälder des *Quercion robori-petraeae*, des *Luzulo-Fagion* oder des *Vaccinio-Piceeion* entstanden. Der Wald war über Jahrhunderte hinweg bei der Heidewirtschaft eine essentielle Flächenreserve, er lieferte Mast, Streu, Bau- und Brennholz; das **Heidebauerntum** war also stets auf funktionsfähige Waldungen oder Waldreste angewiesen. Erhebliche Mengen und hoher Bedarf an gestochenen Plaggen und gemähter Streuheide führten schließlich zur Flächenausweitung der Heiden, wobei der Zeitraum der Regeneration bis zum erneuten Schluß der Heidedecken auf geplaggten Flächen immer länger und die Rotation immer ungünstiger wurde (s. auch POTT & HÜPPE 1991). Je nach Standortqualität und Bodenzustand schwankten die Regenerationszeiten beim Plaggenhieb zwischen 4 und 40 Jahren, beim Mähen der Heide zwischen 4 und 24 Jahren (s. auch Tab. 9). Brand oder Beweidung in unterschiedlicher Intensität und Dauer waren für die Regeneration und den Erhalt der Heiden ebenfalls notwendige Voraussetzungen (Tab. 9). Die Nutzungszeiträume und spezifischen Betriebsformen des typischen norddeutschen Heidebauerntums waren und sind die essentiellen Bedingungen für die ständige Verjüngung und Ausbreitung der Heide auf Kosten des Waldes.

Die frühere Bewirtschaftungsweise hat sich genau auf den Lebenszyklus von *Calluna vulgaris* und der von ihr aufgebauten Sandheide-Gesellschaft (*Genisto-Callunetum*) auf trockenen Böden eingespielt. Wenn *Calluna vulgaris* sich neu oder an einer abgeplaggten bzw. gebrannten Stelle wieder etabliert, dauert es zunächst etwa 2–3 Jahre (selten 6 Jahre), bis die Jungpflanzen blühen. In der Pionierphase der Sandheide-Gesellschaft deckt das Heidekraut nur etwa 10 % der Fläche. Der nackte Sandboden wird in dieser Phase von verschiedenen Strauchflechten besiedelt (u.a. *Cladonia mitis, Cl. uncialis, Cl. impexa*; s. auch GIMINGHAM 1972, 1978). Nach etwa 6–10 Jahren deckt *Calluna* dann bis über 90 % des Bodens und blüht sehr üppig. Diese Aufbau- und Reifephase der *Calluna*-Pflanze ist zugleich die Optimalphase der Gesellschaft selbst und dauert etwa bis zum *Calluna*-Individualalter von 15–20 Jahren. Dann beginnt die Degenerationsphase, wobei die *Calluna*-Pflanzen vom Zentrum her absterben, sich dagegen mit seitlich abgebogenen und dem Boden aufliegenden Zweigen adventiv bewurzeln können und dann oft ringförmige Strukturen um eine zentrale Lücke bilden (Abb. 214). Stellenweise kann sogar *Leucobryum glaucum* solche degenerierten *Calluna*-Büsche besiedeln und diese mit mehr als 20 cm hohen Polstern überwuchern, aus denen die Besenheide an wenigen Stellen noch durchtreiben kann. Solche *Leucobryum*-Überwucherungen sind imstande, jahrelang über den zerfallenden *Calluna*-Strünken weiterzuwachsen. Der Deckungsgrad der lebenden Pflanzen kann in diesem Stadium noch 40 % erreichen, ist aber rückläufig. Im Degenerationsalter ist *Calluna* vielfach von epiphytischen Flechten, v.a. *Hypogymnia physodes* bewachsen. Die Blatt- und Blühentwicklung der Besenheide ist meistens reduziert, und im Alter von 25–30 Jahren stirbt die Pflanze ab.

Je nach Ausgangsgesellschaft und natürlicher Situation haben sich auf diesem Wege verschiedene Heidetypen entwickelt:

Abb. 214:
Degenerierendes Exemplar von *Calluna vulgaris*, vom Zentrum her absterbend, mit seitlich abgebogenen, dem Boden anliegenden Zweigen, die sich adventiv bewurzeln. So entsteht eine ringförmige Struktur mit zentraler Lücke.

Tab. 9: **Einflüsse von Wirtschaftsweisen des nordwestdeutschen Heidebauerntums auf die Artenzusammensetzung und Regeneration der Heiden (aus POTT & HÜPPE 1991)**

1. Plaggenwirtschaft

Plaggenhieb alle 4-8 Jahre
(Heiderohhumus wird mit Vegetation vom Boden abgeschält)

Heidehieb
(nur oberirdische Teile werden abgeschlagen, Humus bleibt liegen)

Nutzung
(als Stallstreu, Plaggendüngung, Eschkulturen, Dachdeckmaterial, Wärmedämmung bei Häusern und Stallgebäuden). Stellenweise wurde für Plaggen- und Streuheidenutzung 1/5 der Heideflächen benötigt.

Die Regeneration der Heide ist abhängig von der Tiefe des Plaggenstichs.

– bei > 20 cm: Entwicklung zu Moos- und Flechten-reichen Heiden

– bei < 20 cm: *Calluna*-Keimung; optimal ca. 12 cm (dichte *Calluna*-Keimung, da Samenbank teilweise erhalten bleibt)

2. Brand

Regeneration abhängig von Maximaltemperatur des Feuers sowie Alter und Artenzusammensetzung der Heide. Temperaturen unter 400°C sind günstig in Bodennähe, da Stammbasis von *Calluna* nicht geschädigt wird, andere Biomasse aber verbrennt.

Optimale Verjüngung bei 6-10jährigen Beständen mit Brand im Herbst. Bei 15jähriger Heide läßt Regenerationsfähigkeit nach.

Brand fördert die Keimung von *Calluna*-Samen. Werden diese eine Minute lang Temperaturen von 40-80°C ausgesetzt, so wird die Keimung begünstigt.

Substratabhängigkeit: auf Humus und Torf besser als auf Mineralsand. Ausschlaggebender Faktor für Keimung ist Wasserversorgung im Oberboden.

Bei vergrasten Heiden —> Ausbreitung von *Avenella*, *Nardus* und *Molinia*. Auf Sand —> Ausbreitung von *Rumex acetosella*.

Vernichtung von Flechtenpopulationen.

3. Mahd

Mahd an 6-8jährigen Beständen (*Genisto-Callunetum typicum* reagiert durch Stockausschlag)

11-15jähriger Mahd-Turnus (dauerhafte Verjüngung)

Bereits vergraste Heiden vergrasen nach Mahd noch mehr, da sich Gräser schneller als die Zwergsträucher entwickeln.

4. Beweidung

Abhängigkeit von Intensität, Dauer und Art der Beweidung. Bei geringem Schafbestand werden zunächst *Calluna*, die Laubgehölze und viele Grasarten gefressen. Bei intensiver Schafbeweidung kommen *Molinia caerulea* und *Betula pendula* hinzu.

Fraßverhalten der Weidetiere (Schafrassen, Witterungsverhältnisse, und Nahrungsangebote sind die Variablen. *Nardus stricta* und *Avenella flexuosa* werden durch Beweidung gefördert.

Selektion bestimmter Pflanzenarten (z.B. *Genista anglica*, der nur schwach verbissen wird).

Glockenheide (*Erica tetralix*) und Krähenbeere (*Empetrum nigrum*) werden nicht verbissen.

5. Imkerei (Zeidlerei)

Abhängig vom Verjüngungszustand der *Erica*- und *Calluna*-Heiden (Blühangebot).

Erhöhung der Blühfähigkeit von *Calluna* bei Nutzung als Bienenweide durch Brand; 2-3 Jahre nach Brand kann mit Vollblüte und reichem Honigertrag gerechnet werden.

Die Heidschnucken durchtreten nicht nur den Rohhumus und ermöglichen so eine bessere Keimung, sie zerstören auch die zahlreichen Spinnweben und sichern so die Bienen.

Die Bienenvölker der Heide sind durch ihren Blütenflug Voraussetzung einer reichen Samenproduktion von *Calluna*. Auf 1 m² Heide können bis zu 800.000 Samen produziert werden.

6. Zeitliche Entwicklung des Heidebauerntums

bis etwa 1775: gemeinsames Flureigentum von Dorfgenossen an Feld, Wiesen, Wiede, Wald, Heide und Moor.

Seit 1750 Anstoß zu intensiverer land- und forstwirtschaftlicher Nutzung mit Meliorationen (Heideumbruch, Entwässerung von Feuchtheiden, Aufforstungen und Kultivierungen, nachlassende Nachfrage nach Wolle, Mechanisierung der Arbeit.

1775 erster Kartoffelanbau.

1775-1840: Phase der auslaufenden Heidebauernwirtschaft. Einführung von Mineraldünger.

1847-1870: Phase der Gemeinheitsteilungen und Verkoppelungen.

1. Verband: **Genisto-Callunion** Bocher 1943

Subatlantisch-subboreale Ginsterheiden. Zwergstrauchheiden saurer Sand- oder Felsböden; als Ersatzgesellschaften besonders auf der Geest (Heidelandschaften).

VC: *Genista anglica, G. pilosa, G. germanica, Lycopodium clavatum*

1. **Genisto pilosae-Callunetum** Oberd. 1938

Sandginster-Heide. Als Ersatzgesellschaft bodensaurer Wälder des *Quercion robori-petraeae* früher weite Flächen bedeckend. Von Nordwestdeutschland bis in die Prignitz-Region und nach Bayern ausstrahlende subatlantische Gesellschaft. Oft fragmentarisch ohne AC entwickelt.

AC: *Genista pilosa, G. anglica, Cuscuta epithymum, Hypnum ericetorum*

Im eu-atlantischen Gebiet Nordwestdeutschlands findet sich die vikariierende Gesellschaft mit *Genista anglica* (= **Genisto anglicae-Callunetum** R. Tx. 1937). Die beherrschende Art ist *Calluna vulgaris* (Abb. 213), alle *Vaccinium*-Arten treten in der Regel stark zurück. An lokalklimatisch kühleren Stellen, wie z.B. an Nordhängen bilden *Vaccinium myrtillus, V. vitis-idaea, Trientalis europaea* und *Lycopodium clavatum* aber wiederum boreal anmutende Gesellschaftsausprägungen, die im Nordosten Deutschlands von der nordöstlichen Lüneburger Heide bis nach Mecklenburg sogar mit der spalierwüchsigen *Arctostaphylos uva-ursi* angereichert sind. Sukzession führt meist in allen Fällen über ein Birkenstadium zum Wald.

Im Bereich intakter *Calluna*-Heiden des Binnenlandes wächst die in Küstenheiden flächenhaft verbreitete Krähenbeere (*Empetrum nigrum*), wenn überhaupt, dann nur an Schatthängen oder im Halbschatten von Wald- und Gebüschrändern, d.h. in mikroklimatisch relativ günstigen Flächen (ELLENBERG 1989). Als Element der Sandheiden des Binnenlandes erfüllt die mehr nördlich-boreal verbreitete Krähenbeere in der Feldschicht des *Genisto-Callunetum* alle Bedingungen einer Differentialart von geographischen Rassen; eigene *Empetrum*-Gesellschaften von Binnenlandsheiden, wie sie beispielsweise BARKMAN (1990) als **Orthocaulo-Empetretum** vom *Genisto-Callunetum* abtrennt, lassen sich derzeit noch nicht erkennen.

Als Ursachen für die in jüngster Zeit vermehrt zu beobachtende, oft sprunghafte Ausbreitung von *Empetrum* im *Genisto-Callunetum* des Binnenlandes kann man im Moment nur einen Faktorenkomplex annehmen, der sich nach BARKMAN (1990) sowie POTT & HÜPPE (1991) offenbar aus folgenden Einzelfaktoren zusammensetzt:

– Die ökologischen Ansprüche von *Empetrum* und *Calluna* sind nicht gleich.
– *Calluna* meidet den Baumschatten, *Empetrum* dagegen erträgt Schatten.
– *Empetrum* erträgt im Gegensatz zu *Calluna* Übersandung.
– *Empetrum* ist trittempfindlich und wird bei Schaf- oder Heidschnuckenbeweidung mechanisch geschädigt; nach Aufgabe oder Nachlassen der Schafbeweidung kann sich *Empetrum* ausdehnen.
– Bei starker Überbeweidung oder nach *Lochmaea*-Befall kann *Empetrum* ehemalige *Calluna*-Flächen einnehmen; *Lochmaea suturalis* befällt nur *Calluna*, und die Larven von *Lochmaea* können sich nur in feuchten, dichten Rohhumusdecken unter alten *Calluna*-Beständen entwickeln, wo sie vor Austrocknung geschützt sind.
– *Empetrum* hat demgegenüber keine direkten Schädlinge, ist sehr konkurrenzkräftig und kann sich mit aufsteigenden Ästen als Spreizklimmer ausbreiten (Abb. 215). Kegelförmige Zwergstrauchröcke können sich ringartig im Stammbereich von Eichen und Kiefern bis zu einer Höhe von 60 cm herausbilden, in Wacholderbüschen sogar bis zu mehr als einem Meter.
– *Empetrum* und *Calluna* haben als ericoide Arten eine unterschiedliche Struktur. *Empetrum* ist ein Flach-Zwergstrauchtyp mit glatter Oberfläche, *Calluna* ein irregulärer

Abb. 215: *Empetrum nigrum* bildet als Spreizklimmer im Stammfußbereich von Wacholderbüschen rockartige, konisch zugespitzte Schürzen bis zu 60 cm Höhe.

Zwergstrauchtyp mit unregelmäßiger Oberfläche. Deshalb genießt *Empetrum* im Winter besseren und länger anhaltenden Schneeschutz als *Calluna*.

Die skizzierten strukturellen und kleinstandörtlichen Unterschiede zwischen *Calluna*- und *Empetrum*-Heiden bedingen natürlich auch deren unterschiedliche Artenkombinationen. Eigenartigerweise vergrasen die *Empetrum*-Flächen nicht, während zahlreiche *Calluna*-Heiden heute starken Vergrasungsphänomenen mit *Avenella flexuosa*, *Nardus stricta* oder auch *Molinia caerulea* unterliegen.

2. **Genisto germanicae-Callunetum** Oberd. 1957
Deutschginster-Heide. Die Gesellschaft löst die subatlantische Sandheide (*Genisto pilosae-Callunetum*) im mittleren und östlichen Deutschland ab.

D: *Genista germanica*

Leicht sommerwarme Assoziation; auf lehmigem, kalkarmem Substrat bis in die mittleren Gebirgslagen des Thüringisch-fränkischen Waldes und des Donau-Isar-Hügellandes. Fehlt im Alpenraum.

Die zentraleuropäischen Heidekrautheiden werden vielfach diversen Regionalassoziationen zugeordnet: das **Antherico-Callunetum** Stöcker ap. Schubert 1960, an extrem exponierten Südhängen von Flußtälern Mitteldeutschlands, das **Festuco cinereae-Callunetum** Schubert 1960 im Kyffhäuser und südlichen Harzrandgebiet, das **Euphorbio cyparissiae-Callunetum** Schubert 1960 auf Silikatstandorten im mitteldeutschen Trockengebiet. Das **Cladonio-Callunetum** Krieger 1937 und das **Carici-Callunetum** Passarge 1981 sind für pleistozäne Binnendünen beschrieben (Schubert 1973). Hier treten atlantische Florenelemente stark zurück und kontinentale Elemente werden häufiger; die Konkurrenzkraft des Heidekrautes ist in der Regel so geschwächt, daß zahlreiche Elemente der Xerothermrasen vermehrt eindringen können.

3. **Vaccinio-Callunetum** Büker 1942
Bergheide. Montan verbreitete Heiden auf sauren Gesteinsböden aller Mittelgebirge als Ersatzgesellschaft bodensaurer Buchenwälder (Abb. 216).

Abb. 216:
Montane Heide vom Typ des *Vaccinio-Callunetum* im Hochsauerland (1984)

D: *Vaccinium vitis-idaea, V. myrtillus, Melampyrum pratense*

Primäre Vorkommen auf felsigen Böden sowie am Rand von Vermoorungen.

4. **Cytiso supini-Antennarietum** Prsg. 1953
   (= **Cytiso-Callunetum** Oberd. 1957)
   Geißklee-Heide. Im östlichen Bayern, im donaunahen Niederbayern und am Fuß des Bayerischen Waldes als Territorialassoziation.

   D: *Cytisus supinus*

   Primäre Standorte auf Granit-Felsköpfen im Saum bodensaurer, kontinentaler Eichen- oder Eichen-Kiefernwälder.

Die vermehrte Ausbreitung von *Avenella flexuosa* in planaren und montanen Heiden, die seit den 50er Jahren zunehmend beobachtet wird, ist mit hoher Wahrscheinlichkeit einer Zunahme aerosoler Stickstoff-(N) und Stickoxid-(NO_x)-Verbindungen sowie Schwefeldioxid-(SO_2)- oder Ammonium-(NH_3)-Depositionen zuzuschreiben, die gleich in die Biomasse inkorporiert werden. Bei Zufuhr von Ammonium und Schwefeldioxid erfolgt beispielsweise eine leicht beobachtbare Schädigung der Cuticula von *Calluna vulgaris* und damit verbunden eine gleichzeitige Erhöhung des parenchymatischen Blattgewebeanteiles. *Lochmaea suturalis* kann als monophages Schadinsekt somit erfolgreich und vermehrt angreifen, die *Calluna*-Heide dezimieren und sekundäre Aufwuchsflächen für *Avenella flexuosa* oder auch für *Empetrum* schaffen.

Es läßt sich aber auch nach Aufgabe traditioneller Heidewirtschaft und damit verbundener Alterung der *Calluna*-Bestände bis zur Degenerationsphase eine vermehrte Rohhumusbildung beobachten, wobei dann *Avenella flexuosa* in die strauchige Heide eindringen und den Rohhumus aufzehren kann. Es gibt Flächen, in denen sich anschließend an eine *Avenella*-Phase die *Calluna*-Heide wieder verjüngt und in der dann stellenweise *Empetrum* beigemischt ist. Schließlich gibt es auch Prozesse, in denen *Calluna vulgaris* nach extrem trockenen Sommern – wie zuletzt 1989 und 1990 – im Spätsommer abstirbt, wobei die betroffenen Flächen anschließend sofort von *Avenella* oder den anderen Gräsern eingenommen werden. In solchen Stadien weist *Avenella flexuosa* ein besonders langes Beharrungsvermögen auf. In *Empetrum*-Heiden tritt dieser Vergrasungseffekt nicht ein, da die Krähenbeeren offensichtlich nicht direkt unter solchen Trockenschäden leiden und eventuell auch die Luftstickstoffverbindungen für sich zu erhöhter Biomasseproduktion benutzen können.

2. Verband: Empetrion boreale Böcher 1943

Küstenheiden (Abb. 217). Boreal-ozeanische Krähenbeer-Heiden im Bereich von Tertiärdünen auf den Nordseeinseln und an der Ostsee. Die Krähenbeerheiden gehen kaum in das Landesinnere (vgl. auch LIBBERT 1940, WESTHOFF & DEN HELD 1975, BARENDREGT 1982); sie erreichen am Mittelgebirgsrand ihre Südgrenze.

Abb. 217:
Empetrion boreale
(= *E. nigri*)-Küstenheide
auf der Nordseeinsel
Sylt (1987)

Abb. 218:
*Hieracio-Empetretum
polypodietosum*
(= *Polypodio-Empetretum*)
auf sonnenabseitigen
Dünenhängen
(Borkum, 1991)

Tab. 10: Synoptische Vegetationstabelle des Hieracio-Empetretum

Reihe i. abnehm. Stetigkeit	Hieracio-Empetretum typicum trocken	wechseltrocken	polypodiet.	cladoniet.
AC:				
Empetrum nigrum	V	V	V	V
KC - VC:				
Calluna vulgaris	II	IV	I	III
Danthonia decumbens	II	III	I	I
Nardus stricta	I	II	/	/
d wechseltrocken:				
Vaccinium uliginosum	/	IV	/	I
Juncus anceps	/	III	/	/
Molinia coerulea	/	III	/	/
D polypoietosum:				
Polypodium vulgare	/	/	V	I
Rubus caesius	/	/	III	/
D cladonietosum:				
Cladonia portentosa	/	I	I	V
Cladonia mitis/arbuscula agg.	/	I	/	V
Cladonia furcata agg.	/	/	I	IV
Hypogymnia physodes	/	/	/	IV
Cornicularia spec.	/	/	/	IV
Cladonia chlorophaea agg.	/	/	I	III
Begleiter:				
Hypnum cupressiforme agg.	IV	IV	V	V
Dicranum scoparium	IV	III	V	V
Carex arenaria	IV	III	V	V
Agrostis tenuis	IV	IV	IV	II
Salix repens agg.	III	V	IV	I
Ammophila arenaria	III	/	V	II
Festuca rubra agg.	I	IV	III	II
Pleurozium schreberi	II	III	III	II
Luzula campestris agg.	II	II	II	III
Festuca ovina agg.	II	III	II	I
Holcus lanatus	II	III	II	I
Hieracium umbellatum	I	/	II	III
Hypochoeris radicata	/	II	I	III
Viola canina	/	II	II	II
Anthoxanthum odoratum	II	II	I	I
Veronica officinalis	I	III	I	I
Lotus corniculatus	I	II	I	II
Hieracium pilosella	/	I	I	III
Poa pratensis agg.	I	II	II	/
Stellaria graminea	/	II	I	I
Ammocalamagrostis x baltica	II	/	I	I
Koeleria arenaria	I	I	I	I
Lophocolea bidentata	/	I	I	I
Rumex actosella	I	I	/	I
Jasione montana	/	I	/	II
Pseudoscleropodium purum	/	/	II	I
Rhytidiadelphus squarrosus	/	II	I	/
Corynephorus canescens	/	/	I	II
Dicranum rugosum	/	/	I	II
Cladonia foliacea	/	/	I	II
Polytrichum juniperinum	/	I	I	I

Erläuterungen zu den Sammelarten:

Hypnum cupressiforme agg.: zumeist *Hypnum lacunosum* und *H. ericetorum*, weniger *cupressiforme* s.str.
Salix repens agg.: in aller Regel *Salix arenaria*, nur in der feuchten Ausbildung könnte auch *S. repens ssp. repens* erscheinen
Festuca rubra agg.: zumeist *Festuca arenaria*
Luzula campestris agg.: zumeist *Luzula campestris* s.str. (nicht *multiflora!*)
Festuca ovina agg.: zumeist *Festuca tenuifolia*
Poa pratensis agg.: incl. *Poa irrigata*
Cornicularia spec.: zumeist *Cornicularia aculeata*

1. **Hieracio-Empetretum** Libbert 1940 em.
   Krähenbeerheide. Auf den friesischen Inseln primäre, natürliche Heide an Dünenhängen. Auch auf den Graudünen des Zingst und auf Hiddensee. In Deutschland die Zentral-Assoziation des Verbandes.

   AC: *Empetrum nigrum, Salix repens*

   Auf entkalkten, befestigten Dünen verbreitet. Kriechweidenreiche Krähenbeerheiden werden vielfach auch als **Salici repentis-Empetretum** bezeichnet; die dichten Decken von *Empetrum nigrum* (Deckung 4 oder 5, s. Tab. 10) sind teils reich an Cladonien (in trockenen Lagen), in luftfeuchten Lagen sind sie reich an *Polypodium vulgare*; solche Heiden werden auch als **Polypodio-Empetretum** benannt (s. Abb. 218). Die Tabelle 10 zeigt einen Gliederungsvorschlag der küstennahen Bestände Deutschlands, wobei drei Gesellschaftsausprägungen von Bedeutung sind:

   Hieracio-Empetretum typicum; indifferente, durch Abwesenheit von Differentialarten bezeichnete, recht artenarme Bestände. Zumeist an wenig geneigten oder ebenen Flächen. Zwei Varianten: eine phreatische (d.h. grundwassergespeiste) Ausbildung mit Feuchtigkeitszeigern wie *Vaccinium uliginosum, Juncus anceps, Molinia coerulea* oder vielen anderen in geringerer Stetigkeit und eine Ausbildung ohne Phreatophyten (grundwasserbeeinflußte Arten).

   Hieracio-Empetretum polypodietosum; luftfeucht, zumeist nordexponiert, im ostfriesischen Bereich nicht selten mit *Rubus caesius*. Differentialart der Subassoziation: *Polypodium vulgare*.

   Hieracio-Empetretum cladonietosum; lufttrocken, zumeist südexponiert, auf Kuppen oder an entsprechenden Standorten. Die Gattung *Cladonia* (Rentierflechte) kann stellenweise die Zwergsträucher fast völlig zudecken (bis 70 %). Gute Differentialarten: *Cladonia portentosa, Cl. mitis/arbuscula agg., Cl. furcata agg., Cl. chlorophaea agg., Cornicularia spec., Hypogymnia physodes*.

   Die größten Flächenanteile der Inseln nimmt das *Hieracio-Empetretum typicum* ein, an zweiter Stelle kommt das *Hieracio-Empetretum polypodietosum*, das *Hieracio-Empetretum cladonietosum* ist auf den nordfriesischen Inseln etwas häufiger.

2. **Pyrolo-Salicetum repentis** Westhoff 1947 ex Barendregt 1982
   Die Wintergrün-Kriechweiden-Gesellschaft ist eine vorwiegend zircumboreal verbreitete Assoziation. Sie wächst auf den Nordseeinseln und gehört dort zur Hygroserie der Verlandung winterfeuchter und sommertrockener Dünentäler. In solchen wechselfeuchten Dünentälern folgt das *Pyrolo-Salicetum* nach allmählicher leichter Versauerung des Substrates in der Sukzession den *Junco baltici-Schoenetum nigricantis* Westhoff 1947.

Insgesamt wurden 63 Aufnahmen für die Tabellen verwendet:

1. *typicum*, typische Variante
   1x Libbert (1940): Darß
   4x Wangerooge
   8x Hobohm (1991): Norderney

2. *typicum*, wechseltrockene Variante
   1x Tüxen-Archiv: Norderney
   3x Heykena: Norderney
   1x Heykena: St. Peter-Ording
   2x Hobohm (1991): Norderney

3. *polypodietosum*
   4x Tüxen-Archiv: Norderney
   4x Heykena: Norderney, Langeoog, Juist, Baltrum
   4x Hobohm (1991): Norderney
   3x Wangerooge

4. *cladonietosum*
   2x Tüxen-Archiv: Festland, Niedersachsen
   5x Heykena: Amrum
   1x Heykena: Norderney
   15x Heykena: Sylt
   3x Libbert (1940): Darß
   1x Tüxen-Archiv: Norderney
   1x Wangerooge

Leichte Sandeinwehung in die ehemals feuchteren Dünentäler gehören hier zum Normalfall des Geschehens.

AC: *Pyrola rotundifolia, P. minor (Monotropa hypopithys agg., Gymnadenia conopsea agg.)*

Die auffällig heterotone Gesellschaft leitet zum *Salicion arenariae*-Verband (Klasse *Rhamno-Prunetea*, s. dort) über; sie reichert sich derzeit mit vielen borealen bzw. boreo-montanen Arten an, wie *Trientalis europaea, Vaccinium uliginosum, V. vitis-idaea, Arctostaphylos uva-ursi, Lycopodium annotinum* und *L. selago* (WESTHOFF 1990). Es handelt sich um eine Assoziation "in statu nascendi" (WESTHOFF 1990), einen sich gerade neu entwickelnden Vegetationstypus. Die Bestände können sich über *Empetrum nigrum-Salix arenaria*-Stadien und das *Empetro-Ericetum* weiterentwickeln zu *Salix pentandra*- und *Salix cinerea*-reichen Gebüschen (*Salicetum pentandro-cinereae*) und enden schließlich beim Dünenbirkenwald (*Betuletum carpaticae* bzw. *Empetro-Betuletum carpaticae*), der letztlich in ein erlenreiches Schlußstadium mit *Alnus glutinosa* übergehen kann. Dieses Phänomen kann man beispielsweise auf Borkum und Norderney vielfach beobachten.

3. **Verband: Sarothamnion** R. Tx. ap. Prsg. 1949
Besenginsterheiden. Natürliche und anthropogene Gesellschaften auf sauren Silikatböden der submontanen und montanen Stufe (Abb. 219).

1. **Calluno-Sarothamnetum** Malcuit 1928
Besenginster-Gesellschaft. Meist aus Hainsimsen-Buchenwäldern hervorgegangene Strauchheide mit Waldrelikten oder Waldpionieren.

D: *Sarothamnus scoparius, Orobanche rapum-genistae*

Sammelbegriff für relativ unbeständige und vielfach kurzfristigen Veränderungen unterworfene anthropo-zoogene Vegetationsstadien (ohne *Genista pilosa*) der regressiven oder progressiven Sukzession (LOHMEYER 1986). Die Bestände entwickeln sich meist zum **Rubo plicati-Sarothamnetum** weiter.

2. **Genisto pilosae-Sarothamnetum** Lohmeyer 1986
Natürliche subatlantische Besenginster-Felsheide. Auf senkrecht stehenden Tonschiefer- und Grauwackeschichten des Ahrtales, im Siegtal etc.; an den Felsen finden sich die natürlichen Besenginstervorkommen.

AC: *Sarothamnus scoparius, Genista pilosa* (D)

Abb. 219: Besenginster-Heide mit *Sarothamnus scoparius* im Versener Paradies (1991)

Häufige Kontaktgesellschaften dieser urwüchsigen Strauchheiden sind Gebüsche vom Typ des *Cotoneastro-Amelancherietum* und xerotherme Traubeneichenwälder vom Typ des *Luzulo-Quercetum petraeae* (vgl. auch GLAVAC & KRAUSE 1969, LOHMEYER 1986).

37. Klasse: Salicetea herbaceae Br.-Bl. 1947 – Schneeboden- und Schneetälchen-Gesellschaften

Moos-, Zwergrasen- und Kriechstrauchgesellschaften auf 7 – 10 Monate lang schneebedeckten, jahrweise auch gar nicht ausapernden und stets durchfeuchteten Böden in der alpinen Stufe der Alpen. Die Klasse gliedert sich in die Ordnungen **Salicetalia herbaceae** Br.-Bl. 1926 und **Arabidetalia coeruleae** Rübel 1933.

1. Ordnung: Salicetalia herbaceae Br.-Bl. 1926
Silikatschneebodengesellschaften. Diese eigenartigen, artenarmen, niedrigwüchsigen Gesellschaften bilden meist Vegetationskomplexe mit alpinen Rasengesellschaften oder auch mit Schuttfluren, von denen sie durch eine Anzahl von Arten mit der Fähigkeit zur Erduldung langer Schneebedeckung zu trennen sind.

KC u. OC: *Veronica alpina, Cerastium cerastoides, Primula glutinosa, Ligusticum mutellina, Leucanthemopsis alpina* u.a.

Die meisten mehrjährigen Arten der Schneeböden überwintern mit Blattgrün und vermehren sich vegetativ durch Kriechsprosse. Je nach Substrat lassen sich Silikat- und Kalkschneebödengesellschaften auf Verbandsebene differenzieren.

1. Verband: Salicion herbaceae Br.-Bl. 1926
Silikatschneeböden sind in den Deutschen Alpen nur fragmentarisch entwickelt; sie besitzen aber eine gute Differentialartengruppe.

VC: *Sibbaldia procumbens, Gnaphalium supinum, Chrysanthemum alpinum, Soldanella pusilla*

Verarmte Ausbildungen größtenteils ohne *Salix herbacea* sind beispielsweise von LIPPERT (1966) aus Berchtesgaden beschrieben worden.

1. Salicetum herbaceae Rübel 1912
Krautweiden-Schneetälchen (Abb. 220). Arktisch-alpine Schneeboden-Gesellschaft be-

Abb. 220:
Die Krautweide (*Salix herbacea*) in alpinen, silikatischen Schneeboden- und Schneetälchen-Gesellschaften, 8 - 9 Monate schneebedeckt (1986)

Abb. 221:
Schneeboden-Gesellschaft mit *Luzula spadicea* (= *L. alpino-pilosa*) an Wächtenhängen und in schneereichen Lagen der alpinen Stufe (1986)

sonders in der alpinen Stufe mit durchschnittlich 8–9 Monate währender Schneebedeckung in meist über 2000 m Meereshöhe (Abb. 220).

AC: *Salix herbacea, Arenaria biflora, (Gnaphalium supinum)*

Moosreiche Gesellschaft auf gut durchlüfteten, humosen Böden, vielfach auf fast schwarzer, humoser Feinerde. *Gnaphalium supinum*-reiche Bestände der subalpinen Stufe, die sich mit Borstgrasrasen verzahnen, werden auch als **Nardo-Gnaphalietum supini** Bartsch 1940 bezeichnet.

2. **Luzuletum alpino-pilosae** Br.-Bl. in Br.-Bl. & Jenny 1926
(= **Luzuletum spadiceae** Rübel 1912)
Alpenhainsimsen-Rasen (Abb. 221). Nicht so lange schneebedeckt wie vorige Gesellschaft. Die Gesellschaft bevorzugt die tieferen Lagen der alpinen Stufe und findet sich schon ab 1800 m Meereshöhe.

AC: *Luzula spadicea (= L. alpino-pilosa)*

Oft konzentrisch mit der Krautweiden-Gesellschaft verzahnt an nur wenig beschatteten, nördlich exponierten und auch an windexponierten Standorten; die Gesellschaft ist offenbar beweidungsunempfindlich.

3. **Polytrichetum sexangularis** Br.-Bl. in Br.-Bl. & Jenny 1926
Widertonmoos-Schneetälchen. Eine nahezu reine Moosgesellschaft mit der kürzesten Aperzeit von 1 – 3 Monaten. Sie ist aber meist 10 Monate, teilweise auch ganzjährig schneebedeckt.

AC: *Polytrichum sexangulare, Anthelia juratzkana*

Bei äußerst geringer Aperzeit sind meist nur noch die blaugrauen Überzüge winziger Lebermoose von *Anthelia* auf schmelzwasserüberrieselten Rohböden zu finden.

4. Luzuletum desvauxii Issler 1936
Pyrenäen-Hainsimsenflur. In steinigen Schneerunsen des Belchens (Süd-Schwarzwald).

AC: *Luzula desvauxii*

Subalpine Reliktgesellschaft in den hohen Mittelgebirgen (Vogesen, Schwarzwald). Auf kalkarmem Gestein.

2. Ordnung: Arabidetalia coeruleae Rübel 1933
Kalkschneeboden-Gesellschaften. Die Gesellschaften der *Arabidetalia* sind auf den Bereich der Alpen beschränkt; sie finden kein Pendant auf den Schneeböden der Arktis. Dazu nehmen sie oft eine Mittelstellung zwischen Schneeböden und feinerdereichen Schuttfluren ein und gehören eventuell auch wohl in die Nähe der Schuttfluren, wohin sie ursprünglich auch von BRAUN-BLANQUET (1918) gestellt worden sind.

1. Verband: Arabidion coeruleae Br.-Bl. 1926
Kalkschneeböden. Die Gesellschaften der Kalkstein-Schneeböden sind in den nördlichen Kalkalpen nur fragmentarisch entwickelt und von dort u.a. auch von ZÖTTL (1951), LIPPERT (1966) und SMETTAN (1981) beschrieben worden.

VC: *Saxifraga androsacea, Ranunculus alpestris, Gnaphalium hoppeanum, Carex atrata*

1. Arabidetum coeruleae Br.-Bl. 1918
Gänsekresse-Schneetälchen. In den Kalkalpen nicht selten auf 8 – 9 Monate lang mit Schnee bedeckten Bodeneinsenkungen oder Dolinen.

AC: *Arabis coerulea*

Auf humos-feinerdereichen Standorten mit 10 – 20 cm mächtigen Humuscarbonatböden. In 1500 —2900 m Meereshöhe (RUNGE 1990).

2. Salicetum retusae-reticulatae Br.-Bl. in Br.-Bl. & Jenny 1926
Die Spalierweiden-Rasen sind alpine Pioniergesellschaften schneereicher Hänge und kommen am Rande von Schneemulden vor, die 7 - 8 Monate schneebedeckt sind.

AC: *Salix retusa, S. reticulata*

Es sind Teppiche aus den Spalieren von Gletscherweide und Netzweide auf feuchten Rohschuttböden. Zwischen 2400 und 2800 m Höhe (Abb. 222). Im Endstadium der Sukzession wandert auch über sauerhumus-maskiertem Kalkuntergrund die Krautweide (*Salix herbacea*) in die Gesellschaft ein (vgl. auch REISIGL & KELLER 1987). Im Humus der Blattstreu können sich bei nachlassender oder nicht zu langer Schneebedeckung alpine Rasenpflanzen ansiedeln, so daß die Entwicklung zum *Seslerio-Caricetum sempervirentis* oder zum *Elynetum myosuroides* führen kann. Die Quendelweide (*Salix serpyllifolia*) ist die klimahärteste aller Gletscherweiden und steigt in dieser Gesellschaft auf kalkhaltigen Schneeböden bis in Höhen von 3400 m auf.

3. Arabido-Rumicetum nivalis (Jenny-Lips 1930) Oberd. 1957
Der Schneeampfer findet sich v.a. in der unteren alpinen Stufe und zeigt nach JENNY-LIPS (1930) und OBERDORFER (1977) deutliche Präferenzen an Tonschiefer-Substrate.

D: *Rumex nivalis*

Die Assoziation besiedelt schneereiche, feuchte Mulden oder Rinnen in meist ebener Lage; sie stellt vielleicht auch nur eine verarmte Ausbildungsform eines weiter gefaßten **Rumici-Arabidetum coeruleae** Oberd. 1957 dar.

Abb. 222:
Die Netzweide
(*Salix reticulata*) in 7 - 8
Monate schneebedeckten,
basenreichen
Schneetälchen und an
Feinschutthängen (1986)

38. Klasse: Cetrario-Loiseleurietea – Arktisch-alpine Windheiden

Die extrem frostharten Gesellschaften sind Naturheiden der unteren alpinen Stufe an kalten, windgefegten Aperstandorten. Sie sind optimal in den Zentralalpen verbreitet. Hinsichtlich der soziologisch-syntaxonomischen Eingruppierung und Abgrenzung dieser Vegetationseinheiten von den Wäldern der subalpinen Stufe (*Vaccinio-Piceetea*) bestehen noch viele Probleme. Die Gesellschaften lassen sich durchaus auch zwanglos als Ordnung *Loiseleurio-Vaccinietalia* Eggler 1952 den boreo-subalpinen Nadelwäldern der Klasse *Vaccinio-Piceetea* unterordnen, wie es beispielsweise EGGLER (1952) vorschlägt. Die alpinen Windheiden finden sich häufig im Komplex mit subalpinen Strauchformationen. Von den arktisch-alpinen Zwergstrauch-Gesellschaften sind nur Bestände der einen Ordnung **Empetretalia hermaphroditi** Schubert 1960 und eines Verbandes in den Nordalpen vertreten: **Loiseleurio-Vaccinion** Br.-Bl. in Br.-Bl. & Jenny 1926.

KC - VC: *Empetrum hermaphroditum, Loiseleuria procumbens, Betula nana, Alectoria ochroleuca, Cetraria cucculata, C. nivalis, Thamnolia vermicularis, Luzula spicata* u.a.

In optimaler Ausprägung handelt es sich um zwergstrauchreiche und flechtenbetonte Gesellschaften (Abb. 223), die an saure Böden und damit überwiegend an Silikatgestein gebunden sind. Der winterkalte Standort wird durch den Wind geprägt; diesen Bedingungen sind nur äußerst frostharte Arten gewachsen (vgl. auch KAPPEN & LANGE 1972, LARCHER 1977, KÖRNER 1980).

1. **Loiseleurio-Cetrarietum** Br.-Bl. in Br.-Bl. & Jenny 1926

   Gemsheide-Gesellschaft. An windgefegten Standorten der Alpen; unter Extrembedingungen fast nur noch aus Flechten aufgebaut.

   AC: *Loiseleuria procumbens, Arctostaphylos alpina, Cetraria islandica, C. rangiferina, C. nivalis, C. cucculata*

Abb. 223:
Loiseleurio-Cetrarietum als Windheideteppich bzw. alpine Spalier- und Zwergstrauchheide auf flachgründigen Steinböden oberhalb der Krummholzstufe (Fimbertal, 1991)

In den Zentralalpen; fragmentarisch noch im Allgäu; dort als nordalpine Alpenazaleen-Gesellschaft **Arctostaphylo-Loiseleurietum** Oberd. 1950 bezeichnet. Die nordalpinen Bestände sind aufgrund ihrer mehr ozeanisch getönten Randlage weniger den extrem trockenen, kalt-kontinentalen Bedingungen ausgesetzt als das *Loiseleurio-Cetrarietum* der Zentralalpen (OBERDORFER 1950). Im *Arctostaphylo-Loiseleurietum* fehlen weitgehend die kälteresistenten Flechten (*Alectoria, Thamnolia* u.a.).

2. **Vaccinio uliginosi-Empetretum hermaphroditici** Br.-Bl. in Br.-Bl. & Jenny 1926
   (= **Empetro-Vaccinietum** Br.-Bl. 1926)
   Die Rauschbeer-Krähenbeerenheide wächst an vergleichsweise lange mit Schnee bedeckten Stellen (5 – 6 Monate).

   AC: *Empetrum hermaphroditum*

   Sie ist weniger windexponiert als vorgenannte Gesellschaft.

X. Gebüsche und Vorwälder

Gesellschaften der Waldmäntel, der Hecken sowie der fließwasserbegleitenden Gehölze in den Flußauen. Die hier zusammengefaßten Vegetationseinheiten sind durch Gesellschaften gekennzeichnet, die von Sträuchern und Gehölzen bestimmt und dominiert werden. Die Strauchgesellschaften gehören mindestens zu zwei Klassen, deren heutige syntaxonomische Gliederung aber noch nicht unumstritten ist.

39. **Klasse: Salicetea purpureae** Moor 1958 – Uferweidengebüsche und Weidenwälder

Dies sind die charakteristischen Gehölz-Gesellschaften oft überschwemmter Flußauen und Weichholzauen mit periodischer bzw. episodischer Überflutung. Die Gesellschaften dieser

Abb. 224: Weichholzauen-Vegetationskomplex am Oberrhein bei Burgheim (1989)

Klasse weisen an fast allen Fließgewässern weitgehend übereinstimmende Artengruppierungen auf. In naturnahen Flußauen bilden sich in der Regel Vegetationskomplexe von Gebüschweiden-Mantelgesellschaften und Weidenwäldern mit Fließwasserröhrichten und Hochstaudenfluren aus (Abb. 224).

1. Ordnung: Salicetalia purpureae Moor 1958

Weichholzauen und Purpurweidengesellschaften. Gehölzgesellschaften periodisch oder episodisch gefluteter Flußauen, auch unter Einfluß des Tidehubes in den Ästuarmündungen, allerdings nur im Süßwasser. Die Überschwemmungen bedeuten mechanische Belastung der Gehölze und Nährstoffversorgung der Standorte mit sedimentiertem Material. Extreme Anpassungen der Weidenarten sind zu beobachten (z.B. lufthaltige Wurzelxyleme; hohe Rekonstitutionskraft durch Adventivbewurzelung).

KC u. OC: *Salix purpurea, S. alba, S. fragilis, S. viminalis*

Nach unterschiedlicher geographischer Lage lassen sich die vorwiegend planar-collin verbreiteten Weichholzauen der Tieflagen dem **Salicion albae-Verband** und die flußbegleitenden Gehölzsäume der alpenbürtigen Flüsse dem mehr präalpin getönten **Salicion eleagni-Verband** zuordnen.

1. Verband: Salicion albae Sóo 1930 em. Moor 1958

Weichholzauen der Tieflagen. Flußseitig der Hartholzaue vorgelagert, erstreckt sich im allgemeinen die Weichholzaue, die in der Nähe der Mittelwasserlinie in das Korbweidengebüsch (**Salicetum triandro-viminalis**) übergeht und mit dem Silberweidenwald (**Salicetum albo-fragilis**) den Abschluß der Auen-Weichholzzonierung bildet. Charakterarten des Verbandes sind *Salix alba, S. fragilis, S. rubens, S. triandra* und *S. viminalis*. Die Gesellschaften finden sich v.a. am Mittel- und Unterlauf der Flüsse. Sie verarmen mit steigender Meereshöhe. Optimale Vorkommen finden sich an unbegradigten Fließgewässern auf Sand, Schluff und Ton.

Abb. 225:
Salicetum triandro-viminalis als Pionier-Auengebüsch an periodisch überfluteten Fluß- und Bachufern von der Ebene bis in mittlere Gebirgslagen (Ems bei Handorf i. Westfalen, 1980)

1. **Salicetum triandro-viminalis** (Malcuit 1929) R. Tx. 1948
   Korbweiden-Mandelweidengebüsch. Anspruchsvolles Gebüsch im periodischen Überflutungsbereich der Flüsse des Tieflandes. Durch Flußregulierungen meist vernichtet (Abb. 225).

   AC: *Salix triandra, S. viminalis*

   Flußnahe, überflutungsresistente Assoziation. Nach OBERDORFER (1957) ist wahrscheinlich nomenklatorisch **Salicetum triandrae** (Malcuit 1929) Noirfalise 1955 richtig statt *Salicetum triandro-viminalis*, obschon der zweite Name viel besser erscheint. *Salix purpurea*-Gesellschaften mit Reinbeständen der Purpurweide finden sich ebenfalls primär an Flußauen, sekundär auch in Sand- und Kiesgruben.

2. **Salicetum albo-fragilis** Issler 1926
   Bruchweiden-Auewald. Weichholz-Auewald im Überschwemmungsbereich von Flüssen und Strömen der Ebene und des Berglandes auf Schottern und Kiesen (Abb. 224).

   AC: *Salix alba, S. fragilis*

   Oft nur noch fragmentarisch erhalten und mit Pappeln aufgeforstet. Heute vielfach auch in zwei Gesellschaften aufgetrennt: Das **Salicetum albae** Issler 1926 für das Tiefland und das **Salicetum fragilis** Passarge 1957 für das Bergland.

2. **Verband: Salicion eleagni** Aichinger 1933
Grauweiden-Gebüsche und Weiden-Tamarisken-Gebüsche finden sich v.a. am Oberlauf der alpenbürtigen Flüsse bis tief in das Alpenvorland hinein auf Kies-, Sand- oder schluffigen Rohaueböden. Die einzelnen Gesellschaften orientieren sich strömungs- und bodenbedingt. Verbandscharakterarten sind *Salix eleagnos* und *S. daphnoides*.

1. **Salici-Myricarietum** (Zarz. 1956) Moor 1958
   Weiden-Tamarisken-Gesellschaft. Recht stabile pionierhafte Flußufergesellschaft der Alpenflüsse (Inn, Iller, Isar, Loisach und Saalach etc.), an Fließwasserabschnitten mit Wildflußcharakter. Die Bestände verlagern sich nur bei Standortveränderung. Mit zahlreichen Alpenschwemmlingen (z.B. *Hieracium staticifolium, Linaria alpina*) angereichert.

   AC: *Myricaria germanica*

Auf groben Flußkiesen und Rohböden der hochmontanen bis subalpinen Stufe bis etwa 2000 m NN (Abb. 226).

2. **Salicetum eleagni** Moor 1958
(= **Salicetum eleagno-daphnoides** (Br.-Bl. & Volk 1940) Moor 1958
Grauweiden-Gesellschaft. Flußufergesellschaft wie vorige mit zahlreichen Alpenschwemmlingen als Begleiter.

AC: *Salix daphnoides, S. eleagnos*
Begleiter: *Linaria alpina, Campanula cochleariifolia*

Auf kiesig sandigen Böden der Alpenflüsse, auf gut durchwurzelter Kalkpaternia. Montan bis hochmontan verbreitete Gesellschaft von etwa 450 bis 1400 m über Meereshöhe. Je nach Feuchtigkeit des Bodens können sich buschartige Bestände (im trockeneren Bereich) und Lavendel- oder Grauweidenwälder (im grundwasserfeuchten Bereich) mit allen Zwischenstufen herausbilden.

40. Klasse: Rhamno-Prunetea Riv.-God. & Carbonell 1961 – Schlehen-Brombeer-Gebüsche

Die Klasse umfaßt zahlreiche Assoziationen aus dem Bereich mittlerer bis trockener Standorte. Gemeinsame Kennzeichen der konstituierenden Arten sind Lichtbedürftigkeit in der Keimungsphase, eine vermehrte Ausschlagfähigkeit und Fähigkeit zur Polycormonbildung gegenüber der Mehrzahl von Waldgehölzen.

Abb. 226:
Myricaria germanica auf Flußschottern des Lech bei Füssen (1985)

Abb. 227: Gebüschreiche Triftlandschaft mit dem Roso-Juniperetum und dem *Ligustro-Prunetum* anstelle von Kalkbuchenwäldern auf der Schwäbischen Alb (1984)

KC u. OC: *Clematis vitalba, Cornus sanguinea, Corylus avellana, Crataegus oxyacantha, C. monogyna, Euonymus europaeus, Prunus spinosa, Rhamnus catharticus, Rosa div. spec., Rubus div. spec.*

Die vorwiegend schlehenreichen Gebüsche sind zwei Ordnungen subsumiert, wobei die Ordnung **Prunetalia spinosae** die eigentlichen langlebigen, brombeerfreien Gebüschgesellschaften umfaßt und die Ordnung der **Pruno-Rubetalia** die weniger langlebigen brombeerreichen Schlehengebüsche (Vormäntel) beinhaltet.

1. Ordnung: Prunetalia spinosae R. Tx. 1952

Schlehengebüsche. Hecken und Gebüsche oder Waldmäntel im Gebiet der Buchenwälder auf nährstoffreichen und mittleren Böden. Oft Pioniergehölz-Gesellschaften, die sich zum Wald weiterentwickeln (Abb. 227).

Die Ordnung läßt sich in vier Verbände gliedern, den **Carpino-Prunion-Verband** für Gebüsche auf mäßig-trockenen, basen- und nährstoffreichen Laubwaldstandorten, den **Berberidion-Verband** für Sauerdorn-Gebüsche auf nährstoffreichen und trockenen Böden, den **Prunion fruticosae-Verband** für kontinental-pannonische Zwergkirschengebüsche und den **Salicion arenariae-Verband** für pionierhafte Dünen-Kriechweiden-Sanddorngebüsche auf Graudünen im Küstenbereich.

1. Verband: Berberidion Br.-Bl. 1950

Kalk- und wärmebedürftige Strauchgesellschaften im Wuchsgebiet von Kalkbuchenwäldern, die sommerwarm und trocken sind. An solchen Stellen, an denen in der natürlichen Landschaft die thermophilen Säume des *Geranion sanguinei* vorkommen – an der lokalen Trockengrenze des Waldes – sind kleinflächig und mosaikartig auch natürliche Waldmäntel des Berberidion-Verbandes ausgebildet (*Cotoneastro-Amelancherietum, Prunetum fruticosae, Prunetum mahaleb*). Das ist v.a. in Süd- und Mitteldeutschland der Fall. In der heutigen Kulturlandschaft haben sich diese Formationen als verselbständigte Gebüsche und Hecken infolge der Waldweide, der Niederwald- und Mittelwaldbewirtschaftung vielfach auch sekundär im Wuchsgebiet wärmebedürftiger Waldgesellschaften ausgebreitet (v.a. das *Ligustro-Prunetum*).

1. **Ligustro-Prunetum** R. Tx. 1952
   Das Schlehen-Liguster-Gebüsch ist eine häufige Gesellschaft auf Feldrainen und Kalksteinriegeln im Wuchsgebiet wärmeliebender und anspruchsvoller Kalkbuchenwälder und Flaumeichenwälder.

   AC: *Ligustrum vulgare, Rosa rubiginosa*

   Je nach Ausgangsgesellschaft lassen sich trockene bis frische Gesellschaftsausprägungen differenzieren, wobei *Viburnum opulus* als Zeiger frischer und *Frangula alnus* als Zeiger feuchter Standorte gelten kann. Stickstoffreiche Gesellschaftsausprägungen sind mit *Sambucus nigra* differenziert.

2. **Cotoneastro-Amelancherietum** (Faber 1936) R. Tx. 1952
   Das Felsenbirnen-Gebüsch ist eine natürliche Gesellschaft in warmtrockenen Spalten neutral bis basisch verwitternder Gesteine. Es stellt ein wichtiges Glied der Steppenheide dar mit *Xerobromion*-Rasen, mit Blaugrashalden und Kalk-Trockenrasen an stark besonnten Kalkfelsen (Abb. 228).

   AC: *Cotoneaster integerrima, Amelanchier ovalis*

   Natürliche Gebüschgesellschaft an freien Felsstandorten, die sich in Flußtälern Süd-, West- und Mitteldeutschlands häuft. Sowohl auf Kalk- als auch auf Silikatböden vorkommend.

Abb. 228:
Cotoneastro-Amelancherietum im Donautal bei Beuron (1986)

3. **Hippophao-Berberidetum** (Siegrist 1928) Moor 1958
(= **Salici incanae-Hippophaetum rhamnoides** Br.-Bl. 1928 ex Eckm. 1940 nom. inv. Wendelberger 1967)
Berberizen-Sanddorngebüsch auf nicht mehr überschwemmten Schotter- und Kies-Alluvionen von Alpenvorlandsflüssen und im schotterreichen Flußbett des Oberrheins. Natürlich verbreitet im Vegetationskomplex mit schotterbesiedelnden *Echio-Melilotetum-*, *Epilobio-Scrophularietum*-Ruderalgesellschaften und Trockenfluren. Es bestehen auch Kontakte zu *Salicion eleagni*-Weidengebüschen.

D: *Hippophae rhamnoides*

Die Gesellschaft ist heute nach der Flußbegradigung und Fließwasserkanalisierung sehr selten geworden.

4. **Roso-Juniperetum** R. Tx. 1964
Hundsrosen-Wacholder-Gebüsch. Anspruchsvolle Wacholdergebüsche im Wuchsgebiet von Kalkbuchenwäldern sowie von Hartholzauewäldern (POTT & HÜPPE 1991). Die Wacholderbüsche der Geest werden dem **Dicrano-Juniperetum communis** Barkman 1968 ap. Westhoff & Den Held 1969 zugeordnet (*Dicrano-Pinion* s. dort).

Zum **Berberidion-Verband** zählen weiterhin:

Rosa pimpinellifolia (= *R. spinosissima*)**-Gebüschsäume** auf flachgründigen, steinig-sandigen Kalk- und Lehmböden, die in Süddeutschland als Felsband-Gesellschaften im Kontaktbereich vom *Geranion sanguinei* zu höherwüchsigen *Berberidion*-Gebüschen wachsen,
Prunus cerasus ssp. acida-Gesellschaften mit der Sauerkirsche in Süddeutschland (besonders im Kaiserstuhl, z.B. Lößhohlweganlage bei Bickensohl). Die ausläufertreibende, flachwurzelnde *Prunus cerasus ssp. acida* bevorzugt leichte Lehmböden bzw. die Lößsubstrate und bildet mantelartige Gebüschstrukturen im Vegetationskomplex des *Ligustro-Prunetum*.
Ulmus minor (= *U. campestris*)**-Gesellschaft** mit hohen Anteilen an *Ulmus campestris* var. *suberosa*. Die Feldulmen-Gebüsche stocken vielfach als „Vormantel-Strukturen" im *Ligustro-Prunetum*-Feldgebüsch; sie werden auch als **Roso-Ulmetum campestris** Schubert & Mahn 1959 bezeichnet.

2. Verband: Prunion fruticosae R. Tx. 1952
Dieser Verband umfaßt meridional-kontinentale Strauchgesellschaften, v.a. die pontisch-pannonischen Zwergkirschen-Gebüsche, die donau-aufwärts bis weit in den Süddeutschen Raum vordringen. *Prunus fruticosa* kommt noch gehäuft im Rhein-Main-Gebiet vor, *P. mahaleb* geht entlang der Donau bis in die Schwäbische Alb, rheinaufwärts bis in das Moseltal und in die Köln-Bonner Bucht.

1. **Prunetum fruticosae** Klika 1928
Zwergkirschen-Gebüsch. Assoziationscharakterart ist die namengebende Art; kontinentale Gesellschaft; im linksrheinischen Trockengebiet bei Mainz an der Westgrenze der Verbreitung.

2. **Prunetum mahaleb** (Gams 1927, Br.-Bl. 1961) Oberd. & Th. Müller 1979
Weichselkirschen-Gebüsch. Wie das *Cotoneastro-Amelancherietum* in der Felsheide-Vegetation, dort natürliche Gebüsche bildend (Th. MÜLLER 1986).

AC: *Prunus mahaleb*

V.a. östlich verbreitete Gesellschaft bis auf die Schwäbische Alb und in das Mittelrhein-

Moselgebiet vordringend. Vielleicht auch zum *Berberidion*-Verband gehörende Gesellschaft.

3. Verband: Carpino-Prunion (R. Tx. 1952) Weber 1974
Hainbuchen-Schlehen-Gebüsche. Auf basen- und nährstoffreichen Laubwaldstandorten mäßig trockener Böden. Kraut- und brombeerarme Gebüsche, die oft noch von einem brombeerreichen 'Vormantel' der *Pruno-Rubetalia* nach außen abgeschlossen werden.

1. Carpino-Prunetum R. Tx. 1952 em. Weber 1974
(= **Corno-Prunetum** Wittig 1976 p.pte., = **Rhamno-Cornetum sanguinei** p.pte. (Kaiser 1930) Passarge (1957) 1962)

Hainbuchen-Schlehenbusch. Auf weniger sommerwarmen und trockenen Böden als vorige Gesellschaften. Stets auf Lehmböden im Wuchsbereich von Eichen-Hainbuchenwäldern und mesophilen Kalkbuchenwäldern. Die Gebüsche sind Pioniere des Waldes (Abb. 229).

D: *Prunus spinosa, Rosa canina*

Im Vegetationskomplex mit *Mesobromion*-Gesellschaften in potentiellen Kalkbuchenwald-Landschaften treten die *Crataegus*- und *Rosa*- Arten vermehrt hinzu (*Rosa canina, R. gallica, R. agrestis*). Die Ackerrose (*Rosa arvensis*) bildet als spreizklimmende Art sogar vormantelartige Gebüschschleier aus, die von WILMANNS (1980) für montane Gebüsch- und Waldränder als **Rosetum arvensis** Wilmanns 1980 beschrieben worden sind. Sie tendieren durchaus auch in den *Berberidion*-Verband.

2. Corylo-Rosetum vosagiacae Oberd. 1957
Gebüsch der Graugrünen Rose. Mantel- und Ersatzgesellschaft des Buchen-Tannenwaldes in der hochmontanen Stufe des Ost-Schwarzwaldes.

AC: *Rosa vosagiaca*

Von Süddeutschland (Gäulandschaften des Neckargebietes und der Schwäbischen Alb) verbreitet bis zum Traveufer bei Lübeck. Seltene, wärmeliebende Gebüschassoziation. Auf der Schwäbischen Alb bis in die montane Stufe reichend. Die mesophile *Corylus avellana* ist vielfach dominierend (Abb. 230); je nach Alter der Gebüsche können darüber hinaus Strauchhöhen von bis zu 8 Metern erreicht werden.

Abb. 229:
Carpino-Prunetum mit blühender Schlehe in einer Wallhecke bei Münster in Westfalen (1982)

Abb. 230: *Corylo-Rosetum vosagiacae* im Wuchsgebiet des montanen Buchen-Tannen-Mischwaldes auf der Schwäbischen Alb (1987)

4. Verband: Salicion arenariae R. Tx. 1952

Dünenweiden-Gebüsche. Schwach gekennzeichneter Verband. Auf Tertiärdünen unserer Meeresküsten. Artenarme Pionierweiden-Gebüsche, die aus primären Sukzessionsreihen und nicht aus Wald hervorgehen. Zuordnung zur Klasse ist noch fraglich.

1. Roso pimpinellifoliae-Salicetum arenariae R. Tx. 1952

Dünenrosen-Gesellschaft. Auf südlich exponierten Tertiärdünenhängen der Nord- und Ostfriesischen Inseln.

D: *Rosa pimpinellifolia*

Die weißblühende Bibernellrose kann auch aspektbestimmend in trockenen Gesellschaftsausprägungen von *Empetrion boreale*-Gesellschaften, besonders im *Hieracio-Empetretum cladonietosum* auftreten (Abb. 231).

2. Salici arenariae-Hippophaetum rhamnoides Br.-Bl. & De Leeuw 1936

Sanddorn-Gebüsch. Nicht expositionsgebunden auf den Graudünen der Inseln. Diese Tertiärdünen sind noch nicht entkalkt (Abb. 232 u. 233).

AC/D: *Hippophae rhamnoides, Pyrola minor*

Häufige und flächendeckende Pionier-Strauchgesellschaft, die mancherorts sehr kurzlebig sein kann, wobei *Hippophae rhamnoides*-Sträucher meist rasch absterben. Diesem Phänomen liegt ein kompliziertes Wirkungsgefüge zugrunde, das in Abb. 233 dargestellt ist. Bei fortschreitender Bodenentkalkung wird die Vitalität von *Hippophae rhamnoides* durch Funktionsminderung einer pH-abhängigen Symbiose mit *Frankia*-Aktinomyceten geschwächt. Diese Wurzelsymbionten speichern v.a. Luftstickstoff in einem neutralen bis schwach alkalischen pH-Bereich; sinkt der pH-Wert auf den kalkarmen Inseldünen unter einen gewissen Schwellenwert, können Nematoden (*Longidorus, Tylenorhynchus*) vermehrt die Bakterienknöllchen von *Hippophae* angreifen und verzehren (OREMUS 1982, MAAS et al. 1983, ZOON 1986). Die dadurch verringerte Aufnahmekapazität für Luftstickstoff und Bodenphosphat schwächt den Sanddorn, bis er schließlich abstirbt (WESTHOFF 1991).

2. Ordnung: Pruno-Rubetalia (R. Tx. 1952) Weber 1974

Schlehen-Brombeergebüsche. Die brombeerreichen Gebüsche sind im wesentlichen von WEBER (1967, 1974, 1977, 1981, 1985, 1987) bearbeitet und syntaxonomisch gegliedert worden. Sie werden in letzter Zeit immer mehr bei vegetationskundlichen Untersuchungen berücksichtigt; zunächst in Schleswig-Holstein (WEBER 1967), dann in Westfalen (WITTIG 1976, 1979), später auch in Bayern (REIF 1983, 1985; MILBRADT 1987). Nur in wenigen Regionalstudien wurden Brombeer-Gesellschaften ausreichend differenziert (z.B. im Schwarzwald, SCHWABE-BRAUN (1979a, 1979b) oder im Rheinischen Schiefergebirge, POTT (1985a)), so daß viele Landstriche hinsichtlich ihres *Rubus*-Gesellschaftsinventars nur unvollständig bearbeitet sind. Derzeit lassen sich die Schlehen-Brombeergebüsche Deutschlands zwei Verbänden zuordnen: dem vorwiegend mediterranen **Pruno-Rubion ulmifolii** Bolos 1954, der nur fragmentarisch auf den äußersten Westen (Rheinpfalz) übergreift und hier nicht weiter behandelt wird, sowie dem optimal zu charakterisierenden **Pruno-Rubion radulae-Verband** sensu WEBER (1974).

1. Verband: Pruno-Rubion radulae Weber 1984
Anspruchsvolle Brombeergebüsche.

VC: *Rubus macrophyllus, R. rudis, R. infestus, R. fuscus, R. foliosus, R. placidus* u. a.

Abb. 231:
Roso pimpinellifoliae-Salicetum als Gebüschgesellschaft an der Küste und in Dünensanden auf sommerwarm-trockenen Standorten (Langeoog, 1989)

Abb. 232:
Salici arenariae-Hippophaetum, Sanddorngebüsch als Pioniergebüsch im Weißdünenbereich der Inseln (Borkum, 1990)

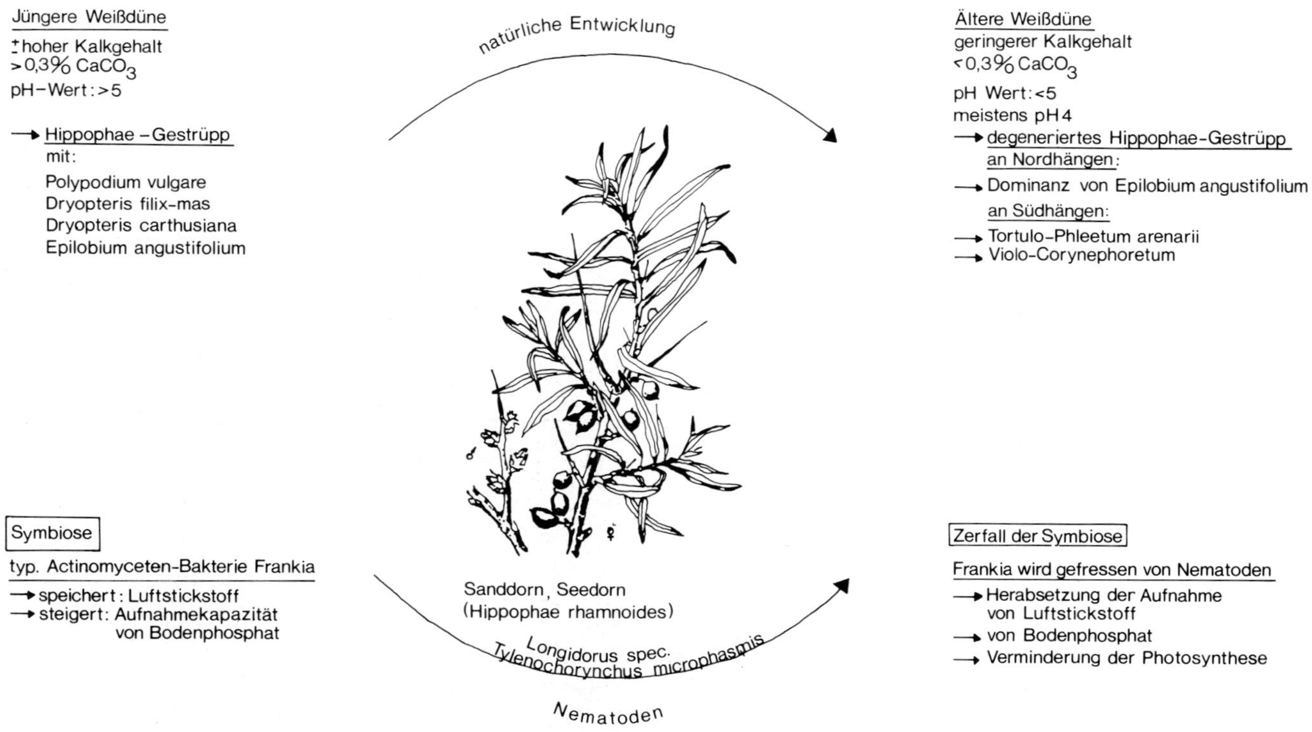

Gebüsche und Vorwälder   339

Jüngere Weißdüne
↑ hoher Kalkgehalt
≥ 0,3% $CaCO_3$
pH-Wert: : >5

↑ Hippophae-Gestrüpp
mit:
Polypodium vulgare
Dryopteris filix-mas
Dryopteris carthusiana
Epilobium angustifolium

Symbiose
typ. Actinomyceten-Bakterie Frankia
↑ speichert: Luftstickstoff
↑ steigert: Aufnahmekapazität von Bodenphosphat

natürliche Entwicklung

Sanddorn, Seedorn
(Hippophae rhamnoides)

Longidorus spec.
Tylenchorhynchus microphasmis

Nematoden

Ältere Weißdüne
geringerer Kalkgehalt
< 0,3% $CaCO_3$
pH Wert: <5
meistens pH4

↑ degeneriertes Hippophae-Gestrüpp an Nordhängen:
↑ Dominanz von Epilobium angustifolium an Südhängen:
↑ Tortulo-Phleetum arenarii
↑ Violo-Corynephoretum

Zerfall der Symbiose
Frankia wird gefressen von Nematoden
↑ Herabsetzung der Aufnahme von Luftstickstoff
↑ von Bodenphosphat
↑ Verminderung der Photosynthese

Abb. 233: Wirkungsschema der Veränderung und Verdrängung von *Hippophae rhamnoides* in den Küstendünen Ostfrieslands

1. **Pruno-Rubetum sprengelii** Weber 1967
   Schlehengebüsche mit Sprengels Brombeere sind artenreiche Waldmäntel oder Gebüsche und Hecken an Wegrändern.

   AC: *Rubus sprengelii, R. polyanthemus, R. pyramidalis, R. divaricatus, R. vigorosus*

   In mesotraphenten Löß-Buchenwäldern und Hainbuchenwaldbereichen auf Sand- oder Lehmböden im atlantischen bis subatlantischen Klimabereich (WEBER 1967, 1981; WITTIG 1976). Ähnliche Gesellschaften mit *Rubus plicatus*, aber ohne *R. sprengelii* wurden von REIF (1985) als **Frangulo-Rubetum plicati** Oberd. 1983 comb. nov. beschrieben; sie lassen sich als verarmte Ausbildungen hier angliedern (WEBER 1990).

2. **Pruno-Rubetum bifrontis** Weber ex Reif 1985
   Die leicht thermophile *Rubus bifrons* wächst v.a. in Süddeutschland (REIF 1985, WEBER 1990). Sie geht kaum über das Rheinland und Hessen nach Norden hinaus. Planar-colline Gebüschgesellschaft.

3. **Pruno-Rubetum elegantispinosi** Weber 1974
   Schlehengebüsche mit Schlankstacheliger Brombeere. Im Wuchsgebiet von Kalkbuchenwäldern, atlantisch verbreitet.

   AC: *Rubus elegantispinosus, R. raduloides, R. winteri, R. lindbergii, R. grabowskii* u.v.a.

   Die Gesellschaft erreicht im mittleren Westfalen und Niedersachsen bereits ihre östliche Verbreitungsgrenze (vgl. auch WITTIG 1976).

4. **Pruno-Rubetum vestiti** Weber 1967 em. 1981
   Schlehenbüsch mit Samt-Brombeere. Im Wuchsbereich von Kalkbuchenwäldern; atlantisch bis subatlantisch verbreitet, vorzugsweise im Bergland.

   AC: *Rubus vestitus*

   Auf basenreichen, meist kalkhaltigen Böden für Schleswig-Holstein und den nordwestdeutschen Mittelgebirgsraum beschrieben (WEBER 1981).

5. **Pruno-Rubetum radulae** Weber 1967
   Raspelbrombeer-Gebüsch. Im Wuchsgebiet von Kalkbuchenwäldern und verwandter Hainbuchengesellschaften in subatlantischer Klimalage. V.a. in den Jungmoränenlandschaften Schleswig-Holsteins und Mecklenburgs.

   AC: *Rubus radula, R. montanus, R. orthostachys*

   Artenreiches Brombeergebüsch als Waldmantel und Hecke verbreitet; bisher zertreut für das Weserbergland, für Westfalen und Schleswig-Holstein angegeben (WEBER 1967, 1986). Die weitere Verbreitung ist noch nicht genügend bekannt.

6. **Pruno-Rubetum praecocis** Weber 1986
   Schlehengebüsche mit robuster Brombeere. V.a. in Süddeutschland (Chiemgau) verbreitet.

   AC: *Rubus praecox*

   Im Norden auch im Übergangsbereich von Kalkbuchenwäldern zu Eichen-Hainbuchenwäldern zu finden; wärmeliebende Gesellschaft.

7. **Rubetum armeniaci** Wittig & Gödde 1985
   Die Gesellschaft der Gartenbrombeere ist eine ruderale Gebüschformation auf Bahn-

dämmen, in Industrieansiedlungen und auf städtischen Ruderalflächen (WITTIG & GÖDDE 1985).

D: *Rubus armeniacus*

Die Gesellschaft entwickelt sich aus staudenreichen Ruderalfluren (v.a. aus dem *Tanaceto-Artemisietum*). Sie ist nur schwach bei den *Prunetalia*-Gesellschaften verankert. Eventuell auch nur ranglose Gesellschaft.

XI. Waldgesellschaften

Laub- und Nadelwälder von den Tallagen der norddeutschen Tieflandsregion über die Waldgebirge der Montanstufe bis in die subalpine Region sind hier angeführt. Die sommergrünen Laubwälder treten in drei Klassen auf: die Klasse **Alnetea glutinosae** umfaßt azonale Erlen- und Weidenbruchwälder auf Naßstandorten; die Klasse **Quercetea robori-petraeae** umfaßt die bodensauren Eichenmischwälder, und die umfangreiche Klasse der **Querco-Fagetea sylvaticae** beinhaltet grund- oder fließwassergeprägte Hartholzauen des **Alno-Ulmion**, Eichenhainbuchwälder des **Carpinion**, Schlucht- und Hangwälder des **Tilio-Acerion**, die buchenbeherrschten Wälder des **Fagion sylvaticae** und die wärmegebundenen Eichenmischwälder der **Quercetalia pubescentis-petraeae** (s. Tab. 11).

Die Nadelholzwälder werden ebenfalls insgesamt drei Klassen zugeordnet, wobei die xerothermen Kiefern-Steppenwälder zur Klasse **Pulsatillo-Pinetea**, die präalpinen Schneeheide-Kiefernwälder zur Klasse **Erico-Pinetea** und die bodensauren Nadelwälder zur Klasse **Vaccinio-Piceetea** gerechnet werden. Die Waldgesellschaften des mitteleuropäischen Gebirgsraumes nördlich der Alpen und ihre standörtliche Differenzierung sind unter forstwissenschaftlich-vegetationsökologischen Aspekten u.a. bei HARTMANN & JAHN (1967) und MAYER (1984) beschrieben; die Fichtenwaldgesellschaften hat G. JAHN (1977) monographisch bearbeitet; vergleichend ökologische Untersuchungen in Fichtenwald- bzw. Buchen-Tannenwaldökosystemen des Alpennordrandes hat in beispielhafter Weise PFADENHAUER (1973, 1975) vorgelegt.

Von den Nadelbäumen stellt v.a. die Waldkiefer (*Pinus sylvestris*) im mitteleuropäischen Laubwaldgebiet westlich der Elbe eine Reliktart dar, die aus dem Süden und Osten kommend, im Jüngeren Subarktikum und in den Perioden des Präboreals und Boreals durch eine klima- und sukzessionsbedingte Wiederbewaldung zunächst ganz Europa überdeckte, und in der Folgezeit von den klimatisch begünstigten Laubholzarten auf die heutigen Moor- und Trockenwälder verdrängt wurde, wohin das Laubholz nicht folgen konnte. Diese Sonderstandorte mit *Pinus sylvestris* sind in Tab. 12 dargestellt.

Die Zurückdrängung der Kiefer, die bereits im Jungboreal einsetzte, vollzog sich in zweifacher Ausrichtung: Zum einen auf breiter Front von Westen nach Osten und zum anderen inselartig auf konkurrenzschwache Extremstandorte im Westen Deutschlands. So bildete sich allmählich das heutige ostelbische Kiefernareal mit seinen westlich vorgelagerten Reliktvorkommen aus. Solche Reliktvorkommen der Kiefer an Naß- und Trockenstandorten haben in neuerer Zeit u.a. BURRICHTER (1982), POTT (1982b, 1984b) sowie HÜPPE et al. (1989) aufgrund pollen-, torf- und vegetationsanalytischer Befunde aufgeklärt.

So gibt es noch heute Kiefernwaldtypen, die an *Pinus sylvestris* gebundene Kennarten aufweisen, z.B. *Dicranum spurium, D. rugosum* in boreo-kontinentalen Kiefernwäldern, *Erica carnea* in ost- und präalpinen Kiefernwäldern, *Chimaphila umbellata* und *Pyrola chlorantha* in subkontinentalen Steppen-Kiefernwäldern (s. Tab. 12). Der Lichtholzcharakter von *Pinus sylvestris* bedingt in der Regel im Unterwuchs der Kiefernwälder einen vergleichsweise großen Arten- und Individuenreichtum; hier können durchaus die Elemente von angrenzenden Heiden, von Rasen-, Saum- oder Gebüschgesellschaften ausreichende Lebens- und Wuchsbedingungen finden.

342 Systematische Übersicht der Vegetationseinheiten

Tab. 11: Syntaxonomische Übersicht der *Querco-Fagetea*-Gesellschaften Deutschlands

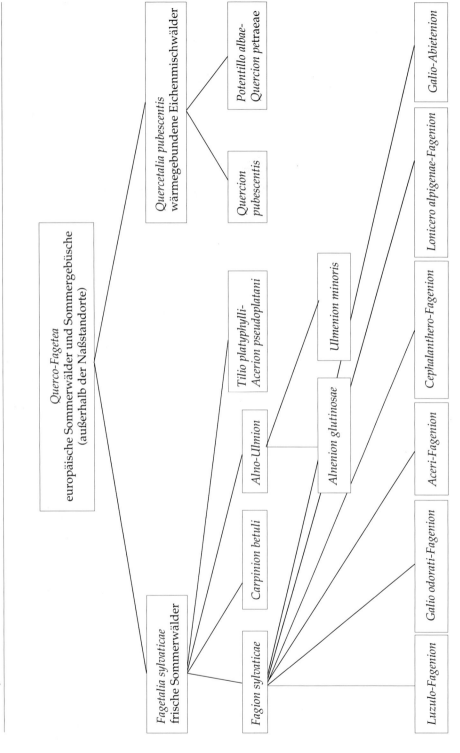

Tab. 12: Übersicht der *Pinus sylvestris*-Wälder

Pinus sylvestris bestandsbildend
in Waldgesellschaften Mitteleuropas (incl. Alpen)
(vereinfachtes Schema)

MOORWÄLDER	TROCKENWÄLDER			
- azonal - z.T. Relikt- bzw. Refugialstandorte	- extrazonal - Relikt- bzw. Refugialstandorte		- zonal - im geschlossenen natürlichen Verbreitungsgebiet von *Pinus sylvestris*	
Birken- und Kiefernbruchwälder	Steppenheide-Kiefernwälder	Schneeheide-Kiefernwälder	Moosreiche Sand-Kiefernwälder	Boreo-kontinentale Kiefern-Trockenwälder
Betulion pubescentis bzw. *Vaccinio-Piceion*	*Ononido-Pinion*	*Erico-Pinion*	*Dicrano-Pinion*	*Cytiso ruthenico-Pinion*
	zentralalpisch	praealpin	subkont.(-kont.)	kont.(-subkont.)
Betula pubescens *Vaccinium uliginosum* *Ledum palustre* u.a.	*Astragalus monspessulanus* *Ononis rotundifolia* *Saponaria ocymoides* *Carex humilis* u.a.	*Erica carnea* *Calamagrostis varia* *Sesleria varia* *Carex ornithopoda* *Polygala chamaebuxus* *Dorycnium germanicum* *Coronilla vaginalis* *Rhamnus saxatilis* *Molinia arundinacea* u.a.	*Dicranum rugosum* *Dicranum spurium* *Leucobryum glaucum* u.a.	*Carex ericetorum* *Chimaphila umbellata* *Cytisus nigricans* *Pulsatilla patens* *Pyrola chlorantha* *Viola rupestris* u.a.

41. Klasse: Alnetea glutinosae Br.-Bl. & R. Tx. 1943 – Erlenbruchwälder und Moorgebüsche

Azonale Waldgesellschaften auf zeitweilig überschwemmten, nassen Böden mit guter Nährstoffversorgung. Eutraphente bis mesotraphente Bruchwälder und Weidengebüsche auf organogenen Naßböden (Niedermoortorfe bis Stagnogleye). Die Standorte können zeitweilig überflutet sein, besitzen aber ganzjährig hoch anstehendes Grundwasser und zeichnen sich durch eine hohe Basensättigung aus. In einer sommerlichen Trockenphase können die obersten Torfschichten durchlüftet werden und es findet eine Stickstoffmineralisation bis hin zum Nitrat statt. Bezeichnend für die Krautschicht naturnaher Bruchwälder sind hohe Anteile an Niedermoor-, Röhricht- und Großseggenarten (JANIESCH 1978, PHILIPPI 1982, DINTER 1982, 1990; DÖRING 1987, DIERSSEN 1988).

Durch Abholzung, Umwandlung in Naßwiesen oder Entwässerungsmaßnahmen bzw. durch starke Eutrophierungsphänomene (z.B. Ruderalisation) sind die Erlenbruchwaldstandorte vielfach irreversibel verändert, vernichtet und insgesamt stark dezimiert worden, so daß sie heute zu den gefährdeten Lebensräumen gehören.

1. Ordnung: Alnetalia glutinosae R. Tx. 1937 em. Th. Müller & Görs 1958
Erlenbrücher, Moorbirkenbruchwälder und Grauweidengebüsche. In ihrer Artenzusammensetzung sind die Erlenbruchwälder deutlich gekennzeichnet; neben wenigen direkten Kennarten sind es v.a. die Elemente der *Phragmitetea*, besonders der *Caricion elatae*-Gesellschaften, die zusammen mit Arten der Naßwiesen des *Calthion* und der Hochstauden-Gesellschaften des *Filipendulion* das bezeichnende Spektrum aufbauen.

KC u. OC: *Dryopteris cristata, Salix pentandra, Solanum dulcamara, Sphagnum squarrosum, Alnus glutinosa*

Abb. 234:
Carici elongatae-Alnetum glutinosae als Bruchwald auf grundwasserhaltigen Standorten
(Postbruch b. Gartow im Wendland, 1980)

Insgesamt können die vielfach primären, teilweise auch sekundären Moorbirken- und Grauweiden-Gebüsche des **Salicion cinereae-Verbandes** von den erlenreichen Bruch- und Naßwäldern des **Alnion glutinosae-Verbandes** differenziert werden.

1. Verband: Alnion glutinosae (Malcuit 1929) Meijer-Drees 1936
Erlenbruchwälder. Aus *Alnus glutinosa* und *Betula*-Arten aufgebaute, überregional gleichförmig entwickelte Bruchwälder basenreicher, nasser, stark zersetzter Niedertorfmoore (Abb. 234).

VC: *Calamagrostis canescens, Thelypteris palustris, Ribes nigrum* u.a.

Die syntaxonomische Gliederung der Erlenbrücher nach arealgeographischen Gesichtspunkten und Höhenausbildungen ergibt ein dreidimensionales Bild: ein euatlantisches *Carici laevigatae-Alnetum* und ein subatlantisch-subkontinentales *Carici elongatae-Alnetum*. Beide Typen überschneiden sich in den westdeutschen Mittelgebirgen (v.a. in der Eifel und im Hohen Venn, Schwickerath 1933, Lohmeyer 1960, Wittig & Dinter 1991). In den höchsten Lagen der Mittelgebirge treten Erlenwälder vom Typ des *Sphagno-Alnetum* auf.

1. Carici elongatae-Alnetum W. Koch 1926 ex R. Tx. 1931
Der Walzenseggen-Erlenbruch ist ein mitteleuropäisch-subkontinental verbreiteter Waldtyp auf Flachmoortorf bei nährstoffreichem Grundwasser. Der mittlere Grundwasserspiegel kann durchaus knapp unter Flur liegen.

AC: *Carex elongata*

Die Gesellschaft ist vorwiegend auf Niederungs- und Muldenlagen der planaren Regionen beschränkt. Es gibt zahlreiche Möglichkeiten einer regionalen geographischen Gliederung der Gesellschaft in zahlreiche Vikarianten: z.B. in Ostdeutschland mit viel *Calla palustris*, in Westdeutschland mit *Lysimachia thyrsiflora*. Zusätzlich existieren verschiedene Höhenvikarianten: z.B. mit *Polygonum bistorta* in der submontanen Stufe der Mittelgebirge, vgl. Pfadenhauer (1969). Schließlich bestehen Möglichkeiten der Differenzierung in trophiebedingte Subassoziationen: z.B. **Carici elongatae-Alnetum iridetosum** mit *Iris pseudacorus* auf nährstoffreichen Standorten (Abb. 234), **Carici elongatae-Alnetum typicum** mit *Thelypteris palustris* oder *Carex acutiformis* auf intermediären Standorten. **Carici elongatae-Alnetum betuletosum pubescentis** mit *Betula pubescens*, div. *Sphagnum*-Arten und *Molinia* auf mesotrophen Standorten. Das **Carici elongatae-Alnetum cardaminetosum** endlich, das Döring-Mederake (1991) für quellige Standorte angibt, nimmt aus ökologischer und folglich auch floristischer Sicht eine Übergangsstellung zwischen *Alnion glutinosae* und *Alno-Ulmion*-Gesellschaften ein, zu denen es auch wohl gehört (s. Möller 1970, 1979).

2. Carici laevigatae-Alnetum Schwickerath 1938
Moorseggen-Erlenbruch. Atlantische Gesellschaft in Westeuropa auf etwas nährstoffärmeren, anmoorigen, mesotrophen Standorten.

AC: *Carex laevigata, Scutellaria minor, Osmunda regalis*

Ziemlich selten; in der Eifel (Schnee-Eifel) häufiger. Die Moorbirke (*Betula pubescens*) ist stark am Aufbau der Gesellschaft beteiligt (Abb. 235).

3. Sphagno-Alnetum Lemée 1937
(= **Blechno-Alnetum** Oberd. 1957)
Der torfmoosreiche Erlenwald ist in den nordwestdeutschen und südwestdeutschen Mittelgebirgen noch vergleichsweise häufig (z.B. Sauerland, Bergisches Land, Pfälzer Wald).

D: *Blechnum spicant, Thelypteris limbosperma, Trichocolea tomentella, Equisetum sylvaticum*

Abb. 235:
Carici laevigatae-Alnetum
in montaner Ausprägung
mit hohen Anteilen an
Betula pubescens (Schnee-
Eifel, 1986)

Es sind meist kleinflächig ausgebildete, stellenweise sogar in Bachtälern verbreitete Erlenwälder an quelligen und durchsickerten mesotrophen Standorten (Abb. 236). Die Bestände sind dem *Carici laevigatae-Alnetum* sehr ähnlich und bilden mit diesem zahlreiche Übergänge und Durchdringungen.

2. Verband: Salicion cinereae Th. Müller & Görs 1968

Weidengebüsche und Bruchwälder. Die Gehölzgesellschaften dieses Verbandes zeigen meist Pioniercharakter; es sind von Strauchweiden, mitunter auch Birken beherrschte Brücher auf nassen Anmoorgleyen oder Niedermoortorfen, teilweise auch Vorgebüsche an See- und Moorrändern, die sich zu Bruchwäldern weiterentwickeln.

VC: *Salix aurita, S. cinerea*

1. Betulo humilis-Salicetum repentis Oberd. 1964

Das Strauchbirkenmoor oder Zwergbirken-Kriechweiden-Gebüsch ist eine niedrigwüchsige Gesellschaft, die spätglazial-reliktisch an nur wenigen Moorrändern, in den hohen Mittelgebirgen (z.B. Harzmoore) sowie in präalpinen Mooren Süddeutschlands vorkommt (z.B. Federsee).

AC: *Betula humilis, Salix rosmarinifolia, S. myrtilloides*
Begleiter: *Pedicularis sceptrum-carolinum*

Nordisch-kontinentale Assoziation mit Reliktvorkommen in Kaltluftsenken des Alpenvorlandes. In Norddeutschland weitgehend ausgestorben.

2. **Salicetum pentandro-cinereae** (Passarge 1961) Oberd. 1964
Das Lorbeerweiden-Grauweidengebüsch hat eine ähnliche boreal-kontinentale Verbreitung wie das *Betulo humilis-Salicetum*, mit dem es auch manchmal vergesellschaftet ist.

AC: *Salix pentandra*

Von der nordostdeutschen Tiefebene (z.B. Nordseeinseln) über Thüringen und Nordostbayern bis in das Alpenvorland, in das Bodenseegebiet, auf die Baar und in den Ost-Schwarzwald vordringend (s. auch PASSARGE 1961, GÖRS 1961).

3. **Myricetum galis** Jonas 1932
Gagelgebüsch. Am Rande von Mooren oder dys- bis mesotrophen Heideweihern als atlantische Gesellschaft verbreitet (Abb. 237).

AC: *Myrica gale*

Auf Dy und Dygyttia bilden sich die kugeligen, bis 2 m hohen, aromatisch duftenden Büsche des Gagels, die im Frühjahr durch rostbraune Blütenkätzchen auffallen. Die Gagelgebüsche gehören zum dys- bis mesotrophen Verlandungskomplex von Gewässern (vgl. POTT 1983) und bilden heute in den schwach entwässerten Hochmoortorfen der Moorregionen Nordwestdeutschlands landschaftsprägende Bilder (s. auch MOHR 1990). Der Gagel kann an seiner Ostgrenze häufig sogar als Mineralbodenwasserzeiger angesehen werden; er verhält sich mancherorts durchaus gesellschaftsvag, so daß man eventuell auch nur von einer *Myrica gale*-Consoziation sprechen sollte.

Abb. 236:
Sphagno-Alnetum als quasi bachbegleitender Erlenwald im Ebbegebirge, Sauerland (1980)

Abb. 237: *Myrica gale* im Gildehauser Venn (1982)

4. **Frangulo-Salicetum auritae** R. Tx. 1937
Das Weiden-Faulbaum-Gebüsch wächst an Quell- oder Flachmooren, im Lagg von Hochmooren auf vorwiegend mesotrophen Torfböden und bildet auch Gebüschzonen an stehenden, nährstoffreichen Gewässern im Kontakt mit Erlenbruchwäldern. Vorwiegend in der Montanstufe sowie an kühl-humiden Standorten.

AC: *Salix aurita, (Rhamnus frangula)*

Dementsprechend läßt sich die Gesellschaft in verschiedene nährstoffbedingte, meso- bis eutrophe Subassoziationen aufgliedern. *Frangula alnus* wird im Gegensatz zu den anemochoren Weiden ornithochor verbreitet, entwickelt sich langsamer und fehlt daher oft in gewässerangrenzenden Weidengebüschen. Auf Flachmoortorf gibt es meistens Weiterentwicklungen zum Erlen- oder Birkenbruch.

5. **Frangulo-Salicetum cinereae** Zolyomi 1931
Grauweidengebüsche. Charakteristische Gebüschformation der wärmeren Tieflagen an ähnlichen, vielfach aber nährstoffreicheren Standorten als das *Salicetum auritae*.

D: *Salix cinerea*

Vielfach aber auch Sekundärgebüsche auf potentiellen Erlenbruchwald-Standorten bildend, die die Wiederbewaldung einleiten. Vielleicht auch nur wärmeliebendere, planare Vikariante des *Frangulo-Salicetum auritae*.

42. Klasse: Pulsatillo-Pinetea (E. Schmidt 1936) Oberd. in Oberd. et al. 1967 – Kiefern-Steppenwälder

Es sind boreo-kontinentale osteuropäische Waldgesellschaften mit einer Hauptverbreitung östlich der Warthe; inselhafte Restvorkommen aus der postglazialen Kiefernzeit gibt es noch in fragmentarischer Ausbildung im Oberrheingebiet, in Franken und im Maingebiet. Die Klasse ist in Deutschland nur mit einer Ordnung **Pulsatillo-Pinetalia** Oberd. in Th. Müller 1966 und einem Verband **Cytiso ruthenici-Pinion** Krausch 1962 vertreten. Zentralalpine Trockenwälder mit der Waldkiefer (z.B. Engadin, Aosta, Wallis) gehören zur meridionalkontinental geprägten Ordnung **Astragalo-Pinetalia** mit dem **Ononido-Pinion-Verband** (s. Tab. 12). Die inneralpinen *Ononis rotundifolia*- und *Astragalus*-reichen Kiefernwälder zeigen eine überraschende Ähnlichkeit mit den osteuropäischen Kiefernwäldern; Übergänge und Durchmischungen all dieser Waldtypen sind in Süddeutschland und im nördlichen Alpenvorland nicht selten.

1. Verband: Cytiso ruthenio-Pinion Krausch 1962
Im nordöstlichen Europa und daran anschließend in subkontinental getönten Regionen der Laubwaldregion Zentraleuropas vorkommende Kiefernwälder.

VC: *Chimaphila umbellata*, *Carex ericetorum*, *Pulsatilla patens*, *Pyrola chlorantha*, *Viola rupestris*

Es handelt sich in der Regel um neutro- bis basiphile Elemente, die über Sauerhumus aus Kiefernstreu wachsen.

1. Pyrolo-Pinetum sylvestris (Libbert 1933) E. Schmidt 1936
Der Wintergrün-Kiefernwald ist die Zentralassoziation des Verbandes mit den thermophilen VC als Kennarten. Dieser Vegetationstyp stockt in Mittel- und Süddeutschland auf basenreichen Sandböden (Oberrheintal, mittleres Maintal auf Flugsand über Muschelkalk, Mainzer Trockengebiet, Taubergebiet, Schwetzinger Hardt), auf sandigen Kreideüberdeckungen (Oberpfälzisches Hügelland), oder auf Kalksteinböden (Mittlere und Nördliche Frankenalb). Die reliktartige Gesellschaft erinnert in ihrem Aufbau und in ihrer Artenzusammensetzung an osteuropäische Kiefernwälder (Abb. 238). Eine anthropogene

Abb. 238:
Kiefernwald an der Trockengrenze des Waldes auf der Fränkischen Alb (1987)

Abb. 239:
Erico-Pinetum in der
Talaue der Isar bei
Wolfrathshausen
(Pupplinger Au, 1989)

Arealausweitung der Gesellschaft nach mittelalterlichen Rodungen und sekundärer Wiederbewaldung (v.a. mit der pionierhaften Kiefer) ist nicht ausgeschlossen. In Süddeutschland ist dieser Waldtyp in seiner Vielgestaltigkeit und in seiner lokalverschiedenartigen Zusammensetzung oft beschrieben worden (z.B. ZEIDLER & STRAUB 1967, HOHENESTER 1960, 1978; PHILIPPI 1970, KORNECK 1974).

43. Klasse: Erico-Pinetea Horvat 1959 – Schneeheide-Kiefernwälder

Alpische oder alpigene Waldgesellschaften mit Schwerpunkt auf trockenen Karbonatböden in den Alpen. An Spezialstandorten auf der Schwäbischen Alb sind die Kiefernwälder weniger typisch ausgebildet; sie sind dort mit submediterranen und subkontinentalen Arten ausgezeichnet. Das Arealtypenspektrum der Bestände von den Bayerischen Alpen bis hin zur Fränkischen und Schwäbischen Alb zeigt ein Gefälle der Alpenpflanzen und eine Zunahme des kontinentalen Geoelements.

Es sind artenreiche, lichte Kiefernwälder auf kalkreichen Standorten (Felsen, Mergelhalden, Flußschottern) mit nur einer Ordnung **Erico-Pinetalia** und einem Verband **Erico-Pinion**. Die vollständige syntaxonomische Fassung dieser Waldtypen kann nur aus dem zentralalpinen Hauptverbreitungsgebiet heraus erfolgen.

1. Ordnung: Erico-Pinetalia Horvat 1959

1. Verband: Erico-Pinion Br.-Bl. in Br.-Bl. et al. 1939

KC - VC: *Rhamnus saxatilis, Coronilla vaginalis, Thesium rostratum, Erica carnea*

1. **Erico-Pinetum sylvestris** Br.-Bl. in Br.-Bl. et al. 1939
   Schneeheide-Kiefernwald der Alpen (Abb. 239). Dieser Kiefernwald besiedelt trockene Sonnhänge in den Schwäbisch-Oberbayerischen Voralpen und in den Kalkalpen (Berchtesgaden).

   AC: *Erica carnea*

   Zentralassoziation ohne eigene Arten, in den Alpen häufig. *Calamagrostis varia-* und *Molinia arundinacea*-reiche Bestände an den Alpenflüssen können stellenweise als Fazies des *Erico-Pinetum* auf wechseltrockenen Flußschottern von Iller, Lech, Isar und Inn oder an Mergelhängen angesehen werden. Collin-montan verbreitete Höhenformen der Gesellschaft mit *Dorycnium germanicum* werden auch als **Dorycnio-Pinetum** Oberd. 1957 bezeichnet (SEIBERT 1962). Die grasreichen Kiefernwälder mit *Molinia arundinacea*, *Brachypodium rupestre*, *B. pinnatum* und zahlreichen wärmeliebenden Elementen auf den Flußalluvionen der kalkoligotrophen Alpenflüsse sind auch von SEIBERT (1962) als **Molinio-Pinetum** E. Schmidt 1936 em. Seibert 1962 beschrieben worden. *Calamagrostis varia*-reiche Bestände auf sonnenexponierten, tonigen Mergelhalden werden auch als **Calamagrostio-Pinetum** Oberd. 1957 bezeichnet. Das horstartig wachsende Buntreitgras ist ein Wiederbesiedler von Rutschstellen und bildet lockere Grasdecken aus, in denen die Kiefer Fuß fassen kann und lockere, niedrige und krüppelige Bestände bildet.

2. **Coronillo vaginalis-Pinetum sylvestris** Rich. 1972
   Scheidenkronwicken-Kiefernwald. Auf Felsnasen und -rippen an trockenen Steilhängen.

Abb. 240:
Coronillo-Pinetum als Element der Felsvegetation auf der Schwäbischen Alb (1984)

Abb. 241: *Erico-Rhododendretum hirsuti* auf mäßig trockenen, basenreichen, meist kalkhaltigen Böden, z.T. in der subalpinen Stufe (1982)

Eine wärmezeitliche-reliktische Lokal-Gesellschaft auf der Schwäbischen Alb und im Donautal.

AC: *Coronilla vaginalis*

Element des Felssteppen-Vegetationsmosaiks (Abb. 240).

3. **Cytiso nigricantis-Pinetum** Br.-Bl. 1932
Ginster-Steppen-Kiefernwald. Auf kalkreichen Steilhängen der südlichen Fränkischen Alb im Hegau-Gebiet und am Hochrhein lokal verbreitet.

AC: *Cytisus nigricans*

Dieser Kiefernwald besitzt teilweise kontinentale Geoelemente und vermittelt zum *Pyrolo-Pinetum*.

4. **Erico-Rhododendretum hirsuti** Br.-Bl. in Br.-Bl. et al. 1939
Schneeheide-Krummholz. Latschenkrummholzzone oberhalb der Waldgrenze in den Kalkalpen. Formationsmäßig noch ein Wald unter 2 Metern Höhe (Abb. 241). *Rhododendron hirsutum* bildet das Pendant zur acidophytischen *Rh. ferrugineum* in den Silikatalpen.

AC: *Daphne striata, Rhododendron hirsutum, Pinus mugo*

Die gürtelhafte Zonierung am Alpennordrand ist häufig durch anthropo-zoogene Eingriffe unterbrochen. Überall dort, wo *Rhododendron hirsutum* in tieferen Lagen (bis etwa 1000 m herab) Dominanzbestände ausbildet, handelt es sich entweder um lang schneebedeckte Lagen oder um Aufwuchsstadien bei der Besiedlung von Schutthalden, wie sie von Lippert (1966) für Berchtesgaden beschrieben wurden. Die Sukzession führt über **Rhododendron hirsutum-Pinus mugo-Stadien** meist zu **Rh. hirsutum-Rhodothamnus chamaecistus-Dauergesellschaften,** welche sich zum Krummholz-Latschengebüsch weiterentwickeln (vgl. auch Smettan 1981, Reisigl & Keller 1989). Die reinen Latschengesellschaften können auch als **Erico-Pinetum mugi** Br.-Bl. 1939 bezeichnet werden (Abb.242).

44. Klasse: Vaccinio-Piceetea Br.-Bl. in Br.-Bl. et al. 1939 – Boreal-subalpine Nadelwälder, Birkenbruch- und Kiefernwälder

In dieser Klasse sind die zonalen Fichtenwälder des borealen Gürtels, die Fichtenwälder der hohen Mittelgebirge und die Fichtenwälder der Alpen enthalten. Der syntaxonomische Anschluß kontinentaler Kiefernwälder in dieser Klasse ist unsicher, vielleicht sind sie besser bei den *Pulsatillo-Pinetea* oder *Erico-Pinetea* subsumiert. Eine Klärung wird sicherlich der schon lang erwartete 4. Band der Süddeutschen Pflanzengesellschaften von E. OBERDORFER, P. SEIBERT und TH. MÜLLER bringen; deshalb sei hier zunächst nur eine Ordnung mit fünf Verbänden angeführt.

1. Ordnung: Vaccinio-Piceetalia Br.-Bl. 1939
Kiefern-Fichten-Wälder

1. Verband: Vaccinio-Piceion Br.-Bl. 1938 em. Kuoch 1954
Mitteleuropäische Fichtenwälder; natürliche Nadelholzwälder der hochmontanen bis subalpinen Stufe (Abb. 243).

Abb. 242:
Erico-Pinetum mugi
(Legföhren-Krummholz-
stufe) mit *Pinus mugo* in
der Steiermark (1988)

Abb. 243:
Subalpiner Fichtenwald
vom Typ des *Homogyno-
Piceetum* im Kleinen
Walsertal (1988)

Abb. 244: *Vaccinio-Piceetum rotundatae*-Spirkenmoor auf dem Hinterzartener Moor (1982)

KC - VC: *Picea abies, Pyrola secunda, Goodyera repens, Lycopodium annotinum, Trientalis europaea, Vaccinium vitis-idaea, V. myrtillus, Linnaea borealis, Bazzania trilobata, Dicranum undulatum, Listera cordata, Huperzia selago, Rhytidiadelphus loreus* u.a.

1. **Vaccinio-Piceetum** R. Tx. 1955
Fichten-Moorwald. Zentralassoziation des Verbandes. In den Zentralalpen großflächig in der montanen bis subalpinen Stufe. Auch in subkontinental getönten Mittelgebirgen (Harz, Bayerischer Wald bis Schwarzwald).

   D: *Picea abies*

Die natürlichen, von Beersträuchern (*Vaccinium myrtillus, V. vitis-idaea*), von *Calamagrostis villosa, Luzula sylvatica* und *Blechnum spicant*, vielen Moosen (*Plagiothecium undulatum, Dicranum majus, Rhytidiadelphus loreus, Bazzania trilobata* und *Sphagnum girgensohnii*) geprägten Fichtenwälder des Hochharzes über 600 m NN, lassen sich auch als **Calamgrostio villosae-Piceetum** (R. Tx. 1937) Hartmann 1953 differenzieren. Diese offenbar subkontinentale geographische Vikariante der Fichtenwälder gibt es in ähnlicher Artenzusammensetzung auch im Fichtelgebirge, im Erzgebirge und im Bayerischen Wald (s. u.a. REINHOLD 1939, 1944).

2. **Vaccinio uliginosi-Pinetum rotundatae** Oberd. 1934
Bergkiefern-Moorwald. Spirkenmoore im Alpenvorland, im Schwarzwald, im Böhmerwald, im Fichtelgebirge und in den anderen Mittelgebirgen. Mit der aufrechten oder niederliegenden Kennart:

   AC: *Pinus mugo ssp. rotundata*

Wohl subarktisch-alpin reliktische Waldgesellschaften auf Moorstandorten. Unter dem lichten Kronendach der Spirken gedeihen die *Oxycocco-Sphagnetea*-Gesellschaften der Hochmoore (Abb. 244). Die Gesellschaft zeigt zwar Anklänge an die Fichten-Moorwälder, sie ließe sich aber genauso gut dem *Betulion pubescentis*-Verband zuordnen.

3. **Bazzanio-Piceetum** Br.-Bl. & Sissingh in Br.-Bl. et al. 1939
Peitschenmoos-Fichtenwald. Gebietsassoziation des *Vaccinio-Piceetum* in den Nordalpen, im Alpenvorland und im Schwarzwald.

D: *Bazzania trilobata*

Die Gesellschaft bildet keine eigene Höhenstufe aus; sie ist meist nur lokal ausgeprägt an feucht-schattigen Standorten in Becken und Mulden, an Moorrändern und in Kaltluftsenken.

4. **Homogyno-Piceetum** Zukrigl 1973
(= **Piceetum subalpinum** Br.-Bl. 1938)
Alpenlattich-Fichtenwald. Auf Kalk- und Silikatgestein der nördlichen Randalpen oberhalb der montanen Buchen-Tannenstufe verbreiteter Fichtenwald, subalpin; baut Waldgrenzen auf (Abb. 243). Mit schmalkronigen, säulenförmig gebauten, schlanken Fichten, die meist bis zum Boden beastet sind (Anpassung an hohe Schneelasten).

D: *Homogyne alpina*

In ihrem Hauptareal, dem Nordabfall der Alpen können mindestens drei Fichtenwaldassoziationen (oder eventuell besser Subassoziationen) unterschieden werden: **Homogyno-Piceetum**, **Adenostylo glabrae-Piceetum** (Kalk) und **Adenostylo alliariae-Piceetum** (schneereiche Lagen). Für Blockschutt- und Steinschutthalden der nördlichen Kalkalpen von Berchtesgaden und dem Chiemgau haben Mayer (1962) und Lippert (1966) einen moos- und farnreichen Fichtenwald vom Typ des **Asplenio-Piceetum** Kuoch 1954 beschrieben, der ebenfalls hier anzuschließen wäre.

Abb. 245: *Abieto-Piceeion*-Nadel-Mischholzwälder an der Ostabdachung des Vogesenkammes am Col de la Schlucht. Über die Nadelmischwaldstufe legt sich eine Buchenwaldstufe des *Acerio-Fagenion* (1991)

Abb. 246:
Larici-Cembretum-Lärchen-Arvenwald als Bildner des Waldgrenzökotons im Oberen Fimbertal
(aus Hüppe & Pott 1982)

2. Verband: Abieto-Piceion Br.-Bl. in Br.-Bl. et al. 1939
Zwergstrauchreiche Tannen-Fichtenwälder (Abb. 245).

1. **Vaccinio-Abietetum** Oberd. 1957
   Kiefern-Tannen-Mischwald. Auf primär nährstoffarmen Granit- und Buntsandsteinböden im kontinentalen Ostschwarzwald und Frankenwald bis zum Bayerischen Wald ohne eigene Kennarten. Natürlicher Fichtenwald mit boreo-kontinentalem Charakter.

2. **Luzulo-Abietetum** (Zeidler 1953) Oberd. 1957
   Tannenmischwald. Hochmontaner bis subalpiner Waldtyp (am Feldberg und Südschwarzwald) bis in die Alpen mit subalpinen Arten. Vorwiegend subatlantisch verbreitete Gesellschaft. Als Hainsimsen-Tannen-Fichtenwald von Oberdorfer für zentrale Schwarzwaldhochlagen beschrieben. Die Gesellschaft vermittelt zwischen dem *Luzulo-Fagetum* und den natürlichen Fichtenwäldern der subalpinen Stufe.

3. Verband: Rhododendro-Vaccinion Br.-Bl. 1926
Subalpine Lärchen-Arvenwälder und Alpenrosengesellschaften. Optimal in den Zentralalpen verbreitete Gesellschaften bis hin zur Waldgrenze. In Deutschland nur sehr fragmentarisch und daher auch nur grob wiedergegeben:

1. **Larici-Cembretum** Ellenberg 1963
   (= **Vaccinio-Pinetum cembrae** (Pallm. & Hafft. 1933) Oberd. 1962)
   Lärchen-Arvenwald. In den Zentralalpen bilden dichtes Alpenrosen- und Beerstrauchgestrüpp eine Feldschicht unter lockeren Lärchen-Arvenschirmen.

   AC: *Larix europaea, Pinus cembra*

   Diese Gesellschaft ist in den deutschen Randalpen nur fragmentarisch ausgebildet (Abb. 246). Sie stockt oberhalb des montanen Fichtenwaldes (*Homogyno-Piceetum*), mit dem der Lärchen-Arvenwald über eine Fichten-Lärchenstufe (**Larici-Piceetum**) verbunden ist. Die Mengenanteile von Lärche und Arve hängen vom Alter der Bestände sowie von der Art und der Intensität anthropo-zoogener Eingriffe ab. Je nach geographisch-regionaler Situation und nach unterschiedlichen Substratverhältnissen läßt sich das *Larici-Cembretum* in zahlreiche Subassoziationen differenzieren (z.B. *Alnus viridis*-reiche Bestände in schneereichen, wasserzügigen Lagen; *Pinus mugo*-reiche Bestände auf Blockhalden).

2. **Rhododendro ferruginei-Vaccinietum** Br.-Bl. 1927
Alpine Gesellschaft der Rostroten Alpenrose. Meist auf Silikatgestein mächtige Rohhumusdecken bildend. In den Zentralalpen von 1400 - 2400 m NN.

AC: *Rhododendron ferrugineum, Lonicera coerulea*

Auch auf maskiertem Kalkuntergrund noch anzutreffen. Auf den Humusböden meist mit ausgeprägter Moos- und Flechtenschicht versehen. Die Gesellschaft benötigt eine lange winterliche Schneebedeckung von 6 - 7 Monaten; sie vikariiert als acidophytische Assoziation zu *Empetrum hermaphroditum*-reichen Alpenrosengesellschaften des **Empetro-Vaccinietum** Br.-Bl. 1926 (s. *Cetrario-Loiseleurietea*). Diese Rauschbeerheiden benötigen weniger Schneebedeckung, wachsen an feuchten Schatthängen, sind in der Regel kleinräumig ausgebildet und werden oft derart stark beweidet, daß man sie dann nur schwer von den umgebenden *Nardus stricta-* und *Carex curvula*-Rasen abtrennen kann.

3. **Arctostaphylo-Juniperetum nanae** Hafft. in Br.-Bl. et al. 1939
Die Zwergwacholder-Bärentraubenheide besiedelt Sonnlagen und trocken-warme Steilhänge, die früh ausapern.

D: *Arctostaphylos uva-ursi, Juniperus nana*

Die Bärentraubenheiden sind stellenweise reich an *Calluna vulgaris*; sie sind v.a. durch Beweidung entstanden und zeigen potentielles Waldgebiet an. Sie sind an Sonnhängen das Gegenstück zum *Rhododendro-Vaccinietum* der schattigen Schneelagen. Die Gesellschaft steht im Vegetationskomplex mit gleichfalls anthropo-zoogenen Rasen des *Aveno-Nardetum*.

4. **Verband: Dicrano-Pinion** Matuskiewicz 1962
Sand-Kiefernwälder. Die hier zusammengefaßten Gesellschaften zeigen v.a. eine subkontinentale Verbreitung; sie sind durch eine Reihe subatlantischer Säurezeiger von den kontinentalen Kiefernwäldern zu unterscheiden (Abb. 247).

1. **Leucobryo-Pinetum** Matuskiewicz 1962
Sand-Kiefernwald. Die subatlantisch-subkontinentale Gesellschaft hat keine eigenen Charakterarten. Sie ist von Ostdeutschland (östliche der Elbe) bis hin nach Polen verbreitet.

D: *Leucobryum glaucum*

Abb. 247:
Kiefern über einer Düne als *Dicrano-Pinion-*Sandkiefernwald in Brandenburg (1991)

Von Beersträuchern (v.a. *Vaccinium vitis-idaea*), Moosen (*Dicranum spurium, Leucobryum glaucum, Ptilidium ciliare*) und Flechten (*Cladonia rangiferina, C. sylvatica, C. gracilis, C. furcata* und *Cetraria islandica*) geprägter, natürlicher Kiefernwald. Im weiteren Nordwest- und Süddeutschland nur in Exklaven (z.B. Senne, Nürnberger Raum, Regnitzbecken etc.); als **Cladonio-Pinetum** Kobendza 1930 auf trockenen, stark gebleichten Podsolen für Grobsandstandorte von Kobendza (1930) so bezeichnet. Derartige flechtenreiche Bestände auf extremen Trockenstandorten lassen sich ebenso wie die *Molinia coerulea*-reichen Kiefernwälder auf Feuchtstandorten zwanglos als Subassoziationen dem *Leucobryo-Pinetum* zuordnen. Wegen langer Streunutzung und Beweidung solcher Kiefernwälder sind diese oftmals mit einem Zwergstrauchteppich aus *Calluna-* und *Genista*-Arten versehen oder zeigen starken *Juniperus communis*-Unterwuchs (z.B. in Sachsen-Anhalt und in Brandenburg).

2. **Dicrano-Juniperetum communis** Barkman 1968 ap. Westhoff & Den Held 1969
Wacholder-Gebüsch. Weiderelikt auf Sandheiden, in den Kratts der Geest mit oft mächtigen Wacholderheiden.

AC: *Dicranum scoparium, Juniperus communis*

Auch auf Kalksubstraten in Halbtrockenrasenformationen; hier als basiphytisches **Roso caninae-Juniperetum** R. Tx. 1964 anzusprechen, welches zu den *Rhamno-Prunetea* gehört (*Berberidion-Verband*, s. dort).

Als ausgesprochener Hudebegleiter mit sehr großer ökologischer Variationsbreite gedeiht *Juniperus communis* nicht nur in den Sandheiden der Geest, sondern auch auf Lehm- und Kalkböden. Auf letzteren verjüngt er sich gut. Auf beweglichen Flug- und Dünensanden werden Keimung und Wachstum des Wacholders jedoch behindert. Da noch im vergangenen Jahrhundert weite Flächen der nordwestdeutschen Heidelandschaften vom offenen Flugsand eingenommen wurden, gab es zwangsläufig große Lücken in der Verbreitung des Wacholders, die noch heute sichtbar sind.

Das anspruchslose *Dicrano-Juniperetum* Barkman 1968 mit den Acidophyten *Avenella flexuosa, Dryopteris dilatata, Polypodium vulgare, Brachythecium rutabulum, Pleurozium schreberi* und *Dicranum scoparium* wächst vornehmlich auf den trockenen Böden des potentiellen Eichen-Birkenwaldes oder des Silikatbuchenwaldes. Das anspruchsvollere *Roso-Juniperetum* R. Tx. 1964 mit *Rosa canina, Prunus spinosa, Euonymus europaeus, Cornus sanguinea, Rhamnus catharticus, Solanum dulcamara* und *Rhytidiadelphus squarrosus* wächst optimal im Bereich des potentiellen Kalkbuchenwaldes.

Eine auffällige Erscheinung im Wacholderhain ist die Formenvielfalt von *Juniperus* (vgl. auch Barkman 1968, 1979, 1985, 1986). Diese reicht von der bekannten Säulenform über buschartige Ausbildungen bis zur niederliegenden, weit ausladenden Wuchsgestalt (Abb. 248).

Das Ausbleiben bzw. der erhebliche Rückgang der Wacholderverjüngung in den Sandgebieten, die zumindest seit den letzten 30 Jahren registriert werden können, beruhen sehr wahrscheinlich auf dem gleichzeitigen Einwirken mehrerer Faktoren, die sich unter Umständen in ihrer negativen Einwirkungsweise noch gegenseitig verstärken können. Geringe Keimungsraten, hohe Keimlingssterblichkeit, Vertrocknungserscheinungen und Schädlingsbefall treten in letzter Zeit gehäuft auf oder werden verstärkt beobachtet. Bei dem Phänomen der Wipfeldürre werden neuerdings primär Zusammenhänge zwischen der Abnahme von Mycorrhiza-Pilzen an den Wacholderwurzeln nach Luftstickstoff-Deposition und der erschwerten Wasseraufnahme postuliert. Nachgewiesenermaßen führt Schädlingsbefall durch die Wacholder-Blattwespe (*Monoctenus juniperi*) und die Schildwanze *Pitedia juniperina* zur Nadelschädigung mit den Symptomen der Austrocknung im Wipfelbereich des Wacholders oder zum Zerfall ganzer Zweigsysteme. Von Seiten des Naturschutzes bzw. von den jeweiligen Markengemeinden

Abb. 248: Formenvielfalt im Wacholdergebüsch mit niederliegenden (= prostraten) Formen des Wacholders als primären Wuchstypen und aufrechten (= fastigiaten) zypressenartigen Formen des Wacholders.

eingeleitete Maßnahmen zur Verjüngung und damit zum Erhalt der Wacholderheiden mittels Anpflanzungen aus Stecklingen blieben bislang erfolglos. Aussaaten von Wacholdersamen in umgegrabene Gartenerde führten dagegen zu enormen Aufwüchsen und erfolgreicher Anzucht (eigene Beobachtungen mit Material aus dem NSG Heiliges Meer); in zunehmend vergrasten Versuchsparzellen erstickten die Keimlinge und Jährlinge allerdings proportional zur Vergrasungsintensität. Das erklärt auch die erfolglosen Pflanzversuche mit Stecklingen in vielen Naturschutzgebieten.

5. Verband: Betulion pubescentis Lohm. & R. Tx. 1955
Birken- und Kiefernbruchwälder. Oligotraphente Bruchwaldgesellschaften an den Rändern dystropher Heidemoore (Abb. 249).

VC: *Vaccinium uliginosum, Pinus sylvestris fo. turfosa*

1. Betuletum pubescentis R. Tx. 1937
Birkenbruchwald. Lichter Birkenwald auf nährstoffarmen Torfböden (Hoch- und Zwischenmoortorf). Am Rande von Hochmooren und dystrophen Gewässern im naß-oligotrophen Bereich, wo gerade noch waldfähige Grenzstandorte besiedelt werden. Atlantisch-subatlantische Gesellschaft.

AC: *Betula pubescens*

Der Birkenbruchwald bildet Übergänge zu baumfreien Vegetationskomplexen der Hochmoore. Sekundäre Birkenbrücher wachsen auf teilentwässerten Hochmooren, wo die Torfmächtigkeit noch mehrere Meter betragen kann. Viele solcher *Betula pubescens*-Bestände auf Hochmoortorf ohne die charakteristische Beimischung von Torfmoosen in der Bodenschicht können als *Molinia coerulea*-Birkenwald, als *Vaccinium*-Birkenwald oder gar als *Pteridium aquilinum*-Birkenwald eingestuft werden (s. auch WITTIG 1980, POTT 1982b).
Weiter im Osten ersetzen *Vaccinium uliginosum, Ledum palustre* und anstelle der Moorbirke die Moorkiefer (*Pinus sylvestris fo. turfosa*, s. POTT 1982b, 1984b; HÜPPE et al. 1989) die Arten des *Betuletum pubescentis* (**Vaccinio uliginosi-Pinetum** bzw. **Ledo-Pinetum**). In

Abb. 249: Birkenbruchwaldvegetationskomplex des *Betuletum pubescentis* (z.T. mit natürlicher Waldkiefer) im Naturschutzgebiet Hiddeser Bent.

den montanen Lagen sind dies das **Betuletum carpaticae, Pinus rotundata-Spirkenwälder** oder gar die fichtenreichen Moorwälder der Harzmoore, des Bayerischen Waldes, des Erzgebirges oder der Alpenmoore.

2. **Vaccinio uliginosi-Pinetum sylvestris** Kleist 1929
   Rauschbeer-Waldkiefern-Bruchwald. Auf oligotrophen Torfen im Ufersaum dystropher Gewässer und auf Hochmooren, subatlantisch-subkontinentale Gesellschaft. Von Moorbirken beherrschte, mit Kiefern durchsetzte, natürliche Bruchwaldgesellschaft im nordwestdeutschen Tiefland. Es sind vielfach die Primärstandorte für spontane Kiefern-Reliktvorkommen, wobei teilweise recht alte Kiefern (*Pinus sylvestris fo. turfosa*, Abb. 249) in allen Altersklassen zusammen mit den bislang zahlreichen pollenanalytischen Befunden für die Bodenständigkeit der Waldkiefer in diesen Moorwäldern spricht (s. auch Tab. 13). Die atlantisch-subatlantisch-subkontinental orientierte geographische Differenzierung und Mittelstellung dieser Gesellschaft zwischen dem *Betuletum pubescentis* und dem *Ledo-Pinetum* zeigt Tab. 13.

3. **Ledo-Pinetum sylvestris** (Hueck 1929) R. Tx. 1955
   Kiefernbruchwald. Nordisch-kontinentale Gesellschaft am Rande von Mooren, vergleichbar den anderen Gesellschaften; optimal nur östlich der Elbe.

   D: *Ledum palustre*

   Natürlicher Kiefern-Moorwald mit ausgeprägter Zwergstrauchschicht aus *Ledum palustre*. Westliche Exklaven nur im Hannoverschen Wendland an wenigen Stellen (z.B. Postbruch am Laascher Heuweg). *Ledum palustre* fehlt den süddeutschen Kiefernmooren.

4. **Betuletum carpaticae** Lohmeyer & Bohn 1962
   Karpatenbirkenbruch. Wie die vorigen Gesellschaften auf Moorrändern, v.a. auf quelligen Hoch- und Zwischenmooren in 400 – 900 m Meereshöhe, aber nur in den montanen Lagen der Mittelgebirge (Abb. 250).

   D: *Betula carpatica*

Tab. 13: Differenzierung der Moorwälder

Arealgeographische Differenzierung der Moorwälder im nördlichen Mitteleuropa

BETULETUM PUBESCENTIS	VACCINIO ULIGINOSI-PINETUM SYLVESTRIS	LEDO-PINETUM
Birkenbruch	Birken-Kiefernbruch	Kiefernbruch
atlantisch	subatlantisch	subkontinental
Myrica gale	keine Trennarten	*Ledum palustre, Picea abies, Sphagnum nemoreum, Rubus chamaemorus, Betula nana* u.a.

Pinus sylvestris, Vaccinium uliginosum, Andromeda polifolia

Betula pubescens, Erica tetralix

Vaccinium myrtillus, Eriophorum vaginatum, Vaccinium vitis-idaea, Molinia caerulea, Eriophorum angustifolium, Vaccinium oxycoccos, Polytrichum strictum, Calluna vulgaris, Rhamnus frangula, Polytrichum commune, Pleurozium schreberi, Hylocomium splendens, Dicranum div.spec., Sphagnum fallax, Sphagnum palustre, Aulacomnium palustre u.a.

Abb. 250:
Betuletum carpaticae
(Karpatenbirkenbruchwald) als montaner Bruchwald in den Mooren des Berglandes (NSG Grundlosen, Ebbegebirge 1980)

V. a. im Sauerland (Ebbegebirge), im Spessart, im Solling und im Kaufunger Wald, sonst ziemlich seltene Gesellschaft. Schüttere, schwachwüchsige, moos- und flechtenreiche Karpatenbirkenwälder mit natürlicher *Picea abies* gibt es auch auf Blockfeldern und an Klippenstandorten des Oberharzes; sie werden auch als **Betulo carpaticae-Piceetum** Stöcker 1962 bezeichnet. *Sorbus aucuparia* ssp. *glabrata* prägt ebenso die in 600 - 900 m Meereshöhe gelegenen Gesellschaften des Hochharzes (STÖCKER 1962). *Betula carpatica*-reiche Waldgesellschaften auf den Nordseeinseln (z.B. Borkum, Norderney, Juist und Langeoog) stehen im Endstadium der Verlandung von Dünentälern und werden dort innerhalb der Sukzessionsreihen von Hygroserien als **Empetro-Betuletum carpaticae** bezeichnet (s. auch WESTHOFF & VAN OOSTEN 1991).

45. Klasse: Quercetea robori-petraeae Br.-Bl. & R. Tx. 1943 – Birken-Eichenwälder

Die syntaxonomische Fassung der bodensauren Laubmischwälder ist noch sehr umstritten; sie werden vielfach zusammen mit den Silikatbuchenwäldern als Ordnung den *Querco-Fagetea* unterstellt (s. Diskussion bei OBERDORFER 1984), oder auch wie hier, einer eigenen Klasse zugeordnet.

Es sind artenarme, bodensaure, acidophytische Wälder von atlantisch-subatlantischer bis subkontinentaler Verbreitung, meist auf nährstoffarmen Sand- und Sandmischböden. Die Birken-Eichenwälder sind charakteristische Waldgesellschaften der nordbelgischen, niederländischen und norddeutschen Geestlandschaften. Die Sandflächen Mittel- und Süddeutschlands sind vielfach mit kiefernreichen, bodensauren Laubmischwäldern bewachsen. Es wird nur eine Ordnung **Quercetalia robori-petraeae** und nur ein Verband **Quercion robori-petraeae** angeführt:

1. Ordnung: Quercetalia robori-petraeae R. Tx. (1931) 1937

1. Verband: Quercion robori-petraeae (Malcuit 1929) Br.-Bl. 1937
Zum Verband der Bodensauren Eichenmischwälder zählen in Deutschland der Birken-Eichenwald (**Betulo-Quercetum**, Abb. 251) und der Buchen-Eichenwald (**Fago-Quercetum** = **Holco-Quercetum**, Abb. 252). Das geschlossene Verbreitungsgebiet dieser beiden säuretoleranten (acidophytischen) Waldgesellschaften ist in groben Zügen mit dem nordwestlichen pleistozänen Geestbereich Schleswig-Holsteins, Mecklenburg-Vorpommerns, Sachsen-Anhalts, Brandenburgs und der Niedersächsischen Tiefebene identisch. Auch die Sandböden

der Oberrheinebene und in Franken tragen stellenweise bodensaure Eichenmischwälder dieses Typs.

KC - VC: *Agrostis tenuis, Carex pilulifera, Dicranum scoparium, Avenella flexuosa, Veronica officinalis, Luzula luzuloides*

Den unterschiedlichen Bodenverhältnissen entsprechend, wechseln sie sich in Norddeutschland mosaikartig miteinander ab. Auf anlehmigen Sandböden kann die Buche noch wachsen, jedoch ist im Vergleich zu den reinen Buchenwäldern ihre Alleinherrschaft gebrochen, und es kommt zur Ausbildung des Buchen-Eichenwaldes, in dem die Buche mit größeren Anteilen von *Quercus petraea* und *Q. robur* (Trauben- und Stieleiche) vergesellschaftet ist. Die reinen Quarzsandböden, die zudem noch größtenteils podsoliert sind, reichen qualitativ als Buchenstandorte nicht mehr aus. Hier können nur noch die anspruchsloseren Baumarten, Stieleiche und Sandbirke gedeihen, die sich zur Assoziation des Birken-Eichenwaldes zusammenschließen.

Abb. 251:
Betulo-Quercetum (Birken-Eichenwald) als typischer, endemischer bodensaurer Eichenmischwald Nordwesteuropas (Hümmling, 1981)

Abb. 252:
Fago-Quercetum (Buchen-Eichenwald) auf lehm- und lößhaltigen Sandböden der pleistozänen Geest Norddeutschlands (Gehn im Osnabrücker Hügelland, 1990) mit *Pteridium aquilinum* und anderen Differentialarten im Unterwuchs

Edaphisch bedingte Traubeneichenwälder auf flachgründigen Gesteinsverwitterungsböden, an felsigen Standorten in Süd- und Westexposition, die vielfach als **Luzulo-Quercetum petraeae** Oberd. 1950 ex Noirfalise & Sougnez 1956 bzw. Hilitzer 1932 em. Neuhäusl & Neuhäusl-Novotna 1967 bezeichnet wurden, lassen sich in zwei geographisch vikariierende Assoziationen auftrennen: den subatlantisch verbreiteten Traubeneichenwald der westlichen Mittelgebirge, v.a. des Rheinischen Schiefergebirges, **Luzulo-Quercetum** (Knapp 1948) Oberd. 1950 ex Noirfalise & Sougnez 1956, der als **Betulo-Quercetum petraeae** R. Tx. (1929) 1937 bezeichnet werden kann (OBERDORFER 1990). Der Name *Luzulo-Quercetum* ist doppelsinnig, da er für ganz verschiedene Waldtypen im Westen und Osten verwendet wurde. Dem westlichen *Betulo-Quercetum petraeae* steht im Osten Deutschlands als vikariierende Assoziation das subkontinentale **Genisto tinctoriae-Quercetum petraeae** Klika 1932 gegenüber. Die Grenze zwischen beiden Typen verläuft über Thüringen zum Spessart und zum Schwarzwald. Dieser Typ entspricht teilweise den für das Thüringische Schiefergebirge, für das Vogtland und das Böhmische Mittelgebirge bekannten subkontinentalen Eichenwäldern. Auch die Bestände des Oberpfälzer Waldes gehören aufgrund ihrer Artenzusammensetzung zur subkontinentalen Gruppe der Eichenwälder (AUGUSTIN 1991). *Genista germanica* und *G. tinctoria* können als wärmeliebende Differentialarten der östlichen Eichenwälder angesehen werden. In den östlichen Landesteilen von Sachsen-Anhalt und Mecklenburg-Vorpommern (Altmark, Havelland, Ostseeküstenraum) läßt der Buchenanteil nach, auch *Quercus robur* nimmt zugunsten von *Q. petraea* ab; hier sind *Quercus petraea*-Wälder mit *Genista germanica* und *G. tinctoria* verbreitet, die als das bereits erwähnte **Genisto tinctoriae-Quercetum petraeae** Klika 1932 bezeichnet werden können.

Hinzu kommen kleinflächig verbreitete Waldtypen an Silikatfelsen und auf Dünenstandorten sowie die beerstrauchreichen Eichen-Birkenwälder der süd- und mitteldeutschen Montanlandschaften. Die wärmsten und trockensten Waldstandorte sind vielfach von acidophilen Eichenwäldern subkontinentalen Gepräges eingenommen.

Die syntaxonomische Stellung derartiger Wälder ist noch nicht hinreichend geklärt. NEUHÄUSL & NEUHÄUSLOVA-NOVOTNA (1967) schlagen vor, einen atlantisch-subatlantischen **Quercion roboris-Verband** (Malcuit 1929) R. Tx. 1930 und einen subkontinentalen **Genisto germanicae-Quercion-Verband** Neuhäusl & Neuhäuslova-Novotna 1967 zu differenzieren. *Genista tinctoria*, *G. germanica* und *Cytisus nigricans* kennzeichnen dabei die östlich verbreiteten Einheiten. Bis auf weiteres wird jedoch an nur einem Verband festgehalten.

1. Betulo-Quercetum roboris R. Tx. (1929) 1937

Birken-Eichenwald. Artenarmer und lichter Wald mit dominierenden Stieleichen auf nordwestdeutschen, altpleistozänen Quarzsandböden. Von Niedersachsen nach Süden bis in das ober- und mittelrheinische Berg- und Hügelland vordringend und ostwärts bis nach Mecklenburg einstrahlend. In der atlantischen Region westlich der Elbe häufig mit *Corydalis claviculata*.

D: *Quercus robur, Betula pendula, Sorbus aucuparia*

Ohne echte Charakterarten. Je nach unterschiedlichen Feuchtigkeits- und Nährstoffansprüchen läßt sich der Eichen-Birkenwald in drei Subassoziationen gliedern:
- **Betulo-Quercetum typicum** (Trockener Birken-Eichenwald) auf Quarzsandböden trockener Lagen.
- **Betulo-Quercetum molinietosum** (Feuchter Birken-Eichenwald) auf wechselfeuchten Quarzsandböden.
- **Betulo-Quercetum alnetosum** (Erlen-Birken-Eichenwald) in wasserzügigen, anmoorigen und etwas nährstoffreicheren Quarzsandgebieten.

Das *Betulo-Quercetum roboris* war in syntaxonomischer Sicht immer umstritten, da es keine eigenen Kennarten, sondern mit *Avenella flexuosa, Festuca capillata, Carex pilulifera,*

Vaccinium myrtillus, Melampyrum pratense, Dicranum scoparium, Polytrichum attenuatum und *Hypnum cupressiforme* nur eine verarmte Kennartengarnitur besitzt. Vielleicht handelt es sich bei diesem Waldtyp deshalb auch nur um eine nordwesteuropäische *Quercus robur*-reiche Vikariante des *Fago-Quercetum* (= *Holco mollis-Quercetum*).

2. **Fago-Quercetum petraeae** R. Tx. 1955
(= **Violo-Quercetum** R. Tx. 1955; = **Holco mollis-Quercetum** Lemee 1937)
Buchen-Eichenwald. Auf etwas nährstoffreicheren, anlehmigen Sandböden mit höherem Buchenanteil; auch in Süddeutschland verbreitet. Die Mehrzahl der säuretoleranten Arten des Birken-Eichenwaldes findet sich – allerdings durch größeren Schatteneinfluß mengenmäßig eingeschränkt – auch im Buchen-Eichenwald wieder. Dagegen sind etwas anspruchsvollere Arten wie *Pteridium aquilinum, Viola riviniana, Holcus mollis, Convallaria majalis, Hypericum pulchrum* und *Solidago virgaurea* auf die Buchen-Eichenwälder beschränkt. Sie bilden also zusammen mit der Buche und Traubeneiche die Differentialarten gegenüber dem Birken-Eichenwald (Abb. 252). Derartige Tieflagen-Eichen-Birken-Buchenmischwälder sind von LEMEE (1937) als **Holco mollis-Quercetum** bezeichnet worden. Wenn man den nährstoffarmen, bodensauren Eichen-Birkenwald hier als nordwestliche geographische Vikariante mit einbezieht, ist der Name *Holco-Quercetum* wohl besser.

Neben der Buche und Traubeneiche als Hauptholzarten ist auch die Stieleiche fast immer in der Baumschicht des Buchen-Eichenwaldes vertreten. Ihr Anteil liegt um so höher, je stärker die Böden podsoliert sind und zum Birken-Eichenwald überleiten. Untergeordnete und meist sporadisch auftretende Holzarten, die dem Birken-Eichenwald fehlen, sind die atlantische Hülse (*Ilex aquifolium*) und die synanthrope Edelkastanie (*Castanea sativa*). Ihre Vorkommen liegen im Westen bzw. Südwesten Deutschlands.

Abb. 253: Laubwaldrest des Tinner Loh nördlich von Meppen im Emsland mit markanten alten Hudebuchen aus dem ehemaligen Cummulativgehölz.

Abb. 254:
Pappelwald mit *Populus tremula* als Initialstadium des *Populo-Quercetum* am Leuchtturm auf Norderney (1992)

Den unterschiedlichen Feuchtigkeits- und Nährstoffverhältnissen entsprechend läßt sich der Buchen-Eichenwald in drei Untergesellschaften aufgliedern:
- **Fago-Quercetum typicum** (Trockener Buchen-Eichenwald)
- **Fago-Quercetum molinietosum** (Feuchter Buchen-Eichenwald)
- **Fago-Quercetum milietosum** (Flattergras-Buchen-Eichenwald)

Die Bodenarten des Buchen-Eichenwaldes sind im allgemeinen anlehmige Sande, örtlich auch lehmhaltige Kiese aus Ablagerungen der Grund- oder Stauchmoränen und der Flußterrassen. Nur gebietsweise bestehen sie aus Sandlöß, tertiären Sanden und aus sandigen Sedimenten der Oberkreide (BURRICHTER, POTT & FURCH 1988). Der Trockene Buchen-Eichenwald ist stets durch die Vorherrschaft der Buche gekennzeichnet, die Traubeneiche bleibt untergeordnet, und die Stieleiche tritt nur in den ärmeren Ausbildungsformen mit Tendenz zum Birken-Eichenwald stärker in Erscheinung. *Fagus*-reiche Tieflandsausbildungen mit hallenartigen Altholzbeständen kennzeichnen vielfach die ehemaligen Bannwälder der Geest Norddeutschlands (s. Abb. 253).

3. **Populo tremulae-Quercetum petraeae** R. Tx. 1962
Natürliche, windharte Pappel-Eichenwälder auf den Küsten-Dünenstandorten der Nordseeinseln sowie auf küstennahen Festlandsdünen (Eiderstedt).

D: *Populus tremula, Quercus petraea*
Begleiter: *Polypodium vulgare, Sorbus aucuparia, Lonicera periclymenum, Vaccinium vitis-idaea*

Auf den Nordseeinseln Borkum und Norderney fragmentarisch ausgebildet, v.a. in solchen Dünentälern, die am Dünenfuß spitzwinkelig zulaufen, wo Nährstoffe akkumulieren und wo Windschutz gewährleistet ist (Abb. 254). Daß die Primärsukzession vielfach noch nicht zur Waldbildung fortgeschritten ist, läßt sich nur dadurch erklären, daß menschlicher Einfluß u.a. mit Brennholznutzung, Viehweide und Plaggenstich dieser Entwicklung vorgebeugt oder entgegengewirkt hat. Das Fehlen der natürlichen Wälder ist heute vielleicht auch eine Folge der geringen Akzessibilität, da es auf den Inseln kaum eine Quelle für natürliches, standortbedingtes Saatgut von Baumarten gibt (POTT 1992).

4. **Betulo-Quercetum petraeae** R. Tx. (1929) 1937
(= **Luzulo-Quercetum petraeae** Hilitzer 1932 em. Neuhäusl & Neuhäuslova-Novotna 1967, bzw. Oberd. 1950 ex Noirfalise & Sougnez 1956)
Hainsimsen-Traubeneichenwald. Subatlantisch-submeridional verbreiteter Waldtyp. In der collin-submontanen Stufe der Mittelgebirge an steilen Felshängen und an Silikatschuttfeldern (Abb. 255). Die Traubeneichen zeigen meist Krüppelwuchs, vertrocknete Äste bis zur Spitze und natürlichen, basitonen Stockausschlag an den Stammfüßen.

D: *Anthericum liliago, Hieracium umbellatum, H. glaucinum, Teucrium scorodonia*

Durch zahlreiche thermophile Acidophyten differenziert, (s. u.a. GLAVAC & KRAUSE 1969, BOHN 1981, WEISS 1985, POTT 1985a), im Westen Deutschlands dazu v.a. durch *Teucrium scorodonia, Lonicera periclymenum* und verschiedene *Hieracium*-Arten gekennzeichnet. Da die bezeichnende Art *Luzula luzuloides* teilweise ganz andere Schwerpunkte zeigt, wäre für derartige Bestände die Bezeichnung **Hieracio-Quercetum petraeae** Lohm. 1973 viel treffender, wie es auch LOHMEYER (1986) erneut vorschlägt.

5. **Vaccinio vitis-ideae - Quercetum petraeae** Oberd. 1957 em. Neuhäusl & Neuhäuslova-Novotna 1967
(= **Pino sylvestris-Quercetum petraeae** (Hartmann 1934) Reinhold (1939) 1944
Kiefern-Eichenwald. Weit verbreitete Assoziation im subkontinentalen Raum zwischen Bayerischem Wald, Mittelfranken, Oberpfalz, Brandenburg und dem Weichselgebiet.

D: *Pinus sylvestris* (natürliche Vorkommen), *Vaccinium vitis-idaea*

Abb. 255:
Betulo-Quercetum petraeae
(= *Luzulo-Quercetum*) an der Trockengrenze des Waldes an Südhängen des Edergebirges an der Edertalsperre (1986)

Sonst keine Differentialarten vorhanden. Die Kiefern-Traubeneichenwälder nehmen eine Mittelstellung zwischen den natürlichen, reinen Kiefernwäldern und den bodensauren reinen Laubwäldern ein. Die Kiefernmischwälder der diluvialen Sandböden Brandenburgs haben SCAMONI & PASSARGE (1959) mit dem Begriff des **Calamagrostio-Quercetum** zusammengefaßt; sie gehören wahrscheinlich den Preißelbeer-Kiefern-Eichenwäldern an.

46. Klasse: Querco-Fagetea Br.-Bl. & Vlieger in Vlieger 1937 – Sommergrüne Laubwälder

Diese Wälder bilden die regionale potentielle natürliche Vegetation Mitteleuropas; sie reichen bis an die küstennahe immergrüne Hartlaubzone der Mediterraneis und kehren in den mediterranen Gebirgen wieder; sie grenzen im Südosten an die Russischen Steppen und reichen im Norden bis an die boreale Nadelwaldzone.

In dieser Klasse sind meist zonale sommergrüne Wälder auf vorwiegend nährstoffreichen Böden zusammengefaßt (s. Tab. 11).

KC: *Acer pseudoplatanus, Anemone nemorosa, Brachypodium sylvaticum, Fraxinus excelsior, Hepatica nobilis, Lonicera xylosteum, Scilla bifolia, Viola reichenbachiana, Hedera helix, Oxalis acetosella, Poa nemoralis, Melica nutans, Eurhynchium striatum* u.a.

Die syntaxonomische Fassung basiert im wesentlichen auf den neueren Darstellungen von DIERSCHKE (1989) und TH. MÜLLER (1989).

1. Ordnung: Fagetalia sylvaticae Pawl. 1928

Buchen- und Edellaubmischwälder. Die mesophytischen Laubmischwälder bilden die zonalen Wälder der temperaten Zone bis nach Mittelrußland.

OC: *Allium ursinum, Anemone ranunculoides, Arum maculatum, Asarum europaeum, Carex digitata, Corydalis cava, Dryopteris filis-mas, Epipactis helleborine, Fagus sylvatica, Galium odoratum, Lamium galeobdolon, Mercurialis perennis, Milium effusum, Neottia nidus-avis, Paris quadrifolia, Phyteuma spicatum, Polygonatum multiflorum, P. verticillatum, Pulmonaria obscura, Sanicula europaea* u.a.

1. Verband: Fagion sylvaticae Luquet 1926 em. Lohm. & R. Tx. in R. Tx. 1954

Buchenwälder. Klimazonale Schattholzwälder mit hoher Konkurrenzkraft und subatlantisch-mediterran-montaner Verbreitung; reichste Entfaltung in der submontanen und montanen Stufe. Es lassen sich klare Unterverbände mit eigenständigem Habitus und gut umrisser Ökologie ausdifferenzieren und unterscheiden (vgl. Tab. 11).

VC: *ymnocarpium dryopteris, Thelypteris phegopteris, Dentaria bulbifera, Elymus europaeus, Festuca altissima, Abies alba, Prenanthes purpurea* u.a.

Die soziologische Struktur und das Artengefüge der natürlichen bzw. naturnahen Buchenwälder mit ihrer großen ökologischen Amplitude hängen in erster Linie von der großklimatischen Situation und von den Gesteinsunterlagen ab. Daneben können Wasserführung des Bodens sowie Exposition und Inklination von großer Bedeutung sein. So besiedelt *Fagus sylvatica* im klimatischen Optimalbereich nahezu alle Höhenstufen von der Felsenküste Rügens (Abb. 256) bis zu den höchsten Lagen am Nordrand der Alpen.

Auch die Stechpalme (*Ilex aquifolium*) zeigt in ihrer geographischen Verbreitung große Koinzidenzen zum heutigen Areal von *Fagus sylvatica*, stellenweise sogar auch Bindungen an die *Abies alba*-Vorkommen des Südens; so ist im gesamten Nordalpenraum die Stechpalme innig an Buchen- und Weißtannenvorkommen gebunden. Als atlantisch-submediterranes Gehölz, das v.a. früh- und spätfrostgefährdet ist, benötigt *Ilex* auf dem europäischen Festland fast überall eine schützende Baumschicht. Das ist auch wichtig für die postglaziale Ausbreitung von *Ilex* aus seinen eiszeitlichen Refugien. Die Wege und naturräumlichen Etablierungstendenzen sind nach aktuellen pollenanalytischen Befunden bei POTT (1990b)

Abb. 256:
Buchenwälder vom Typ
des *Carici-Fagetum* und
Hordelymo-Fagetum
auf Rügen
(Stubbenkammer, 1991)

dargestellt. Diese zeigen die multifunktionellen Wirkungskomplexe bei der Ausbreitung von *Ilex* und dessen Einnischung in verschiedene Waldgesellschaften der *Quercetalia robori-petraeae* sowie der *Fagetalia sylvaticae*.

Als Schattbäume mögen *Fagus* und *Abies* seit jeher eine Funktion als Überhälter gehabt haben. Zahlreiche Buchenwälder der atlantischen Regionen und Buchenmischwaldtypen (z.B. *Abieti-Fagetum, Galio-Abietum*) oder gar die montanen Buchenwälder Italiens des *Fagion australo-italicum* weisen eine hohe Anzahl schattenertragender Hartlaubgewächse oder immergrüner Arten auf, die diesen sommergrünen Laubwäldern v.a. im Winter den Aspekt einer strukturell besonderen Mischvegetation verleihen.

In den gemäßigten Klimaregionen Mittel- und Nordwesteuropas zeigt *Ilex* keine feste Bindung an bestimmte Waldgesellschaften der *Querco-Fagetea*. Im euatlantischen Bereich ist *Ilex aquifolium* eine hochstete Kennart des *Blechno-Quercetum*, wie z.B. im Küstengebiet Irlands, wo es von Haus aus keine Buchen gibt. Auf dem Festland erscheint die Hülse aber am häufigsten in Waldtypen mit Buche, geht jedoch auch in hainbuchenreiche Gehölzgesellschaften und sogar in Auenwälder hinein. Offenbar gibt es innerhalb der *Fagetalia sylvaticae* und *Quercetalia robori-petraeae* eine indirekte, anthropo-zoogen gesteuerte Ausbreitungstendenz von *Ilex* im Schutz sommergrüner Laubwald- und Gebüschgesellschaften.

Die aktuellen *Ilex*-Vorkommen in den Bauernwäldern, markengenossenschaftlichen Hudewaldbezirken oder aufgelassenen, nur schwach überformten ehemaligen Bannwäldern sowie in ehemaligen Niederwaldhutungen stammen meistens aus der Zeit vor den Allmendteilungen des 18. und 19. Jahrhunderts bzw. finden sich in rezenten Extensivwäldern.

Auf Silikatstandorten lassen sie sich dem Wuchsbereich von *Quercion robori-petraeae-* und *Luzulo-Fagenion*-Gesellschaften zuordnen. Ferner finden sie sich aber auch gehäuft in *Carpinion*- und *Fagion-* bzw. *Galio odorati-Fagenion*-Waldgesellschaften. Der floristische Charakter solcher ehemals extensiv genutzten, *Ilex*-reichen Wälder ist im allgemeinen trotz gewisser Ruderalisations- und Verlichtungseffekte noch gut zu erkennen. Syntaxonomisch sind solche Bestände als *Ilex*-reiche Ausbildungen oder besser als geographische Gebietsausbildungen in Form subatlantischer Vikarianten spezieller Ausgangsgesellschaften zu bewerten.

DIERSCHKE (1989) beschreibt für die Eifel einen Hainsimsen-Seggenbuchenwald vom Typ des **Carici-Fagetum luzuletosum** mit *Ilex aquifolium* als Differentialart einer westlich verbreiteten Vikariante, die sich in den Allgäuer Alpen und am westlichen Alpenrand nach TH. MÜLLER (1989) auch im *Seslerio-Fagetum* wiederfindet. Auch in Platterbsen-Waldgersten-Buchenwäldern (**Hordelymo-Fagetum lathyretosum**) des Teutoburger Waldes, des nördlichen Sauerlandes und der Eifel finden sich *Ilex*-reiche geographische Ausbildungen (TRAUTMANN 1973, POTT 1981b, 1985a; DIERSCHKE 1989).

Der von BRAUN-BLANQUET (1967) beschriebene westeuropäische Verband *Ilici-Fagion* kann in diesem Zusammenhang ebenfalls als vikariierender Parallelverband zum mitteleuropäischen *Luzulo-Fagion* oder *Luzulo-Fagenion*-Unterverband aufgefaßt werden. So sind auch die *Ilex*-reichen Buchenwälder der Bretange und Normandie sowie die des Baskenlandes als Vikarianten des subatlantisch-subkontinentalen *Fago-Quercetum* anzusehen, wobei letztere als Hudewälder mit ihrem Stechpalmenreichtum große floristische und strukturelle Verwandtschaft zum *Ilici-Fagetum* zeigen.

Abb. 257:
Luzulo-Fagetum als Hallenbuchenwald im Teutoburger Wald (1980)

Abb. 258:
Lycopodium annotinum-Fagus sylvatica-Gesellschaft ssu. BÜKER (1942) als hochmontane, krüppelartige Ausprägung des *Luzulo-Fagetum* am Kahlen Asten im Sauerland in ca. 800 m NN (1981)

Von den westlichen Schweizer Voralpen reichen *Ilex*-haltige Buchenwälder aus dem Gesellschaftsbereich des **Dentario heptaphyllidi-Fagetum** über den südbadischen Raum bis in das Markgräflerland hinein (s. auch OBERDORFER & TH. MÜLLER 1984, TH. MÜLLER 1989). Am Schwarzwald-Westrand und in den von Westen heraufgreifenden Tälern der niederschlagsreichen, wintermilden Schwarzwald-Vorberge wechselt *Ilex* dagegen auch auf die sauren Böden der Grundgebirge und Bundsandsteingebiete mit ihren Buchenwäldern, die dem Typ des **Ilici-Fagetum** sehr nahe stehen.

1. **Unterverband: Luzulo-Fagenion** Lohm. & R. Tx. in R. Tx. 1954
Bodensaure, nährstoffarme Buchenwälder, die zu den Eichen-Birkenwäldern vermitteln. Wegen einer zu geringen Nitrifikation fehlen die anspruchsvollen Mullbodenpflanzen praktisch ganz.

1. **Luzulo albidae-Fagetum** Meusel 1937
Hainsimsen-Buchenwald. Verbreiteter Buchenwald des Berglandes auf sauren Gesteinsböden; artenarm mit acidophytischen Elementen. Anspruchsvolle Buchenwaldarten fehlen. Montane Assoziation (Abb. 257).

AC: *Luzula albida, Prenanthes purpurea*

In submontanen und collinen Lagen, wo die Weiße Hainsimse aus arealgeographischen Gründen fehlt, gibt es eine sogenannte „Tieflagenform" dieses montanen Buchenwaldes mit reichlich *Avenella flexuosa*, der auch als **Avenello-Fagetum** Passarge 1956 bezeichnet wird.

Das umfangreiche Areal des Hainsimsen-Buchenwaldes bringt aber eine größere Anzahl von Standortunterschieden lokalklimatischer und edaphischer Natur mit sich, die sich jeweils in abweichenden Artengarnituren äußern. Es seien hier nach BURRICHTER et al. (1988) und POTT (1991) nur einige wichtige aufgeführt:
- **Lycopodium annotinum-Fagus sylvatica-Assoziation** (BÜKER 1942). Hochmontane Ausprägung des *Luzulo-Fagetum* (Abb. 258). Eine signifikante vertikale Vegetationsgrenze bildet innerhalb gewisser Schwankungsbreiten die 500 m-Höhenlinie (vgl. GLAVAC & BOHN 1970). Sie trennt die collinen und submontanen Ausbildungen des Waldes von denen der eigentlichen Bergstufe, die durch eine zusätzliche Gruppe von montanen Florenelementen gekennzeichnet werden (z.B. *Polygonatum verticillatum, Lycopodium annotinum, Blechnum spicant*). Hier zeigen sich Übergänge zum *Aceri-Fagetum*.

- **Luzulo-Fagetum dryopteridetosum.** Südlich oder nördlich ausgerichtete Expositionen bedingen jeweils unterschiedliche Strahlungs- und Feuchtigkeitseffekte. An sonnenseitigen Hängen treten daher lichtliebende Arten wie Drahtschmiele und auch die Hainsimse in den Vordergrund und auf humosen Schattenhängen feuchtigkeits- und schattenliebende Farne, die eine vom Eichenfarn (*Gymnocarpium dryopteris*) beherrschte Subassoziation bilden.
- **Luzulo-Fagetum festucetosum.** An sonnenabseitigen Hängen mit starker Inklination kommt eine Steilhang-Ausbildung mit dem Waldschwingel (*Festuca altissima*) vor.
- **Luzulo-Fagetum - Deschampsia cespitosa-Variante.** Verdichtete und staufeuchte Böden auf Hochflächen und in Einzugsmulden, wo vielfach fossile Verwitterungsdecken mit Plastosol-Material erhalten sind, werden von feuchtigkeitsliebenden Ausbildungen mit Rasenschmiele (*Deschampsia caespitosa*) eingenommen (TRAUTMANN 1966).
- **Luzulo-Fagetum - Vaccinium-Variante.** Waldbeerreiche Varianten deuten meist auf Störungen im Lichthaushalt hin, wie sie im Gefolge von Lichtschlägen und Seitenlicht auftreten.

Als auffälligstes Differenzierungsphänomen bietet sich jedoch – bedingt durch unterschiedliche Basen- und Nährstoffgehalte der Böden – die Artenarmut oder der relative Artenreichtum in den einzelnen Silikat-Buchenwaldtypen an.

2. Luzula pilosa-Fagus sylvatica-Gesellschaft

Planare Buchenwaldgesellschaft im nordwestdeutschen Tiefland.

D: *Luzula pilosa*

Abb. 259: Flattergrasreicher (= *Milium*-reicher) Buchenwald mit einer mesotraphenten Artenkombination in der Krautschicht dieses hallenartigen Buchenwaldes (Foto: E. Burrichter)

Abb. 260:
Galio odorati-Fagetum typicum **im Teutoburger Wald bei Dissen (1980)**

Es ist ein bodensaurer Waldtyp, der auch auf oberflächlich ausgehagerten Böden der Jungmoränenlandschaften Norddeutschlands vorkommt. Dazu gehört auch der flattergrasreiche Buchenwald (**Luzula pilosa-Fagus-Gesellschaft** - *Milium effusum*-Ausbildung = **Milio-Fagetum** p.pte.). Als selbständige vegetationstypologische Einheit, deren Assoziationsrang allerdings von mehreren Pflanzensoziologen angezweifelt wird, nimmt der Flattergras-Buchenwald hinsichtlich seiner Trophieansprüche eine Mittelstellung zwischen den acidophytischen Buchen-Eichen- bzw. Hainsimsen-Buchenwäldern auf der einen Seite und den anspruchsvollen Waldmeister-Buchenwäldern auf der anderen Seite ein. Er zeichnet sich mit *Milium effusum, Carex sylvatica* u.a. dementsprechend durch eine mesotraphente Artenkombination aus und bildet floristische Übergänge mit den Waldgesellschaften beider Flügel (Abb. 259).

Typische Standorte der Waldgesellschaft sind Lößlehmböden oder lößartige Bodenbildungen. Die Bodentypen sind tiefgründige Parabraunerden oder Braunerden mittleren Basengehaltes, die stellenweise schwache Pseudogleyeinflüsse aufweisen können (BURRICHTER & WITTIG 1977, v. GLAHN 1981, BURRICHTER et al. 1988).

2. Unterverband: Galio odorati-Fagenion (R. Tx. 1955) Th. Müller 1966 em. Oberd. & Th. Müller 1984
Waldmeister-Buchenwälder mit optimaler Entfaltung der Rotbuche auf nährstoffreicheren Standorten. Gekennzeichnet durch zahlreiche Mullbodenpflanzen.

1. Galio odorati-Fagetum Sougnez & Till 1959 em. Dierschke 1989
Waldmeister-Buchenwald. Anspruchsvoller und artenreicher Buchenwald auf basischen Böden, vorwiegend in Kalkgebieten auf feuchten Böden.

AC: *Galium odoratum, Polygonatum multiflorum, Phyteuma spicatum*

Verbreitet in der Ebene und im Hügelland bis in das Bergland. Läßt sich in zahlreiche Subassoziationen aufteilen; dabei vermittelt das
- **Galio odorati-Fagetum typicum** mit starker Anreicherung von *Circaea lutetiana* als feuchtigkeitsbedürftigste Ausbildung zum artenreichen Eichen-Hainbuchenwald. Die typische Untergesellschaft hat im allgemeinen keine Differentialarten. Gelegentlich tritt nur der Frauenfarn als Frischezeiger in Erscheinung (Abb. 260). Im übrigen wird die Physiognomie der Bodenvegetation durch umfangreiche Herdenbildungen des Waldmeisters ohne Perlgras geprägt. Solche Wälder, die hinsichtlich der Wasser

versorgung und des Lichthaushaltes eine Mittelstellung einnehmen, sind in den Kreidekalk-Gebieten häufig anzutreffen.
- Als weitere Subassoziation besiedelt das **Galio odorati-Fagetum luzuletosum** (Hainsimsen-Waldmeister-Buchenwald) größere Geländeabschnitte. Er wächst auf basenhaltigen Braunerden aus Tonschiefer und Lößlehm und bildet Übergangsformen zwischen Hainsimsen- und Waldmeister-Buchenwald, in dem u.a. Waldmeister, Perlgras und Goldnessel mit der Hainsimse vergesellschaftet sind (von TRAUTMANN 1972 als Hainsimsen-Perlgras-Buchenwald bezeichnet). Das Bodensubstrat bilden in erster Linie Kalksteine und zum geringen Teil Basalte, deren Bodentypen je nach Gründigkeit als Rendzinen und Pararendzinen bzw. als Braun- und Parabraunerden mit mittlerer bis guter Basensättigung anstehen. Als verbreitete Varianten, Höhenformen und Fazies kommen u.a. noch in Frage:
- das **Galio odorati-Fagetum typicum - Allium ursinum-Variante** (Bärlauch-Waldmeister-Buchenwald) mit *Allium ursinum, Corydalis bulbosa* und anderen Frühlings-Geophyten an nördlich exponierten Hängen auf Kalk mit schwacher Einstrahlung und Evaporation (Abb. 261),
- das **Galio odorati-Fagetum - Melica uniflora-Fazies** (Gras-Waldmeister-Buchenwald) mit Herdenbildungen von *Melica uniflora* und anderen Gräsern auf trockenen Kuppenlagen und an südlich exponierten Hängen mit stärkerer Einstrahlung und Evaporation,
- das **Galio odorati-Fagetum - Gymnocarpium dryopteris-Variante** (Farn-Waldmeister-Buchenwald) mit *Gymnocarpium dryopteris* und anderen feuchtigkeitsliebenden Farnen auf nördlich exponierten Unterhängen mit schwacher Lößauflage und Hangwassereinfluß.

2. **Hordelymo-Fagetum** Kuhn 1937 em. Dierschke 1989
Waldgerste-Buchenwald. Artenreicher Buchenwald in Kalkgebieten auf normaldurchfeuchteten bis trockenen Böden, vorzugsweise an Südhängen und auf Kuppen.

AC: *Hordelymus europaeus, Carex digitata, Campanula trachelium*

Zerfällt auch in zahlreiche Subassoziationen, die sich standörtlich ähnlich wie die Untergruppen des *Galio odorati-Fagetum* verhalten. So vertritt beispielsweise das **Hordelymo-Fagetum lathyretosum** (Frühlingsplatterbsen-Waldmeister-Buchenwald) mit *Lathyrus vernus, Hepatica nobilis* und anderen wärme- und lichtliebenden Arten an

Abb. 261:
Allium ursinum-Variante des *Galio odorati-Fagetum* bei Grundsteinheim/ Eggegebirge
(Foto PD Dr. B. Gries 1985)

sonnenseitigen Hängen auf relativ flachgründigen Kalkböden mit starker Einstrahlung den trockensten und lokalklimatisch wärmsten Flügel dieses Buchenwaldes mit Tendenz zum *Carici-Fagetum*. Zwiebelzahnwurzreiche Typen mit *Dentaria bulbifera* gibt es auf Basalt- und Kalkböden der Mittelgebirge. V.a. in Nordwestdeutschland. Es sind Höhenausbildungen des *Hordelymo-Fagetum*; sie werden stellenweise auch als **Dentario-Fagetum** Lohm. 1962 bezeichnet.

3. Unterverband: Aceri-Fagenion Ellenberg 1963

Hochmontane bis subalpine Krüppelbuchenwälder an der maritimen Waldgrenze atlantischer Mittelgebirge. Unter besonderen Bedingungen treten in den schneereichen hochmontanen Grenz- und Übergangsbereichen zur subalpinen Stufe auf nährstoff- und basenreichen, sickerfeuchten Standorten von der Rotbuche und vom Bergahorn (*Acer pseudoplatanus*) beherrschte, wettergeformte Krüppelwälder auf, die durch übergreifende Hochstauden der *Betulo-Adenostyletea* ausgezeichnet sind.

D: *Chaerophyllum hirsutum* ssp. *villarsii*, *Cicerbita alpina*, *Ranunculus platanifolius*, *Rumex alpestris*, *Senecio nemorensis* u.a.

Im Schwarzwald, im Bayerischen Wald, in den Alpen und auch in den nördlichen Mittelgebirgen auf der Rhön und noch fragmentarisch im Hochsauerland (Kahler Asten).

1. Aceri-Fagetum Bartsch 1940

Bergahorn-Buchenmischwald. In hochmontaner Lage mit zahlreichen subalpinen Hochstauden.

D: *Adenostyles alliariae*, *Rosa pendulina*

In den Hochlagen der Mittelgebirge und in den Nordalpen ab etwa 1000 Metern Höhe bis zur lokalen Existenzgrenze des Waldes (Abb. 262).

4. Unterverband: Cephalanthero-Fagenion (R. Tx. 1955) R. Tx. in R. Tx. & Oberd. 1958

Orchideenreiche, wärmeliebende Buchenwälder auf flachgründigen Kalkböden und an Klippenstandorten wachsend, von den nordwestdeutschen Mittelgebirgen bis nach Süddeutschland verbreitet (vgl. u.a. LOHMEYER 1955, MOOR 1972, SCHUMACHER 1977, MÖSELER 1989).

Abb. 262:
Aceri-Fagetum an der maritimen Waldgrenze im Hohneckmassiv/Vogesen bei etwa 1100 m NN (1981)

Abb. 263:
Carici-Fagetum im Ith (1988) mit Frühlingsaspekt von *Primula veris ssp. canescens*

1. **Carici-Fagetum** Moor 1952
   Seggen- oder Orchideen-Buchenwald (Abb. 263). Submontaner, artenreicher Laubwald, in dem die Buche zurückgeht. Wärme- und lichtliebender Wald in südlich exponierten Lagen.

   AC: *Carex alba, (C. montana, Epipactis atrorubens, Cephalanthera rubra, C. damasonium)*

   Besitzt eine starke standörtliche Variabilität.

2. **Seslerio-Fagetum** Moor 1952
   Blaugras-Buchenwald. Xerothermer Buchenwald mit *Sesleria varia* und *Carex humilis* an besonders trockenen Steilhängen (Abb. 171); vielleicht auch nur Subassoziation des *Carici-Fagetum* (vgl. auch POTT 1985a, HÜPPE 1989, WITTIG & SCHÖLLER 1991). Im Allgäu und in den oberbayerischen Alpen fallen die *Cephalanthera*-Arten weitgehend aus und alpigene Arten aus den *Erico-Pinetea*-Wäldern dringen vermehrt in die *Sesleria*-Buchenwälder ein.

5. **Unterverband: Lonicero alpigenae-Fagenion** Borhidi 1963 em. Oberd. & Th. Müller 1984
   Artenreiche, mit zahlreichen präalpiden Arten versehene, alpigene Buchenwälder mit *Lonicera alpigena, Lonicera nigra, Veronica urticifolia, Galium rotundifolium* u.a. (vgl. OBERDORFER & TH. MÜLLER 1984, TH. MÜLLER 1989).

1. **Cardamino trifoliae-Fagetum** Oberd. in Oberd. & Th. Müller 1984
   Ostalpiner Buchenwald. In den Hochlagen der östlichen Kalkalpen verbreitet mit zahlreichen ostpräalpinen Differentialarten.

   D: *Cardamine trifolia, Dentaria enneaphyllos, Cyclamen purpurascens*

Die Gesellschaft reicht vom Nordostsaum der Alpen artenverarmt bis nach Oberbayern; *Cyclamen purpurascens* geht bis in das Berchtesgadener Land, *Dentaria enneaphyllos* reicht bis zur Isar und *Cardamine trifolia* bis zur Iller (TH. MÜLLER 1989). Dieser präalpide Buchenwald setzt sich im Ostallgäu mit *Aposeris foetida* fort (s. *Aposerido-Fagetum*).

2. **Dentario heptaphyllidi-Fagetum** (Moor 1952) Th. Müller 1966
Fiederzahnwurz-Buchenwald. Eine submontan-montane Gesellschaft auf Rendzinen des Schweizer Jura, die in Südwestdeutschland ausklingt. Die Gesellschaft reicht in Südbaden bis in die Vorbergzone des Schwarzwaldes (TH. MÜLLER 1989).

3. **Lonicero alpigenae-Fagetum** Oberd. & Th. Müller 1984
Buchenwald mit der Alpen-Heckenkirsche. Verbreitet im mittleren Alpenvorland auf reichen Böden.

   D: *Lonicera alpigena*

Oberbayerisch-schwäbische Voralpen bis Wutachgebiet und in die südwestliche Schwäbische Alb.

4. **Aposerido-Fagetum** Oberd. 1957
Tannenreicher Buchenwald. In den montanen Lagen der Nordalpen auf Kalk verbreitet.

   D: *Aposeris foetida*

Aposeris foetida wächst heute im Alpenvorland genau in dem Gebiet, in dem vor einigen

Abb. 264:
Galio rotundifolii-Abietetum in den Bayerischen Alpen bei Rosenheim (1985)

Jahrtausenden im Atlantikum und Subboreal die Fichte verbreitet war, bevor sie von der Buche verdrängt wurde (KÜSTER 1990).

5. Dentario enneaphyllidi-Fagetum Oberd. 1957 ex W. & A. Matuskiewicz 1960
Der Neunblatt-Zahnwurz-Buchenwald ist durch die südosteuropäische *Dentaria enneaphyllos* gekennzeichnet, die mit ihren Vorkommen die Ostalpen umgreift und bis zu den Nordkarpaten reicht. Dieser Ausläufer der osteuropäisch-karpatischen Buchenwälder erreicht den Osten Süddeutschlands im Böhmerwald, Bayerischen Wald, Oberpfälzer Wald (s. OBERDORFER & TH. MÜLLER 1984, AUGUSTIN 1991).

6. Unterverband: Galio-Abietenion Oberd. 1962
Nadelholzreiche Gesellschaften mit Tanne, Fichte und geringen Buchenanteilen im Alpenvorland, am ozeanisch getönten Nordrand der Alpen, in der Baar und im Ostschwarzwald vorkommend. Die Gesellschaften nähern sich den Fichtenwäldern. Als Leitart dieses Unterverbandes ist *Galium rotundifolium* zu sehen, die heute aber auch auf die Fichtenwälder übergreift und durch den Fichtenanbau weit über ihr natürliches Areal verschleppt wurde. Weitere Elemente der Nadelholzmischwälder sind u.a. *Melampyrum sylvaticum, Rhytidiadelphus loreus, Corallorhiza trifida, Huperzia selago, Listera cordata* und *Bazzania trilobata*.

1. **Galio rotundifolii-Abietetum** Wraber (1955) 1959
   Tannenmischwald. In den höchsten Lagen des Schwarzwaldes und am Alpennordrand verbreitete Mischwaldgesellschaft (Abb. 264).

   D: *Galium rotundifolium*

   Galio-Abietetum und *Pyrolo-Abietetum* verhalten sich hinsichtlich ihrer floristischen Zusammensetzung und des Basengehaltes ihrer Böden zueinander wie auf buchengünstigen Standorten das *Galio-Fagetum* zum *Hordelymo-Fagetum* (s. auch ELLENBERG & KLÖTZLI 1972).

2. **Pyrolo secundae-Abietum** Oberd. 1957
   Artenreicher Tannenmischwald. Im Hochschwarzwald in den höchsten Lagen vorkommend. Auf nährstoffreichen Substraten mit hohem Tannenanteil.

   D: *Lonicera xylosteum, Pyrola secunda*

   Zahlreiche wärmeliebende Arten (*Carex alba, Cypripedium calceolus, Cephalanthera damasonium, C. rubra* und *Lathyrus vernus*) kommen gehäuft im *Pyrolo-Abietum* vor.

2. Verband: Carpinion betuli Issler 1931 em. Oberd. 1957
Eichen-Hainbuchenwälder. Mischwälder mit hohem Anteil an Hainbuchen auf nährstoffreichen Lehmböden in planarer bis submontaner Lage. Im Gegensatz zu den klimazonalen, gemäßigt-kontinentalen Eichen-Hainbuchenwäldern (*Galio-Carpinetum*) Zentraleuropas sind die subozeanischen *Stellario-Carpinetum*-Wälder substratbedingte, also azonale Vegetationseinheiten. Sie stocken auf stau- und grundwasserfeuchten Lehmböden. Diese relativ nährstoffreichen Böden können wegen ihrer stagnierenden Feuchtigkeit von der Buche nicht oder nur noch in untergeordneter Position eingenommen werden.

Ein nicht unerheblicher Teil heutiger *Carpinion*-Waldbestände ist aus früheren Nieder-, Mittel- oder Hudewäldern hervorgegangen. Das führte neben dem forstökonomisch beabsichtigten Holzartenwandel aber auch zu **Artenumschichtungen**, die sich im Laufe der Zeit meist unbeabsichtigt als Folge der historischen Waldwirtschaftsweisen einstellten. Der Wald war für den Menschen früherer Zeiten etwas ganz anderes als heute. Neben seiner Funktion als Holzlieferant für vielfältige Zwecke bildete er die Haupternährungsgrundlage für das Vieh. Er diente als Viehweide (**Waldhude**) und Laubheuspender (**Schneitelwirtschaft**), als Streu- und Düngerlieferant zur Plaggendüngung der Äcker. In vielen Gebieten war die

Abb. 265:
Stellario-Carpinetum als ehemaliger Hude- und Scheitelwald mit Massenunterwuchs von *Ilex aquifolium* (Bentheimer Wald, Fotoarchiv Westf. Mus. f. Naturk.)

Waldhude mit Einschluß der Mastnutzung für die Schweinehaltung die Hauptnutzungsart des Waldes. Die Auswirkungen der ehemaligen Hudewirtschaft sind in manchen Wäldern noch heute zu sehen (Abb. 265).

Die Eichen-Hainbuchenwälder des *Stellario-Carpinetum* sind vielerorts wegen der Staunässe und Bindigkeit ihrer Böden erst ab dem frühen Mittelalter stärker genutzt oder gar gerodet worden. Die meisten Bestände wurden als Hude- und Schneitelwälder zwar genutzt, haben sich jedoch von den ärgsten Schäden, die ihnen durch ehemalige Waldhude und extensive Holznutzung zugefügt worden sind, wieder erholt und den Charakter, wenn auch nicht natürlicher, so doch naturnaher Wälder angenommen. Große geschlossene *Stellario-Carpinetum*-Kontingente in Nordwestdeutschland finden sich beispielsweise im zentralen Münsterland („Kleimünsterland"), in der Niederrheinebene, auf der Wildeshausen-Syker Geest und im Schaumburger Wald. Diese sind oft mit standörtlich verwandten Auewäldern oder feuchtigkeitsliebenden Gesellschaftsausprägungen des *Fago-Quercetum* bzw. *Galio odorati-Fagetum* mosaikartig im Gelände verzahnt.

Gemeinsam ist allen Eichen-Hainbuchenwäldern die Vorherrschaft der Stieleiche und ein hoher Mengenanteil der Hainbuche. Die Strauchschicht wird vorrangig vom Jungwuchs der Bäume, gelegentlich auch von der Hasel und von Weißdornarten gebildet. Dichte Strauchbestände als Unterwuchs sind in unseren schattigen Wirtschafts-Eichen-Hainbuchenwäldern unnatürlich und deuten immer auf erhebliche menschliche Störungen hin (meist Waldweide und Nebennutzungen, vgl. POTT & HÜPPE 1991). So zeigen sich neben den bekannten Baumdeformationen an typischen und für jede Waldgesellschaft spezifischen Artenumschichtungen als Folge der Weideselektion. Entscheidend wirkt sich dabei die Widerstandsfähigkeit der einzelnen Holzarten gegen Verbiß und das arteigene Regenerationsvermögen aus, also die Ausschlagsfähigkeit nach der Schädigung. Je regenerationskräftiger eine Art ist, umso besser kann sie Verbißschäden überleben. Das betrifft in erster Linie den Jungwuchs der Bäume, der in Reichweite des Weideviehs am meisten gefährdet ist und der den natürlichen Wald immer wieder erneuern muß. Regenerationskräftige Arten nehmen zwangsläufig auf Kosten von regenerationsärmeren zu. Die Weideselektion wirkt sich auch positiv auf alle Arten aus, die in irgendeiner Weise gegen den Viehverbiß geschützt sind. Dazu gehören einmal bewehrte Arten und zum anderen Gewächse, die für das Vieh geschmackswidrig, unbekömmlich oder sogar giftig sind. Zu den ersteren zählen Holzarten mit Dornen und Stacheln wie *Prunus spinosa, Crataegus spec., Rhamnus catharticus* und *Rosa div. spec.* Auch *Ilex aquifolium* und *Juniperus* werden aufgrund ihrer stechenden Blätter weitgehend vom Vieh gemieden. Den Dornsträuchern

Abb. 266:
Hainbuchen-Niederwald
anstelle eines ehemaligen
Hordelymo-Fagetum
im Massenkalk des
nördlichen Sauerlandes
bei Marsberg (1981).

kommt für die vegetationsdynamischen Abläufe in den Hudewaldgebieten stets eine aufbauende Bedeutung zu. Infolge ihrer Schutzwirkung für den natürlichen Baumjungwuchs sind sie Pioniere der Waldregeneration. Alte Eichen-Hainbuchen-Hudewälder (Bentheimer Wald, Neuenburger Urwald, Hasbruch, Baumweg etc.), die volkstümlich meist als „Urwälder" angesprochen werden, zeichnen sich daher neben uralten Mastbäumen sowie Verbiß-, Kappungs- und Schneitelungsdeformationen durch Anreicherungen von bewehrten Sträuchern aus, wobei die atlantisch ausgerichtete Hülse (*Ilex aquifolium*) im Westen Deutschlands deutliche Massierungen aufweist (Abb. 265).

Eine extensive Wirtschaftsform, die sich stellenweise noch nachhaltiger auf die soziologische Artenumschichtung in unseren Wäldern ausgewirkt hat als die Waldhude, ist die **Niederwaldwirtschaft.** Bei der herkömmlichen Stockholzhiebform werden die Stockausschläge je nach Verwendungszweck bei Umtriebszeiten von etwa zehn Jahren direkt oder mehr unmittelbar über dem Wurzelstock abgetrieben, und die Verjüngung des Waldes erfolgt stets auf vegetativem Wege aus dem Stock heraus. Es ist verständlich, daß sich bei dieser extremen und nachhaltigen Form der Waldnutzung über längere Zeiträume hinaus nur noch Holzarten mit äußerst gutem Regenerationsvermögen halten können. Bedingt durch die nutzungsspezifischen Standortveränderungen mit ihren häufigen Lichtschlägen stellen sich grundsätzlich licht- und wärmeliebende Arten ein (vgl. BURRICHTER 1953; LOHMEYER 1953, 1955; SEIBERT 1955, 1966). Die Auswirkungen des Niederholzbetriebes können bei bestimmten Waldgesellschaften mit der Zeit so weit gehen, daß sämtliche Holzarten und viele Arten der Krautvegetation durch andere ersetzt werden. Nach POTT (1981b, 1985a) sind zahlreiche Kalkbuchenwälder des *Fagion*-Verbandes auf frischen mittelgründigen Böden in

Niederholzbestände umgewandelt worden, die pflanzensoziologisch unseren Eichen-Hainbuchenwäldern (*Stellario-Carpinetum*) nahestehen (Abb. 266). Auf trockenen und flachgründigen Kalkböden tendieren sie hingegen zu Waldtypen, deren Artenkombinationen den subkontinentalen Hainbuchenwäldern (*Galio-Carpinetum*) oder sogar den thermophilen Eichenwäldern (*Quercetum pubescenti-petraeae, Potentillo-Quercetum*) ähneln. In all diesen Wäldern wird die Rolle der Buche weitgehend von der Hainbuche übernommen („**Hainbucheneffekt**") und an zweiter Stelle steht meist die Eiche. Gründe dafür liegen neben der vermehrten Stockausschlagfähigkeit der Hainbuche und ihrer breiteren ökologischen Amplitude hinsichtlich der Bodenfeuchtigkeit gegenüber der Buche auch in der geringeren Spätforstgefährdung und Spätforstschädigung. Auch hier zeigt sich *Carpinus betulus* überlegen.

1. **Stellario holosteae-Carpinetum betuli** Oberd. 1957
Sternmieren-Eichen-Hainbuchenwald. Zentralassoziation des Verbandes (s. TH. MÜLLER 1990). Azonale Gesellschaft auf feuchten Grund- und Stauwasserböden in Lehmgebieten. Ersetzt als subatlantische Gesellschaft auf feuchten Böden die Buchenwälder (Abb. 265).

   AC: *Stellaria holostea, Carpinus betulus, Potentilla sterilis*

   Der Sternmieren-Eichen-Hainbuchenwald kann in Nordwestdeutschland nach LOHMEYER (1967) und DIERSCHKE (1986) in drei Subassoziationen aufgegliedert werden, die sich ökologisch und floristisch unterscheiden. Es sind in der Reihenfolge ihrer zunehmenden Trophie-Ansprüche und ihres Artenreichtums:
   - **Stellario-Carpinetum periclymenetosum** (Geißblatt-Eichen-Hainbuchenwald) mit den Differentialarten *Lonicera periclymenum, Polytrichum attenuatum* und *Mnium hornum* als ärmste Ausbildungsform,
   - **Stellario-Carpinetum typicum** (Typischer Eichen-Hainbuchenwald) als mediäre Ausbildungsform, ohne die acidophytische Differentialartengruppe,
   - **Stellario-Carpinetum stachyetosum** (Waldziest-Eichen-Hainbuchenwald) mit den Differentialarten *Stachys sylvatica, Primula elatior, Ranunculus auricomus* u.a., als artenreiche, anspruchsvollste Untergesellschaft.

   Weitere Gebietsausbildungen und Untergesellschaften des *Stellario-Carpinetum* Süddeutschlands sind bei TH. MÜLLER (1990) angeführt.

2. **Galio sylvatici-Carpinetum betuli** Oberd. 1957
Elsbeeren-Eichen-Hainbuchenwald. Gemäßigt-kontinental verbreiteter klimazonaler Wald im Süden und Südwesten Deutschlands; Hauptverbreitung auf dem Balkan, von dort nach Nordwesten ausstreichend bis zum Nordrand der Mittelgebirge.

   AC: *Galium sylvaticum, Tanacetum corymbosum, Sorbus torminalis*

   Auf trockenen Standorten; v.a. in Süd- und Mitteldeutschland extrazonal verbreitet (s. WEISS 1985, TH. MÜLLER 1990). Die südlichsten Vorkommen markieren die sogenannten Lohwälder der Münchener Schotterebene (z.B. Echinger Lohe). Im voralpinen Hügelland ausklingend und vom *Fraxino-Aceretum pseudoplatanoides* abgelöst. Viele thermophile Differentialarten kennzeichnen zusätzlich diesen Waldtyp: u.a. *Cephalanthera damasonium, C. rubra, Carex digitata und Epipactis helleborine;* diese Bestände sind vielfach nutzungsbedingt und aus *Carici-Fagetum*-Wäldern hervorgegangen. Nur dort, wo durch die Standortfaktorenkombination von schweren Lehm- und Tonbodensubstraten, unausgeglichenem Luft- und Wasserhaushalt der Böden, Spätfrost und sommerlicher Trockenheit die Konkurrenzkraft von *Fagus sylvatica* gehemmt ist oder die Rotbuche ausgeschlossen wird, gibt es „echte" *Galio-Carpinetum*-Wälder (TH. MÜLLER 1990). Das ist in den sommerwarmen Hügellandsregionen Süd- und Mitteldeutschlands der Fall. Auch dieser Waldtyp läßt sich in zahlreiche geographische Vikarianten und trophiebedingte Untereinheiten aufgliedern (s. Th. Müller 1990). Dem mitteleuropäischen *Galio-Carpinetum* steht in Osteuropa das **Tilio-Carpinetum** Traczyk 1962 gegenüber. Für Ost- und Mitteldeutschland sind verschiedene Gebietsausbildungen des weit zu fassenden *Galio-Carpinetum* bzw. des von Osten einstrahlenden *Tilio-Carpinetum* auszuscheiden, die z.B. als subkontinentales **Melampyro-Carpinetum** Passarge 1957, als lindenreiches, östliches **Carici pilosae-Carpinetum** Neuhäusl & Neuhäuslova-Novotna 1964, bzw. als submediterran getöntes **Primulo veris-Carpinetum** Neuhäusl & Neuhäuslova-Novotna 1964 bezeichnet werden (vgl. auch Abb. 2).

3. **Carici albae-Tilietum cordatae** Th. Müller & Görs 1958
   Seggen-Lindenwald. Seltene Assoziation der collin-submontanen Stufe in föhn-beeinflußten Lagen. Schwach gekennzeichnete Waldgesellschaft

   D: *Carex alba, Tilia cordata, Staphylea pinnata, Melittis melissophyllum, Helleborus foetidus*

   Im Kaiserstuhl, am Isteiner Klotz und am Grenzacher Horn (Südwestdeutschland). Im Norden wegen der klimatischen Ansprüche fehlend. Es ist eine ausgesprochen thermophile, Trockenheit ertragende Waldgesellschaft (Hügin 1979). Wahrscheinlich ist der Weißseggen-Eichen-Lindenwald eine wärmezeitliche Reliktgesellschaft. Lokalausbildungen mit *Buxus sempervirens* und *Acer opalus* bei Grenzach vermitteln zu Flaumeichenwäldern der *Quercetalia pubescentis* (Hügin 1979, Witschel 1980, Th. Müller 1990).

3. **Verband: Alno-Ulmion** Br.-Bl. & R. Tx. 1943
   (= **Alno-Padion** Knapp 1948)

Hartholzauenwälder s.str. Anspruchsvolle Wälder in Niederungen und Auen im episodischen Überschwemmungsbereich von Flüssen und Bächen; auf Grundwasserböden. Die Wälder bestehen aus anspruchsvollen, feuchtigkeitsliebenden Arten.

   VC: *Circaea lutetiana, Gagea lutea, Rumex sanguineus, Equisetum sylvaticum, Festuca gigantea, Mnium undulatum, Prunus padus* u.a.

Je nach Überschwemmungshäufigkeit und Beeinflussung durch Hochfluten in der Aue

Abb. 267:
Stellario-Alnetum als bachbegleitender, galerieartiger Erlenwald an der Lenne im Sauerland (1986)

Abb. 268:
Alnetum incanae
bei St. Blasien im
Schwarzwald (1989)

werden die direkten fließwasserbegleitenden Gehölze von den flußferneren Hartholzauen auf Unterverbandsebene geschieden: UV **Alnenion glutinosae** und UV **Ulmenion minoris**.

1. Unterverband: Alnenion glutinosae Oberd. 1953
Erlen-Eschen-Auewälder. Es sind vielfach Auewälder in schmalen Bachtälern und kleinen Flußrinnen, die sich galerieartig entlang von Fließgewässern etablieren. Die konstituierenden Gehölze gehen oftmals unmittelbar bis an den Bach- oder Flußrand; die Standorte werden jährlich mehrere Male überschwemmt. In den Baumschichten sind *Alnus glutinosa* bzw. *A. incana* hochstet; zweithäufigster Baum ist *Fraxinus excelsior*. An kleineren Flüssen markieren die Erlen-Eschen-Auewälder oft nur die Oberläufe und Mittellaufabschnitte. Zum Unterlauf der Fließgewässer hin erfolgt eine allmähliche Ablösung durch *Salicion albae*-Gesellschaften.

1. **Stellario nemorum-Alnetum glutinosae** Lohmeyer 1957
Schwarzerlen-Galeriewald. Bachbegleitender Erlenwald auf Silikatböden des Berglandes. Nur lokal mit Charakterarten, vielfach verarmt (Abb. 267).

AC: *Stellaria nemorum*

Im Unterwuchs finden sich vielfach üppige Hochstaudenfluren (*Chaerophyllum hirsutum*, *Ch. bulbosum*).

2. **Alnetum incanae** Lüdi 1921
Grauerlen-Aue. Auf Auerohböden über Sand oder Schotter in der montanen Stufe der Alpen und des Alpenvorlandes sowie in winterkalten, glazial überformten Hochtälern des

Ost-Schwarzwaldes. Optimal im potentiellen Nadelholzgürtel der Gebirge (Abb. 268).

AC: *Alnus incana*

Boreal-hochmontan-subalpine Assoziation mit zahlreichen Höhenvarianten und geographischen Rassen in Deutschland vertreten (s. SEIBERT 1962 u. SCHWABE 1985).

3. **Carici remotae-Fraxinetum** W. Koch 1926 ex Faber 1936
Bach-Eschenwald. Gutwüchsige Bestände mit Esche, Erle und Bergahorn auf ganzjährig nassen, quelligen Gleyböden.

AC: *Carex remota, Equisetum telmateija, Circaea intermedia*

Oft in schmalen Auen kalkführender Bäche im Bergland. Massenbestände des Riesenschachtelhalms mit dominierender Esche oder mit Bergahorn in der Baumschicht an Quellhorizonten können auch als **Equiseto telmateiae-Fraxinetum** bezeichnet werden. In Höhenlagen über 800 m sind die Standorte für die Esche allerdings nicht mehr geeignet; hier treten *Alnus incana* und *Carex remota* an entsprechenden Standorten vermehrt auf (*Carici remotae-Fraxinetum*, alpine Höhenform, PFADENHAUER 1969).

4. **Pruno-Fraxinetum** Oberd. 1953
Traubenkirschen-Eschen-Auewald. In Talauen und Niederungen der Ebene auf sandigen Böden in subatlantisch-subkontinentalen Regionen.

D: *Prunus padus*

In diesem azonalen Niederungswald beherrscht im allgemeinen die Schwarzerle das Bild der Baumschicht. Die Esche bleibt untergeordnet und ist nur auf basenreichen Böden in größerer Menge anzutreffen. Stärkere Frequenzen von Eichen und Hainbuchen deuten meist auf Übergangsformen zum *Stellario-Carpinetum* hin. Vermittelt standörtlich auch zu den Bruchwäldern.

5. **Ribo sylvestris-Fraxinetum** Lemee 1937 corr. Passarge 1958
(= **Ribo sylvestris-Alnetum glutinosae** R. Tx. & Ohba 1975)
Der Johannisbeer-Schwarzerlen-Auewald tritt als schmales, oft nur wenige Meter breites Gehölz an kalkig-quelligen Bachtälern in der Hügellandstufe auf (R. TÜXEN & OHBA 1975) Er wächst auch galerieartig als Bachquellwald auf andauernd feuchten Standorten.

Abb. 269: „Urwaldähnliche" Hartholzaue mit mehrgliedriger Baumschicht und reichlichem Lianenbewuchs an den Baumriesen (Il de Rhinau, Oberrhein b. Rhinau, Elsaß 1991)

AC: *Ribes rubrum* var. *sylvestre*

Es handelt sich um eine subatlantisch verbreitete Gesellschaft in Nordwest- und Südwestdeutschland, die zum östlichen *Pruno-Fraxinetum* vikariiert.

6. Chrysosplenio oppositifolii-Alnetum glutinosae (Meijer Drees 1936) Möller 1979
Erlen-Quellwälder sind für die Jungmoränenlandschaften Schleswig-Holsteins zuerst von Möller (1979) beschrieben worden. Aufgrund basenhaltiger Quellwasseraustritte sind *Montio-Cardaminetea*-Elemente für diesen Waldtyp bezeichnend (z.B. *Chrysosplenium oppositifolium, C. alternifolium* und *Cardamine amara*). In der norddeutschen Pleistozänlandschaft noch punktuell an zahlreichen Stellen verbreitet, aber häufig verkannter Vegetationstyp.

2. Unterverband: Ulmenion minoris Oberd. 1953
Eichen-Ulmen-Auewälder. Temperat-zentraleuropäische Hartholzauewälder. Periodisch bis episodisch überschwemmte Waldtypen im Talauenbereich der großen Flüsse und Ströme. Im naturnahen Zustand ein Vegetationskomplex aus Gebüschen, Gehölzen und Wäldern. Im Idealfall sind es vielschichtige, lianenverhangene „urwaldähnliche" Gebilde (Abb. 269) mit sehr hohem Artenreichtum. Heute äußerst selten durch Bewirtschaftung der Flußauen.

1. Querco-Ulmetum minoris Issler 1924
(= **Fraxino-Ulmetum** R. Tx. 1952)
Eichen-Ulmen-Auewald, Hartholzaue. In Flußauen auf schweren, neutralen Lehmböden, meist nur noch fragmentarisch; z.B. Weserauen, Elbauen, Donau- und Oberrheingebiet (vgl. Carbiener 1974, Seibert 1987). Heute meist in Grünland überführt, v.a. in den flußfernen Auen, die nur noch episodisch geflutet sind.

AC: *Ulmus minor* (= *carpinifolia*)

In den Flußtälern des norddeutschen pleistozänen Flachlandes mit überwiegend sandigen Ablagerungen dürfte sich als potentielle natürliche Vegetation ein Hartholzauenwald einstellen, der überwiegend von der Stieleiche beherrscht wird. An etwas günstigeren Stellen können auch Esche und Feldulme beigemischt sein, häufiger dagegen ist die Hainbuche (= artenarmer Eichen-Ulmenwald, nach Burrichter et al. 1988). Auch die Auenwälder an Elbe und Oder zeigen weitgehend übereinstimmende Artengruppierungen zu den norddeutschen Typen, wie sie von Trautmann & Lohmeyer (1960) oder Walther (1977) beschrieben sind (s. auch Passarge 1985).

Die artenreichen Auewälder der Mittelgebirgslandschaften und der großen Stromtäler von Rhein und Donau sind dagegen in floristischer und auch struktureller Sicht bedeutend vielgestaltiger. Die Hartholzauewälder des Ober- und Mittelrheins besitzen zudem eine Vielzahl submediterraner Florenelemente (z.B. *Tamus communis, Vitis vinifera, Aristolochia clematitis*), die hier ungehindert über die Burgundische Pforte zutreten konnten und diese Auewälder von den präalpinen Hartholzauentypen der Donau unterscheiden. Dort treten beispielsweise *Leucojum vernum, Fraxinus angustifolia, Populus alba* und *Alnus incana* vermehrt in den Hartholzauen auf, wobei die submediterranen Florenelemente fehlen.

4. Verband: Tilio platyphylli-Acerion pseudoplatani Klika 1955
Schluchtwälder. Anspruchsvolle, hochstaudenreiche Mischwälder in schattigen und feuchten Schluchten des Berglandes (meist in der potentiellen Buchenstufe) verbreitet. Hier tritt die Buche (*Fagus sylvatica*) aus edaphischen und lokalklimatischen Gründen stark zurück oder fehlt häufig.

VC: *Acer pseudoplatanus, Tilia platyphyllos, Ulmus glabra, Polystichum aculeatum, Phyllitis scolopendrium, Actaea spicata*, u.v.a.

Abb. 270:
Fraxino-Aceretum-
Schluchtwald auf
Blockschutt im
Siebengebirge (1982)

Auch die *Corylus avellana*- reichen Gebüsche der Steinschutthalden können hier angeschlossen werden; sie sind allerdings noch unzureichend bearbeitet (vgl. HOFMANN 1958, WINTERHOFF 1965).

Die *Tilio-Acerion*-Gesellschaften sind auch in vegetationsgeschichtlicher Hinsicht von einigem Interesse: Sie zeigen Laubmischwaldbestände und Waldstrukturen, wie sie vielleicht am Ende des Boreals und zu Beginn des Atlantikums als haselreiche Laubwälder ausgesehen haben, bevor die Buche eingewandert ist.

1. **Fraxino-Aceretum pseudoplatani** (W. Koch 1926) R. Tx. em. Th. Müller 1966
Eschen-Ahorn-Schluchtwald. An kühlen, luftfeuchten Standorten mit zahlreichen Edellaubhölzern, auf alluvialen Bach- und Flußsedimenten, meist aber an steilen Nordhängen auf Blockschuttfeldern ausgebildet; auch in spätfrostgefährdeten Tallagen im südlichen Alpenvorland und in höheren Mittelgebirgen der submontanen bis montanen Stufe (Abb. 270).

AC: *Acer pseudoplatanus, Campanula latifolia, Polystichum aculeatum, Ulmus glabra* u.a.

Kollektivassoziation, die sich in zahlreiche Regionalgesellschaften spalten läßt (s. auch SEIBERT 1969, MOOR 1975, DIERSCHKE 1985, MORAVEC et al. 1982). Einige seien hier angeführt:

2. **Lunario-Aceretum** Grünberg & Schlüter 1957
Mondviolen-Schluchtwald. Auf silikatischen Verwitterungsböden in sonnenabseitigen, sehr luftfeuchten Lagen.

D: *Lunaria rediviva*

Bis in das Sauerland nach Norden hin vorkommend.

3. **Phyllitido-Aceretum** Moor 1952
(= **Scolopendrio-Fraxinetum** Schwickerath 1944 p.pte.)
Hirschzungen-Schluchtwald. Auf kalkschuttreichen, felsigen Standorten oder auf beschatteten Schutthalden, wo hohe Luftfeuchtigkeit herrscht.

Eichenwald an der Trockengrenze auf Felsstandorten; Kaiserstuhl, Schwäbische Alb und bis zur Fränkischen Alb vordringend (Altmühl- und Donautal), nordwärts bis in das Main- und Saaletal mit natürlichen Vorkommen.

2. **Buxo-Quercetum petraeae** Br.-Bl. 1932
Buchsbaum-Eichenwald. Submediterraner, klimazonaler Wald mit extrazonalen Vorposten im südlichen Oberrheingebiet und im Moseltal.

AC: *Buxus sempervirens*

Der Buchsbaum-Flaumeichenwald enthält neben *Quercus pubescens* (inc. Bastarden) und *Buxus sempervirens* v.a. *Sorbus aria* und *Melittis melissophyllum*. An trocken-warmen felsigen Hängen.

3. **Aceri monspessulani-Quercetum petraeae** (Knapp 1944) Oberd. 1957
Maßholder-Eichenwald. Wärmeliebender Eichenwald mit Französischem Maßholder auf sonnigen und flachgründigen Hängen im Mosel-, Mittelrhein- und Nahetal.

AC: *Acer monspessulanus*

Auf meist kalkarmem, aber basenreichem Untergrund auf trockenem, grauem, schiefrigem Lehm, seltener auf Löß oder auf Lavagestein. Wärmezeitliche Reliktgesellschaft. Buschwald mit zahlreichen Tendenzen zum *Galio-Carpinetum*.

Abb. 271:
Lithospermo-Quercetum
am Büchsenberg im
Kaiserstuhl (1985)

Abb. 272:
Potentillo-Quercetum
an seinem westlichsten
Vorposten im Hardtwald
bei Heiteren/Elsaß (1991)

2. Verband: Potentillo albae-Quercion petraeae Jakucs 1967

Dieser Verband umfaßt subkontinentale, xerotherme Eichenwälder, die in Deutschland an der Westgrenze ihres Areals stehen. Sie wachsen vereinzelt auf flachgründigen, trockenwarmen Südhangstandorten und bilden wie die submediterran getönten Flaumeichenwälder charakteristische Xerotherm-Vegetationskomplexe.

VC: *Potentilla alba, Serratula tinctoria, Carex montana* u.a.

Innerhalb der temperaten Buchenmischwaldlandschaften bilden diese subkontinentalen Waldgesellschaften lokalklimatisch-edaphisch bedingte Sondertypen aus. Sie sind manchmal auch infolge von Niederwaldwirtschaft aus *Galio-Carpinetum*-Wäldern hervorgegangen.

1. Potentillo albae-Quercetum petraeae Libbert 1933 nom. inv. Oberd. 1957

Steppen-Eichenwald. Subkontinentaler Eichenwald im Südosten, Süden oder Südwesten Deutschlands (z.B. Mainfranken, Steigerwald, Neckargebiet). Im Oberrheingebiet erreicht er seine westlichsten Vorkommen (Abb. 272). Nach Norden dringt er mit Anteilen an Flaumeiche und Traubeneiche (incl. Bastarden) bis in das Nahetal vor.

AC: *Potentilla alba, P. rupestris*

Vereinzelte Vorkommen finden sich auch auf der Münchener Schotterebene (bei Schleißheim); dort vielleicht als Relikt ehemaliger Niederwaldwirtschaft.

An sehr steilen Hängen und Felsköpfen der Fränkischen und Schwäbischen Alb entlang der Donau wachsen traufartig ausgebildete, schlechtwüchsige Eichen-Buschwälder aus *Quercus robur* (dominierend) und *Q. petraea*. *Pyrus pyraster, Sorbus torminalis* und *S. aria* sind der Baumschicht u.a. beigemischt. Die Strauch- und Krautschicht ist aus zahlreichen subkontinentalen Arten aufgebaut, die offenbar donauaufwärts gewandert sind, worauf schon GAUCKLER (1938) hinweist (z.B. *Melittis melissophyllum, Cytisus nigricans, Prunus mahaleb*). FÖRSTER (1979) ordnet vergleichbare Bestände der fränkisch-mitteldeutschen Eichen-Trockenwälder einem **Dictamno-Quercetum** Förster 1968 zu. Dieses enthält allerdings noch viele submediterrane Geoelemente und läßt sich einem weitgefaßten *Potentillo-Quercetum* mit Übergängen zum *Quercion pubescentis* zuordnen.

Literaturverzeichnis

ALBRECHT, J. (1969): Soziologisch-ökologische Untersuchungen alpiner Rasengesellschaften, insbesondere an Standorten auf Kalk-Silikatgesteinen. – Diss. Bot. **5**, 91 S., Cramer Vaduz.

AUGUSTIN, H. (1991): Die Waldgesellschaften des Oberpfälzer Waldes. – Hoppea **51**: 5-314, Regensburg.

BACHTALER, G. & B. DANCAU (1970): Die Unkrautflora einer langjährigen „Alten Dreifelderfruchtfolge" bei unterschiedlicher Anbauintensität. – Z. f. Pflanzenkrankheiten und Pflanzenschutz, Sonderh. **6**: 141-147.

BALATOVA-TULACKOVA, E. (1963): Zur Systematik der europäischen *Phragmitetea*. – Preslia 35: 118-122, Prag.

BALATOVA-TULACKOVA, E. (1968): Beitrag zur Systematik der *Molinietalia*-Gesellschaften. – In: TÜXEN, R. (ed.): Pflanzensoziologische Systematik. Ber. Int. Symp. Vegetationskde., Stolzenau 1964: 281-292, Den Haag.

BALATOVA-TULACKOVA, E. (1981): Phytozönologische und synökologische Charakteristik der Feuchtwiesen NW-Böhmens. – Rozpr. Ceskosl. Akad. Ved., MPV, **91**, 2, 90 S., Praha.

BALATOVA-TULACKOVA, E. & R. VENANZONI (1989): Sumpf- und Feuchtrasengesellschaften in der Verlandungszone des Kalterer Sees (Lago di Caldaro), der Montiggler (Monticolo) Seen und in der Etsch-(Adagio)-Aue, Oberitalien. – Folia Geobot. Phytotaxon. **24**: 253-295, Prag.

BARENDREGT, A. (1982): The coastal heathland vegetation of the Netherlands and notes on inland *Empetrum* heathlands. – Phytocoenologia 10: 425-462.

BARKMAN, J. J. (1968): Das synsystematische Problem der Mikrogesellschaften innerhalb der Biozönosen. – In: TÜXEN, R. (ed.): Pflanzensoziologische Systematik. Ber.Intern. Symp. IVV: 21-53, Den Haag.

BARKMAN, J. J. (1972): Einige Bemerkungen zur Synsystematik der Hochmoorgesellschaften – In: TÜXEN, R. (ed.): Grundfragen und Methoden der Pflanzensoziologie. Ber.Int. Symp. Rinteln 1970: 469-479, Den Haag.

BARKMAN, J. J. (1979): The investigation of vegetation texture and structure. – In: WERGER, M.J.A. (ed.): The study of vegetation: 123-160, The Hague.

BARKMAN, J. J. (1985): Geographical variation in associations of juniper scrub in the Central European plain. – Vegetatio **59**: 67-71, Dordrecht.

BARKMAN, J. J. (1986): Botanisch onderzoek op het Biologisch Station Wijster. – De Hinkelnym **5**: 3-11, Wageningen.

BARKMAN, J. J. (1990): Ecological differences between *Calluna*- und *Empetrum*-dominated dry heath communities in Drenthe, The Netherlands. – Acta Bot. Neerl. **39**, 1: 75-92, Amsterdam.

BARKMAN, J. J., J. MORAVEC, & S. RAUSCHERT (1986): Code der pflanzensoziologischen Nomenklatur. – 2. Aufl., Vegetatio **67**: 145-195, Dordrecht.

BEEFTINK, W. G. (1986): Die Systematik der europäischen Salzwiesenpflanzengesellschaften. – In: TÜXEN, R. (ed.): Pflanzensoziologische Systematik. Ber. Int. Symp. 1964: 139-163, Den Haag.

BEEFTINK, W. G. & J. M. GÉHU (1973): *Spartinetea maritimae*. – Prodrome des Groupements Végétaux d'Europe, Lieferung 1, 43 S., Lehre.

BERGER-LANDEFELD, U. & H. SUKOPP (1965): Zur Synökologie der Sandtrockenrasen, Insbesondere der Silbergrasflur. – Verh. Bot. Ver. Prov. Brandenburg **102**: 41-98, Berlin.

BERGMEIER, E., W. HÄRDTLE, U. MIERWALD, B. NOWAK & C. PEPPLER (1990): Vorschläge zur syntaxonomischen Arbeitsweise in der Pflanzensoziologie. – Kieler Notizen 20, 4: 92-103, Kiel.
BERGMEIER, E., B. NOWAK & C.WEDRA (1984): *Silaum silaus*- und *Senecio aquaticus*- Wiesen in Hessen. Ein Beitrag zu ihrer Systematik, Verbreitung und Ökologie. – Tuexenia 4: 163-181, Göttingen.
BEUG, J. & POTT, R. (1992): Die Vegetation und der hydrochemisch-physikalische Zustand von Stillgewässern des Emstales zwischen Meppen und Rheine. – Natur u. Heimat 52, 3: 71-96, Münster.
BÖCKENHOFF-GREWING, J. J. (1929): Landwirtschaft im Kreise Hümmling (vorzeitliche Wirtschaftsweisen in Westdeutschland). – 490 S., Jena.
BÖCKER, R. & I. KOWARIK (1982): Der Götterbaum (*Ailanthus altissima*) in Berlin (West). – Berl. Naturschutzbl., 26: 4-9, Berlin.
BOHN, U. (1981): Vegetationskarte der Bundesrepublik Deutschland: Potentielle natürliche Vegetation, Blatt CC 5518 Fulda. – Schriftenr. Vegetationskde. 15, 330 S., Bonn.
BORCHERT, R. & R. WITTIG (1990): Artenkombination und Standorte des *Rhynchosporetum* in der Westfälischen Bucht (Nordrhein-Westfalen, B.R. Deutschland). – Acta Biol. Benrodis 2: 1-18, Düsseldorf.
Bornkamm, R. (1960): Die Trespen-Halbtrockenrasen im oberen Leinegebiet. – Mitt. Flor.-soz. Arbeitsgem. N.F. 8: 181-208, Todenmann.
BRANDES, D. (1982): Das *Sambucetum ebuli* Felf. 1942 im südlichen Mitteleuropa und seine geographische Gliederung. – Tuexenia 2: 47-60, Göttingen.
BRANDES, D. (1983): Flora und Vegetation der Bahnhöfe Mitteleuropas. – Phytocoenologia 11: 31-115, Stuttgart.
BRANDES, D. (1985): Das *Heracleo-Sambucetum ebuli* in West- und Mitteleuropa. – Coll. phytosoc. 12: 591-596, Lille.
BRANDES, D. (1986a): Notiz zur Ausbreitung von *Chenopodium ficifolium* SM. in Niedersachsen. – Gött. Flor. Rundbr. 20: 116-120, Göttingen.
BRANDES, D. (1986b): Ruderale Halbtrockenrasen des Verbandes *Convolvulo- Agropyrion* Görs 1966 im östlichen Niedersachsen. – Braunschw. Naturk. Schriften 2: 547-564, Braunschweig.
BRANDES, D. (1987): Die Mauervegetation im östlichen Niedersachsen. – Braunschw. Naturk. Schriften 2: 607-627, Braunschweig.
BRANDES, D. (1989a): Flora und Vegetation niedersächsischer Binnenhäfen. – Braunschw. Naturk. Schriften 3: 305-334, Braunschweig.
BRANDES, D. (1989b): Zur Soziologie einiger Neophyten des insubrischen Gebietes. – Tuexenia 9: 267-274, Göttingen.
BRANDES, D. & D. GRIESE (1991): Siedlungs- und Ruderalvegetation von Niedersachsen. – Braunschw. Geobot. Arb. 1: 173 S., Braunschweig.
BRAUN-BLANQUET, J. (1918): Eine pflanzengeographische Exkursion durch das Unterengadin und in den Schweizerischen Nationalpark. – Beitr. Geobot. Landesaufn. Schweiz 4: 79 S., Zürich.
BRAUN-BLANQUET, J. (1928): Pflanzensoziologie. – 330 S., Berlin.
BRAUN-BLANQUET, J. (1931): Aperaçu des groupements végétaux du Bas-Languedoc. – Comm. S.I.G.M.A. 9: 35-40, Montpellier.
BRAUN-BLANQUET, J. (1933): Prodrome des groupments végétaux; Prodromus der Pflanzengesellschaften. – Comité internat. prodrome phytosociologique 1: 23 S., Montpellier.
BRAUN-BLANQUET, J. (1964): Pflanzensoziologie. – 3. Aufl., 865 S., Wien.
BRAUN-BLANQUET, J. (1967): Vegetationsskizzen aus dem Baskenland mit Ausblicken auf das weitere Ibero-Atlantikum. II. Teil. – Vegetatio 14: 1-126, Den Haag.
BRAUN-BLANQUET, J. et DE BOLOS (1957): Les groupements végétaux du bassin moyen de L'Ebre et leur dynamisme. – Anales Estacion expérimental Aula Dei 5/1-4: 266 S.

BRAUN-BLANQUET, J.& H. JENNY (1926): Vegetationsentwicklung und Bodenbildung in der alpinen Stufe der Zentralalpen. – Denkschr. Schweiz. Naturforsch. Ges. **63**: 183-349, Basel.

BRUN-HOOL, J. (1966): Ackerunkraut-Fragmentgesellschaften. – In: TÜXEN, R. (ed.): Anthropogene Vegetation: 38-48, Den Haag.

BÜKER, R. (1942): Beiträge zur Vegetationskunde des südwestfälischen Berglandes. – Beih. Bot. Centralbl. **56B**: 452-558, Berlin.

BURRICHTER, E. (1953): Die Wälder des Meßtischblattes Iburg, Teutoburger Wald. – Abh. Landesmus. Naturkde. **15**, 3: 91 S., Münster.

BURRICHTER, E. (1960): Die Therophyten-Vegetation an nordrhein-westfälischen Talsperren im Trockenjahr 1959. – Ber. Dtsch. Bot. Ges. **73**, 1: 24-37, Stuttgart.

BURRICHTER, E. (1964): Wesen und Grundlagen der Pflanzengesellschaften. – Abh. Landesmus. Naturkde. **26**, 3: 3-16, Münster.

BURRICHTER, E. (1969a): Der Reinweiße Hahnenfuß, *Ranunculus ololeucos*, im Naturschutzgebiet „Witte Venn" bei Alstätte (Westmünsterland). – Natur u. Heimat **29**: 97-112, Münster.

BURRICHTER, E. (1969b): Das Zwillbrocker Venn, Westmünsterland, in moor- und vegetationskundlicher Sicht. – Abh. Landesmus. Naturkde. **31**, 1: 1-60, Münster.

BURRICHTER, E. (1970): Zur pflanzensoziologischen Stellung von *Senecio tubicaulis* in Nordwestdeutschland. – Natur u. Heimat **30**, 1: 1-4, Münster.

BURRICHTER, E. (1973): Die potentielle natürliche Vegetation in der Westfälischen Bucht. – Siedlung und Landschaft in Westfalen **8**: 58 S., Münster.

BURRICHTER, E., R. POTT & H. FURCH (1988): Die potentielle natürliche Vegetation. – Geogr. landeskundl. Atlas von Westfalen. Lieferung **4**: 42 S., Münster.

BURRICHTER, E., R. POTT, T. RAUS & R. WITTIG (1980): Die Hudelandschaft „Borkener Paradies" im Emstal bei Meppen. – Abh. Landesmus. Naturkde. **42**, 4: 1-69, Münster.

BURRICHTER, E. U. R. WITTIG (1977): Der Flattergras-Buchenwald in Westfalen. – Mitt. Flor.-soz. Arbeitsgem. N.F. **19/20**: 377-382, Todenmann.

CARBIENER, R. (1969): Subalpine primäre Hochgrasprärien im hercynischen Gebirgsraum Europas, mit besonderer Berücksichtigung der Vogesen und des Massif Central. Mitt. – Flor.-soz. Arbeitsgem. N.F. **14**: 322-345, Todenmann.

CARBIENER R. (1974): Die linksrheinischen Naturräume und Waldungen der Schutzgebiete von Rheinau und Daubensand (Frankreich): eine pflanzensoziologische und landschaftsökologische Studie. – In: Das Taubergießengebiet, Natur- und Landschaftsschutzgeb. Bad.-Württ. **7**: 438-535, Ludwigsburg.

CARBIENER, R., M. TREMOLIERES, J. L. MERCIER & A. ORTSCHEIT (1990): Aquatic macrophyte communities as bioindicators of eutrophication in calcareous oligosaprobe stream waters (Upper Rhine plain, Alsace). – Vegetatio **86**: 71-88, Dordrecht.

CHRISTIANSEN, W.. (1955): *Salicornietum*. – Mitt. Flor.-soz. Arbeitsgem. N.F. **5**: 64-65, Kiel.

CORILLION, R.. (1957): Les Charophycées de France et d'Europe occidentale. – Bull. Soc. sc. Bot. **32**: 499 S., Rennes.

DERSCH, G. (1986): Zur Verbreitung der *Callitriche*-Arten in Niedersachsen. – Gött. Flor. Rundbr.**20**, 2: 79-100, Göttingen.

DETHIOUX, M. & A. NOIRFALISE (1985): Les groupements rhéophiles de renoncules aquatiques en moyenne et hautes Belgique. – Tuexenia **5**: 31-39, Göttingen.

DIEMONT, W. H., G. SISSINGH & V. WESTHOFF (1940): Het Dwergbiezen-Verbond (*Nanocyperion flavescentis*) in Nederland. – Ned. Kruidk. Archief **50**: 215-284, Amsterdam.

DIERSCHKE, H. (1969): Natürliche und naturnahe Vegetation in den Tälern der Böhme und Fintau in der Lüneburger Heide. – Mitt. Flor.-soz. Arbeitsgem. N.F. **14**: 377-397, Todenmann-Göttingen.

DIERSCHKE, H. (1974): Saumgesellschaften im Vegetations- und Standortsgefälle an Waldrändern. – Scripta Geobot. **6**: 246 S., Göttingen.

DIERSCHKE, H. (1981): Syntaxonomische Gliederung der Bergwiesen Mitteleuropas (*Polygono-Trisetion*). – Ber. Intern. Sympos. Int. Vereinig. Vegetationskde. Syntaxonomie: 311-341, Vaduz.

DIERSCHKE, H. (1984): Auswirkungen des Frühjahrshochwassers von 1981 auf die Ufervegetation im südwestlichen Harzvorland mit besonderer Berücksichtigung kurzlebiger Pioniergesellschaften. – Braunschw. Naturk. Schrift. **2**: 19-39, Braunschweig.

DIERSCHKE, H. (1985): Pflanzensoziologische und ökologische Untersuchungen in Wäldern Süd-Niedersachsens. II. Syntaxonomische Übersicht der Laubwaldgesellschaften und Gliederung der Buchenwälder. – Tuexenia **5**: 491-521, Göttingen.

DIERSCHKE, H. (1989): Artenreiche Buchenwaldgesellschaften Nordwest-Deutschlands. – Ber. Reinh.-Tüxen-Ges. **1**: 107-148, Hannover.

DIERSCHKE, H. (1990): Syntaxonomische Gliederung des Wirtschaftsgrünlandes und verwandter Gesellschaften (*Molinio-Arrhenatheretea*) in Westdeutschland. – Ber. Reinh.-Tüxen-Ges. **2**: 83-89, Hannover.

DIERSCHKE, H., G. JECKEL & D. BRANDES (1977): Das *Calystegio-Archangelicetum litoralis* Pass (1957) in Nordwestdeutschland. – Mitt. Flor.-soz. Arbeitsgem. N.F. **19/20**: 115-124, Todenmann.

DIERSCHKE, H., A. OTTE & H. NORDMANN (1983): Die Ufervegetation der Fließgewässer des Westharzes und seines Vorlandes. – Naturschutz u. Landschaftspfl. Nieders. Beih. **4**: 83 S., Hannover.

DIERSCHKE, H. & R. TÜXEN (1975): Die Vegetation des Langholter und Rhauder Meeres und seiner Randgebiete. – Mitt. Flor.-soz. Arbeitsgem. N.F. **18**: 157-202, Todenmann-Göttingen.

DIERSSEN, K. (1973): Die Vegetation des Gildehauser Venns (Kreis Grafschaft Bentheim). – Beih. Ber. Naturhist. Ges. **8**: 116 S., Hannover.

DIERSSEN, K. (1978): Some aspects of the classification of oligotrophic and mesotrophic mire communities in Europe. – Coll. phytosoc. **7**: 403-423, Lille.

DIERSSEN, K. (1982): Die wichtigsten Pflanzengesellschaften der Moore NW-Europas. – 382 S., Génève.

DIERSSEN, K. (1988): Rote Liste der Pflanzengesellschaften Schleswig-Holsteins. – Schriftenr. Landesamt Naturschutz u. Landschaftspfl. Schleswig-Holstein **6**: 157 S., Kiel.

DIERSSEN, K. (1990): Einführung in die Pflanzensoziologie. – 241 S., Darmstadt.

DIERSSEN, K. & B. DIERSSEN (1984): Vegetation und Flora der Schwarzwaldmoore. – Beih. Veröff. Naturschutz u. Landschaftspfl. Bad.-Württ. **39**: 512 S., Karlsruhe.

DIERSSEN, K., I. EISCHEID, W. HÄRDTLE, H. HAGGE, U. HAMANN, K. KIEHL, P. KÖRBER, F. LÜTKE-TWENHÖVEN, R. NEUHAUS & J. WALTER (1991): Geobotanische Untersuchungen an den Küsten Schleswig-Holsteins. – Ber. Reinh.-Tüxen-Ges. **3**: 129-155, Hannover.

DINTER, W. (1982): Waldgesellschaften der Niederrheinischen Sandplatten. – Diss. Bot. **64**: 111 S., Vaduz.

DINTER, W. (1990): Aufbau und Gliederung der Erlenbruchwälder im Süderbergland. – Tuexenia **10**: 409-418, Göttingen.

DOING, H. (1963): Übersicht der floristischen Zusammensetzung, der Struktur und der dynamischen Beziehungen niederländischer Wald- und Gebüschgesellschaften. – Med. Landbouwhogesch. Wageningen **63**: 1-60, Wageningen.

DÖRING, U. (1987): Zur Feinstruktur amphibischer Erlenbruchwälder. Kleinstandörtliche Differenzierungen in der Bodenvegetation des *Carici elongatae-Alnetum* im Hannoverschen Wendland. – Tuexenia **7**: 347-366, Göttingen.

DÖRING-MEDERAKE, U. (1991): Feuchtwälder im nordwestdeutschen Tiefland; Gliederung-Ökologie -Schutz. – Scripta Geobot. **19**: 122 S., Göttingen.

DREHWALD, U. & E. PREISING (1991): Die Pflanzengesellschaften Niedersachsens. Moosgesellschaften. – Naturschutz u. Landschaftspfl. Nieders. **20**, 9: 202 S., Hannover.

EGGLER, J. (1952): Übersicht der höheren Vegetationseinheiten der Ostalpen. – Mitt. naturwiss. Ver. Steiermark **81/82**: 28-41, Graz.

EIGNER, J. (1973): Zur Standorts-, Ausbreitungs- und Keimungsökologie des Meerkohls (*Crambe maritima* L.). – Diss. Bot. **25**: 150 S., Lehre.

ELLENBERG, H. (1974): Zeigerwerte der Gefäßpflanzen Mitteleuropas. – Scripta Geobot. **9**: 97 S., Göttingen.

ELLENBERG, H.. (1986): Vegetation Mitteleuropas mit den Alpen. – 4. Auflage, 989 S., Stuttgart.

ELLENBERG, H. & F. KLÖTZLI (1972): Waldgesellschaften und Waldstandorte der Schweiz. – Mitt. Schweiz. Anstalt forstl. Versuchswesen **48**, 4: 587-930, Zürich.

ELLENBERG, H., H. E. WEBER, R. DÜLL, V. WIRTH (1991): Zeigerwerte von Pflanzen in Mitteleuropa. – Scripta Geobot. **18**: 248 S., Göttingen.

ERNST, W. (1969): Beitrag zur Kenntnis der Ökologie europäischer Spülsaumgesellschaften. – Mitt. Flor.-soz. Arbeitsgem. N.F. **14**: 86-94, Stolzenau.

ERNST, W. (1974): Schwermetallvegetation der Erde. – 194 S., Stuttgart.

ERNST, W. (1991): Ökophysiologie von Pflanzen in Küstendünen Europas - in einem Gradienten von der Nordsee zum Mittelmeer. – Ber. Reinh.-Tüxen-Ges. **3**: 157-172, Hannover.

ERNST, W. & N. F. VAN DER HAM (1988): Population structure and rejuvination potential of Schoenus nigricans in coastal wet dune slacks. – Acta Bot. Neerl. **37**: 451-465, Amsterdam.

FELFÖLDY, L. (1942): Szociológiai vizsgálatok a pannóniai flóraterület gyomvegetációján. – Acta Geobot. Hung., Kolozsvár **5**: 87-140.

FISCHER, A. (1982): Mosaik und Syndynamik der Pflanzengesellschaften von Lößböschungen im Kaiserstuhl (Südbaden). – Phytocoenologia **10**, 1/2: 73-256, Stuttgart, Braunschweig.

FISCHER, A. (1983): Wildkrautvegetation der Weinberge des Rheingaus (Hessen): Gesellschaften, Abhängigkeit von modernen Bewirtschaftungsmethoden, Aufgabe des Naturschutzes. – Phytocoenologia **18**, 3: 331-383, Stuttgart, Braunschweig.

FISCHER, A. (1985): „Ruderale Wiesen". - Ein Beitrag zur Kenntnis des *Arrhenatherion*-Verbandes. – Tuexenia **5**: 237-249, Göttingen.

FOCKE W. O. (1873): Beiträge zur Kenntnis der Flora der ostfriesischen Inseln. – Abh. Nat. Ver. Bremen **3**: 305-323, Bremen.

FÖRSTER, M. (1979): Gesellschaften der xerothermen Eichenmischwälder des deutschen Mittelgebirgsraumes. – Phytocoenologia **5**, 4: 367-446, Stuttgart, Braunschweig.

FOUCAULT, B. de (1979): Premiéres données phytosociologiques sur la végétation des ourlets preforistiers du Nord-Ouest et du Nord de la France. – Coll. phytosoc. **8**. Les lisières forestières. Lille, 305-324, Vaduz.

FOUCAULT, B. de & J.-M. GÉHU (1978): Essai synsystematique et chorologique sur les prairies a *Molinia coerulea* et *Juncus acutiflorus* de l'Europe occidentale. – Coll. phytosoc. **7**. Sols tourbeux, 136-164, Lille.

FRAHM, J.-P. & W. FREY (1987): Moosflora. – 525 S., Stuttgart.

FREITAG, H., C. MARKUS & J. SCHWIPPL (1958): Die Wasser- und Sumpfpflanzengesellschaften im Magdeburger Urstromtal südlich des Fläming. – Wiss. Zeitschr. Päd. Hochsch. Potsdam. math.-nat. **4**, 1: 65-92, Potsdam.

FRÖDE, E. (1958): Die Pflanzengesellschaften der Insel Hiddensee. – Wiss. Zeitschr. Univ. Greifswald. math.-nat. **7**: 277-305, Greifswald.

FUKAREK, F. (1961): Die Vegetation des Darß und ihre Geschichte. – Pflanzensoziologie Bd. **12**, 321 S., Jena.

GAUCKLER, K. (1938): Steppenheide und Steppenheidewald der fränkischen Alb in pflanzen-soziologischer, ökologischer und geographischer Betrachtung. – Ber. Bayr. Bot. Ges. **23**: 5-134, München.

GÉHU, J.-M. (1975): Approche phytosociologique synthétique de la végétation des vales salées du littoral atlantique francais. – La végétation des vales salées. – Coll. phytosoc. **4**: 395-461, Lille.

GÉHU-FRANCK, J. & J.M. GÉHU (1975): Données écosystematiques et évaluation de la phytomasse dans le transect dunaire de Wimereux-Ambleteuse (Pas-du-Calais, France). La végétation des dunes maritimes. – Coll. phytosoc. **1**: 253-280, Bailleul.

GEISSLER, P. (1976): Zur Vegetation alpiner Fließgewässer. Pflanzensoziologisch-ökologische Untersuchungen hygrophiler Moosgesellschaften in den östlichen Schweizer Alpen. – Beitr. z. Kryptogamenflora der Schweiz **14**, 2: 52 S., Bern.

GILLNER, V. (1960): Vegetations- und Standortsuntersuchungen in den Strandwiesen der schwedischen Westküste. – Acta phytogeogr. Suec. **43**, 198 S., Uppsala.

GILOMEN, H. (1938): *Carex curvula* All. ssp. nov. rosae GILOMEN. – Ber. Geobot. Inst. Rübel. 1937: 77-104, Zürich.

GIMINGHAM, C.H. (1972): Ecology of Heathlands. – 266 S., London.

GIMINGHAM, C.H. (1978): *Calluna* and its associated species: Some aspects of coexistence in communities. – Vegetatio **36**, 3: 179-186, Den Haag.

GLAHN, H. v. (1981): Über den Flattergras- oder Sauerklee-Buchenwald (*Oxali-Fagetum*) der niederächsischen und holsteinischen Moränenlandschaften. – Drosera **2**: 57-74, Oldenburg.

GLAHN, H. v. (1986): Queckengesellschaften (*Astero tripolii - Agropyretum repentis* ass.nov. und *Agropyretum litoralis* Br.-Bl. & DE LEEUW 1936) im oldenburgisch-ostfriesischen Küstenbereich. – Drosera **86**, 2: 119-131, Oldenburg.

GLAHN, H. v. (1987): Zur Bestimmung der in Norddeutschland vorkommenden Quecken-Arten, Unterarten und Bastarde der Gattung *Agropyron* s.l. nach vegetativen Merkmalen unter besonderer Berücksichtigung der Küstenregion. – Drosera **87**, 1: 1-27, Oldenburg.

GLAVAC, V. & U. BOHN (1970): Quantitative vegetationskundliche Untersuchungen zur Höhengliederung der Buchenwälder im Vogelsberg. – Schriftenr. Vegetationskde. **5**: 135-185, Bonn-Bad Godesberg.

GLAVAC, V. & A. KRAUSE (1969): Über bodensaure Wald- und Gebüschgesellschaften trokke nwarmer Standorte am Mittelrhein. – Schriftenr. Vegetationskde. **4**: 85-102, Bonn-Bad Godesberg.

GÖDDE, M. (1987): Das *Spergulario-Herniarietum glabrae* ass. nov., eine bislang verkannte Trittgesellschaft. – Osnabrücker naturwiss. Mitt. **13**: 87 -94, Osnabrück.

GÖRS, S. (1961): Das Pfrunger Ried. – Veröff. Landesst. Naturschutz u. Landschaftspfl. Bad.-Württ. **27/28**: 1-45, Ludwigsburg.

GÖRS, S. (1963): Beiträge zur Kenntnis basiphiler Flachmoorgesellschaften (*Tofieldietalia* Prsg. ap. Oberd. 49) 1. Teil: Das Davallseggenquellmoor (*Caricetum davallianae* W. Koch 28). – Veröff. Landesst. Natursch. u. Land.pfl. Bad.-Württ. **31**: 7-30, Karlsruhe.

GÖRS, S. (1964): Beiträge zur Kenntnis basiphiler Flachmoorgesellschaften (*Tofieldietalia* Prsg. ap. Oberd. 49) 2. Teil: Das Mehlprimel-Kopfbinsenmoor (*Primulo-Schoenetum ferruginei* Oberd. 57) 62. – Veröff. Landesst. Naturschutz u. Landschaftspfl. Bad.-Württ. **32**: 7-42, Karlsruhe.

GÖRS, S. (1968): Die Wasserfalle (*Aldrovanda vesiculosa*) im Landschaftsschutzgebiet Siechenweiher bei Meersburg. – Veröff. Landesst. Naturschutz und Landschaftspfl. Bad.-Württ. **37**: 7-61, Karlsruhe.

GOTTSCHLICH, G. & U. RAABE (1991): Zur Verbreitung, Ökologie und Taxonomie der Gattung *Hieracium* L. (*Compositae*) in Westfalen und angrenzenden Gebieten. – Abh. Westf. Mus. Naturkde. **53**, 4: 140 S., Münster.

GRABHERR, G., E. MÄHR & H. REISIGL (1978): Nettoprimärproduktion und Reproduktion in einem Krummseggenrasen (*Caricetum curvulae*) der Ötztaler Alpen (Tirol). – Oecologia plant. **13**: 227-251.

GROOTJANS, A.P., P. HENDRIKSMA, M. ENGELMOER & V. WESTHOFF (1988): Vegetation dynamics in a wet dune slack I: rare species decline on the Wadden island of Schiermonnikoog in The Netherlands. – Acta Bot. Neerl. **37**: 265-278, Amsterdam.

GUERLESQUIN, M. & J.-L. MERIAUX (1978): Characées et végétations associées des milieux aquatiques du nord de la France. – Coll. phytosoc. **10:** 415-444, Vaduz.

GUTTE, P., W. HEMPEL, G. MÜLLER & G. WEISE (1965): Vegetationskundlicher Überblick Sachsens. – Ber. Arbeitsgem. Sächs. Bot. N.F. **5/6:** 348-480, Dresden.

HANF, M. (1990): Farbatlas Feldflora. Wildkräuter und Unkräuter. – 254 S., Stuttgart.

HANSPACH, D. (1991): Zur Verbreitung und Ökologie von *Elogiton fluitans* (L.) LINK in der DDR. – Gleditschia **19,** 1: 101-110, Berlin.

HARD, G. (1982): Die spontane Vegetation der Wohn- und Gewerbequartiere von Osnabrück(I). – Osnabrücker Naturwiss. Mitt. **9:** 151-203, Osnabrück.

HÄRDTLE, W. (1984): Vegetationskundliche Untersuchungen in Salzwiesen der ostholsteinischen Ostseeküste. – Mitt. Arbeitsgem. Geobotanik **34,** 142 S., Kiel.

HARTMANN, A. (1987): Die Vegetation der oligotrophen Gewässer, Übergangs- und Hochmoore im Emsland. – Diss. Univ. Münster, 291 S., Münster.

HARTMANN, F. & G. JAHN (1967): Waldgesellschaften des mitteleuropäischen Gebirgsraumes nördlich der Alpen. – 636 S., Stuttgart.

HEGI, G. (1979): Angiospermae-Dicotyledones 1. – Illustrierte Flora von Mitteleuropa **3/2,** 2. Aufl.: 454-1264.

HEJNY, S. (1962): Über die Bedeutungen der Schwankungen des Wasserspiegels für die Charakteristik der Makrophytengesellschaften in den mitteleuropäischen Gewässern. – Preslia **34:** 359-367, Prag.

HEJNY, S. & V. JEHLIK (1975): *Herniarietum glabrae* (Hohenester 60) Hejny et Jehlik 1975, eine wenig bekannte Assoziation des Verbandes *Polygonion avicularis* Br.-Bl. 1931, in der Tschechoslowakei. – Phytocoenologia **2,** 1/2: 100-122, Stuttgart, Lehre.

HETZEL, G. (1991): Beiträge zur Ruderalvegetation der Stadt Passau. – Ber. Bayer. Bot. Ges. **62:** 41-66, München.

HEYKENA, A. (1965): Vegetationstypen der Küstendünen an der östlichen und südlichen Nordsee. – Mitt. Arbeitsgem. Flor. Schleswig-Holstein u. Hamburg **13,** 135 S., Kiel.

HILBIG, W. & H. JAGE (1972): Übersicht über die Pflanzengesellschaften des südlichen Teiles der DDR V. Die annuellen Uferfluren. – Hercynia N.F. **9,** 4: 392-408, Leipzig.

HILBIG, W.(1971):Übersicht über die Pflanzengesellschaften des südlichen Teils der DDR I. Die Wasserpflanzengesellschaften. – Hercynia N.F. **8,** 1: 4-33, Leipzig.

HILBIG, W. (1980): Bibliographie pflanzensoziologischer und vegetationsökologischer Arbeiten aus dem Untersuchungsgebiet. – Hercynia **17,** 4: 375-435, Leipzig.

HILBIG, W. (1987): Wandlungen der Segetalvegetation unter den Bedingungen der industriemäßigen Landwirtschaft. – Arch. Naturschutz, Landsch.forsch. **27:** 229-249.

HILBIG, W., W. HEINRICH & E. NIEMANN (1972): Übersicht über die Pflanzengesellschaften des südlichen Teiles der DDR IV. Die nitrophilen Saumgesellschaften. – Hercynia N.F. **9:** 229-270, Leipzig.

HILBIG, W., H. D. KNAPP & L. REICHHOFF (1982): Übersicht über die Pflanzengesellschaften des südlichen Teils der DDR XIV. Die thermophilen, mesophilen und acidophilen Saumgesellschaften. – Hercynia N.F. **19,** 2: 212-248, Leipzig.

HILBIG, W. & L. REICHHOFF (1977): Übersicht über die Pflanzengesellschaften des südlichen Teiles der DDR XIII. Die Vegetation der Fels- und Mauerspalten, des Steinschuttes und des Kalkgesteins – Pionierstandorte. – Hercynia N.F. **14,** 1: 21-46, Leipzig.

HILDEBRAND-VOGEL, R. & R. WITTIG (1987): Verbreitung, Vergesellschaftung und Ökologie von *Sparganium angustifolium* Michx. und *Sparganium minimum* Wallr. in Nordrhein-Westfalen. – Phytocoenologia **15,** 3: 353-372, Stuttgart, Braunschweig.

HINTERLANG, D. (1992): Vegetationsökologische Aspekte der Weichwasser-Quellgesellschaften zentraleuropäischer Mittelgebirge unter besonderer Berücksichtigung der Synsystematik. – Ber. Reinh.-Tüxen-Ges. **4,** Hannover.

HOBOHM, C. (1986): Die Salzwiesen von Sylt. – Kieler Notizen **18,** 2: 57-99, Kiel.

Hobohm, C. (1991): Die Vegetation von Norderney. – Diss. Univ. Hannover, 150 S. u. Anhang (derzeit in Druck).
Hofmann, G. (1958): Die eibenreichen Waldgesellschaften Mitteldeutschlands. – Arch. Forstw. 7, 6/7: 502-558, Berlin.
Hofmeister, H. & E. Garve (1986): Lebensraum Acker. Pflanzen der Äcker und ihre Ökologie. – 272 S., Hamburg, Berlin.
Hohenester, A. (1960): Grasheiden und Föhrenwälder auf Diluvial- und Dolomitsanden. – Ber. Bayer. Bot. Ges. 33: 30-85, München.
Hohenester, A. (1967): *Festuco-Sedetalia* in Franken. – Mitt. Flor.-soz. Arbeitsgem. N.F. 11/12: 206-209, Todenmann.
Hohenester, A. (1978): Zur syntaxonomischen Stellung des Malmplateau-Waldes im Weissenberger Raum. – Hoppea 37: 337-355, Regensburg.
Höpflinger, F. (1957): Die Pflanzengesellschaften des Grimminggebietes. – Mitt. Naturwiss. Verein Steierm. 8: 74-113, Klagenfurt.
Höppner, H. (1983): Zum Vorkommen und zur pflanzensoziologisch-standörtlichen Bindung von *Senecio congestus* in Südoldenburg und den angrenzenden Gebieten. – Drosera 83, 2: 79-86, Oldenburg.
Horst, K., H.-D. Krausch & W. R. Müller-Stoll (1966): Die Wasser- und Sumpfpflanzengesellschaften im Elb-Havel-Winkel. – Limnologica 4, 1: 101-163, Berlin.
Hueck, K. (1925): Vegetationsstudien auf brandenburgischen Hochmooren. – Beitr. Naturdenkmalpflege 10: 313-408, Berlin.
Hueck, K. (1939): Botanische Wanderungen im Riesengebirge. – Pflanzensoz. 3, 116 S., Jena.
Hügin, G. (1979): Die Wälder im Naturschutzgebiet Buchswald bei Grenzach. Eine pflanzensoziologische bodenkundliche Untersuchung. – In: Der Buchswald bei Grenzach (Grenzacher Horn). Natur- u. Landschaftsschutzgebiete Bad.-Württ. 9: 147-199, Karlsruhe.
Hülbusch, K.H. (1973): Eine Trittgesellschaft auf nordwestdeutschen Sandwegen. – Mitt. Flor.-soz. Arbeitsgem. N.F. 15/16: 45-46, Göttingen.
Hülbusch, K.H. (1979): Synusiale Sigma-Gesellschaften. – Mitt. Flor. -soz. Arbeitsgem. N.F. 21: 49-53, Göttingen.
Hundt, R. (1954): Grünlandgesellschaften an der unteren Mulde und mittleren Elbe. – Wiss. Z. M.-Luther-Univ. Halle, Math.-nat. R. 3: 883-982.
Hundt, R. (1964): Die Bergwiesen des Harzes, Thüringer Waldes und Erzgebirges – Pflanzensoziologie 14, 284 S., Jena.
Hundt, R.. (1980): Die Bergwiesen des herzynischen niederösterreichischen Waldviertels in vergleichender Betrachtung mit der Wiesenvegetation. – Phytocoenologia 7: 364-391, Stuttgart, Braunschweig.
Hüppe, J. (1986): Kurze Übersicht über die Pflanzengesellschaften der Äcker in Westfalen. – Abh. Westf. Mus. Naturkde. 48, 2/3: 209-221, Münster.
Hüppe, J. (1987a): Die Ackerunkrautgesellschaften in der Westfälischen Bucht. – Abh. Westf. Mus. Naturkde. 49, 1: 119 S., Münster.
Hüppe, J. (1987b): Zur Entwicklung der Ackerunkrautvegetation seit dem Neolithikum. – Natur- u. Landschaftskunde 23: 25-33, Hamm.
Hüppe, J. (1989): Die pflanzengeographische Stellung der *Carici-Fagetum*-Buchenwälder im Wesertal bei Höxter. – Ber. Geobot. Inst. Univ. Hannover 1: 45-59, Hannover.
Hüppe, J. (1992): Zum Vorkommen der Knorpelmiere (*Illecebrum verticillatum* L.) und ihrer Vergesellschaftung zwischen Ems und Hase. – Natur u. Heimat 52, 2: 41-48, Münster.
Hüppe, J. & H. Hofmeister (1990): Syntaxonomische Fassung und Übersicht über die Ackerunkrautgesellschaften in der Bundesrepublik Deutschland. – Ber. Reinh. -Tüxen-Ges. 2: 61-81, Hannover.
Hüppe, J., R. Pott & D. Störmer (1989): Landschaftsökologisch-vegetationsgeschichtliche Studien im Kiefernwuchsgebiet der Senne. – Abh. Westf. Mus. Naturkde. 51, 3: 77 S., Münster.

HÜPPE, J., R. POTT (1992): Vegetationskundliche und pollenanalytische Studien zur oberen Waldgrenze im Fimbertal (Silvretta). – Zeitschr. d. Univ. Hannover 1: 49-76, Hannover.

ISSLER, E. (1929): Les associations végétales des Vosges méridionales et de la plaine rhénane avoisinante. Les gardes et les landes. – Bull. soc. hist. nat. Colmar 49-167, Colmar.

JAGE, H. (1974): Vorarbeiten zu einer Flora der Dübener Heide und ihrer näheren Umgebung, 6. Beitrag. – Verhandl. Bot. Ver. Prov. Brandenburg **109**: 3-55, Potsdam.

JAHN, G. (1977): Die Fichtenwaldgesellschaften in Europa. – In: SCHMIDT-VOGT, H.: Die Fichte **1**: 468-560, Hamburg, Berlin.

JAHNS, W. (1969): Torfmoos-Gesellschaften der Esterweger Dose. – Schriftenr. Vegetationskunde **4**: 49-74, Bad Godesberg.

JANIESCH, P. (1978): Ökophysiologische Untersuchungen von Erlenbruchwäldern. I. Die edaphischen Faktoren. – Oecol. Plant. **13**, 1: 43-47.

JANIESCH, P. (1991a): Ecophysiological adaptions of higher plants in natural communities to waterlogging. – In: ROZEMA, J. & J.A.C. VERKLEIJ (eds.): Ecological responses to environmental stresses: 50-60, Amsterdam.

JANIESCH, P. (1991b): Oberirdische Biomasseproduktion und Mineralstoffhaushalt von Salzwiesen der niedersächsischen Küste. – Drosera **91**, 1/2: 127-138, Olden-burg.

JANSSEN, C. & D. BRANDES (1986): Die Vegetation des Ösels (Kr. Wolfenbüttel). – Braunschw. Naturk. Schr. **2**: 565-584, Braunschweig.

JECKEL, G. (1977): Flora und Vegetation des NSG „Salzfloragebiet bei Schreyahn" in Nordost-Niedersachsen. – Mitt. Flor.-soz. Arbeitsgem. N.F. **19/20**: 241-251, Todenmann-Göttingen.

JECKEL, G. (1981): Die Vegetation des Naturschutzgebietes „Breites Moor" (Kreis Celle, Nordwestdeutschland). – Tuexenia **1**: 185-209, Göttingen.

JECKEL, G. (1984): Syntaxonomische Gliederung, Verbreitung und Lebensbedingungen nordwestdeutscher Sandtrockenrasen (*Sedo-Scleranthetea*). – Phytocoenologia **12**, 1: 9-153, Stuttgart, Braunschweig.

JENNY-LIPS, H. (1930): Vegetationsbedingungen und Pflanzengesellschaften auf Felsschutt. – Beih. Bot. Centralbl. **46**: 119-246, Berlin.

JENSEN, U. (1961): Die Vegetation des Sonnenberger Moores im Oberharz und ihre ökologischen Bedingungen. – Naturschutz u. Landschaftspfl. Nieders. **1**: 73 S., Hannover.

JENSEN, U. (1987): Die Moore des Hochharzes. – Naturschutz u. Landschaftspfl. Nieders. **15**: 91 S., Hannover.

JESCHKE, L. (1959): Pflanzengesellschaften einiger Seen bei Feldberg in Mecklenburg. – Feddes Repert. Beih. **138**: 161-214, Berlin.

JONAS, F. (1935): Die Vegetation der Hochmoore am Nordhümmling. 1. Bd. – Feddes Repert., Beih. **78**, 1: 143 S., Berlin-Dahlem.

KAMBACH H.-H. & O. WILMANNS (1969): Moose als Strukturelemente von Quellfluren und Flachmooren am Feldberg im Schwarzwald. – Veröff. Landesst. Naturschutz u. Landschaftspfl. Bad.-Württ. **37**: 62-80, Karlsruhe.

KAPPEN, L. & O.L. LANGE (1972): Die Kälteresistenz einiger Makrolichen. – Flora **161**: 1-29, Jena.

KÄSTNER, M. (1938): Die Pflanzengesellschaften der Quellfluren. – In: Pflanzengesellschaften des westsächsischen Berg- und Hügellandes IV. Landesver. Sächs. Heimatschutz, 70-90, Dresden.

KÄSTNER, M. (1941): Über einige Waldsumpfgesellschaften, ihre Herauslösung aus den Waldgesellschaften und ihre Neuordnung. – Beih. Bot. Centralbl. **61** B: 137-207, Berlin.

KAULE, G. (1974): Die Übergangs- und Hochmoore Süddeutschlands und der Vogesen. – Diss. Bot. 27, 345 S., Lehre.

KLAUCK, E.J. (1988): Die *Sambucus nigra-Robinia pseudacacia*-Gesellschaft und ihre geographische Gliederung. – Tuexenia **8**: 281-286, Göttingen.

KLEMENT, O. (1953): Die Vegetation der Nordseeinsel Wangerooge. – Veröff. Inst. Meeresf. Bremerhaven **2**: 273-379, Bremen.

KLEMM, G. (1989): Gefährdete Pflanzengesellschaften der Niederlausitz. – Natur u. Landschaft Bez. Cottbus, 1-86, Cottbus.
KLIKA, J. (1931): Die Pflanzengesellschaften und ihre Sukzession auf den entblößten Sandböden in dem mittleren Elbetal. – Skorn. CS. Akad. Zemed. **6** A: 277-302, Praha.
KLIKA, J. (1934): Studien über die xerotherme Vegetation Mitteleuropas. III. Die Pflanzengesellschaften des Marchfeldes in der Slowakei. – Beih. Bot. Centralbl. **52** B: 1-16, Dresden.
KLOSS, K. (1965): *Schoenetum, Juncetum subnodulosi* und *Betula pubescens*-Gesellschaften der kalkreichen Moorniederungen Nordost-Mecklenburgs. – Feddes Repert. Beih. **142**: 65-117, Berlin.
KNAPP, R. (1971): Einführung in die Pflanzensoziologie. – 3. Aufl., 388 S., Stuttgart.
KNAPP, R. (1976): Saumgesellschaften in westlichen deutschen Mittelgebirgsgebieten. – Docum. phytosoc. Fasc. **15-18**: 71-75, Lille.
KNAPP, R. & A.L. STOFFERS (1962):Über die Vegetation von Gewässern und Ufern im mittleren Hessen. – Ber. Oberhess. Ges. Natur- u. Heilkunde, N.F. **32**: 90-141, Gießen.
KNÖRZER, K.-H. (1968): 6000jährige Geschichte der Getreidenahrung im Rheinland. – Decheniana **119**: 113-124, Bonn.
KNÖRZER, K.-H. (1984): Pflanzensoziologische Untersuchung von subfossilen Pflanzenresten aus anthropogener Vegetation. – In: KNAPP, R. (ed.): Sampling methods and taxon analysis in vegetation science: 249-258, Den Haag.
KOBENDZA, R. (1930): Les rapports phytosociologiques dans l'ancienne grande forêt de Kampinos. – Planta polonica **2**, 200 S., Warszawa.
KOCH, W. (1926): Die Vegetationseinheiten der Linthebene unter Berücksichtigung der Verhältnisse in der Nordostschweiz. – Jb. St. Gallen. Naturwiss. Gesellsch. **61**, II: 1-146, St. Gallen.
KÖNIG, D. (1948): *Spartina townsendii* an der Westküste von Schleswig-Holstein. – Planta **36**: 37-70, Berlin.
KÖRNER, C. (1980): Zur anthropogenen Belastbarkeit der alpinen Vegetation. – Verhandl. Ges. Ökol. **8**: 451-461, Göttingen.
KÖRNER C. (1982): CO_2-exchange in the alpine sedge *Carex curvula* as influenced by canopystructure, light and temperature. – Oecologia **53**.
KÖTTER, F. (1961): Die Pflanzengesellschaften im Tidegebiet der Unterelbe. – Arch. Hydrobiol. Suppl. **26**, 1: 106-184, Stuttgart.
KOHLER, A., H. VOLLRATH & E. BEISL (1971): Zur Verbreitung, Vergesellschaftung und Ökologie der Gefäß-Makrophyten im Fließwassersystem Moosach/Münchener Ebene. – Arch. Hydrobiol. **69**: 333-365, Berlin.
KOPECKY, K. (1967): Mitteleuropäische Flußröhrichte des *Phalaridion arundinaceae* - Verbandes. – Limnologica **5**: 39-79, Berlin.
KOPECKY, K. (1969): Zur Syntaxonomie der natürlichen nitrophilen Saumgesellschaften in der Tschechoslowakei und zur Gliederung der Klasse *Galio-Urticetea*. – Folia Geobot. Phytotax. **4**: 235-259, Praha.
KOPECKY, K. & S. HEJNY (1971): Nitrofilní lemová spolecenstva viceletych rostlin severovychodních a středních Cech. – Rozpr. Cs. akad. ved., ser. math.-natur. 81/9, 125 S., Praha.
KOPECKY, K. & S. HEJNY (1973): Neue syntaxonomische Auffassungen der Gesellschaften einbis zweijähriger Pflanzen der *Galio-Urticetea* in Böhmen. – Folia Geobot. Phytotax. **8**: 49-66, Praha.
KOPECKY, K. & S. HEJNY (1974): A new approach to the classification of anthropogenic plant communities. – Vegetatio **29**, 1: 17-21, The Hague.
KOPECKY, K. & S. HEJNY (1978): Die Anwendung einer „deduktiven Methode syntaxonomischer Klassifikation" bei der Bearbeitung der straßenbegleitenden Pflanzengesellschaften Nordostböhmens. – Vegetatio **36**, 1: 43-51, Dordrecht.
KORNECK, D. (1960): Beobachtungen an Zwergbinsengesellschaften im Jahr 1959. – Beitr. Naturkdl. Forschg. Südwestdeutschl. **19**: 101-110, Karlsruhe.

KORNECK, D. (1969): *Potamogeton coloratus* Vahl zwischen Mainz und Ingelheim. – Hess. flor. Briefe **18**: 51-54, Gießen.

KORNECK, D. (1974): Xerothermvegetation in Rheinland-Pfalz und Nachbargebieten. –Schriftenr. Vegetationskde. **7**: 1-196, Bonn-Bad Godesberg.

KRAUSCH, H.-D. (1962): Vorschläge zur Gliederung der mitteleuropäischen Sand- und Silikattrockenrasen. – Mitt. Flor.-soz. Arbeitsgem. N.F. **9**: 266-269, Stolzenau.

KRAUSCH, H.-D. (1964): Die Pflanzengesellschaften des Stechlinseegebietes. – Limnologica **2**, 2: 145-203, 423-482, Berlin.

KRAUSCH, H.-D. (1968a): Die Pflanzengesellschaften des Stechlinsee-Gebietes. IV. Die Moore. – Limnologica **6**, 2: 321-380, Berlin.

KRAUSCH, H.-D. (1968b): Die Sandtrockenrasen (*Sedo-Scleranthetea*) in Brandenburg. – Mitt. Flor.-soz. Arbeitsgem. N.F. **13**: 71-100, Todenmann.

KRAUSCH, H.-D. (1968): Die Wassernuß in der Niederlausitz. – Niederlaus. Flor. Mitt. **4**: 8-17, Cottbus.

KRAUSE, W. (1971): Die makrophytische Wasservegetation der südlichen Oberrheinebene: Die Äschenregion. – Arch. Hydrobiol. Suppl. **34**, 4: 387-465, Stuttgart.

KRAUSE, W. (1981). Characeen als Bioindikatoren für den Gewässerzustand.– Limnologica **13**, 2: 399-418, Berlin.

KRAUSE, W. & B. SPEIDEL (1953): Zur floristischen, geographischen und ökologischen Variabilität der Glatthaferwiese (*Arrhenatheretum elatioris*) im mittleren und südlichen Westdeutschland. – Ber. Dtsch. Bot. Ges. **65**: 403-419, Berlin.

KRIEGER, H. (1937): Die flechtenreichen Pflanzengesellschaften der Mark Brandenburg. – Beih. Bot. Centralbl. **57 B**: 1-76, Dresden.

KRISCH, H. (1968): Die Grünland- und Salzpflanzengesellschaften der Werraaue bei Bad Salzungen. Teil II. Die salzbeeinflußten Pflanzengesellschaften. – Hercynia N.F. **5**: 49-95, Leipzig.

KRISCH, H. (1974): Zur Kenntnis der Pflanzengesellschaften der mecklenburgischen Boddenküste. – Feddes Repert. **85**: 115-158, Berlin.

KRISCH, H. (1981): *Agropyron x btusiusculum* Lange als Neophyt am Greifswalder Bodden. – Gleditschia **8**: 101-115, Berlin.

KRISCH, H. (1985): Biomasseproduktion und edaphische Verhältnisse von *Bolboschoenus maritimus*-Beständen des Greifswalder Boddens. – Limnologica **16**, 2: 277-295, Berlin.

KRISCH, H. (1986): *Agropyron x obtusiusculum* Lange und die anderen *Agropyron*-Sippen an der Ostseeküste der Deutschen Demokratischen Republik. – Gleditschia **14**, 1: 119-134, Berlin.

KRISCH, H. (1990): Die Tangwall- und Spülsaumvegetation der Boddenküste. – Tuexenia **10**: 99-114, Göttingen.

KÜSTER, H. (1985): Herkunft und Ausbreitungsgeschichte einiger *Secalietea*-Arten. –Tuexenia **5**: 89-98, Göttingen.

KÜSTER, H. (1990): Gedanken zur Entstehung von Waldtypen in Süddeutschland. – Ber. Reinh.-Tüxen-Ges. **2**: 25-43, Hannover.

LADWIG, E. (1965): Die Uferruderale an der mittleren Werra zwischen Frankenroda und Treffurt. – Wiss. Beiträge Päd. Inst. Mühlhausen (Thüringen) **4**: 41-48, Mühlhausen.

LANG, G. (1955): Über spätquartäre Funde von *Isoetes* und *Najas flexilis* im Schwarzwald. – Ber. Dtsch. Bot. Ges. **68**: 24-27, Stuttgart.

LANG, G. (1967): Die Ufervegetation des westlichen Bodensees. – Arch. Hydrobiol. Suppl. **32**, 4: 437-574, Stuttgart.

LANG, G. (1973): Die Vegetation des westlichen Bodenseegebietes. – 451 S., Jena.

LARCHER, W. (1977): Produktivität und Überlebensstrategien von Pflanzen und Pflanzenbeständen im Hochgebirge. – Sitz. Ber. Österr. Akad. Wiss. math.-nat. Kl. Abt. I **186**: 373-386, Innsbruck.

LEMÉE, G. (1937): Recherches écologiques sur la végétation du Perche. – These, 388 S., Paris.
LHOTSKA, M. (1968): Die Gattung *Bidens* L. in der Tschechoslowakei. – Folia Geobot. Phytotax.**3**: 65-98, Prag.
LIBBERT, W. (1940): Die Pflanzengesellschaften der Halbinsel Darß (Vorpommern). – Feddes Repert. Beih. **144**, 95 S., Berlin.
LIENENBECKER, H. (1971): Die Pflanzengesellschaften im Raum Bielefeld-Halle. – Ber. Naturwiss. Ver. Bielefeld **20**: 67-170, Bielefeld.
LIPPERT, W. (1966): Die Pflanzengesellschaften des Naturschutzgebietes Berchtesgaden. – Ber. Bayer. Bot. Ges. **34**: 67-122, München.
LOHMEYER, W. (1953): Beitrag zur Kenntnis der Pflanzengesellschaften der Umgebung von Höxter an der Weser. – Mitt. Flor.-soz. Arbeitsgem. N.F. **4**: 59-76, Stolzenau.
LOHMEYER, W.. (1955): Das *Cariceto-Fagetum* im westlichen Deutschland. – Mitt. Flor.-soz. Arbeitsgem. N.F. **5**: 138-144, Stolzenau.
LOHMEYER, W. (1960): Zur Kenntnis der Erlenwälder in den nordwestlichen Randgebieten der Eifel. – Mitt. Flor.-soz. Arbeitsgem. N.F. **8**: 209-221, Todenmann.
LOHMEYER, W. (1967): Über den Stieleichen-Hainbuchenwald des Kern-Münsterlandes und einige seiner Gehölz-Kontaktgesellschaften. – Schriftenr. Vegetationskde. **2**: 161-180, Bad Godesberg.
LOHMEYER, W. (1986): Der Besenginster *(Sarothamnus scoparius)* als bodenständiges Strauch–gehölz in einigen natürlichen Pflanzengesellschaften der Eifel. – Abh. Westf. Mus. Naturkde. **48**, 2/3: 157-174, Münster.
LORIENTE ESCALDA, E. (1982): *Plantagini maritimae-Schoenetum nigricantis* nueva associación vegetal de los acantilados maritimos de Cantabria. – Doc. Phytosociol., Ser.N. Camerino, **6**: 365-367.
LUDWIG, W. (1970): Über *Callitriche obtusangula*, eine Wasserstern-Art der südhessischen Flora. – Jahresber. Wetterau. Ges. **121/122**: 39-44, Gie.en.
LÜÖND, A. (1983): Das Wachstum von Wasserlinsen (*Lemnaceae*) in Abhängigkeit des Nährstoffangebots, insbesondere Phosphor und Stickstoff. – Veröff. Geobot. Inst. ETH **80**, 116 S., Zürich.
MAAS, F.M. (1959): Bronnen, bronbeken en bronbossen van Nederland, in net bijzonder die vn de velouwezoom; een plantensociologische en oecologische studie. – Diss., 166 S., Wageningen.
MAAS, P.W.TH., P.A.J. OREMUS & H. OTTEN (1983): *Longidorus spec.* and *Tylenorhynchus microphasmis* Loof in growth and nodulation of seabuckthorn (*Hippophae rhamnoides*). – Plant and soil **73**: 141-147.
MAHN, E.G. (1965): Vegetationsaufbau und Standortsverhältnisse der kontinental beeinflußten Xerothermrasengesellschaften Mitteldeutschlands. – Abh. Sächs. Akad. Wiss. Leipzig, Math. Nat. Kl. **49**, 1: 138 S., Dresden.
MAHN, E.G. (1966): Die ökologisch-soziologischen Artengruppen der Xerothermrasen Mitteldeutschlands. – Bot. Jb. **85**, 1: 1-44, Berlin.
MASSELINK, A.K. (1980): Germination and Seed population Dynamics in *Melampyrum pratense* L. – Acta Bot. Neerl. **29**, 5/6: 451-468, Wageningen.
MATUSZKIEWICZ, W. & A. MATUSZKIEWICZ (1981): Das Prinzip der mehrdimensionalen Gliederung der Vegetationseinheiten, erläutert am Beispiel der Eichen-Hainbuchenwälder in Polen. – In: DIERSCHKE, H. (ed.): Syntaxonomie: 123-148, Vaduz.
MAYER, H. (1962): Der Block-Fichtenwald (*Asplenio-Piceetum*) in den Berchtesgadener, Chiemgauer und Kitzbühler Alpen. – Mitt. Ostalpin-dinar. Pflanzensoz. Arbeitsgem. **2**: 47-53, Padova.
MAYER, H. (1984): Wälder Europas. – 1. Aufl., 691 S. Fischer Verlag Stuttgart
MEISEL, K. (1969): Zur Gliederung und Ökologie der Wiesen im nordwestdeutschen Flachland. – Schriftenr. Vegetationskde. **4**: 23-48, Bonn-Bad Godesberg.

MEISEL K. (1977): Die Grünlandvegetation nordwestdeutscher Flußtäler und die Eignung der von ihr besiedelten Standorte für einige wesentliche Nutzungsansprüche. – Schriftenr. Vegetationskde. **11**: 121 S., Bonn-Bad Godesberg.

MELZER, A. (1976): Makrophytische Wasserpflanzen als Indikatoren des Gewässerzustandes oberbayerischer Seen. – Diss. Bot. **34**, 195 S., Vaduz.

MIERWALD, U. (1988): Die Vegetation der Kleingewässer landwirtschaftlich genutzter Flächen. Eine pflanzensoziologische Studie aus Schleswig-Holstein. – Abh. Arbeitsgem. Geobot. **39**, 286 S., Kiel.

MILBRADT, J. (1987): Beiträge zur Kenntnis nordbayerischer Heckengesellschaften. – 2. Aufl., Beih. Ber. Naturwiss. Ges. Bayreuth **2**: 1-305, Bayreuth.

MIYAWAKI, A. & J. TÜXEN (1960): Über *Lemnetea*-Gesellschaften in Europa und Japan. – Mitt. Flor.-soz. Arbeitsgem. N.F. **8**: 127-135, Stolzenau.

MOHR, R. (1990): Untersuchungen zur nacheiszeitlichen Vegetations- und Moorentwicklung im nordwestlichen Niedersachsen mit besonderer Berücksichtigung von *Myrica gale* L. – Vechtaer Geogr. Arb. **12**, 144 S., Vechta.

MÖLLER, H. (1970): Soziologisch-ökologische Untersuchungen in Erlenwäldern Holsteins. – Mitt. Arbeitsgem. Geobot. Schleswig-Holstein u. Hamburg **19**, 109 S., Kiel.

MÖLLER, H. (1975): Soziologisch-ökologische Untersuchungen der Strandvegetation an der Schleswig-Holsteinischen Ostsee. – Mitt. Arbeitsgem. Geobot. Schleswig-Holstein u. Hamburg **26**, 166 S., Kiel.

MÖLLER, H. (1979): Das *Chrysosplenio oppositifolii-Alnetum glutinosae* (Meij. Drees 1936), eine neue *Alno-Padion*-Assoziation.– Mitt. Flor.-soz. Arbeitsgem. N.F. **21**: 167-180, Göttingen.

MONSCHAU-DUDENHAUSEN, K. (1982): Wasserpflanzen als Belastungsindikatoren in Fließgewässern dargestellt am Beispiel der Schwarzwaldflüsse Nagold und Alb.– Beih. Veröff. Naturschutz u. Landschaftspfl. Bad.-Württ. **28**, 118 S., Karlsruhe.

MOOR, M. (1936): Zur Soziologie der *Isoetetalia*. – Beitr. Geobot. Landesaufn. Schweiz **20**, 148 S., Zürich.

MOOR, M. (1957): Die kartographische Darstellung der Vegetation des Creux du 'Van-Gebietes. – Beitr. Geobot. Landesaufn. d. Schweiz **37**, 114 S., Bern.

MOOR, M. (1958): Pflanzengesellschaften schweizerischer Flußauen. – Mitt. Schweiz. Anst. Forstl. Versuchswesen **34**: 221-360, Zürich.

MOOR, M. (1972): Versuch einer soziologisch-systematischen Gliederung des *Carici-Fagetum*. – Vegetatio **24**: 31-69, Den Haag.

MOOR, M. (1975): Ahornwälder im Jura und in den Alpen.– Phytocoenologia **2**, 3/4: 244-260, Stuttgart.

MOORE, J.J. (1968): A classification of the bogs and wet heaths of northern Europe. – In: TÜXEN, R. (ed): Pflanzensoziologische Systematik. Ber. Int. Sympos. Stolzenau: 306-320, Den Haag.

MORAVEC, J., M. HUSOVA, R. NEUHÄUSL & Z. NEUHÄUSLOVA-NOVOTNA (1982): Die Assoziationen mesophiler und hygrophiler Laubwälder in der Tschechischen Sozialistischen Republik. – Vegetace CSSR, A **12**, 292 S., Prag.

MÖSELER, B.M.(1989): Die Kalkmagerrasen der Eifel. – Decheniana Beih. **29**, 79 S., Bonn.

MUCINA, L. (1990): Vicariance and clinal variation in synanthropic vegetation.– In: NIMIS, P.L. & T.J. CROVELLO (eds.): Quantitative approaches to phytogeography: 263-276, Kluwer acad. Publ., Dordrecht.

MUCINA, L. (1991): Nitrophile Säume, Uferstaudenfluren und anthropogene Gehölzgesellschaften (*Galio-Urticetea*, incl. *Robinietea*). – Mskr., 40 S., Wien.

MUCINA, L. & J. KOLBEK (1989): Some anthropogenous vegetation types of southern Bulgaria. – Acta Bot. Croat. **48**: 83-102, Zagreb.

MÜLLER, G. (1964): Die Bedeutung der Ackerunkrautgesellschaften für die pflanzensoziologische Gliederung West- und Mittelsachsens, Teil I und II. – Hercynia N.F. **1**: 82-166 u. 213-313, Leipzig.

MÜLLER, K. (1965): Zur Flora und Vegetation der Hochmoore des nordwestdeutschen Flachlandes. – Schriftenr. Naturwiss. Ver. Schleswig-Holstein **36**: 30-77, Kiel.
MÜLLER, K.(1968): Ökologisch-vegetationskundliche Untersuchungen in ostfriesischen Hochmooren. – Ber. Dtsch. Bot. Ges. **81**: 221-237, Stuttgart.
MÜLLER, K.. (1973): Ökologische und vegetationsgeschichtliche Untersuchungen an Niedermoorpflanzen-Standorten des ombrotrophen Moores unter besonderer Berücksichtigung seiner Kolke und Seen in Nordwestdeutschland. – Beitr. Biol. Pflanzen **49**: 148-235, Berlin.
MÜLLER, K. (1981): Untersuchungen zur Regeneration von Hochmooren in Nordwestdeutschland. – In: Daten u. Dokumente zum Umweltschutz, Sonderreihe Umwelttagung **31**: 97-105, Hohenheim.
MÜLLER, TH. (1961): Ergebnisse pflanzensoziologischer Untersuchungen in Südwestdeutschland. – Beitr. naturk. Forsch. Südwest-Deutschl. **20**, 2: 11-122, Karlsruhe.
MÜLLER, TH. (1962): Die Fluthahnenfußgesellschaften unserer Fließgewässer. – Veröff. Landesst. Naturschutz u. Landschaftspfl. Bad.-Württ. **30**: 152-163, Ludwigsburg.
MÜLLER, TH. (1962): Die Saumgesellschaften der Klasse *Trifolio-Geranietea sanguinei*. – Mitt. Flor.-soz. Arbeitsgem. N.F. **9**: 95-140, Stolzenau.
MÜLLER, TH. (1974): Zur Kenntnis einiger Pioniergesellschaften im Taubergießengebiet. – In: Das Taubergießengebiet, Natur- und Landschaftsschutzgebiete Bad.-Württ. **7**: 284-305, Ludwigsburg.
MÜLLER, TH. (1986): *Prunus mahaleb*-Gebüsche. – Abh. Westf. Mus. Naturkde. **48**, 2/3: 143-155, Münster.
MÜLLER, TH. (1989): Die artenreichen Rotbuchenwälder Süddeutschlands. – Ber. Reinh.-Tüxen-Ges. **1**: 149-163, Hannover.
MÜLLER, TH. (1990): Die Eichen-Hainbuchenwälder (Verband *Carpinion betuli* Issl. 31 em. Oberd. 53) Süddeutschlands. – Ber. Reinh.-Tüxen-Ges. **2**: 121-181, Hannover.
MÜLLER, TH. & S. GÖRS (1960): Pflanzengesellschaften stehender Gewässer in Baden-Württemberg. – Beitr. naturk. Forsch. Südwest-Deutschland **19**: 60-100, Karlsruhe.
MÜLLER-STOLL, W.R. & H.D. KRAUSCH (1960): Verbreitungskarten brandenburgischer Leitpflanzen. – Dritte Reihe. Wiss. Zeitschr. Päd. Hochsch. Potsdam **5**: 85-128, Potsdam.
NEUHÄUSL, R. & Z. NEUHÄUSLOVA-NOVOTNA (1967): Syntaxonomische Revision der acidophilen Eichen- und Eichenmischwälder im westlichen Teil der Tschechoslowakei. – Folia Geobot. Phytotax. **2**, 1: 1-41, Prag.
NEUHÄUSLOVA-NOVOTNA, Z. & R. NEUHÄUSL (1972): Beitrag zur Kenntnis des *Scirpetum silvatici* in der CSSR (Tschechoslowakei, westl. Teil). – Preslia **44**: 165-177, Praha.
NEZADAL, W. (1975): Ackerunkrautgesellschaften Nordostbayerns. – Hoppea. Denkschr. Regensb. Bot. Ges. **34**: 17-149, Regensburg.
NEZADAL, W. (1989): Unkrautgesellschaften der Getreide- und Frühjahrshackkulturen (*Stellarietea mediae*) im mediterranen Iberien. – Diss. Bot. **143**, 205 S., Berlin, Stuttgart.
NIEMANN, E. (1965): Submontane und montane flußbegleitende Glanzgrasröhrichte in Thüringen und ihre Beziehungen zu den hydrologischen Verhältnissen. – Limnologica **3**, 3: 399-438, Berlin.
NORDHAGEN, R. (1954): Studies on the vegetation of salt and brackish marshes in Finmark (Norway). – Vegetatio **5/6**: 381-394, Den Haag.
NORDLINDH, T. (1972): Notes on the variation and taxonomy in the *Scirpus maritimus*-complex. – Bot. Not. **125**: 397-405, Lund.
OBERDORFER, E. (1931): Die postglaziale Klima- und Vegetationsgeschichte des Schluchsees (Schwarzwald). – Verh. Naturforsch. Ges. Freiburg i. Br. **31**: 1-85, Freiburg.
OBERDORFER, E. (1950): Beitrag zur Vegetationskunde des Allgäu. – Beitr. naturk. Forsch. Südwest-Deutschland **9**, 29-98, Karlsruhe.
OBERDORFER, E. (1957): Süddeutsche Pflanzengesellschaften. – Pflanzensoziologie **10**, 564 S., Jena.

OBERDORFER, E. (1968): Assoziationen, Gebietsassoziationen, Geographische Rasse. – In: TÜXEN, R. (ed.): Pflanzensoziologische Systematik. Ber. intern. Sympos. Stolzenau/Weser 1964: 124-141.
OBERDORFER, E. (1977): Süddeutsche Pflanzengesellschaften. Teil I. – 2. Aufl., 311 S., Stuttgart.
OBERDORFER, E. (1978): Süddeutsche Pflanzengesellschaften. Teil II. – 2. Aufl., 355 S., Stuttgart, New York.
OBERDORFER, E. (1980): Neue Entwicklungen und Strömungen in der pflanzensoziologischen Systematik. – Mitt. Flor.-soz. Arbeitsgem. N.F. **22:** 11-18, Göttingen.
OBERDORFER (1983): Süddeutsche Pflanzengesellschaften Teil III. – 2. Aufl., 455 S., Stuttgart, New York.
OBERDORFER E. (1984): Zur Systematik bodensaurer, artenarmer Buchenwälder. – Tuexenia **4:** 257-266, Göttingen.
OBERDORFER, E. (1990): Pflanzensoziologische Exkursionsflora. – 6. Aufl., 1050 S., Stuttgart.
OBERDORFER, E. & TH. MÜLLER (1984): Zur Synsystematik artenreicher Buchenwälder, insbesondere im praealpinen Nordsaum der Alpen. – Phytocoenologia **12,** 4: 539-562, Stuttgart, Braunschweig.
OREMUS, P.A.J. (1982): Growth and nodulation of *Hippophae rhamnoides* L. in the coastal sanddunes of the Netherlands. – Diss. Utrecht, 116 S., Utrecht.
OTTE, A. (1984): Bewirtschaftungsgradienten in Sandmohn- und Fingerhirse-Gesellschaften (*Papaveretum argemone, Digitarietum ischaemi*) Tertiären Hügelland (Oberbayern). Tuexenia **4:** 103-124, Göttingen.
OVERBECK, F. (1975): Botanisch-geologische Moorkunde. – 719 S., Neumünster.
PASSARGE, H. (1961): Zur soziologischen Gliederung der *Salix cinerea*-Gebüsche Norddeutschlands. – Vegetatio **10:** 209-228, Den Haag.
PASSARGE, H. (1964): Pflanzengesellschaften des nordostdeutschen Flachlandes. – Pflanzensoziologie **13,** 324 S., Jena.
PASSARGE, H. (1967): Über Saumgesellschaften im nordostdeutschen Flachland. – Feddes Repert. **74,** 3: 145-158, Berlin.
PASSARGE, H. (1971): Beobachtungen über die Wald-Pflanzengesellschaften im Raum Adorf/Vogtland. – Ber. Arbeitsgem. Sächs. Bot. N.F. **9:** 31-49.
PASSARGE, H. (1978): Zur Syntaxonomie mitteleuropäischer *Lemnetea* -Gesellschaften. – Fol. Geobot. Phytotax. **13:** 1-16, Praha.
PASSARGE, H. (1979a): Das *Impatientetum noli-tangere* Tx. 1975, seine Gliederung und Kontaktgesellschaften im Zipser Bergland. – Doc. Phytosociol. N.S. **4:** 783-793, Lille.
PASSARGE, H. (1979b): Über azidophile Waldsaumgesellschaften. – Feddes Repert. **90,** 7/8: 465-479, Berlin.
PASSARGE, H. (1979c): Über vikariierende *Trifolio-Geranietea*-Gesellschaften in Mitteleuropa. – Feddes Repert. **90:** 51-83, Berlin.
PASSARGE, H. (1985): Phanerophyten-Vegetation der märkischen Oderaue. – Phytocoenologia **13,** 4: 505-603, Stuttgart, Braunschweig.
PASSARGE, H. & G. HOFMANN (1968): Pflanzengesellschaften des nordostdeutschen Flachlandes. – Pflanzensoziologie **16,** 298 S., Jena.
PASSARGE, G. & H. PASSARGE (1973): Zur soziologischen Gliederung von Sandstrandgesellschaften der Ostseeküste. – Feddes Repert. **84,** 3: 240-247, Berlin.
PFADENHAUER, J. (1969): Edelholzreiche Wälder im Jungmoränengebiet des bayerischen Alpenvorlandes und in den bayerischen Alpen. – Diss. Bot. **3,** 214 S., Lehre.
PFADENHAUER, J. (1973): Versuch einer vergleichend-ökologischen Analyse der Buchen-Tannen-Wälder des Schweizer Jura (Weissenstein und Chasseral). – Veröff. Geobot. Inst. ETH, Stiftung Rübel Zürich **50,** 60 S., Zürich.
PFADENHAUER, J. (1975): Beziehungen zwischen Standortseinheiten, Klima, Stickstoffernährung und potentieller Wuchsleistung der Fichte im Bayerischen Flyschgebiet – dargestellt am Beispiel des Teisenbergs. – Diss. Bot. **30,** 239 S., Vaduz.

PHILIPPI, G. (1970): Die Kiefernwälder der Schwetzinger Hardt (nordbadische Oberrheinebene). – Veröff. Landesst. Naturschutz und Landschaftspfl. Bad.-Württ. **38**: 46-92, Karlsruhe.
PHILIPPI, G. (1971): Sandfluren, Steppenrasen und Saumgesellschaften der Schwetzinger Hardt. – Veröff. Landesst. Naturschutz u. Landschaftspfl. Bad.-Württ. **39**: 67-128.
PHILIPPI, G. (1973): Sandfluren und Brachen kalkarmer Flugsande des mittleren Oberrheingebietes. – Veröff. Landesst. Naturschutz u. Landschaftspfl. Bad.-Württ. **41**: 24-62, Ludwigsburg.
PHILIPPI, G. (1974): Klasse *Phragmitetea* Tx. et Prsg. 42. – In: Oberdorfer, E. (ed.): Süddeutsche Pflanzengesellschaften Teil I: 119-165, Stuttgart, New York.
PHILIPPI, G. (1977): *Isoeto-Nanojuncetea* Br.-Bl. et Tx. 45. – In: OBERDORFER, E. (ed.): Süddeutsche Pflanzengesellschaften Teil I: 166-181, Stuttgart, New York.
PHILIPPI, G. (1982): Erlenreiche Waldgesellschaften im Kraichgau und ihre Kontaktgesellschaften. – Carolina **40**, 15-48, Karlsruhe.
PHILIPPI, G. & E. OBERDORFER (1974): *Montio-Cardaminetea* Br.-Bl. et Tx. 43. – In: OBERDORFER E. (ed.): Süddeutsche Pflanzengesellschaften Teil I: 199-213, Stuttgart, New York.
PICCOLI, F. & MERLONI, N. (1989): Vegetation dynamics in coastal wetlands. An example in Northern Italy: Bardello. – Ecol. Medit. **15**: 81-95, Marseille.
PIETSCH, W. (1965): *Utricularietea intermedio-minoris* class. nov., ein Beitrag zur Klassifizierung der europäischen Wasserschlauchgesellschaften. – Ber. Arbeitsgem. Sächs. Bot. **5/6**: 227-231, Dresden.
PIETSCH, W. (1973): Beitrag zur Gliederung der europäischen Zwergbinsengesellschaften (*Isoeto-Nanojuncetea* Br.-Bl. et Tx. 43). – Vegetatio **28**, 5/6: 401-438, Dordrecht.
PIETSCH, W. (1975): Zur Soziologie und Ökologie der Kleinwasserschlauch-Gesellschaften Brandenburgs. – Gleditschia **3**: 147-162, Berlin.
PIETSCH, W. (1977): Beitrag zur Soziologie und Ökologie der europäischen *Littorelletea-* und *Utricularietea-*Gesellschaften, Feddes Repert. **88**, 3: 141-245, Berlin.
PIETSCH, W. (1978): Zur Soziologie, Ökologie und Bioindikation der *Eleocharis multica*ulis - Bestände der Lausitz. – Gleditschia **6**: 209-264, Berlin.
PIETSCH, W. (1981): Zur Bioindikation von *Najas marina* L. s.l. und *Hydrilla verticillata* (L. fil.) Royle-reicher Gewässer Mitteleuropas. – Feddes Repert. **92**, 1-2: 125-174, Berlin.
PIETSCH, W. (1984): Zur Soziologie und Ökologie von *Myriophyllum alterniflorum* D.C. in Mitteleuropa. – Mitt. Arbeitsgem. Geobot. Schleswig-Holstein **33**: 224-245, Kiel.
PIETSCH, W. (1985): Chorologische Phänomene in Wasserpflanzengesellschaften Mitteleuropas. – Vegetatio **59**: 97-109, Dordrecht.
PIETSCH, W. (1987): Zur Vegetation der *Charetea*-Gesellschaften der Mitteleuropäischen Tiefebene. – Stud. Phytologica nova in honor. A.O. HORVAT: 69-86, Pécs.
PIGNATTI, S. (1953): Introduzione allo studio fitosociologico della pianura veneta orientale con particolare riguardo alla vegetatione litoranea. – Atti Ist. Bot. Univ. Lab. Crittogam. Pavia **11**: 92-258, Padua.
PIGNATTI, S. (1954): Introduzione allo studio fitosociologico della pianura veneta orientale. – 169 S., Forli.
PIGNATTI-WIKUS, E. (1960): Pflanzensoziologische Studien im Dachstein-Gebiet. – Bollenno della Società adriatica die Science Natural. **50**: 85-168, Triest.
POTT, R. (1980): Die Wasser- und Sumpfvegetation eutropher Gewässer in der Westfälischen Bucht – Pflanzensoziologische und hydrochemische Untersuchungen. – Abh. Landesmus. Naturkde. **42**, 2: 156 S., Münster.
POTT, R. (1981a): Ökologie und Indikatorwert von Wasserpflanzengesellschaften. – Mitt. Landesanst. Ökologie. Landschaftsentw. u. Forstplanung NW **6**: 57-64, Recklinghausen.
POTT, R. (1981b): Der Einfluß der Niederwaldwirtschaft auf die Physiognomie und die floristisch-soziologische Struktur von Kalkbuchenwäldern. – Tuexenia **1**: 233-242, Göttingen.

Pott, R. (1982a): *Littorelletea*-Gesellschaften in der Westfälischen Bucht. – Tuexenia **2**: 31-45, Göttingen.
Pott, R. (1982b): Das Naturschutzgebiet „Hiddeser Bent-Donoper Teich" in vegetationsgeschichtlicher und pflanzensoziologischer Sicht.– Abh. Westf. Mus. Naturkde. **44,** 3: 108 S., Münster.
Pott, R. (1983): Die Vegetationsabfolgen unterschiedlicher Gewässertypen Nordwestdeutschlands und ihre Abhängigkeit vom Nährstoffgehalt des Wassers. – Phytocoenologia **11**, 3: 307-430, Stuttgart, Braunschweig.
Pott, R. (1984a): Vegetation naturnaher Fließgewässer und deren Veränderungen nach technischem Ausbau und Pflegemaßnahmen. – Inform. Naturschutz u. Landschaftspfl. **4**: 81-108, Wardenburg.
Pott, R . (1984b): Pollenanalytische Untersuchungen zur Vegetations– und Siedlungsgeschichte im Gebiet der Borkenberge bei Haltern in Westfalen. – Abh. Westf. Mus. Naturk. **46**, 2: 28 S., Münster.
Pott, R. (1985a): Vegetationsgeschichtliche und pflanzensoziologische Untersuchungen zur Niederwaldwirtschaft in Westfalen. – Abh. Westf. Mus. Naturk. **47**, 4: 75 S., Münster.
Pott, R. (1985b): Zur Synökologie nordwestdeutscher Röhrichtgesellschaften. – Verh. Ges. Ökol. **13**: 111-119, Bremen.
Pott, R. (1986): Der pollenanalytische Nachweis extensiver Waldbewirtschaftungen in den Haubergen des Siegerlandes. – In: Behre, K.-E. (ed.): Anthropogenic indicators in pollendiagrams, 232 S., Rotterdam, Boston.
Pott, R. (1988): Entstehung von Vegetationstypen und Pflanzengesellschaften unter dem Einfluß des Menschen. – Düsseldorfer Geobot. Kolloq. **5**: 27-54, Düsseldorf.
Pott, R. (1990a): Grundzüge der Typologie, Genese und Ökologie von Fließgewässern Nordwestdeutschlands. – Natur u. Landschaftskde. **26**: 25-32/55-62, Hamm.
Pott, R. (1990b): Die nacheiszeitliche Ausbreitung und heutige pflanzensoziologische Stellung von *Ilex aquifolium* L. – Tuexenia **10**: 497-512, Göttingen.
Pott, R. (1991): Extensiv genutzte Wälder in Nordrhein-Westfalen und ihre Schutzwürdigkeit. – Geobot. Kolloq. **7:** 59-82, Frankfurt.
Pott, R. (1992): Entwicklung der Kulturlandschaft Nordwestdeutschlands unter dem Einfluß des Menschen. – Zeitschr. Univ. Hannover **1**: 3-48, Hannover.
Pott, R. & J. Hüppe (1991): Die Hudelandschaften Nordwestdeutschlands. – Abh. Westf. Mus. Naturkde. **53**, 1/2: 313 S., Münster.
Pott, R. & R. Wittig (1985): Die *Lemnetea* -Gesellschaften niederrheinischer Gewässer und deren Veränderungen in den letzten Jahren. – Tuexenia **5**: 21-20, Göttingen.
Preising, E., H.-C. Vahle, D. Brandes, H. Hofmeister, J. Tüxen & H.E. Weber (1990): Die Pflanzengesellschaften Niedersachsens – Bestandesentwicklung, Gefährdung und Schutzprobleme – Wasser- und Sumpfpflanzengesellschaften des Süßwassers. – Naturschutz u. Landschaftspfl. Niedersachsen **20**, 8: 47-161, Hannover.
Putten, W.H. Van der, C. Van Dijk & S.R. Troelstra (1988): Biotic soil factors affecting the growth and development of *Ammophila arenaria*. – Oecologia **76**: 313-320.
Ranwell, D. (1960): New Borough Warren, Anglesey. II. Plant associes and succession cycles of the sand dune and dune slack vegetation. – J. Ecol. **48**: 117-141, Oxford.
Reichelt, G. & O. Wilmanns (1973): Vegetationsgeographie. – 1. Aufl., 210 S., Braunschweig.
Reif, A. (1983): Nordbayerische Heckengesellschaften. – Hoppea **41**: 3-204, Regensburg.
Reif, A. (1985): Flora und Vegetation der Hecken des hinteren und südlichen Bayerischen Waldes. – Hoppea **44**: 179-276, Regensburg.
Reinhold, F. (1939): Versuch einer Einteilung und Übersicht der natürlichen Fichtenwälder (*Piceion excelsae*) Sachsens, Tharandt. – Forstl. Jb. **90:** 229-271, Berlin.
Reinhold, F. (1944): Ergebnisse vegetationskundlicher Untersuchungen im Erzgebirge, den angrenzenden Gebieten und im nordostsächsischen Heidegebiet. – Forstwiss. Centralbl. u. Tharandt. Forstl. Jb. **3**: 167-191, Berlin.

REISIGL, H. & R. KELLER (1987): Alpenpflanzen im Lebensraum. Alpine Rasen, Schutt- und Felsvegetation. – 1. Aufl., 149 S., Stuttgart.
REISIGL, H. & R. KELLER (1989): Lebensraum Bergwald. – Alpenpflanzen im Bergwald, Baumgrenze und Strauchheide. – 144 S., Stuttgart.
REISIGL, H. &. H. PITSCHMANN (1958): Obere Grenzen von Flora und Vegetation in der Nivalstufe der zentralen Ötztaler Alpen. – Vegetatio **8**: 93-129, Innsbruck.
REMY,, D. (1991): Vergleichende pflanzensoziologische und hydrochemische Untersuchungen an Fließgewässern ausgewählter Naturräume Nordwestdeutschlands. – Diss. Univ. Hannover, 221 S.
RIVAS-MARTINEZ, S. (1975): Sobre la nueva clase *Polygono-Poetea annuae*. – Phytocoenologia **2**, 1/2: 123-140, Stuttgart.
ROCHOW, M. v. (1951): Die Pflanzengesellschaften des Kaiserstuhls. – Pflanzensoziologie **8**, 140 S., Jena.
ROLL, H. (1938): Die Pflanzengesellschaften ostholsteinischer Fließgewässer. – Arch. Hydrobiol. **34**, 2: 160-350, Stuttgart.
ROWECK, H. & H. REINÖHL (1986): Zur Verbreitung und systematischen Abgrenzung der Teichrosen *Nuphar pumila* und *Nuphar x intermedia* in Baden-Württemberg. – Veröff. Naturschutz u. Landschaftspfl. Bad.-Württ. **61**: 81-153, Karlsruhe.
RÜHL, A. (1967): Das Hessische Bergland. Eine forstlich-vegetationsgeographische Übersicht. – Forsch. dt. Landeskunde **161**, 164 S., Bad Godesberg.
RUNGE, F. (1961): Die Pflanzengesellschaften Westfalens. – 1. Aufl., 75 S., Münster.
RUNGE, F. (1966): Die Pflanzengesellschaften Westfalens und Niedersachsens. – 2. Aufl., 243 S., Münster.
RUNGE, F. (1988): Die Ausbreitung des Moorkreuzkrauts in Mitteleuropa. – Flor. Rundbr. **21**, 2: 98-100, Bochum.
RUNGE, F. (1990): Die Pflanzengesellschaften Mitteleuropas. – 10./11. Auflage, 309 S., Münster.
SCAMONI, A. & H. PASSARGE (1959): Gedanken zu einer natürlichen Ordnung der Waldgesellschaften. – Arch. Forstwesen **8**, 5: 386-426, Berlin.
SCHAMINEE, J., G. ARTS & V. WESTHOFF (1990): 6. Klasse: *Littorelletea* Br.-Bl. et Tx. 43. – Mskr., 44 S., Nijmegen.
SCHAMINEE, J., B. LANJOUW & P. SCHIPPER (1990): Een nieuwe indeling van de waterplantengemeenschappen (*Potametea*) in Nederland. – Stratiotes **1**: 5-16, Nijmegen.
SCHERFOSE, V. (1986): Pflanzensoziologische und ökologische Untersuchungen in den Salzrasen der Nordseeinsel Spiekeroog. 1. Die Pflanzengesellschaften. – Tuexenia **6**: 219-248, Göttingen.
SCHERFOSE, V. (1989): Pflanzengesellschaften der Leybucht-Einflüsse der Rinderbeweidung und Überflutungshäufigkeit. – Drosera **1/2**: 105-112, Oldenburg.
SCHLÜTER, H. (1966): Vegetationsgliederung und -kartierung eines Quellgebietes im Thüringer Wald als Grundlage zur Beurteilung des Wasserhaushaltes. – Arch. Naturschutz u. Landschaftsforsch. **6**, 1/2: 3-44, Berlin.
SCHMIDT, D. (1981): Die Characeen – eine im Aussterben begriffene Pflanzengruppe unserer Gewässer. – Gleditschia **8**: 141-157, Berlin.
SCHMITT, A. & J.C. RAMEAU (1979): Les groupements d'ourlets forestiers des *Trifolio-Geranietea* en foret Domanile de Fontainbleau. – In: GÉHU, J.M. (ed.): Coll. phytosoc. VIII. Les lisieres forestieres, Lille. J. CRAMER 1983, Vaduz.
SCHÖNFELDER, P. (1978): Vegetationsverhältnisse auf Gips im südwestlichen Harzvorland. – Naturschutz u. Landschaftspfl. Nieders. **8**: 110 S., Hannover.
SCHÖNFELDER, P. & A. BRESINSKY (1990): Verbreitungsatlas der Farn– und Blütenpflanzen Bayerns. – 752 S., Stuttgart.
SCHOTSMANN, H.D. (1967): Les Callitriches. – Espèce de France et Taxa nouveaux d'Europe, 142 S., D. Lechevalier, France.

SCHREIBER, K.F. (1962):Über die standortbedingte und geographische Variabilität der Glatthaferwiesen in Südwest-Deutschland.– Ber. Geobot. Inst. ETH, Stiftg. Rübel **33**: 65-128, Zürich.
SCHRÖDER, E. (1989): Der Vegetationskomplex der Sandtrockenrasen in der Westfälischen Bucht. – Abh. Westf. Mus. Naturkde. **51**, 2: 94 S., Münster.
SCHROETER, C. (1926): Das Pflanzenleben der Alpen. – 2. Aufl., 1288 S., Zürich.
SCHUBERT, R. (1953): Die Schwermetallgesellschaften des östlichen Harzvorlandes. – Wiss. Zeitschr. Martin Luther-Univ. Halle-Wittenberg **3**, 1: 51-70, Halle.
SCHUBERT, R. (1972): Übersicht über die Pflanzengesellschaften des südlichen Teiles der DDR. III. Wälder – Hercynia N.F. **9**, 1: 1-34; 3: 197-228, Leipzig
SCHUBERT, R. (1973): Übersicht über die Pflanzengesellschaften des südlichen Teiles der DDR. VI. Acidophile Zwergstrauchheiden. – Hercynia N.F. **10**: 101-110, Leipzig.
SCHUBERT, R. (1974): Übersicht über die Pflanzengesellschaften des südlichen Teiles der DDR. VIII. Basiphile Trocken– und Halbtrockenrasen. – Hercynia **11**: 22-46, Dresden.
SCHUBERT, R. (1974): Übersicht über die Pflanzengesellschaften des südlichen Teiles der DDR. X. Silbergrasreiche Pionierfluren auf nährstoffarmen Sand– und Grasböden. – Hercynia **11**, 2/3: 201-214. IX. Mauerpfefferreiche Pionierfluren, dito, 291-298, Leipzig.
SCHUMACHER, W. (1977): Flora und Vegetation der Sötenicher Kalkmulde (Eifel).– Decheniana Beih. **19**, 199 S., Bonn.
SCHWABE, A. (1972): Vegetationsuntersuchungen in den Salzwiesen der Nordseeinsel Trischen. – Abh. Landesmus. Naturkde. **34**, 4: 9-22, Münster.
SCHWABE, A. (1985): Monographie *Alnus incana*-reicher Waldgesellschaften in Europa. Variabilität und Ähnlichkeiten einer azonal verbreiteten Gesellschaftsgruppe. – Phytocoenologia **13**, 2: 197-302, Stuttgart, Braunschweig.
SCHWABE, A. (1991): Kleinräumige Vegetationskomplexe am Rande des Wattenmeeres: einige symmorphologische und biozönologische Merkmale. – Ber. Reinh.-Tüxen-Ges. **3**: 241-267, Hannover.
SCHWABE, A. & A. KRATOCHWIL (1984): Vegetationskundliche und blütenökologische Untersuchungen in Salzrasen der Nordseeinsel Borkum. – Tuexenia **4**: 125-152, Göttingen.
SCHWABE-BRAUN, A. (1979a): Les groupements d'ourlets et de manteux des complexes de landes paturees de la Foret Noire. – Coll. Phytosoc. VIII. In:GÉHU, J.M. (ed.): Les lisieres Forestieres, Lille 211-227. J. CRAMER, 1983, Vaduz.
SCHWABE-BRAUN, A. (1979b): Sigma-Soziologie von Weidfeldern im Schwarzwald: Methode, Interpretation und Bedeutung für den Naturschutz. – Phytocoenologia **6**: 21-31, Stuttgart.
SCHWABE-BRAUN, A. (1980): Eine pflanzensoziologische Modelluntersuchung als Grundlage für Naturschutz und Planung. Waldfeldvegetation im Schwarzwald. – Urbs et Regio **18**, 212 S., Kassel.
SCHWABE-BRAUN A. & R. TÜXEN (1981): *Lemnetea minoris*. – Prodromus der europäischen Pflanzengesellschaften. Lief. 4., 141 S., Vaduz.
SCHWICKERATH, M. (1940): Aufbau und Gliederung der europäischen Hochmoorgesellschaften. – Bot. Jb. **71**: 249-265, Stuttgart.
SCHWICKERATH, M. (1944): Das Hohe Venn und seine Randgebiete. – Pflanzensoziol. **6**, 278 S., Jena.
SCOPPOLA, A. (1983): Synthese des *Lemnetea minoris* en Europe. – Coll. phytosoc. **10** (Vegetations aquatiques): 513-520, Lille.
SEBALD, O., S. SEYBOLD & G. PHILIPPI (1990): Die Farn- und Blütenpflanzen Baden-Württembergs. – Bd. 1: 613 S., Bd. 2: 442 S., Stuttgart.
SEIBERT, P. (1955): Die Niederwaldgesellschaften des Südwestfälischen Berglandes. – In: Allgem. Forst- u. Jagdzeitg. **126**: 1-11, Frankfurt.
SEIBERT, P. (1962): Die Auenvegetation an der Isar und ihre Beeinflussung durch den Menschen. – Landschaftspfl. u. Vegetationskde. **3**, 123 S., München.

SEIBERT, P. (1966): Der Einfluß der Niederwaldwirtschaft auf die Vegetation. – Ber. Int. Sympos. Vegetationskde. „Anthropogene Vegetation": 336-346, Den Haag.
SEIBERT, P. (1969): Über das *Aceri-Fraxinetum* als vikariierende Gesellschaft des *Galio-Carpinetum* am Rande der bayerischen Alpen. – Vegetatio **17**: 165-175, Den Haag.
SEIBERT, P. (1974): Klasse *Thlaspietea rotundifolii* Br.-Bl. et al. 48. – In: OBERDORFER, E. (ed.): Süddeutsche Pflanzengesellschaften Teil I: 42-66, Stuttgart, New York.
SEIBERT, P. (1987): Der Eichen-Ulmen-Auwald (*Querco-Ulmetum* Issl. 24) in Süddeutschland. – Natur u. Landsch. **62**: 347-352, Stuttgart.
SISSINGH, G. (1957): Das *Spergulario-Illecebretum*, eine atlantische *Nanocyperion*-Gesellschaft, ihre Subassoziationen und ihre Weiterentwicklung zum *Juncetum macri*. – Mitt. Flor.-soz. Arbeitsgem. N.F. **6/7**: 164-169, Stolzenau/Weser.
SMEJA, J. & B. CLEMENT (1990): Comparision de la structure et du determinisme des *Littorelletea uniflorae* en Pomeranie (Pologne) et en Bretagne (France). – Phytocoenologia **19**, 1: 123-148, Berlin, Stuttgart.
SMETTAN, H. (1981): Die Pflanzengesellschaften des Kaisergebirges/Tirol. – Verein zum Schutz der Bergwelt, 191 S., München.
SPARLING, J.H. (1968): *Schoenus nigricans* L. (*Chaetospora nigricans* Kunth). Biological Flora of the British Isles. – J. Ecol. **56**: 883-899, Oxford.
STÖCKER, G. (1962): Der Karpatenbirken-Fichtenwald des Hochharzes – eine vegetationskundlich-ökologische Studie. – Pflanzensoziologie **15**, 123 S., Jena.
SUCCOW, M. (1974): Vorschlag einer soziologischen Neugliederung der Mineralbodenwasser beeinflußten Moorvegetation Mitteleuropas unter Ausklammerung des Gebirgsraums. – Feddes Repert. **85**, 1: 57-113, Berlin.
SUCCOW, M. & L. JESCHKE (1990): Moore in der Landschaft. – 2. Aufl., 268 S., Frankfurt/Main.
SUKOPP, H. (1972): Beiträge zur Ökologie von *Chenopodium botrys* L. – Verh. Bot. Ver. Prov. Brandenb. **108**: 3-25, Berlin.
SYKORA, K.V. (1982): Syntaxonomy and Synecology of the *Lolio-Potentillion* Tüxen 1947 in the Netherlands. – Acta Bot. Neerl. **31**, 1/2: 65-96, Amsterdam.
THANNHEISER, D. (1991): Die Küstenvegetation der arktischen und borealen Zone. – Ber. Reinh.-Tüxen-Ges. **3**: 21-42, Hannover.
THEURILLAT, J.-P. (1991): Etudes symphytocoenologiques dans la région d'Aletsch (Valais, Suisse). – Thèse, Univ. Bern, 398 S., Tab. u. Karten.
TRAUTMANN, W. (1966): Erläuterungen zur Karte der potentiellen natürlichen Vegetation der Bundesrepublik Deutschland 1:200 000, Blatt 85 Minden. – Schriftenr. Vegetationskunde **1.**, 137 S., Bad Godesberg.
TRAUTMANN, W. (1972): Erläuterungen zur Karte „Vegetation" (Potentielle natürliche Vegetation) Nordrhein-Westfalen. Hannover. Mit Karte der potentiellen natürlichen Vegetation 1:500 000, Nordrhein-Westfalen, von TRAUTMANN, W., E. BURRICHTER, A. NOIRFALISE & F. VAN DER WERF (= Deutscher Planungsatlas, Band I, Nordrhein-Westfalen).
TRAUTMANN, W. (1973): Vegetationskarte der Bundesrepublik Deutschland 1:200 000. Potentielle natürliche Vegetation – Blatt CC 5502 Köln. – Schriftenr. Vegetationskde. **6**: 7-172, Bonn-Bad Godesberg.
TRAUTMANN, W. & W. LOHMEYER (1960): Gehölzgesellschaften in der Fluß-Aue der mittleren Ems. – Mitt. Flor.-soz. Arbeitsgem. N.F. **8**: 227-247, Stolzenau.
TÜXEN, J. (1969): Gedanken über ein System der *Oxycocco-Sphagnetea* Br. - Bl. et Tx. 1943. – Vegetatio **19**: 181-191, Den Haag.
TÜXEN, J. (1979): Werden und Vergehen von Hochmoorpflanzengesellschaften. – In: TÜXEN, R. (ed.): Werden und Vergehen von Pflanzengesellschaften. Ber. Intern. Sympos. Rinteln 1978: 133-151, Vaduz.
TÜXEN, J. & CH. SOLOMONS (1983): Pflanzengesellschaften ostniedersächsischer Heidemoore und ihre Genese. – Jb. Naturw. Verein Fst. Lbg. **36**: 101-137, Lüneburg.

TÜXEN, R. (1937): Die Pflanzengesellschaften Nordwestdeutschlands. – Jahresber. Naturhist. Ges. Hannover **31/87**: 1-170, Hannover.

TÜXEN, R. (1950): Grundriß einer Systematik der nitrophilen Unkrautgesellschaften in der Eurosibirischen Region Europas. – Mitt. Flor.-soz. Arbeitsgem. N.F. **2**: 49-175, Stolzenau/ Weser.

TÜXEN, R. (1958): Pflanzengesellschaften oligotropher Heidetümpel Nordwestdeutschlands. – Veröff. Geobot. Institut Rübel **33**: 207-231, Zürich.

TÜXEN, R. (1970): Zur Syntaxonomie des europäischen Wirtschafts-Grünlandes (Wiesen, Weiden, Tritt- und Flutrasen). – Ber. Naturhist. Ges. Hannover **114**: 77-85, Hannover.

TÜXEN, R. (1974a): Die Pflanzengesellschaften Nordwestdeutschlands. – 2. Aufl., 1. Liefg., 207 S., Lehre.

TÜXEN, R. (1974b): Die Haselünner Kuhweide – Pflanzengesellschaften einer mittelalterlichen Gemeindeweide. – Mitt. Flor.-soz. Arbeitsgem. N.F. **17**: 69-102, Todenmann - Göttingen.

TÜXEN, R. (1975): Dauer-Pioniergesellschaften als Grenzfall der Initialgesellschaften. – In: TÜXEN, R. (ed.): Sukzessionsforschung. Ber. Int. Symp. 1973: 13-30, Vaduz.

TÜXEN, R. (1979): Die Pflanzengesellschaften Nordwestdeutschlands. – 2. Aufl., 2. Liefg., 212 S., Vaduz.

TÜXEN, R. & J. BRUN-HOOL (1975): *Impatiens noli-tangere-* Verlichtungsgesellschaften. – Mitt. Flor.-soz. Arbeitsgem. N.F. **18**: 133-155, Stolzenau.

TÜXEN, R. & W. JAHNS (1962): *Ranunculus hederaceus* und *Corydalis claviculata* im Gebiet der Mittel-Weser. – Mitt. Flor.-soz. Arbeitsgem. N.F. **9**: 20-25, Göttingen.

Tüxen, R. & E. OBERDORFER (1958): Die Pflanzenwelt Spaniens. – Veröff. Geobot. Inst. Rübel **32**, 328 S., Zürich.

TÜXEN, R. & T. OHBA (1975): Zur Kenntnis von Bach– und Quell–Erlenwäldern (*Stellario-Alnetum glutinosae* und *Ribo sylvestris-Alnetum glutinosae*). – Beitr. naturk. Forsch. Südwest.Deutschl. **34**: 387-401, Karlsruhe.

TÜXEN, R. & E. PREISING (1951): Erfahrungsgrundlagen für die pflanzensoziologische Kartierung des norddeutschen Grünlandes. – Angew. Pflanzensoziol. **4**, 28 S., Stolzenau.

TÜXEN, R. & V. WESTHOFF (1963): *Saginetea maritimae*, eine Gesellschaftsgruppe im wechselhalinen Grenzbereich der europäischen Meeresküsten. – Mitt. Flor.-soz. Arbeitsgem. N.F. **10**: 116-129, Stolzenau.

ULLMANN, I. (1977): Die Vegetation des südlichen Maindreiecks. – Hoppea **36**, 5: 5-90, Regensburg.

VAHLE, H.-C. (1990): *Charetea fragilis*, Armleuchteralgen-Gesellschaften. – In: PREISING, E. et al. (1990): Die Pflanzengesellschaften Niedersachsens. Naturschutz u. Landschaftspfl. Nieders. **20**, 7-8: 147-161, Hannover.

VAHLE, H.-C. & E. PREISING (1990): *Potametea* Tx. et Prsg. 42. – In: PREISING, E. et al. (1990): Die Pflanzengesellschaften Niedersachsens. – Naturschutz und Landschaftspflege Nieders. **20**, 7: 101-128, Hannover.

VERBÜCHELN, G. (1987): Die Mähwiesen und Flutrasen der Westfälischen Bucht und des Nordsauerlandes. – Abh. Westf. Mus. Naturk. **49**, 2: 88 S., Münster.

VERHOEVEN, J.T.A. (198): The ecology of *Ruppia*-dominated communities in Western Europe. I. Distribution of *Ruppia* representatives in relation to their autecology. – Aquatic botany **8**: 1-85.

WALDIS, R. (1987): Unkrautvegetation im Wallis. Pflanzensoziologische und chorologische Untersuchungen. – Beitr. geobot. Landesaufn. Schweiz **63**, 348 S. u. div. Tab., Teufen.

WALENTOWSKI, H., B. RAAB & W.A. ZAHLHEIMER (1991): Vorläufige Rote Liste der in Bayern nachgewiesenen oder zu erwartenden Pflanzengesellschaften. – Ber. Bayer. Bot. Ges. **62**, 1: 85 S., München.

WALTHER, K. (1977): Die Flußniederung von Elbe und Seege bei Gartow. – Abh. Verh. Naturwiss. Verein Hamburg N.F. **20**: 123 S., Hamburg.

WATTEZ, J.R. (1971): La végétation pionnière des pannes de dunes situées entre Berck et Merlimont - Pas-de-Calais. La végétation des dunes maritimes. – Coll. Phytosoc. 1: 117-131.
WEBER, H.E. (1967): über die Vegetation der Knicks in Schleswig-Holstein. – Mitt. Arbeitsgem. Flor. Schleswig-Holstein u. Hamburg **15**, 1: 1-196; 2: Tab. 1-43, Kiel.
WEBER, H.E. (1974): Eine neue Gebüschgesellschaft in Nordwestdeutschland und Gedanken zur Neugliederung der *Rhamno-Prunetea*. – Osnabrücker Naturwiss. Mitt. **13**: 143-150.
WEBER, H.E. (1977): Beitrag zur Systematik der Brombeergebüsche auf potentiell natürlichen *Quercion robori-petraeae*-Standorten in Nordwestdeutschland. – Mitt. Flor.-soz. Arbeitsgem. **19/20**: 343-351, Todenmann.
WEBER, H.E. (1978): Die Vegetation ds Naturschutzgebietes Balksee und Randmoore (Kreis Cuxhaven). – Naturschutz u. Landschaftspfl. Nieders. **9**: 168 S., Hannover.
WEBER, H.E. (1981): Kritische Gattungen als Problem für die Syntaxonomie der *Rhamno-Prunetea* in Mitteleuropa. – In: DIERSCHKE, H. (ed.): Syntaxonomie. Ber.Intern. Sympos. IVV 1980: 477-496, Vaduz.
WEBER, H.E. (1985): Rubi Westfalici – Die Brombeeren Westfalens und des Raumes Osnabrück (*Rubus L. Subgenus Rubus*). – Abh. Westf. Mus. Naturk. **47**, 3: 452 S., Münster.
WEBER, H.E. (1987): Zur Kenntnis einiger bislang wenig dokumentierter Gebüschgesellschaften. – Osnabrücker Naturwiss. Mitt. **13**: 143-157, Osnabrück.
WEBER, H.E. (1988): Zur Verbreitung und Soziologie des Reinweißen Hahnenfußes (*Ranunculus ololeucos* Lloyd) in Mitteleuropa. – Osnabr. Naturw. Mitt. 14: 157-166, Osnabrück.
WEBER, H.E. (1990): Übersicht über die Brombeergebüsche der *Pterido-Rubetalia (Franguletea)* und *Prunetalia (Rhamno-Prunetea)* in Westdeutschland mit grundsätzlichen Bemerkungen zur Bedeutung der Vegetationsstruktur. – Ber. Reinh.-Tüxen-Ges. **2**: 91-119, Hannover.
WEBER-OLDECOP, D.W. (1970): Wasserpflanzengesellschaften im östlichen Niedersachsen I. – Int. Rev. Ges. hydrobiol. **55**, 6: 913-967, Berlin.
WEBER-OLDECOP, D.W. (1971): Wasserpflanzengesellschaften im östlichen Niedersachsen II. – Int. Rev. Ges. Hydrobiol. **56**, 1: 79-122, Berlin.
WEBER-OLDECOP, D.W. (1975): Die glänzendweiße Seerose (*Nymphaea candida* PRESL.) in der Lüneburger Heide. – Gött. Flor. Rundbr. **9**, 3: 86-87, Göttingen.
WEGENER, K.A. (1991): Pflanzengesellschaften an der Südküste des Greifswalder Boddens. – Gleditschia **19**, 2: 259-268, Berlin.
WEISS, W. (1985): Waldgesellschaften im nördlichen Steigerwald. – Diss. Bot. **83**, 174 S., Vaduz.
WESTHOFF, V. (1947): The vegetation of dunes and salt marshes on the Dutch islands of Terschelling, Vlieland and Texel. – 131 S., Thesis Rijksuniversiteit Utrecht.
WESTHOFF, V. (1990): Neuentstehung von Vegetationstypen (Assoziationstypen in statu nascendi) an naturnahen neuen Standorten, erläutert am Beispiel der westfriesischen Inseln. – Ber. Reinh.-Tüxen-Ges. **2**: 11-23, Hannover.
WESTHOFF, V. (1991): Die Küstenvegetation der westfriesischen Inseln. – Ber. Reinh.-Tüxen-Ges. **3**: 269-290, Hannover.
WESTHOFF, V. & A.J. DEN HELD (1969): Plantengemeenschappen in Nederland. – 1. Aufl., 324 S., Zutphen.
WESTHOFF, V. & A.J. DEN HELD (1975): Plantengemeenschappen in Nederland. – 2. Aufl., 324 S., Zutphen.
WESTHOFF, V. & M. F. VAN OOSTEN (1991): De Plantengroei van de Waddeneilanden. – 1. Aufl., 416 S., Sticht. Koningl. Nederl. Naturhist. Ver. **53**, Den Haag.
WIEGLEB, G. (1977): Die Wasser- und Sumpfpflanzengesellschaften der Teiche in den NSG 'Priorteich-Sachsenstein'und 'Itzelteich'bei Walkenried am Harz. – Mitt. Flor.-soz. Arbeitsgem. N.F. **19/20**: 157-209, Todenmann-Göttingen.
WIEGLEB, G. (1978): Der soziologische Konnex der 47 häufigsten Makrophyten der Gewässer Mitteleuropas. – Vegetatio **38**, 3: 165-174, Den Haag.

WIEGLEB, G. (1979): Vorläufige Übersicht über die Pflanzengesellschaften der Niedersächsischen Fließgewässer. – Naturschutz u. Landschaftspfl. Niders. **10**: 85-119, Hannover.
WIEMANN, P. & W. DOMKE (1967): Pflanzengesellschaften der ostfriesischen Insel Spiekeroog. – Mitt. Staatsinst. Bot. Hamburg **12**: 191-353, Hamburg.
WILLERDING, U. (1965): Der älteste Ackerbau Mitteldeutschlands. – Naturw. Rundschau **18**: 363-364, Stuttgart.
WILLERDING, U. (1973): Frühmittelalterliche Pflanzenreste aus Braunschweig.–Nachr. Niders. Urgesch. **42**: 358-359, Hildesheim.
WILLERDING, U. (1983): Zum ältesten Ackerbau in Niedersachsen. – Archäol. Mitt. Nordwestdeutschl., Beih. **1**: 179-219.
WILLERDING, U. (1986): Zur Geschichte der Unkräuter Mitteleuropas. – Göttinger Schriften Ur- und Frühgeschichte **22**, 382 S., Neumünster.
WILMANNS, O. (1975): Wandlungen des *Geranio-Allietum* in den Kaiserstühler Weinbergen? Pflanzensoziologische Tabellen als Dokumente. – Beitr. naturk. Forschg. Südwest-Deutschl. **34**: 429-443, Karlsruhe.
WILMANNS, O. (1980): *Rosa arvensis*- Gesellschaften mit einer Bemerkung zur Kennartengarnitur des *Carpinion*. – Mitt. Flor.-soz. Arbeitsgem. N.F. **22**: 125-134, Göttingen.
WILMANNS, O. (1989a): Ökologische Pflanzensoziologie. – 4. Aufl., 378 S., Heidelberg, Wiesbaden.
WILMANNS, O. (1989b): Vergesellschaftung und Strategie – Typen von Pflanzen mitteleuropäischer Rebkulturen. – Phytocoenologia **18**, 1: 83-118, Berlin, Stuttgart
WILMANNS, O. (1990): Weinbergsvegetation am Steigerwald und ein Vergleich mit der im Kaiserstuhl. – Tuexenia **10**: 123-136, Göttingen.
WILMANNS, O. & S. RUPP (1966): Welche Faktoren bestimmen die Verbreitung alpiner Felsspaltengesellschaften auf der Schwäbischen Alb? – Veröff. Landesst. Naturschutz u. Landschaftspfl. Bad.-Württ. **34**: 62-86, Karlsruhe.
WINTERHOFF, W. (1963): Vegetationskundliche Untersuchungen im Göttinger Wald. – Nachr. Akad. Wiss. Göttingen, math.-phys. Kl. 1962: 21-79, Göttingen.
WINTERHOFF, W. (1965): Die Vegetation der Muschelkalkfelshänge im hessischen Werrabergland. – Veröff. Landesst. Naturschutz u. Landschaftspfl. Bad.-Württ. **33**: 146-197, Ludwigsburg.
WITSCHEL, M. (1980): Xerothermvegetation und dealpine Vegetationskomplexe in Südbaden. – Beih. Veröff. Naturschutz und Landschaftspfl. Bad.-Württ. **17**, 212 S., Karlsruhe.
WITSCHEL, M. (1991): Die *Trinia glauca*-reichen Trockenrasen in Deutschland und ihre Entwicklung seit 1800. – Ber. Bayer. Bot. Ges. **62**: 189-219, München.
WITTIG, R. (1976): Die Gebüsch- und Saumgesellschaften der Wallhecken in der Westfälischen Bucht. – Abh. Landesmus. Naturk. **38**, 3: 77 S., Münster.
WITTIG, R. (1979a): Probleme der Aufnahme und systematischen Einordnung großflächiger Saumgesellschaften und breiter, dichter Hecken, dargestellt am Beispiel der *Artemisietea*- und *Prunetalia*-Gesellschaften. – Mitt. Flor.-soz. Arbeitsgem. N.F. **21**: 145-150, Göttingen.
WITTIG, R. (1979b): *Lonicero-Rubion silvatici*-Gebüschgesellschaften in potentiellen *Quercion robori-petraeae*- Gebieten. – Phytocoenologia **6** (Festband Tüxen): 344-351, Berlin, Stuttgart, Braunschweig.
WITTIG, R. (1980): Die geschützten Moore und oligotrophen Gewässer der Westfälischen Bucht. – Schriftenr. LÖLF, NRW, Bd. **5**, 228 S., Recklinghausen.
WITTIG, R. (1991): Ökologie der Großstadtflora. – 261 S., Stuttgart.
WITTIG, R. & W. DINTER (1991): Die Erlenbruch- (*Alnion glutinosae*) und Hartholz-Auenwälder (*Alno-Ulmion*) in Nordrhein-Westfalen. – Geobot. Kolloq. **7**: 17-38, Frankfurt.

WITTIG, R. & M. GÖDDE (1985): *Rubetum armeniaci* ass.nov., eine ruderale Gebüschgesellschaft in Städten. – Doc. Phytosoc. Ser. **2**, 9: 73-87, Lille.

WITTIG, R. & R. POTT (1978): *Thero-Airion*-Gesellschaften im Nordwesten der Westfälischen Bucht. – Natur u. Heimat **38**, 3: 86-93, Münster.

WITTIG, R. & R. POTT (1982): Die Verbreitung von *Littorelletea*-Arten in der Westfälischen Bucht. – Decheniana **135**: 14-21, Bonn.

WITTIG, R. & P. SCHÖLLER (1991): Wälder trockenwarmer Standorte in Nordrhein-Westfalen. – Geobot. Kolloq. **7**: 45-58, Frankfurt.

WOLFF, P. & A. SCHWARZER (1991): *Ranunculus rionii* Lagger – eine neue Wasserpflanze in Deutschland. – Florist. Rundbr. **25**, 2: 69-85, Bochum.

ZEIDLER, H. & R. STRAUB (1967): Waldgesellschaften mit Kiefer in der heutigen potentiellen natürlichen Vegetation des mittleren Maingebietes. – Mitt. Flor.-soz. Arbeitsgem. N.F. **11/12**: 88-126, Todenmann.

ZOBRIST, L. (1935). Pflanzensoziologie und bodenkundliche Untersuchung des *Schoenetum nigricantis* im nordostschweizerischen Mittellande. – Beitr. geobot. Landesaufn. Schweiz **18**: 1-144, Zürich.

ZOLLER, H. (1954): Die Arten der *Bromus erectus*-Wiesen des Schweizer Juras. – Veröff. Geobot. Inst. ETH, Stiftung Rübel **28**, 284 S., Zürich.

ZOLLITSCH, B. (1966): Soziologische und ökologische Untersuchungen auf Kalkschiefern in hochalpinen Gebieten. Teil I: Die Steinschuttgesellschaften der Alpen unter besonderer Berücksichtigung der Gesellschaften auf Kalkschiefer in den mittleren und östlichen Zentralalpen. – Ber. Bayer. Bot. Ges. **40**, 38 S.; Teil II: Die Ökologie der alpinen Kalkschieferschuttgesellschaften. Beilage zu Teil I, 59 S., München.

ZÖLLTL, H. (1950): Die Vegetationsentwicklung auf Felsschutt der alpinen und subalpinen Stufe des Wettersteingebirges. – Jahresber. Ver. Schutz Alpenpfl. u. -tiere **16**: 10-74, München.

ZOON, F.C. (1986): On the relative involvement of nematodes and other soil factors in the decline of *Hippophae rhamnoides* L. in the Netherlands. – Revue Nematol. **9**, 314 S.

Register der Syntaxa

Abieto-Piceion 356
Acer negundo-Gesellschaft 289
Aceri monspessulani-Quercetum petraeae 388
Aceri-Fagenion 375
Aceri-Fagetum 375
Aceri-Tilietum cordatae 387
Acoretum calami 151
Adenostyletalia 305
Adenostylion alliariae 305
Adenostylo alliariae-Piceetum 355
Adenostylo glabrae-Piceetum 355
Adenostylo-Cicerbitetum 307
Adonido-Brachypodietum pinnati 254
Adonido-Iberidetum amarae 139
Aegopodio-Anthriscetum nitidae 285
Aegopodio-Menthetum longifoliae 224
Aegopodion podagrariae 283
Agrimonio-Vicietum cassubicae 297
Agropyretalia repentis 275
Agropyro-Descurainietum sophiae 141
Agropyro-Honkenyion peploidis 208
Agropyro-Rumicion 222
Agrostietum coarctatae 244
Agrostio-Poetum humilis 245
Agrostis tenuis-Gesellschaft 248
Ailanthus altissima-Gesellschaft 289
Airetum praecocis 243
Airo caryophylleae-Festucetum ovinae 243
Alchemillo-Arrhenatheretum elatioris 227
Alchemillo-Poetum supinae 220
Aldrovanda vesiculosa-Gesellschaft 70
Alliario-Chaerophylletum temuli 286
Alliario-Cynoglossetum germanici 287
Allio montani-Veronicetum vernae 250
Allio suaveolentis-Molinietum 236
Allio-Stipetum capillatae 252
Alnenion glutinosae 383
Alnetalia glutinosae 344
Alnetea glutinosae 344
Alnetum incanae 383
Alnetum viridis 345
Alnion glutinosae 345
Alno-Padion 382
Alno-Ulmion 382
Alopecuretum aequalis 113

Alopecuretum pratensis 227
Alysso alyssoidis-Sedetum albi 249
Alysso-Sedion 248
Ammophiletalia arenariae 207
Ammophiletea arenariae 207
Ammophilion arenariae 209
Androsacetalia alpinae 93
Androsacetalia vandellii 107
Androsacetum alpinae 94
Androsacetum helveticae 104
Androsacetum vandellii 107
Androsacion alpinae 93
Androsacion vandellii 107
Angelico-Cirsietum oleracei 232
Antherico-Callunetum 319
Anthrisco-Agrostidetum giganteae 227
Anthriscus sylvestris-Gesellschaft 227
Anthyllido-Leontodontetum hyoseroides 98
Aperion spicae-venti 129
Apero-Lathyretum aphacae 138
Aphanenion arvensis 129
Aphano-Matricarietum chamomillae 130
Apium inundatum-Gesellschaft 90
Aposerido-Fagetum 377
Arabidetalia coeruleae 327
Arabidetum coeruleae 327
Arabidion coeruleae 327
Arabido-Rumicetum nivalis 327
Arctietum nemorosi 302
Arctio-Artemisietum vulgaris 280
Arctio-Sambucion nigrae 302
Arction lappae 280
Arctostaphylo-Juniperetum nanae 357
Arctostaphylo-Loiseleurietum 329
Armerietum bottendorfensis 265
Armerietum halleri 264
Armerietum hornburgensis 265
Armerio-Festucetum trachyphyllae 248
Armerion elongatae 247
Armerion halleri 264
Armerion maritimae 213
Arnoseridenion minimae 129
Arrhenatheretalia 226
Arrhenatherion 226
Artemisia verlotiorum-Gesellschaft 279
Artemisietalia vulgaris 271

Artemisietea vulgaris 271
Artemisietum maritimae 215
Artemisio absinthii-Agropyrion
　intermedii 279
Arunco-Aceretum 387
Asarinion procumbentis 108
Asparago-Chondrilletum junceae 279
Asplenietea trichomanis 104
Asplenietum septentrionali -
　adianti-nigri 108
Asplenietum serpentini 108
Asplenietum trichomano -
　rutae-murariae 105
Asplenio viridis-Cystopteridetum
　fragilis 105
Asplenio-Cystopteridetum fragilis 105
Asplenio-Piceetum 355
Asplenion serpentini 108
Asteretea tripolii 210
Astero tripolii-Phragmitetum 154
Astero-Agropyretum repentis 216
Astero-Suaedetum macrocarpae 200
Astragalo-Pinetalia 349
Astrantia major-Trisetum flavescens-
　Gesellschaft 229
Astrantio-Trisetetum 229
Athamantho-Trisetetum
　distichophylii 100
Athyrietum distentifolii 309
Atriplex hastata - Chenopodion rubri -
　Gesellschaft 116
Atriplex longipes-Gesellschaft 206
Atriplex prostrata-Gesellschaft 207
Atriplicetum glabriusculae-
　calothecae 205
Atriplicetum littoralis 205
Atriplicetum longipedis 206
Atriplicetum nitentis 142
Atriplici-Agropyretum pungentis 216
Atriplicion littoralis 205
Atropetalia belladonnae 299
Atropetum belladonnae 301
Atropion belladonnae 301
Atropo-Digitalietum luteae 302
Avenello-Fagetum 371
Aveno versicoloris-Nardetum 312
Aveno-Genistetum sagittalis 312
Aveno-Nardetum 270
Azolla filiculoides-Gesellschaft 44

Balloto-Chenopodietum boni-henrici 280
Bartsio-Caricetum fuscae 180

Bazzanio-Piceetum 355
Berberidion 333
Berteroetum incanae 274
Beruletum angustifoliae submersae 75
Beta maritima-Gesellschaft 206
Betuletum carpaticae 360
Betuletum pubescentis 359
Betulion pubescentis 359
Betulo carpaticae-Piceetum 362
Betulo humilis-Salicetum repentis 346
Betulo-Adenostyletea 305
Betulo-Quercetum alnetosum 364
Betulo-Quercetum molinietosum 364
Betulo-Quercetum petraeae 367
Betulo-Quercetum roboris 364
Betulo-Quercetum typicum 364
Bidens cernua-Bidention-
　Gesellschaft 116
Bidentetalia tripartitae 110
Bidentetea tripartitae 110
Bidentetum cernui 116
Bidenti-Atriplicetum hastatae 116
Bidenti-Brassicetum nigrae 115
Bidention tripartitae 110
Biscutello-Asplenietum
　septentrionalis 108
Blechno-Alnetum 345
Blysmetum rufi 215
Blysmo-Juncetum compressi 223
Bolboschoenetum maritimi
　phalaridetosum 154
Bolboschoenion maritimi 154
Brassicetum oleraceae 217
Brometalia erecti 255
Bromion erecti 255
Bromo-Corispermetum leptopteri 144
Bromo-Erigeretum canadensis 142
Bromo-Senecionetum aquatici 233
Bromo-Seslerietum 263
Bromus sterilis-Gesellschaft 145
Bromus tectorum-Conyza canadensis-
　Gesellschaft 142
Bryo schleicheri-Montietum rivularis 168
Buddleja davidii-Gesellschaft 289
Bupleuro longifolii-Laserpitietum
　latifolii 295
Butometum umbellati 152
Buxo-Quercetum petraeae 388

Cakiletalia maritimae 205
Cakiletea maritimae 204
Cakiletum maritimae 206

Calamagrostidetum
  pseudophragmitis 101
Calamagrostio arundinaceae-Digitalietum
  grandiflorae 301
Calamagrostio-Pinetum 351
Calamagrostio-Quercetum 368
Calamagrostion villosae 308
Calamgrostio villosae-Piceetum 354
Calletum palustris 161
Callitriche palustris-Gesellschaft 121
Callitrichetum obtusangulae 78
Callitricho hamulatae-Myriophylletum
  alterniflori 76
Callitricho-Ranunculetum penicillati 77
Calluno-Sarothamnetum 324
Calluno-Ulicetalia 315
Calthion 232
Calystegietalia sepium 289
Campanulo-Saxifragetum 97
Campylobo-Caricetum dioicae 170
Campylopus introflexus-Gesellschaft 242
Cardamine amara-Rumpf gesellschaft 169
Cardamino trifoliae-Fagetum 376
Cardamino-Chrysosplenietalia 172
Cardamino-Cratoneuretum 171
Cardamino-Montion 168
Cardaminopsietum petraeae 105
Cardario drabae-Agropyretum
  repentis 277
Carex arenaria-Gesellschaft 244
Carex pulicaris-Gesellschaft 187
Caricetalia curvulae 268
Caricetalia davallianae 182
Caricetalia nigrae 178
Caricetea curvulae 268
Caricetum appropinquatae 161
Caricetum brachystachyos 106
Caricetum buekii 162
Caricetum cespitosae 162
Caricetum curvulae 269
Caricetum davallianae 185
Caricetum diandrae 178
Caricetum distichae 160
Caricetum elatae 156
Caricetum ferrugineae 266
Caricetum firmae 266
Caricetum frigidae 186
Caricetum fuscae polytrichetosum 173
Caricetum gracilis 158
Caricetum heleonastae 178
Caricetum lasiocarpae 178
Caricetum limosae 175

Caricetum maritimae 187
Caricetum mucronatae 105
Caricetum nigrae 179
Caricetum oenensis 162
Caricetum paniculatae 156
Caricetum remotae 173
Caricetum ripariae 158
Caricetum rostratae 156
Caricetum trinervi-nigrae 181
Caricetum vesicariae 157
Caricetum vulpinae 160
Carici albae-Tilietum cordatae 382
Carici canescentis-Agrostietum
  caninae 181
Carici elongatae-Alnetum 345
Carici elongatae-Alnetum betuletosum
  pubescentis 345
Carici elongatae-Alnetum
  cardaminetosum 345
Carici elongatae-Alnetum iridetosum 345
Carici elongatae-Alnetum typicum 345
Carici laevigatae-Alnetum 345
Carici pilosae-Carpinetum 382
Carici piluliferae-Epilobion
  angustifolii 300
Carici remotae-Fraxinetum 384
Carici rupestris-Kobresiete bellardii 267
Carici-Callunetum 319
Carici-Fagetum 376
Carici-Fagetum luzuletosum 370, 376
Carici-Menyanthetum 159
Caricion bicoloris-atrofuscae 187
Caricion curvulae 269
Caricion davallianae 182
Caricion ferrugineae 266
Caricion lasiocarpae 177
Caricion maritimae 187
Caricion nigrae 178
Caricion remotae 173
Carlino acaulis-Caricetum
  sempervirentis 258
Carpinion betuli 378
Carpino-Prunetum 336
Carpino-Prunion 336
Catabrosetum aquaticae 164
Caucalidion platycarpi 136
Caucalido-Adonidetum flammeae 137
Centaureo-Meetum athamantici 229
Centaurio litoralis-Saginetum
  nodosae 204
Centaurio-Saginetum
  moliniformis 184, 204

Centrantho-Parietarion 109
Centunculo-Anthocerotetum punctati 118
Cephalanthero-Fagenion 375
Cerastietum pumili 248
Cerastio-Ranunculetum sardoi 220
Ceratophyllum demersum-Gesellschaft 63
Ceratophyllum submersum-
  Gesellschaft 64
Cetrario-Loiseleurietea 328
Chaenorrhino-Chenopodietum
  botryos 144
Chaerophylletum aromatici 284
Chaerophylletum aurei 284
Chaerophylletum bulbosi 284
Chaerophyllo hirsuti-Filipenduletum 237
Chaerophyllo hirsuti-Ranunculetum
  aconitifolii 234
Chaerophyllo-Geranietum lucidi 286
Chaerophyllo-Petasitetum hybridi 284
Chara jubata-Gesellschaft 52
Chara tomentosa-Gesellschaft 52
Charetalia hispidae 49
Charetea fragilis 45
Charetum asperae 49
Charetum balticae 52
Charetum braunii 47
Charetum canescentis 52
Charetum hispidae 50
Charetum intermediae 51
Charetum strigosae 51
Charetum tomentosae 51
Charetum vulgaris 51
Charion asperae 49
Charion canescentis 52
Charion vulgaris 51
Charo-Tolypelletum glomeratae 49
Charo-Tolypelletum intricatae 51
Charo-Tolypelletum nidificae 52
Cheiranthus cheiri-Gesellschaft 110
Chenopodietum glauco-rubri 115
Chenopodietum muralis 140
Chenopodietum rubri 115
Chenopodietum stricti 142
Chenopodietum vulvariae 142
Chenopodio polyspermi-Corrigioletum
  littoralis 115
Chenopodio-Oxalidetum fontanae 134
Chenopodion rubri 114
Chrysanthemo-Rumicetum thyrsiflori 227
Chrysosplenietum oppositifolii 173
Chrysosplenio oppositifolii-Alnetum
  glutinosae 385

Cicendietum filiformis 119
Cichorium intybus-Gesellschaft 226
Cicuto-Caricetum pseudocyperi 158
Cirsietum eriophori 271
Cirsietum spinosissimi 282
Cirsio heterophylli-Filipenduletum 237
Cirsio tuberosi-Molinietum
  arundinaceae 236
Cirsio-Brachypodion 254
Cladietum marisci 159
Cladonio-Callunetum 319
Cladonio-Pinetum 358
Cnidio venosi-Violetum persicifoliae 238
Cnidion dubii 238
Coschleario pyrenaicae-Cratoneuretum
  commutati 172
Conio-Chaerophylletum bulbosi 284
Convolvuletalia sepium 289
Convolvulion sepium 289
Convolvulo-Agropyretum repentis 276
Convolvulo-Agropyrion repentis 275
Convolvulo-Archangelicetum
  littoralis 289
Convolvulo-Epilobietum hirsuti 291
Convolvulo-Eupatorietum cannabini 291
Conyzo-Lactucetum serriolae 140
Corno-Prunetum 336
Coronillo vaginalis-Pinetum sylvestris 351
Corydalis lutea-Gesellschaf t 110
Corylo-Rosetum vosagiacae 36
Corynephoretalia canescentis 240
Corynephorion canescentis 240
Cotoneastro-Amelancherietum 334
Cotula coronopifolia-Gesellschaft 223
Crambe maritima-Gesellschaft 206
Cratoneuretum falcati 172
Cratoneuretum filicino-commutati 171
Cratoneurion commutati 171
Cratoneuro-Arabidetum jaquinii 172
Crepidetum terglouensis 97
Crepido-Festucetum rubrae 231
Crepido-Juncetum acutiflori 234
Crepis paludosa-Juncus acutiflorus-
  Gesellschaft 234
Crithmo-Armerietalia 217
Crithmo-Armerion maritimae 217
Crithmo-Limonietalia 217
Crocynio-Asplenietum billotii 108
Cryptogrammetum crispae 94
Curvulo-Nardetum 270
Cuscuto-Convolvuletum sepii 290
Cymbalarietum muralis 110

Cynoglossum officinale-Gesellschaft 272
Cynosurion cristati 230
Cyperetum flavescentis 121
Cypero fusci-Limoselletum aquaticae 117
Cystopteridetum montanae 99
Cystopteridion fragilis 105
Cytiso nigricantis-Pinetum 352
Cytiso ruthenio-Pinion 349
Cytiso supini-Antennarietum 320
Cytiso-Callunetum 320

Dauco-Arrhenatheretum elatioris 227
Dauco-Melilotion 272
Dauco-Picrietum hieracioides 279
Dentario enneaphyllidi-Fagetum 378
Dentario heptaphyllidi-Fagetum 371, 377
Dentario-Fagetum 375
Deschampsietum rhenanae 91
Deschampsion litoralis 91
Diantho arenarii-Festucetum ovinae 248
Diantho deltoides-Armerietum elongatae 247
Diantho gratianopolitani-Festucetum pallentis 251
Dicrano-Juniperetum communis 335, 358
Dicrano-Pinion 357
Dictamno-Quercetum 389
Digitalio-Epilobietum angustifolii 300
Digitarietum ischaemi 131
Digitario-Eragrostietum minoris 221
Digitario-Setarion 131
Diplotaxi tenuifoliae-Agropyretum repentis 276
Dipsacetum pilosi 286
Dorycnio-Pinetum 351
Drabetalia hoppeanae 95
Drabo-Hieracietum humilis 105
Drepanoclado-Caricetum chordorrhizae 178

Echio-Melilotetum 274
Elatino alsinastri-Juncetum tenageiae 118
Elatino-Eleocharition ovatae 116
Eleocharis palustris-Gesellschaft 153
Eleocharitetum multicaulis 88
Eleocharitetum multicaulis hypericetosum elodis 88
Eleocharitetum parvulae 55
Eleocharitetum quinqueflorae 186
Eleocharition acicularis 91
Eleocharito ovatae-Caricetum bohemicae 117

Elodea canadensis-Gesellschaft 61
Elymo-Agropyretum juncei 208
Elymo-Ammophiletum arenariae 210
Elymo-Ammophiletum festucetosum arenariae 210
Elynetalia myosuroides 267
Elynetum myosuroides 268
Elynion myosuroides 267
Empetretalia hermaphroditi 328
Empetrion boreale 321
Empetro-Ericetum tetralicis 195
Empetro-Betuletum carpaticae 362
Empetro-Vaccinietum 329, 357
Epilobietalia fleischeri 100
Epilobietea angustifolii 299
Epilobietum fleischeri 102
Epilobio dodonaei-Scrophularietum caninae 101
Epilobio lanceolati-Galeopsietum segetum 103
Epilobio-Corydaletum claviculatae 301
Epilobio-Geranietum robertiani 288
Epilobio-Juncetum effusi 235
Epilobio-Senecionetum sylvatici 301
Epilobion fleischeri 100
Equiseto telmateiae-Fraxinetum 384
Equiseto-Typhetum minimae 187
Equisetum fluviatile-Gesellschaft 153
Eragrostio-Polygonetum avicularis 221
Eragrostion minoris 220
Eragrostis minor-Polygonum aviculare-Gesellschaft 221
Ericetum tetralicis 195
Ericion tetralicis 194
Erico-Pinetalia 350
Erico-Pinetea 350
Erico-Pinetum mugi 352
Erico-Pinetum sylvestris 351
Erico-Pinion 350
Erico-Rhododendretum hirsuti 352
Erico-Sphagnetalia papillosi 191
Erico-Sphagnetum magellanici 191
Eriophoretum scheuchzeri 179
Eriophoro-Nardetum strictae 310
Eriophoro-Trichophoretum cespitosi 194
Eriophorum vaginatum-Gesellschaft 176
Eriophorum vaginatum-Sphagnum fallax-Gesellschaft 196
Erysimo-Stipetum 254
Erythraeo-Blackstonietum 119
Eucladietum verticillati 172
Euphorbio cyparissiae-Callunetum 319

Euphorbio-Melandrietum
　noctiflorae 135
Fagetalia sylvaticae 368
Fagion sylvaticae 368
Fago-Quercetum milietosum 366
Fago-Quercetum molinietosum 366
Fago-Quercetum petraeae 365
Fago-Quercetum typicum 366
Falcario vulgaris-Agropyretum
　repentis 277
Festucetalia valesiacae 252
Festucion valesiacae 252
Festuco cinereae-Callunetum 319
Festuco commutatae-Crepidetum
　capillaris 231
Festuco commutatae-Cynosuretum 230
Festuco nigrescentis-Cynosuretum 230
Festuco valesiacae-Stipetum capillatae 253
Festuco-Brometea 251
Festuco-Crepidetum capillaris 231
Festuco-Galietum veri 245
Festuco-Genistetum sagittalis 312
Festuco-Sedetalia 245
Filagini-Vulpietum myuros 243
Filipendulion 238
Filipendulo vulgaris-Avenetum
　pratensis 257
Filipendulo-Geranietum palustris 239
Frangulo-Rubetum plicati 340
Frangulo-Salicetum auritae 348
Frangulo-Salicetum cinereae 348
Fraxino-Aceretum pseudoplatani 386
Fraxino-Ulmetum 385
Fumano-Seslerietum 258
Fumario-Euphorbion 134

Gageo saxatilis-Veronicetum dillenii 251
Galeopsietalia segetum 103
Galeopsietum angustifoliae 102
Galeopsietum speciosae 134
Galeopsion segetum 103
Galio aparine-Impatientetum noli-
　tangere 288
Galio borealis-Molinietum 237
Galio odorati-Fagenion 373
Galio odorati-Fagetum 373
Galio odorati-Fagetum luzuletosum 373
Galio odorati-Fagetum typicum 374
Galio rotundifolii-Abietetum 378
Galio sylvatici-Carpinetum betuli 381
Galio-Abietenion 378
Galio-Alliarion 286

Galio-Urticetea 282
Genisto anglicae-Callunetum 318
Genisto germanicae-Callunetum 319
Genisto germanicae-Quercion 319, 364
Genisto pilosae-Callunetum 318
Genisto pilosae-Sarothamnetum 324
Genisto pilosae-Stipetum
　stenophyllae 253
Genisto sagittalis-Phleetum phleoidis 250
Genisto tinctoriae-Quercetum
　petraeae 364
Genisto-Callunion 318
Genisto-Quercetum petraeae 362
Gentiana rotundifolia-Gesellschaft 94
Gentianello uliginosi-Centaurietum
　litoralis 204
Gentiano asclepiadeae-Molinietum 236
Gentiano pneumonanthes-Nardetum
　strictae 310
Gentiano vernae-Brometum 256
Gentiano-Centaurietum vulgaris 184
Gentiano-Koelerietum pyramidatae 255
Geranio-Allietum vinealis 135
Geranio-Anemonetum sylvestris 292
Geranio-Dictamnetum 294
Geranio-Peucedanetum cervariae 293
Geranio-Trifolietum alpestris 295
Geranio-Trisetetum flavescentis 228
Geranio-Trisetetum meetosum
　athamantici 229
Geranion sanguinei 292
Glauco-Puccinellietalia 211
Glechometalia hederaceae 283
Glycerietum maximae 149
Glycerietum plicatae 163
Glycerio-Sparganietum neglecti 150
Glycerio-Sparganion 162
Groenlandietum densae 76
Gymnocarpietum robertiani 102

Halimionetum portulacoidis 212
Helianthemo-Xerobrometum 261
Helianthus tuberosus-Gesellschaft 291
Helichryso-Festucetum sulcatae 262
Heliospermo-Cystopteridetum
　alpinae 106
Heracleo-Sambucetum ebuli 287
Herniarietum glabrae 220
Hieracio-Empetretum 323
Hieracio-Empetretum cladonietosum 323
Hieracio-Empetretum
　polypodietosum 323

Hieracio-Empetretum typicum 323
Hieracio-Potentilletum caulescentis 105
Hieracio-Quercetum petraeae 367
Hieracium aurantiacum-Calamagrostis
  villosa-Gesellschaft 309
Hieracium laevigatum-Gesellschaft 299
Hippophao-Berberidetum 335
Hippuridetum vulgaris 152
Homogyno-Piceetum 355
Holco mollis-Quercetum 365
Holco-Cardaminopsietum halleri 265
Holco-Galeopsietum 130
Holcus lanatus-Dominanz-
  gesellschaft 237
Homogyno-Piceetum 355
Hordeetum murini 142
Hordelymo-Fagetum 374
Hordelymo-Fagetum
  lathyretosum 370, 374
Hottonietum palustris 71
Humulus lupulus-Gesellschaft 291
Hydrocharitetum morsus-ranae 68
Hydrocharition morsus-ranae 68
Hydrocotylo-Baldellion 87
Hyperico maculati-Polygaletum 311

Ilici-Fagetum 371
Impatiens glandulifera-Gesellschaft 292
Impatiens parviflora-Gesellschaft 288
Isoetetum echinosporae 86
Isoeto-Lobelietum 86
Isoeto-Nanojuncetea bufonii 16

Juncetea maritimi 210
Juncetum alpino-articulati 187
Juncetum gerardii 214
Juncetum subnodolosi 186
Juncetum tenuis 255
Juncetum trifidi 270
Juncion squarrosi 310
Juncion trifidi 270
Junco baltici-Schoenetum nigricantis 183
Junco-Caricetum extensae 216
Junco-Molinietum coeruleae 235
Juncus acutiflorus-Gesellschaft 182
Juncus bufonius-Gesellschaft 121
Juncus bulbosus-Gesellschaft 92
Juncus filiformis-Gesellschaft 235
Juncus trifidus-Gesellschaft 270
Jurinaeo-Koelerietum glaucae 246

Kickxietum spuriae 137

Kobresietum bellardii 267
Kobresietum simpliciusculae 187
Koelerio glaucae-Festucetum
  psammophilae 246
Koelerio vallesianae-Brometum 261
Koelerio-Corynephoretea 239
Koelerio-Phleion phleoidis 259
Koelerion albescentis 244
Koelerion glaucae 245

Lactuco-Sisymbrietum altissimi 141
Lamio albi-Ballotetum nigrae 281
Lamio albi-Conietum maculati 280
Larici-Cembretum 356
Larici-Piceetum 356
Laserpitio-Calamagrostietum variae 266
Laserpitio-Seslerietum variae 266
Lathyro-Melampyretum pratense 299
Lathyro-Silenetum 135
Ledo-Pinetum sylvestris 360
Ledo-Sphagnetum magellanici 191
Leersietum oryzoides 164
Lemna minor-Dominanzgesellschaft 43
Lemnetalia minoris 39
Lemnetea minoris 39
Lemnetum gibbae 42
Lemnetum trisulcae 41
Lemnion gibbae 42
Lemno minoris-Salvinietum natantis 44
Lemno minoris-Salvinion natantis 43
Leontodontetum montani 97
Leontodonto helvetici-Nardetum 313
Leonuro cardiacae-Ballotetum nigrae 281
Lepidium ruderale-Bryum argenteum-
  Gesellschaft 218
Leucobryo-Pinetum 357
Ligustro-Prunetum 333
Limnanthemetum nymphaeoidis 66
Lithospermo-Quercetum petraeae 387
Littorella uniflora-Gesellschaft 92
Littorelletalia uniflorae 83
Littorelletea uniflorae 83
Littorellion uniflorae 85
Littorello-Apietum inundati 90
Littorello-Eleocharitetum acicularis 91
Loiseleurio-Cetrarietum 328
Loiseleurio-Vaccinion 328
Lolio remotae-Linetalia-Fragmente 139
Lolio remoti-Linetum 139
Lolio-Cynosuretum 230
Lolio-Cynosuretum luzuletosum 230
Lolio-Plantaginetum 225

Lolio-Plantaginetum i.e.S. 225
Lolio-Plantaginion 225
Lolio-Polygonetum arenastri 224
Lolio-Potentillion 222
Lonicero alpigenae-Fagenion 376
Lonicero alpigenae-Fagetum 377
Lonicero-Rubion sylvatici 302
Lonicero-Salicetum capreae 304
Lunario-Aceretum 386
Luzula pilosa-Fagus sylvatica-
  Gesellschaft 372
Luzuletum alpino-pilosae 325
Luzuletum desvauxii 327
Luzuletum spadiceae 326
Luzulo albidae-Fagetum 371
Luzulo-Abietetum 356
Luzulo-Fagenion 371
Luzulo-Fagetum dryopteridetosum 372
Luzulo-Fagetum festucetosum 372
Luzulo-Quercetum petraeae 364, 367
Lycium barbarum-Gesellschaft 289
Lycopodio alpini-Nardetum 315
Lycopodium annotinum-Fagus sylvatica-
  Assoziation 371
Lycopsietum arvensis 132
Lysimachio thyrsiflorae-Caricetum
  aquatilis 161

(Magno)Caricion elatae 155
Melampyrion pratensis 296
Melampyro-Carpinetum 382
Melampyrum pratense-Gesellschaft 299
Melympyrum pratense-Hieracium-
  Gesellschaft 299
Mentho longifoliae-Juncetum inflexi 223
Meo-Festucetum 229
Meo-Trisetetum flavescentis 229
Mercurialetum annuae 135
Mesobromion 257
Mesobromion erecti 257
Milio-Fagetum 372
Minuartio-Thlaspietum alpestris 264
Mniobryetum wahlenbergii-ludwigii 170
Moehringio-Gymnocarpietum 98
Molinietalia coeruleae 231
Molinietum coeruleae 236
Molinietum medioeuropaeum 236
Molinio-Arrhenatheretea 221
Molinio-Pinetum 351
Molinion coeruleae 235
Montio-Cardaminetalia 167
Montio-Cardaminetea 167

Myosuretum minimi 219
Myricario-Chondrilletum
  chondrilloidis 100
Myricetum galis 347
Myriophyllo alterniflori-Littorelletum 86
Myriophyllo-Nupharetum luteae 64
Myriophyllum alterniflorum
  Rumpfgesellschaf 86

Najadetum intermediae 59
Najadetum marinae 62
Nanocyperetalia 116
Nanocyperion flavescentis 121
Nardetalia strictae 310
Nardetum alpigenum 312
Nardetum strictae 312
Nardion strictae 312
Nardo-Callunetea 309
Nardo-Gnaphalietum supini 326
Nardo-Juncetum squarrosi 310
Narduretum lachenalii 244
Nasturtietum microphylli 164
Nasturtietum officinalis 162
Nasturtio-Glycerietalia 162
Nitelletalia flexilis 45
Nitelletum capillaris 46
Nitelletum flexilis 47
Nitelletum gracilis 47
Nitelletum syncarpo-tenuissimae 48
Nitelletum translucentis 47
Nitellion flexilis 46
Nitellion syncarpo-tenuissimae 47
Nitello-Vaucherietum dichotomae 48
Nitellopsidetum obtusae 50
Nupharetum pumilae 66
Nymphaeetum albo-candidae 66
Nymphaeetum albo-minoris 65
Nymphaeion albae 64
Nymphoidetum peltatae 66

Oenantho lachenalii-Molinietum 237
Oenantho-Juncetum maritimi 216
Oenantho-Rorippetum amphibiae 151
Onobrychido-Brometum 256
Ononido-Caricetum distantis 216
Ononido-Pinion 349
Onopordetalia acanthii 271
Onopordetum acanthii 271
Onopordion acanthii 271
Orchio-Schoenetum nigricantis 182
Origanetalia vulgaris 292
Orthocaulo-Empetretum 318

Oxitropido-Elynion 267
Oxitropido-Kobresietalia 267
Oxycocco-Empetrion hermaphroditi 190
Oxycocco-Ericion tetralicis 191
Oxycocco-Sphagnetea 188
Oxyrietum digynae 93

Papaveretalia rhoeadis 134
Papaveretum argemones 129
Papaveri-Melandrietum noctiflori 136
Parietarietalia judaicae 108
Parietarietum judaicae 109
Parnassio-Caricetum nigrae 180
Parnassio-Caricetum pulicaris 187
Parnassio-Juncetum atricapilli 184
Pediculario palustris-Juncetum filiformis 181
Pellio-Chrysosplenietum oppositifolii 173
Peplis portula-Gesellschaft 121
Petasitetum paradoxi 98
Petasition paradoxi 97
Petasito albi-Cicerbitetum alpinae 307
Peucedano ostruthii-Cirsietum spinosissimi 282
Peucedano-Calamagrostietum canescentis 160
Phalaridetum arundinaceae 166
Phalaridion arundinaceae 166
Phalarido-Petasitetum officinalis 284
Philonotidion seriatae 169
Philonotido fontanae-Montietum rivularis 168
Phragmitetalia australis 146
Phragmitetea australis 146
Phragmition australis 147
Phyllitido-Aceretum 386
Piceetum subalpinum 355
Pilularietum globuliferae 87
Pino sylvestris-Quercetum petraeae 367
Plantaginetalia majoris 224
Plantagini-Limonietum 213
Poa annua-Bestände 220
Poion alpinae 231
Polygalo amarae-Seslerietum variae 257
Polygalo-Nardetum 311
Polygonion avicularis 218
Polygono arenastri-Matricarietum discoideae 225
Polygono brittingeri-Chenopodietum rubri 115
Polygono hydropiperis-Bidentetum 110

Polygono vivipari-Genistetum sagittalis 312
Polygono-Chenopodion polyspermi 133
Polygono-Cirsietum oleracei 233
Polygono-Poetea annuae 218
Polygono-Trisetion 228
Polygonum amphibium f. natans-Gesellschaft 68
Polygonum calcatum-Gesellschaft 222
Polygonum cuspidatum-Gesellschaft 285
Polypodio-Empetretum 323
Polystichetum lonchitis 99
Polytrichetum sexangularis 326
Poo compressae-Anthemidetum tinctoriae 278
Poo irrigatae-Agropyretum repentis 224
Poo palustris-Lathyretum palustris 337
Poo trivialis-Rumicetum obtusifolii 224
Poo-Cerastietum dubii 223
Poo-Coronopetum squamati 219
Poo-Polygonetalia 218
Poo-Tussilaginetum farfarae 276
Populo tremulae-Quercetum petraeae 366
Potameto-Polygonetum natantis 68
Potamogeton acutifolius-Gesellschaft 60
Potamogeton alpinus-Gesellschaft 60
Potamogeton berchtholdii-Gesellschaft 60
Potamogeton compressus-Gesellschaft 60
Potamogeton crispus-Gesellschaft 61
Potamogeton natans-Gesellschaft 68
Potamogeton obtusifolius-Gesellschaft 60
Potamogeton pectinatus-Gesellschaft 61
Potamogeton pusillus-Gesellschaft 60
Potamogetonetalia pectinati 55
Potamogetonetea pectinati 55
Potamogetonetum colorati 59
Potamogetonetum filiformis 59
Potamogetonetum graminei 57
Potamogetonetum lucentis 56
Potamogetonetum praelongi 58
Potamogetonetum trichoides 58
Potamogetonion pectinati 56
Potamogetono-Najadetum marinae 63
Potamogetono-Nupharetum 65
Potentilletalia caulescentis 104
Potentilletum clusianae 104
Potentillion caulescentis 104
Potentillo albae-Quercetum petraeae 389
Potentillo albae-Quercion petraeae 389
Potentillo argenteae-Artemisietum absinthii 279

Potentillo caulescentis-Hieracietum
 humilis 105
Potentillo-Deschampsietum mediae 224
Potentillo-Festucetum arundinaceae 222
Potentillo-Menthetum suaveolentis 224
Potentillo-Stipetum capillatae 254
Primulo veris-Carpinetum 382
Primulo-Schoenetum ferruginei 184
Prunella vulgaris-Plantago major-
 Gesellschaft 225
Prunello-Plantaginetum 225
Prunetalia spinosae 333
Prunetum fruticosae 335
Prunetum mahaleb 335
Prunion fruticosae 335
Pruno-Fraxinetum 384
Pruno-Rubetalia 338
Pruno-Rubetum bifrontis 340
Pruno-Rubetum elegantispinosi 340
Pruno-Rubetum praecocis 340
Pruno-Rubetum radulae 340
Pruno-Rubetum sprengelii 340
Pruno-Rubetum vestiti 340
Pruno-Rubion radulae 338
Pruno-Rubion ulmifolii 338
Prunus cerasus ssp. acida-Gesellschaft 335
Puccinellietum maritimae 211
Puccinellietum retroflexae 213
Puccinellio-Asteretum tripolii 213
Puccinellio-Spergularion 213
Puccinellion maritimae 211
Pulsatillo-Caricetum humilis 261
Pulsatillo-Caricetum humilis
 helichrysetosum arenarii 262
Pulsatillo-Nardetum 313
Pulsatillo-Phleetum phleoidis 259
Pulsatillo-Pinetalia 348
Pulsatillo-Pinetea 348
Pyrolo-Salicetum repentis 323
Pyrolo secundae-Abietum 378
Pyrolo-Pinetum sylvestris 349

Quercetalia pubescentis 387
Quercetalia robori-petraeae 362
Quercetea robori-petraeae 362
Quercetum pubescenti-petraeae 387
Quercion pubescentis 387
Quercion robori-petraeae 362
Quercion roboris 362
Querco petraeae-Tilietum 387
Querco-Fagetea 368
Querco-Ulmetum minoris 385

Radiolion linoidis 118
Ranunculetum aquatilis s.l. 71
Ranunculetum baudotii 63
Ranunculetum circinati 67
Ranunculetum fluitantis s.l. 73
Ranunculetum fluitantis
 sparganietosum 74
Ranunculetum hederacei 174
Ranunculetum ololeuci 88
Ranunculetum peltati 72
Ranunculetum scelerati 111
Ranunculion aquatilis 71
Ranunculion fluitantis 72
Ranunculo aconitifolii-
 Filipenduletum 237
Ranunculo fluitantis-Sietum erecti
 submersi 75
Ranunculo repentis-Alopecuretum
 geniculati 222
Ranunculo trichophylli-Sietum
 submersi 75
Ranunculo-Impatiention noli-tangere 287
Ranunculo-Radioletum linoidis 120
Resedo-Carduetum nutantis 274
Rhamno-Cornetum sanguinei 336
Rhamno-Prunetea 332
Rhododendro ferruginei-Vaccinietum 357
Rhododendro-Vaccinion 356
Rhynchosporetum albae 176
Rhynchosporion albae 175
Ribo sylvestris-Alnetum glutinosae 384
Ribo sylvestris-Fraxinetum 384
Riccietum fluitantis 42
Riccietum rhenanae 41
Riccio-Lemnion trisulcae 40
Ricciocarpetum natantis 42
Ricciocarpetum natantis lemnetosum
 trisulcae 42
Ricciocarpetum natantis riccietosum
 fluitantis 42
Robinia pseudacacia-Gesellschaft 289
Robinietea 270
Rorippo-Agrostidetum stoloniferae 167
Rorippo-Phalaridetum arundinaceae 167
Rosa pimpinellifolia-Gebüschsaum 335
Rosetum arvensis 336
Roso caninae-Juniperetum 335
Roso pimpinellifoliae-Salicetum
 arenariae 337
Roso-Juniperetum 335, 358
Roso-Ulmetum campestris 335

Rubetum armeniaci 340
Rubetum grati 302
Rubetum idaei 304
Rubetum pedemontani 303
Rubetum plicati 303
Rubetum sciocharis 303
Rubetum silvatici 303
Rubo plicati-Sarothamnetum 303, 324
Rumicetum alpini 282
Rumicetum maritimi 113
Rumicetum palustris 114
Rumicetum scutati 102
Rumici acetosello-Spergularietum rubrae 220
Rumici-Arabidetum coeruleae 327
Rumicion alpini 281
Ruppietalia maritimae 54
Ruppietea maritimae 54
Ruppietum maritimae 54
Ruppietum maritimae zannichellietosum 54
Ruppion maritimae 54

Salicetum triandrae 331
Saginetalia maritimae 203
Saginetea maritimae 203
Saginion maritimae 203
Saginion procumbentis 218
Sagino maritimae-Cochlearietum danicae 203
Sagino-Bryetum argentei 218
Sagittaria valisneriifolia-Gesellschaft 79
Sagittario-Sparganietum emersi 153
Salicetalia herbaceae 325
Salicetalia purpureae 330
Salicetea herbaceae 325
Salicetea purpureae 329
Salicetum albae 331
Salicetum albo-fragilis 331
Salicetum appendiculatae 307
Salicetum eleagni 332
Salicetum eleagno-daphnoides 332
Salicetum fragilis 331
Salicetum herbaceae 325
Salicetum pentandro-cinereae 347
Salicetum retusae-reticulatae 327
Salicetum triandro-viminalis 331
Salicetum waldsteinianae 307
Salici arenariae-Hippophaetum rhamnoides 337
Salici incanae-Hippophaetum rhamnoides 335

Salici repentis-Empetretum 323
Salici repentis-Schoenetum nigricantis 183
Salici-Myricarietum 331
Salicion albae 330
Salicion arenariae 337
Salicion cinereae 346
Salicion eleagni 331
Salicion herbaceae 325
Salicornietum brachystachyae 199
Salicornietum decumbentis 200
Salicornietum dolichostachyae 199
Salicornietum patulae 199
Salicornietum ramosissimae 199
Salicornietum strictae 199
Salicornion ramosissimae 199
Salix purpurea-Gesellschaft 330
Salsola kali ssp. ruthenica-Bestände 145
Salsolion ruthenicae 143
Salsolo-Honkenyion peploides 205
Sambucetalia racemosae 302
Sambucetum nigrae 302
Sambuco racemosae-Rubetum rudis 304
Sambuco-Salicion capreae 304
Samolo-Baldellion 90
Samolo-Littorelletum 90
Sanguisorba officinalis-Polygonum bistorta-Gesellschaft 234
Sanguisorbo-Silaetum pratensis 234
Saponario-Petasitetum spuriae 278
Sarothamnion 324
Saxifraga biflora-Gesellschaft 95
Saxifraga oppositifolia ssp. rudolphiana-Gesellschaft 95
Saxifrago tridactylitis-Poetum compressae 248
Scapanietum paludosae 169
Scapanietum uliginosae 170
Scapanietum undulatae 169
Scheuchzerietalia palustris 175
Scheuchzerio-Caricetea nigrae 174
Schoenoplecti triquetri-Bolboschoenetum maritimi 154
Scirpetum fluitantis 89
Scirpetum sylvatici 235
Scirpo setacei-Stellarietum uliginosae 118
Scirpo-Phragmitetum 147
Scirpus sylvaticus-Gesellschaft 235
Sclerantho bienni-Sempervivetum arachnoidei 250
Scolopendrio-Fraxinetum 386
Scorpidio-Utricularietum minoris 83
Scorpidio-Utricularion 82

Scorzonero hispanicae-Brachypodietum pinnati 254
Sedo albi-Veronicion dillenii 250
Sedo-Neslietum paniculatae 138
Sedo-Scleranthetalia 240, 248
Sedo-Scleranthetea 237
Sedo-Scleranthion 249
Selino-Caricetum fuscae 170
Sempervivetum soboliferi 249
Senecio fuchsii-Impatientetum noli-tangere 288
Senecionetum fluviatilis 290
Senecionetum fuchsii 304
Senecionetum tubicaulis 112
Seslerietalia variae 265
Seslerietea variae 265
Seslerio-Caricetum sempervirentis 266
Seslerio-Fagetum 376
Seslerio-Festucion pallentis 251
Seslerio-Mesobromion 257
Seslerio-Xerobromion 262
Seslerion variae 265
Setario-Galinsogetum parviflorae 131
Setario-Plantaginetum indicae 143
Setario-Stachyetum arvensis 133
Sileno otites-Festucetum 248
Sileno rupestris-Sedetum annui 250
Sisymbrienea 139
Sisymbrietalia 139
Sisymbrietum loeselii 141
Sisymbrio austriaci-Asperuginetum 143
Sisymbrio-Atriplicetum oblongifoliae 143
Sisymbrion 139
Sisymbrium wolgense-Gesellschaft 145
Solidago canadensis-Gesellschaft 291
Solidago gigantea-Gesellschaft 291
Soncho-Veronicetum agrestis 135
Sorbetum aucupariae 304
Sorbo-Calamagrostietum 309
Sparganietum erecti 150
Sparganietum minimi 83
Sparganio-Glycerietum fluitantis 162
Sparganio-Potamogetonetum interrupti 74
Spartinetalia maritimae 202
Spartinetea maritimae 202
Spartinetum anglicae 202
Spartinetum townsendii 202
Spartinion maritimae 202
Spergulario-Herniarietum glabrae 220
Spergulario-Illecebretum pepletosum 120
Spergulario-Illecebretum verticillati 120

Spergulario-Puccinellietum distantis 213
Sperguletalia arvensis 129
Spergulo vernalis-Corynephoretum canescentis 240
Spergulo-Chrysanthemetum segetum 132
Spergulo-Echinochloetum cruris-galli 132
Sphagnetalia magellanici 190
Sphagnetum cuspidato-obesi 81
Sphagnion magellanici 190
Sphagno compacti-Trichophoretum germanici 195
Sphagno-Alnetum 345
Sphagno-Caricetum rostratae 157
Sphagno-Sparganietum angustifolii 81
Sphagno-Utricularietum minoris 80
Sphagno-Utricularietum ochroleuci 80
Sphagno-Utricularion 80
Sphagnum cuspidatum-Eriophorum angustifolium-Gesellschaft 176
Sphagnum fallax-Eriophorum angustifolium-Gesellschaft 176
Spirodeletum polyrhizae 42
Stachyo-Carduetum acanthoides 271
Stachyo-Melampyretum nemorosi 297
Stellarietea mediae 122
Stellario alsines-Montietum rivularis 168
Stellario holosteae-Carpinetum betuli 381
Stellario nemorum-Alnetum glutinosae 383
Stellario-Carpinetum periclymenetosum 381
Stellario-Carpinetum stachyetosum 381
Stellario-Carpinetum typicum 381
Stipetalia calamagrostis 102
Stipetum calamagrostis 102
Stipetum stenophyllae 254
Stipion calamagrostis 102
Stratiotetum aloidis 68
Suaeda flexilis-Gesellschaft 200
Suaeda flexilis-Gesellschaft s.l. 200
Suaedetum prostratae 201
Suaedo-Bassietum hirsutae 201

Tanaceto-Arrhenatheretum 227
Tanaceto-Artemisietum vulgaris 272
Teesdalio-Arnoseridetum minimae 129
Teucrietum scorodoniae 297
Teucrio botryos-Melicetum ciliatae 251
Teucrio scorodoniae-Campanuletum baumgartenii 298
Teucrio scorodoniae-Centaureetum nemoralis 296
Teucrio scorodoniae-Polygonetum odorati 299

Teucrio-Corydaletum claviculatae 299
Teucrio-Seslerietum coeruleae 262
Teucrio-Stipetum 254
Thelypterido-Phragmitetum 48
Thero-Airion 242
Thero-Salicornietalia 198
Thero-Salicornietea 197
(Thero-)Salicornion strictae 198
Thero-Suaedetalia 200
Thero-Suaedion 200
Thlaspietalia rotundifolii 96
Thlaspietea rotundifolii 93
Thlaspietum rotundifolii 96
Thlaspio-Fumarietum officinalis 135
Thlaspio-Veronicetum politae 135
Thlaspion calaminaris 263
Thlaspion rotundifolii 96
Thymo serpylli-Festucetum turfosae 311
Thymo-Festucetum ovinae 243
Tilio platyphylli-Acerion pseudoplatani 385
Tilio-Carpinetum 382
Tolypelletum proliferae 48
Torilidetum japonicae 286
Tortulo-Phleetum arenarii 244
Trapetum natantis 67
Trichophoretum alpini 185
Trifolietum thalii 231
Trifolio fragiferae-Agrostietalia stoloniferae 221
Trifolio medii-Vicietum orobi 297
Trifolio repentis-Veronicetum filiformis 231
Trifolio thalii-Festucetum violaceae 231
Trifolio-Agrimonietum 295
Trifolio-Geranietea sanguinei 291
Trifolion medii 295
Trinio-Caricetum humilis 261
Trinio-Stipetum 254
Trisetetum spicati 95
Tuberaria guttata-Gesellschaft 245
Tuberario-Corynephoretum maritimi 245

Ulmenion minoris 385
Ulmus minor-Gesellschaft 335
Urtico urentis-Malvetum neglectae 140
Urtico-Aegopodietum podagrariae 284
Urtico-Cruciatetum laevipes 285
Utricularietalia intermedio-minoris 79
Utricularietea intermedio-minoris 79

Utricularietum australis 69
Utricularietum intermediae 82
Utricularietum vulgaris 70
Vaccinio uliginosi-Empetretum hermaphroditici 329
Vaccinio uliginosi-Pinetum rotundatae 354
Vaccinio uliginosi-Pinetum sylvestris 360
Vaccinio vitis-ideae - Quercetum petraeae 367
Vaccinio-Abietetum 356
Vaccinio-Callunetum 319
Vaccinio-Piceetalia 353
Vaccinio-Piceetea 353
Vaccinio-Piceetum 354
Vaccinio-Piceion 353
Vaccinio-Pinetum cembrae 355
Valeriano-Cirsietum rivularis 233
Valeriano-Dryopteridetum villarii 99
Valeriano-Filipenduletum 238
Veronica beccabunga-Mimulus guttatus-Gesellschaft 165
Veronico beccabungae-Callitrichetum stagnalis 77
Veronico longifoliae-Euphorbietum palustris 238
Veronico longifoliae-Scutellarietum hastifoliae 239
Vicietum sylvaticae-dumetori 295
Vincetoxicum hirundinaria-Gesellschaft 103
Vincetoxietum hirundinariae 103
Violenea arvensis 128
Violetalia calaminariae 263
Violetea calaminariae 263
Violetum calaminariae 264
Violetum calaminariae rhenanum 264
Violetum calaminariae westfalicum 264
Violion caninae 311
Violo-Corynephoretum canescentis 241
Violo-Nardetum 313
Violo-Quercetum 365
Viscario-Avenetum pratensis 256
Viscario-Festucetum heteropachyos 260

Willemetio-Caricetum fuscae 170
Woodsio-Asplenietum septentrionalis 107

Xanthio albini-Chenopodietu rubri 114
Xerobrometum 260
Xerobromion 260

Zannichellietum palustris 59
Zannichellietum pedicellatae 61
Zannichellion pedicellatae 62
Zosteretalia marinae 53

Zosteretea marinae 53
Zosteretum marinae 53
Zosteretum noltii 53
Zosterion marinae 53

Auswahl Fachbereich
Botanik

Kreeb: Vegetationskunde
UTB-GROSSE REIHE
(Ulmer). 1983. DM 64,--

14 Walter: Vegetation und
Klimazonen
(Ulmer). 6. Aufl. 1990. DM 29,80

15 Heß: Pflanzenphysiologie
(Ulmer). 9. Aufl. 1991. DM 36,80

114 Bornkamm: Die Pflanze
(Ulmer). 3. Aufl. 1990. DM 19,80

232 Larcher: Ökologie der Pflanzen
(Ulmer). 4. Aufl. 1984. DM 32,80

233 Hubbard: Gräser
(Ulmer). 2. Aufl. 1985. DM 32,80

269 Wilmanns: Ökologische
Pflanzensoziologie
(Quelle & Meyer). 4. Aufl. 1989.
DM 34,80

284 Walter: Allgemeine Geobotanik
(Ulmer). 3. Aufl. 1986. DM 26,80

521 Leser: Landschaftsökologie
(Ulmer). 3. Aufl. 1991. DM 39,80

867 Fröhlich: Phytopathologie und
Pflanzenschutz
(Gustav Fischer). 2. Aufl. 1991.
DM 44,80

941 Knauer: Vegetationskunde
und Landschaftsökologie
(Quelle & Meyer). 1981. DM 29,80

1062 Wirth: Flechtenflora
(Ulmer). 1980. (Nachdruck 1989).
DM 29,80

1250 Frahm/Frey: Moosflora
(Ulmer). 2. Aufl. 1987. DM 32,80

1344 Borriss/Libbert (Hrsg.):
Wörterbücher der Biologie:
Pflanzenphysiologie
(Gustav Fischer). 1985. DM 36,80

1418 Probst: Biologie der Moos-
und Farnpflanzen
(Quelle & Meyer). 2. Aufl. 1987.
DM 34,80

1431 Jacob/Jäger/Ohmann: Botanik
(Gustav Fischer). 3. Aufl. 1987.
DM 34,80

1476 Schubert/Wagner:
Botanisches Wörterbuch
(Ulmer). 10. Aufl. 1991. DM 32,80

1522 Natho/Müller/Schmidt:
Wörterbücher der Biologie:
Systematik und Morphologie
der Pflanzen
(Gustav Fischer). 1990.
2 Bände zusammen DM 44,80

1533 Hemleben: Molekularbiologie der
Pflanzen
(Gustav Fischer). 1990. DM 32,80

1587 Wittig: Ökologie der
Großstadtflora
(Gustav Fischer). 1991. DM 29,80

1631 Urbanska:
Populationsbiologie der Pflanzen
(Gustav Fischer). 1992.
DM 39,80

Preisänderungen vorbehalten.

Das UTB-Gesamtverzeichnis erhalten Sie
bei Ihrem Buchhändler oder direkt von
UTB FÜR WISSENSCHAFT
Postfach 80 11 24, 7000 Stuttgart 80.